知识产权案例精选

Selected Intellectual Property Cases

(2011—2012)

上海市高级人民法院知识产权审判庭 编
吴偕林 主编

Compiled by Intellectual Property Division
of Shanghai High People's Court

Wu Xielin Chief Editor

知识产权出版社
全国百佳图书出版单位

图书在版编目（CIP）数据

知识产权案例精选．2011—2012／吴偕林主编．—北京：知识产权出版社，2014.4

ISBN 978－7－5130－2604－8

Ⅰ.①知… Ⅱ.①吴… Ⅲ.①知识产权法－案例－汇编－中国 Ⅳ.①D923.405

中国版本图书馆 CIP 数据核字（2014）第 031637 号

内容提要

本书从上海法院 2011～2012 年受理及审结的数千件知识产权案件中精选出具有一定代表性与指导性的案例。每个案例均设提要、案情、审判、评析四大部分。每个案例在提要部分对案例涉及的主要问题进行归纳，在案情部分介绍基本案情，在审判部分详细介绍审判理由和判决结果。评析部分是在概述案件事实的基础上，详细阐述判决的法理和法律依据。

本书可供知识产权审判工作者、权利人、知识产权纠纷当事人及其代理人、高等院校研究人员和广大师生参考使用。

责任编辑：彭小华　　**责任校对：**韩秀天

特约编辑：肖树乔　　**责任出版：**卢运霞

知识产权案例精选（2011—2012）

ZHISHICHANQUAN ANLI JINGXUAN（2011—2012）

上海市高级人民法院知识产权审判庭　编

吴偕林　主编

出版发行：知识产权出版社有限责任公司	网　　址：http://www.ipph.cn
社　　址：北京市海淀区马甸南村 1 号	邮　　编：100088
责编电话：010－82000860 转 8115	责编邮箱：pengxiaohua@cnipr.com
发行电话：010－82000860 转 8101/8102	发行传真：010－82000893/82005070/82000270
印　　刷：北京科信印刷有限公司	经　　销：各大网上书店、新华书店及相关专业书店
开　　本：787mm×1092mm　1/16	印　　张：37.5
版　　次：2014 年 4 月第一版	印　　次：2014 年 4 月第一次印刷
字　　数：898 千字	定　　价：88.00 元

ISBN 978－7－5130－2604－8

《知识产权案例精选》编委会

主　编　吴偕林

副主编　朱　丹

编　委　（按姓氏笔画排列）

王利民　刘军华　芮文彪　张　谦

陈惠珍　金　红　顾亚安　钱光文

凌　崧

序

党的十八届三中全会审议通过的《中共中央关于全面深化改革若干重大问题的决定》提出，要“加强知识产权运用和保护，健全技术创新激励机制，探索建立知识产权法院”。这充分体现了知识产权工作在我国全面深化改革进程中的极端重要性，同时对人民法院知识产权司法保护工作提出了新的更高要求。站在新的历史起点，以党的十八届三中全会精神为指引，紧紧围绕党和国家工作大局，自觉肩负“让人民群众在每一个司法案件中都感受到公平正义”的神圣职责，不断创新完善知识产权司法保护机制，全面加强知识产权司法保护，积极发挥司法保护知识产权的主导作用，为实施创新驱动发展战略提供强有力的知识产权司法保障，为推进法治中国建设作出应有的贡献，正成为上海法院知识产权审判的时代要求和历史使命。

人民法院要发挥司法在保护知识产权中的主导作用，最主要也最基本的领域在于知识产权案件的审判。通过对每一件知识产权个案的公正裁判，不仅可以有效地定纷止争，更能够营造良好的法治氛围，彰显司法裁判对于加强知识产权运用和保护、激励科技创新的规范、引导、教化功能与权威效应。编写知识产权典型案例，则是延伸个案功能与作用、发挥辐射示范效果的重要方式。上海法院历来十分重视知识产权案例编写工作，在审理好每一起知识产权案件的同时，力求将新类型案件、疑难复杂案件、社会影响大的案件办成认定事实清晰、审判程序规范、适用法律准确、法律效果和社会效果俱佳的“精品案”，并对这些案例及时进行总结、提炼，以汇编成册进行公开出版，从而充分发挥精品案例对司法实践的指导作用、对社会冲突的预决作用、对市场主体的引导作用、对竞争行为的规范作用、对公民的教育作用、对法学研究以及立法的促进作用。为满足业界不同人士的需要，进一步提升上海法院知识产权审判的国际影响，本书采用中英文对照体例。我们衷心期望中英文双语版《知识产权案例精选》一书能够成为展示上海法院依法、公正、高效、平等保护中外当事人知识产权的窗口，成为国际社会了解上海法院知识产权法官司法能力与水平的渠道，成为促进知识产权国际司法交流的载体。

本书汇编的38件案例是从2011年至2012年期间上海法院审结的近8000件知识产权案件中精选出来的，具有一定的代表性、典型性和指导性，案件类型覆盖著作权、商标、专利、反不正当竞争等民事案件以及知识产权刑事、行政案件，集中展示了上海法院知识产权法官的审判思路、审判能力和审判水平。例如，胡进庆等与上海美术电影制片厂著作权权属纠纷案涉及特定历史条件下单位职工创作的动画形象著作权归属的认定，该案被《最高人民法院公报》2013 年第 4 期刊载，并入选“2012 年中国法院知识产权司法保护十大案件”；上海玄霆娱乐信息科技有限公司与王钟等著作权合同纠纷案涉及对处分未来作品权利合同的效力判断，该案入选“2012 年中国法院知识产权司法保护 50 件典型案例”和“2012 年上海法院知识产权司法保护十大案件”；衣念（上海）时装贸易有限公司与浙江淘宝网络有限公司等侵害商标专用权纠纷案涉及网络交易平台经营者帮助侵权的司法认定，该案被《最高人民法院公报》2012 年第 1 期刊载，并入选“2011 年上海法院知识产权司法保护十大案件”；立邦涂料（中国）有限公司与上海展进贸易有限公司等侵害商标专用权纠纷案涉及商标指示性合理使用的司法认定，该案入选“2012 年中国法院知识产权司法保护 50 件典型案例”；衢州万联网络技术有限公司与周慧民等侵犯商业秘密纠纷案涉及网站用户注册信息数据库的商业秘密性质认定，该案入选“2012 年中国法院知识产权司法保护十大创新性案件”。

当前，上海正处于“创新驱动、转型发展”的关键时期，中国（上海）自由贸易试验区已正式运行，上海市委市政府提出了力争到 2020 年将上海建设成为亚太地区知识产权中心城市的战略目标，并提出将上海建设成为未来亚太地区知识产权纠纷诉讼与仲裁的首选地之一。面对新形势，上海法院将把握机遇，迎接挑战，大胆探索，勇于实践，不断提升知识产权司法保护水平，继续审理好、总结好、宣传好更多的知识产权精品案件，为进一步提升上海法院知识产权司法水平、不断增强上海法院知识产权审判的国际影响力和权威性作出新的更大的贡献。

编　者

2014 年 1 月

Preface

It is put forward in the "Decision on Major Issues Concerning Comprehensively Deepening Reforms" deliberated and approved by the Third Plenary Session of the 18th CPC Central Committee to enhance the application and protection of intellectual property, improve technological innovation incentive mechanism and explore setting up courts of intellectual property" . This fully indicates that work concerning intellectual property is of crucial importance in the course of comprehensively deepening reforms in China. Besides, it also brings forward new and higher requirements on judicial protection of intellectual property of the people's courts. At the new historical starting point, it is the requirement of the time and historical mission for people's courts in Shanghai in trials on intellectual property to take the spirit of the Third Plenary Session of the 18th CPC Central Committee, closely follow the overall plan for the work of the Party and the Central Government, spontaneously shoulder the sacred duty of "enabling the people to feel justice and fairness in every judicial case", constantly innovate in and improve the judicial protection mechanism for intellectual property, enhance the judicial protection of intellectual property in an all-round way, actively play the leading role of judicial protection of intellectual property, provide strong and forceful judicial protection of intellectual property for the implementation of innovation-driven development strategy, and make due contribution to the establishment of China's rule of law.

The people's courts shall bring the leading role of justice in protecting intellectual property into full play, which primarily lies in trial for cases on intellectual property. Just judgment of each case on intellectual property will not only effectively determine and resolve disputes, but also create a sound environment of rule by law, showcasing the functions of standardization, guidance and education and the authoritative effect of the judicial judgment in enhancing the application and protection of intellectual property and encouraging technological innovation. Compiling typical cases on intellectual property is an important means of extending the functions and influence of individual cases, bringing their radiating demonstration effects into play. The people's courts in Shanghai always attach great importance to the compilation of cases on intellectual property. In addition to judging every case on intellectual property, they strive to turn new cases, difficult cases and those with great social influence into "excellent cases" where facts are clearly found, trial procedures are standard, correct laws are applied and both legal and social effects are good. Besides, they make summation and conclusion from these cases in a timely manner for compilation and open publishing so that "excellent cases" can play its guiding role to judicial practice, pre-resolving role to social conflicts, leading role to market players, standardizing role to market competition, educating role to citizens, and promoting role to legal researches and legislation. To meet the demands of people from different circles and further improve the international influence of people's courts in Shanghai in trials for intellectual property, this book will be published in Chinese-English edition. We sincerely hope that this *Selected Judgments of Intellectual Property Case* (Chinese-English Edition) will become a window displaying the legal, just, efficient and equal protection of intellectual property for both Chinese and foreigners by the people's courts in Shanghai, a channel for the international community to learn the judicial capabilities and level of intellectual property judges of the people's courts in Shanghai, and a carrier promoting international judicial exchange about intellectual property.

The 38 cases compiled in this book are selected from nearly 8, 000 cases on intellectual property heard and closed by the people's courts in Shanghai during 2011 and 2012, which are of representative, typical and guiding importance. The cases cover civil cases involving copyright, trademark, patent and anti-unfair competition, as well as criminal and administrative cases on intellectual property, particularly displayed the judging mentality, capability and level of intellectual property judges of the people's courts in Shanghai.

For example, the dispute over copyright ownership between Hu Jinqing, *et al.* and Shanghai Animation Film Studio involves the determination of copyright ownership of the cartoon images created by the employees of the Studio under particular historical conditions. The case was published on Issue 4 of the *Gazette of the Supreme People's Court* in 2013 and has been selected into the "2012 China's 10 Cases on Judicial Protection of Intellectual Property" . The dispute over copyright contract between Shanghai Xuanting Entertainment Information Technology Co. , Ltd. and Wang Zhong, *et al.* involves the determination of the effect of copyright contract on future works. The case has been selected into the "2012 China's 50

Typical Cases on Judicial Protection of Intellectual Property" and the "2012 Shanghai's Ten Cases on Judicial Protection of Intellectual Property". The dispute over infringement of exclusive right to use a trademark between E land Fashion (Shanghai) Co., Ltd. and Zhejiang Taobao Network Co., Ltd. involves the judicial determination of assistant infringement of a network trading platform operator. The case was published on Issue 1 of the *Gazette of the Supreme People's Court* in 2012 and has been selected into the "2011 Shanghai's Ten Cases on Judicial Protection of Intellectual Property". The dispute over infringement of exclusive right to use a trademark between Nippon Paint (China) Co., Ltd. and Shanghai Zhanjin Trade Co., Ltd. involves the judicial determination of normative fair use of trademark. The case has been selected into the "2012 China's 50 Typical Cases on Judicial Protection of Intellectual Property". The dispute over infringement of business secrets between Quzhou Wanlian Network Technology Co., Ltd. and Zhou Huimin, *et al.* involves the determination of the database of registration information of network users as business secret. The case has been selected into the "2012 China's 10 Innovative Cases on Judicial Protection of Intellectual Property".

At present, Shanghai is at the critical period of the "innovation-driven transformation for development". The China (Shanghai) Pilot Free Trade Zone has been put into official operation. Shanghai CPC Committee and Shanghai Municipal Government proposed to strive for the strategic goal of building the city into the intellectual property center in Asia-Pacific Region by 2020, and to develop the city into one of the first choices for litigation and arbitration of disputes over intellectual property in the region. Facing the new situations, the people's courts in Shanghai will seize opportunities, rise to challenges, and take courage to carry out exploration and practice so as to constantly improve the level of judicial protection of intellectual property. They will continue hearing, summing up and publicizing more excellent cases on intellectual property, making more contribution to further improve their judicial level in judging intellectual property cases, and constantly enhancing their international influence and authority in judging intellectual property cases.

The editor

January 2014

目　录

一、著作权民事纠纷案件

二、商标民事纠纷案件

三、专利民事纠纷案件

四、不正当竞争纠纷案件

五、知识产权刑事案件

六、知识产权行政案件

Ⅰ. Civil Dispute Cases over Copyright

Ⅱ. Civil Dispute Cases over Trademark

Ⅲ. Civil Dispute Cases over Patents

Ⅳ. Civil Dispute Cases over Unfair Competition

V. Criminal Cases over Intellectual Property

一、著作权民事纠纷案件

处分未来作品权利合同的效力判断与违约责任

——上海玄霆娱乐信息科技有限公司与王钟等著作权合同纠纷案

【提要】

本案系网络文学网站经营者和网络写手之间发生的争议，审理核心在于准确评价网站经营者"买断"网络写手未来所有作品的合作方式。主要涉及双方法律关系的定性、法律关系的效力、违约责任的承担等问题。在确定著作权合同的法律性质时，法院不应仅以合同名称作为认定标准，还应当根据合同约定的当事人权利义务关系，并结合合同目的来认定。当事人就未来作品❶的权利转让所达成的协议具有法律效力，但合同义务涉及作者的创作行为或创作自由时，对方当事人不得主张继续履行。

【案情】

原告（反诉被告、被上诉人）：上海玄霆娱乐信息科技有限公司

被告（反诉原告、上诉人）：王钟

第三人（上诉人）：北京幻想纵横网络技术有限公司

案由：著作权合同纠纷

一审案号：（2010）浦民三（知）初字第424号

二审案号：（2011）沪一中民五（知）终字第136号

2006年起，王钟以笔名"梦入神机"先后在上海玄霆娱乐信息科技有限公司（以下简称"玄霆公司"）网站上发表了多部作品，在此期间，玄霆公司向王钟陆续支付了共计200余万元的稿酬。

2010年1月18日，玄霆公司（甲方）与王钟（乙方）签订《白金作者作品协议》一份，该协议第3.2.1条约定，王钟将自协议生效之日起四年内所创作的所有作品（以下简称"协议作品"，包含作品各种语言版本，且无论作品是否创作完稿）在全球范围内的信息网络传播权及电子形式的汇编权、改编权、复制权、发行权等全部永久转让于甲方。并排除乙方本人于本协议签订后自行行使或向第三方转让、授权上述权利。合同还约定了当事人

❶ 指合同订立之时尚未创作或尚未完成创作的作品。可参见英国版权法、澳大利亚版权法的相关规定。

的违约责任以及违约金条款。

同日，玄霆公司（甲方）与王钟（乙方）还签订了《委托创作协议》一份。该协议第3.2.1条、第1.1.7条约定，乙方作为专属作者，受甲方委托创作的协议作品，著作权及一切衍生权利完全排他地归属于甲方。在协议期间内未经甲方书面许可，乙方不得以真实姓名、笔名或其他姓名、名称等任何名义，将乙方在协议期间内创作的包括协议作品在内的各类作品交于或许可第三方发表、使用或开发，或者为第三方创作各类作品。合同还约定了作品交付日期、创作进度、稿酬支付、违约责任以及违约金等条款。

2010年2月10日，玄霆公司依约向王钟预付了10万元创作资金。

2010年6月18日，王钟（乙方）与北京幻想纵横网络技术有限公司（以下简称“幻想公司”）（甲方）签订《劳动合同书》一份，担任幻想公司游戏策划部门总监一职，合同期限为5年。合同约定，乙方按公司要求进行职务作品创作，作品著作权归甲方所有。2010年7月18日，王钟以“梦入神机”的笔名在幻想公司指定的网站上发表作品《永生》，连载至2012年2月5日结束。

原告玄霆公司诉称：2010年1月18日，双方签订了《白金作者作品协议》及其从合同《委托创作协议》。原告按约向被告支付了预付款人民币10万元，并积极履行约定义务。但自2010年7月起，原告发现被告在纵横中文网（www.zongheng.com）上发布其创作的名为《永生》的小说，并在博客及其他言论中明确表示要离开起点中文网，不再继续履行合同规定的义务。故原告起诉，请求判令被告：（1）继续履行《白金作者作品协议》及其从合同《委托创作协议》，停止在其他网站发布其创作作品的行为；（2）被告承担违约金101万元；（3）确认被告创作的《永生》著作权归原告所有。

被告王钟辩称：《白金作者作品协议》、《委托创作协议》无法继续履行；《永生》不属于原、被告约定的协议作品范畴；原告主张的违约金数额过高。同时反诉诉称，双方确实于2010年1月18日签订了讼争的两份协议，但《白金作者作品协议》显失公平，依法应予撤销；请求解除《委托创作协议》。故请求判令：（1）撤销《白金作者作品协议》；（2）解除《委托创作协议》。

第三人幻想公司述称：其与被告签订了劳动合同，《永生》是被告入职后创作的作品，属于职务作品。对于其他诉请同意被告的答辩意见。

针对反诉，原告玄霆公司辩称：两份协议真实有效，不应被撤销和解除，而应继续履行。

【审判】

上海市浦东新区人民法院经审理认为：《白金作者作品协议》是玄霆公

司和王钟两个平等主体之间自愿签订的合同，是双方真实意思表示，符合合同法的平等自愿互利的原则，不存在显失公平，不应被撤销。《委托创作协议》合法有效，应当继续履行。《永生》应当属于王钟的作品，而从其创作时间来看，是在玄霆公司、王钟约定的创作时间内，所以《永生》的著作权属于玄霆公司。

根据《白金作者作品协议》第3.2.1条、《委托创作协议》第3.2.2条的规定，王钟未经玄霆公司许可不得在协议期间擅自为第三方创作作品。而王钟置其与玄霆公司签订的两份协议于不顾，在幻想公司网站上公开发表其创作的文学作品，违约的故意明显，应当承担相应的违约责任。而违约金作为合同的一部分，兼有补偿性质和惩罚性质，但主要以补偿性为主，且不应超过玄霆公司实际损失。虽然双方在协议中约定了违约金的计算依据及方法，但本案中玄霆公司对其实际损失并未举证，从实际来看，王钟在幻想公司网站发布小说，对于玄霆公司来讲损失的是点击率，而点击率转化成经济损失并无相关标准。再者，双方还要继续履行合同，故违约金可适当予以调低。据此，依照《中华人民共和国合同法》第8条、第44条、第60条、第107条、第114条，《中华人民共和国著作权法》第10条、第11条、第25条第1款和《最高人民法院关于民事诉讼证据的若干规定》第2条之规定，判决：（1）玄霆公司与王钟继续履行双方于2010年1月18日签订的《白金作者作品协议》；（2）玄霆公司与王钟继续履行双方于2010年1月18日签订的《委托创作协议》；（3）王钟停止在幻想公司指定的网站继续发表《永生》；（4）王钟应于判决生效后10日内支付玄霆公司违约金人民币20万元；（5）王钟创作的《永生》著作权（除法律规定不可转让的权利以外）归玄霆公司所有；（6）驳回玄霆公司的其余诉讼请求；（7）驳回王钟的全部诉讼请求。

一审判决后，王钟和幻想公司不服，向上海市第一中级人民法院提起上诉。

上诉人王钟上诉称：《永生》是王钟履行幻想公司的工作任务而创作，著作权属于幻想公司；《委托创作协议》合同义务性质不适于强制履行；《白金作者作品协议》内容违反了公平和等价有偿原则；一审法院判决王钟承担20万元违约金没有任何事实和法律依据。据此，请求二审法院撤销一审判决第（1）至（7）项，改判驳回玄霆公司的全部诉讼请求，支持其反诉请求。

上诉人幻想公司上诉称：《永生》著作权属于幻想公司；委托创作合同依法不适用继续履行。据此，请求二审法院撤销一审判决第（3）和（5）项。

上海市第一中级人民法院经审理后认为，原审法院查明的事实属实。

上海市第一中级人民法院认为：玄霆公司与王钟签订的《白金作者作品协议》和《委托创作协议》系双方当事人真实意思表示，内容并不违反法律的强制性规定，双方均应依约履行合同义务。合同履行过程中，王钟通过声明和行为明确表示不再履行合同义务，构成合同义务的违反，依法应当承担相应的违约责任。但玄霆公司请求判令王钟继续履行《白金作者作品协议》及《委托创作协议》，停止在其他网站（包含且不限于纵横中文网www.zongheng.com）发布其创作作品的行为，并确认王钟创作的《永生》著作权归玄霆公司所有，性质上属于请求王钟承担继续履行合同义务的违约责任。在委托创作协议中，双方约定王钟为玄霆公司的“专属作者”，只能创作“协议作品”，不得为他人创作作品或者将作品交于第三方发表，在协议期间之外创作的作品还应当由玄霆公司享有优先受让权，并且规定了王钟交稿的时间和字数，等等。这些义务，涉及王钟的创作自由，具有人身属性，在性质上并不适于强制履行。在王钟违约时，玄霆公司不得请求王钟继续履行，只能请求王钟支付违约金或者赔偿损失。但是，对于已经创作出的作品的权利归属，并不属于不能强制履行的义务，玄霆公司主张依据合同享有《永生》著作权于法有据。

玄霆公司请求判令王钟支付违约金101万元，属于替代履行利益的违约赔偿，在玄霆公司同时主张继续履行的情况下，本不应予以支持。但在合同义务不适于继续履行的情况下，玄霆公司依据该条款主张违约金于法有据。鉴于《永生》著作权应判归玄霆公司所有，可以视为合同部分履行利益已经实现，故而应相应调减违约金至60万元。

据此，上海市第一中级人民法院依照《中华人民共和国民事诉讼法》第153条第1款第（2）项，《中华人民共和国合同法》第94条第（4）项、第107条、第110条第（1）项、第114条第1款、第2款之规定，判决：（1）维持（2010）浦民三（知）初字第424号判决第（5）项；（2）撤销（2010）浦民三（知）初字第424号判决第（1）~（4）、（6）~（7）项；（3）王钟与玄霆公司于2010年1月18日签订的《白金作者作品协议》、《委托创作协议》于判决生效之日解除；（4）王钟应于判决生效之日起10日内向玄霆公司支付违约金人民币60万元；（5）驳回王钟其余上诉请求及原审其余反诉请求；（6）驳回幻想公司的其余上诉请求；（7）驳回玄霆公司原审其余诉讼请求。

【评析】

本案系网络文学网站经营者和网络写手之间发生的争议，审理核心在于准确评价网站经营者“买断”网络写手未来所有作品的合作方式。主要涉及双方法律关系的定性、法律关系的效力、违约责任的承担等问题。

一、玄霆公司与王钟法律关系的性质

在确定涉案合同法律关系的性质时，法院不应拘泥于当事人使用的合同名称，而必须结合合同中的权利义务条款，并斟酌当事人所追求的缔约目的来确定。本案中，双方所签订的《委托创作协议》虽然选择了“委托创作”这个名称，但从合同内容看，合同并未详细约定王钟创作的内容和形式，合同重点在于确定协议作品的权属。结合双方同日签订的《白金作者作品协议》内容可知，双方当事人缔约的真实目的在于“买断”王钟未来创作的所有作品著作权。因此，双方当事人之间的法律关系应当定性为著作权转让关系。

二、转让未来作品权利合同的效力

著作权法明确规定，著作权中的财产权利可以转让。但本案中，双方签订合同转让协议作品著作权时作品还未创作，涉案合同实际为约定未来作品著作权转让的合同。就这种转让行为的法律效力，著作权法没有明确规定。

《合同法》第52条规定，只有符合该条规定的五种情形时，合同才属于无效。该条第（1）、（2）、（3）、（5）项显然不能适用于本案情形。但是否应从保护社会公共利益的角度，依该条第（4）项规定将此类合同归属于无效，则需要进一步斟酌考量。

第一，从域外立法情况看，对于未来作品权利的转让，有明文规定的国家中，立法者态度并不一致。有的国家完全承认其效力，例如英国[1]、南

[1] 《英国版权法》第91条第（1）款规定，当未来版权所有人意图通过亲自签订或由其代表签订的协议将未来版权（整体或部分）让与他人时，若版权产生时受让人或任何通过受让人主张权利者有权主张权利归其所有并对抗所有其他人，则应依据本款规定确认版权归属于该受让人或权利继受人。参见《十二国著作权法》翻译组：《十二国著作权法》，张广良译，清华大学出版社2011年版。

非❶、印度❷。有的国家承认其效力，但作一定限制，例如巴西❸、法国❹、德国❺；也有个别国家完全不承认其效力，如埃及❻。总的来看，明文禁止未来作品权利转让的立法例并不多见。

第二，从法理角度看，著作权中的财产权利并不存在转让的障碍。而就未来作品权利转让而言，常见的疑问是作品还不存在，何谈权利之转让。但这一问题只与合同的履行有关，与效力判断并无关系。实际上，在有体物的买卖中，买卖合同订立当时，出卖人没有取得货物所有权，或者出卖之标的物本身尚不存在也极为常见。一些国家对未来作品权利转让效力不予承认，或者进行一定的限制，主要是出于公共政策和利益衡量的考虑。由于作者和出版商、录音录像制作商、电视广播组织等作品传播者的力量对比一般较为悬殊，在合同谈判时常处于不利的地位，如果立法对权利转让作一定的限制，在某种意义上有利于维护作者权益。

但法律承认未来作品权利转让，对促进作品的创作和传播，亦不无积极作用。首先，在版权贸易中，约稿的现象屡见不鲜，很多情况下作者与作品

---

❶ 《南非版权法》第22条第（5）款规定，可就将来作品的版权或是现有作品尚不享有版权但将来享有的版权实施转让、许可或作为遗产处分，该作品的将来版权应作为动产流转。参见《十二国著作权法》翻译组：《十二国著作权法》，谭玥译，清华大学出版社2011年版。

❷ 《印度著作权法》第18条第（1）款规定，现有作品的著作权所有人或未来作品可能的著作权所有人，可以全部或部分概括地或有限制地将全部或部分保护期限的著作权转让给他人；但在转让未来作品著作权的情况下，此种转让仅在作品实际存在的情况下生效。参见《十二国著作权法》翻译组：《十二国著作权法》，相靖译，清华大学出版社2011年版，第231页。（该条规定了仅在作品实际存在情况下，转让才生效，但似不应理解为对未来作品转让本身的限制，故仍将印度归入完全承认其效力的国家——笔者注）

❸ 《巴西著作权法》第51条规定，转让将来作品的作者权的期限，不得超过5年。参见《十二国著作权法》翻译组：《十二国著作权法》，万勇译，清华大学出版社2011年版，第15页。

❹ 《法国知识产权法典》第L. 131－1条规定，全部转让未来作品无效。参见《十二国著作权法》翻译组：《十二国著作权法》，黄晖、朱志刚译，清华大学出版社2011年版，第77页。

❺ 《德国著作权法》第40条第1款规定，对于著作权人尚未创作或者只规定类型的未来著作，其利用权之授予须有书面形式的合同。双方得自签订合同起5年之后解除合同。合同未达成更短期限的，解除期限为6个月。该条第2款还规定，解除权不得事先放弃。参见《十二国著作权法》翻译组：《十二国著作权法》，许超译，清华大学出版社2011年版，第158页。（德国著作权法坚持著作权一元论，故而不承认著作权本身的转让，但其利用权的授予——相当于许可，在实际效果上和转让并无明显的差别，故而将其一并列入。当然，严格来说，应当是对未来作品权利许可的规定——笔者注）

❻ 《埃及知识产权保护法（著作权部分）》第153条规定，作者对其将来智力创作成果的处分，属于绝对无效。参见《十二国著作权法》翻译组：《十二国著作权法》，金海军译，清华大学出版社2011年版，第39页。

传播者间不存在力量对比悬殊的问题。其次，作品的创作除了依赖于作者的智力创造外，也常依赖于资本的支持。有些作品，例如影视作品、计算机软件、地图等，资本的前期投入对作品的完成有时具有关键作用，如果不允许对未来作品权利进行处分，将不利于保障作品获得充分的资金支持。最后，在文学艺术领域，允许对未来作品的转让，将有利于作者，尤其是初出茅庐的作者获得稳定和可预期的收入，保障其创作活动的进行。

总之，对于未来作品权利的转让行为，无论从比较法观察的角度，还是从公共利益衡量的角度考察，都不具有说服力的无效理由。故而笔者主张，应当承认其效力。

三、转让未来作品权利合同的违约责任

转让未来作品权利合同具有法律效力，守约方自可依照合同法之规定，要求违约方承担违约责任。有疑问的是，在作者违约时，受让人能否要求其继续履行。

根据《合同法》第110条之规定，债务在法律上不能履行或者债务标的不适于强制履行的，守约方不得请求违约方继续履行。在未来作品转让过程中，创作属于作者的智力创造活动，具有人身的属性，性质上并不适于强制履行；而对创作自由进行限制，又有违著作权法促进作品创作和传播的立法目的，在法律上也不能强制履行。因此，如果合同订立时，作品本身尚未创作完成，之后相对方要求作者交付未完成作品或者让渡权利的，有些情况下会导致对作者创作行为的强制或者创作自由的限制，此时不宜强制作者继续履行。

在本案中，玄霆公司请求判令王钟继续履行《白金作者作品协议》及《委托创作协议》，停止在其他网站发布其创作作品的行为，并确认王钟创作的《永生》著作权归玄霆公司所有，属于请求王钟承担继续履行合同义务。首先，在委托创作协议中，双方约定王钟为玄霆公司的“专属作者”，只能创作“协议作品”，不得为他人创作作品或者将作品交于第三方发表，在协议期间以外创作的作品还应当由玄霆公司享有优先受让权，并且规定了王钟交稿时间和字数等。这些义务，涉及王钟的创作行为和创作自由，在性质上并不适于强制履行。故王钟违约时，玄霆公司不得请求王钟继续履行，只能请求王钟支付违约金或者赔偿损失。其次，对于已经创作出的作品的权利的让渡和转移，则不属于不能强制履行的义务，玄霆公司主张依据合同享有《永生》著作权于法有据。据此，二审在此基础上对原审相关判决作了改判。

（撰稿人：刘军华）

网络服务商对其用户的反复侵权行为负有注意义务

——庄则栋等与上海隐志网络科技有限公司侵害信息网络传播权纠纷案

【提要】

网络服务商应当对其网站上发生过著作权侵权诉讼的用户上传的内容进行严格审查并采取合理措施避免网络用户利用其提供的技术反复侵权，当其未尽到上述注意义务时，应当承担共同侵权责任。

【案情】

原告（上诉人）：庄则栋、佐佐木敦子

被告（被上诉人）：上海隐志网络科技有限公司

案由：侵害作品信息网络传播权纠纷

一审案号：（2010）卢民三（知）初字第193号

二审案号：（2010）沪一中民五知终字第33号

1998年7月至2008年7月，红旗出版社出版了《邓小平批准我们结婚》一书，作者为庄则栋、佐佐木敦子。

2010年3月26日，庄则栋、佐佐木敦子委托代理人张瑜进行公证保全。公证证实，上海隐志网络科技有限公司（以下简称隐志公司）经营的VeryCD网站上显示有上述涉案图书的有声读物，该有声读物发布者的网络用户名是nobodyvssomebody（以下简称N），资源下载链接地址是ed2k：//|file|%5B%E5%B0%8F%E8%AF%B4%E8%BF%9E%E6%。

原告庄则栋、佐佐木敦子诉称：两人享有涉案图书的著作权。被告未经许可，将该书改编成有声读物传播到互联网，侵犯了两原告作品的复制权和信息网络传播权，故起诉要求被告停止侵权，赔偿损失53万元。

被告隐志公司辩称：其主办的VeryCD网站是以P2P技术为支撑的互联网资源分享平台，不主动提供作品。涉案有声读物并非被告制作和上传，其已对涉案作品进行了屏蔽，尽到了管理和注意义务，不应承担侵权责任，请求法院驳回原告诉请。

【审判】

原上海市卢湾区人民法院经审理认为：涉案有声读物由网络用户N发布，未存储在隐志公司的服务器上，下载地址也非隐志公司网站，隐志公司

提供的仅是链接服务，故庄则栋、佐佐木敦子主张隐志公司直接侵权缺乏依据。同时，鉴于用户提供的链接内容数量巨大，不可能要求隐志公司逐一对用户上载的资源进行审核。而且，有声读物不同于影视作品，制作成本较低，普通爱好者均可能自行制作并上传至网上共享。综上，不能当然地推出隐志公司明知或应知涉案有声读物未经权利人授权，故其不构成帮助侵权。鉴于隐志公司收到起诉状后对涉案有声读物进行了屏蔽，其已经履行了作为网络服务商的责任。据此驳回庄则栋、佐佐木敦子的诉讼请求。

一审判决后，庄则栋和佐佐木敦子不服，向上海市第一中级人民法院提起上诉。

上诉人庄则栋、佐佐木敦子上诉称：（1）隐志公司经营的 VeryCD 网不仅提供涉案侵权作品的网络链接服务，而且制作了专门的版面，进行分类显示、图片展示、内容介绍，并植入商业性广告，吸引用户浏览其网站和下载资料，是一种直接侵权行为；（2）因同一用户 N 涉嫌侵害他人著作权，VeryCD 网原经营主体上海维西网络科技有限公司（以下简称维西公司）曾被起诉，隐志公司受让经营 VeryCD 网后未加强对该用户及其上传资源的审查和管理，反而有意修改该用户的创建时间加以保护；（3）隐志公司提供给权利人投诉的联系方式形同虚设，联系电话无人接听，所发邮件又无回复，权利人无法及时行使权利，隐志公司存在帮助侵权的事实。故请求撤销原判，改判隐志公司停止侵权，赔偿经济损失 53 万元。

被上诉人隐志公司答辩称：（1）VeryCD 网站由其经营，隐志公司提供的是基于 P2P 技术的互联网资源分享平台，用户将资源链接发布在隐志公司网站上，隐志公司只对上传的资源链接进行区域性划分，但不会进行编辑、保存和修改，不存在制作专门版面的事实；（2）由于用户上传的资源是海量的，不可能逐一进行审查。涉案作品出版时间较早，知名度有限。涉案作品改编成有声读物的制作成本较低，传播范围较小，任何用户都可以将其上传至 VeryCD 网。隐志公司不可能明知或应知该有声读物系侵权作品；（3）VeryCD网络用户的创建时间和注册时间不同，隐志公司没有修改过用户 N 的创建时间，网站设立的联系邮箱也是畅通的，因相关人员所发邮件无法确认身份而未予回复。隐志公司已经尽到了网络服务商的注意义务，故不应当承担侵权责任，请求维持原判。

上海市第一中级人民法院经审理查明，VeryCD 网的创始人为黄一孟、戴云杰等人，VeryCD 网由维西公司负责经营，网站负责人为维西公司股东兼法定代表人黄一孟，戴云杰系维西公司另一股东。2009 年 11 月 2 日，维西公司将 VeryCD 网转让给由戴云杰担任股东兼法定代表人的隐志公司经营，并由隐志公司承继 VeryCD 网的所有权利。2009 年 12 月 22 日，维西公司注销工商登记。根据工业和信息化部电信管理局、上海市通信管理局备案的网站信息，VeryCD 网站负责人于 2011 年 1 月 17 日变更为戴云杰，但网站负责人邮件地址、手机号码等基本信息仍为黄一孟个人信息。VeryCD 网官方网站相关资讯显示黄一孟自 2003 年 9 月至今为 VeryCD 网老板及站点管理员。

VeryCD 网是基于 P2P 技术的互联网资源分享平台，网上资源的简介及链接地址等内容由网络用户根据网站设置的引导程序输入，网站根据网络用户的建议或者第三方网站的数据统计，对网络用户上传的资源进行分类。当上传的资源可读性较强，点击率较高时，网站管理系统会自动将该资源推荐到精华区。网站版面的广告内容由相应广告客户生成，广告页面存储在网站的服务器上，并由网站定期改动模板。

网络用户 N 在 VeryCD 网上的注册时间为 2005 年 3 月 29 日，为 VeryCD 网的高级用户（金光盘级，仅次于最高的电驴级）。自 2005 年 10 月 17 日至今，N 在 VeryCD 网上发布的资源有 88 个，分为［综艺］和［资料］两类，其中精华资源 82 个、普通资源 6 个。在精华资源中，资源名称涉及［资料］《红色警卫》，邬吉成着（著）、张谣演播，7 集 MP3［ISO］；［资料］《豪门惊梦》，作者梁凤仪、演播陈阿喜，22 集［ISO］；［资料］《我的伯父周恩来》，周秉德着（著），作家铁竹伟执笔，35 集 WMA 格式［ISO］；［资料］《大法官》，张宏森着（著），55 集 MP3［ISO］等众多作品。

2005 年 11 月 27 日，网络用户 N 在 VeryCD 网站上发布《黑道》一书的广播剧内容而引发崔亚斌诉维西公司、黄一孟侵犯著作财产权纠纷一案，该案被告维西公司、黄一孟的共同委托代理人系时任维西公司职员的叶骥岗。

2006 年 1 月 13 日，网络用户 N 在 VeryCD 网站上发布《邓小平批准我们结婚》一书的有声读物，至庄则栋、佐佐木敦子公证保全侵权证据时止，该资源浏览的次数为 2 315次，收藏次数为 3 次。2010 年 8 月 18 日，庄则栋、佐佐木敦子向法院提起诉讼，状告隐志公司侵害其享有的前述作品的信息网络传播权，该案一审时隐志公司的委托代理人仍为叶骥岗（现任隐志公司职员）。

庄则栋、佐佐木敦子在一审时支出购书费 26.90 元，公证费 6 260元，律师费 10 000元。

上海市第一中级人民法院认为：隐志公司经营的 VeryCD 网是基于 P2P 技术实现网络资源分享的网站。由于 P2P 技术的使用，网络用户无须通过网络中心服务器进行中转就可实现点对点的数据交换。而当 P2P 软件用户非法传播他人作品时，尽管提供 P2P 技术的网络服务商在客观上起到了帮助 P2P

软件用户传播侵权作品的作用，但是，不能以此客观结果来简单地判定提供P2P技术的网络服务商需要承担侵犯他人著作权的责任。根据《信息网络传播权保护条例》第23条有关“提供搜索和链接的网络服务提供者明知或应知链接对象侵权的，应当承担共同侵权责任”的规定，只有当提供P2P技术的网络服务商存在主观过错时，才会因为间接侵权行为而承担共同侵权责任。而判断网络服务商是否存在主观过错时，需要综合网络服务商的经营行为来进行客观化的认定。鉴于VeryCD网的网络用户N曾经引发他人与VeryCD网的著作权侵权诉讼，而经营VeryCD网的维西公司和隐志公司实际经营者高度混同，故隐志公司对用户N曾经侵犯他人著作权的情况应当是清楚了解的；且用户N在VeryCD网上发布的资源涉及诸多名家著作，即使一名普通的网络用户，也能意识到该用户发布的资源存在重大的侵权嫌疑，而隐志公司作为一家专业从事互联网资源分享的网络服务商，理当对此负有更高的注意义务。此外，用户上传资源的受关注程度与网络服务商通过出售广告牟取商业利润的大小密切相关，上传资源的点击率越高，广告主投放广告的积极性就越高，网络服务商也可以因此获得更高利润。基于权利和义务的对等性，网络服务商对点击率较高的所谓精华资源应当负有谨慎的注意义务和审查职责。本案的发生一定程度上是因为隐志公司疏于履行上述注意义务，漠视其高级用户N涉嫌侵权的结果。综上分析，二审法院认为，隐志公司对其网络用户N在VeryCD网上发布《邓小平批准我们结婚》一书的有声读物，侵害庄则栋、佐佐木敦子享有的该作品的信息网络传播权具有主观过错，应当承担共同侵权责任。同时，鉴于上诉人庄则栋、佐佐木敦子诉请被上诉人隐志公司赔偿53万元，但未能提供其所受实际损失和隐志公司所获利润的证据，故本院综合作品类型、侵权行为性质、持续时间、侵权后果、隐志公司的主观过错程度等情节予以酌定；据此判决隐志公司停止侵害庄则栋、佐佐木敦子享有的《邓小平批准我们结婚》一书的信息网络传播权，赔偿庄则栋、佐佐木敦子经济损失及合理开支人民币55 000元。

【评析】

本案主要法律问题在于提供P2P技术的网络服务商是否应当对曾经引发类似诉讼的网络用户履行合理的注意义务。由于涉及网络技术及相应的法律适用问题，故需遵循“技术问题技术分析，法律问题法律解决”的审理思路作出判断。

一、P2P软件技术的应用特征

P2P是英文Peer to Peer（“点”对“点”）的简称，是21世纪初问世的一种新型的网络信息传播技术。P2P 技术的出现，使得信息传播摆脱了对网络中心服务器的依赖，网络用户无须通过网络中心服务器中转即可在相互之间进行数据交换。在 P2P 网络系统中，每个使用 P2P 技术的用户利用 P2P 软件都可以在本机的硬盘上设有一个“共享目录”（相当于一个文件服务器），如果其愿意与他人分享电影、音乐或软件等文件，就可以将这些文件拷贝至该“共享目录”中，只要这名用户打开计算机、保持联网状态并运行该 P2P 软件，其他任何同样使用该 P2P 软件的用户就可以通过输入关键词搜索到这名用户拷贝在“共享目录”内的文件，并可将其下载到自己的计算机中。❶与传统网络信息技术相比，P2P 技术的显著特点在于：即使网络服务商的主服务器关闭，使用 P2P 技术的网络用户仍然可以从其他使用 P2P 技术的网络用户处获得所需要的信息。

二、提供 P2P 技术的网络服务商承担侵权责任的要件

P2P 技术并非单纯的恶意软件，它不仅能够为网络用户传播交流资讯提供技术支撑，还能促进互联网产业的发展。当然，P2P 技术也可能被网络用户用于非法传播侵权作品，侵犯他人享有的信息网络传播权。但必须指出的是，当使用 P2P 技术的网络用户非法传播侵权作品时，尽管提供该技术的网络服务商客观上起到了帮助该网络用户传播侵权作品的作用，但不能据此简单地认定该网络服务商需要承担相应的侵权责任。❷ 理由在于：提供 P2P 技术的网络服务商没有直接实施侵犯作品信息网络传播权的行为，不构成直接侵权。若要该网络服务商因间接侵权行为而承担共同侵权责任，则其构成要件为：（1）有直接侵权行为存在；（2）客观上参与、帮助了直接侵权行为；（3）主观上有过错。❸ 本案中，隐志公司的行为符合了上述前两个构成要件，关键在于是否符合第三个构成要件，即隐志公司是否存在主观过错。

三、网络服务商主观过错的判断标准

根据《信息网络传播权保护条例》第 23 条有关“提供搜索和链接的网络服务提供者明知或应知链接对象侵权的，应当承担共同侵权责任”的规

---

❶ 王迁：《知识产权法教程》，中国人民大学出版社 2007 年版，第 165 页。

❷ 祝建军、谭明华：“P2P 服务提供者间接侵权责任的认定”，载《知识产权》2009 年第 1 期。

❸ 陈绍平：“MP3 搜索引擎服务商的法律责任——对‘百度案’和‘雅虎案’二审判决的评析”，载《电子知识产权》2008 年第 8 期。

定，判断提供 P2P 技术的网络服务商主观过错的标准分为明知和应知两类：❶（1）明知。司法实践中，明知的认定主要表现有二：一是 P2P 网络服务商自认知道其用户实施了侵犯著作权的行为，但未采取措施消除这种行为，此为自认的明知；二是根据“通知—删除”规则，如著作权人发出确有证据的警告后，P2P 网络服务商仍未采取措施消除侵权行为，则可认定网络服务商构成明知，此为推定的明知。（2）应知。所谓应知，是指根据 P2P 网络服务商的预见能力和预见范围，如果其应当预见到 P2P 软件用户存在实施侵犯他人著作权的行为，但因未尽到谨慎注意义务，导致损害后果发生或扩大的，应当认定该网络服务商存在主观过错。

本案中，隐志公司自始至终否认其明知上传至其网站的涉案有声读物系侵权作品，且庄则栋、佐佐木敦子也未提供证据证明其向隐志公司发出了符合法律要求的警告，故现有证据无法证明隐志公司有明知其用户 N 链接的对象侵权的主观过错。

但是，我们认为，隐志公司应知其用户 N 实施了侵权行为。理由是：第一，涉案用户曾经引发过侵权诉讼，在前次侵权案件中，VeryCD 网的原经营主体系该案的被告，该案的委托代理人也是本案一审的委托代理人，同时，VeryCD 网的前后经营主体高度混同，因此，可以推定隐志公司对其用户 N 曾经涉嫌著作权侵权的事实是清楚的。第二，对于有责任感的网站经营者而言，在发生侵权诉讼之后，应当有意识地去关注一下涉案用户上传资源的情况。本案中用户 N 上传的资源多达 88 个，涉及诸多名家著作，正常情况下，该用户是不可能获得这么多作者合法授权的，对此，一般人都能意识到该用户存在重大侵权的嫌疑，隐志公司作为一家专业从事互联网资源共享的网络服务商，没有理由视而不见。第三，该用户系 VeryCD 网的高级用户，共上传了 86 个精华资源，为隐志公司带来了相应的广告收益。基于权利与义务的对等性，隐志公司的注意义务应当随之加重。据此，我们认为，隐志公司对侵权行为的发生存有主观过错，应当承担共同侵权责任。

四、关于法定赔偿的酌定因素

本案中，庄则栋、佐佐木敦子未向法院提交其所受实际损失和隐志公司违法所得的证据，且在审理中明确主张按法定赔偿的最高标准计赔。此时应当根据作品类型、侵权行为性质、持续时间、侵权后果、隐志公司的主观过

---

❶ 祝建军、谭明华：“P2P 服务提供者间接侵权责任的认定”，载《知识产权》2009 年第 1 期。

错程度等情节予以确定。鉴于涉案作品为知名人士的著作，自 1998 年 7 月出版发行至今已经三次印刷，该作品的有声读物在 2006 年 1 月即上传至 V 网，因 P2P 技术的使用会被作为“侵权种子”反复传播，直接影响涉案作品的正常销售，且隐志公司疏于履行注意义务，对侵权行为的发生存有主观过错。故在参考同类案件赔偿数额的情况下[1]，我们酌情确定隐志公司赔偿损失 50 000元。同时考虑到庄则栋、佐佐木敦子为制止隐志公司的侵权行为支出了调查、公证、律师费等费用，我们结合本案取证的难易程度以及二审的复杂程度等因素酌情确定隐志公司承担合理费用 5 000元。

（撰稿人：宋学东　刘军华　唐　震）

---

[1] 2010 年上海市第一中级人民法院判决侵犯电影作品信息网络传播权的被告承担的平均赔偿额（包括合理费用）不足 3 万元。参见朱丹：“侵犯信息网络传播权赔偿额的确定”，载《人民司法》（应用）2011 年第 11 期。

动画角色造型著作权归属的认定

——胡进庆等与上海美术电影制片厂著作权权属纠纷案

【提要】

本案是一起计划经济时代职务作品的著作权归属纠纷案件。本案判决明确了在特定历史条件下，即使没有明确的约定和具体的法律规定，根据当事人的具体行为及其真实意思表示，也可以认定单位职工创作的动画角色造型属于“特殊职务作品”，由单位享有除署名权之外的著作权，这一方面符合公众对此类作品著作权归属的通常认知，另一方面也可以维护文化产业的健康发展。

【案情】

原告（上诉人）：胡进庆

原告（上诉人）：吴云初

被告（被上诉人）：上海美术电影制片厂

案由：著作权权属纠纷

一审案号：（2010）黄民三（知）初字第28号

二审案号：（2011）沪二中民五（知）终字第62号

原告胡进庆曾用名墨犊、进庆。1953年原告胡进庆进入被告上海美术电影制片厂（以下简称美术电影厂）工作，历任动画设计、动作设计、造型设计、导演、艺术委员会副主任等职。1964年8月原告吴云初进入被告处工作，历任动作设计、造型设计、导演等职。

1984年被告方的文学组编剧杨玉良根据民间故事《七兄弟》创作了《七兄弟》文学剧本大纲。1985年年底被告成立《七兄弟》影片摄制组，指派胡进庆、周克勤、葛桂云担任导演，胡进庆、吴云初担任造型设计。两原告绘制了“葫芦娃”角色造型稿，葫芦七兄弟的造型一致，其共同特征是：四方的脸型、粗短的眉毛、明亮的大眼、敦实的身体、头顶葫芦冠、颈戴葫芦叶项圈、身穿坎肩短裤、腰围葫芦叶围裙，葫芦七兄弟的服饰颜色分别为赤、橙、黄、绿、青、蓝、紫。原告胡进庆先后绘制《葫芦兄弟》共13集分镜头台本。经比对，分镜头台本中的“葫芦娃”角色造型与影片中的“葫芦娃”外形基本一致，前者为黑白、笔法简略、前后呈现细节上的诸多不一致。后者为彩色、画工精致、前后一致，1988年原告胡进庆先后绘制

《葫芦小金刚》共6集分镜头台本，“金刚葫芦娃”的造型与“葫芦娃”基本一致，仅改为身穿白衣、颈项佩戴金光闪闪的葫芦挂件，以示“金刚葫芦娃”由葫芦七兄弟合体而成。

被告于1986年、1987年完成《葫芦兄弟》共13集的制作；1989~1991年陆续完成《葫芦小金刚》共6集的制作。《葫芦兄弟》、《葫芦小金刚》影片每集的美术设计基本上均署名为吴云初、进庆、常保生。《葫芦兄弟》每集完成台本和1996年上海美术电影制片厂出品的葫芦兄弟系列VCD光盘的每集片尾工作人员名单中造型设计均署名吴云初、进庆。《葫芦小金刚》每集完成台本的片尾工作人员名单亦显示造型设计：吴云初、进庆。

原告胡进庆、吴云初共同诉称：角色造型美术作品先于电影而存在，可以独立于影片而由作者享有著作权，而且映射在影片中的“葫芦娃”形象的著作权也应归两原告所有。两原告从未利用被告的物质技术条件创作涉案影片的分镜头台本，该作品属于一般职务作品，在双方未就著作权进行约定的情况下，“葫芦娃”角色造型形象的著作权应归两原告所有。遂诉至法院，请求判令：1. 确认《葫芦兄弟》及其续集《葫芦小金刚》系列剪纸动画电影中“葫芦娃”（葫芦兄弟和金刚葫芦娃）角色形象造型原创美术作品的著作权归原告胡进庆、吴云初所有；2. 本案诉讼费由被告承担。

被告美术电影厂辩称：涉案影片的摄制是在计划经济体制的背景下完成的，当时著作权法尚未颁布，双方不可能签订合同约定著作权的归属。系争角色造型是由两原告等人绘制草稿张贴于摄制组内，经组内人员集体讨论修改，最终由厂艺术委员会审定，作品的创作系在被告领导下，体现法人的意志，并由法人承担责任，系法人作品，两原告已从被告处获得报酬和奖励。此外，影片中的“葫芦娃”形象是连续的、动态的，角色造型不可以脱离影片单独使用，即使可以单独使用，也应由被告享有著作权，这样更有利于动漫产业的发展。故请求法院驳回两原告的诉讼请求。

【审判】

上海市黄浦区人民法院经审理认为：系争造型诞生于影片创作时的1986年，但当时的法律法规和政策并没有关于影片中角色造型著作权归属的规定，根据著作权法的规定，本案仍适用我国著作权法予以处理。

关于“葫芦娃”角色造型著作权的归属问题。在涉案影片创作的当时，我国正处于计划经济时期，两原告作为被告方的造型设计人员完成被告交付的工作任务是其职责所在，其创作的成果归属单位是毋庸置疑的行业惯例，当时的法律制度尚不健全，无法要求本案当事人在系争造型创作的当时，能够就作品著作权的归属以合同的形式进行明确约定。就系争造型的作品创作，两原告已取得远高于工资性奖金的酬金和奖励，自涉案影片最初播映的1986年起至2010年两原告起诉之日前的24年间两原告也从未就系争造型的著作权向被告提出异议。综上，根据系争造型创作当时的时代背景、历史条件和双方当事人的上述行为，可以认定“葫芦娃”角色造型美术作品的著作权由被告享有，两原告仅享有表明其作者身份的权利。系争美术作品的创作体现了作者独特的思想、感情、意志和人格，摄制组其他成员和被告的部门负责人提出的修改意见，并不影响对“葫芦娃”角色造型作出实质性贡献的仍然是作者个人。而且，从片尾的署名来看，造型设计也已署名两原告个人，因此，“葫芦娃”角色造型美术作品并不是代表法人的意志创作，不应认定为法人作品。

当系争造型美术作品进入影片以后，形成了“葫芦娃”具有个性特征的完整形象，当人们看到静态的“葫芦娃”形象时，它已不是单纯的一幅美术作品，而是包含个性特征、情节、反应等要素的生动形象。“葫芦娃”形象之所以能够成为家喻户晓、深受观众朋友喜爱的动画形象，其知名度有赖于被告投资拍摄影片并对之进行了持续传播，从民法的公平原则角度出发，对于“葫芦娃”形象的整体性和知名度所作的贡献均应归功于被告，故两原告关于影片中“葫芦娃”形象的著作权归其所有的主张，法院不予支持。据此，依照《中华人民共和国著作权法》第3条第（4）项、第11条第1款、第2款、第4款、第15条、第16条第2款第（2）项、第60条、第61条、《中华人民共和国著作权法实施条例》第4条第（8）项、第（11）项、第11条第1款、《中华人民共和国民法通则》第4条的规定，判决：对原告胡进庆、吴云初要求确认《葫芦兄弟》及其续集《葫芦小金刚》系列剪纸动画电影中“葫芦娃”（葫芦兄弟和金刚葫芦娃）角色形象造型原创美术作品的著作权归原告胡进庆、吴云初所有的诉讼请求，不予支持。

一审判决后，胡进庆、吴云初不服，向上海市第二中级人民法院提起上诉。

上海市第二中级人民法院经审理后认为，一审判决认定事实清楚，适用法律正确，故判决驳回上诉，维持原判。

【评析】

根据著作权法的一般规则，创作作品的公民为作者，作者享有作品的著作权。但是，在某些特殊情况下，著作权也可能依约定或者法定而归属于作者以外的其他自然人、法人或其他组织。例如，如果作品系委托作品或职务作品，作品的著作权则可能依双方约定而归属于委托人或者单位；如果作品符合法律规定的法人作品的构成要件，则作品虽由具体个人完成，但著作权仍归属于法人。由于涉案作品及涉案动画片创作时尚处于计划经济时期，著作权法未颁布实施，无相应法律可供参照，双方对涉案作品的权利归属亦未有过明示约定，故本案一、二审法院综合考量涉案作品的性质、时代背景、双方实际履行情况等因素，作出了正确的判断。

一、涉案动画角色造型不属于法人作品

我国《著作权法》第 11 条第 3 款规定，由法人或者其他组织主持，代表法人或者其他组织意志创作，并由法人或者其他组织承担责任的作品，法人或者其他组织视为作者。同时，《著作权法》第 16 条第 1 款规定，公民为完成法人或者其他组织工作任务所创作的作品是职务作品。鉴于法人意志的执行者只能且必然是自然人，其即便在执行法人意志的过程中也不免会带有强烈的主观能动性；而职务作品的作者为完成工作任务而创作作品，其创作本身亦不可避免需要符合单位所设定的工作要求，某种程度上也体现了一定的单位意志，因此，法人作品和职务作品常常成为诉讼双方争议的焦点，也是司法判定的难点。司法实践中，法人作品和职务作品的区分，需要从创作者与单位之间的关系、创作过程、物质技术条件的提供、作品体现的意志、作品责任的承担等方面综合予以判断。

以本案为例，首先，两原告系被告的员工，其创作葫芦娃动画角色造型是基于被告的工作安排，也是其工作职责所在。对此，双方均无异议，从这个角度而言，涉案作品符合职务作品的基本构成要件。其次，从涉案作品的创作过程来看，被告陈述涉案作品系由两原告绘制草稿，经组内人员集体讨论修改，最终由厂艺术委员会审定，并据此认为其系集体创作，应属法人作品。我们认为，涉案作品系美术作品，其创作带有强烈的创作者个性化色彩，而且被告关于两原告绘制涉案作品草稿的陈述恰巧印证了系两原告完成了涉案作品“从无到有”的过程，作品体现了两原告的思想、意志和情感。被告没有提供证据证明摄制组的集体讨论结果或厂艺术委员会的审定对两原告的涉案作品草稿进行了实质性改变，故最多只能认为是为两原告的创作提供了帮助，不能认为作品是被告单位集体意志的体现。正如一审判决所言，“这并不影响对‘葫芦娃’角色造型作出实质性贡献的仍然是作者个人”。最后，根据法律规定，法人作品的作者是法人或者其他组织，即单位。换言之，单位对于法人作品享有包括署名权在内的完全的著作权，如果认定涉案作品系法人作品，则其署名应为单位而非个人，而被告在涉案动画片中多次将造型设计署名为两原告，其主张显然与事实不符。综合以上因素，我们认

为，涉案葫芦娃动画角色造型美术作品系由两原告创作完成，属于职务作品而非法人作品。

二、涉案动画角色造型属于特殊职务作品

《著作权法》第16条规定的职务作品有两类：一类是一般职务作品，即著作权由作者享有，但单位有权在业务范围内优先使用；另一类是特殊职务作品，即作者只享有署名权，著作权的其他权利由单位享有。我们认为，双方当事人的确没有就系争作品的著作权归属签订书面合同，但这是特定历史条件下的行为，难以要求本案当事人在作品创作当时，就预先按照著作权法的规定，对职务作品著作权的归属作出明确约定。同时，因为当时的法律法规对此问题也无规范，故应深入探究当事人行为时所采取的具体形式及其真实意思表示，在此基础上才能正确判断系争职务作品著作权的归属。

首先，就当时的法律环境来看，我国尚未建立著作权法律制度，社会公众也缺乏著作权保护的法律意识。针对动画电影的整个创作而言，完成工作任务所创作的成果归属于单位，是符合当时人们的普遍认知的。其次，在《葫芦兄弟》拍摄完成以后，被告已经就两原告创作系争造型的作品予以奖励，符合当时的政策规定及行为人的行为预期。再次，在《葫芦兄弟》动画片拍摄过程中，时任美影厂创作办公室主任的蒋友毅曾明确要求创作人员不得对外投稿，而作为创作人员的两原告并未对此提出异议。也就是说，两原告以实际行为遵守了被告的规定。最后，在系争造型创作完成后至两原告本案起诉前的24年间，两原告从未就涉案“葫芦娃”角色造型的著作权向被告提出异议。这一系列事实表明，双方当事人均认可被告有权对动画电影的角色形象造型进行支配。

《最高人民法院关于适用〈中华人民共和国合同法〉若干问题的解释（二）》第2条规定：当事人未以书面形式或者口头形式订立合同，但从双方从事的民事行为能够推定双方有订立合同意愿的，人民法院可以认定是以《合同法》第10条第1款中的“其他形式”订立的合同。但法律另有规定的除外。结合上述分析，我们认为，基于涉案作品产生于计划经济时代，在当时特殊的时代背景下，虽然原被告双方之前未有关于涉案作品权利归属的任何书面或口头约定，但原被告双方多年来以实际行为达成了“涉案作品由单位支配”的默契，从而形成了事实契约关系，属于前述法条所规定的“以其他形式订立的合同”。因此，涉案作品属于《著作权法》第16条第2款第（2）项规定的特殊职务作品，即“合同约定著作权由法人或者其他组织享有

的职务作品”，作者享有署名权，著作权的其他权利由法人享有，可给予作者一定的奖励。从诚信的角度出发，两原告不得在事后作出相反的意思表示，主张系争角色造型美术作品的著作权。这一结论恰当划分了权属，平衡了当事人的利益，符合正确的知识产权政策导向。

（撰稿人：袁秀挺　孙巾淋）

广告语是否构成作品的认定

——陈俞吉等与上海月星控股集团有限公司等著作权侵权纠纷案

【提要】

广告语不是著作权法上明示列举出来的作品种类。判断广告语是否构成作品，不能一概而论，而是要从著作权法的保护客体、作品的构成要件等方面出发，结合广告语的内容、具体表达形式、句型结构等进行具体判断、个案分析。在对作品“独创性”要件进行认定时，广告语区别于一般作品的文字属性、社会价值亦可作为考量因素。

【案情】

原告（上诉人）：陈俞吉

原告（上诉人）：盛焕华

被告（被上诉人）：上海月星控股集团有限公司

被告（被上诉人）：吴小莉

案由：著作权侵权纠纷

一审案号：（2011）普民三（知）初字第1号

二审案号：（2012）沪二中民五（知）终字第11号

2010年10月，被告上海月星控股集团有限公司（以下简称月星公司）在其网站及相关媒体上发布信息，设立重奖，面向全国征集被告吴小莉在被告月星公司广告片中形象代言的代言词以及企业主题广告语。两原告于2010年11月向被告月星公司投稿包括“月星家居，我心中的家”等11条广告语及7条代言词，并于2011年2月向江苏省版权局进行了登记。

2010年12月，被告月星公司在其官方网站公布了获奖作品和获奖者的评比结果，但两原告应征创作的“月星家居，我心中的家”等广告语和代言词未被采用，被告月星公司也没有向两原告颁发相关奖金和奖品。

从2011年2月起，被告月星公司制作的由被告吴小莉代言的6字广告语“月星，心中的家”的广告片，在中央电视台、凤凰卫视等媒体播出，平面广告亦同时发布。

原告陈俞吉、盛焕华共同诉称：他们是“月星家居，我心中的家”广告语的唯一著作权人，两被告使用的“月星，心中的家”广告语及代言词，其内容全部是两原告创作的“月星家居，我心中的家”作品中的重要且主要部分，两者不论在构思创意、内涵意义、句型句式、形式结构、本质实质，还是在用文字表达等作品的表现形式上，都已构成表达表述上的实质性相同。两被告在评奖颁奖时未采用两原告的广告语、代言词作品，但在中央电视台等媒体播放的“吴小莉代言月星家居全新电视广告片”中却使用了两原告创作的广告语作品。两被告这种未经权利人许可长期、广泛地使用两原告作品，从事商业广告与代言活动的行为，已严重侵犯了两原告的著作权。故两原告起诉要求：判令两被告立即停止在各媒体、网站及门店上刊发、播放侵权广告；判令被告月星公司在《新民晚报》、被告吴小莉在《人民日报》（海外版）公开赔礼道歉，消除影响；判令两被告连带赔偿两原告经济损失人民币 65 万元、精神损失 6 万元、各项合理费用 19 700元。

被告月星公司辩称：两原告提交的应征广告语“月星家居，我心中的家”无独创性的创意，不属于《著作权法》上的“作品”，不享有著作权；被告月星公司在先长期使用“我爱月星，心中的家”、“月星，我心中的家”、“月星，心中的家”，作为企业广告宣传语和文化主题；被告月星公司并未侵犯两原告的合法权益。不应承担任何法律责任。故要求驳回两原告的诉讼请求。

被告吴小莉辩称：本案系著作权侵权纠纷，系争的文字是否属于著作权法上的作品，以及是否享有著作权，均与被告吴小莉无关。广告征集、广告策划及制作均由被告月星公司负责，被告吴小莉只是根据其与被告月星公司之间的合同，提供影视形象和签字。两原告未能提出任何证据以证明被告吴小莉有对两原告的侵权的事实，被告吴小莉与本案没有法律上的关联性，不是本案适格的诉讼主体，更不应承担任何责任。被告吴小莉要求驳回两原告对其提出的诉讼请求。

【审判】

上海市普陀区人民法院经审理认为：系争的广告语“月星家居，我心中的家”从内容和形式来看，以传递“美好家居给予温暖如家感受”思想观念为核心，字数极少、口语化特征明显的表达方式，在日常生活中被广泛使用，以一般大众的认知标准，不符合作品“独创性”的要求，故不构成著作权法上所称的作品。另被告月星公司在广告语征集活动之前，已经使用了“月星，心中的家”作为宣传语。综上被告月星公司未侵犯两原告的著作权。被告吴小莉作为代言合同受托方，其从事受托行为的法律后果，应由委托方承担。故被告吴小莉亦不承担侵权责任。据此，依照《中华人民共和国著作权法》第 3 条、《中华人民共和国著作权法实施条例》第 2 条、《最高人民法院关于民事诉讼证据的若干规定》第2条之规定，判决驳回原告陈俞吉、盛焕华的诉讼请求。

一审判决后，两原告不服，向上海市第二中级人民法院提起上诉。

上诉人陈俞吉、盛焕华共同上诉称：5件涉案广告语符合作品独创性的要求，涉案广告语获著作权登记证书，足以证明涉案广告语属于作品。月星公司已实际使用两原告“月星家居，我心中的家”广告语，故构成著作权侵权，吴小莉作为代言人，亦构成共同侵权。据此，请求二审法院撤销原判，改判支持一审诉请。

被上诉人月星公司答辩称：系争广告语不属于作品，月星公司在征集活动之前已经使用“月星，我心中的家”作为宣传语。请求驳回上诉。

被上诉人吴小莉答辩称：上诉人并未提供充分证据证明吴小莉实施了所谓的著作权侵权行为。请求驳回上诉。

上海市第二中级人民法院经审理后认为，原审法院查明的事实基本属实。

上海市第二中级人民法院经审理后认为，一审判决认定事实清楚，适用法律正确，故判决驳回上诉，维持原判。

【评析】

本案争议焦点主要集中于两原告创作的涉案广告语是否构成作品。判断广告语是否构成作品，不能一概而论，而是要根据该广告语的具体表现方式来做具体判断，进行个案分析。总的判断原则是，一要看它究竟是一种表达，还是一种思想，或者是“思想与表达的混合”，二要看它是否具备了著作权法上所要求的“独创性”这一要件。

“独创性”的标准往往成为判断是否构成作品的关键性因素。作品的独创性，又称作品的原创性，“是指作者在创作过程中投入了某种智力性的劳动，创作出来的作品具有最低限度的创造性”，只有具有独创性的作品才能获得著作权法的保护。

作品的形态多种多样，各个领域的作品也各有其特点，因此尚未见到有统一适用于所有作品的独创性标准。广告语构成作品的独创性标准应相对较高，主要基于以下两点：

一、广告语作为作品的种类要求较高的独创性标准

广告语以文字作为载体，更接近于著作权法中所列举的文字作品。但广告语显然不属于历史类或者纪实类作品，只能说某种程度上类似于文学作品，而文学作品受客观事实约束较小，独创性标准应该相对较高，起码应该

具有最低限度的内容和最低限度的长度。广告语的创作，会运用到一些语言学、修辞学、美学方面的知识，可以说是创作者的劳动成果，但仅仅是劳动成果并不能得出其受著作权法保护这一结论。从本案来看，两原告提交的涉案广告语中与被告月星公司实际使用的广告语相近似的核心词汇仅仅为“月星家居，我心中的家”9个字，被告月星公司实际使用的广告语也只有“月星，心中的家”6个字。原告表达语句中的核心词汇“月星家居，我心中的家”，是非常口语化的一种表达，它是人们在日常生活中使用很多、在不同领域都会广泛使用的一种词句。两原告只是利用“星”与“心”的谐音，将被告月星公司的名称“月星”与“心中的家”简单嫁接起来，而且采用的是“某某（商品或企业名称），怎样怎样”这样的主谓表达方式。这种广告语的创作手法，在广告语当中非常之多，可以说是较为普遍。从社会一般的认知标准来看，它尚不具备著作权法要求的作品应当具有的最低限度的创造性。广告语以文字作为载体，一般字数较短，对其独创性的要求就不能太低，否则就不符合著作权法鼓励独创、激励原创的立法本意。

二、从公共政策考虑，广告语著作权的“独创性”标准也应该相对较高

作品形式各有不同，其创作目的、给公众、给社会带来的影响各有不同，这种差异对于判断“独创性”的标准也会有所裨益。有的作品相对专业性很强，受众相对较少；有的作品比较大众化，面向广大群众。我们认为，不管公众多还是少，《著作权法》所列的9种作品形式基本上是面向社会的，能够给社会公众带来不同程度的益处，或是能够让大众得到文学修养、或是让社会提高文化品位，或是能够让他人得到自己需要的精神愉悦。

而广告语却与一般作品有着明显的不同。广告语是服务于企业的广告战略的，它是以推出产品（服务）、占领市场、为企业实现利益最大化服务的。从广告语多是企业悬赏，甚至重金悬赏就可以看出，为自身利益最大化服务是其最主要的特点。广告语的成功与否，推出广告的企业必然是以企业的产品（服务）是否为社会、为消费者接受，是否给自己带来利润增长为判断标准的，而不会以广告语给社会带来多少文化方面的价值作为判断标准。广告语给社会带来的价值与其他作品具有较大的差异性，决定了广告语的“独创性”也应该相对较高。

综上，本案系争的广告语尚不具备《著作权法》要求的作品应当具有的最低限度的创造性，故不构成著作权法意义上的作品。

（撰稿人：竺盈琼）

网站 ICP 备案信息的证据效力与认定

——上海观视文化传播有限公司与上海北铭高强度钢材有限公司等侵害作品信息网络传播权纠纷案

【提要】

ICP 备案信息是确定网站经营者的初步证据，但其证明力相对较弱，如果有相反证据足以证明备案者并非网站实际经营者的，ICP 备案信息则难以采信。在确定网站经营者时，一般应以 ICP 备案信息为基础，同时结合网站服务内容与被告企业性质的关系、版权声明或联系方式信息、网络接入服务商或行政主管部门提供材料等证据、事实和情况进行综合判断。

【案情】

原告：上海观视文化传播有限公司

被告：上海北铭高强度钢材有限公司

第三人：上海亿速网络科技有限公司

案由：侵害作品信息网络传播权纠纷

案号：（2012）杨民三（知）初字第 54 号

北京华谊兄弟娱乐投资有限公司系电视剧《黑玫瑰》的著作权人，该公司向原告出具《授权书》，将电视剧《黑玫瑰》的信息网络传播权等权利独家授予原告。2011 年 7 月 14 日，原告发现“情人电影网”（网址为 www. qingren. tv）未经许可擅自向公众提供涉案电视剧的在线播放服务，遂向公证处申请进行证据保全公证。公证书载明：在浙江省通信管理局“网站备案信息查询系统”输入域名“qingren. tv”进行查询，查询结果显示 ICP 备案主体信息和 ICP 备案网站信息。ICP 备案主体信息包括：备案/许可证号“沪 ICP 备 10216794 号”，审核通过时间“2011 年 6 月 27 日”，主办单位名称“上海北铭高强度钢材有限公司”；ICP 备案网站信息包括：网站名称“上海北铭高强度钢材有限公司”，网站首页网址“www. qingren. tv”，网站负责人姓名“王嘉”，网站域名“qingren. tv”，网站备案/许可证号“沪 ICP 备 10216794 号 - 1”。在 Internet 地址栏中输入“www. qingren. tv”，出现“情人电影网”首页，首页上部设置电影、电视剧、动漫等栏目，首页下部附声明，内容为：“情人电影网所有视频均从互联网上采集而来，本站本身不参与也不提供任何视频的上传、下载、转换和制作，因此不承担任何由于内容的健康性及合法性所引起的争议和法律责任。所有内容如有涉及版权请尽快联络管理员，我们将在第一时间删除”。声明下方注明网站备案号及管理员电子邮箱。在电视剧页面搜索栏中输入“黑玫瑰”进行搜索，随机点击第1集、第18集、第36集进行播放，随机对播放画面进行截图并保存至Word文档。

2012年3月22日，第三人根据法院调查令载明事项向被告出具两份《网站备案信息》及《证明及相关情况说明》。其中，两份《网站备案信息》显示了不同时间段涉案网站的备案情况。第一份《网站备案信息》记载主办单位“上海北铭高强度钢材有限公司”，工商营业执照号码310113000738459S，审核时间2010年11月25日，主体负责人和网站负责人“王嘉”，备案号“沪ICP备10216794号”，网站接入服务提供者“上海亿速网络科技有限公司”，网站IP地址220.196.58.182，网站接入方式虚拟主机，服务器放置地上海。第二份《网站备案信息》记载主办单位为“王于伟”，身份证号码410182198505144919，备案号“沪ICP备11034990号”，审核时间2011年9月7日；主体负责人和网站负责人“王于伟”，网站名称“一箭穿心”，网站接入服务提供者“淮安三全网络科技有限公司”，网站IP地址222.184.88.135，网站接入方式虚拟主机，服务器放置地江苏。《证明及相关情况说明》记载：域名qingren.tv经备案系统网站2010年11月25日在第三人处申请备案。2011年6月27日取消接入服务，2011年8月注销网站，2011年9月2日注销申请主体。因未得到任何通知该域名备案存在纠纷，相关信息及资料已经按流程注销作废。申请备案者如使用伪造的身份证，或者网上下载泄露流传出来的企业相关证件进行盗用，第三人没有相关能力证实。相关服务器IP地址220.196.58.182确系由第三人提供网络接入服务，但第三人从未与被告发生过网站接入服务的交易。

审理过程中，法院于2012年5月10日前往上海市通信管理局就被控侵权网站（网址为www.qingren.tv）的备案、变更等情况进行调查，该局有关工作人员当场进行查询，发现被控侵权网站服务器接入的IP地址位于福建厦门。该局工作人员还向法院出具网站ICP备案历史查询记录，记录显示：2010年11月25日，历史记录状态“新增备案”，备案号“沪ICP备10216794”，主办单位名称“上海北铭高强度钢材有限公司”；2011年6月27日，历史记录状态“取消接入”，备案号同上，主办单位同上；2011年8月1日，历史记录状态“注销网站”，备案号同上，主办单位同上；2011年9月7日，历史记录状态“新增备案”，备案号“沪ICP备11034990”，主办单位名称“王于伟”；2011年9月8日，历史记录状态“新增网站”，备案号同上，主办单位同上。

另查，原告公证取证至2011年11月28日向法院递交起诉状期间，并未向被告提出过口头侵权警告或者发出过书面通知。被告系一家经营高强度钢板、耐低温圆钢、耐低温热卷、耐磨板等钢材产品的企业，其公司网站网址为 www. sh-bm. net，该网站包括公司介绍、产品展示、技术服务、现货资源、综合服务等内容。被告的企业法人营业执照号码为310113000738159。

原告诉称：原告对电视剧《黑玫瑰》享有独家信息网络传播权。2011年7月，原告发现被告未经授权在其经营的网站上向公众提供涉案电视剧的在线播放服务构成侵权，故诉至法院，要求判令被告：1. 立即停止侵权；2. 赔偿原告经济损失人民币30 000元；3. 赔偿原告合理维权费用人民币2 000元。

被告辩称：其并非被控侵权网站的经营者，亦未授权任何人以其名义对被控侵权网站进行备案，故不应对该网站的侵权行为承担法律责任。

第三人述称：第三人系提供网络接入服务的公司。经查询，曾有申请人王嘉以被告的名义就涉案域名“qingren. tv”提交过备案，该域名对应的IP地址是220. 196. 58. 182，而实际上，第三人从未就该IP地址与被告发生过网站接入服务的交易。

【审判】

杨浦区人民法院经审理认为：本案的争议焦点在于被告是否为被控侵权网站的经营者。备案是有关个人和组织将相关情况和材料向行政主管机关报送，行政主管机关依法予以存档以备查考。在网站备案方面，尽管国家工业和信息化部在相关规定中要求网络接入服务单位对申请者提交信息的真实性进行核验，但是备案并非行政确认或行政许可，在备案活动中，一般情况下行政主管机关对申请者报送的情况和材料进行形式审查，而非实质审查，因此在确定网站实际经营者时，仍然要结合其他事实、证据、情况进行综合判断。本案中，首先，被告系一家经营钢材产品的企业，而被控侵权网站系视频网站，且被控侵权网站的网页页面中并没有标注网站经营者、版权归属等内容，无法确定被控侵权网站与被告存在关联；其次，根据第三人提供材料显示，初始备案负责人“王嘉”提交的企业法人营业执照号码与被告实际的营业执照号码并不一致；最后，第三人明确表示其作为网络接入服务商从未与被告发生过网络接入服务交易关系。因此，在存在相反证据和事实的情况下，原告仅依据网站备案查询结果来确定被控侵权网站系由被告经营，缺乏事实和法律依据，法院不予采信。由于现有证据难以证明被控侵权网站系由被告经营，故原告关于被告侵害涉案作品《黑玫瑰》信息网络传播权的主张，法院不予支持。据此，依照《中华人民共和国著作权法》第10条第1款第（12）项、《中华人民共和国民事诉讼法》第64条第1款以及《最高人民法院关于民事诉讼证据的若干规定》第2条之规定，判决驳回原告上海观视文化传播有限公司的全部诉讼请求。

一审判决后，原、被告均未提起上诉，判决已生效。

【评析】

在侵害作品信息网络传播权纠纷案件中，登录国家工业和信息化部"ICP备案信息查询系统"对被控侵权网站进行ICP备案查询，是权利人确定被控侵权网站经营者的通常方式。本案明确了ICP备案信息的证据效力及认定方法，对司法实践具有一定的指导和借鉴意义。

ICP即互联网信息服务提供者（英文全称Internet Content Provider），通常简称为"网络服务商"。根据服务性质不同，可以将网络服务商分为经营性和非经营性两类。前者有偿提供信息服务，应办理经营许可证；后者无偿提供公开性、共享性信息服务，仅须办理备案手续，即ICP备案。ICP备案的功能主要在于对非经营性网络服务商的信息进行收集、披露和存档备查。国家工业和信息化部及各省、自治区、直辖市的通信管理局建立统一的"ICP信息备案管理系统"，将报备信息汇总成数据库，供社会查询。

由于相关行政法规、规章要求备案人如实提供信息，行政主管机关及网络接入服务商对该信息资料也进行真实性核验，因此，ICP备案信息具有初步的证明力。同时，由于ICP备案并非行政审批或许可，行政主管机关对备案人提供的信息资料进行形式审查而非实质审查，因此，ICP备案信息与客观事实不符的可能性亦属存在。综合两方面来看，ICP备案信息是一种具有推定效力的初步证据，其证明力较小，盖然性略占优势，允许反证予以推翻。进言之，在没有相反证据的情况下，可以根据ICP备案信息确定网站经营者；在存在相反证据的情况下，ICP备案信息则难以得到采信。

本案判决对该ICP备案信息不予采信，系基于对以下相反证据、事实或情况的综合考量，包括网络接入服务商提供材料或行政主管部门提供备案历史信息、网站服务内容与被告企业性质的关系、版权声明或联系方式信息等。首先，网络接入服务商提供材料或行政主管部门提供备案历史信息显示，备案的企业营业执照号码与被告实际的营业执照号码并不一致；其次，网络接入服务商从未与被告发生过网络接入服务交易关系；再次，侵权网站系视频分享网站，通过网站的主页广告、弹窗式广告等赚取广告收益，而本案被告系一家经营钢材产品的企业，侵权网站的服务性质与被告企业性质之间存在不小的距离；最后，侵权网站主页页尾附有"不承担版权侵权责任"

的单方声明，页头、页尾等处均没有通常正规网站标注的“关于我们”、“联系我们”、“版权声明”等信息，因此也无法确定侵权网站与被告存在关联。

因网络接入服务商未认真履行核验义务，致使被控侵权网站的实际主办者假借被告名义进行备案。该案判决生效后，法院向ICP备案行政主管机关提出了“加强对网络接入服务商进行监管和指导”的司法建议，受到行政主管机关积极地落实与回复，取得良好的法律效果与社会效果。

（撰稿人：董文涛）

搜索引擎服务商的侵权责任认定

——上海玄霆娱乐信息科技有限公司与北京百度网讯科技有限公司等侵犯著作财产权纠纷案

【提要】

百度公司在其二级域名 wap. baidu. com 上向公众提供他人版权作品，声称其只是提供了搜索和技术转码服务，涉案作品并未存储在其服务器上。本案中，法院从法律和技术层面详细分析了搜索服务和提供作品行为之间的实质性区别，并根据相关证据认定百度公司的行为构成直接侵权。

【案情】

原告（被上诉人）：上海玄霆娱乐信息科技有限公司

被告（上诉人）：北京百度网讯科技有限公司

被告（被上诉人）：上海隐志网络科技有限公司

案由：侵犯著作财产权纠纷

一审案号：（2010）卢民三（知）初字第 61 号

二审案号：（2011）沪一中民五（知）终字第 141 号

原告上海玄霆娱乐信息科技有限公司（以下简称玄霆公司）享有《斗破苍穹》、《凡人修仙传》、《卡徒》、《近身保镖》、《天王》5 部小说（以下称涉讼作品）的复制权、信息网络传播权等著作财产权。为了维权的需要，涉讼作品的作者还确认由原告行使维权的权利。

被告北京百度网讯科技有限公司（以下简称百度公司）是 www. baidu. com 搜索服务网站的经营者。百度公司提供的百度（www. baidu. com）搜索服务长期以来大量公开提供原告拥有独家信息网络传播权的涉讼作品的侵权盗版链接。原告于 2009 年至 2010 年间多次与被告百度公司沟通并要求其依法删除侵权链接，并以附有涉讼作品版权证明及盗链地址的法务函通知被告百度公司，要求其对原告依法发出的删除通知在 24 小时内予以响应并删除相应侵权链接，对原告提供侵权链接信息的删除结果进行逐条反馈，根据原告提供侵权链接示范、作品名、作者名，对特定网站内的侵权信息进行检索和全部删除。但百度公司明知涉讼作品的信息网络传播权仅归属于原告及侵权链接的状况，未及时删除原告通知的侵权信息或断开链接。

另外被告百度公司还在其二级域名 wap. baidu. com 通过设立“最热榜

单”和“精品推荐”栏目的形式对涉讼作品进行推荐，公众可以在其 WAP 网站上直接阅读涉讼作品。

被告隐志公司系“7999 网址大全”（www. 7999. com）网站的制作者。“7999 网址大全”网站作为百度联盟绿色认证的百度联盟成员，在其网页显著位置内嵌有百度搜索条，与百度公司之间签有基于搜索结果的分成协议。

原告玄霆公司诉称：被告百度公司在接到通知后没有断开涉案链接的行为以及在 wap. baidu. com 上向公众提供涉案作品的行为侵犯了原告的著作权，被告隐志公司与被告百度公司共同推广百度搜索且从搜索推广中获取收益，共同加大了侵权盗版链接的传播范围，给原告造成了巨大的损失，应与被告百度承担共同侵权责任。

被告百度公司辩称：原告的通知不符合法定条件，其已经尽到了注意义务，不构成帮助侵权。wap. baidu. com 也只是提供了搜索和技术转码服务，并未复制和存储第三方网页的内容，原告从未针对百度公司 WAP 搜索发送过任何通知，故其不构成侵权。

被告隐志公司辩称：其只是 www. 7999. com 网站的制作者，而不是实际经营者，不是本案适格被告。

【审判】

原上海市卢湾区人民法院经审理认为：1. 原告作为权利人向被告百度公司送达的通知删除法务函完全符合《信息网络传播权保护条例》第 14 条的规定，据此可以推定原告法务函使被告百度公司知道涉讼作品的权属及侵权链接的状况，但被告百度公司并未履行其断开侵权链接的义务，故其不具备免除赔偿责任的条件。被告百度公司的不作为主观上具有帮助他人侵权的故意，客观上扩大了侵权行为的损害后果，其行为应当构成间接侵权。根据《中华人民共和国侵权责任法》第 36 条的规定，被告百度公司在接到权利人的通知后未及时采取必要措施，应当对损害的扩大部分与直接侵权的网络用户承担连带责任。2. 在正常情形下，搜索引擎的使用是帮助互联网用户在海量信息中迅速查询定位其所需要的信息，向用户提供来源网站的信息索引和网络地址链接方式，引导用户到第三方网站浏览搜索内容，而不是替代第三方网站直接向用户提供内容。本案原告公证取证是从电脑通过互联网连接进入 wap. baidu. com，不是用手机浏览无线频道的内容，公证显示在 wap. baidu. com 页面有对涉讼作品的推荐、对搜索结果进行编辑、修改；被告百度公司在 WAP 频道搜索结果及点击阅读功能向用户提供涉讼作品的全部内容，无论是点击阅读页面的地址栏，还是每一个网页的打印结果，地址显示均属于百度公司的服务器，显示页面也都有“百度”及“荐：手机上网必备，尽在新版掌上百度!”的字样，通过页面属性查询，可以看到该页面显示其主数据内容存储于百度网站服务器的事实，百度公司还在每页最下端显示“原网页”，证明其确认该网页不是原网页，而是原网页之外的一个复制页，而该复制页的内容明显有所删减和重新编排，并非应访问用户的要求自动形成。被告百度公司所称的格式转换，就技术而言，Web 网页内容需复制在百度服务器内存或硬盘上才能处理转换成 WAP 网页。百度公司以 WAP 搜索方式提供涉讼作品内容的行为使用户无须访问第三方网站即可完整获得内容，其已超出了提供搜索引擎服务的正常范围，不属于法律规定的免责情形，因此，可以认定百度公司直接、完整地将涉讼作品放置在其服务器上，由用户以点击小说搜索方式向用户提供涉讼作品，该行为属于复制和上载作品的行为，并通过网络进行传播，构成直接侵权。3. 从原告提供的证据看出，“7999 网址大全”网站作为百度联盟绿色认证的百度联盟成员，网页显著位置内嵌有百度搜索条，尚不足以证明隐志公司有主观过错且参与百度公司的侵权行为，故对原告要求隐志公司承担共同侵权责任的诉请不予支持。

据此，依照《中华人民共和国侵权责任法》第 36 条、《信息网络传播权保护条例》第 14 条、第 15 条、第 18 条第（1）项、第 23 条、《中华人民共和国著作权法》第 10 条第 1 款第（12）项、第 48 条第（1）项、第 49 条，最高人民法院《关于审理著作权民事纠纷案件适用法律若干问题的解释》第 25 条第 1 款、第 2 款、第 26 条之规定，判决：一、被告北京百度网讯科技有限公司自本判决生效之日起立即停止对原告上海玄霆娱乐信息科技有限公司享有著作权的《斗破苍穹》、《凡人修仙传》、《卡徒》、《近身保镖》、《天王》5 部作品的信息网络传播权的侵权行为；二、被告北京百度网讯科技有限公司自本判决生效之日起十日内赔偿原告上海玄霆娱乐信息科技有限公司经济损失人民币 50 万元以及合理费用人民币 44 500元；三、驳回原告上海玄霆娱乐信息科技有限公司的其他诉讼请求。

一审判决后，百度公司不服，向上海市第一中级人民法院提起上诉。

二审法院审理期间，百度公司撤回了上诉请求。

【评析】

一、本案中百度无线频道是否在其服务器上存储了涉案作品?

这也是本案的争议焦点之一。原告认为其通过电脑进入百度无线频道，在该网址下可以直接浏览涉案作品，故涉案作品直接存储在百度服务器上。被告百度公司对此声称，其提供的只是搜索和技术转码服务，并未存储涉案作品，百度无线频道的基本工作原理如下：用户提交了对关键词的检索请求后，搜索引擎按用户的请求，在索引数据库中依照技术规则，把和用户指令有关的检索数据组织起来，生成临时链接提供给用户；手机适配：将搜索结果通过技术转码服务，适配为手机页面并返回给用户的过程。适配过程为：用户请求百度转码服务->转码服务解析 URL 获得第三方 Web 网页链接地址->转码服务请求第三方 Web 网页->转码服务将 Web 网页转换为 WAP 网页->转码服务将 WAP 网页返回给用户的移动终端浏览器->用户查看到 WAP 网页。百度公司认为，百度 WAP 没有也不可能在无法预知用户指令的情况下预先存储海量的第三方网站内容。另外，为完成手机适配的需要，必须采用代理方式。即，浏览器地址栏的 URL 的开头的域名为百度的域名，而真正目标网站的网址则变成了一个 URL 参数（就是地址栏后半部分的 URL）。URL 以“wap. baidu. com”开头只是百度公司为完成手机适配采取的必要技术手段，并未复制和存储第三方网页的内容。我们认为，百度无线频道在实现对第三方网页进行技术转码的过程中，必然伴随着对第三方网页的复制和存储，技术转码后形成的网页显然也不再是原网页，而是某种形式的复制页。从本案的证据来看，通过涉案 WAP 网页页面属性查询，可以看到该页面显示其主数据内容存储于百度网站服务器的事实，百度公司还在每页最下端显示“原网页”，更证明其确认该网页不是原网页，而是原网页之外的一个复制页。因此，我们认为，本案中百度无线频道在其服务器上存储了涉案作品。

二、百度无线频道向公众提供涉案作品的行为是否符合法定免责条件？

百度公司称其没有也不可能在无法预知用户指令的情况下预先存储海量的第三方网站内容，其是在接到用户指令以后才在网络上搜索相关内容并实时转码后再发送给用户的。我们认为，百度公司的这一陈述应当是可信的。那么，百度无线频道在其服务器上存储涉案作品的行为是否符合“临时存储”的免责条件呢？我们认为，本案中百度无线频道存储涉案作品的行为并不符合我国《信息网络传播权保护条例》第 21 条关于临时存储免责的规定。因为该条款之所以规定临时储存的免责，其目的是为了提高网络传输效率，其针对的是网络传输过程中经常发生的技术现象，即用户访问目标网站往往需要经过一个以上的中转服务器才能传递指令并获取信息，为了提高传输效率，中转服务器在用户访问目标网站时会将目标网站服务器中传来的信息自动保存在其系统缓存内，当后一用户再次试图访问同一目标网站时，中转服务器就直接将保存在其系统缓存内的信息传递给用户，以此提高用户获得信息的速度。本案中百度无线频道存储涉案作品是为了在转码后向手机用户提供，百度无线频道服务器在本案中所起的作用显然不是单纯为了提高网络传输效率的中转服务器的作用，鉴于本案情况与该免责条款的规范目的是不一致的，我们认为，对百度无线频道存储涉案作品的行为不能适用该免责条款。本案中百度无线频道的行为实际上构成替代第三方网站向公众提供涉案作品，而且使得涉案作品的传播范围扩大到了手机客户端。被告百度公司的行为影响了作为著作权人的原告对涉案作品的正常使用，使得原告通过收费浏览涉案版权作品实现经济目的的效果大打折扣，不合理地损害了原告的合法利益。

综上，我们认为，本案中百度无线频道向公众提供涉案作品的行为构成对原告涉案作品著作权的直接侵权。

（撰稿人：顾文凯　许　浩）

二、商标民事纠纷案件

网站、宣传册广告语中擅自使用他人驰名商标行为的定性

——卡地亚国际有限公司与佛山市三水区铭坤陶瓷有限公司等侵害商标权及不正当竞争纠纷案

【提要】

在网站、宣传手册以及销售凭证上使用与他人驰名商标近似的标识，会吸引公众的注意力，使相关公众产生误认，从而减弱他人驰名商标的显著性，使驰名商标权利人的利益可能受到损害，上述行为构成对他人驰名商标专用权的侵害。将他人驰名品牌与自己的产品相提并论的宣传方式，主观上具有借助他人商誉宣传自己产品并提高自身产品知名度的故意，违反了诚实信用的原则以及公认的商业道德，构成不正当竞争。

【案情】

原告（被上诉人）：卡地亚国际有限公司（Cartier International N. V.）

被告（上诉人）：佛山市三水区铭坤陶瓷有限公司

被告（上诉人）：佛山市金丝玉玛装饰材料有限公司

被告（上诉人）：章云树

案由：侵害商标权及不正当竞争纠纷

一审案号：（2010）沪一中民五（知）初字第123号

二审案号：（2011）沪高民三（知）终字第93号

“Cartier”品牌于1847年在法国巴黎创立。“Cartier”商标（商标注册证号为202386）于1983年12月15日在我国注册，“卡地亚”商标（商标注册证号为783315）于1995年10月14日在我国注册，该两个商标均核定使用在第14类商品上。原告卡地亚国际有限公司（以下简称卡地亚公司）系该两个注册商标的权利人。

1999年，主要使用在服装、皮具、手表商品上的“Cartier”商标被列入国家商标局编制的《全国重点商标保护名录》。2004年10月至2005年8月，为保护涉外知名品牌权利人在中国的合法权益，北京市工商行政管理局、上海市工商行政管理局、天津市工商行政管理局分别发布通告，要求所属区域内的服装市场和小商品市场禁止销售未经授权带有列入通告名单中的商标的商品，“Cartier”、“卡地亚”商标被列入通告名单中。此外，国家商标局曾多次在商标异议裁定书中认定，核定使用在宝石、首饰商品上的“Cartier”、

“卡地亚”商标为驰名商标。北京市第二中级人民法院于2010年4月26日作出的（2010）二中民初字第01529号民事判决认定，注册证号为第202386号的“Cartier”商标以及注册证号为第783315号的“卡地亚”商标为驰名商标。

自2000年起，报刊、杂志等媒体对Cartier（卡地亚）品牌进行了报道。2005年至2010年，原告持续性地在《世界服装之苑》、《时尚芭莎》、《商务周刊》、《东方航空》等杂志上展示了多款Cartier（卡地亚）品牌的首饰。2009年9月5日至2009年11月22日，北京故宫博物院举办了“卡地亚珍宝艺术展”。

被告佛山市三水区铭坤陶瓷有限公司（以下简称铭坤公司）与被告佛山市金丝玉玛装饰材料有限公司（以下简称金丝玉玛公司）在其网站页面、宣传手册上使用被控侵权标识“卡地亚”、“卡地亚KADIYA”，并宣传“卡地亚，世界珠宝界中最优秀的代表，被誉为‘皇帝的珠宝商、珠宝商的皇帝’，金丝玉玛卡地亚系列产品以顶级珠宝的品位、高贵、坚贞、永恒作为设计灵魂，全力打造K金砖的KING”。

2010年3月5日，原告在被告章云树经营的上海闵行七宝兄弟陶瓷经营部购买了规格600×600陶瓷砖一片，价格人民币210元（以下币种相同）。该经营部开具的发货单及发票上注明“金丝玉玛卡地亚系列红色”等字样。

原告卡地亚公司诉称：Cartier（卡地亚）品牌于1983年进入中国市场后在北京、上海等众多城市设立了专卖店和特许经销商，其产品和服务得到了广大消费者的青睐和喜爱，在相关公众中享有极高的知名度和美誉度，“Cartier”以及“卡地亚”商标已成为驰名商标。三被告在经营中将“卡地亚”作为其生产或销售的陶瓷类商品标识使用，并在网站及宣传手册中非法利用原告商标的知名度和商誉感召力进行引人误解的虚假宣传，三被告的行为侵犯了原告的注册商标专用权并对其构成不正当竞争。据此，请求法院判令三被告：（1）立即停止商标侵权及不正当竞争行为；（2）共同赔偿原告经济损失人民币50万元（包括原告所支出的合理费用）；（3）在《人民日报》、《中国工商报》等全国性媒体及被告的经营场所公开说明事实、消除影响。

被告铭坤公司、金丝玉玛公司、章云树共同辩称：原告提供的证据不足以证明原告的两项商标为驰名商标。被告将“卡地亚”作为涉讼产品商品类别的名称使用，该使用方式不是商标意义上的使用，属于正当使用。被告的行为亦不构成虚假宣传的不正当竞争。涉讼产品销售时间较短，原告要求赔偿经济损失50万元过高。据此，三被告请求驳回原告的诉讼请求。

【审判】

上海市第一中级人民法院经审理认为：原告第202386号核定使用在第14类贵金属或镀有贵金属的珠宝、钟表等商品上的“Cartier”商标，以及第783315号核定使用在第14类首饰、宝石、钟表等商品上的“卡地亚”商标在涉案侵权行为发生时已为驰名商标。

被告铭坤公司、被告金丝玉玛公司在宣传手册、网站页面上对其生产、销售的陶瓷砖产品进行宣传时使用“卡地亚”或“卡地亚KADIYA”字样，侵犯了原告的两项注册商标专用权。被告章云树销售了铭坤公司生产的金丝玉玛卡地亚系列产品，并在销售凭证上使用“卡地亚”字样，其行为亦侵犯了原告享有的“卡地亚”注册商标专用权。

被告铭坤公司、被告金丝玉玛公司在宣传手册、网站页面上将原告的“卡地亚”与其自己的“卡地亚”系列产品相提并论的宣传手段，主观上明显具有搭乘他人品牌知名度的故意，对原告构成不正当竞争。

被告铭坤公司、金丝玉玛公司共同侵犯了原告的涉案两项注册商标专用权，并对原告构成不正当竞争，故应当承担停止侵权、赔偿经济损失、消除影响的民事责任。章云树作为被告金丝玉玛公司的法定代表人，其对涉讼产品系侵犯原告注册商标专用权的商品是明知的，其应承担停止侵权、赔偿经济损失的民事责任。

综上所述，上海市第一中级人民法院依照《中华人民共和国民法通则》第130条、《中华人民共和国商标法》第52条第（5）项和第56条第2款、《中华人民共和国反不正当竞争法》第2条第1款和第20条第1款、《最高人民法院关于审理商标民事纠纷案件适用法律若干问题的解释》第1条第（2）项、第16条第1—2款和第21条第1款、《最高人民法院关于审理涉及驰名商标保护的民事纠纷案件应用法律若干问题的解释》第10条之规定，判决：（1）被告铭坤公司、金丝玉玛公司于判决生效之日起停止侵犯原告卡地亚公司享有的核定使用在第14类商品上的“Cartier”、“卡地亚”注册商标专用权；（2）被告铭坤公司、金丝玉玛公司于判决生效之日起停止对原告卡地亚公司的不正当竞争行为；（3）被告章云树于判决生效之日起停止侵犯原告卡地亚公司享有的核定使用在第14类商品上的“卡地亚”注册商标专用权；（4）被告铭坤公司、金丝玉玛公司于判决生效之日起10日内共同赔偿原告卡地亚公司经济损失人民币450 000元；（5）被告章云树于判决生效之日起10日内赔偿原告卡地亚公司经济损失人民币50 000元；（6）被告铭坤公司、金丝玉玛公司于判决生效之日起30日内在《中国工商报》上刊登声明，以消除因涉案商标侵权及不正当竞争行为给原告卡地亚公司造成的不良影响（内容须经原审法院审核，若逾期不履行，原审法院将在《中国工商报》上公布判决内容，相关费用由两被告共同负担）；（7）驳回原告卡地亚公司的其余诉讼请求。

一审判决后，铭坤公司、金丝玉玛公司、章云树均不服，向上海市高级人民法院提起上诉。

上诉人铭坤公司、金丝玉玛公司、章云树共同上诉称：（1）一审判决将被上诉人的“卡地亚”、“Cartier”两项注册商标认定为驰名商标缺乏法律依据，属适用法律错误。（2）上诉人未将“卡地亚”、“Cartier”作为商品的商标使用，不足以误导公众，未对被上诉人的利益造成损害，不构成驰名商标侵权。（3）上诉人的“金丝玉玛”品牌是建材行业的知名品牌，上诉人经营的产品有别于被上诉人经营的产品，上诉人没有必要也不可能企图通过使用被上诉人的注册商标来提高自己产品的知名度，上诉人没有搭乘被上诉人商标知名度的故意，不构成不正当竞争。（4）原审法院判决的赔偿数额不当，违反公平原则，请求二审法院重新确定赔偿额度，减轻上诉人的赔偿责任。综上，请求撤销一审判决，驳回卡地亚公司的诉讼请求被上诉人卡地亚公司答辩称：一审判决认定事实清楚、适用法律正确，请求驳回三上诉人的上诉，维持原判。

上海市高级人民法院经审理后认为，原审法院查明的事实属实。

上海市高级人民法院认为：（1）综合考虑相关公众对“Cartier”、“卡地亚”上述两项注册商标的知晓程度、商标使用的持续时间、商标进行宣传的持续时间、程度、地理范围以及商标作为驰名商标保护的记录等因素，可以认定卡地亚公司的涉案“Cartier”、“卡地亚”两项注册商标在被控侵权行为发生时已为驰名商标。而且，从铭坤公司使用的“卡地亚，世界珠宝界中最优秀的代表，被誉为‘皇帝的珠宝商、珠宝商的皇帝’”等宣传语中可以得知，铭坤公司对卡地亚品牌的知名度亦是知悉和认可的。（2）铭坤公司与金丝玉玛公司在其网站页面、宣传手册上使用被控侵权标识“卡地亚”、“卡地亚 KADIYA”，章云树在其销售凭证上使用被控侵权标识“卡地亚”，上述使用行为具有识别商品来源的作用，应当认定三上诉人的上述行为系将被控侵权标识“卡地亚”、“卡地亚 KADIYA”作为商标使用。本案中，虽然三上诉人在网站、宣传手册以及销售凭证上使用了“金丝玉玛”商标，但是由于“卡地亚”、“Cartier”商标属于相关公众广为知晓的商标，三上诉人在网站、宣传手册以及销售凭证上使用与驰名商标“卡地亚”、“Cartier”文字相同、读音相似的被控侵权标识“卡地亚”、“卡地亚 KADIYA”的行为，仍然会吸引公众的注意力，使相关公众误认为上诉人的商品来源于被上诉人卡地亚公司或者与被上诉人具有相当程度的联系，从而减弱“卡地亚”、“Cartier”注册商标的显著性，使被上诉人的利益可能受到损害，三上诉人的行为已经构成对被上诉人涉案两项注册商标专用权的侵害。（3）本案中，铭坤公司与金丝玉玛公司在宣传手册、网站上介绍了“卡地亚”品牌，称“卡地亚，世界珠宝界中最优秀的代表，被誉为‘皇帝的珠宝商、珠宝商的皇帝’”，接着又宣传自己的金丝玉玛卡地亚系列产品，称“以顶级珠宝的品位、高贵、坚贞、永恒作为设计灵魂，全力打造 K 金砖的 KING”。“卡地亚”品牌的品质和荣誉是专属于卡地亚公司的，铭坤公司与金丝玉玛公司将卡地亚公司的“卡地亚”品牌与自己的“卡地亚”系列产品相提并论的宣传方式，主观上具有借助他人商誉宣传自己产品并提高自身产品知名度的故意，违反了诚实信用的原则以及公认的商业道德，构成对卡地亚公司的不正当竞争。（4）本案中并无证据能够证明三上诉人的侵权获利，也无证据证明被上诉人因被侵权遭受的实际损失，故原审法院综合考虑三上诉人实施侵权行为的性质、情节、规模、影响范围以及被上诉人涉案两项注册商标的知名度、被上诉人为本案支出的合理费用等因素，酌情确定上诉人铭坤公司和上诉人金丝玉玛公司共同赔偿被上诉人经济损失人民币 45 万元、上诉人章云树赔偿被上诉人经济损失人民币 5 万元，并无不当。据此，依照《中华人民共和国民事诉讼法》第 153 条第 1 款第（1）项、第 158 条之规定，判决：驳回上诉，维持原判。

【评析】

本案是一起典型的因被告“傍名牌”而引起的商标侵权及不正当竞争纠纷。主要的争议焦点在于：原告主张保护的涉案商标是否应当认定为驰名商标；三被告的行为是否构成商标侵权以及不正当竞争。

一、关于驰名商标的认定

驰名商标的司法认定程序是以事后认定、个案认定、被动保护为特征的动态认定机制。根据相关司法解释的规定，当事人的请求和案件的具体情况是对涉案商标是否驰名依法作出认定的前提条件。本案中，首先，原告明确提出了请求认定涉案“卡地亚”与“Cartier”两个注册商标为驰名商标的主张。其次，原告主张保护的两个注册商标核定使用的商品类别为第 14 类的珠宝、首饰等，而被告将被控侵权标识使用在第 19 类的陶瓷砖商品上，两者属于既不相同也不相似的商品，且原告在第 19 类商品上未注册过“Cartier”、“卡地亚”商标。因此，本案涉及涉案注册商标的是否可以跨类保护的问题，有必要对原告主张保护的两个注册商标是否驰名作出认定。

本案中，原告就驰名商标的举证比较充分，原告提交的证据可以证明："Cartier"品牌自1847年在法国巴黎创立以来已有160多年的历史，涉案"卡地亚"、"Cartier"两项注册商标也已在我国注册使用了二三十余年；卡地亚公司对上述两项注册商标在全国范围内进行了持续的广告宣传，我国国内众多报刊媒体亦对Cartier（卡地亚）品牌的发展历史和卓越品质等作了广泛报道；通过卡地亚公司的广告宣传以及媒体的宣传报道，涉案"卡地亚"、"Cartier"两项注册商标在相关公众中具有较高的知名度；1999年"Cartier"商标被列入《全国重点商标保护名录》，2004年至2010年，涉案"Cartier"、"卡地亚"两项注册商标多次被国家商标局、人民法院认定为驰名商标。上述事实足以证明涉案"Cartier"、"卡地亚"两项注册商标在中国境内属于相关公众广为知晓的商标。因此，法院综合考虑相关公众对"Cartier"、"卡地亚"两项注册商标的知晓程度、商标使用的持续时间、商标进行宣传的持续时间、程度、地理范围以及商标作为驰名商标保护的记录等因素，依法作出被上诉人的涉案"Cartier"、"卡地亚"两项注册商标在被控侵权行为发生时已为驰名商标的认定，并无不当。

二、关于商标侵权及不正当竞争行为的认定

经营者在市场交易中，应当遵循自愿、平等、公平、诚实信用的原则，遵守公认的商业道德。如果经营者有损害其他经营者的合法权益，扰乱社会经济秩序的行为，应当予以禁止。

本案中，原告指控被告的侵权行为有两个方面：一是被告在网站、宣传手册或者销售凭证上使用被控侵权标识"卡地亚"、"卡地亚KADIYA"的行为构成商标侵权；二是被告在网站及宣传手册中采用了将原告的"卡地亚"品牌与自己的"卡地亚"系列产品相提并论的宣传方式，构成不正当竞争。

首先，与一般的商标侵权行为相比较，本案中被控侵权标识的使用方式具有一定的特殊性，本案并无证据显示被告直接在其陶瓷砖产品上使用了被控侵权标识，被告的主要抗辩理由之一就是其对被控侵权标识的使用方式不属于商标法意义上的商标使用行为。对此，法院认为，商标法意义上的商标使用，并不局限于将商标用于商品，除了将商标使用在商品包装或容器以及商品交易文书上以外，当然也包括将商标用于广告宣传、展览以及其他商业活动中。本案中，三被告在网站页面、宣传手册、销售凭证上将被控侵权标识"卡地亚"、"卡地亚KADIYA"作为产品系列名称使用，这种使用行为当然具有识别商品来源的作用，属于将被控侵权标识作为商标使用。衡量是否构成商标侵权，关键要看被告的行为对原告的商标是否造成损害。"卡地亚"

属于臆造词，本身具有较强的显著性，而且由于“卡地亚”、“Cartier”该两项注册商标已成为驰名商标，故其在相关公众中广为知晓。三被告在网站、宣传手册以及销售凭证上使用的被控侵权标识“卡地亚”、“卡地亚KADIYA”与驰名商标“卡地亚”、“Cartier”的中文文字完全相同、读音亦相似，这种使用方式会吸引相关公众的注意力，使相关公众误认为其商品来源于原告或者与原告具有相当程度的联系，从而减弱“卡地亚”、“Cartier”注册商标的显著性，使原告的利益可能受到损害，因此三被告的行为构成对原告涉案两项注册商标专用权的侵害。

其次，本案被控不正当竞争的行为方式也比较特殊，被告采用了将原告的“卡地亚”品牌与自己的“卡地亚”系列产品相提并论的宣传方式。被告铭坤公司与金丝玉玛公司在宣传中首先介绍“卡地亚”品牌，称“卡地亚为世界珠宝界中最优秀的代表，被誉为‘皇帝的珠宝商、珠宝商的皇帝’”，接着又宣传自己的金丝玉玛卡地亚系列产品，称“以顶级珠宝的品位、高贵、坚贞、永恒作为设计灵魂，全力打造K金砖的KING”。法院认为，“卡地亚”品牌的品质和荣誉是专属于原告卡地亚公司的，两被告在明知卡地亚品牌具有极高知名度的情况下，故意将“卡地亚”品牌与自己的“卡地亚”系列产品相提并论，这种宣传方式具有借助原告商誉宣传自己产品并提高自身产品知名度的主观故意，违反了诚实信用的原则以及公认的商业道德，构成对原告的不正当竞争。

本案中，从被控侵权标识的使用方式以及相关宣传用语来看，被告明显具有“傍名牌”的故意。对于这种非法利用他人商标知名度获取不正当利益的行为，应当予以严厉打击，以维护权利人的合法权益，维持正常的市场经济秩序。本案通过驰名商标的跨类保护，并根据案件的实际情况最终确定了50万元的法定最高赔偿数额，严厉打击了三被告“傍名牌”的恶意侵权行为，依法保护了原告卡地亚公司对其国际知名商标“卡地亚”及“Cartier”享有的合法权益。

（撰稿人：马剑峰）

商标指示性合理使用的司法认定

——立邦涂料（中国）有限公司与上海展进贸易有限公司等侵害商标专用权纠纷案

【提要】

如果被控侵权行为人使用他人注册商标仅为指示其所销售商品的信息，未造成相关公众混淆，亦未造成注册商标权人商标权益损害的，则不应被认定为商标侵权行为。

【案情】

原告（上诉人）：立邦涂料（中国）有限公司

被告（被上诉人）：上海展进贸易有限公司

被告（被上诉人）：浙江淘宝网络有限公司

案由：侵害商标专用权纠纷

一审案号：（2011）徐民三（知）初字第138号

二审案号：（2012）沪一中民五（知）终字第64号

原告立邦涂料（中国）有限公司（以下简称立邦公司）系涉案“”图形与文字组合商标、“立邦”文字商标权利人。被告上海展进贸易有限公司（以下简称展进公司）在被告浙江淘宝网络有限公司（以下简称淘宝公司）运营的淘宝网上开设名为“汇通油漆商城”的店铺销售多种品牌油漆。该网络店铺首页顶部显示“汇通油漆商城、实物拍摄、原厂正货、七天退换、用心服务”，下方有“首页、店铺评分、代理品牌、5折活动专区、多乐士色卡链接、立邦色卡链接、售后服务须知、防伪及物流须知、装修小常识”等页面的链接，页面中部第二张广告介绍品牌为立邦漆，广告上部显示“Nippon Paint 立邦漆”，页面下方为掌柜推荐宝贝、立邦漆、华润漆、多乐士等部分商品的图片、简要信息、价格、销售量等信息。页面左侧显示“公司名：上海展进贸易有限公司，所在地：上海，商家：汇通油漆商城”，还显示有“品牌木器漆：多乐士木器漆、立邦木器漆、华润木器漆、紫荆花木器漆；品牌墙面漆：多乐士墙面漆、立邦墙面漆、华润墙面漆、紫荆花墙面漆；侨波活性炭；涂刷工具”。点击首页中“代理品牌”链接，页面自上而下分别显示立邦漆、多乐士、德国汉高、来威漆、华润漆、森戈各品牌的广告，其中立邦漆广告共有4幅：首张广告的左上部显示“”，中部显示

“ 2010 为爱上色”；第 3 张广告左上部显示“ 装饰新家，刷新幸福”；第 4 张广告左上部显示“ 小编 120 分推荐，净味性价王”。

立邦公司认为上述店铺存在商标侵权行为，通过邮件向淘宝公司投诉。淘宝公司对立邦公司来函均予以答复，主要内容为要求立邦公司提供身份证明、权利证明、代理关系证明、判断侵权成立的初步证明资料及侵权商品信息的具体链接地址；并表示如果淘宝网卖家发布的商品信息是立邦公司产品，则该卖家发布商品的图片上出现立邦公司产品原有的标识及卖家在文字描述上对商品的陈述均非法律法规定义的商标侵权。

原告立邦公司诉称：其是涉案立邦注册商标的所有权人，立邦在中国已是社会公众广泛知晓的涂料品牌。展进公司未经原告许可，在淘宝网上开设的店铺中肆意使用原告的上述商标标识来装饰其店铺，足以使消费者误认为展进公司与原告存在关联，侵害了原告的商标权。淘宝公司对原告的投诉行为不予理睬，放任展进公司继续侵权，导致原告损失扩大，构成共同侵权。为此请求法院判令：展进公司、淘宝公司停止侵权，在淘宝网站显著位置刊登声明、赔礼道歉、消除影响，赔偿经济损失人民币 20 万元。

被告展进公司辩称：其有合法的进货渠道；在销售立邦漆时使用相应的涉案商标不违反法律规定；在原告提出异议后已停止在淘宝网站上销售立邦漆。故请求法院驳回立邦公司的诉讼请求。

被告淘宝公司辩称：展进公司开设淘宝店铺时已提供证据证明有正规进货渠道，且销售立邦漆时使用涉案商标系正常经营手段，不构成商标侵权；即使展进公司构成侵权，淘宝公司也已尽到事先审查注意义务，而原告要求淘宝公司屏蔽所有立邦产品也超出其技术手段，故淘宝公司不存在过错，不构成帮助侵权。请求法院驳回立邦公司的诉讼请求。

【审判】

上海市徐汇区人民法院经审理认为：展进公司在销售立邦公司商品时，在促销宣传中使用涉案注册商标的方式合理，符合一般商业惯例。鉴于展进公司未构成侵权，立邦公司要求淘宝公司承担共同侵权赔偿责任的诉讼请求亦不予支持。据此，依照《中华人民共和国商标法》第 1 条、《中华人民共和国商标法实施条例》第 3 条之规定，判决驳回立邦公司的诉讼请求。

一审判决后，立邦公司不服，向上海市第一中级人民法院提起上诉。

上诉人立邦公司上诉称：展进公司无证据证明其销售的立邦产品来源合法；展进公司在其淘宝网页上使用立邦商标、代理品牌、立邦网络旗舰店等图标，故意暗示公众其为立邦品牌代理人及其开设的网点为立邦旗舰店，与上诉人存在紧密商业关系，足以造成消费者误认，不属于商标合理使用；立邦商标系驰名商标，展进公司未经授权、未支付对价而擅自使用，影响了上诉人对驰名商标的监管，损害了驰名商标所包含的质量保障和信誉价值；淘宝网作为电子商务平台经营者，未履行事前审查和事后补救义务；原审法院将符合商业惯例作为判决被上诉人未构成侵权的主要依据，并援引商标法立法目的作为判案依据系法律适用错误。

被上诉人展进公司答辩称：其销售的是具有合法来源的立邦产品；在店铺网页中使用上诉人产品的商标和图片仅是为了告诉消费者其销售的是立邦公司的产品，以及区分不同的品牌产品，不存在消费者混淆。请求驳回上诉，维持原判。

被上诉人淘宝公司答辩称：展进公司在淘宝网上使用立邦公司商标是为了如实反映所销售商品的提供者，而其销售的恰恰是立邦公司生产的产品，该商标使用符合商标的功能，不构成商标侵权；即使展进公司构成侵权，淘宝公司作为网络服务提供商也不存在主观过错，不构成侵权。请求驳回上诉，维持原判。

上海市第一中级人民法院经审理后认为，原审法院查明的事实基本无误，另查明：在展进公司的淘宝商城店铺“汇通油漆商城”中，首页的中上方是一个图片框，滚动显示三幅不同图片，其中第一幅系多乐士漆广告，第二幅系立邦漆广告（该广告上部显示“Nippon Paint 立邦漆”，下方是立邦涂料的介绍）。点击首页菜单栏中的“代理品牌”链接，页面自上而下分列有几个图片框，分别系立邦漆、多乐士、德国汉高、来威漆、华润漆、森戈品牌的广告，其中立邦漆图片框中滚动显示该品牌的四幅广告图片：第一张图片系对一个网页的截图，上方显示“ ECOLOR 首页、美丽家居、工业与工程、我的立邦、网上商城”，中部是一个图片框，其中显示“ 2010 为爱上色”，该图片框下方左侧系立邦新闻信息，右侧显示有“立邦网络旗舰店马上登陆”、“漆量计算器”、“为爱上色电子书”等；第三张图片、第四张图片均系立邦漆的产品介绍，其中第三张图片左上方突出显示了“ 装饰新家，刷新幸福”，第4张图片左上方突出显示“ 小编120分推荐、净味性价王”。

上海市第一中级人民法院认为：展进公司为指示其所销售商品的信息而使用上诉人立邦公司的注册商标，未造成相关公众的混淆，且在商标使用过程中，也不存在对商标的贬损，或是商标显著性或知名度的降低，不存在造成商标权人其他商标利益的损害，故立邦公司指控展进公司构成商标侵权的主张不能成立。而淘宝公司作为网络服务提供者，在展进公司不构成商标侵权的前提下，也不应被认为构成商标侵权。原审法院以是否符合商业惯例作为认定侵权行为的标准，并援引《商标法》第1条作为裁判依据虽有不妥，但并未影响到本案实体和程序的裁判。据此，依照《中华人民共和国商标法》第52条第（1）项、《中华人民共和国民事诉讼法》第153条第1款第（1）项之规定，判决：驳回上诉，维持原判。

【评析】

本案系一起商标侵权纠纷，审理关键在于展进公司销售立邦公司产品时使用“立邦”商标是否构成商标侵权，问题核心在于商标指示性合理使用的司法认定。

指示性合理使用指经营者在商业活动中善意合理地使用他人注册商标，客观地说明自己商品或者服务源于他人的商品或服务，或者客观地指示自己商品的用途、服务对象以及其他特性，与他人的商品或服务有关。从目前司法实践来看，指示性合理使用主要包括两类：一类是为了说明商品或服务的特点、用途而使用他人商标，尤其表现为对商品零部件或配件、服务对象的说明等；另一类系针对商标权利用尽而言，经商标权人许可或以其他合法方式投放市场的商品，他人购买后可以转卖，也可以在广告中推销该商品进而对其商标进行使用。

我国商标相关法律对指示性合理使用尚无明确规定，司法实践中，对指示性合理使用的判定仍应立足于对传统商标侵权理论的分析，可从两方面把握：第一，不属于商标法意义上的使用。即商标使用人的目的不是标识商品或服务来源，而是说明或者描述自己的商品。判断是否构成属于商标法意义上的使用时，应结合标识使用的外在表征、相关公众的混淆可能性进行综合考量，包括被控侵权标识使用的大小、位置、含义、显著性、背景、传达给相关公众的一般印象等。第二，未对商标权人造成商标利益上的损害，即未妨碍商标功能的发挥，包括标识来源、质量保障、广告、表彰等功能。

本案中，展进公司在其淘宝网络店铺上销售立邦公司产品时，使用了多幅与“立邦”产品相关的图片，涉及立邦公司的“立邦”商标，是否构成商标侵权或是商标指示性合理使用可从以下几个方面分析。

一、展进公司使用涉案“立邦”商标，是为了指示其所销售商品的信息

首先，从商标适用方式来看。涉案商标系图片组成部分，图片主体内容系对“立邦”产品的介绍，而涉案网络店铺首页的主体位置均系各品牌油漆商品的图片、名称、价格、销售量等信息，结合图片使用方式以及网页布局，相关公众通常会认为该商标传达的是在售商品的广告，即指示其所销售

商品的品牌信息，而不是传达经营者本身。其次，从被控侵权使用行为是否会使相关公众对服务来源产生混淆和误认角度来看。展进公司使用涉案商标，直接指向的是商标注册人的商品，并非指向展进公司本身，即“立邦”商标与“立邦”产品的对应性并没有受到影响，相关公众也不会认为在售“立邦”产品来源于展进公司。

二、不存在立邦公司商标利益上的损害

立邦公司并未提供证据证明展进公司销售的立邦产品系假冒其注册商标的商品，在展进公司销售的是立邦公司的产品时，不存在伪造商品或导致产品质量降低的行为，也不存在对商标的贬损行为，故商标的识别、广告、表彰等功能也未受到影响，另外，也不存在消费者对于商品来源认知的混淆；因此，被控侵权使用行为并未造成立邦公司商标利益上的损害。

三、本案中展进公司行为虽有不妥，但其行为不属于商标法调整的范畴

首先，经庭审查证，“立邦网络旗舰店”系一个网页截图中的一部分文字表述，并非可单独点击的模块，且该截图与其他图片一并在“代理品牌”界面滚动显示，不足以构成整个页面中的突出显示部分，也不属于淘宝网所定义的网络旗舰店。虽然展进公司在网络店铺首页设置“代理品牌”链接，并在代理品牌界面设置众多品牌广告图片，可能会导致相关公众误认为立邦公司与展进公司间存在一定的商业关系。但该种商业关系的混淆并非商标使用的结果，而系根源于展进公司使用“立邦”广告图片超出了广告宣传产品的必要限度，并对展进公司本身起到了一定的宣传作用。该种行为不属于商标法调整的范畴，并未导致该法所称的商标混淆、商标利益的损害。其次，如果展进公司使用广告图片，足以使相关公众认为展进公司与立邦公司间存在诸如赞助或支持之类的特殊关系，并使展进公司获取了不正当竞争利益，立邦公司的损害达到了反不正当竞争法规定的救济程度的，则可以要求适用反不正当竞争法对此进行保护。

综上所述，展进公司为指示其所销售商品的信息而使用立邦公司的注册商标，未造成相关公众的混淆后果，也不存在立邦公司其他商标利益的损害，故立邦公司指控展进公司构成商标侵权的主张不能成立。而淘宝公司作为网络服务提供者，其构成商标侵权应以展进公司构成商标侵权为前提，在被上诉人展进公司不构成商标侵权的前提下，也不应被认为构成商标侵权。

（撰稿人：陈瑶瑶）

商标侵权判定中对商标近似的判断

——拜尔斯道夫股份有限公司与上海语嫣化妆品有限公司等侵害商标专用权纠纷案

【提要】

商标近似，是指被控侵权的商标与原告的注册商标相比较，其文字的字形、读音、含义或者图形的构图及颜色，或者其各要素组合后的整体结构相似，或者其立体形状、颜色组合近似，易使相关公众对商品的来源产生误认或者认为其来源与原告注册商标的商品有特定的联系。认定商标相同或近似应以相关公众的一般注意力为标准，既要进行对商标的整体比对，又要进行对商标主要部分的比对，还要考虑请求保护注册商标的显著性和知名度。

【案情】

原告（被上诉人）：拜尔斯道夫股份有限公司

被告（上诉人）：集晟春颜生物科技（上海）有限公司

被告（原审被告）：上海语嫣化妆品有限公司

案由：侵害商标专用权纠纷

一审案号：（2010）沪二中民五（知）初字第119号

二审案号：（2011）沪高民三（知）终字第34号

原告拜尔斯道夫股份有限公司（以下简称拜尔斯道夫公司）经过一百二十多年的发展，已经成为全球著名的化妆品生产商。原告旗下的“NIVEA/妮维雅”品牌为原告最具价值及市场影响力的品牌，“NIVEA”在中国的历史可以追溯至1930年，是中国肌肤保养市场的领导品牌之一。原告为第215396号“NIVEA”、第G720172号“NIVEA VISAGE及图形”、第G803978号“NIVEA及图形”系列注册商标的权利人。

2009年3月初至同年4月末期间，被告集晟春颜生物科技（上海）有限公司（以下简称集晟春颜公司）接受被告语嫣公司的委托，加工生产妮雅语嫣系列护肤产品（以下简称被控侵权商品），品种达55种，合计161 400瓶，由被告语嫣公司在上海、成都、沈阳和西安等地销售。两被告在该系列商品上均使用了“NIYEA UYAN及图形”商标（以下简称被控侵权商标）。

原告拜尔斯道夫公司诉称：两被告生产销售的被控侵权商品与原告享有的前述注册商标核准使用的商品属于相同和类似商品，两被告使用的被控侵权商标与原告享有的第215396号、第G720172号和第G803978号注册商标均构成近似。两被告的行为构成了对原告注册商标专用权的侵犯且主观故意较明显。此外，两被告的前述侵权行为，曾被上海市工商行政管理局嘉定分局查处，被认定侵权，处以罚款，扣押销毁侵权产品。原告认为，两被告在侵权行为实施中，存在共同的意思联络，实施了共同的侵权行为，应当承担连带赔偿责任。据此，请求判令：一、两被告停止对原告享有的第215396号、第G720172号和第G803978号注册商标专用权的侵害；二、两被告连带赔偿原告经济损失人民币（以下币种均为人民币）50万元及合理费用103 921元。

被告语嫣公司未到庭答辩，也未提交书面答辩意见。

被告集晟春颜公司辩称：第一，其既没有自行生产被控侵权商品，也没有接受语嫣公司的委托生产被控侵权商品。第二，被控侵权商品外包装上载明的集晟春颜公司的相关信息系被他人冒用。综上，请求法院驳回原告的诉讼请求。

【审判】

上海市第二中级人民法院经审理认为：原告是依德意志联邦共和国法律成立的公司，原告在中国商标局注册的第215396号、第G720172号和第G803978号商标专用权，尚在有效期内，受中国法律保护。原告的上述注册商标经长期使用，在相关消费者中建立了较高的知名度。

第一，关于两被告生产销售的被控侵权商品与原告享有的注册商标核准使用的商品属于同类商品或类似商品的问题。被控侵权商品与原告商标核定使用的商品均属于商品国际分类第3类的商品，在功能和用途上均用于日常美发美容或身体护理，在生产部门上均来自美容美发用品、化妆品的生产厂家，在销售渠道上均通过超市、日用品商店等销售，在消费对象上均为普通消费大众，根据消费者的一般认识，应当认定被控侵权商品与原告商标核定的商品构成相同或类似商品。

第二，关于两被告使用的商标是否构成对原告享有的第215396号、第G720172号和第G803978号注册商标近似的问题。原告享有的第215396号、第G720172号和第G803978号注册商标具有显著性的文字部分均为“NIVEA”。“NIVEA”属于生造词，具有较强的独创性和显著性。第G720172号商标除“NIVEA”外，其色彩组合（蓝色底色、白色字体、银色边框）和图案（方形图案、半月形分割线）也具有较强的显著性，位于下部的文字“VISAGE”的中文含义是“脸部、面容”，不是该商标具有显著性的部分。第G803978号商标除“NIVEA”外，其色彩组合（深蓝底色和白色字体）和图案（蓝色方形）也具有较强的显著性。首先，被控侵权商标与原告享有的第215396号注册商标“NIVEA”构成近似。被控侵权商标的主要部分为文字“NIYEA”，从字形上看，和原告文字商标“NIVEA”仅一个英文字母的差异即“Y”与“V”，然而“Y”和“V”外形上极为相似，且被控侵权商标与原告注册商标在字母间排列顺序相同；从读音看，两者的发音也极易发生混淆；从含义看，两者均无含义。由此，从要部上看，被控侵权商标与原告注册商标近似。其次，被控侵权商标与原告享有的第G803978号注册商标构成近似。被控侵权商标抄袭了原告商标的方形、深蓝底色、白色字体等构图和颜色要素，且主要文字部分极为近似，从整体上看，被控侵权商标与第G803978号商标会使相关公众产生相同的印象，误以为涉案产品来源于原告或与原告注册商标的商品有特定的联系。最后，被控侵权商标与原告享有的第G720172号注册商标构成近似。两者在构图上都采用了外加方框、内部文字分为上下两个部分、中间以半月形分隔的组成，颜色都采用了银白色外框、蓝色底色、字体和半月形为白色的组合；从文字上看，不仅字体相同，而且处于主要部位的“NIYEA”和“NIVEA”字形和读音都十分近似。从整体上看，尽管存在一些细微的差别，如半月形的弯曲方向、下部文字的不同等，但是这些差异不施以特别的观察根本无法注意，从整体结构上两者构成近似。鉴于原告“NIVEA”系列商标具有较高的知名度，被告集晟春颜公司作为自2005年起就从事化妆品行业的企业，应当知道“NIVEA”商标的存在而未尽注意义务，在接受被告语嫣公司委托，加工生产被控侵权商品时未予审查，实施了加工生产被控侵权商品的行为并交付给被告语嫣公司对外销售，两被告在使用侵权商标这一行为上存在共同的侵权意思联络和侵权行为，应当承担共同侵权责任。综上，两被告未经原告许可，在同一种商品和类似商品上使用与原告注册商标近似的商标，构成对原告享有的第215396号、第G720172号和第G803978号注册商标专用权的共同侵权。被告集晟春颜公司关于其未生产被控侵权商品的辩解，与事实不符，本院难以采信。

第三，关于两被告应承担的赔偿责任。由于侵权人因侵权所得利益和被侵权人因被侵权所受损失难以确定，原审法院综合考虑原告的注册商标享有较高的知名度、两被告明显的侵权故意、被控侵权商品种类达55种，数量达161 400瓶之多，以及原告为制止侵权行为的合理开支等因素综合确定赔偿数额。此外，《中华人民共和国侵权责任法》第8条规定，“二人以上共同实施侵权行为，造成他人损害的，应当承担连带责任”。本案中，两被告共同实施了商标侵权行为，应当依法承担连带赔偿责任。

综上，依照《中华人民共和国侵权责任法》第8条，《中华人民共和国商标法》第52条第1款第（1）项、第56条第1款和第2款，《最高人民法院关于审理商标民事纠纷案件适用法律若干问题的解释》第8条、第9条第1款、第10条、第11条第1款、第12条、第16条第1款和第2款、第21条第1款，《中华人民共和国民事诉讼法》第130条之规定，判决：一、被告上海语嫣化妆品有限公司、集晟春颜生物科技（上海）有限公司停止对原告拜尔斯道夫股份有限公司享有的第215396号、第G720172号、第G803978号注册商标专用权的侵害；二、被告上海语嫣化妆品有限公司、集晟春颜生物科技（上海）有限公司应于本判决生效之日起10日内连带赔偿原告拜尔斯道夫股份有限公司包括合理费用在内的经济损失人民币50万元。

一审判决后，集晟春颜公司不服，向上海市高级人民法院提起上诉。

上海市高级人民法院经审理后认为，一审判决认定事实清楚，适用法律正确，故判决驳回上诉，维持原判。

【评析】

关于两被告使用的商标与原告享有的第215396号、第G720172号和第G803978号注册商标是否构成近似的问题。

根据《最高人民法院关于审理商标民事纠纷案件适用法律若干问题的解释》第9条第2款的规定，“商标近似，是指被控侵权的商标与原告的注册商标相比较，其文字的字形、读音、含义或者图形的构图及颜色，或者其各要素组合后的整体结构相似，或者其立体形状、颜色组合近似，易使相关公众对商品的来源产生误认或者认为其来源与原告注册商标的商品有特定的联系”。

《最高人民法院关于审理商标民事纠纷案件适用法律若干问题的解释》第10条规定，“认定商标相同或近似应以相关公众的一般注意力为标准，既要进行对商标的整体比对，又要进行对商标主要部分的比对，要考虑请求保护注册商标的显著性和知名度”。

本案中，原告享有的第215396号、第G720172号和第G803978号注册商标具有显著性的文字部分均为“NIVEA”。“NIVEA”属于生造词，具有较强的独创性和显著性。第G720172号商标除“NIVEA”外，其色彩组合（蓝色底色、白色字体、银色边框）和图案（方形图案、半月形分割线）也具有较强的显著性，位于下部的文字“VISAGE”的中文含义是“脸部、面容”，不是该商标具有显著性的部分。第G803978号商标除“NIVEA”外，其色彩组合（深蓝底色和白色字体）和图案（蓝色方形）也具有较强的显著性。

首先，被控侵权商标与原告享有的第 215396 号注册商标“NIVEA”构成近似。被控侵权商标的主要部分为文字“NIYEA”，从字形上看，和原告文字商标“NIVEA”仅一个英文字母的差异即“Y”与“V”，然而“Y”和“V”外形上极为相似，且被控侵权商标与原告注册商标在字母间排列顺序相同；从读音看，两者的发音也极易发生混淆；从含义上看，两者均无含义。由此，从要部上看，被控侵权商标与原告注册商标近似。

其次，被控侵权商标与原告享有的第 G803978 号注册商标构成近似。被控侵权商标抄袭了原告商标的方形、深蓝底色、白色字体等构图和颜色要素，且主要文字部分极为近似，从整体上看，被控侵权商标与第 G803978 号商标易使相关公众产生相同的印象，误以为涉案产品来源于原告或与原告注册商标的商品有特定的联系。

最后，被控侵权商标与原告享有的第 G720172 号注册商标构成近似。两者在构图上都采用了外加方框、内部文字分为上下两个部分、中间以半月形分隔的组成，颜色都采用了银白色外框、蓝色底色、字体和半月形为白色的组合；从文字上看，不仅字体相同，而且处于主要部位的“NIYEA”和“NIVEA”字形和读音都十分近似。从整体上看，尽管存在一些细微的差别，如半月形的弯曲方向、下部文字的不同等，但是这些差异不施以特别的观察根本无法注意，从整体结构上两者构成近似。

（撰稿人：寿仲良）

附件一：原告享有的第 G720172 号注册商标。

附件二：原告享有的第 G803978 号注册商标。

附件三：两被告在被控侵权商品上使用的商标标识。

驰名商标司法认定的条件和因素

——黛尔吉奥品牌有限公司等与肖绍力等侵犯商标专用权纠纷

【提要】

经过多年的司法实践，驰名商标的司法保护积累了丰富的经验，但也出现了一些新情况、新问题。为了有效解决当前驰名商标司法保护中的突出问题，最高人民法院出台相应司法解释，对驰名商标认定的条件和范围、认定驰名商标的考虑因素及举证责任、驰名商标的保护条件等依法进行了规范。本案结合司法解释规定，对涉案注册商标是否需要认定为驰名商标、认定驰名商标的具体考虑因素等方面作出判定。

【案情】

原告：黛尔吉奥品牌有限公司

原告：帝亚吉欧（上海）洋酒有限公司

被告：肖绍力

被告：常州碧爽生物科技有限公司

被告：无锡永如生物美容品有限公司

案由：侵犯商标专用权纠纷

案号：（2010）沪二中民五（知）初字第31号

原告黛尔吉奥品牌有限公司（以下简称黛尔吉奥公司）是“JOHNNIE WALKER”文字注册商标、“行走的绅士（右）”图形注册商标的专用权人。原告帝亚吉欧（上海）洋酒有限公司（以下简称帝亚吉欧公司）系上述商标在中国的普通许可使用权人。被告常州碧爽生物科技有限公司（以下简称碧爽公司）、无锡永如生物美容品有限公司（以下简称永如公司）在其共同生产、销售的“汉之韵润肤橄榄油”、“汉之韵纯正护肤橄榄油”上，未经授权使用了“JOHNNIE WALKER”文字及与“行走的绅士（右）”商标图形极为近似的“向左的绅士”图形。被告肖绍力在其经营的上海市黄浦区力生杂货店销售了“汉之韵润肤橄榄油”。

原告黛尔吉奥公司、帝亚吉欧公司共同诉称：两原告的商标在中国境内是为相关公众广为知晓的驰名商标。三被告的上述行为侵犯了两原告对上述两个驰名商标享有的合法权利，请求法院判令三被告：1. 立即停止对原告

“JOHNNIE WALKER”、“行走的绅士（右）”注册商标专用权的侵害；2. 共同赔偿原告经济损失人民币 50 万元。

被告碧爽公司、永如公司共同辩称：1. “JOHNNIE WALKER”、“行走的绅士（右）”商标并非驰名商标；2. 被控侵权商品属化妆品中的护肤类商品，化妆品与涉案商标核定使用的威士忌酒等商品既不相同也不相类似。而“向左的绅士”图形与“行走的绅士（右）”商标的图形既不相同亦不近似。因此，两被告在被控侵权商品上使用“JOHNNIE WALKER”文字和“向左的绅士”图形的行为不会造成相关公众的混淆，没有侵犯两原告的合法权利。请求驳回两原告的诉讼请求。

被告肖绍力辩称：其同意被告碧爽公司、永如公司的答辩意见，并认为其经营的力生杂货店销售的“汉之韵润肤橄榄油”均有合法来源，故被告肖绍力在本案中不应承担赔偿责任。

【审判】

上海市第二中级人民法院经审理认为：原告黛尔吉奥公司系“JOHNNIE WALKER”注册商标、“行走的绅士（右）”注册商标的专用权人，并通过非排他许可的方式授权原告帝亚吉欧公司在中国使用。

关于被控侵权商品外包装上使用的“JOHNNIE WALKER”文字，该文字与“JOHNNIE WALKER”文字注册商标相同，而被控侵权商品属于化妆品，与“JOHNNIE WALKER”注册商标核定使用的威士忌商品，属于不相同、不相类似的商品。现原告以被告在不相同且不相类似的商品上使用的商标构成对其驰名商标的复制、模仿为由提起侵犯商标权诉讼，因此，判断“JOHNNIE WALKER”商标是否属于驰名商标，是认定被告碧爽公司、永如公司生产、销售，被告肖绍力销售被控侵权行为是否构成商标侵权的前提。

关于被控侵权商品的外包装上使用的“向左的绅士”图形，将该图形与“行走的绅士（右）”注册商标相比对，两者均为头戴礼帽、身着燕尾服、手持拐杖的绅士图形。但两者之间存在绅士面对方向不同，“向左的绅士”图形中，没有绅士脚穿长靴，迈步向前的特征，且被控侵权商品与“行走的绅士（右）”注册商标核定使用的酒精饮料商品，属于不相同、不相类似的商品。因此，法院认为“行走的绅士（右）”注册商标与“向左的绅士”图形，既不相同亦不相近似，在被控侵权商品上单独使用“向左的绅士”图形，不会造成相关消费者的混淆和误认。故原告关于“向左的绅士”图形在被控侵权商品上使用，构成对“行走的绅士（右）”注册商标侵害的主张难以成立，也不需要再审查原告主张保护的“行走的绅士（右）”注册商标是否驰名。

关于涉案的“JOHNNIE WALKER”注册商标是否驰名，法院经审查认为：1. 使用“JOHNNIE WALKER”商标的“JOHNNIE WALKER”系列威士忌酒在中国威士忌市场占有较高的市场份额；2. “JOHNNIE WALKER”商标自 1958 年已经注册并使用至今，其在中国的使用时间已经超过了 50 年；3. 从 1954 年起，在中国就已有使用“JOHNNIE WALKER”商标的“JOHNNIE WALKER”系列威士忌酒的广告宣传。而 2004 年至 2009 年间，“JOHNNIE WALKER”系列威士忌酒的广告和推广费用近 8 亿元；4. 使用“JOHNNIE WALKER”商标的“JOHNNIE WALKER”系列威士忌酒在各种国际竞赛中获奖，“JOHNNIE WALKER”商标也跻身全球百强品牌；5. 使用“JOHNNIE WALKER”商标的“黑牌”威士忌酒多次被行政、司法部门认定为知名商品，可见“JOHNNIE WALKER”商标已为相关消费者所熟知。据此，法院认定“JOHNNIE WALKER”商标属于驰名商标。被告碧爽公司、永如公司在被控侵权商品上使用“JOHNNIE WALKER”文字具有傍名牌的故意，足以使相关公众对使用“JOHNNIE WALKER”文字的商品来源产生误认，足以使相关公众认为被控侵权商品与原告的“JOHNNIE WALKER”注册商标之间存在特定联系，容易导致相关公众的混淆。故两被告的行为已构成在不相同或不相类似商品上复制他人已经在中国注册的驰名商标，误导公众，致使该驰名商标注册人的利益可能受到损害的侵权行为。被告肖绍力销售被控侵权商品亦侵犯了两原告对“JOHNNIE WALKER”注册商品所享有的合法权利。

综上，上海市第二中级人民法院认为，被告碧爽公司、永如公司共同实施了在其生产、销售的被控侵权商品上使用“JOHNNIE WALKER”文字的侵权行为，应承担停止侵权、赔偿损失的责任。被告肖绍力作为零售行业的经营者，应当知道“JOHNNIE WALKER”注册商标具有较高知名度，其对被控侵权商品上标识的“JOHNNIE WALKER”文字没有尽到合理义务，应承担停止侵权并赔偿损失的责任。现原告未提供证据证明侵权人的侵权获利及被侵权人因被侵权所受损失，法院将根据被告碧爽公司、永如公司及被告肖绍力各自实施的涉案侵权行为的性质、侵权行为实施的期间、后果，涉案驰名商标“JOHNNIE WALKER”商标的声誉，及两原告分别为制止被告碧爽公司、永如公司及被告肖绍力侵权行为所支出合理开支等因素酌情确定赔偿数额。

据此，依照《中华人民共和国民法通则》第 134 条第 1 款第（1）项、第（7）项，《中华人民共和国商标法》第 13 条第 2 款、第 14 条、第 52 条第（2）项和第 56 条，《最高人民法院关于审理涉及驰名商标保护的民事纠纷案件应用法律若干问题的解释》第 2 条第（1）项、第 3 条第（2）项、第 4 条、第 5 条、第 9 条第 1 款和第 10 条，《最高人民法院关于审理商标民事纠纷案件适用法律若干问题的解释》第 16 条第 1 款、第 2 款，第 17 条之规定，判决：1. 三被告停止对原告黛尔吉奥公司、帝亚吉欧公司分别享有的“JOHNNIE WALKER”注册商标专用权和普通许可使用权的侵害；2. 被告肖绍力赔偿两原告包括合理费用在内的经济损失人民币 1 500元；3. 被告碧爽公司、永如公司连带赔偿两原告包括合理费用在内的经济损失人民币 12 万元；4. 对两原告的其余诉讼请求不予支持。

一审判决后，原、被告均未上诉，判决已生效。

【评析】

2001 年修改的《商标法》明确规定了对驰名商标的保护。此后，最高人民法院于 2001 年、2002 年出台的《关于审理涉及计算机网络域名民事纠纷案件使用法律若干问题的解释》、《关于审理商标民事纠纷案件适用法律若干问题的解释》对在审理计算机网络域名和商标民事纠纷案件中认定和保护驰名商标问题作出了一些规定，逐步建立了驰名商标个案认定、因需认定、事实认定等基本制度。经过多年的司法实践，驰名商标的司法保护积累了丰富的经验，但也出现了一些新情况、新问题。为了有效解决当前驰名商标司法保护中的突出问题，最高人民法院于 2009 年公布了《关于审理涉及驰名商标保护的民事纠纷案件应用法律若干问题的解释》（以下简称《驰名商标司法解释》），对驰名商标认定的条件和范围、认定驰名商标的考虑因素及举证责任、驰名商标的保护条件等依法进行了规范。本案正是依据《驰名商标司法解释》对涉案注册商标是否需要认定为驰名商标、认定驰名商标的具体考虑因素等方面作出判定的。

一、关于认定商标是否驰名的适用条件

1. 个案认定原则。认定驰名商标，是对商标驰名的客观事实在个案中的法律确认，只有在商标驰名是构成被诉侵犯商标权或者不正当竞争行为的法律事实时，才有必要认定驰名商标。

2. 按需认定原则。《驰名商标司法解释》第 2 条对需要认定驰名商标的民事纠纷案件类型作出了规定，第 3 条则规定了不需要认定驰名商标的情形，从不同角度对驰名商标司法认定的适用范围作出限定。即驰名商标的按需认定原则。

本案中，原告请求确认“JOHNNIE WALKER”和“行走的绅士（右）”商标为驰名商标，认为被告在不相同且不相类似的商品上使用的商标构成对其驰名商标的复制、模仿，侵犯其商标权。可见，本案审理涉及商标的跨类保护，需以认定涉案商标是否驰名为前提。符合《驰名商标司法解释》第 2

条，关于“在以违反商标法第13条规定为由提起的侵犯商标权诉讼中，当事人以商标驰名作为事实依据的，人民法院根据案件具体情况认为确有必要的，对所涉及商标是否驰名作出认定”的规定。但是，《驰名商标司法解释》第3条又规定，在被控侵犯商标权或者不正当竞争行为因不具备法律规定的其他要件而不成立的案件中人民法院对于所涉商标是否驰名不予审查。因此，本案中需否对“JOHNNIE WALKER”和“行走的绅士（右）”是否构成驰名商标进行审查，还须以原告指控的涉案侵权行为成立为前提要件。本案中，被控侵权商品上使用的“JOHNNIE WALKER”文字与“JOHNNIE WALKER”注册商标相同，可能造成相关公众的混淆和误认。因此有必要对“JOHNNIE WALKER”注册商标是否驰名予以认定。而被控侵权商品上使用的“向左的绅士”图形，法院认为与“行走的绅士（右）”注册商标既不相同也不相似，不会造成相关公众的混淆和误认，因此该项商标侵权的主张难以成立，故不再需要审查“行走的绅士（右）”商标是否驰名。

二、认定驰名商标的具体考虑因素

根据《商标法》第14条、《驰名商标司法解释》第4条、第5条的规定，法院应当根据使用商标的商品的市场份额、销售区域、利税等，商标的持续使用时间，宣传或者促销活动的方式、持续时间、程度、资金投入和地域范围，商标曾被作为驰名商标受保护的记录，享有的市场声誉以及可以证明该商标已属驰名的其他事实等，来综合判断在涉案被诉侵犯商标权行为发生时，“JOHNNIE WALKER”商标是否驰名。即驰名商标的事实认定原则。

本案中，法院根据查明的事实认为：1. 使用“JOHNNIE WALKER”商标的“JOHNNIE WALKER”系列威士忌酒在中国威士忌市场占有较高的市场份额；2. “JOHNNIE WALKER”商标自1958年已经注册并使用至今，其在中国的使用时间已经超过了50年；3. 从1954年起，在中国就已有使用“JOHNNIE WALKER”商标的“JOHNNIE WALKER”系列威士忌酒的广告宣传。而2004年至2009年间，“JOHNNIE WALKER”系列威士忌酒的广告和推广费用近8亿元；4. 使用“JOHNNIE WALKER”商标的“JOHNNIE WALKER”系列威士忌酒在各种国际竞赛中获奖，“JOHNNIE WALKER”商标也跻身全球百强品牌；5. 使用“JOHNNIE WALKER”商标的“黑牌”威士忌酒多次被行政、司法部门认定为知名商品，“JOHNNIE WALKER”商标已为相关消费者所熟知。据此，法院认定“JOHNNIE WALKER”注册商标为驰名商标。

（撰稿人：何　渊）

驰名商标认定的必要性判断

——英特尔公司与深圳市因特佳数码科技有限公司等侵犯商标专用权纠纷案

【提要】

在涉及驰名商标认定的案件中，要坚持必要性认定的原则。具体而言，只有当涉嫌侵权商标与涉案商标所使用的商品类别不同时，才有认定驰名商标的必要。而对商品种类的认定，不能机械、简单地以《类似商品和服务区分表》作为依据或标准，而要从功能、用途、生产部门、销售渠道、消费对象等方面综合进行分析。

【案情】

原告（被上诉人）：英特尔公司

被告（上诉人）：深圳市因特佳数码科技有限公司

被告（原审被告）：陶健

被告（原审被告）：上海纳百川再生物资有限公司

案由：侵犯商标专用权纠纷

一审案号：（2011）沪二中民五（知）初字第89号

二审案号：（2012）沪高民三（知）终字第60号

原告英特尔公司是“INTEL”系列注册商标的商标专用权人，INTEL也是该公司的简称和商号，具有极强的显著性，已成为中国相关公众耳熟能详的驰名商标。被告深圳市因特佳数码科技有限公司（以下简称因特佳公司）未经许可在其公司生产的打印机硒鼓、墨盒等产品上以及公司网站域名和英文名称中，使用了“IN－TELJET”、“Inteljet”和“inteljet”等文字。被告陶健在上海经销因特佳公司的侵权产品，被告上海纳百川再生物资有限公司（以下简称纳百川公司）以自己的名义为陶健销售侵权产品开具发票。

原告英特尔公司诉称：因特佳公司的上述行为足以使相关公众误认为因特佳公司及其产品与原告之间存在某种联系。因特佳公司不正当地利用了英特尔公司驰名商标的市场声誉，淡化了英特尔公司的驰名商标，侵害了原告的注册商标专用权。被告陶健和被告纳百川公司的销售行为构成共同侵权，应依法承担相应的法律责任。遂向法院起诉，诉至法院，请求判令：1. 被告因特佳公司立即停止侵犯原告“INTEL”、“intel”驰名商标的侵权行为；

2. 被告陶健、被告纳百川公司立即停止销售被告因特佳公司的侵权产品和相关侵权物品，包括但不限于侵权包装、说明书和宣传资料等，立即停止任何形式的侵权行为；3. 三被告共同赔偿原告损失和因本案支出的合理费用人民币50万元；4. 三被告承担本案诉讼费用。

被告因特佳公司辩称：1. “inteljet”是其使用的中文商标“因特佳”的译名，被告自2006年起即开始使用，从未接到原告指认其侵权的通知，被告主观上没有侵权故意；2. “inteljet”的标识使用于2008年以前，现已停止使用；3. 被告生产的硒鼓、墨盒与原告商标注册的商品类别既不相同也不类似；4. 被告同意停止使用相关标识，原告主张的赔偿数额没有依据。

被告陶健、纳百川公司共同辩称：陶健系因特佳公司的上海地区授权代理人，纳百川公司的法定代表人陶广香与陶健系父子关系。陶健与因特佳公司于2010年6月签订代理协议，陶健并不知道所售产品是否侵权，也不具备识别商标侵权与否的能力，其所售商品均有合法来源，故不应承担赔偿责任。纳百川公司是专业从事废旧物资回收的企业，既非因特佳公司的代理人，也未实际销售因特佳公司的产品。原告提供的发票之所以由纳百川公司出具，是因为陶健当时尚未注册销售公司，应原告的要求，鉴于父子关系的特殊性，方由纳百川公司代为开具发票。纳百川公司并未实际销售因特佳公司的产品，所以不存在侵犯原告商标权的行为。

【审判】

上海市第二中级人民法院经审理认为：因特佳公司等生产、销售的涉嫌侵权商品与英特尔公司主张的商标核定使用微型计算机、微型控制器、微处理机、集成电路等商品属于不相同也不相类似的商品。因此，判断英特尔公司的相关注册商标是否驰名商标，是认定因特佳公司等的行为是否构成侵权的前提条件。“INTEL”商标注册于1985年4月30日，并使用至今，在我国境内可谓众所周知，加上其所提供的驰名证据，可以认定为驰名商标。因特佳公司使用与英特尔公司驰名商标近似的标识，其行为足以使相关公众认为该公司所用标识与英特尔公司的驰名商标具有相当程度的联系，不正当地利用了英特尔公司驰名商标的市场声誉，构成对英特尔公司驰名商标权利的损害。综上，依照《中华人民共和国侵权责任法》第8条，第15条第1款第（1）项、第（6）项、第（8）项，《中华人民共和国商标法》第13条第2款，第14条，第52条第（2）项，第56条第1款、第2款，《最高人民法院关于审理商标民事纠纷案件适用法律若干问题的解释》第16条第1款、第2款，《最高人民法院关于审理涉及驰名商标保护的民事纠纷案件应用法律若干问题的解释》第2条第（1）项、第4条、第8条、第9条第2款之规定，判决：一、被告深圳市因特佳数码科技有限公司、被告陶健停止对原告英特尔公司享有的“INTEL”注册商标（商标注册证第225222号）和“intel”注册商标（商标注册证第220559号）专用权的侵害；二、被告深圳市因特佳数码科技有限公司应于本判决生效之日起10日内，赔偿原告英特尔公司包括合理费用在内的经济损失人民币40万元，被告陶健对其中的人民币4 000元承担连带赔偿责任；三、被告深圳市因特佳数码科技有限公司应于本判决生效之日起30日内，在《法制日报》上刊登声明，消除影响（内容需经本院审核）；四、对原告英特尔公司的其余诉讼请求不予支持。

一审判决后，因特佳公司不服，向上海市高级人民法院提起上诉。二审法院审理期间，因特佳公司与英特尔公司达成和解协议后撤回上诉。

【评析】

本案的重要争议焦点之一是“INTEL”商标是否有认定为驰名商标的必要。目前，我国司法实践对驰名商标的保护坚持“严格条件、个案认定、被动保护”的原则，其目的，在于规范企业的不当认驰行为，防止企业将司法认驰当成一种成本低、效率高的品牌培育，从而导致不正当竞争。所谓个案认定原则，就是加强对跨类保护必要性的审查。凡能够通过一般商标侵权或其他途径予以救济的，则不进行驰名商标的认定。那么，如何考虑驰名商标认定的必要条件呢？

我国普通商标侵权判定规则主要体现在《商标法》第52条第（1）项，即“未经商标注册人的许可，在同一种商品或者类似商品上使用与其注册商标相同或者近似的商标的”，构成商标侵权。从上述规定可以看出，构成一般的商标侵权需要两个构成条件：构成相同或类似商品；构成相同或类似商标。其中，商品类别的种类相同或近似是判定商标侵权构成的前提和基础。商品类别要件要求必须在商标注册使用的商品类别范围内进行比对，原因在于普通商标所承载的商誉因为消费者群体的封闭性或者经营领域的有限性而不会扩展到注册类别范围之外形成“品牌扩张”的商誉，而商标法对于普通注册商标也仅限于在其核定使用商品类别范围内加以保护。如果一个普通商标通过使用而在其注册使用的商品类别外也产生了足够的商誉，就可能构成驰名商标，只有在这时，对商标权的保护才不需要考虑商品类别。换言之，如果在具体个案中，涉嫌侵权的商标所使用的商品类别与涉案注册商标构成相同或者相似，就没有认定为驰名商标的必要；反之，则有必要认定为驰名商标。

那么，如何认定商品类别的近似性呢？混淆可能性是判定商标侵权的核心，因此，混淆可能性的有无同样贯穿于商品类别相似性判定和商标近似性判定过程之中。现实中，商品是否类似始终是与混淆的可能性紧密相关的，并与具体个案中商标的知名度、商品的销售渠道、特定地区的消费习惯等方面有不同程度的联系。对于商品种类而言，必须注意区分《类似商品和服务区分表》（以下简称《区分表》）意义上的近似商品与混淆意义上的近似商品，换言之，《区分表》上的商品类别，是一种行政上、形式上的静态区分；而侵权判定中的商品近似，则是一种司法上、实质上的动态认定。在司法实践中，商品种类的发展和消费者消费习惯、群体构成的变化都会导致本来属于近似种类的商品却不会让消费者产生混淆或者导致本来区别较大的商品却使得消费者产生混淆，因此，必须更多地考虑具体案件的实际因素个案认定，而不能机械、简单地以《区分表》作为依据或标准。具体而言，在《区分表》中构成类似种类的商品，未必构成侵权判定中的类似商品或者虽然也构成类似商品但因为没有导致消费者混淆而阻却成立商标侵权；反之，在《区分表》中不构成类似种类的商品，可以因为导致消费者混淆而被推定构成商标侵权意义上的类似商品。例如，沙拉酱和花生酱是否属于类似商品呢？对比具体过程如下：功能：均为营养品；用途：均用于佐餐调味；生产部门：均属食品加工生产企业；销售渠道：以超市、食品店零售为重要销售渠道；消费对象：价格相仿，均为大众消费，均无特殊群体需求。通过上述比较，可以看出沙拉酱与花生酱虽然分属《区分表》中的不同类别，但应当认定为类似商品。

具体到本案中，被告生产、销售的涉嫌侵权商品是硒鼓、墨盒，与原告主张的第22522号“INTEL”商标核定使用的微型计算机、微型控制器、微处理机以及第220559号“INTEL”商标核定使用的集成电路、自动记录器、半导体储存器在《区分表》上分属不同的类别，但是，商品种类的判定仍然要从功能、用途、生产部门、销售渠道、消费对象等方面综合进行分析。具体而言，功能：前者为打印耗材，后者为智能控制装置；用途：前者用于打印、复印、传真等用途，后者用于计算机、控制器、处理器等方面；生产部门：前者属于电子耗材生产部门，后者属于储存器、控制器、智能仪器等生产部门；销售渠道：前者主要通过耗材商店、超市等销售，后者主要通过门店、电脑城、品牌公司进行销售；消费对象：前者主要为办公类的机关、企业或者个人，后者与前者虽存在部分交叉，但二者价格差别较大，在消费层次上有明显差别。通过上述比较，可以看出两者应当认定为不相类似商品，因此有认定为驰名商标的必要。

（撰稿人：袁　博）

组合商标近似性比对中的“要部”选择

——诺基亚公司与无锡金悦科技有限公司侵犯商标专用权纠纷案

【提要】

组合商标的近似认定需进行要部比对，即将双方商标中发挥主要识别作用的部分进行重点比较和对照。要部的选择一般需重点关注组合商标中面积较大部分、位置显著部分、文字部分、臆造部分、知名度部分等，并从该等各个部分或其组合产生的识别性出发，进行近似性认定。

【案情】

原告：诺基亚公司

被告：无锡金悦科技有限公司

案由：侵犯商标专用权纠纷

案号：（2010）浦民三（知）初字第670号

原告诺基亚公司于1896年在芬兰成立，系世界知名的电信设备制造商。原告在中国注册了第357902号“NOKIA”商标，核定使用的商品为第9类的电视机、无线电话等，有效期自1989年8月20日起经续展后至2019年8月19日止。2008年4月，国家工商行政管理总局商标局认定原告的“NOKIA”商标为驰名商标。

被告无锡金悦科技有限公司（以下简称金悦公司）于2006年成立，经营范围为研发加工制造模具等。2010年6月12日，被告向上海海关申报出口埃及其生产的液晶电视壳及组件2 250套，申报价值46 888.50美元，液晶电视壳的前壳中间位置印刷了一个“NOKIA EGYPT”字样的标识。经原告申请，上海海关扣留了上述货物。

原告诺基亚公司诉称：其第357902号注册商标系驰名商标，“NOKIA”品牌产品畅销全球，具有极大的市场价值。被告金悦公司未经许可，擅自在生产、销售的相同商品上使用与原告商标近似的“NOKIA EGYPT”商标，且突出“NOKIA”、弱化“EGYPT”，使相关公众误认为其产品与原告存在关联，构成侵害原告注册商标专用权。因此，请求判令被告停止侵权，赔偿经济损失人民币50万元。

被告金悦公司辩称：“NOKIA EGYPT”系被告的客户在埃及注册的商

标，被告按客户订单生产涉案商品的行为合法，且被控侵权商标是“NOKIA”与“EGYPT”的文字组合，原告商标系文字和图形的组合，不属近似商标，故被告不构成侵权。涉案商品已被海关查扣，未造成原告经济损失，故即使被告构成侵权，原告主张的赔偿额也缺乏依据。因此，请求驳回原告的诉讼请求。

【审判】

上海市浦东新区人民法院经审理认为：原告对第357902号“NOKIA”注册商标享有的专用权受法律保护。被告生产并申报出口的液晶电视壳与原告商标核定使用的商品系相同商品，被告使用的“NOKIA EGYPT”商标的主要部分与原告商标的主要部分相同，两者属于近似商标，易使相关公众对被告商品的来源产生误认，构成侵害原告注册商标专用权，应当依法承担停止侵权、赔偿损失等民事责任。被告所提其使用的商标系其客户在埃及注册的商标、其按客户订单生产并出口涉案商品的行为不构成侵权的抗辩意见缺乏事实和法律依据。依照《中华人民共和国民法通则》第134条第1款第（1）项、第（7）项，《中华人民共和国商标法》第52条第（1）项、第（2）项，第56条第1款、第2款的规定，判决：被告立即停止侵害原告的第357902号“NOKIA”注册商标专用权，于判决生效之日起10日内赔偿原告经济损失人民币12万元。

一审判决后，原、被告均未提起上诉，判决已生效。

【评析】

商标近似的认定是商标侵权判定的核心问题，其中组合商标的近似认定是商标近似认定的焦点与难点。因组合商标由几部分组成，故对组合商标的近似判定需进行要部比对。要部比对又称为商标主要部分的观察比较，是指将商标中发挥主要识别作用的部分抽出来进行重点比较和对照，是对商标整体比对的补充。要部比对中“要部”的选择一般需重点关注组合商标中面积较大部分、位置显著部分、文字部分、臆造部分、具有知名度部分等，并从该等各个部分或其组合产生的识别性出发，进行近似性判定。本案较好诠释了“要部”选择的角度和规则，具有较好的示例作用。

一、面积较大、位置显著的部分可以作为要部

在通常的商品交易环境中，对于商品上使用的商标的认识，相关公众如施以合理注意，则其视觉发挥着直接的认知作用。从视觉角度而言，在组合商标中占有较大面积的部分、处于比较显著位置的部分，通常会因其视觉冲击力而在第一时间给相关公众留下深刻印象，而其他面积相对较小、所处位

置相对不显眼的部分则可能会被忽略，故在视觉效果上，占有较大面积的部分、处于比较显著位置的部分直接主导了商标的识别性，上述部分无疑可以作为要部进行比对。

本案中，在比对被控侵权的“NOKIA EGYPT”标识与原告的“NOKIA”商标是否构成近似商标时，法院认为，在视觉效果上，“NOKIA”商标中的“NOKIA”字样及其占商标整体面积的比例均明显大于其右上角的图案，故“NOKIA”显然是该商标的主要部分；被控侵权标识“NOKIA EGYPT”中的“NOKIA”字体比“EGYPT”字体大2倍多，“NOKIA”字样占该标识整体面积的比例大于75%，故“NOKIA”显然是该标识的主要部分。因此，应当将原告商标中的“NOKIA”与被告商标中的“NOKIA”作为要部进行比对，并鉴于双方商标的要部完全相同，故可认定两者属于近似商标。

二、文字部分可以作为要部

组合商标由不同的商标要素组成，组合中的不同部分对相关公众产生不同的识别作用。实践中，许多组合商标由文字和图形组成。相较于组合商标中的图形要素，文字要素往往因其含有“音、形、义”三方面的内容而便于相关公众呼叫、指认，也更容易进行记忆，从而产生较强的识别性，故在图文组合商标的要部选择上一般应将文字部分作为要部。世界知识产权组织指出，“文字部分的近似性通常就足够了……只有在图形部分是商标的显著内容时，该图形部分的近似才会造成混淆。而且，在组合商标中，如果图形部分也近似，两个商标文字部分的任何近似都是关注的重点。”❶

本案中，原告的“NOKIA”商标由文字和图形组成，其中便于消费者呼叫、指认、记忆并具有识别性的显然是文字NOKIA，故该文字是该商标的要部，应当以其作为比对对象。

三、臆造部分可以作为要部

商标组成要素中，与众不同、别出心裁的臆造部分通常具有显著性，对相关公众产生识别作用，而商标中的程度词、描述词等部分通常被认为是对臆造部分或者其他部分的加强或说明，往往难以作为组合商标的要部。国际保护知识产权协会认为，“除非两个商标的非显著部分左右了商标的总体印

❶ 孔祥俊：《商标与不正当竞争法原理和判例》，法律出版社2009年版，第242页。

象，两个商标包含近似的显著部分，一般认为有混淆的可能。”❶

本案中，被控侵权的“NOKIA EGYPT”标识中的“EGYPT”是非洲国家埃及的英文译名，该文字系通用词汇，不具有商标标识的区别功能，不应作为商标要部进行比对。

四、具有知名度的部分可以作为要部

《最高人民法院关于审理商标民事纠纷案件适用法律若干问题的解释》第10条规定，“判断商标是否近似，应当考虑商标的显著性和知名度。”《最高人民法院关于当前经济形势下知识产权审判服务大局若干问题的意见》第6条指出，认定商标近似要考虑请求保护的注册商标的显著程度和市场知名度，对于显著性越强和市场知名度越高的注册商标，给予其范围越宽和强度越大的保护。知名度较高的商标给相关公众的印象必然较为深刻。商业活动中，权利人获得了组合商标的注册商标专用权，其往往出于简便、更易识别的角度而主动将组合商标中的部分进行使用，从而使该部分也具有一定知名度，则该部分可以作为要部进行比对。

本案中，原告使用在手机等通讯工具上的“NOKIA”商标被认定为中国驰名商标，具有较高的知名度，故就原告、被告组合商标或标识而言，其中的“NOKIA”给相关公众的印象更为深刻，应当作为要部进行比对。

当然，在组合商标的近似认定中，关于“要部”的选择应当结合个案而定，可以但不限于适用以上四种规则，该四种规则之间也不具有排他适用的关系。如图文组合商标中的要部选择，通常以文字作为商标近似比对的要部，但绝不排除将图形作为要部，在图形系较大面积部分或者处于比较显著位置或者具有知名度等情形下，无疑应当将图形作为要部进行比对。

（撰稿人：许根华　郭　杰）

❶ 黄晖：《商标法》，法律出版社2004年版，第131页。

网络交易平台经营者帮助侵权的司法认定

——衣念（上海）时装贸易有限公司与浙江淘宝网络有限公司等侵犯商标专用权纠纷案

【提要】

网络交易平台经营者对于网络商户的侵权行为一般不具有预见和避免的能力，故不当然为此承担侵权赔偿责任，但如果网络交易平台经营者知道网络商户利用其所提供的网络服务实施侵权行为，而仍然为侵权行为人提供网络服务或者没有采取必要的措施，则应当与网络商户承担共同侵权责任。网络交易平台经营者是否知道侵权行为的存在，可以结合权利人是否发出侵权警告、侵权现象的明显程度等因素综合判定。网络交易平台经营者是否采取了必要的避免侵权行为发生的措施，应当根据网络交易平台经营者对侵权警告的反应、避免侵权行为发生的能力、侵权行为发生的几率大小等因素综合判定。

【案情】

原告（被上诉人）：衣念（上海）时装贸易有限公司

被告（原审被告）：杜国发

被告（上诉人）：浙江淘宝网络有限公司

案由：侵犯商标专用权纠纷

一审案号：（2010）浦民三（知）初字第426号

二审案号：（2011）沪一中民五（知）终字第40号

被告浙江淘宝网络有限公司（以下简称淘宝公司）是淘宝网的经营管理者。原告衣念（上海）时装贸易有限公司（以下简称衣念公司）经案外人韩国依兰德有限公司的授权，取得第1545520号注册商标和第1326011号注册商标的独占许可使用权。较长时间以来，因有大量淘宝卖家发布侵害TEENIE WEENIE等商标权的商品信息，衣念公司频繁向淘宝公司投诉淘宝卖家售假。其中，仅2009年9月底至11月期间，衣念公司就7次向淘宝公司投诉被告杜国发发布侵权商品信息。淘宝公司历次接到衣念公司投诉后，均及时删除侵权信息。而根据《淘宝网用户行为管理规则》等规则，卖家发布侵权信息的，根据其情节，还应受到警告、限制发布商品信息、冻结账户等处罚，但淘宝公司未对杜国发采取任何处罚措施。2009年11月20日，衣念公司从杜国发的淘宝网店购买了侵权商品并进行证据保全公证后向法院提起诉讼，请求判令：两被告共同赔偿经济损失及合理费用84 900元，并赔礼道歉。

原告衣念公司诉称：淘宝公司仅按照原告要求删除了侵权信息，未根据其与商户的约定采取其他制止侵权的措施，实际上，系纵容、帮助商户实施侵权行为，应与其承担连带赔偿责任。

被告淘宝公司辩称：首先，原告投诉量巨大，仅2009年9月至11月，投诉涉嫌侵权的各类商品信息就累计达131 261条，其中，约有20%的投诉是错误投诉。其次，淘宝公司已采取包括对卖家真实身份合理审查、组建团队及时删除权利人投诉的涉嫌侵权信息、制定并不断完善运营规则等措施保护知识产权，尽到了相应注意义务。

被告杜国发辩称：原告只是公证购买了杜国发销售的一件商品并鉴定为假货，不能由此认定其他7次投诉的商品为仿冒品，也不能由此认定杜国发销售的其他商品为仿冒品，原告主张的经济损失及合理费用过高。

【审判】

上海市浦东新区人民法院认为：杜国发销售的服装上有与第1545520号、第1326011号注册商标相同或近似的商标，因其不能举证证明所售商品有合法来源，故应承担赔偿责任。

淘宝公司接到衣念公司的投诉通知后，对投诉内容进行了审核并删除了杜国发发布的商品信息。根据淘宝网相关管理规则，淘宝公司还应对杜国发采取限制发布商品信息、扣分、冻结账户等处罚措施，但淘宝公司除了删除商品信息外没有采取其他措施。淘宝公司在知道杜国发多次发布侵权商品信息的情况下，未严格执行其管理规则，依然为杜国发提供网络服务，为杜国发销售侵权商品提供便利条件，构成帮助侵权，应当依法承担连带赔偿责任。

因原、被告均未举证证明杜国发因侵权所得利益或者衣念公司因被侵权所受损失，故综合考虑涉案商标具有较高知名度、杜国发网店经营规模较小、获利不多等因素，酌定经济损失赔偿额，并根据维权支出的真实性、关联性、必要性和合理性，酌定合理费用。根据《中华人民共和国民法通则》第130条、《中华人民共和国商标法》第52条第（2）项、第（5）项、第56条、《最高人民法院关于贯彻执行〈中华人民共和国民法通则〉若干问题的意见（试行）》第148条第1款、《最高人民法院关于审理商标民事纠纷案件适用法律若干问题的解释》第16条第1款、第2款、第17条、《中华人民共和国商标法实施条例》第50条第（2）项之规定，判决：被告杜国发、淘宝公司共同赔偿原告衣念公司经济损失3 000元、为制止侵权而支出的合理费用7 000元；驳回原告衣念公司的其余诉讼请求。

一审判决后，淘宝公司不服，向上海市第一中级人民法院提起上诉。

上海市第一中级人民法院经审理后认为，一审判决认定事实清楚，适用法律正确，故判决驳回上诉，维持原判。

【评析】

网络交易平台中的商品都由网络用户即卖家提供，网络交易平台经营者不会因为卖家售假而承担直接侵权责任，故网络交易平台是否应承担帮助侵权责任就成为此类纠纷的争议焦点。

一、网络交易平台经营者没有主动监控侵权信息的义务

商标法实施条例第50条第（2）项规定，故意为侵犯他人注册商标专用权行为提供仓储、运输、邮寄、隐匿等便利条件的属于商标侵权行为。在侵权责任法施行前，法院通常依据该规定及民法通则中关于共同侵权的规定认定网络交易平台经营者是否构成帮助侵权。侵权责任法第36条第3款规定，网络服务提供者知道网络用户利用其网络服务侵害他人民事权益，未采取必要措施的，与该网络用户承担连带责任。

审判实务中，对于网络交易平台经营者帮助侵权责任认定的难点在于，其是否具有过错，即网络交易平台经营者是否知道卖家利用其网络服务实施侵权行为。我们认为，不能因为网络交易平台中存在大量的侵权信息而认定网络交易平台经营者存在过错，也不能因网络交易平台经营者概括知道有卖家利用网络交易平台售假就认定其存在过错。网络交易平台经营者既没有对卖家发布的商品信息进行事先审查的义务，也没有主动搜寻、删除侵权信息的义务。主要理由是：第一，商品信息由网络用户上传，网络交易平台经营者无法预见网络用户即将上传的商品信息内容。第二，即使网络交易平台经营者概括知道网络中存在大量侵权信息，要求其对信息进行监控在技术上也是不可行的。商品信息非常巨大，类型十分复杂，有新品、二手货、代购等不同商品类别，不同的权利人还可能在不同类的商品上注册相同的商标，网络交易平台无法从中甄别和屏蔽侵权信息。第三，如果要求网络交易平台经营者对所有商品信息进行全面审查，势必大大增加网络服务成本，其后果是导致网络交易成本增加，这些成本将转嫁给网络用户，这不利于电子商务的健康发展，最终将损害社会公共利益。

实践中，网络交易平台经营者是否知道侵权行为的存在，可以结合权利人是否发出侵权警告、侵权现象的明显程度等因素综合判定。网络交易平台

经营者收到权利人符合要求的侵权通知后，就知道了侵权事实的存在。但“通知”并非认定“知道”的唯一方法，当用户上传的特定内容的侵权信息，已经放置于网络主页或者网络服务提供者能够看到的其他显著位置，但其就此采取不闻不问、视而不见的“鸵鸟政策”，放任用户实施侵权行为的，应当与网络用户承担共同侵权责任。

二、网络平台经营者对信息的监控适用“通知与移除”规则

信息网络传播权保护条例为网络服务提供者制定了免于承担赔偿责任的“避风港”，而“通知与移除”规则是其中的重要内容。根据“通知与移除”规则，权利人发现网络用户发布侵权内容的，可通知网络服务提供者删除侵权信息或屏蔽相关链接。权利人的通知应当包含下列内容：（一）权利人的姓名（名称）、联系方式和地址；（二）要求删除或者断开链接的信息名称和网络地址；（三）构成侵权的初步证明材料。若权利人的通知不符合上述要求，则网络服务提供者没有删除信息的义务。网络服务提供者收到权利人符合条件的通知后，即知道有网络用户实施了侵权行为，若此时未及时删除侵权信息，其主观上存在过错，客观上扩大了侵权行为的影响范围，构成帮助侵权。若网络服务提供者接到权利人的通知后及时删除了侵权信息，通常情况下，其就不应承担侵权赔偿责任。网络服务提供者根据权利人的通知删除信息后，若权利人所指称的侵权事实并不成立，网络用户可通过“反通知与恢复”规则获得救济。

“通知与移除”规则很好地平衡了权利人、网络服务提供者及社会公众的利益。一方面，该规则可以推动权利人积极地寻找和发现侵权信息，保护自己的利益；另一方面，该规则也促使网络服务提供者及时制止侵权行为，防止侵权后果的蔓延。我们认为，网络交易平台经营者为卖家提供商品信息的存储空间，其作为网络服务提供者同样应受到“避风港”的保护，“通知与移除”规则的原理可适用于认定网络交易平台经营者商标间接侵权的情形。本案中，淘宝公司收到衣念公司符合要求的侵权通知后，已履行了及时删除侵权商品信息的义务。

三、本案网络平台经营者制止侵权应采取的必要有效措施

网络服务提供者接到通知后，根据“通知与移除”规则及时删除侵权信息，是其免于承担赔偿责任的条件之一，但并非是充分条件。网络服务提供者删除侵权信息后，如果网络用户仍然利用其提供的网络服务继续实施侵权行为，网络服务提供者应当进一步采取必要的措施以制止继续侵权。哪些措

施属于必要的措施，应当根据网络服务的类型、技术可行性、成本、侵权情节等因素确定。具体到网络交易平台经营者，这些措施可以是对网络用户进行公开警告、降低信用评级、限制发布商品信息直至关闭该网络用户的账户等。

就本案而言，淘宝公司作为国内最大的网络交易平台经营者，完全有能力对网络用户的违规行为进行管理，淘宝公司也实际制定并发布了一系列的网络用户行为规则。根据当时施行的《淘宝网用户行为管理规则（非商城）》的规定，卖家有商标侵权的违规行为的，将受到警告、限制发布商品等处罚。对于情节特别严重的违规行为，淘宝公司有权对卖家作永久封号处理。淘宝公司若能够严格根据其制定的规则对卖家违规行为进行处理，虽不能完全杜绝卖家的侵权行为，但可增加网络用户侵权的难度，从而达到减少侵权的目的。但淘宝公司接到衣念公司针对杜国发发布侵权商品信息的投诉通知后，除了删除侵权商品信息外没有采取其他处罚措施。在7次有效投诉的情况下，淘宝公司明知杜国发通过淘宝网销售侵权商品，但仍未采取必要措施以制止侵权，放任、纵容杜国发实施侵权行为，为杜国发销售侵权商品提供便利条件，具有主观过错，构成帮助侵权，应与杜国发承担连带赔偿责任。

（撰稿人：许根华　邵　勋）

作为商标使用在商标侵权判断中的作用

——霍尼韦尔国际公司与上海盖里特涡轮增压器系统有限公司等侵犯商标专用权及不正当竞争纠纷案

【提要】

企业名称、域名中使用他人商标究竟是认定为侵犯商标专用权行为还是不正当竞争行为一直是困扰司法审判实践的难题。司法实践中应当按照是否作为商标使用进行判断。如果特定的侵权行为是在商标意义上使用他人的商标，则应认定为侵犯商标专用权；否则应当认定为构成不正当竞争。

【案情】

原告：霍尼韦尔国际公司（Honeywell International Inc.）

被告：上海盖里特涡轮增压器系统有限公司

被告：童玉伟

被告：韩松

案由：侵犯商标专用权、不正当竞争纠纷

案号：（2009）黄民三（知）初字第73号

原告霍尼韦尔国际公司（以下简称霍尼维尔公司）拥有核定使用商品为第12类的第541689号“GARRETT”文字商标（陆地和空中运载工具的零配件，包括发动机、叶轮机、备用动力装置和控制系统）和第994384号“Garrett盖瑞特”中英文文字组合商标（汽车零部件，即发动机、涡轮增压器、辅助动力装置和控制设备）。

2004年3月，被告童玉伟与案外人吴娜共同出资成立被告上海盖里特涡轮增压器系统有限公司（以下简称盖里特公司）。主要经营增压器的加工（限分支机构）、维修、销售、五金交电、建材、汽配的销售。被告童玉伟任执行董事。2007年盖里特公司变更为童玉伟一人出资的一人有限责任公司，华娟为公司董事。

被告童玉伟曾申请注册“Gerritt”字母与“GIT”字母图形的组合商标以及“gerritt”字母加“盖里特”文字与“GIT”字母图形的组合商标，但均被国家工商局予以驳回。2007年8月28日，被告童玉伟经核准注册了第4434599号中文“盖里特”商标，核定使用商品为第12类。后经原告申请，商评委于2010年4月16日，以该商标与原告的“Garrett盖瑞特”商标构成

使用在类似商品上的近似商标为由，裁定撤销该商标。

2005年12月8日，经原告举报，上海市工商行政管理局普陀分局以商标侵权为由，扣押了被告盖里特公司销售处的涡轮增压器产品。被告韩松在工商部门给查处对象的扣留（封存）财物通知书送达回证上签字。根据被告方确认的被扣押产品照片显示：被扣押的涡轮增压器产品上铸有“CARRETT”英文字母，产品吊牌上则印有“Gerritt”标识，产品的外包装箱上标注“Gerritt 盖里特”标识。同时在吊牌上还注明被告盖里特公司的企业名称。

2008年1月，被告韩松在本市古浪路1681号第3区40号房开设个体工商户——上海市普陀区凤城增压器经营部，主要经营汽车增压器配件（零售）。

2008年2月26日，原告在位于本市古浪路的鑫世纪汽配城3区40号内购得增压器一台，并取得盖有被告盖里特公司发票专用章的发票以及名片一张。在该发票上载明的产品为江铃增压器，在名片上除印有盖里特公司名称以及联系人韩松外，还使用了“gerritt”字母加“盖里特”文字与“GIT”字母图形的组合标识。

2008年10月17日，黄晔在公证员的监督下，来到上海市古浪路1681号鑫世纪汽配城3区40号店铺，购买了“盖里特”90B增压器一只，并当场取得收款收据一张（编号：0026528）、名片一张。收款收据上载明：90B增压器一台，价格人民币1 100元，开票人韩；名片则与2008年2月26日原告购买增压器时所得的名片相同。在所附购买的产品照片上显示：产品的外包装箱、包装袋、使用说明书以及产品的铭牌上均注有“gerritt”字母加“盖里特”文字与“GIT”字母图形的组合标识，在外包装箱和质量跟踪卡上标有上海盖里特涡轮增压器系统有限公司企业名称，使用说明书封面载明为：盖里特涡轮增压器使用说明书。

2009年1月21日，上海市工商行政管理局普陀分局对上海市普陀区凤城增压器经营部作出行政处罚，认定：该经营部自2008年3月起，从被告盖里特公司以每台240元的价格购进包装上带有“Gerritt 盖里特”商标的涡轮增压器200台，以每台80元的价格购进带有“Gerritt 盖里特”商标的涡轮增压器机芯总成168台，购货款共计61 440元。尔后，在古浪路1681号第3区40号房，以每台涡轮增压器260元、每台涡轮增压器机芯总成90元的价格对外销售等。因所销售产品包装袋上的“Gerritt 盖里特”商标与霍尼韦尔公司第994384号“Garrett 盖瑞特”相近似，构成销售侵犯注册商标专用权的行为。根据被行政部门查处的产品照片显示，在产品及外包装箱上均注有“gerritt”字母加“盖里特”文字与“GIT”字母图形的组合标识，外包装箱上标明的企业名称为盖里特公司。

另查明：2006年7月，被告盖里特公司登记备案的网址为www. gerritt. com. cn，网站域名为gerritt. com. cn。2007年6月7日，被告盖里特公司登记备案的网址为www. gerritt. com，网站域名为gerritt. cn、gerritt. com。

审理中，被告盖里特公司当庭表示，被告韩松经营的上海市普陀区凤城增压器经营部是其产品的代销处，被告盖里特公司在沪并不设有生产经营场所。

原告霍尼韦尔公司诉称：其系“GARRETT”、“Garrett盖瑞特”商标的专用权人。被告童玉伟系“盖里特”商标的注册人，被告盖里特公司系童玉伟投资设立的一人有限责任公司。被告盖里特公司不仅未经授权在其生产、销售的增压器上标注与原告的商标相同和相似的“GERRITT”、“CARRETT”、“GAREETT”标识，还在未核准使用的汽车涡轮增压器上使用“盖里特”商标，且故意在产品及包装上使用未注册的“Gerritt盖里特”组合商标，并突出“Gerritt”字样。此外，盖里特公司使用域名为www. gerritt. com. cn的网站进行经营活动，该域名中的gerritt，无论从文字还是发音，都与原告的GARRETT商标近似，上述行为侵犯了原告的商标专用权。而且被告盖里特公司企业名称中的“盖里特”文字，与原告商标构成近似，构成不正当竞争。被告韩松销售了涉案产品，也构成侵权。故请求判令：1. 三被告停止对原告第541689号“GARRETT”注册商标、第994384号“Garrett盖瑞特”注册商标的侵权行为，销毁侵权产品及包装；2. 被告盖里特公司变更企业名称，不得在其企业名称中使用“盖里特”文字；3. 被告盖里特公司停止使用gerritt. com. cn域名；4. 三被告赔偿原告经济损失人民币50万元。

被告盖里特公司辩称：1. 对于原告的“GARRETT”和“Garrett盖瑞特”商标在同行业中具有很高的知名度不持异议，但认为正因为原告的商标在同行业中享有的强大知名度，因此对于针对不同的销售渠道和消费对象的原、被告同类产品，是不会造成相关公众的误认和混淆。被告盖里特公司系通过商标权利人童玉伟的受让取得“盖里特”商标，在对商标的使用过程中，为“盖里特”商标进行了大量的宣传。自2008年起，盖里特公司将“盖里特”商标与英文“GERRITT”组合使用，但从未单独使用过英文“GERRITT”，而该组合使用并不构成对原告注册商标的侵犯。另外，原告提供的证据不能证明侵权产品系由盖里特公司生产，工商部门的行政处罚对象也不是针对盖里特公司，故原告指控盖里特公司侵犯原告的商标专用权缺乏依据。2. “盖里特”三字虽无实际含义，但其系经合法登记注册，被告盖里特公司全称使用其企业名称不构成对原告的不正当竞争。由于企业名称和域名构成对他人商标的侵犯，其前提是该被侵权商标为驰名商标，而原告主张权利的商标未被我国国家工商部门或司法部门认定为驰名商标，故只是限于一般保护，现原告的主张已超越了其商标应有的保护范畴。3. 由于盖里特公司不存在侵权行为，因此不同意对原告的经济赔偿和承担相关费用。审理中，被告盖里特公司当庭表示，其在沪并不设有生产经营场所。

被告童玉伟辩称：其系盖里特公司的法定代表人、总经理、执行董事，其行为应属于职务行为。原告将童玉伟个人作为侵权主体，要求其共同承担赔偿责任，没有法律依据，故不同意原告的诉请。

被告韩松辩称：其系盖里特公司的代理商，不是盖里特公司的工作人员，也未以盖里特公司的名义对外从事经营活动。韩松只是上海市普陀区凤城增压器经营部的个体工商业主，与盖里特公司和童玉伟并无法律上的关联。即使上海市普陀区凤城增压器经营部存在有侵权行为，韩松也仅对凤城增压器经营部的侵权行为承担相应的责任，而非就盖里特公司和童玉伟的行为共同承担法律责任。

【审判】

上海市黄浦区人民法院经审理认为：被告盖里特公司在类似商品上使用与原告相似的商标，侵犯了原告的商标专用权。被告盖里特公司备案登记的域名“gerritt. com. cn”与原告的注册商标“GARRETT”构成近似，被告盖里特公司通过该域名进行与原告同类的相关涡轮增压器产品的电子商务，易造成相关公众产生与原告商品的混淆，也会误导网络用户访问其网站。被告盖里特公司无证据证明其对于域名的主要部分“gerritt”享有相关权益，也未提供其注册和使用该域名的正当、合理的理由，其出于商业目的恶意注册和使用域名进行类似商品交易，引起相关公众误认的行为，构成了对原告享有的注册商标专用权的侵害。

原告与被告盖里特公司均有涡轮增压器及相关产品的经营业务，具有同业竞争关系。本案中原告所使用的两个商标均先于被告盖里特公司对其企业名称的使用。被告盖里特公司在明知原告的“Garrett 盖瑞特”商标在同行业中享有较高知名度的情况下，仍以臆造文字“盖里特”登记注册其企业名称，存在攀附原告商标良好声誉，混淆商品来源的主观故意。故该登记注册“盖里特”为企业字号的行为与诚实信用、公平竞争的原则相悖，即便被告盖里特公司在正常使用其企业名称的情况下，也同样构成对原告合法权益的侵害，有损于公平的市场竞争秩序，构成对原告的不正当竞争。

被告童玉伟授权被告盖里特公司使用前述商标，且在明知原告商标知名度和所申请注册的商标被商标局驳回以后，仍未制止被告盖里特公司对这些商标的使用，故被告童玉伟主观上存在侵权故意，客观上与被告盖里特公司共同构成了对原告商标专用权的侵犯，应当与被告盖里特公司共同对上述商标的侵权承担相应的民事责任。但原告未举证证明被告童玉伟其个人有使用“gerritt”域名和“盖里特”字号或是“上海盖里特涡轮增压器系统有限公司”企业名称的行为，故原告主张被告童玉伟与被告盖里特公司共同承担域名侵权、企业名称不正当竞争的法律责任，不予支持。且盖里特公司系被告童玉伟的一人公司，鉴于被告童玉伟未举证证明盖里特公司的财产独立于其个人财产，其应当对被告盖里特公司债务承担连带责任。

被告韩松在2005年工商部门因商标侵权查扣盖里特公司产品时，就应当知道盖里特公司的有关“Gerritt”标识涉及侵权，但仍然予以销售，故其行为亦侵犯了原告的注册商标专用权，依法应承担停止侵权、赔偿经济损失的法律责任。但原告主张被告韩松与盖里特公司存在共同侵犯原告商标专用权的故意以及有不正当竞争行为，证据不充分，不予支持。

据此，依照《中华人民共和国商标法》第54条第（1）、（2）项、第56条、最高人民法院《关于审理商标民事纠纷案件适用法律若干问题的解释》第1条第（3）项、第8条、第9条第2款、第10条、第11条第1款、第12条、第16条第2款、第17条第1款、第18条，《中华人民共和国反不正当竞争法》第2条第1款、第2款，《中华人民共和国公司法》第64条之规定，判决：三被告于本判决生效之日起停止对原告注册商标的侵害行为；被告上海盖里特公司应于本判决生效之日起停止使用gerritt. com. cn域名，申请变更企业名称，变更后的企业名称中不得含有“盖里特”文字，赔偿原告包括合理调查费用在内的经济损失人民币48万元；被告童玉伟对被告上海盖里特公司的上述赔偿款项承担连带责任；被告韩松赔偿原告包括合理调查费用在内的经济损失人民币2万元。

一审判决后，原、被告均未上诉，判决已生效。

【评析】

对于《反不正当竞争法》与《商标法》等知识产权法之间的关系，知识产权界有个众所周知的比喻，即《商标法》、《专利法》、《著作权法》等知识产权法好比浮在海面上的冰山，《反不正当竞争法》则是托起冰山的海水。《商标法》等知识产权法管不到的领域，都由《反不正当竞争法》来补充和兜底。也就是说，《商标法》等知识产权法与《反不正当竞争法》之间是特殊法与一般法的关系。但在司法实践中，某些侵权行为究竟属于侵犯商标专用权还是不正当竞争，并非泾渭分明。本案中被告即实施了多种侵权行为，其一，在相同商品上使用与原告注册商标相似的商标；其二，在被告的网站域名中使用了与原告注册商标相似的商标；其三，在被告的企业名称中使用了与原告注册商标相似的商标。在相同商品上使用与原告注册商标相似的商标应属侵犯商标专用权，并无争议；但是后两种侵权行为的性质判定，则需要借助商标使用的概念。被告在网站域名中使用了原告的相似商标，并且从事了相关的商品交易，属于在商标意义上使用，构成侵犯商标专用权；被告在企业名称中使用了原告的相似商标，并未凸出使用，不是商标意义上的使用，虽然不构成侵犯商标专用权，但由于被告主观上存在恶意，客观上容易导致消费者混淆误认，应认定为构成不正当竞争。

一、作为商标使用在商标侵权诉讼中的作用

商标的生命在于使用。对于商标权人，作为商标使用可以使商标的显著性从无到有，从弱到强，可以使注册商标得以维系并不断知名；对于司法实践，作为商标使用则是判断特定的行为是否构成侵犯商标专用权、区分商标侵权和不正当竞争行为的重要判断标准。

所谓作为商标使用，是指所使用的与他人注册商标相同或者相似的标识，具有指示其商品或者服务来自注册商标所有人或者与其有关联的作用。被控侵权行为是否限于“商标使用”行为，即是否只有作为商标使用的行为，才可以认定构成商标侵权行为，是一个有争议的问题。例如有人指出：“为认定侵权行为，被告必须在商业中使用其商标，以及该使用必须是商标使用，即指示来源。”“尽管 TRIPs 协定和制定法未必有明确要求，它默示地认为在商业中使用必须是商标使用。”欧盟法院则认为：“划分商标使用（用作商品来源标识的使用）与非商标使用（用作表达忠诚的使用）是没有必要的；因为，即便对于同一行为可以是两者兼备，也往往是两者兼备；因此，将他人商标用作忠诚标识，构成侵权性使用，正如其他损害商标所有人的商品或者服务来源功能的任何使用一样。其理由是，商标是一种财产权，商标所有人有权禁止损害其商标功能的使用行为。”对欧盟法院的观点，英国上诉法院的解释是：“商标注册赋予了商标所有人一种财产权。因此，应当考虑的是被控侵权行为是否因为可能影响或者危害构成商标基本功能的来源保障而损害该财产权。回答该问题并不取决于被控侵权的使用行为是否为一种‘商标使用’，而包括范围广泛的使用行为。除描述性使用以外，第三人未经许可的商标使用，都可能损害商标权的功能，因为注册商标不再能保障来源，那是商标的基本功能。”

我国《商标法》及相关条例、司法解释也对构成商标侵权行为的“使

用”进行了列举。《商标法》第52条第1项规定：“有下列行为之一的，均属侵犯注册商标专用权：（一）未经商标注册人的许可，在同一种商品或者类似商品上使用与其注册商标相同或者相似的商标的。”《商标法实施条例》第3条规定：“商标法和本条例所称的商标使用，包括将商标用于商品、商品包装或者容器以及商品交易文书上，或者将商标用于广告宣传、展览以及其他活动中。”该条例第50条第1项规定：“有下列行为之一的，属于商标法第52条第（5）项所称侵犯商标专用权的行为：（一）在同一种或者类似商品上，将与他人注册商标相同或者近似的标志作为商品名称或者商品装潢使用，误导公众的。”最高人民法院《关于审理商标民事纠纷案件适用法律若干问题的解释》（以下简称《商标解释》）第1条第1、3项规定：“下列行为属于商标法第52条第（5）项规定的给他人注册商标专用权造成其他损害的行为：“（一）将与他人注册商标相同或者相近似的文字作为企业的字号在相同或者类似商品上突出使用，容易使相关公众产生误认的；（三）将与他人注册商标相同或者相近似的文字注册为域名，并且通过该域名进行相关商品交易的电子商务，容易使相关公众产生误认的。”

从以上规定可以看出，我国《商标法》采取的态度是要构成侵犯商标专用权，指控的侵权行为应该是“作为商标使用”，只不过商标使用的概念并不是狭义的，即不仅指在相同商品或者类似商品上使用与他人注册商标相同或者近似的商标，还包括用于商品名称、装潢、突出使用字号等具有指示商品来源作用的使用。考虑到《商标法》与《反不正当竞争法》之间的协调，我国并没有像欧盟法院的做法那样，将第三人未经许可的商标使用，都纳入到商标侵权的范畴，而是将那些虽然使用了他人的注册商标，但并不是作为商标意义上使用的行为，归到反不正当竞争法的调整范畴。

二、作为商标使用在本案中的司法适用

本案中，比较有争议的是域名及企业名称中正常使用他人的商标，应认定为侵犯商标专用权还是不正当竞争。

1. 域名中使用了他人注册商标的司法认定

最高人民法院《关于审理涉及计算机网络域名民事纠纷案件适用法律若干问题的解释》（以下简称《域名解释》）第4条规定：“人民法院审理域名纠纷案件，对符合以下各项条件的，应当认定被告注册、使用域名等行为构成侵权或者不正当竞争：（一）原告请求保护的民事权益合法有效；（二）被告域名或其主要部分构成对原告驰名商标的复制、模仿、翻译或者音译；或者与原告的注册商标、域名等相同或者相似，足以造成相关公众的误认；

（三）被告对该域名或者其主要部分不享有权益，也无注册、使用该域名的正当理由；（四）被告对该域名的注册、使用具有恶意。”结合《商标解释》有关域名侵犯商标专用权的规定，可以看出，如果被告在域名中使用了他人的注册商标，并且从事了相关商品交易的电子商务，此种情况下可以视为被告是在“商标意义上的使用”，进而构成侵犯商标专用权；如果被告在域名中使用了他人的注册商标，但是在该域名之下并没有进行相关商品交易，此时不能视被告的使用行为是在商标意义上的使用。如果被告满足《域名解释》规定的四项条件，应认定为构成不正当竞争。因此，在涉及域名侵犯商标权纠纷时，《域名解释》与《商标解释》有关域名的规定是有适用顺序的，即首先应判断域名中商标的使用是否满足侵犯商标专用权的条件；如果不满足，则判断是否构成不正当竞争。

本案中，被告盖里特公司备案登记的域名“gerritt. com. cn”与原告的注册商标“GARRETT”构成近似，被告盖里特公司通过该域名进行与原告同类的相关涡轮增压器产品的电子商务，易造成相关公众产生与原告商品的混淆，也会误导网络用户访问其网站。因此，按照《商标解释》的规定，其构成侵犯商标专用权。

2. 企业名称中使用他人注册商标的司法处理

企业名称和商标虽然都是一种商业标识，但是二者的功能是不同的。企业名称的作用在于将不同商品或者服务的提供者区别开来；商标的作用在于识别不同的商品或者服务本身。由于二者的异质性，企业名称不属于商标法的调整范围。实践中的企业名称侵犯商标专用权纠纷，一般表现为企业名称中的字号与他人注册商标相同或者相似，并且侵权人突出使用该字号。此种突出使用字号的方式，在消费者看来，实际上已经使字号与企业名称本身在某种程度上发生分离，进而起到商标的作用。因此，《商标解释》将企业名称中突出使用字号的情形纳入商标法的调整范围，即突出使用字号的仍然认定为侵犯商标专用权。如果企业名称中的字号虽然与他人的注册商标相同或者相似，但是并不是突出使用，而是正常使用，由于此时其并不具有识别商品或者服务作用，而是识别不同的市场主体，并不是在商标意义上使用，因此，不能认定为侵犯商标专用权。如果正常使用企业名称仍然可能导致社会公众混淆误认，被告主观上又具有恶意的话，可以利用《反不正当竞争法》的一般条款，认定此种行为违反了诚实信用原则，构成不正当竞争。

本案中，被告盖里特公司在明知原告的“Garrett 盖瑞特”商标在同行业中享有较高知名度的情况下，仍以臆造文字“盖里特”登记注册其企业名称，被告盖里特公司对此的解释是，“盖里特”三字组合易使人觉得其像是一家国外企业，由此，事实上被告盖里特公司在登记注册其企业名称时，就已有希冀于相关公众产生误认，攀附原告商标良好声誉，造成相关公众产生两者经营主体之间具有特定关系的联想，混淆商品来源的主观故意。故而该登记注册“盖里特”为企业字号的行为本身已与诚实信用、公平竞争的原则相悖，具有主观上的过错。因此即便被告盖里特公司是正常使用其企业名称，不会构成侵犯商标专用权，但由于被告的行为有损于公平的市场竞争秩序，构成对原告的不正当竞争。

（撰稿人：凌宗亮）

网络域名侵犯注册商标专用权的司法认定

——施华洛世奇有限公司与王晨昀等侵犯商标专用权纠纷案

【提要】

将与施华洛世奇公司注册商标相同或相近似的文字注册四个域名建立四个网站，根据网上订单，在淘宝网购入施华洛世奇水晶产品，再通过上述网站将所购入商品对外销售，属于侵犯注册商标专用权的行为。

【案情】

原告（被上诉人）：施华洛世奇有限公司（SWAROVSKI AKTIENGESELLSCHAFT）

被告：王晨昀

被告（上诉人）：上海王星信息技术有限公司

案由：计算机网络域名、侵犯商标专用权纠纷

一审案号：（2009）黄民三（知）初字第283号

二审案号：（2011）沪二中民五（知）终字第4号

1987年至2004年，原告取得“SWAROVSKI”、“施华洛世奇”、“”、“SWAROVSKI 施华洛世奇”四个注册商标，核定使用的商品为国际商品分类第14类。被告王星公司成立于2001年7月，被告王晨昀系王星公司的法定代表人、股东。2008年6月被告王晨昀注册了域名chinaswarovski. com，同年7月被告王星公司注册了chinaswarovski. cn、swarovski8. cn、swarovski-shop. cn三个域名。2009年4月30日，北京市国信公证处出具的公证书证明：在浏览器地址栏中先后输入上述四个域名相对应的网址，分别进入“施华洛世奇水晶专卖网”、“施华洛世奇专卖网”等各网站首页，网页上均有“Swarovski、施华洛世奇、”及上述文字、图形的组合等；网页左侧是28个“施华洛世奇”水晶产品的分类栏目或“商品分类”、“销售排行”、“优惠活动”等栏目；首页页面均有水晶产品的图片、品称、价格等信息，每一件产品前均冠以“施华洛世奇水晶”字样。2009年4月21日，北京市国信公证处出具的公证书证明：原告的委托代理人于当日在被告经营的http：//www. swarovski-shop. cn/网站上，公证购买了“施华洛世奇水晶吊坠28MM大号金色魅影贝

壳”一枚，价格为288元。被告王星公司自认：2009年2月至6月公司员工根据客户的网上订单，先后从淘宝网某卖家处购入22件各类施华洛世奇水晶产品，再通过上述域名对应的网站卖出产品，总计买入和卖出价分别为2 115元和6 145元。审理中，被告王晨昀将其持有的以com为后缀的域名转让被告王星公司，该公司以书面形式表示同意接受法院裁判约束。另以cn为后缀的三个域名于2010年7月16日到期，在法院的主持下，由原告的关联公司施华洛世奇（上海）贸易有限公司于同年9月25日注册、使用。

原告诉称：两被告将与原告注册商标相近似的文字注册四个域名，并在据此建立的四个网站上，大量、突出使用原告的系列注册商标，宣传并出售假冒原告注册商标的水晶产品，构成侵权，请求判令两被告停止侵权、以com为后缀的域名由原告注册使用、消除影响、赔偿经济损失及合理费用共计人民币40万元。

两被告辩称：系争四个域名指向同一IP地址、对应同一网站，域名持有人和网站经营者均系王星公司，网站上的施华洛世奇水晶产品及相关信息均来源于有真品承诺的淘宝网诚信卖家，因有合法来源，也未造成公众误认，且属指示性使用，故不构成侵权。

【审判】

上海市黄浦区人民法院经审理认为：SWAROVSKI，中文译名为施华洛世奇，源自公司创始人丹泽尔·施华洛世奇先生的家族姓氏，公司主营业务为水晶产品的制造和销售。自1987年至2004年原告在中国国家商标局注册的四个商标合法有效，依法享有商标专用权，且上述商标在2000年至2009年期间拥有众多受司法、仲裁等机关保护的记录。因此，原告享有的上述四个注册商标为相关公众所知悉，具有较高的知名度、美誉度。两被告于2008年6、7月间将与原告注册商标相近似的文字注册为域名，故原告对施华洛世奇系列商标的注册、使用显然早于被告。两被告注册的四个域名的主体部分与原告的注册商标完全一致，被告王星公司使用该四个域名建立了内容相似的四个网站，各网站均对外宣传施华洛世奇水晶产品，并具备独立销售商品的条件。因被告王晨昀个人未将其注册的域名用于商业目的，且在审理中已将域名转让被告王星公司，该公司也以书面同意接受人民法院的裁判约束，故可认定涉案四个域名均系被告王星公司注册、使用。被告王星公司在注册域名时应当知晓原告的注册商标具有较高的市场知名度，但仍为商业目的使用上述域名建立相应的网站，从事网上经营活动，引起相关消费者的混淆和误认，故该公司注册、使用系争域名的行为构成侵权。被告王星公司未经原告授权或许可，在涉案四域名相对应的四个网站上突出使用原告的四个注册商标，并将所售商品的名称均表述为施华洛世奇水晶产品，在原告于被告的上述网站上公证购买的产品的包装盒及产品上均有原告的涉案注册商标，被告王星公司上述使用商标的行为，构成对原告注册商标专用权的侵犯。经鉴别，公证购买的产品系假冒原告注册商标的产品，而被告不能说明其产品的来源合法，也未提供任何反证，且在审理中自认通过上述网站销售各类自称为施华洛世奇水晶的产品，故被告王星公司实施了销售侵犯原告注册商标专用权的商品的行为，依法不能免责。因被告王晨昀并非涉案四个域名的实际持有人及相应网站的实际经营者，原告亦未提供证据证明两被告具有侵权行为的共同主观意思及协作行为，故原告对于两被告共同实施侵权行为的主张，本院不予采纳。

据此，依照《中华人民共和国民法通则》第134条，《中华人民共和国商标法》第52条第（1）、（2）项、第56条，《中华人民共和国商标法实施条例》第50条第1款第（1）项，《最高人民法院关于审理商标民事纠纷案件适用法律若干问题的解释》第1条第（3）项、第16条第1、2款，《最高人民法院关于审理涉及计算机网络域名民事纠纷案件适用法律若干问题的解释》第4条、第5条第1款第（2）项、第7条第1款、第8条的规定，判决：一、被告王星公司立即停止使用域名 chinaswarovski. com；立即停止在网站上使用原告的上述四个注册商标；立即停止销售侵犯原告四个注册商标专用权的商品；二、被告王星公司注册的域名 chinaswarovski. com 由原告注册使用；三、被告王星公司在《人民法院报》上刊登声明、消除影响；四、被告王星公司赔偿原告经济损失及合理费用人民币98 000元。

一审判决后，王星公司不服，向上海市第二中级人民法院提出上诉。

上海市第二中级人民法院经审理后认为，一审认定事实清楚，适用法律正确，故判决驳回上诉，维持原判。

【评析】

本案是一起典型的计算机网络域名侵犯商标权的案件。随着网络技术的发展和电子商务的日益发达，越来越多的个人或公司抢注域名、建立网站，进行相关商品交易的电子商务，因此，如何在网络环境下依法保护商标等知识产权，如何调整域名使用者与权利人之间的权利义务关系，是网络时代对知识产权司法保护提出的又一新课题。

一、网络域名纠纷中商标侵权的认定

域名是对应于互联网上的数字地址的一组字母数字。❶ 企业域名作为一

❶ 孔祥俊著：《商标与不正当竞争法》，法律出版社2009年版，第27页。

种互联网上的地址既展示经营主体，又展示其商品或者服务，域名与他人的营业标识相同或近似，可以导致经营主体的混淆，域名包含他人商标的内容，可以与他人的商标产生联想或者混淆。因此，计算机网络域名的一个显著特征，是其在网络环境下产生与商标、商号等相类似的一种区别域名使用人及其服务的标识性功能，域名的注册、使用行为，使这种标识性功能得以产生和发展，使域名的经济价值得以体现，因而产生了域名与传统的商标、商号等的冲突。认定被告实施的域名注册、使用行为是否构成侵权或不正当竞争，是依法正确审理域名纠纷的关键。根据《最高人民法院关于审理涉及计算机网络域名民事纠纷案件适用法律若干问题的解释》第 4 条的规定，被告注册、使用域名的行为构成侵权或不正当竞争，应当符合四个条件：一是原告请求保护的民事权益合法有效；二是被告域名与原告要求保护的权利客体具有相似性；三是被告无注册、使用的正当理由；四是被告具有恶意。其中，相似性和恶意要件从主、客观两个方面对认定侵权或不正当竞争作出了规定。相似性要件作为传统商标、商号等领域侵权成立的一般要件，在域名领域也同样适用。但后续出台的《最高人民法院关于审理商标民事纠纷案件适用法律若干问题的解释》第 1 条第（3）项将“与他人注册商标相同或者相近似的文字注册为域名，并且通过该域名进行相关商品交易的电子商务，容易使相关公众产生误认的”行为，纳入商标法第 52 条第（5）项规定的给他人注册商标专用权造成其他损害的行为。该规定显然将在后的域名与他人注册商标的相同或近似，一概纳入商标侵权的行为，这是为域名纠纷涉及商标侵权与不正当竞争交叉时，在认定上的区分提供了法条依据。同时，该规定进一步明确就注册商标而言，在后的域名必须已经作商业使用，才能构成商标侵权。[1] 恶意条件的规定体现了在域名领域对民事权益的保护是谨慎的，只有当被告具有侵权故意的情况下，商标、商号等权利人才可能将其专有权利延伸至域名领域。[2] 所谓恶意，是指行为人明知违反“诚实信用”等民事法律的基本原则而为之，但主观上的“明知”与否，往往较难证明，因此，司法解释规定了若干情形，只要具备其中之一即可推定其明知。本案中，第一，原告对于施华洛世奇系列商标所享有的注册商标专用权合法有效，应受法律保护；第二，被告王星公司注册、使用的域名与原告的注册商标相近似，易使相关公众对网站上水晶产品的来源产生误认，或者认为其与原告注册商标的商品有特定的联系；第三，被告王星公司并未举证证明其对系争的

---

❶ 孔祥俊著：《商标与不正当竞争法》，法律出版社 2009 年版，第 574 页。

❷ 沈德咏主编：《知识产权司法解释理解与适用》，法律出版社 2009 年版，第 199 页。

四个域名享有在先权利或其他权益，亦未能阐述注册、使用系争域名的正当理由；第四，被告王星公司在注册域名时应当知晓原告的注册商标具有较高的市场知名度，但仍为商业目的使用上述域名，建立相应的网站从事网上经营活动，其意在于利用原告注册商标的知名度，引起相关消费者的混淆和误认，诱导用户访问其网站并购买相关产品，进而获取经济利益，故被告王星公司的行为具有恶意。被告王星公司将与原告注册商标相近似的文字注册四个域名，并通过域名进行与原告产品相关的水晶产品的电子商务活动，对外宣称其所销售的商品系施华洛世奇水晶产品，但未证明其商品的来源合法，其行为极易引起相关公众的误认，属于给他人注册商标专用权造成其他损害的行为，构成对原告注册商标专用权的侵犯。

二、侵权免责条款的适用

根据我国《商标法》第56条第3款规定，侵权商品的销售商不承担侵权损害赔偿责任需具备两个条件：一是主观上不知道销售的是侵犯注册商标专用权的商品，即销售商主观上没有过错，没有侵权的故意；二是能证明该商品是自己合法取得，并说明提供者，即具有合法来源。实践中，一般通过以下方法认定侵权商品是否具有合法来源：第一，销售商是否能说明侵权商品的提供者，如是否能说明供货商、购销渠道等，购销合同、发票、送货单、提货单等均可以作为证据材料。第二，销售商是否能证明其进货价格是合理的。如果销售商无法讲清楚进货价格，或者进货价格明显低于正牌商品的价格且不能说明理由的，则其不能证明进货价格是合理的。销售商对正牌商品价格的了解程度，是判断其进货价格是否合理的重要因素之一，应当根据正牌商品的市场影响、销售状况、广告状况、销售商的类型等因素确定。[1]本案中，其一，被告王星公司销售的是与原告产品相似的水晶产品。由于原告享有的施华洛世奇系列商标在中国具有较高知名度和较高的品牌价值，其水晶产品的销售价格亦较高。根据被告王星公司的陈述，原告公证购买的涉案产品的购入价格仅为46元，依据常识与经验，被告王星公司作为水晶产品的专业销售商，应当知道从淘宝网以如此低廉的价格购入的商品并非是原告的产品；其二，被告王星公司作为专业的水晶产品销售商完全有能力也有义务对所售商品的来源进行审查，如要求供货单位提供商标权利证明、商标使用许可证明、进货凭证等，然被告王星公司当庭陈述其明知淘宝网商户将

[1] 参见上海市高级人民法院：《调研与参考（知产审判）》2012年第3期，《关于商标纠纷案件若干法律适用问题的解答》。

水晶产品DIY后在网络上销售，显然被告王星公司未尽到合理的注意义务，也未提供证据证明商品的来源合法。因此，被告王星公司主观上具有过错，客观上实施了侵犯原告商标专用权的行为，依法不能免除其责任。

三、共同侵权的构成

根据《中华人民共和国民法通则》第130条和《中华人民共和国侵权责任法》第8条的规定，二人以上共同实施侵权行为，造成他人损害的，应当承担连带责任。由于立法者对审判实务中扩大连带责任的适用范围持谨慎态度，其价值取向更注重责任承担与主观过错的统一，故对共同侵权的“共同性”要件采取了严格立场，只认可有意思联络的主观共同侵权，而不认可行为关联共同的客观共同侵权。[1] 因此，成立共同侵权应当具备下列要件：1. 加害主体的复数性，且各行为人均具有相应的民事行为能力；2. 加害行为的协作性，加害人之间存在互相利用、彼此支持的行为分担；3. 主观意思的共同性，行为人主观上具有“意思共同”，又分为共同故意和共同过失两种形式；4. 损害结果的统一性，行为人的行为造成的损害后果应当是与共同意思相统一的整体。本案中，被告王晨昀原持有的以com为后缀的域名已在诉讼中转让被告王星公司，被告王星公司也以书面形式同意接受法院裁判约束，根据《统一域名争议解决政策》第8条、《中国互联网络域名管理办法》第39条的规定，其转让行为成立。因被告王晨昀并非系争四个域名的实际持有人，亦非涉案网站的实际经营者，原告亦未提供证据证明就原告所指控的三项侵权行为两被告在主观意思方面具有共同性，在加害行为方面具有协作性，在损害结果方面具有统一性，故原告对于两被告共同实施侵权行为的主张，本院不予采纳。

四、域名侵权的责任承担

根据《最高人民法院关于审理涉及计算机网络域名民事纠纷案件适用法律若干问题的解释》第8条的规定，当法院作出被告侵权或不正当竞争认定后，在具体适用民事责任的承担方式时可分为三个层次：第一，被告承担民事责任的一般方式是停止侵权，注销域名。第二，原告请求将域名判归其所有的，法院根据案件的具体情况，可以判令由原告注册使用该域名，原告可以持判决书至域名注册管理机构办理域名转移的相关手续，必要时，法院可

---

[1] 奚晓明主编：《〈中华人民共和国侵权责任法〉条文理解与适用》，人民法院出版社2010年版，第67页。

以发出协助执行通知书。第三，原告能够举证证明被告的行为对其造成实际损害的，人民法院可以判令被告赔偿损失。[1] 法条规定的本身，体现了法律兼顾当事人双方利益的平衡及减少当事人讼累的精神。为体现法律的精神，本院依原告申请，依法判决被告王星公司持有的以 com 为后缀的域名由原告注册使用，加之，在法院的主持下，以 cn 为后缀的三个域名已由原告的关联公司注册使用，使得双方有关域名部分的争议得以快速而高效地解决。

（撰稿人：戚继敏）

[1] 沈德咏主编：《知识产权司法解释理解与适用》，法律出版社 2009 年版，第 201 页。

分销商抢注商标的法律适用

——雅培糖尿病护理公司与上海和亭商贸有限公司等商标专用权权属纠纷案

【提要】

本案是国内分销商在分销外资公司产品过程中实施恶意抢注商标行为的典型案例。法院在判决中并未适用《商标法》第15条的规定，而是依据双方签订《国际分销协议》中有关知识产权的约定，结合三被告在申请、转让时存在的明显恶意，判定“利舒坦”中文标识归原告所有。

【案情】

原告（被上诉人）：雅培糖尿病护理公司

被告（上诉人）：上海和亭商贸有限公司

被告（上诉人）：上海和祥医疗器械有限公司

被告（上诉人）：上海西河医疗器械有限公司

案由：商标专用权权属纠纷

一审案号：（2010）黄民三（知）初字第371号

二审案号：（2012）沪二中民五（知）终字第4号

2002年，美国塞瑞森公司（TheraSense，Inc.）（以下简称“塞瑞森公司”）生产的FreeStyle血糖仪进入中国市场销售，并在我国核准注册“FREESTYLE”字母商标。2004年塞瑞森公司被美国雅培制药公司收购后，塞瑞森公司更名为雅培糖尿病护理公司（以下简称雅培公司），并继续生产经营“FreeStyle/利舒坦”血糖仪和血糖试纸产品。

2003年5月，被告上海和亭商贸有限公司（以下简称“和亭公司”）开始为塞瑞森公司生产的FreeStyle血糖仪产品进行宣传；并根据塞瑞森公司提供的宣传资料于2003年8月起，分别在《中国糖尿病杂志》、《中华内分泌代谢杂志》上，为塞瑞森公司生产的FreeStyle血糖仪作产品宣传广告。

2003年10月，被告和亭公司与赛瑞森公司的全资子公司——塞瑞森销售公司（TheraSense Sales Corporation）签订了《国际分销协议》，授权和亭公司为非独家授权FreeStyle产品分销商；在该协议第6.4条分销商促销信息中约定，塞瑞森销售公司拥有分销商促销信息中或由分销商促销信息而产生的所有版权或其他知识产权中的权利、所有权和权益，有鉴于此，分销商在此转让并移交所有由分销商促销信息而产生的所有版权或其他知识产权的权利、所有权和权益。嗣后，《国际分销协议》约定的产品销售业务由被告上海和亭的关联公司——上海和祥医疗器械有限公司（以下简称“和祥公司”）履行，在产品包装盒的中文标贴上注明“FreeStyle 利舒坦血糖仪”，生产厂商为原告，经销商为和祥公司等相关企业信息。在产品的销售和宣传过程中，中文“利舒坦”与英文“FreeStyle”商标也始终被同时予以使用。

2007 年 12 月 1 日，被告和亭公司的关联公司——上海西河医疗器械有限公司（以下简称“西河公司”）与原告的关联公司——香港雅培公司签订了《分销协议》。由于上述协议的签订，《国际分销协议》终止履行。“FreeStyle 血糖仪”相关产品在国内的经销，由被告西河公司根据《分销协议》与香港雅培公司指定的设立于上海的雅培贸易（上海）有限公司实际操作。该《分销协议》至履行期限届满后终止。

2008 年 4 月，和祥公司申请的“利舒坦”中文经核准注册为文字商标，核定使用商品为第 10 类。2009 年 1 月 21 日，该商标由被告和祥公司经核准转让予被告西河公司。

原告雅培公司诉称：三被告作为原告的代理商，在明知有协议约定的情况下，恶意采取侵夺原告商标的行为，严重侵害了原告的合法权益。尽管原告仅以其英文“FreeStyle”进行了注册，但原告的血糖仪和血糖试纸产品一直以来是将“FreeStyle”与中文“利舒坦”联合使用。三被告在分销过程中也是将“FreeStyle”与“利舒坦”相对应使用，且还同时将“美国雅培”及原告的标志性图案文字等一并突出使用，在客观上将原告的企业名称及产品与“利舒坦”商标密切联系在一起。相关公众在系争商标申请日前已经对“利舒坦”与“FreeStyle”及“美国雅培”建立了唯一指代关系。三被告的上述侵害行为，也足以使相关公众对产品的来源产生混淆，从而导致公众利益受到损害。故请求法院判令注册号为第 4750189 号的“利舒坦”文字商标的商标专用权归属于原告所有；诉讼费用由三被告共同承担。

被告和亭公司、和祥公司、西河公司共同辩称：1. 在和亭公司与美国塞瑞森公司（TheraSense，Inc.）签订《国际分销协议》前，“利舒坦”中文文字标识已由和亭公司创设，并由和亭公司使用于原告的“FreeStyle”血糖仪相关产品宣传上，因此中文“利舒坦”并非为《国际分销协议》中约定的双方合作关系中属于原告的“分销信息”，《国际分销协议》并未对中文商标的归属有过约定。2. 由于西河公司与香港雅培公司签订的《分销协议》中，有关知识产权的约定并不包括“利舒坦”中文商标，上海市高级人民法院的管辖异议民事裁定对此亦作出了认定，因此对于“利舒坦”中文文字商标的归属，原、被告双方也未作出过约定。3. 西河公司确实将“利舒坦”文字商标使用在原告的“FreeStyle”血糖仪相关产品上，在长期的使用过程中，原告从未提出过任何异议。由于“利舒坦”文字商标系由和亭公司创设，和祥公司申请注册，并合法转让给了西河公司，故西河公司的商标权利来源清楚，依法应当受到法律保护，故不同意原告的诉讼请求。

【审判】

上海市黄浦区人民法院经审理认为：《国际分销协议》系双方当事人的真实意思表示，依法成立，具有法律约束力。当事人应当按照约定全面履行自己的义务。被告和亭公司虽在签订《国际分销协议》之前已经将中文“利舒坦”作为产品名称或标识进行宣传使用，但和亭公司所提供的证人证实“利舒坦”系和亭公司为在国内经销塞瑞森公司血糖仪产品的业务而特意创设的，故中文“利舒坦”无论作为产品名称还是商标，均应属于由分销商在经营“FreeStyle”血糖仪、血糖试纸产品过程中的信息进而产生的知识产权。根据《国际分销协议》第6.4条（i）项的有关规定，“利舒坦”中文标识的相关权利应当归属于塞瑞森销售公司。被告和祥公司确认《国际分销协议》约定的产品销售业务系由其实际履行的，和祥公司在明知存在相关知识产权权属约定的情况下，作为商标申请人申请注册“利舒坦”中文商标，其行为显然违反合同约定，同时又具有明显的主观恶意。此外，西河公司的股东系和亭公司的原股东，对于《国际分销协议》的相关内容以及实际履行情况亦应当是明知的，因此西河公司受让和祥公司注册的“利舒坦”中文商标，也非出于善意。鉴于原塞瑞森销售公司确认其在销售“FreeStyle（利舒坦）”品牌血糖仪、血糖纸等产品过程中所使用的FreeStyle和利舒坦商标中的权利、所有权和权益均归属于原告，因此现原告的主张于法不悖。

上海市黄浦区人民法院依照《中华人民共和国合同法》第60条第1款之规定，判决：注册号为第4750189号的“利舒坦”注册商标归原告雅培糖尿病护理公司（Abbott Diabetes Care Inc.）所有。

一审判决后，三被告均不服，向上海市第二中级人民法院提起上诉。

上海市第二中级人民法院经审理后认为，一审判决认定事实清楚，适用法律正确，故判决驳回上诉，维持原判。

【评析】

本案是国内分销商在分销外资公司产品过程中实施恶意抢注商标行为的

典型案例。对于该案件的法律适用问题有观点认为，三被告虽非传统民法意义上的代理人，但这并不妨碍三被告为《商标法》第15条规定的代理人或者代表人的法律事实。对于《商标法》第15条中代理人的范围，实务界存在着截然不同的观点。一种观点认为，代理人仅指民法意义上的代理人，不包括代理商、经销商。另一种观点则认为应当对《商标法》第15条中的代理人或代表人进行扩张解释，代理人不仅包括民法意义上的代理人，还包括代理商、经销商。一些权威解说支持对代理人或者代表人作广义的解释的。最高人民法院在提审头孢西灵案［（2007）行提字第2号］中亦指出："商标法第15条规定的代理人应当作广义的理解，不只限于接受商标注册申请或者商标注册人委托、在委托权限范围内代理商标等事宜的商标代理人、代表人，而且还包括总经销（独家经销）、总经销（独家代理）等特殊销售代理关系意义上的代理人、代表人。"❶

然而，合议庭认为，不宜将普通的经销商认定为《商标法》第15条规定的代理人。理由在于（1）代理人与经销商存在着实质性的差别。代理人在代理权限内，以被代理人的名义实施民事法律行为。而经销其实质是一种买卖行为。（2）最高人民法院在提审头孢西灵案判决中并未对于普通的经销商是否为《商标法》第15条规定的代理人予以明确。《商标法》第15条的立法目的是制止代理人违反诚实信用原则的恶意抢注行为。然而，关于恶意的判断标准，可以运用民法上关于善意和恶意的区分来界定恶意抢注中的恶意。民法上的恶意，从理论上说只涉及行为人知或不知的问题。应知与行为人的注意义务和注意程度有关联：应知、能知而不知的，属于过失。重大过失，等于故意。❷ 就普通经销商而言，其注意程度与注意义务显然与独家经销商不同。如将独家经销商等同于普通经销商，则增加了普通经销商的注意程序与注意义务，这对普通经销商显然是不公平的。因此，合议庭认为就普通的分销商而言，法院在案件审理过程中不能简单地推定普通经销商是《商标法》第15条规定的代理人或代表人，而是应当通过审查商标所有人与代理人或代表人之间是否形成了一种特殊的经销关系最终确认是否适用《商标法》第15条。

我国《商标法修正案（草案）》第15条第2款规定"就同一种商品或者类似商品申请注册的商标与他人在先使用的商标相同或者近似，申请人与

---

❶ 参见最高人民法院（2007）行提字第2号行政判决书。

❷ 钟鸣、陈锦川：《制止恶意抢注的商标法规范体系及其适用》，载《法律适用》2012年第10期，第8页。

该他人具有前款规定以外的合同、业务往来关系或者其他关系而明知该他人商标存在，该他人提出异议的，不予注册。”❶。从条款的表述上看，上述条款是对现行《商标法》第15条的补充和完善，将更好地遏制我国日益增多的恶意注册他人商标的现象。

（撰稿人：金　滢　王婷钰）

❶ 《中华人民共和国商标法修正案（草案）》。

三、专利民事纠纷案件

权利要求用语存在明显错误时如何确定专利权的保护范围

——北京西科盛世通酒店会展设备制造有限公司与广州市番禺区恒美酒店有限公司等侵害发明专利权纠纷案

【提要】

当本技术领域普通技术人员在阅读权利要求书、说明书和附图后，能够清楚无误地确认权利要求的用语存在明显错误，并能明确无疑地修正权利要求中该用语的含义，应当以修正后的含义来解释权利要求并确定专利的保护范围，而不能简单认定被诉侵权技术方案未落入专利保护范围。

【案情】

原告（上诉人）：北京西科盛世通酒店会展设备制造有限公司

被告（被上诉人）：广州市番禺区恒美酒店金属家具制造有限公司

被告（被上诉人）：上海闵行星河湾酒店有限公司

案由：侵害发明专利权纠纷

一审案号：（2011）沪一中民五（知）初字第 89 号

二审案号：（2012）沪高民三（知）终字第 44 号

涉案发明专利“可移动的折叠台”的权利要求共 11 项。原告北京西科盛世通酒店会展设备制造有限公司（以下简称西科公司）以权利要求 3 主张权利。该权利要求载明：一种具有一转动联动装置（30）的可移动的折叠台（20）包括：一台盖板（24）；一外腿（34），它安装于台盖板，并从一其时该腿以一与该台盖板成一基本直角的夹角延伸的使用位置，转动到一其时该腿趋近台盖板低延伸的折叠位置。其特征在于，一具有诸垂直的端部（102）和一隆起的中心部（104）的第一主连杆（100）；其第一端枢轴转动安装于该隆起的中心部，而其第二端枢轴转动安装于该台盖板的基本上呈矩形的第二连杆（105）；其第一端枢轴转动安装于垂直端部，而其第二端部枢轴转动安装于该台盖板的第三连杆（106）；以及一分别枢轴转动连接于主连杆的垂直的端部和外腿的第四连杆（116）。

被告上海闵行星河湾酒店有限公司（以下简称星河湾公司）向被告广州市番禺区恒美酒店金属家具制造有限公司（以下简称恒美公司）购买了被控侵权产品“活动舞台”。

原告西科公司诉称：（美国）西科公司系名称为“可移动的折叠台”（专利号：ZL95196021.0）发明专利的专利权人。原告于2007年9月4日获得（美国）西科公司该专利在中国地区的排他性专利实施许可权，并经（美国）西科公司授权，有权以自己名义提起诉讼。2010年10月，原告发现被告星河湾公司在其经营的酒店内使用了被告恒美公司生产、销售的“活动舞台”产品，经比对，该产品落入了涉案专利的保护范围。为此，请求法院判令：（1）被告恒美公司停止生产、销售侵权产品，销毁库存侵权产品及其生产模具，并消除侵权影响；（2）被告恒美公司赔偿原告经济损失及合理费用人民币10万元（以下币种同）；（3）被告星河湾公司停止使用侵权产品。

被告恒美公司辩称：原告主张保护的专利权范围为权利要求3，其特征包括第二连杆形状呈矩形，而其公司生产的折叠台产品结构不是矩形的，不具备原告权利要求3的技术特征，故没有落入原告主张的专利权保护范围，不构成专利权侵权。

被告星河湾公司辩称：该公司通过公开招标的方式购买了恒美公司生产的“活动舞台”产品，对该产品是否侵犯他人专利权并不知晓，其使用的产品具有合法来源，故不应承担侵权赔偿责任。

【审判】

上海市第一中级人民法院经审理认为：由于在说明书及附图中没有对所谓“基本上呈矩形的第二连杆”的含义作进一步地说明。因此，该表述的含义应当根据权利要求的记载，结合工具书、教科书等公知文献以及本领域普通技术人员的通常理解予以说明。根据《辞海》的解释，矩形通称为长方形，是平面上每个内角都是直角的四边形。站在该领域普通技术人员的立场，难以得出“基本上呈矩形”的含义能够包容“大致呈凹形”以及U形几何特征的结论。基于原告未能证实两被告实施了专利权侵权行为，故依照《中华人民共和国专利法》第26条第3款、第4款、第59条，《最高人民法院关于审理侵犯专利权纠纷案件应用法律若干问题的解释》第2条、第3条、第7条及《中华人民共和国民事诉讼法》第64条第1款之规定，判决：驳回原告西科公司的诉讼请求。

一审判决后，西科公司不服，向上海市高级人民法院提起上诉。

上诉人西科公司上诉称：（1）根据其专利申请过程中的文件，权利要求中第二连杆的表述应为“基本上是U形”，权利要求书中的“基本上是矩形”属于笔误。（2）如果第二连杆“基本上呈矩形”，权利要求所界定的技术方案也无法实施。据此请求：撤销原判；判令恒美公司立即停止生产、销售被控侵权产品，销毁库存产品及生产模具，公开消除侵权影响；星河湾公司立即停止使用侵权产品；恒美公司赔偿西科公司经济损失（包括合理费用）10 万元。

被上诉人恒美公司、星河湾公司共同答辩称：发明专利的保护范围以授权文本的权利要求内容为准，本案的专利说明书和附图均不能用于解释权利要求中第二连杆“基本上呈矩形”的含义。法院不能认定为是笔误，是否是笔误应由专利授权机构来认定。

上海市高级人民法院经审理后认为，一审法院查明的事实属实。

另查明，在涉案专利说明书中的“背景技术”部分载明：“尽管已证明这些台子在提供折叠的低位台面方面是十分有用的，但还能作进一步的改进。……当该台被折叠到一基本垂直的位置时，台盖板的端部彼此接触，这样就有夹伤使用者的手或手指的危险。”在说明书的“发明内容”中记载：“可以理解的是，需要提供一种新的和改进的折叠台，它能从一使用位置折叠到一折叠位置而台盖板的顶部基本上彼此对合……本发明就是致力于这些问题以及其他有关折叠台的问题。……折叠用的驱动联动装置包括一有垂直的端部和隆起的中心部的主安装板。一基本上呈‘U’形的连杆从联动装置安装板的隆起的中心部安装到框架，而一短连杆从安装板的端部安装到框架。一长连杆从联动装置安装板安装到外腿以随台子的折叠一起驱动折叠腿。该‘U’形连杆在其顶部有一倾斜的斜面，在折叠位置时该斜面搁置两台盖板的边并使两台盖板略微倾斜地相对。这样能防止意外的展开，而在两台盖板的上边之间保持一间隙，以致使用者的手和手指不会被夹在两台盖板之间。”在“具体实施方式”中写明：“该联动装置 30 还包括一大致为马蹄形的连杆 108，它从一枢转点 128 安装在主板 100 的中心部 104 处。该‘U’形连杆 108 包括由一斜底部 114 连接起来的一第一侧部 100 和一第二侧部 112。该底部 114 包括一倾斜的上表面，在台子 20 折叠时该斜面收置和支撑着台盖板 24 的侧边。底部 114 的斜面将台盖板 24 稍微偏过垂直位置而向中心轴线倾斜，用以抵制当台子在折叠位置时意外地被打开。该第二侧部 112 安装在枢轴点 128 处台板框 22 上的安装托架 124 上。此外，有一短杆 106 安装在枢轴点 122 处的安装托架 124 上，并安装在枢轴点 118 处的主板 100 的端部。”

此外，在国际申请号 PCT/US95/14805 的专利申请英文件第 15 页显示，其第 15 项权利要求为“A mobile folding stage having a folding linkage，comprising：... a substantially U-shaped second link pivotally mounting at a first end to the raised center portion and at a second end to the deck；... ”在该国际申请所

对应的申请号为95196021.0的“发明专利申请公开说明书”中载明，其权利要求15为“一种具有一折叠联动装置的可移动的折叠台包括：……d）其第一端枢轴转动安装于该隆起的中心部而其第二端枢轴转动安装于该台盖板的基本上呈‘U’形的第二连杆；……”上述PCT英文及相应中文申请公开文件中的权利要求15对应于涉案专利授权文本中的权利要求3。

在申请号为95196021.0的《第一次审查意见通知书正文》中载明：“权利要求1没有以最接近的对比文件为基础划分‘前序部分’和‘特征部分’，……申请人应当以该对比文件为基础对该权利要求重新划界，将这部分特征写入其前序部分。……还应当对说明书的背景技术部分做适应性修改，在该部分中简要地描述该对比文件的技术内容并指出所存在的问题，……如果申请人按照本通知书提出的审查意见对申请文件进行修改，克服所存在的缺陷，则本申请可望被授予专利权，……请申请人注意，对申请文件的修改应当符合专利法第33条的规定，不得超出原说明书和权利要求书记载的范围。”申请人（美国）西科公司在针对上述审查意见通知书的《意见陈述书》中表示：“本申请人基本上完全接受了您的意见，并据此做了如下修改：一、根据对比文件1（US4，074，636）对独立权利要求1进行了划界。……二、根据对比文件1的内容，对原说明书里的背景技术部分做了适应性补充修改，指出了有待解决的问题。三、对说明书里的原来的小标题作了修改，以符合实施细则第18条的规定。”以上内容表明，在涉案专利授权过程中，审查员的第一次审查意见和申请人的回复意见，均未涉及对权利要求3的修改。

上海市高级人民法院认为：涉案专利权利要求3对“第二连杆”的描述存在明显错误、应理解为“基本上呈‘U’形”，制造公司生产、销售的“活动舞台”的相关技术特征已落入涉案专利权利要求3所限定的技术特征的保护范围，因此构成对涉案专利的侵犯，制造公司应承担相应停止侵权、赔偿损失的民事责任。而某酒店作为侵权产品的使用者，在无证据证明其明知的情况下，在支付相应对价从制造公司处购买了侵权产品后，尤其是在制造公司已经对其购买的侵权产品向权利人承担了赔偿责任后，应视为设备公司已经就某酒店购买的侵权产品获得了合理的对价。对设备公司要求某酒店立即停止使用侵权产品的要求，不应予以支持。据此，依照《中华人民共和国民法通则》第134条第1款第（1）项、第（7）项，《中华人民共和国专利法》第11条第1款、第59条第1款、第65条，《最高人民法院关于审理侵犯专利权纠纷案件应用法律若干问题的解释》第2条、第3条，《最高人民法院关于审理专利纠纷案件适用法律问题的若干规定》第22条，《中华人民共和国民事诉讼法》第153条第1款第（3）项之规定，判决：（1）撤销上海市第一中级人民法院（2011）沪一中民五（知）初字第89号民事判决；（2）恒美公司立即停止侵害西科公司享有的“可移动的折叠台”的发明专利（专利号为ZL95196021.0）；（3）恒美公司自判决生效之日起10日内赔偿西科公司经济损失及合理费用人民币6万元；（4）西科公司的其余诉讼请求不予支持。

【评析】

本案是一起专利权利要求的用语存在明显错误的专利侵权纠纷案。案件的审理主要涉及以下问题。

一、权利要求3对“第二连杆”的文字表述与说明书中对相应连杆的描述存在矛盾

涉案专利的权利要求3对“第二连杆”的表述为“基本上呈矩形”，而说明书中对“基本上呈矩形”也未作具体明确的说明。有观点认为，矩形是一种常见的几何形状，因此不用借助说明书，相关公众即能理解矩形的概念。但本案中值得注意的是，说明书中对“折叠用的驱动联动装置”包含“一基本上呈‘U’形的连杆”的描述，而根据说明书所描述的安装位置，该连杆“从联动装置安装板的隆起的中心部安装到框架”，因此，该“基本上呈‘U’形的连杆”即为权利要求3中所描述的“其第一端枢轴转动安装于该隆起的中心部而其第二端枢轴转动安装于该台盖板的基本上呈矩形的第二连杆”。由此可见，权利要求与说明书中对“第二连杆”的文字描述存在矛盾。

二、专利申请过程反映原始申请文件中对“第二连杆”的文字描述均为“基本上呈‘U’形”，且在申请过程中未曾被修改

根据涉案专利申请的公开文本，其对“第二连杆”的文字描述为“基本上呈‘U’形”；而涉案专利的PCT申请文件的原文，其对“第二连杆”的文字描述亦为“a substantially U-shaped second link”，即“一基本上呈‘U’形的第二连杆”，因此，涉案专利的PCT申请文件的原文含义与涉案专利申请的中文公开文本的含义一致，即“第二连杆基本上呈‘U’形”。

在涉案专利的第一次审查意见通知书中，审查员并未对权利要求3提出修改意见，而此后申请人提交的意见陈述书也仅针对权利要求1及说明书背景部分和小标题进行了相应修改。因此，从涉案专利申请文件的修改过程看，申请人的修改并未涉及权利要求3中对“第二连杆”的文字描述。

三、“基本上呈矩形”的第二连杆无法实现涉案专利的发明目的

假设涉案专利的第二连杆确系“基本上呈矩形”，则该矩形连杆无法具有“U”形连杆“在其顶部有一略斜的斜面”，达到“在折叠位置时该斜面搁置两台盖板的边并使两台盖板略微倾斜地相对”，并“防止意外展开，而在两台盖板上边之间保持一间隙，以致使用者的手和手指不会被夹在两台盖板之间”的作用，而此“U”形连杆的作用正是涉案专利技术方案解决在先技术存在不足的发明点之一。

四、相关公众能够发现明显错误并确定明确无疑的答案，应对该撰写错误给予更正

以该技术所属领域具备普通技术知识的技术人员的认知度出发，其在阅读权利要求及说明书、附图后，能明确获知权利要求3的“第二连杆”的文字描述“基本上呈矩形”存在明显错误；同时，说明书及审查档案可以进一步明确无疑地确定要实现上述收纳并使台盖板保持一定角度的功能，此处的第二连杆的形状只能为“基本上呈‘U’形”。

由此，根据涉案专利的权利要求、说明书的上下文以及相关申请文档，该技术所属领域具备普通技术知识的技术人员可以发现权利要求3中对“第二连杆”的文字描述“基本上呈矩形”，属于其在涉案专利申请过程中产生的明显错误，应为“基本上呈‘U’形”，应以“基本上呈‘U’形”来确定所要保护的技术方案。

本案中，可能有人会认为，权利要求系由专利申请人撰写，因此即便其中文字存在笔误，其法律后果亦应由专利权人承担；如果允许对权利要求书中的笔误进行更正，会扩大权利要求保护的范围，从而影响权利要求的公众告知功能。

我们认为，通常而言，专利权利要求文字存在错误会因其得不到说明书的支持而导致专利无效，但如果权利要求文字的撰写错误非常明显，该领域的普通技术人员在阅读权利要求和说明书后，能够明确无误地立即发现某一技术特征的撰写存在错误，同时能明确无疑地得出相应的更正答案，则应当以该更正后的权利要求来确定权利要求的保护范围。对此，最高法院在西安

秦邦公司“金属屏蔽复合带制作方法”专利侵权案中也表达了类似的观点❶。这种对权利要求中明显错误的更正并不影响权利要求保护边界的确定性，也不会影响权利要求的公示性和稳定性。因为权利要求的保护范围是所属领域普通技术人员所理解的保护范围，所属领域普通技术人员在阅读说明书及附图、权利要求书中的相关权利要求、专利审查档案后，如果能明确无误地确认权利要求的撰写存在错误且存在明显无疑地更正答案，其必然会自行予以更正，更正后的权利要求所确定的保护范围才是权利要求的应有保护范围，即该专利的权利要求向社会公示的保护范围。

（撰稿人：王　静）

❶ （2012）民提字第3号中，最高人民法院指出，当权利要求特定用语的表述存在明显错误，本领域普通技术人员能够根据说明书和附图的相应记载明确、直接、毫无疑义地修正权利要求的该特定用语的含义的，应根据修正后的含义进行解释。

专利等同侵权的判定

——宁波悦祥机械制造有限公司与上海昶意机械制造有限公司侵害发明专利权纠纷案

【提要】

在判断被诉侵权产品的技术特征与专利技术特征是否等同时，不仅要考虑被诉侵权产品的技术特征是否属于本领域的普通技术人员无需经过创造性劳动就能够联想到的技术特征，还要考虑被诉侵权产品的技术特征与专利技术特征相比，是否属于基本相同的技术手段，实现基本相同的功能，达到基本相同的效果，只有以上两个方面的条件同时具备，才能够认定二者属于等同的技术特征。

【案情】

被告（上诉人）：上海昶意机械制造有限公司

原告（被上诉人）：宁波悦祥机械制造有限公司

案由：侵害发明专利权纠纷

一审案号：（2011）沪二中民五（知）初字第106号

二审案号：（2012）沪高民三（知）终字第10号

2007年10月29日，原告宁波悦祥机械制造有限公司（以下简称悦祥公司）向国家知识产权局申请名称为“折叠车架”的发明专利，2008年4月16日予以公开，2010年8月25日获得授权，其专利号为ZL200710156429. X（以下简称涉案专利）。原告主张的保护范围是涉案专利的权利要求1。权利要求1要求保护一种折叠车架，包括七个技术特征：1. 前车架，2. 后车架，3. 踏板，4. 控制前车架和后车架间夹角变化的锁定装置，5. 所述前车架的后端与后车架的前端与踏板的中部三处共同铰接在同一根铰轴上，6. 所述锁定装置的前部与前车架连接，7. 所述锁定装置的后部与后车架连接。

针对背景技术中折叠车架锁定过程繁琐、折叠不够紧凑、体积较大以及现有滑板车的车架不能折叠等缺陷，涉案专利的说明书及附图提供了折叠车架的五个实施例，其中分别使用了A1至A5五种结构的锁定装置。A1显示（说明书第［0044］段至第［0051］段及附图1-7）：A1前端铰接于前车架中部的铰销；其后端铰接于后车架中部的铰销；中部具有同心的第一插销孔和螺孔的伸缩杆套管，套设在伸缩杆套管中并在中部具有第二插销孔的伸缩杆，以及套设在伸缩杆套管外的插销拉手体，插销拉手体内设有插销、弹簧和导向孔。A2 显示（说明书第［0052］段至第［0056］段及附图 8-13）：前车架中部为开口向下的槽体，槽体开设有插销孔和同心的导向孔；A2 主要包括：固设在前车架槽体内并开设有插销孔的导向槽体，两端具有销套管的拉杆，拉杆后端的销套管与后车架相铰接，U 形插销拉手体的插销导向杆贯穿于前车架的导向孔内，插销拉手体的插销可贯穿于前车架、导向槽体的插销孔以及拉杆的前端销套管，此外锁定装置 A2 还包括弹簧、卡簧、限位块等。A3 显示（说明书第［0057］段至第［0062］段及附图 14-18）：其主要由锁定支架、具有管孔的锁定销套管和 U 形插销拉手体组成，锁定支架与前车架后端固定连接，锁定套管与后车架前端固定连接，锁定支架两侧分别具有同心的导向孔和同心的插销孔，插销拉手体的插销导向杆贯穿于同心导向孔中，插销拉手体的插销可贯穿于插销孔和锁定销套管的管孔，此外 A3 还具有卡簧、扭簧、限位块等。A4 显示（说明书第［0063］段至第［0068］段及附图 24-26）：其在 A1 的基础上增加了弹簧减震装置，弹簧减震装置套设在伸缩杆套管的外部，包括具有弹簧导轨的弹簧托架、导引环、第一弹簧座、弹簧、与伸缩杆套管螺接的第二弹簧座。A5 显示（说明书第［0069］段至第［0074］段及附图 27-32）：其在锁定装置 A2 的基础上，在拉杆外套设弹簧减震装置。根据说明书第［0048］段至第［0051］段、第［0055］段、第［0056］段、第［0061］段、第［0062］段、第［0068］段、第［0074］段，在 A1 至 A5 中，折叠车架时，拉动插销拉手体，插销从插销孔中抽出，锁定装置被解锁，下压踏板，前车架和后车架间的夹角增大，车架进入折叠状态；展开车架时，前车架和后车架间的夹角减小，锁定装置被锁定后，车架进入稳定的展开状态。

审理中，原告明确：其主张的涉案专利权的保护范围是权利要求 1；对折叠车架中的锁定装置的技术特征的内容，应结合说明书和附图中所记载的锁定装置的实施例 A1 和实施例 A4 予以确定；被控侵权方案中的气弹簧与涉案专利说明书和附图中记载的 A1 和 A4 构成等同。

2009 年 5 月 19 日，被告上海昶意机械制造有限公司（以下简称昶意公司）向国家知识产权局申请名称为“一种带驱动装置的滑板车”的实用新型专利（以下简称被告专利），2010 年 3 月 24 日获得授权，其专利号为 ZL200920072486. 4。

2011 年 7 月 6 日，浙江省宁波市永欣公证处出具的（2011）浙甬永证民字第 1783 号公证书显示：原告的委托代理人胡小永于 2011 年 7 月 5 日在公证处使用公证处的电脑，主要进行如下操作：输入 www. xldsports. com，进入被告公司网站，相关网页显示了涉案滑板车的照片；输入 tz5200. b2b. hc360. com，进入网址网页，相关网页显示了被告公司的名称、涉案滑板车的照片和“供应”涉案滑板车的文字等内容。

2011 年 7 月 6 日，浙江省宁波市永欣公证处出具的（2011）浙甬永证民字第 1789 号公证书（以下简称第 1789 号公证书）显示：原告的委托代理人胡小永于 2011 年 7 月 6 日下午，在公证处使用公证处的号码为××××5628 的固定电话，接通了号码为（0）138××××280 的移动电话，然后与一位自称为“谭经理”（音）的男性通话，与“谭经理”通话的主要内容为：涉案滑板车已生产了一年多……每月产量 7 000 台至 8 000 台……出厂价人民币 380 元等。公证人员对上述过程进行了监督，并对通话内容进行了录音。

2011 年 7 月 30 日，原告从被告处购得名称为“炫力达”型号为 X580 的太空滑板车（以下简称涉案滑板车）一台。

涉案滑板车中的折叠车架的技术方案（以下简称被控侵权方案）包括如下技术特征：1′. 前车架，2′. 后车架，3′. 踏板，4′. 气弹簧可以实现伸缩定位锁定，从而控制前车架和后车架间夹角变化，5′. 前车架的后端与后车架的前端与踏板的中部三处共同铰接在同一根铰轴上，6′. 气弹簧的一端与前车架连接，7′. 气弹簧的另一端与后车架连接。被控侵权方案中使用的气弹簧是被告购买得到，其是一种用途广泛的工业标准件，该气弹簧的活塞杆一部分密封在气缸桶中，并可在气缸桶中伸缩。折叠车架时，扳动折叠扳机，气弹簧被解锁，下压踏板，前车架和后车架间的夹角增大，车身进入折叠状态；展开车架时，扳动折叠扳机，前车架和后车架间的夹角减小，车架打开，松开折叠扳机，车身将被锁定在相应位置。

经比对，被控侵权方案的技术特征 1′、2′、3′、5′、6′、7′与原告权利要求 1 的技术特征 1、2、3、5、6、7 一一对应相同，被控侵权方案的技术特征 4′气弹簧的结构与涉案专利的说明书记载的锁定装置 A1、A4 不相同。

原告悦祥公司诉称：原告是名称为“折叠车架”（专利号 ZL200710156429. X）的发明专利的权利人。原告发现被告制造、销售、许诺销售的涉案滑板车中的折叠车架的技术方案落入原告涉案专利权利要求 1 的保护范围，侵害了原告涉案专利权。针对赔偿数额，原告认为其提供的第 1789 号公证书已能证明被告制造、销售涉案滑板车的数量为每月 8 000 台。故被告制造、销售涉案滑板车的获利巨大（销售价格为人民币 380 元/台×12 个月×利润 15%/台）。为此，请求法院判令：（1）被告停止侵害原告享有的名称为“折叠车架”（专利号 ZL200710156429. X）的发明专利权，销毁制造名称为“炫力达”型号为 X580 的太空滑板车的专用设备、模具；（2）被告赔偿原告包括合理费用（律师费人民币83 000元）在内的经济损失人民币200万元。

被告昶意公司辩称：首先，涉案滑板车是按照被告获得授权的实用新型专利（专利号ZL200920072486.4）生产。涉案专利权利要求1的各个技术特征并非原告所独创，这些技术特征已分别被多份在先的专利文献所公开，因此涉案专利的权利要求1不能成立。被控侵权方案的技术特征均为在涉案专利申请日前披露的技术或众所周知的知识，并且被控侵权方案中的锁定装置即气弹簧的结构与涉案专利中的锁定装置的结构完全不同，该气弹簧是一种用途广泛的工业标准件，是被告在市场上购买得到。因此，被告制造、销售、许诺销售涉案滑板车的行为未侵害原告的涉案专利权。其次，对第1789号公证书形式上的真实性无异议，但该公证书所载明的电话录音的内容存在明显夸大的成分，该内容不能客观反映被告制造、销售涉案滑板车的实际数量。被告承认其是从2010年3月开始生产涉案滑板车，同年4月开始销售，每台售价为人民币380元，至今销量已达10 000台以上。原告请求赔偿的金额无事实依据。总之，请求法院驳回原告的诉讼请求。

【审判】

上海市第二中级人民法院经审理观点如下。

一、关于权利要求1的保护范围

本案中，原告主张的保护范围是涉案专利的权利要求1。权利要求1中共有7个技术特征，其中技术特征4是“控制前车架和后车架间夹角变化的锁定装置”。对于该技术特征4，首先，没有相应的证据可以证明，在所属技术领域中，已经存在技术结构相对固定且为本领域的普通技术人员所熟知的，能够控制前车架和后车架间夹角变化的“锁定装置”；其次，在权利要求1中，只记载了该锁定装置要实现的“控制前车架和后车架间夹角变化”的功能，而没有记载实现前述功能的锁定装置的结构。因此，技术特征4属于功能性技术特征。

涉案专利的说明书及附图显示锁定装置有A1至A5五个具体实施方式，其折叠/打开操作方式相同，即折叠车架时，拉动插销拉手体，插销从插销孔中抽出，锁定装置被解锁，下压踏板，前车架和后车架间的夹角增大，车架进入折叠状态；展开车架时，前车架和后车架间的夹角减小，锁定装置被锁定，车架进入稳定的展开状态。由此可见，说明书及其附图中记载的A1至A5均能实现“控制前车架和后车架间夹角变化”的功能，A1至A5的前部、后部分别与前车架、后车架连接，A1至A5的具体实施方式及其等同实施方式均在技术特征4涵盖的范围之内。因此，权利要求1的保护范围为由技术特征 1 至 7 组成的折叠车架的技术方案，其中技术特征 4 的内容为说明书及其附图中描述的 A1 至 A5 的具体实施方式及其等同实施方式。

二、被控侵权方案是否落入涉案专利的权利要求 1 的保护范围

经比对，被控侵权方案的技术特征 1′、2′、3′、5′、6′、7′与涉案专利权利要求 1 的技术特征 1、2、3、5、6、7 一一对应相同，被控侵权方案的技术特征 4′气弹簧的结构与涉案专利权利要求 1 的技术特征 4 的具体实施方式 A1、A4 不相同。

对于被控侵权方案的技术特征 4′与涉案专利的技术特征 4 两者是否属于等同特征。本案中，被控侵权方案的前车架中部与后车架中部之间铰接有一个气弹簧，原告主张该气弹簧与说明书和附图中记载的 A1 和 A4 相等同。原审法院认为，在被控侵权方案中气弹簧通过拉伸、锁定和复位，从而改变前车架和后车架间的夹角大小，可见，该气弹簧实现了涉案专利的锁定装置“控制前车架和后车架间夹角变化”的功能。该气弹簧是一种用途广泛的工业标准件，可以从市场上直接购买得到，本领域的普通技术人员对该气弹簧的结构和作用应是知晓的。在涉案专利中，A1 利用具有伸缩杆、伸缩杆套管、插销拉手体等的锁定装置实现其功能；A4 在 A1 的基础上增加了弹簧减震装置。A1、A4 是机械式的锁定结构，对于本领域的普通技术人员来说，该锁定结构是一种实现锁定功能的常用方式。因此，被控侵权方案中所使用的气弹簧和涉案专利中的 A1、A4 对本领域的普通技术人员来说均属于常用的实现方式，两者属于用基本相同的技术手段，实现了基本相同的功能，达到了基本相同的效果。针对背景技术中折叠车架锁定过程繁琐、折叠不够紧凑、体积较大以及现有滑板车的车架不能折叠等缺陷，涉案专利提出了利用不同实现思路的锁定装置的实施例。这为本领域的普通技术人员提供了在前车架和后车架之间安装一个锁定装置从而实现车架的折叠和展开的技术启示，特别是 A1 和 A4 提出了利用套设的伸缩杆、伸缩杆套管和弹簧等实现锁定功能的方案后，本领域的普通技术人员可以不花费创造性劳动就能想到并实现利用工业标准件气弹簧来替换涉案专利中的锁定装置 A1 或 A4。据此，被控侵权方案中所使用的气弹簧与 A1、A4 属于等同特征，即被控侵权方案的技术特征 4′与涉案专利的权利要求 1 的技术特征 4 属于等同特征。

由于被控侵权方案的技术特征 1′、2′、3′、5′、6′、7′与涉案专利的权利要求 1 的技术特征 1、2、3、5、6、7 相同，被控侵权方案的技术特征 4′与涉案专利的权利要求 1 的技术特征 4 等同，因此，被控侵权方案落入涉案专利权利要求 1 的保护范围。

三、被告应承担的民事责任

本案中，由于被控侵权方案落入涉案专利权利要求1的保护范围，因此，被告未经原告许可制造、销售、许诺销售涉案滑板车的行为，侵害了原告的涉案专利权，被告应承担停止侵权、赔偿损失的民事责任。本案中，原告未提供证据证明自己因侵权受到的损失。原告虽然提供第1789号公证书以证明被告因侵权获得利益，但原审法院认为，原告在无其他证据相互印证的情况下，仅凭第1789号公证书还不能证明被告制造、销售涉案滑板车的实际数量和获得的利益。此外，原告也未提供可供参考的专利许可使用费数额。因此，原审法院根据涉案专利的权利价值，如专利技术的创造性、专利技术的实施情况、市场上同类产品的利润，被告侵权行为的方式，侵权产品制造、销售规模，侵权持续时间，侵权损害后果，侵权获利等因素，酌情确定赔偿数额。另外，原审法院参考司法行政部门规定的律师收费标准，酌情确定本案合理费用的数额。

关于原告提出的被告应销毁制造涉案滑板车的专用设备、模具的诉讼请求，因其不属于民事责任承担的方式，原审法院不予支持。

综上所述，根据《中华人民共和国侵权责任法》第15条第1款第（1）项和第（6）项、第2款，《中华人民共和国专利法》第11条第1款、第59条第1款、第65条，《最高人民法院关于审理侵犯专利权纠纷案件应用法律若干问题的解释》第4条、第7条、第14条第1款，《最高人民法院关于审理专利纠纷案件适用法律问题的若干规定》第17条第2款之规定，判决：（1）被告昶意公司立即停止侵害原告悦祥公司享有的名称为“折叠车架”的发明专利权（专利号为ZL200710156429.X）的行为；（2）被告昶意公司应于判决生效之日起10日内赔偿原告悦祥公司包括合理费用在内的经济损失人民币300 000元；（3）驳回原告悦祥公司的其余诉讼请求。本案一审案件受理费人民币22 800元，由原告悦祥公司负担人民币9 690元，由被告昶意公司负担人民币13 110元。

一审判决后，昶意公司不服，向上海市高级人民法院提起上诉。上诉人昶意公司上诉称：（1）被控侵权方案的技术特征6′、7′与涉案专利的权利要求1的技术特征6、7并不相同，一审判决关于“被控侵权方案的技术特征1′、2′、3′、5′、6′、7′与涉案专利的权利要求1的技术特征1、2、3、5、6、7相同”的认定系认定事实错误。（2）一审判决关于“被控侵权方案的技术特征4′与涉案专利的权利要求1的技术特征4等同”的认定系认定事实错误。（3）一审法院未明确答复上诉人关于进行技术鉴定的申请，违反法定程序。上诉人并向二审法院申请对本案所涉技术问题进行技术鉴定。故请求撤销原判，依法改判上诉人不构成侵犯发明专利权，驳回被上诉人全部诉讼请求。

被上诉人悦祥公司答辩称：（1）上诉人关于被控侵权方案的技术特征6′、7′与涉案专利的权利要求1的技术特征6、7并不相同的理由不能成立，两者构成相同的技术特征。（2）被控侵权产品使用的气弹簧确实与涉案专利的对应技术特征存在差异，但是两者采用的技术手段基本相同、实现的功能基本相同、达到的效果基本相同，且本领域的普通技术人员无须经过创造性劳动就能联想到用气弹簧代替涉案发明的锁定装置，因此两者构成等同的技术特征。（3）上诉人仅向原审法院提出了技术鉴定的口头申请，原审法院有权决定是否进行技术鉴定。综上所述，请求驳回上诉，维持原判。

上海市高级人民法院经审理后认为，一审法院查明的事实属实。

上海市高级人民法院认为：涉案发明专利“折叠车架”权利要求1记载的技术特征可分解为：1. 前车架，2. 后车架，3. 踏板，4. 控制前车架和后车架间夹角变化的锁定装置，5. 所述前车架的后端与后车架的前端与踏板的中部三处共同铰接在同一根铰轴上，6. 所述锁定装置的前部与前车架连接，7. 所述锁定装置的后部与后车架连接。上述技术特征中，技术特征4只是陈述了锁定装置的功能而未描述其具体结构，故技术特征4为功能性特征。根据《最高人民法院关于审理侵犯专利权纠纷案件应用法律若干问题的解释》第4条的规定，“对于权利要求中以功能或者效果表述的技术特征，人民法院应当结合说明书和附图描述的该功能或者效果的具体实施方式及其等同的实施方式，确定该技术特征的内容”。涉案发明专利的说明书及附图记载了锁定装置的五个具体实施方式A1-A5，因此，技术特征4的内容应当限定为上述锁定装置A1-A5的具体实施方式及其等同实施方式。

被控侵权产品的技术特征可分解为：1′. 前车架，2′. 后车架，3′. 踏板，4′. 气弹簧可以实现伸缩定位锁定，从而控制前车架和后车架间夹角变化，5′. 前车架的后端与后车架的前端与踏板的中部三处共同铰接在同一根铰轴上，6′. 气弹簧的一端与前车架连接，7′. 气弹簧的另一端与后车架连接。

一审中，被上诉人悦祥公司主张被控侵权产品技术特征4′的气弹簧与涉案专利说明书及附图记载的实施方式A1、A4为等同实施方式。对此，本院认为，经比对，首先，被控侵权产品的技术特征4′气弹簧的结构与涉案专利权利要求1中技术特征4的具体实施方式A1、A4不相同。其次，涉案专利权利要求1中技术特征4的具体实施方式A1、A4采用的是机械弹簧式的锁定装置，通过拉动插销拉手体而使插销插入或者抽出插销孔从而使伸缩杆在伸缩杆套管中的轴向滑动来实现“控制前车架和后车架间夹角变化”；被控侵权产品采用的是气弹簧式的锁定装置，通过开启、关闭控制阀门来控制气缸桶内的压力平衡从而使活塞杆在气缸桶中的轴向滑动来实现“控制前车架和后车架间夹角变化”。技术特征4′使用的气弹簧与技术特征4的具体实施方式A1、A4的工作原理不相同，两者的技术手段并不相同，也非基本相同。由于技术特征4′与技术特征4两者使用的手段并不基本相同，因此，被控侵权产品的技术特征4′与涉案发明专利权利要求1的技术特征4既不相同，也不等同。综上，被控侵权产品的技术特征没有完全覆盖涉案发明专利权利要求1记载的全部必要技术特征，被控侵权产品未落入涉案专利权的保护范围，故本案发明专利侵权指控不能成立。上诉人生产、销售涉案滑板车的行为并不侵犯被上诉人的涉案发明专利权。

综上所述，原审法院认定事实清楚，但适用法律错误。上诉人关于其未侵犯涉案发明专利权的上诉请求与理由具有事实和法律依据，应予支持。原审法院关于上诉人立即停止对被上诉人享有的“折叠车架”发明专利权的侵害以及上诉人赔偿被上诉人经济损失人民币300 000元的判决无事实和法律依据，应予纠正。依照《中华人民共和国专利法》第59条第1款，《最高人民法院关于审理侵犯专利权纠纷案件应用法律若干问题的解释》第4条、第7条，《最高人民法院关于审理专利纠纷案件适用法律问题的若干规定》第17条第2款，《中华人民共和国民事诉讼法》第153条第1款第（2）项之规定，判决：（1）撤销上海市第二中级人民法院（2011）沪二中民五（知）初字第106号民事判决；（2）驳回宁波悦祥机械制造有限公司的诉讼请求。本案一审案件受理费人民币22 800元，二审案件受理费人民币5 800元，共计人民币28 600元，由被上诉人宁波悦祥机械制造有限公司负担。

【评析】

《最高人民法院关于审理侵犯专利权纠纷案件应用法律若干问题的解释》第7条规定，“人民法院判定被诉侵权技术方案是否落入专利权的保护范围，应当审查权利人主张的权利要求所记载的全部技术特征。被诉侵权技术方案包含与权利要求记载的全部技术特征相同或者等同的技术特征的，人民法院应当认定其落入专利权的保护范围；被诉侵权技术方案的技术特征与权利要求记载的全部技术特征相比，缺少权利要求记载的一个以上的技术特征，或者有一个以上技术特征不相同也不等同的，人民法院应当认定其没有落入专利权的保护范围”。

本案中，被控侵权产品的技术特征4′气弹簧的结构与涉案专利权利要求1中技术特征4的具体实施方式A1-A5均不相同，故被控侵权产品的技术特征4′与涉案专利的技术特征4并不相同。原告主张被控侵权产品技术特征4′的气弹簧与涉案专利说明书及附图记载的实施方式A1、A4为等同实施方式。因此，本案的争议焦点在于被控侵权产品技术特征4′的气弹簧与涉案专利说明书及附图记载的实施方式A1、A4是否属于等同技术特征。

《最高人民法院关于审理专利纠纷案件适用法律问题的若干规定》第17条规定，等同特征是指与所记载的技术特征以基本相同的手段，实现基本相同的功能，达到基本相同的效果，并且本领域的普通技术人员无须经过创造性劳动就能够联想到的特征。根据上述规定，在判断被诉侵权产品的技术特征与专利技术特征是否等同时，不仅要考虑被诉侵权产品的技术特征是否属于本领域的普通技术人员无须经过创造性劳动就能够联想到的技术特征，还要考虑被诉侵权产品的技术特征与专利技术特征相比，是否属于基本相同的技术手段，实现基本相同的功能，达到基本相同的效果，只有以上两个方面的条件同时具备，才能够认定两者属于等同的技术特征。此外，替换的技术手段之间差距较大，即使该技术手段是常用、惯用的公知手段，一般也不能认定为等同技术特征。

本案中，涉案专利权利要求1中技术特征4的具体实施方式A1、A4采用的是机械弹簧式的锁定装置，通过拉动插销拉手体而使插销插入或者抽出插销孔从而使伸缩杆在伸缩杆套管中的轴向滑动来实现“控制前车架和后车架间夹角变化”；被控侵权产品采用的是气弹簧式的锁定装置，通过开启、关闭控制阀门来控制气缸桶内的压力平衡从而使活塞杆在气缸桶中的轴向滑动来实现“控制前车架和后车架间夹角变化”。技术特征4′使用的气弹簧与技术特征4的具体实施方式A1、A4的工作原理不相同，两者的技术手段并不相同，也非基本相同。由于技术特征4′与技术特征4两者使用的手段并不基本相同，因此，被控侵权产品的技术特征4′与涉案发明专利权利要求1的技术特征4既不相同，也不等同。由于被控侵权产品与涉案专利相比，至少有一项对应技术特征既不相同也不等同，因此，被控侵权产品未落入涉案专利权的保护范围，故本案发明专利侵权指控不能成立。

等同侵权的判定属于专利侵权纠纷中比较疑难的一个问题。本案中，一审、二审法院对于等同侵权判定原则的把握不一致，导致最终的判决结果不同。由于等同侵权是将专利权的保护范围延伸到专利权利要求字面含义之外，因而这种延伸应当要受到足够多的限制，以使专利权保护范围有相当的确定性。建立创新型国家，既要鼓励原始的创新，在我国现阶段，更要鼓励在现有技术成果基础上的创新。在确立等同侵权时，既要考虑保护专利权人的恰当利益，也要考虑我国现实技术经济发展的实际需要。人民法院在审理专利侵权纠纷案件中，对涉及等同侵权判定的应当慎之又慎。具体案例中，在根据最高人民法院的司法解释判断被控侵权产品或者方法的某一项技术特征与专利权利要求中记载的相应技术特征是否等同时，需要结合涉案专利说明书中背景技术、发明目的（要解决的技术问题）、有益效果方面的相关陈述，来认定专利权利要求中记载的某一项技术特征的技术手段、功能及所要达到的效果，进而判断被控侵权产品的相应技术特征与专利权利要求中记载的该项技术特征是否等同。

（撰稿人：马剑峰）

权利要求中功能性特征内容的确定

——曲声波与新世界（中国）科技传媒有限公司等侵害实用新型专利权纠纷案

【提要】

说明书及附图没有记载实现权利要求中功能性特征所记载功能的具体实施方式时，依据《最高人民法院关于审理侵犯专利权纠纷案件应用法律若干问题的解释》第4条规定，不能确定权利要求中相应功能性特征的内容，进而也无法确定权利要求的保护范围。由于权利要求的保护范围不能确定，故可直接认定专利侵权指控不能成立。

【案情】

原告（上诉人）：曲声波

被告（被上诉人）：新世界（中国）科技传媒有限公司

被告（被上诉人）：颐信科技有限公司

案由：侵害实用新型专利权纠纷

一审案号：（2009）沪一中民五（知）初字第133号

二审案号：（2010）沪高民三（知）终字第89号

2006年5月3日，中华人民共和国国家知识产权局（简称国家知产局）授予上海科臻投资咨询有限公司“多线路公交电子站牌”实用新型专利权，专利申请日为2004年3月23日，专利号为ZL200420021194.5。2007年5月11日，国家知产局出具《手续合格通知书》，内容为系争专利的专利权人由上海科臻投资咨询有限公司变更为原告曲声波。该专利的权利要求书记载：“权利要求1. 一种多线路公交电子站牌，由站名显示器，到站预报电子显示屏，多线路车站列表显示板，和支撑固定座组成，其特征在于：a）站名显示器位于站牌的顶部；b）到站预报电子显示屏位于站牌的上部，连接在站名显示器的下方；c）多线路车站列表显示板固定在到站预报电子显示屏和支撑固定座之间。”该专利说明书第3页记载：“公知的公交线路电子站牌的结构通常只能使用到一条公交线路上，或者虽适用于多条公交线路，但在长时间断电或电子线路或通信出现故障的情况下，电子站牌不能保证正确显示公交线路车站列表等必要的公交导乘信息，不能满足公交站牌24小时不间断服务的要求。本实用新型提供一种多线路公交电子站牌结构，该电子站牌既能使用多条公交线路同时显示的需要，又能满足公交站牌 24 小时不间断服务的要求。”说明书第 4 页记载：“结合附图和实施例对该实用新型专利进一步说明。……到站预报电子显示屏位于电子站牌的上部，连接在站名显示器的下方，本实施例中采用了通用的三行显示 LED 点阵字符显示屏，滚动显示各条线路最近到达车辆的预计到站时间和到达本站距离等动态信息，还可以显示天气预报、新闻、商务广告等公众关心的信息。”

针对上述专利，国家知产局专利复审委员会（简称专利复审委）于 2008 年 8 月 20 日就颐信科技有限公司（以下简称颐信公司）提出的无效宣告请求作出第 12120 号决定，维持专利权有效。颐信公司不服该决定，提起行政诉讼，北京市第一中级人民法院于 2009 年 7 月 24 日作出（2009）一中行初字第 718 号行政判决，维持上述决定。

原告向原审法院提供了其对本市浦东新区道路上安装的被控侵权数字公交站牌拍摄的一组照片。诉讼中，原审法院组织三方当事人至原告拍摄地点对被控侵权产品进行了现场勘查，并拍摄一组照片。照片中的被控侵权站亭呈三棱柱形，顶部是显示站名的站牌，在站名上方有“新世界科技传媒”字样，依次往下是一无任何内容的显示屏、显示广告或多条线路信息的显示板。

被控侵权站亭显示屏显示有：“新世界（中国）科技传媒公司（以下简称新世界公司）DBS 数字公交电子站亭公交信息显示”、“新世界（中国）科技传媒公司 DBS 数字公交电子站亭抵达信息预报显示”、“公交电子信息站亭由新世界（中国）科技传媒有限公司投资建设，并负责运行维护。本亭可实时发布各类信息、并具有视频监控、语音导盲等功能”等字样。

原告曲声波诉称：两被告制造、销售、安装的数字化公交站亭的技术特征与原告的“多线路公交电子站牌”实用新型专利的权利要求 1 中的技术特征相同。至原告起诉之日，两被告已在全国多个城市大规模安装了“数字化公交站亭”，北京、上海等地媒体及被告新世界公司网站也对该“数字化公交站亭”的安装运营进行了广泛报道。原告认为，两被告未经原告许可，制造、使用数字化公交站亭，侵犯了原告的专利权，请求法院判令：1. 两被告停止使用并拆除被控侵权的数字化公交站亭系统；2. 两被告赔偿原告经济损失 1 美元。第一次庭审时，原告变更其诉讼请求为：1. 判令两被告停止制造、销售及使用被控侵权的数字化公交站亭系统；2. 判令两被告赔偿原告经济损失人民币 30 万元。

被告新世界公司、颐信公司共同辩称：两被告共同研发的被控侵权的数字公交站亭与原告专利权利要求 1 所记载的技术特征既不相同也不等同。

【审判】

上海市第一中级人民法院经审理认为："多线路公交电子站牌"实用新型专利权人由上海科臻投资咨询有限公司变更为原告，故原告作为专利权人有权禁止他人擅自实施上述专利，包括不得擅自制造、销售、使用该专利产品。

《中华人民共和国专利法》第59条规定，实用新型专利权的保护范围以其权利要求的内容为准，说明书及附图可以用于解释权利要求的内容。因此，判定被诉侵权技术方案是否落入专利权的保护范围，应当将权利人主张的权利要求所记载的全部技术特征与被诉侵权技术方案所包含的技术特征进行比对。如果被诉侵权技术方案包含与权利要求记载的全部技术特征相同或者等同的技术特征的，应当认定其落入专利权的保护范围；被诉侵权技术方案的技术特征与权利要求记载的全部技术特征相比，缺少权利要求记载的一个以上的技术特征，或者有一个以上技术特征不相同也不等同的，应当认定其没有落入专利权的保护范围。本案原告主张被控侵权站亭与其专利权利要求1记载的全部技术特征相同，故本案是否构成侵权应当判断被控侵权站亭的技术特征是否全面覆盖了原告专利权利要求1记载的全部技术特征。将被控侵权站亭与原告专利的权利要求1记载的技术特征进行比对，原告认为两者相同，两被告认为两者区别在于被控侵权站亭的站名未位于公交站牌顶部，其上方还有标识灯、摄像头及亭顶盖等；被控侵权站亭到站预报LED屏以及照明线路牌被嵌接在站亭框体中，与原告专利中以"支撑固定座"为分级承重结构的技术特征不同；被控侵权站亭到站预报LED屏与亭体垂直框架保持一定的倾角，而原告专利权利要求1中的两个部件是在同一平面上。原审法院认为，被控侵权站亭位于站牌上部、连接在站名显示器下方的显示屏未显示到站预报信息内容。而原告专利权利要求1中记载到站预报电子显示屏位于站牌的上部，连接在站名显示器的下方。专利说明书中对到站预报电子显示屏进一步解释为滚动显示各条线路最近到达车辆的预计到站时间和到达车站距离等动态信息。

上海市第一中级人民法院依照《中华人民共和国专利法》第59条第1款、《最高人民法院关于审理侵犯专利权纠纷案件应用法律若干问题的解释》第7条的规定，判决：驳回原告曲声波的诉讼请求。

一审判决后，曲声波不服，向上海市高级人民法院院提起上诉。

上诉人曲声波上诉称：第一，被控侵权站亭显示屏功能与涉案专利说明书定义的"滚动显示各条线路最近到达车辆的预计到站时间和到达本站距离等动态信息"到站预报电子显示屏功能完全相同。第二，实用新型专利权利要求记载的技术特征是产品的形状特征和构造特征。原审法院以不属于实用新型专利技术特征的电子显示屏所显示的信息作为比对依据，与法相悖。北京市高级人民法院（2010）高行终字第879号行政判决也确认“本专利权利要求1的技术方案并不包括实际记载在该公交站牌上的具体文字数据信息，数据信息不属于本专利权利要求1的技术特征”。第三，根据国家标准GBT 5845—2008《城市公共交通标志》第3部分的第3.4条对“电子站牌”的定义，电子站牌是“在车站设置，向乘客显示本线路来车方向、运营车的动态位置及预计候车时间等信息的电子显示指示牌”。该标准第5.8.2.1款又规定“电子站牌宜采用LED点阵发光显示”。根据该国家标准的规定及本案一审已经认定的事实，所属领域的一般技术人员可以知道被控侵权站亭的LED显示屏是用于显示到站预报信息的电子显示屏，这无须上诉人再举证证明，故应当认定被控侵权站亭的LED显示屏就是涉案专利权利要求1中记载的到站预报电子显示屏。综上，请求撤销原审判决，改判支持其在一审提出的全部诉讼请求。

被上诉人新世界公司、颐信公司共同答辩称：原审判决认定事实清楚，适用法律正确，依法应当予以维持。

上海市高级人民法院经审理后认为，原审法院查明的事实基本属实。另外查明，北京市高级人民法院（2010）高行终字第879号行政判决是针对专利复审委员会第14927号无效宣告请求审查决定的二审行政判决，该判决终审维持专利复审委员会第14927号无效宣告请求审查决定，且该行政判决书中记载“本专利权利要求1的技术方案并不包括实际记载在该公交站牌上的具体文字数据信息，数据信息不属于本专利权利要求1的技术特征”。

涉案专利权利要求书记载的从属权利要求5为“如权利要求1所述的电子站牌，其特征在于采用矩形双面显示机构或三棱柱三面显示结构”。

涉案专利说明书第1页中记载“位于电子站牌上部的到站预报电子显示屏采用通用的多行显示LED点阵显示屏，滚动显示各条线路最近到达车辆的预计到站时间和到达本站距离等动态信息”。第2页中记载“本实用新型的电子站牌还可以采用矩形双面显示机构或三棱柱三面显示结构，可以满足大城市中十条以上公交线路在同一电子站牌上显示的要求”。

根据原审法院认定的有效证据，被控侵权站亭的站名显示器、LED显示屏与多线路车站列表显示板并不在同一平面上构成上中下之间的位置关系。

一审中，曲声波向原审法院提供了一被控侵权站亭的录像，该录像在一审第二次开庭审理时当庭播放，并经双方当事人质证。经二审开庭时当庭再次播放，录像中显示在被控侵权站亭的有一面上（同一平面），站名显示器、

LED 显示屏与线路车站列表构成上中下之间的位置关系，但线路车站列表只有一条公交车线路车站列表。

在二审开庭审理时，合议庭询问是否只要提到能够滚动显示各条线路最近到达车辆的预计到站时间和到达本站距离等动态信息的“到站预报电子显示屏”，所属领域的一般技术人员就能够知道该“到站预报电子显示屏”的通常具体技术结构，曲声波回答称可以，并认为根据国家标准 GBT 5845—2008《城市公共交通标志》，所属领域的一般技术人员都知道，只要有通信支撑，“到站预报电子显示屏”就可以发布信息。

上海市高级人民法院认为：首先，涉案专利权利要求 1 中记载的一项技术特征为“到站预报电子显示屏”，根据专利说明书的描述，该“到站预报电子显示屏”中的电子显示屏是多行显示 LED 点阵显示屏，但权利要求与说明书均未记载或者描述采取什么具体技术手段，使该采用多行显示 LED 点阵显示屏的“到站预报电子显示屏”能够滚动显示各条线路最近到达车辆的预计到站时间和到达本站距离等动态信息。本案中，没有相应的证据可以证明，在所属技术领域中，已经存在技术结构相对固定且为所属领域一般技术人员所熟知的，能够滚动显示各条线路最近到达车辆的预计到站时间和到达本站距离等动态信息的“到站预报电子显示屏”。权利要求中的“到站预报电子显示屏”技术特征只是描述了该特征所要实现的“到站预报”功能（根据说明书可以进一步确定“到站预报”功能是指预报“各条线路最近到达车辆的预计到站时间和到达本站距离等动态信息”的功能），但权利要求中并未记载实现该功能的具体技术手段，故该“到站预报电子显示屏”是一项功能性特征。

《最高人民法院关于审理侵犯专利权纠纷案件应用法律若干问题的解释》第 4 条规定“对于权利要求中以功能或者效果表述的技术特征，人民法院应当结合说明书和附图描述的该功能或者效果的具体实施方式及其等同的实施方式，确定该技术特征的内容”。由于涉案专利说明书没有关于采用多行显示 LED 点阵显示屏的“到站预报电子显示屏”，实现预报“各条线路最近到达车辆的预计到站时间和到达本站距离等动态信息”功能的具体技术手段的描述，也就是说，说明书中没有记载实现相应功能的具体实施方式，故依据最高人民法院的前述司法解释，不能确定涉案专利权利要求 1 中技术特征“到站预报电子显示屏”的内容，进而也无法确定涉案专利权利要求 1 的保护范围。由于涉案专利权利要求 1 的保护范围不能确定，故无论被控侵权站亭的技术方案如何，上诉人曲声波的侵权指控均不能成立。

曲声波认为只要提到能够滚动显示各条线路最近到达车辆的预计到站时

间和到达本站距离等动态信息的“到站预报电子显示屏”，所属领域的一般技术人员就能够知道该“到站预报电子显示屏”的通常具体技术结构，但曲声波并未提供充分的证据予以证明。所述国家标准 GBT 5845—2008《城市公共交通标志》也只是对“电子站牌”进行了定义，规定具有什么样功能的设备可以被称为“电子站牌”，并建议“电子站牌宜采用 LED 点阵发光显示”，该国家标准同样也没有披露任何制造具有相应功能的 LED 点阵发光“电子站牌”的具体技术方案。曲声波也认为“到站预报电子显示屏”要能够预报到站信息，需要通信支撑，但需要什么样的具体通信技术手段支撑，涉案专利权利要求与说明书均未予以描述。

况且，即使在阅读涉案专利权利要求书与说明书后，所属领域的一般技术人员能够设计出某一具体实施方式以实现专利权利要求 1 中“到站预报电子显示屏”特征所要求的功能，专利说明书中也应当描述相应的具体实施方式，且功能特征“到站预报电子显示屏”的内容也应当根据说明书所描述的相应具体实施方式及其等同的实施方式确定。如果所属领域的一般技术人员能够设计出某一具体实施方式以实现专利权利要求 1 中“到站预报电子显示屏”特征所要求的功能，但在专利说明书中没有描述实现该功能的相应具体实施方式，就直接根据专利权利要求 1 中“到站预报电子显示屏”功能特征本身的记载确定该功能特征的内容，那么该功能特征的内容就会被解释为覆盖了能够实现相应功能的所有具体实施方式，而这样的解释不符合最高人民法院司法解释的规定。

其次，即使认为涉案专利权利要求 1 中“到站预报电子显示屏”不是一项功能性特征，而是一项结构性特征，根据涉案专利权利要求 1 中的记载，权利要求 1 中，站名显示器、到站预报电子显示屏与多线路车站列表显示板之间的位置关系为：a）站名显示器位于站牌的顶部；b）到站预报电子显示屏位于站牌的上部，连接在站名显示器的下方；c）多线路车站列表显示板固定在到站预报电子显示屏和支撑固定座之间。根据涉案专利权利要求书的记载以及专利说明书及附图的描述，权利要求 1 中站名显示器、到站预报电子显示屏与多线路车站列表显示板之间的上中下位置关系应是在同一平面上的位置关系，站名显示器、到站预报电子显示屏与多线路车站列表显示板应放置在电子站牌的同一平面上，而不能认为站名显示器、到站预报电子显示屏与多线路车站列表显示板可以分别设置在矩形双面显示机构或三棱柱三面显示结构的不同显示平面上。涉案专利从属权利要求 5 是对权利要求 1 的进一步限定，在权利要求 1 记载的技术特征的基础上，增加了技术特征“采用矩形双面显示机构或三棱柱三面显示结构”，亦即在权利要求 1 所限定的在同一平面设置站名显示器、到站预报电子显示屏、多线路车站列表显示板与支撑固定座以构成单面电子站牌外，还在矩形双面显示机构或三棱柱三面显示结构的另一平面或者另两平面按同样的方式设计设置站名显示器、到站预报电子显示屏、多线路车站列表显示板与支撑固定座，以构成双面或者三面电子站牌，这样可以“满足大城市中十条以上公交线路在同一电子站牌上显示的要求”。由于可以认定在涉案专利权利要求1中，站名显示器、到站预报电子显示屏与多线路车站列表显示板之间在同一平面的上中下位置关系是权利要求1中一项技术特征，而根据原审法院认定的有效证据，被控侵权站亭的站名显示器、LED显示屏与多线路车站列表显示板并不在同一平面上构成上中下之间的位置关系，故上诉人曲声波的相应侵权指控也就不能成立。尽管根据曲声波提供的录像显示，被控侵权站亭有一面上（同一平面），站名显示器、LED显示屏与线路车站列表构成上中下之间的位置关系，但该线路车站列表只有一条公交车线路车站列表，只是“单线路车站列表显示板”，而非专利权利要求1中所记载的“多线路车站列表显示板”，故曲声波的侵权指控同样也不能成立。

再次，实用新型是指对产品的形状、构造或者其结合所提出的适于实用的新的技术方案，是针对产品的形状或构造所提出的改进。实用新型专利只保护产品，但实用新型专利技术方案并非只能由形状、构造性技术特征构成。实用新型专利技术方案中既可以有形状、构造性技术特征，也可以有非形状、非构造性技术特征，只要这些技术特征所共同限定的技术方案是具有确定形状或者构造的产品，该种产品就可以成为实用新型专利所保护的客体。实用新型专利权利要求的保护范围，由权利要求记载的包括形状、构造性技术特征与非形状、非构造性技术特征的全部技术特征共同限定。本案中，专利权利要求1中的“到站预报电子显示屏”就是一项功能性特征，而非一项形状或者构造的结构性特征。

当然，本案中，涉案专利权利要求1的技术方案确实“并不包括实际记载在该公交站牌上的具体文字数据信息”，该些数据信息的确不属于涉案专利权利要求1中记载的技术特征。原审法院认为被控侵权站亭中的LED电子显示屏与涉案专利权利要求1所记载的“到站预报电子显示屏”技术特征不相同，是因为本案的现有证据不能证明被控侵权站亭中的LED电子显示屏上已经实际显示了到站预报信息（即使被控侵权站亭显示屏显示有“新世界（中国）科技传媒公司DBS数字公交电子站亭抵达信息预报显示”），从而也就不能认定被控侵权站亭中的LED电子显示屏已是具有了“到站预报”功能的“到站预报电子显示屏”。原审法院是将LED电子显示屏已经实际发布了公交车辆的到站预报信息作为证明 LED 电子显示屏已经成为具有“到站预报”功能的“到站预报电子显示屏”的证据，而并非是将 LED 电子显示屏上显示的该些具体文字数据信息作为涉案专利权利要求 1 中记载的技术特征。上海市高级人民法院依照《中华人民共和国民事诉讼法》第 153 条第 1 款第（1）项、第 158 条之规定，判决：驳回上诉，维持原判。

【评析】

一、功能性特征内容确定的规则

关于权利要求中功能性特征内容确定的规则，自 2010 年 1 月 1 日起施行的《最高人民法院关于审理侵犯专利权纠纷案件应用法律若干问题的解释》中已经有了明确的规定，该司法解释第 4 条规定“对于权利要求中以功能或者效果表述的技术特征，人民法院应当结合说明书和附图描述的该功能或者效果的具体实施方式及其等同的实施方式，确定该技术特征的内容”。对权利要求中功能性特征的内容不是以权利要求中记载的该功能本身为准，而是以说明书和附图描述的实现所述功能的具体实施方式及其等同实施方式为界，这种解释方式直接借鉴了美国《专利法》第 112 条第 6 款的规定。美国《专利法》第 112 条第 6 款规定“对于一项组合的权利要求（a claim for a combination）的一项特征来说，其可以撰写为实现特定功能的装置（means）或者步骤（step），而不必描述实现该功能的结构、材料或者过程。该种权利要求应当被解释为覆盖了说明书中记载的相应结构、材料或者过程以及其等同物”。

二、权利要求与说明书及附图均未描述权利要求所述功能的具体实施方式时如何处理侵权纠纷案件

我国《专利法》第 26 条第 3 款规定“说明书应当对发明或者实用新型作出清楚、完整的说明，以所属技术领域的技术人员能够实现为准；必要的时候，应当有附图”。第 26 条第 4 款规定“权利要求书应当以说明书为依据，清楚、简要地限定要求专利保护的范围”。

在专利审批过程中，对于含功能性特征的权利要求来说，如果说明书没有描述所述功能的具体实施方式，其与美国的处理方式一样，可以分别按照《专利法》第 26 条第 3 款与第 4 款的规定，确定说明书与权利要求撰写是否符合该两款法律的规定，从而确定是否授权专利权或者认定专利权无效。

我国审理专利侵权的法院并不在侵权案件中审查专利权的有效性，对于含功能性特征的权利要求来说，如果说明书没有描述所述功能的具体实施方

式，从而使用权利要求的撰写不符合《专利法》第26条第4款的要求（也包括说明书符合《专利法》第26条第3款的要求，但权利要求不符合第26条第4款的要求），法院并不能直接认定专利权无效。但在此种情况下，笔者认为，问题并非只允许通过无效宣告程序解决，为使问题快速有效地解决，审理侵权案件的法院可以直接认定权利要求的保护范围不能确定，进而直接判定侵权指控不能成立。

在前述“多线路公交电子站牌”实用新型专利侵权纠纷案中，法院首先认定涉案专利权利要求记载的技术特征“到站预报电子显示屏”为一项功能性特征，进而认为，由于涉案专利说明书没有关于“到站预报电子显示屏”实现“到站预报”功能的具体实施方式的描述，依据最高人民法院的司法解释，不能确定涉案专利权利要求中技术特征“到站预报电子显示屏”的内容，进而也无法确定涉案专利权利要求的保护范围。由于涉案专利权利要求的保护范围不能确定，故无论被控的技术方案如何，侵权指控均不能成立。

法院还指出，即使在阅读涉案专利权利要求书与说明书后，所属领域的技术人员能够设计出某一具体实施方式以实现专利权利要求中“到站预报电子显示屏”特征所要求的功能，专利说明书中也应当描述相应的具体实施方式。如果所属领域的技术人员能够设计出某一具体实施方式以实现专利权利要求中“到站预报电子显示屏”特征所要求的功能，但在专利说明书中没有描述实现该功能的相应具体实施方式，就直接根据专利权利要求中“到站预报电子显示屏”功能特征本身的记载确定该功能特征的内容，那么该功能特征的内容就会被解释为覆盖了能够实现相应功能的所有具体实施方式，而这样的解释不符合最高人民法院司法解释的规定。

（撰稿人：张晓都）

具有组合关系的外观设计之侵权比对

——上海稚宜乐商贸有限公司与杨磊真等侵害外观设计专利权纠纷案

【提要】

在具有组合关系产品的外观设计侵权比对中，应当以呈现给消费者的整体外观为比对对象，还是以外观设计专利图片视图为比对对象，其中是否包括立体图，本案中涉及的这些问题在审判实践中没有形成共识。本案以组合关系是否具有唯一性来判断以立体图作为比对对象还是以专利视图为比对对象。

【案情】

原告：上海稚宜乐商贸有限公司

被告：杨磊真

被告：广东五星玩具有限公司（原汕头市澄海区五星玩具实业有限公司）

案由：侵害外观设计专利权纠纷

一审案号：（2010）沪一中民五（知）初字第87号

二审案号：（2012）沪高民三（知）终字第7号

2007年8月1日，中华人民共和国国家知识产权局授予原告上海稚宜乐商贸有限公司（以下简称稚宜乐公司）“玩具（甜点组合）”外观设计专利权，专利申请日为2006年10月11日，专利号为ZL200630041415. X。上述专利的年费已按时缴纳。该专利有3个组件，经插接组合成玩具蛋糕的1/8扇形块体，再由8块完全相同的扇形块体组合成圆柱形蛋糕外观，在顶面和圆周侧面上具有与上述8个扇形块体相对应的分割线，在玩具蛋糕顶面上密布有小孔并且沿着顶面外周具有外凸的波浪形边缘，在玩具蛋糕的整个圆周侧面上沿高度方向具有波浪形的凹凸形状。

2009年11月28日，原告在上海市长宁区彩梦儿童用品商店购得货号为37970的音乐玩具一个，单价90元。上海市长宁区彩梦儿童用品商店开具发票一张。上述所购产品的包装上标示：产品名称：音乐玩具；产品型号：37970；生产商：汕头市澄海区五星玩具实业有限公司；地址：广东省汕头市澄海区莱美工业区兴业东路，同时还标示了电话、传真、网址等内容。经比对，被控侵权产品的外观与本案专利外观设计相同。

2009 年 12 月 7 日，原告委托律师向五星公司发出律师函，其主要内容为就五星公司生产、销售“贝乐星”婴儿系列产品“会唱歌的蛋糕”（货号 37970）之事要求五星公司停止生产、销售并赔偿经济损失。2009 年 12 月 23 日，五星公司委托律师回函称，原告律师函中所提到的产品是其外购产品，其已撤下该产品的宣传、销售。

2010 年 4 月 2 日，原告又在上海市长宁区彩梦儿童用品商店购得货号为 37970 的音乐玩具一个，单价 110 元。2011 年 11 月 7 日，原告又在上海乐购长宁店购得被控侵权产品一个，单价 149 元。上海康交乐购超市有限公司开具了发票一张。该 2 个被控侵权产品的外观与前述被控侵权产品相同。

2010 年 4 月，被告杨磊真从袁月敏玩具店购进编号为 37970 的被控侵权产品 3 个，每个单价 48 元。

另查明：2010 年 3 月 22 日，原告与上海市信诚律师事务所（以下简称信诚所）签订《委托代理合同》约定，原告因甜点组合玩具外观设计专利侵权纠纷事宜，委托信诚所进行代理；费用及支付方式为在判决生效之日，按照原告获得赔偿总额的 30% 支付律师费。

原告稚宜乐公司诉称：原告是名称为“玩具（甜点组合）”、专利号为 ZL200630041415. X 的外观设计专利权人。被告五星公司未经许可，利用原告的专利技术仿冒原告的“甜点组合”专利产品大量生产、销售“会唱歌的蛋糕”（货号为 37970）。2009 年 11 月 28 日，原告在被告杨磊真经营的上海市长宁区彩梦儿童用品商店购得五星公司生产的被控侵权产品。请求判令：1. 被告杨磊真停止销售被控侵权产品、被告五星公司停止生产、销售被控侵权产品；2. 被告五星公司赔偿原告经济损失人民币 50 万元（包括合理费用），被告杨磊真对其中的 10 万元承担连带责任。

被告杨磊真辩称：其是个体工商户，并不知道被控侵权产品是专利侵权产品；其从上海豫园商城的儿童玩具店购进被控侵权产品，具有合法来源；其在收到原告的起诉状之后即已停止销售被控侵权产品，故不同意原告要求其对五星公司赔偿额中的 10 万元承担连带责任的诉讼请求。

被告五星公司辩称：五星公司原名称为汕头市澄海区五星玩具实业有限公司，其所生产的被控侵权产品“会唱歌的蛋糕”（货号 37970）的外观设计与原告专利外观设计既不相同亦不近似，不构成侵权；原告请求的赔偿数额缺乏依据，请求法院驳回原告的诉讼请求。

【审判】

上海市第一中级人民法院经审理认为：对于组装关系唯一的产品，一般消费者会对各构件组合后的整体外观设计留下印象，故应当以组合状态下的整体外观设计为对象，而不是以所有单个构件的外观为对象进行判断。原告专利外观设计由组件1、组件2、组件3为一组、共8组组件构成整个玩具蛋糕，而不是单层单品；同时该专利并未明确要求保护色彩，该专利组合状态立体图上也并无水果等构件，因此，色彩以及蛋糕上面所插的水果等构件并不属于原告外观设计专利权的保护范围。被控侵权玩具蛋糕与原告专利外观设计各组件经插接组合后的蛋糕整体视觉效果相同，故被控侵权玩具蛋糕落入了原告的外观设计专利权的保护范围。依照《中华人民共和国民法通则》第134条第1款第（1）项、第（7）项、第2款，《中华人民共和国专利法》第11条第2款、第59条第2款、第65条、第70条，《最高人民法院关于审理侵犯专利权纠纷案件应用法律若干问题的解释》第11条第3款的规定，判决：一、被告广东五星玩具有限公司、杨磊真立即停止侵害原告上海稚宜乐商贸有限公司享有的“玩具（甜点组合）”外观设计专利权（专利号：ZL200630041415. X）；二、被告广东五星玩具有限公司自本判决生效之日起10日内赔偿原告上海稚宜乐商贸有限公司经济损失及合理费用人民币15万元；三、驳回原告上海稚宜乐商贸有限公司的其余诉讼请求。

一审判决后，被告五星公司不服，向上海市高级人民法院提起上诉。

二审法院审理期间，本案各方当事人达成调解协议，以调解结案。

【评析】

本案的争议焦点主要在于被控侵权外观设计与专利外观设计比对的方法存在不同认识，即对于“对于组装关系唯一的产品，一般消费者会对各构件组合后的整体外观设计留下印象，故应当以组合状态下的整体外观设计为对象，而不是以所有单个构件的外观为对象进行判断”这一比对规则的理解存在不同。原告专利外观设计有3个组件，经插接组合成玩具蛋糕的1/8扇形块体，再由8块完全相同的扇形块体组合成圆柱形蛋糕外观，在顶面和圆周侧面上具有与上述8个扇形块体相对应的分割线，在玩具蛋糕顶面上密布有小孔并且沿着顶面外周具有外凸的波浪形边缘，在玩具蛋糕的整个圆周侧面上沿高度方向具有波浪形的凹凸形状。专利立体图显示的是上述圆柱蛋糕上插满水果的整体效果。被控侵权产品蛋糕的胚体与专利外观设计相同，其上所插的水果等插件与专利不相同。对此比对存在两种观点：一种观点认为，外观设计比对的是整体效果，本案玩具蛋糕在销售环节中均是以插着插件的整体效果展示的，一般消费者会对各构件组合后的整体外观设计留下印象，故应当以组合状态下的整体外观设计为比对对象。因此，应当以专利的立体图为比对对象，被控侵权产品上的插件与专利外观设计中的插件不相同亦不近似，故被控侵权产品不落入原告外观设计专利权的保护范围，原告关于专利侵权的主张不能成立。另一种观点认为，比对应当将被控侵权产品与专利外观设计的图片进行比对，本案中，原告专利外观设计图片是蛋糕胚体，并没有水果等插件，其立体效果图只是展示蛋糕胚体上插了水果等插件之后的效果，蛋糕上的水果插件是可以撤换的，并不是唯一的组合关系，因此，比对时不能按照插了水果等插件的立体图作为比对对象，如果该些水果等插件是不可以撤换的，是唯一组合关系，那可以以插了水果等插件的立体图作为比对对象。据此，应当以专利外观设计图片进行比对，被控侵权产品玩具蛋糕胚体与专利外观设计玩具蛋糕胚体相同，故被控侵权产品落入原告外观设计专利权的保护范围。两种观点结论的区别在于：前种观点对原告专利权的保护范围很小，后种观点对原告专利权的保护范围很大。合议庭最终采纳了第二种观点。

（撰稿人：王　静）

新产品制造方法发明专利侵权纠纷案件中“新产品”的举证责任分配

——3M公司与浙江道明反光材料有限公司侵犯发明专利权纠纷案

【提要】

根据民事诉讼证据规则的规定，在新产品制造方法发明专利案件中，应由制造同样产品的单位或者个人对其制造方法不用于专利方法承担举证责任。但原告的专利产品是否是新产品则应由原告承担举证责任，由于在司法实践中，原告对于新产品的举证确实较为困难，因此法院通常仅要求原告提出初步证据或作出说明，在原告未提交任何证据证明其专利产品是新产品的情况下，不支持直接将举证责任转移给被告。

【案情】

原告（被上诉人）：3M公司

被告（上诉人）：浙江道明反光材料有限公司

案由：侵犯发明专利权纠纷

一审案号：（2008）沪二中民五（知）初字第262号

二审案号：（2011）沪高民三（知）终字第73号

原告3M公司是发明专利“逆反射制品及其制造方法”（专利号为ZL95193042.7）的专利权人，该专利共有四项独立权利要求，其中独立权利要求1和19涉及外露为球体逆反射制品，独立权利要求10涉及逆反射制品的制造方法，独立权利要求17涉及包含有逆反射制品的穿着制品。被告浙江道明反光材料有限公司（以下简称道明公司）大量生产型号为DM1991、DM1992的荧光阻燃警示带以及使用该荧光阻燃警示带的反光衣（DO1T13/15/19），并通过全国各地的办事处以及中英文网站销售、许诺销售上述产品。

原告3M公司诉称：经比对，被告产品的技术特征全部落入原告发明专利的保护范围，侵犯了原告享有的发明专利权，给原告造成了重大的经济损失，故诉至法院请求判令：1. 被告立即停止专利侵权行为，包括停止生产、销售、许诺销售侵权产品，销毁侵权产品及专用模具；2. 被告赔偿原告包括合理费用在内的经济损失人民币50万元；3. 被告在《法制日报》、《文汇报》上向原告公开道歉、消除影响。

被告道明公司辩称：1. 被控侵权的“反光带”产品并非购自被告，并非直接来源于被告，本案的被控侵权行为与被告无关；2. 原告援引为证据的《司法鉴定意见书》是单方委托的鉴定，其中鉴材的来源不明，不是原告公证购买的产品，故被告对其真实性难以认可，认为据此作出的鉴定结论不合法，缺乏真实性和关联性；3. 前述《司法鉴定意见书》所附的《检测报告》不能证明所述样品具有与原告专利一一对应的技术特征，且能实现专利的技术效果。综上，被告认为自己不存在侵犯原告发明专利权的行为，原告的诉请缺乏事实与法律依据，请求法院驳回原告的诉讼请求。

【审判】

上海市第二中级人民法院经审理认为：根据3M公司提交的公证书，购买证据物品取得的送货单、名片、网站公证和宣传册等证据，及当事人当庭陈述进行综合判断后，认定道明材料公司实施了生产、销售、许诺销售被控侵权产品的行为，且被控侵权产品的技术特征落入了3M公司发明专利独立权利要求1、17和19的保护范围。但被控侵权产品未使用3M公司发明专利独立权利要求10要求保护的制造方法专利，故认定道明材料公司未经3M公司许可生产、销售、许诺销售其专利产品，构成对3M公司发明专利权的侵犯，应当承担停止侵权、赔偿损失的民事责任。依照《中华人民共和国民法通则》第134条第（1）项、第（7）项，《中华人民共和国专利法》第11条第1款、第59条第1款、第61条第1款、第65条，《最高人民法院关于审理侵犯专利权纠纷案件应用法律若干问题的解释》第17条，《最高人民法院关于民事诉讼证据的若干规定》第2条、第4条第1款第（1）项之规定，判决：道明材料公司停止侵权，赔偿3M公司经济损失人民币25万元（包含合理费用）。

一审判决后，道明材料公司不服，向上海市高级人民法院提起上诉。

上诉人道明公司上诉称：被控侵权产品缺少涉案专利权利要求中的多项技术特征，原审判决认定事实错误，判赔金额畸高。

被上诉人3M公司答辩称：原审法院审理程序合法，原审判决认定上诉人实施被控侵权行为事实依据充分，被控侵权产品的技术方案落入了涉案专利权的保护范围，原审判决确定的赔偿数额适当。

上海市高级人民法院经审理认为，一审法院查明的事实属实。

上海市高级人民法院认为：经比对，被控侵权产品的技术特征落入了原告发明专利权利要求1、17和19的保护范围，原审法院的认定并无不当。

原审法院根据专利权的类型、侵权行为的性质和情节等因素酌情确定的赔偿数额并无不当，上诉人关于原审判决确定的数额畸高的理由不能成立。据此，依照《中华人民共和国民事诉讼法》第153条第1款第（1）项、第158条之规定，判决驳回上诉，维持原判。

【评析】

本案是一起涉及国外知名企业的发明专利侵权案件。在本案中，原告通过公证、鉴定等多种手段固定了侵权事实，极大提升了胜诉的可能性。法院通过比对权利要求技术特征，合理运用证据规则，最终判决保护了专利权人的合法权益。但本案还涉及新产品制造方法专利的举证责任问题需要进一步探讨。

《中华人民共和国专利法》第61条规定："专利侵权纠纷涉及新产品制造方法的发明专利的，制造同样产品的单位或者个人应当提供其产品制造方法不同于专利方法的证明。"因此，在涉及新产品制造方法的发明专利案件中，实行举证责任倒置原则，即如果按照发明专利权人的专利方法所制造的产品是新产品，而被控侵权人的产品与专利权人的专利方法所制造的产品相同，法律就推定被控侵权人使用专利权人的专利方法制造了相同的产品，除非被控侵权人提出相反证据推翻这一点。具体来说，对于专利方法侵权纠纷，按照一般的侵权纠纷举证责任分配规则，专利权人指控他人侵权，应首先提供证据证明如下事实：第一，自己拥有某项方法专利权且权利未失效；第二，被控侵权人实施了侵犯该项方法专利权的行为。由于在实践中，他人对专利的使用总是在生产过程中进行，而专利权人无法进入生产现场取得证据，因而要求专利权人举证证明被控侵权人使用了专利技术在事实上难以实现。"法律不强人所难"，在这种情形下，如果继续坚持"谁主张，谁举证"的传统规则就会造成不公平的产生，专利权人完全可能因为举证不能而败诉。但是，实行上述举证责任倒置的前提是：专利权人首先应当证明其专利方法所制造的产品属于"新产品"。虽然，考虑到"新产品"这一事实的证明难度较大，法院通常对于专利权人关于"新产品"的举证要求不高，但仍然要求专利权人首先提供一些初步证据或者一些事实性说明，否则，举证责任无法直接转移给被控侵权人。因此，在审判实践中，对于原告为证明"新产品"而应当承担何种程度的举证责任，是一个值得探讨的问题。根据上海市高级人民法院颁布的《专利侵权纠纷审理指引（2011）》，新产品制造方法发明专利纠纷案件，由原告对涉案产品是否属于新产品进行充分说明，被告反驳应提交反证。新产品制造方法发明专利纠纷案件中，对于涉案产品是否属于新产品，在原告进行说明后，人民法院可以认定涉案产品属于新产品。被告认为原告关于新产品的主张不能成立的，由被告举证予以反驳。如果原告主张权利的新产品制造方法发明是如“产品及其制造方法”发明专利中的“制造方法”，则推定该制造方法制造的产品为新产品。被告不同意该推定的，由被告举证予以反驳。由此可见，关于原告对“新产品”的举证责任应当区分两种情况：一种是涉案发明专利仅是方法专利，在此种情况下，原告对于涉案产品是否属于“新产品”首先负有举证义务，举证的方式既可以是提供相关证据也可以是仅作说明，但其证明程度应当达到令法院可以认定涉案产品属于“新产品”；另一种是涉案发明专利是“产品及其制造方法”专利，即涉案产品与制造方法同时存在于一个专利之中，在这种情况下，考虑到涉案产品之所以被授予专利权必定满足了“新颖性”这一条件，因此可以推定涉案产品为新产品，对此原告不必承担举证责任，而应由被告对于该项推定承担反证。

在本案中，涉案发明专利虽属于第二种情况，但法院还是基于原告对于按照权利要求 10 的专利方法制造出的产品是否属于“新产品”没有提供任何证据，而没有适用举证责任倒置原则要求被告承担举证责任，最终驳回了原告的此项诉讼请求。对此，法院主要是考虑到，本案涉及的发明专利权是根据 2000 年专利法授权的，目前适用的 2008 年专利法比 2000 年专利法对于发明专利在满足新颖性的条件方面提出了更高的要求，即发明专利不应属于“申请日以前在国内外为公众所知的”现有技术。根据《最高人民法院关于审理侵犯专利权纠纷案件应用法律若干问题的解释》）第 17 条的规定，产品或者制造产品的技术方案在专利申请日以前为国内外公众所知的，人民法院应当认定该产品不属于专利法第 61 条第 1 款规定的新产品。因此，基于 2008 年专利法对于新颖性的规定来推定“涉案产品为新产品”才是合理的，而本案的发明专利基于 2000 年专利法授权，在新颖性上可能未达到上述标准要求，因此不宜直接推定其为新产品。

（撰稿人：胡　宓）

四、不正当竞争纠纷案件

就司法未决事实向行业内特定对象陈述是否构成商业诋毁的认定

——宣达实业集团有限公司与孟莫克公司等商业诋毁纠纷案

【提要】

我国《反不正当竞争法》第14条规定经营者不得“捏造、散布虚伪事实，损害竞争对手的商业信誉、商品声誉”，即不得实施商业诋毁行为。司法实践中，对于何谓“虚伪事实”，何谓“散布”行为，常有争议。未经司法程序认定的争议事实可以构成《反不正当竞争法》第14条规定的“虚伪事实”，仅向行业内特定成员陈述上述“虚伪事实”，也可构成该条规定的虚伪事实的“散布”。

【案情】

原告： 宣达实业集团有限公司

被告： 孟莫克公司（MECS，Inc.）

被告： 孟山都（上海）有限公司

案由： 商业诋毁纠纷案

案号：（2009）沪一中民五（知）初字第228号

2004年6月，原告宣达实业集团有限公司（以下简称宣达公司）与他人共同设立上海奥格利公司，经营环保材料、化工设备的安装与调试等。被告孟莫克公司主要经营硫相关技术和设备的供应和服务，拥有较先进的热回收系统技术（HRS）。被告孟山都（上海）有限公司（以下简称孟山都公司）系由美国孟山都公司在中国独资设立的有限责任公司。

2005年3月，案外人龙盛公司与伊藤忠公司合资设立忠盛公司。同年5月，忠盛公司委托案外人捷盛公司建设生产硫酸产品所需设备的项目工程。同年7月，上海奥格利公司与捷盛公司签订合同，约定由上海奥格利公司向捷盛公司有偿提供干吸塔低温热量回收（DWHS）专有技术。

2006年4月12日，被告孟莫克公司向上海市第一中级人民法院起诉宣达公司、上海奥格利公司、捷盛公司、忠盛公司、龙盛公司、洪博志，指控宣达公司、上海奥格利公司提供的DWHS技术与其HRS技术相同，侵犯其商业秘密。孟山都公司曾系该案原告之一，后撤回起诉。法院经审理认为，原告主张的技术与被告涉案技术并不相同，于2009年8月21日判决驳回孟莫克公司的全部诉讼请求。

2006年6月20日，被告委托律师向忠盛公司的股东伊藤忠公司发送律师函，要求伊藤忠公司“采取必要措施责令忠盛公司停止侵犯委托人商业秘密的行为”。函中称：“捷盛/忠盛项目就是宣达公司和奥格利公司通过不正当手段获得的第一个中国客户。……委托人在本案中非常可能获得全面的胜诉……一旦委托人胜诉，捷盛/忠盛项目将可能被停建乃至拆除。”

2006年9月13日，被告委托律师向中国化工学会无机酸碱盐专业委员会发送律师函，指称“……宣达公司和奥格利公司侵犯委托人的HRS技术秘密，将其改称为DWHS技术在中国市场上进行兜售……委托人已经提起侵犯商业秘密诉讼，相信不久将取得胜诉的判决……宣达公司和奥格利公司将可能在第26届硫酸技术交流会宣传其DWHS技术……恳请贵会禁止上述违法宣传侵权技术和产品的行为”等内容。

2006年9月20日，被告孟莫克公司分别向杭州湾精细化工园区管委会主任、上虞市发改局局长发送“孟莫克公司商业秘密被侵权案件”的函，函件主要内容为：“旨在向贵局反映捷盛公司和忠盛公司在贵省上虞市杭州湾精细化工园区建造的年产30万吨的硫酸工厂项目（捷盛/忠盛项目）侵犯我公司技术秘密并存在重大安全隐患的情况……宣达公司将其从我公司窃取的HRS技术命名为DWHS，并堂而皇之地开始了市场推广……2006年3月我公司不得不就上述侵权行为向洪博志、宣达公司等提起诉讼……我们非常有信心获得全面的胜诉。”函件同时指称捷盛/忠盛项目存在巨大安全隐患，故要求相关部门加强对该项目的监管力度，必要时暂停该项目中DWHS单元的开车和试车。

2007年6月4日，被告孟莫克公司、孟山都公司委托律师向无锡东沃公司发送律师函，内容也涉及原告侵犯其商业秘密的事宜。

原告宣达公司诉称：2005年原告通过其下属企业上海奥格利公司为忠盛公司成功提供了一套全国产化的低温热能回收系统。两被告系原告的竞争对手，他们在明知原告的技术不同于被告产品的情况下，却于2006年在上海市第一中级人民法院提起针对原告的侵犯商业秘密诉讼。在该案件未判决之前，被告委托律师向原告用户或潜在客户、相关地方政府部门持续大量地公开邮寄、散发书面资料，指责原告在硫酸行业“没有任何技术和经验”，“盗窃”、“窃取”其公司的技术，并声称工程“存在重大隐患”，甚至要求客户终止与原告的合作。被告的上述行为构成商业诋毁。故诉至法院请求判令：（1）确认两被告的行为构成不正当竞争，诋毁原告的商业信誉，禁止两被告继续从事相同或类似行为；（2）两被告连带赔偿原告经济损失人民币

1 800万元；（3）两被告在《浙江日报》上公开消除影响。

被告孟莫克公司、孟山都共同辩称：（1）被告向有关方呈递的函件内容都属于商业秘密诉讼民事起诉状的范围内，被告对于商业秘密诉讼的进展情况及可能的法律后果的描述并无不妥之处，也未“捏造虚伪事实”的行为。（2）被告没有“散布虚伪事实”的行为，相关函件仅仅发给相对的收件人，并未在公众中公布或扩散，也未向任何媒体提供任何关于商业秘密的诉讼材料。

【审判】

上海市第一中级人民法院认为：首先，被告发送函件的对象为地方职能部门和行业协会，如果只是向这些部门反映情况，没有商业竞争上的不当企图，不能仅仅由于激烈的言辞等而认定其散布了虚伪的事实。但是，如果向这些部门表达意见时超出了正常反映问题的范围，其不当的语言即有可能会损害被反映一方的商业信誉。本案中，被告发送的函件内容除了被告孟莫克公司提起侵犯商业秘密诉讼所依据的事实及理由外，还包括了原告及上海奥格利公司向忠盛项目提供的DWHS技术设备“存在重大安全隐患”、原告是被诉至法院的“侵权者”，以及阻止原告在2007年5月中国硫黄市场及硫黄制酸座谈会和第26届硫酸技术交流会上宣传DWHS技术和产品的行为等内容。虽然硫酸化工行业是安全重点防护行业，但被告在没有任何证据的情况下发表忠盛项目“存在重大安全隐患”这样明示问题严重程度的否定性表述，被告的行为显然已经超出了正常反映问题的范围，会对原告的生产经营产生不良影响，从而损害原告的商业信誉。其次，两被告发送该律师函时本院对其提起的侵犯商业秘密诉讼尚未判决，两被告在没有提供相关事实依据以及司法机关未对原告等是否侵犯其商业秘密作出权威认定的情况下，擅自发布上述对原告不利的否定性评价，被告的行为已经对原告的正常经营造成了实质性影响，足以损害原告的商业信誉。虽然原告与无锡东沃公司最终就DWHS技术签约成功，但这一结果并不影响两被告前述行为不正当性的认定。据此，依照《中华人民共和国民法通则》第134条第1款第（1）、（7）、（9）项，《中华人民共和国反不正当竞争法》第14条，《最高人民法院关于审理不正当竞争民事案件应用法律若干问题的解释》第17条第1款之规定，判决：（1）两被告于本判决生效之日起立即停止损害原告商业信誉的不正当竞争行为；（2）两被告于本判决生效之日起10日内，就其不正当竞争行为在《浙江日报》上刊登声明以消除影响；（3）两被告于本判决生效之日起10日内赔偿原告经济损失人民币20万元；（4）驳回原告的其余诉讼请求。

一审判决后，原、被告均未上诉，判决已生效。

【评析】

我国立法对商业诋毁的规制，主要通过《反不正当竞争法》第14条进行调整。一般认为，商业诋毁的构成主要有四个要件：一是行为主体必须是经营者，即从事商品经营或营利性服务；二是行为的客观方面表现为以捏造、散布虚伪事实；三是行为人应具有主观上的过错；四是造成竞争对手商誉的损害，商誉包括商业信誉和商品信誉。本案争议的焦点主要在于司法未决的事实能否构成“虚伪事实”，以及向行业内特定对象致函的方式是否构成虚伪事实的“散布”。

一、司法未决事实是否构成“虚伪事实”

本案中，被告于2006年向法院提起原告宣达公司侵犯商业秘密诉讼。但该案判决未生效之前，被告便通过律师向各方致函，以肯定的语气说明原告侵犯其商业秘密。在司法判决未生效前，该事实乃是未经证明真伪的事实，能否直接认定为《反不正当竞争法》第14条规定的“虚伪事实”，还需进一步的分析。

对于反不正当竞争法中规定的“虚伪事实”一词的内涵，应在字面含义的基础上，结合商业诋毁的立法目的来进行理解。立法规制商业诋毁行为的目的在于：防止经营者通过散布虚伪事实的方式，来损害竞争对手的商誉所带来的损害，并以此提升自身的竞争优势。实践中，很多经营者对外片面、歪曲的散布一些未经证明的事实。这些事实的真伪属性虽不确定，但却会给公众或相关消费者带来误解，从而实质性的损害竞争对手的商誉。例如，本案被告在对外致函时声称原告侵犯其商业秘密，该事实真伪属性虽未确定，但这种肯定性的语气宣传无疑将损害原告的商誉。可见，散布未经证明的事实与散布经证明为虚伪的事实，均有可能使竞争对手的商誉受到损害，在反不正当竞争法的意义上，两者并无本质上的区别。如果对“虚伪事实”作狭义理解，将未经证明真伪的事实排除在外，则会使更多经营者利用规则漏洞，损害公平竞争的市场秩序。因此，对于反不正当竞争法上规定的“虚伪事实”的判断，应将所散布的事实与事实的实际情况进行比较，只要散布的事实与当时事实的情况不一致，即可认定为反不正当竞争法意义上的虚伪事实。

二、向行业内特定对象陈述是否构成虚伪事实的“散布”

本案被告的行为方式不同于常见的商业诋毁的表现方式，主要有两个特点：一是被控的商业诋毁方式是向特定对象致函，而非被告直接向公众进行传播；二是被告律师不仅向原告的客户及潜在客户发函，还向政府和行业协会等非市场主体进行了发函。

被告认为其向固定对象发函，并未在社会公众中形成影响，因而并不构成“散布虚伪事实”。向政府部门和行业协会致函，是反映正常诉求，也不构成“散布虚伪事实”。有学者亦持此种看法，认为“散布”必须是针对不特定的第三人实施行为。从商业诋毁行为的本质看，实施诋毁行为的目的在于损害竞争对手的商誉，降低竞争对手的优势，从而提升自己的市场份额或竞争力。因此，对于是否构成“散布虚伪事实”，笔者认为应从散布该虚伪事实是否已经损害了竞争对手的商誉来进行判断，而非散布对象的属性和广泛程度。本案所涉及的硫酸工业设备领域，由于其所生产的产品不为普通公众所熟知，消费客户亦较为有限。因此，即使经营者只向行业内的特定成员散布了虚伪的事实，同样会给竞争对手的商誉造成实质的损害，甚至相较于向普通公众散布虚伪事实而言，向行业内特定成员散布虚伪事实会给竞争对手的商誉造成更大的损害。可见，无论是否向特定的公众或机构散布虚伪事实，均可能损害竞争对手的商誉和竞争力。因此，反不正当竞争法中规定虚伪事实的“散布”，其针对的是传播行为，不应从散布对象的属性和广泛程度来进行理解。

经营者向政府机关、行业协会致函反映竞争者的违法行为是否构成“散布虚伪事实”，笔者认为不能一概而论。向政府机关、行业协会举报经营者的违法或违规行为，是公民、法人的一项权利，也是一种社会责任。即使举报的事实与实际情况有所出入，只要不存在主观的恶意，通常不宜认定为是捏造、散布了虚伪事实。但是，如果所举报事实缺乏基本依据，严重背离客观事实，且主观上具有恶意的情况下，则明显违反了基本的诚实信用原则和公认的商业道德，构成不正当竞争行为。当然这种恶意举报行为是否构成商业诋毁，还需进一步结合举报行为的传播情况进行判断。因为向政府机关或行业协会进行举报是一种“点对点”式的传播，这种举报行为与一般的“散布虚伪事实”相比，具有相对的封闭性，并不必然使竞争对手的商誉及竞争力受到损害。但是，如果经营者将其恶意举报的相关情况向公众或相关消费者进行披露，或者经过其他主体向外界进行披露，其实质上仍将损害竞争对手的商誉，这种情况下依然可以构成商业诋毁。

三、自由竞争与司法干预之间的平衡

反不正当竞争法的立法目的是要制止不正当的竞争行为，同时鼓励公平竞争和自由竞争。在自由竞争与公平竞争的关系上，首先要强调竞争自由和效率，只有对于那些“过度”的竞争行为，才以公平的方式给予矫正。本案中，由于被告将司法未决的事实以肯定的语气向行业内各方成员进行致函说明，其对事实进行了严重的歪曲，损害了原告的商誉，这种行为已经与基本的诚实信用原则和公认的商业道德相悖，超出自由竞争的维度，必须通过司法进行干预，以维护公平的竞争秩序。如果被告致函的内容没有肯定性的表述原告侵犯其商业秘密及其项目具有安全隐患，只有提及被告的纠纷已进入诉讼程序，提醒注意法律风险，或者使用被告“涉嫌”侵犯商业秘密的字眼时，尽管也可能给竞争对手的商誉带来某种程度的负面影响，但尚未违背基本的商业道德和商业秩序，在我国目前更为强调自由竞争的司法政策下，此时无须司法的介入进行干预，而应给市场更为充分的竞争空间，防止给自由竞争造成过度限制。

（撰稿人：郑军欢）

仿冒在先商业标识的侵权判断

——张盛与上海记盛餐饮管理有限公司等不正当竞争纠纷案

【提要】

本案是一起典型的仿冒纠纷，主要涉及对在先使用的商业标识的法律保护问题。具有一定市场知名度的商品的特有名称受法律保护，在后使用的商标与在先使用的知名商品特有名称相同或相似，造成相关公众误认或混淆的，应当予以制止。

【案情】

原告（被上诉人）：张盛

被告（原审被告）：王勇

被告（上诉人）：上海面道餐饮管理有限公司

被告（原审被告）：王伟

被告（上诉人）：上海记盛餐饮管理有限公司

被告（原审被告）：美亚投资控股有限公司

案由：其他不正当竞争纠纷

一审案号：（2009）沪二中民五（知）初字第146号

二审案号：（2011）沪高民三（知）终字第13号

原告张盛系个体工商户，自2006年9月起以“盛记一品锅贴店吴江店”（以下简称盛记一品吴江店）为名经营餐饮，将“盛记一品”文字作为锅贴品牌使用。由于经营得法，其“盛记一品”锅贴得到消费者的好评。上海电视台人气美食栏目曾于2006年11月14日对盛记一品吴江店进行采访，并在当晚以“高人气的锅贴”为题播出。此后，“盛记一品”锅贴的声誉进一步扩大。自2007年7月起，原告分别与案外人上海星源餐饮管理有限公司（以下简称星源公司）、上海静仁管理咨询有限公司（以下简称静仁公司）合作，建立“盛记一品”锅贴品牌连锁店体系。截至2007年9月，陆续设立了南京东路店、梅陇店、万达店。

被告上海面道餐饮管理有限公司（以下简称面道公司）成立于2004年12月，被告王勇系两股东之一，并任设计总监职务。2006年11月22日，王勇向国家商标局申请注册盛记一品（以下称“盛记及盛记一品”商标），申请类别为第43类，包括餐厅、饭店等服务项目，国家商标局于2007年5月8日受理了该申请。被告上海记盛餐饮管理有限公司（以下简称记盛公司）成立于2008年10月，被告王伟系两股东之一，并持有80%的股权。被告美亚投资控股有限公司（以下简称美亚公司）于2008年4月在香港注册成立，其唯一股东为王军。2008年6月，王勇将前述正在申请注册的“盛记及盛记一品”商标转让给美亚公司。后美亚公司授权记盛公司及其下属分店在中国大陆地区使用“盛记”、“盛记一品”商标。2008年7月，美亚公司又将该商标向国家商标局申请在第30类的糕点、饺子等商品上注册。

2008年以来，被告面道公司、记盛公司以“盛记”及“盛记一品”作为店招及品牌名称，实施招揽加盟及授权使用经营活动；两被告公司所属的相关网站使用上海电视台采访吴江店的视频截图，以“上海盛记一品餐饮连锁经营机构”名义发布的大幅广告招贴上也使用该视频截图。被告王勇、王伟还注册盛记一品锅贴网站 www. sjypgt. cn，推广“盛记一品锅贴”的连锁加盟。

2009年4月，盛记一品吴江店收到以被告美亚公司名义发来的“声明函”，称上海市场有少数非经美亚公司授权的假冒“盛记一品锅贴”店面，并有人颠倒事实，使用诋毁、诽谤等手段，散布虚假信息，要求虚假信息发布人张某立即停止名誉侵害，公开道歉。并要求所有未经美亚公司授权的“盛记一品”锅贴店立即拆除招牌，停止侵权，否则将诉诸法律予以维权。被告记盛公司、美亚公司另以联合发布的方式将该函置于记盛公司的网站上。2009年6、7月间，记盛公司委托律师向原告经营的“盛记一品”店铺的商场管理单位静仁公司等发出律师函，称在管理单位处开设的相关店铺仿冒“盛记一品”锅贴店，产品制作粗糙，卫生等条件都较差，已造成广大消费者的混淆，构成不正当竞争，记盛公司将依法采取措施追究其法律责任。记盛公司还向案外人星源公司等发出内容类似的律师函。

原告张盛诉称：五被告系有经验且分工明确的恶意仿冒侵权团伙，其实施的一系列行为构成对原告的不正当竞争，已造成原告商誉及经济利益严重受损。请求判令：1. 五被告停止一切使用原告知名商品特有名称“盛记”、“盛记一品”的不正当竞争行为；2. 被告记盛公司停止在其网站上捏造散布虚假信息、损害原告商业信誉和商品声誉的不正当竞争行为；3. 五被告在《新闻晚报》（除中缝以外）的版面上刊登声明，消除影响；4. 五被告共同赔偿原告经济损失人民币100万元。

被告王勇、面道公司、王伟、记盛公司共同辩称：1. 原告主体不适格；2. “盛记、盛记一品”系被告王勇、面道公司独创并首先使用；3. 根据原告提供的证据，并不能证明原告所生产的锅贴为知名商品；4. 原告未能证明其对“盛记”及“盛记一品”享有在先权利；5. 原告未能证明五被告存在意思联络，其相关行为构成共同侵权行为；6. 原告主张的高额诉请缺乏依据。

被告美亚公司未应诉、答辩。

【审判】

上海市第二中级人民法院经审理认为：原告张盛最初虽是租借店铺及营业执照进行经营，但并不影响就“盛记一品”品牌主张权利。根据查明的事实，上海电视台曾采访原告经营的吴江路店并予播出，而被告面道公司未能提供充分依据证明其先于原告使用“盛记一品”的事实主张，故对原告张盛所主张的在先使用“盛记一品”锅贴商品名称的事实主张予以支持。由于经营得法及相关媒体的采访报道，原告“盛记一品”锅贴已具有一定知名度，依法应认定为知名商品。原告张盛采用其姓名中的“盛”字为基础创设的“盛记一品”锅贴名称，具有区别相同或类似商品来源的显著特征，应认定为知名商品的特有名称。被告面道公司、美亚公司、记盛公司擅自使用原告知名商品的特有名称，造成与原告知名商品相混淆，使购买者误认为被告的产品系该知名商品，共同构成对原告的不正当竞争。被告记盛公司捏造、散布虚假事实，给作为同业经营者的原告的商业信誉、商品声誉造成了损害，构成不正当竞争。据此，依照《中华人民共和国民事诉讼法》第 130 条，《中华人民共和国民法通则》第 134 条第 1 款第（1）项、第（7）项和第（9）项，《中华人民共和国反不正当竞争法》第 2 条第 1 款、第 5 条第（2）项、第 14 条和第 20 条第 1 款，《最高人民法院关于审理不正当竞争民事案件应用法律若干问题的解释》第 17 条第 1 款之规定，判决：一、被告面道公司、记盛公司、美亚公司停止擅自使用知名商品特有名称的不正当竞争行为；二、被告记盛公司停止商业诋毁不正当竞争行为；三、被告面道公司、记盛公司、美亚公司就其擅自使用知名商品特有名称不正当竞争行为，在《新民晚报》上刊登声明，消除影响；四、被告记盛公司就其商业诋毁不正当竞争行为，在《新民晚报》上刊登声明，消除影响；五、被告面道公司、记盛公司、美亚公司连带赔偿原告包括合理费用在内的经济损失人民币 10 万元；六、对原告的其余诉请不予支持。

一审判决后，面道公司、记盛公司不服，向上海市高级人民法院提起上诉。

上海市高级人民法院经审理后认为，一审判决认定事实清楚，适用法律正确，故判决驳回上诉，维持原判。

【评析】

一、未注册商标法律保护概述

本文所涉及的情况是在先使用的商品（服务）名称被他人擅自使用引发的纠纷。商品（服务）名称作为商业标识的一种，性质上就是未注册商标，因此在探讨本案商品名称法律保护问题之前，有必要先就未注册商标的法律保护做一个简要概述。

我国《商标法》第 3 条规定，商标注册人享有商标专用权，受法律保护。商标注册产生的直接效果就是商标注册人可以其享有的专用权对抗商标侵权行为，也即禁止他人未经其许可，在同一种商品或者类似商品上使用与其注册商标相同或者近似的商标的行为。

我国的商标制度的设立，在于引导和鼓励经营者将其商标申请注册，增强自我保护手段。我国商标法主要是保护注册商标的，但对符合法律规定条件的未注册商标也给予保护。比如商标法对未注册的驰名商标的保护，《商标法》第 13 条第 1 款规定："就相同或者类似商品申请注册的商标是复制、摹仿或者翻译他人未在中国注册的驰名商标，容易导致混淆的，不予注册并禁止使用。"对在先使用并具有一定影响的商标保护，《商标法》第 31 条规定："申请商标注册不得损害他人现有的在先权利，也不得以不正当手段抢先注册他人已经使用并有一定影响的商标。"

此外，我国反不正当竞争法对于未注册商标也提供了一定保护。《反不正当竞争法》第 5 条第 2 款规定："经营者不得采用下列不正当手段从事市场交易，损害竞争对手：……擅自使用知名商品特有的名称、包装、装潢，或者使用与知名商品近似的名称、包装、装潢，造成和他人的知名商品相混淆，使购买者误认为是该知名商品。"上述规定中对知名商品特有名称、包装、装潢的保护，性质上是对未注册商标的保护。

与注册商标的强保护相比，对未注册商标保护当属弱保护，首先在于保护范围的有限性，如前所述，仅对法律规定的特定情形提供保护。其次在于保护程度的有限性，即使对符合法律规定条件的未注册商标提供保护，在保护方式、力度方面，一般难以达到对注册商标的保护程度。比如，在先未注册商标在与在后注册商标发生权利冲突，在先使用抗辩成立，从目前的判例看，比较好的结果是继续使用，与在后注册商标共存，不能达到商标专用权在侵权成立情况下所获得的保护程度，即完全禁止被控侵权标识的使用；而且，考虑到对未注册商标确定的权利范围一般难以达到注册商标的全国的效力范围，在赔偿等保护方式力度上，也难以与对注册商标的保护比肩。

二、本案是一起典型的仿冒在先商业标识的不正当竞争案件

本案的裁判对被告实施的不法行为作出了明确的否定性评价，对于保护诚实经营者的合法利益、维护市场经济秩序具有重要意义。

1. 原告享有“盛记一品”锅贴知名商品的相关权利

“知名商品”是指在中国境内具有一定的市场知名度，为相关公众所知悉的商品。本案中，上海静安区吴江路系以经营小吃闻名的美食街，原告的盛记一品吴江店由于经营得法，其“盛记一品”锅贴品牌得到消费者的认可，赢得一定声誉。上海电视台人气美食栏目播出对吴江店的采访节目后，产生了较大广告效应，进一步提升了“盛记一品”锅贴品牌的声誉。此后，原告张盛在上海以连锁经营的方式扩大经营。因此，“盛记一品”锅贴已具有一定知名度，依法应认定为知名商品。被告提出原告系通过借用他人营业证照进行经营，其经营的商品不具备成为知名商品的法律资格。对此，法院认为，即便原告借用营业执照经营的行为违反了有关的行政管理法规，也应由有关行政机关进行处理，但这并不影响原告在实际经营活动中对其创设并使用的“盛记一品”锅贴品牌所享有的民事权益。

2. 被告使用与原告知名商品名称近似的商标的行为构成不正当竞争

《反不正当竞争法》第 5 条第 2 款规定，经营者不得擅自使用知名商品特有的或与之相近似的名称、包装、装潢，造成和他人的知名商品相混淆，使购买者误认为是该知名商品。本案中，被告申请注册并声称享有权利的“盛记”及“盛记一品”商标，文字上与原告“盛记一品”锅贴名称相同。将该商标标识与原告使用的店招标识进行比较，虽在“盛记”、“盛记一品”文字所使用的字体上有所不同，但根据消费者的一般注意力进行观察，两者视觉上基本无差别，足以造成混淆以致消费者误认。被告面道公司、记盛公司在相关网站所使用的所谓上海电视台采访“盛记一品”专卖店的图片，实为上海电视台对原告经营的盛记一品吴江店进行采访的视频截图。在上海电视台采访盛记一品吴江店的电视节目播出后，“盛记一品”品牌已具有一定知名度，被告面道公司作为在上海地区从事经营活动的餐饮管理企业，应对此情况有所了解。上述盗用视频截图的行为足以证明其存在仿冒的主观恶意，违背了经营者应当遵循的诚实信用的原则和公认的商业道德。

3. 本案被告共同实施了涉案不正当竞争行为

本案被告众多，侵权手段比较隐蔽，侵权行为具有综合性特点。从表面看，各被告实施的侵权行为是各自独立的，若从单一行为进行审查，确定其侵权性质有较大难度。但经过对大量证据进行分析归纳，从整体上厘清脉络

后，可以发现各被告的侵权行为相互牵连。如被告王勇申请注册商标后，授权面道公司使用该商标，而王勇亦为面道公司的股东和高级管理者；王勇向被告美亚公司转让商标后，由美亚公司许可被告王伟控股的被告记盛公司使用，而实施仿冒经营行为的盛极一品锅贴网站 www. sjypgt. cn 的主办人为王伟，负责人、联系人为王勇。由此可见，各被告存在共同策划、分工合作的关系，系共同实施了仿冒他人知名商品特有名称及商业诋毁的不正当竞争行为。另根据证据和当事人陈述，可认定王勇、王伟的侵权行为系分别代表面道公司、记盛公司的职务行为，故法院最终判令面道公司、记盛公司和美亚公司三被告连带承担对原告的侵权责任。

（撰稿人：李国泉）

网站用户注册信息数据库的商业秘密性质认定

——衢州万联网络技术有限公司与周慧民等侵犯商业秘密纠纷案

【提要】

网站用户注册信息数据库是相关网站的核心资产，可按财产权取得原则，由该网站的经营者享有所有权。网站用户注册信息数据库符合“秘密性、实用性、保密性”要件时，可作为商业秘密依法予以保护；若不构成商业秘密则可按一般财产侵权案由予以保护。本案例对于如何确认网络用户注册信息数据库的归属及其商业秘密性质具有一定的借鉴意义，同时提示网站经营者对网络用户注册信息数据库应采取必要的保密措施，以维护企业竞争力，避免法律风险。

【案情】

原告（被上诉人）：衢州万联网络技术有限公司

被告（上诉人）：周慧民

被告（原审被告）：冯晔

被告（原审被告）：陈云生

被告（原审被告）：陈宇锋

被告（原审被告）：陈永平

案由：侵犯商业秘密纠纷

一审案号：（2010）沪二中民五（知）初字第57号

二审案号：（2011）沪高民三（知）终字第100号

原告衢州万联网络技术有限公司（以下简称万联公司）成立于2001年5月，法定代表人邱奇。2001年6月，原告万联公司与被告周慧民签订为期两年的书面聘用合同，由周慧民为原告进行网站制作和软件程序的开发，并约定合同期内或合同期满后，周慧民无权未经原告同意将属于公司所有权的软件程序泄密、转让和用于他人。该合同期满后未续签，但至2004年5月周慧民离职前一直担任原告公司的核心技术人员。

2002年3月，原告注册了域名为www.boxbbs.com的网站（以下简称涉案网站），运营网络游戏。该网站的软件程序主要由被告周慧民设计，且网站数据库设置密码，该密码仅原告公司法定代表人邱奇及被告周慧民知晓。

涉案网站发展势头良好，到2004年年初注册用户数已达55万人。

被告冯晔、陈云生、陈宇锋于2003年11月入股原告公司，并承担经营管理工作，被告陈永平于2003年3月至2003年7月受聘担任原告公司的技术总监。2004年6月，周慧民等五被告从原告公司离职，并联合发表声明，称鉴于原告公司对创业人员股权无法确认的情况下，原团队核心成员周慧民、冯晔、陈云生、陈宇锋、陈永平决定全体离职，成立新Box01工作组并将注册新公司，将回收原告Boxbbs源程序以及数据库资料归新公司所有，Box01工作组所面对的法律相关责任由周慧民等五被告共同承担。

之后，五被告先后注册了域名为www.box2004.com、www.ibox.com.cn的网站（以下简称被控侵权网站）经营网络游戏。被告周慧民将从涉案网站下载的包含用户注册信息的数据库及原先开发用于涉案网站的软件程序用于上述被控侵权网站，通过网上发布公告等方式将涉案网站的注册用户引导至被控侵权网站；并对涉案网站软件程序的配置文件进行修改，使涉案网站无法运行。

原告万联公司诉称：涉案网站原本发展势头良好，在全球网站排名1 100名左右。五被告合谋成立Box01工作组，共同决定侵害原告网站数据资料和源程序。被告周慧民利用其掌握的涉案网站密码，登陆并下载该网站的数据库用于开通被控侵权网站，同时又对原告涉案网站的程序配置文件中的字符串进行修改。五被告的上述行为侵害了原告的商业秘密，导致涉案网站无法运行，给原告造成了巨大的经济损失。请求法院判令五被告连带赔偿原告经济损失人民币4 858 000元及合理费用人民币15万元。

被告周慧民等辩称：涉案网站系个人网站而非公司网站，该网站的数据库及库内信息应属于五被告及邱奇共有，被告周慧民有权使用；涉案网站数据库的用户信息不具备商业秘密的构成要件，不属于商业秘密；被告周慧民系涉案网站数据库这一汇编作品的著作权人，复制、使用数据库的行为不属于侵犯他人商业秘密；被告周慧民在离开原告处时仅带走了一份备份数据，并没有实施破坏涉案网站的行为。综上，请求法院驳回原告的全部诉讼请求。

【审判】

上海市第二中级人民法院经审理认为：本案主要有以下两个争议焦点：一是涉案网站在运营过程中形成的包含用户注册信息的数据库的权利归属；二是涉案网站数据库中的用户信息是否属于商业秘密。

关于第一个争议焦点，原告以公司名义注册了涉案网站，且该网站在对外商业运营过程中均以原告作为实际经营者。五被告关于涉案网站是个人网站而非公司网站的辩称没有相应的证据予以证明。即使原告与五被告之间没有正式的劳动合同，原告没有定期向五被告支付过工资，但根据相关证据，五被告对于自己实际上是为原告工作以及同意在不领工资的前提下继续为原告工作的事实是认可的。五被告参与涉案网站的技术开发、维护及商业运营等事务的行为属于公司员工履行工作职责的行为，不代表五被告对该网站及其数据库享有所有权。因此，原告作为涉案网站的域名所有者和实际经营者对该网站在运营过程中形成的数据库享有所有权。

关于第二个焦点，根据《中华人民共和国反不正当竞争法》的相关规定，商业秘密是指不为公众所知悉、能为权利人带来经济利益、具有实用性并经权利人采取保密措施的技术信息和经营信息。本案中，原告所主张的商业秘密是涉案网站数据库中的用户信息，包括客户名单数据表中的注册用户名字段、注册密码字段和注册时间字段等信息。法院认为，首先，上述用户信息是涉案网站在长期的经营活动中形成的经营信息，原告为吸引网络游戏爱好者在该网站注册并参与交流付出了一定的创造性劳动，虽然单个用户的注册用户名、注册密码和注册时间等信息是较容易获取的，但是该网站数据库中的50多万个注册用户名、注册密码和注册时间等信息形成的综合的海量用户信息却不容易为相关领域的人员普遍知悉和容易获得；其次，上述用户信息证明了涉案网站作为游戏网站具有较大的用户群和访问量，而网站的访问量又与网站的广告收入等经济利益密切相关，因此，上述用户信息能为原告带来经济利益，具有实用性；最后，原告为涉案网站的数据库设置了密码，并且该密码只有作为主要技术人员的被告周慧民和原告的法定代表人邱奇知晓，在原告与被告周慧民签订的《聘用合同书》中也有保密条款，因此，可以认定原告对上述用户信息采取了保密措施。因此，法院认定涉案网站数据库中的用户信息，包括客户名单数据表中的注册用户名字段、注册密码字段和注册时间字段等信息，属于商业秘密，受法律保护。

被告周慧民未经原告许可，利用自己掌握的数据库密码从原告公司的涉案网站复制下载包含用户信息的数据库，并将该数据库用于被控侵权网站的经营活动，该行为侵犯了原告的商业秘密。其他四名被告系共同侵权人，应当共同承担赔偿损失的民事责任。鉴于原告的实际损失以及被告的获利皆无法确定，法院综合考虑相关因素，酌情确定包括合理费用在内的赔偿数额。据此，依照《中华人民共和国民事诉讼法》第130条，《中华人民共和国民法通则》第134条第1款第（7）项，《中华人民共和国反不正当竞争法》第10条第1款第（1）项、第（2）项、第3款、第20条，《最高人民法院关于审理不正当竞争民事案件应用法律若干问题的解释》第9条、第10条、

第 11 条、第 14 条、第 17 条第 1 款之规定，判决：五被告共同赔偿原告万联公司包括合理费用在内的经济损失人民币 1 000 000元。

一审判决后，周慧民不服，向上海市高级人民法院提起上诉。

上海市高级人民法院经审理后认为，一审判决认定事实清楚，适用法律正确，故判决驳回上诉，维持原判。

【评析】

目前，几乎所有的经营性网站都采取注册会员制经营模式，因此，网站用户注册信息数据库可以认为是网络产业必不可少的一项“关键设施”。但对网站用户注册信息数据库的法律性质尚无清晰认识，这不利于网络信息产业的健康有序发展。本案对两个焦点问题的阐释，较好地澄清了我们在这方面的认识。

一、网站用户注册信息数据库的归属是本案件争议的“先决问题”

如果五被告是该数据库的权利主体，则不可能存在侵权状态，从而无须具体考察该数据库是否属于商业秘密。由于本案中网站的产权问题存有一定模糊之处，故双方当事人均将网站用户注册信息数据库的归属问题系属于网站所有者的确认。从本案查明的事实来看，原告万联公司是网站域名注册人，具备权利人的形式要件，又是网站实际的经营主体，具备权利人的实质要件。因此，涉案网站理应作为万联公司独立的法人财产，由该网站经营而产生的一切结果均应由万联公司作为第一责任人受享利益和承担风险。同时，按照财产权的取得原则，用户注册信息是由注册用户自行设计并交由网站保管、运行的网络数据信息，是网站经营过程中取得的客观物质信息，是万联公司投资、经营涉案网站所形成的衍生信息产品，应纳入万联公司的“责任财产”。周慧民等五被告作为原告公司的技术、经营骨干，虽然对网站的发展作出重要贡献，但其均为履行公司职务的行为，其对价应为薪金报酬乃至股权激励，而不能直接取得公司财产的所有权。即便认为数据库程序是被告周慧民享有著作权的职务作品，但网站注册用户信息并非周慧民智力创造的直接结果，而是原告万联公司将该程序作为工具投入网站运营后所收获的信息成果，网站注册用户信息的所有权仍应由万联公司享有。

二、根据我国反不正当竞争法及相关司法解释的规定，商业秘密应具有秘密性、实用性及保密性三个特征

秘密性是指有关信息处于秘密状态，不为其所属领域的相关人员普遍知

悉和容易获得；实用性是指有关信息具有现实的或者潜在的商业价值，能为权利人带来竞争优势；保密性是指相关信息处于保密的环境中，权利人为防止信息泄露采取了与其商业价值等具体情况相适应的合理保护措施。一般来看，秘密性、实用性属于相关信息内在的客观属性，虽与权利人的研发经营投入密切相关，但这些属性的取得及其程度受制于行业发展水平，权利人对此控制性不大；而保密性则主要取决于权利人的保密意识及外在的保密措施。本案中，网站用户注册信息数据库的秘密性、实用性基本上是自然形成的，但由于原告公司采取了恰当的保密措施，使得网站用户注册信息数据库完全具备了商业秘密的3个特征，能够获得商业秘密的法律维护。需要指出的是，网站用户注册信息数据库包含着个人的注册信息，关系到用户对网络的正常使用，因此，网站用户注册信息数据库的泄露极易对广大网络用户的造成损失并引发纠纷。可见，对网站经营者而言，对网站用户注册信息数据库采取必要的保密措施，不仅是保障网站核心资产、保持企业竞争力的需要，也是保护广大网络用户私人信息、避免不作为侵权法律风险的需要。

总之，本案的裁判对于如何确认网络用户注册信息数据库的归属及其商业秘密性质具有一定的指导意义，同时提示网站经营者对网络用户注册信息数据库应采取必要的保密措施，以维护企业竞争力、避免法律风险。当然，假设其他的网站用户注册信息数据库由于没有采取类似本案的保密措施而不符合商业秘密的构成要件，则我们认为可以基于该网站用户注册信息数据库财产性质，按照侵犯一般财产权的案由依法予以保护。

（撰稿人：胡　宓）

刑事判决认定的犯罪金额对确定民事侵权损害赔偿的作用

——梯爱司表面处理技术（上海）有限公司与魏成刚等侵害商业秘密纠纷案

【提要】

被告已经被生效刑事判决认定构成侵犯商业秘密罪后，权利人提起民事侵权诉讼的，人民法院可以采纳刑事判决中认定的侵权获利，并结合权利人为制止侵权行为而支出的合理费用，确定相应的赔偿数额。

【案情】

原告（被上诉人）：梯爱司表面处理技术（上海）有限公司

被告（上诉人）：魏成刚

被告（上诉人）：李迪准

被告（上诉人）：上海欧本表面处理技术有限公司

案由：侵害商业秘密纠纷

一审案号：（2010）沪二中民五（知）初字第19号

二审案号：（2011）沪高民三（知）终字第56号

1998年7月，原告梯爱司表面处理技术（上海）有限公司（以下简称梯爱司公司）通过授权获得了法国HEF公司的金属表面热处理技术（也称“SURSULF”和“ARCOR”工艺技术），形成规模化生产能力。

许文于2000年11月受聘担任原告总经理，负责公司经营、管理，并与原告签订了《保密协议》。许文2001年3月辞职。魏成刚于2001年2月受聘担任原告市场部经理，同年5月被开除。李迪准于1999年8月受聘担任原告技术部经理，并与原告签订了《保密协议》，在职期间曾代表原告直接参与了为原告客户上海伊顿发动机零部件有限公司（以下简称伊顿公司）加工汽车气门实验的全过程，掌握了该项业务的整个工艺流程及关键技术。

2001年2月至5月，魏成刚在任原告市场部经理期间，与时任该公司总经理的许文成立从事金属表面热处理的上海欧本表面处理技术有限公司（以下简称欧本公司）。同年3月，许文以原告的“硫氮碳共渗盐浴炉的温度控制采用加热室（盐浴容器外）和盐浴（容器内）的双重控制温度技术”（以下简称双重控制温度技术）要求向原告的设备供应商浙江省长兴县工业电炉厂定制三台电炉，于同年6月交付欧本公司使用。许文作为欧本公司总经理，负责欧本公司经营、管理，魏成刚任副总经理，具体负责质量控制等事务。许文、魏成刚以高薪等手段利诱李迪准至欧本公司任职。同年8月，李迪准利用其担任原告技术部经理的工作便利，将该公司《作业指导书》、《质量管理手册中的程序文件》、《工艺流程卡》等文件复制在电脑软盘中，随即向原告辞职，至欧本公司担任技术质量部经理。之后，许文、魏成刚以低价揽取了原由原告承接的伊顿公司的业务。魏成刚、李迪准按照窃取的上述主要文件的技术要求，编制了欧本公司的《作业指导书》、《质量管理手册中的程序文件》、《工艺流程卡》，以此指导欧本公司的生产。2001年7月至2003年12月，许文、魏成刚、李迪准利用掌握的原告的材料表面盐浴氮化、氧化处理技术以及按照原告技术要求定制的盐浴炉等工具设备，为伊顿公司、上海秋乐实业有限公司、杭州杭发曲轴有限公司等多家单位进行金属表面热处理加工业务，共计获利人民币97万余元（以下币种同）。

2008年6月19日，上海市杨浦区人民法院以侵犯商业秘密罪判处魏成刚、李迪准相关有期徒刑、罚金等。魏成刚、李迪准不服一审判决，向原审法院上诉。原审法院于2009年1月9日裁定驳回上诉，维持原判。

上海市科技咨询服务中心出具的鉴定结论表明：（1）原告盐浴氮化表面处理技术以及将该技术转化为规模化生产过程中的经验、诀窍（包括专有工艺装备如：捞渣篮，工夹具等）构成了该公司的专有技术，在本行业中属非公知技术信息。欧本公司采用的盐浴氮化表面处理技术在相关方面和舍福公司的盐浴氮化表面处理技术基本相同；（2）原告针对伊顿公司这一特定客户的加工对象所编制的具体的加工工艺（《工艺流程卡》），是该公司根据自身特定的上述因素、合理选择工序和参数所编制的具体的工艺文件，属非公知技术。欧本公司的相关《工艺流程卡》与原告相对应的十一件《工艺流程卡》的对比结果：工序相同，相关工序的工艺参数相同或基本相同等。

原告梯爱司公司诉称：生效的刑事裁判文书依法确认被告魏成刚、李迪准构成侵犯商业秘密罪，依法确认了被告给原告造成的经济损失为97万余元。被告魏成刚、李迪准系直接侵权人，原告有权依据已经生效的刑事判决文书依法向侵权人主张侵权损失的民事赔偿；被告欧本公司系被告魏成刚、李迪准为实施侵犯商业秘密犯罪行为的工具和获利途径，且被告欧本公司具有独立民事主体资格，原告亦有权依据已经生效的刑事裁判文书依法追究被告欧本公司的连带赔偿责任，故诉请法院判令：1. 被告魏成刚、李迪准和欧本公司向原告赔礼道歉；2. 被告魏成刚、李迪准和欧本公司停止实施侵害原告商业秘密的行为，至该商业秘密已为公众知悉时为止；3. 被告魏成刚、李迪准和欧本公司共同赔偿原告各项经济损失总计137.8万元（其中直接经济损失97万元，律师费、调查费40.8万元）。

被告魏成刚、欧本公司共同辩称：1. 因为技术秘密属于财产权，原告没有证据证明被告的行为侵犯了其身份权，故原告要求被告赔礼道歉缺乏法律依据。2. 原告不存在商业秘密。3. 被告没有实施侵犯原告所谓的商业秘密的行为，刑事判决和刑事裁定在程序认定事实和适用法律方面存在明确的错误，不应被法院采纳。4. 原告的损失即便存在，也与被告没有法律上的因果关系。综上，原告的指控缺乏最起码的事实证据和法律依据，请求法院驳回原告的诉请。

被告李迪准辩称：1. 原告编制的QS文件，原告一直到2003年10月都没有实行。其进欧本公司是在2001年8月底，当时欧本公司已经批量生产，也没有按照这个QS实行。欧本公司的QS文件是2002年10月才开始编制的。2. 原被告之间没有劳动合同和保密协议，原告称被告侵犯其技术秘密缺乏保密性的要件。其他方面答辩意见与魏成刚与欧本公司的答辩意见相同。请求法院驳回原告的诉请。

【审判】

上海市第二中级人民法院经审理认为：

一、原告自1998年开始就为伊顿公司加工汽车气门业务并进行试制，应用了法国HEF公司授权的金属表面热处理技术并形成了一整套为特定加工业务组合而成的专有技术。原告为该项专有技术投入了技术力量和物力，并且与伊顿公司、浙江省长兴县工业电炉厂等签订的相关协议中均约定了保密条款，在相关技术文件加盖了“受控”等字样作为秘密予以保护，故应当确认原告为伊顿公司加工汽车气门业务中应用的相关技术及整套工艺流程，属于不为公众所知悉、能为权利人带来经济利益、具有实用性并经权利人采取保密措施的商业秘密。

二、案外人许文作为原告公司的总经理，魏成刚、李迪准分别作为原告公司市场部、技术部经理，应当知道原告为涉案技术花费了人力和物力并采取了保密措施，根据法律规定，上述人员应当对原告的涉案技术承担保密义务，但许文、魏成刚却采用不正当的手段从伊顿公司截取原告的加工业务，在欧本公司进行加工生产，牟取非法利益。经鉴定，欧本公司为伊顿公司加工的产品中，使用了与原告基本相同的关键技术及工艺流程，且有李迪准从梯爱司公司窃取的《作业指导书》、《质量管理手册中的程序文件》、《工艺流程卡》等技术文件，故法院认定李迪准与许文、魏成刚共同实施了侵犯梯爱司公司商业秘密的行为。欧本公司作为侵犯原告商业秘密的直接载体，理应承担侵权的法律责任。根据本案当事人举证的事实以及民事证据规则关于生效裁判文书确认的事实的有关规定，法院确认三被告共同侵犯了原告商业秘密。依照法律规定，三被告共同侵犯他人商业秘密，应当共同承担停止侵权、赔偿损失等民事责任。

三、本案中，由于被告窃取原告商业秘密的行为，且截取伊顿公司的加工业务，给原告造成了重大的经济损失。在原告因被告侵权行为造成的损失难以计算的情况下，法院根据本案查明的事实以及刑事案件认定的事实，确认欧本公司因侵权行为获利人民币 97 万余元。原告为调查、取证被告侵权行为而支付的合理费用可与侵权人的获利一并依法酌情支持。被告魏成刚、李迪准与被告欧本公司构成共同侵权，故三被告应当承担连带责任。

综上所述，上海市第二中级人民法院依照《中华人民共和国民法通则》第 118 条、第 130 条、第 134 条第 1 款第（1）项、第（7）项、第 2 款，《中华人民共和国反不正当竞争法》第 10 条、第 20 条第 1 款，《最高人民法院关于审理不正当竞争民事案件应用法律若干问题的解释》第 9 条、第 10 条、第 11 条、第 16 条第 1 款、第 17 条第 1 款、《最高人民法院关于民事诉讼证据的若干规定》第 9 条的规定，判决：一、被告魏成刚、被告李迪准、被告欧本公司于判决生效之日起至原告梯爱司公司系争商业秘密权利终止之日止，停止对原告梯爱司公司系争商业秘密的侵害；二、被告魏成刚、被告李迪准、被告欧本公司于判决生效之日起 10 日内，连带赔偿原告梯爱司公司包括合理费用在内的经济损失人民币 105 万元；三、对原告梯爱司公司的其他诉讼请求不予支持。

一审判决后，魏成刚、李迪准、欧本公司均不服，向上海市高级人民法院提起上诉。

上诉人魏成刚、李迪准、欧本公司共同上诉称：上海市科技咨询服务中心出具的数份技术鉴定报告不应予以采信；原告主张保护的技术是公知技术；欧本公司获得伊顿公司的业务属于正常的市场经营行为，并无违法或不正当行为；原审法院认定的赔偿数额过高。据此，请求撤销一审判决，驳回被上诉人的诉讼请求。

被上诉人梯爱司公司答辩称：根据法律规定，已生效的刑事法律文书具有当然的证明力，该些已经认定的事实原告。一审判决对三被告的侵权事实认定清楚。原告主张的损失于法有据、计算得当。

上海市高级人民法院经审理后认为，原审法院查明的事实属实。

上海市高级人民法院认为：梯爱司公司为伊顿公司加工汽车气门业务中应用的相关技术及整套工艺流程，不为公众所知悉，能为梯爱司公司带来经济利益且具有实用性，梯爱司公司对其采取了保密措施，故上述技术及整套工艺流程符合商业秘密的构成要件，是梯爱司公司拥有的商业秘密，依法应受法律保护。魏成刚、李迪准、欧本公司未经梯爱司公司许可擅自披露、使用了上述商业秘密，三被告的上述行为共同侵犯了梯爱司公司享有的上述商业秘密，依法应当承担停止侵权、赔偿损失等民事责任。依照《中华人民共和国民事诉讼法》第153条第1款第（1）项、第158条之规定，判决：驳回上诉，维持原判。

【评析】

本案是一起典型的员工跳槽并自组公司后侵害原企业商业秘密的案件。同时，本案又是一起被告已经被生效刑事判决认定构成侵犯商业秘密罪后，权利人提起的民事侵权诉讼。本案的争议焦点主要在于被告是否构成商业秘密侵权以及赔偿数额如何确定的问题。

一、关于被告是否构成商业秘密侵权的问题

根据我国法律的规定，当事人无须举证证明已为人民法院发生法律效力的裁判所确认的事实，但当事人有相反证据足以推翻的除外。本案中，许文、李迪准与原告签订了《保密协议》；许文、魏成刚以高薪等手段利诱李迪准至欧本公司任职；魏成刚、李迪准按照窃取的原告文件的技术要求编制了欧本公司的《作业指导书》、《质量管理手册中的程序文件》、《工艺流程卡》，以此指导欧本公司的生产；2001年7月至2003年12月，许文、魏成刚、李迪准利用掌握的原告材料表面盐浴氮化、氧化处理技术以及按照原告技术要求定制的盐浴炉等工具设备，为伊顿公司等多家单位进行金属表面热处理加工业务。上述事实均已被人民法院发生法律效力的刑事判决书所确认，三被告虽对上述事实提出异议，但未能提供足以推翻上述事实的相反证据。

上海市科技咨询服务中心出具的数份鉴定报告系由不同的鉴定专家组作出，所得出的鉴定结论均为梯爱司公司为伊顿公司加工汽车气门业务中应用的相关技术及整套工艺流程系不为公众所知悉的专有技术；欧本公司为伊顿公司加工产品时使用了与梯爱司公司基本相同的关键技术和工艺流程；武汉材料保护研究所化学热处理技术公司的“盐浴硫氮碳、氮碳共渗复合处理工艺操作手册”中的技术内容未涉及原告生产技术中的专有技术。三被告虽对上述鉴定报告提出质疑，但是并未能提供充分的证据推翻上述鉴定结论。三被告又提出“2001年6月至2002年10月间，欧本公司实际使用武汉材料保护研究所的原盐和配套工艺进行生产，之后使用自身研发的技术进行生产”

的主张，但对该主张仍然未能提供充分的证据加以佐证。

因此，本案中，法院根据已生效的刑事判决书确认的相关事实以及采信的相关鉴定报告，认定三被告侵害了原告依法享有的商业秘密，具有事实和法律依据。

二、关于本案赔偿数额的确定问题

原告诉请三被告赔偿原告各项经济损失人民币总计137.8万元，其中直接经济损失97万元，律师费、调查费40.8万元。本案中，由于被告窃取原告商业秘密的行为，且截取伊顿公司的加工业务，给原告造成了重大的经济损失。在原告因被告侵权行为遭受的实际损失难以计算的情况下，法院根据刑事案件认定的事实，确认欧本公司因侵权行为获利人民币97万余元。同时，考虑到原告为制止三被告的侵权行为确实进行了调查、取证，并聘请律师参与了本案诉讼，法院并根据本案的实际情况，酌情支持原告为制止三被告侵权行为而支出费用中的合理部分。最终，法院依据刑事判决中认定的侵权获利97万余元，并结合权利人为制止侵权行为而支出的合理费用，确定了105万元的赔偿数额，充分保护了原告对其商业秘密享有的合法权益。

（撰稿人：马剑峰）

知名商品特有包装装潢权利的认定与保护

——梅西斯有限公司与深圳市米菲体育用品有限公司等侵犯商标专用权及不正当竞争纠纷案

【提要】

本案涉及知名商品特有包装装潢的认定与保护问题。主张知名商品特有装潢权利的图案设计，必须证明已作为装潢进行了使用。组合设计装潢被认定知名商品特有包装装潢从而获得保护后，作为装潢构成要素的图案不再给予单独保护。

【案情】

原告（被上诉人）：梅西斯有限公司

被告（上诉人）：深圳市米菲体育用品有限公司

被告（上诉人）：福建南安米菲体育用品有限公司

被告（上诉人）：上海捷爽鞋业有限公司

被告（原审被告）：张梅兰

案由：侵犯商标专用权及不正当竞争纠纷

一审：（2011）沪二中民五（知）初字第28号

二审：（2012）沪高民三（知）初字第58号

原告梅西斯有限公司（以下简称梅西斯公司）是一家在荷兰注册成立的企业。1955年，迪克·布鲁纳发表了其所创作的米菲兔形象。原告在1974年到2001年，将“米菲兔手指胸口”形象图案、“米菲兔走路”形象图案、“雨伞下坐着两米菲兔”形象图案在世界知识产权组织进行了版权国际注册或工业品外观设计国际保存登记。2003年至2006年，原告在中国先后注册了“米菲”、“米菲兔”图形、“MIFFY”商标，均核定使用于第25类的服装、鞋、帽商品。

自2002年起，原告的“米菲兔”形象通过图书、音像制品出版发行、电视台播放动画片等形式进入中国大陆。2004年12月，原告授权相关生产商在中国大陆在童鞋产品及包装、广告材料使用相关米菲兔形象。“米菲”品牌、米菲兔卡通形象进入中国大陆后，原告及其授权商通过报刊、杂志、电视、网络等媒体对“米菲”商标及品牌进行了广泛的宣传，原告的“米菲”商标及品牌在童鞋类商品领域具有较高知名度。原告童鞋包装装潢为：

鞋盒为蓝色底色（底部颜色为白色），上盖以白色虚线构成网格状，网格内配以6瓣花朵图案，并配以相对较小的“米菲兔站立”的形象图案以及相对较大的“米菲兔行走”的形象图案；鞋盒一侧有一黑色两耳上竖的兔子头图案。

被告上海捷爽鞋业有限公司（以下简称上海捷爽公司）、张梅兰销售的，由被告深圳市米菲体育用品有限公司（以下简称深圳米菲公司）总经销，被告福建南安米菲体育用品有限公司（以下简称南安米菲公司）制造的童鞋的包装装潢为：鞋盒为蓝色底色（底部颜色为白色），上盖以白色虚线构成网格状，虚线交叉处配以白色的两耳上竖兔子头形象图案；上盖另配以“兔子挎篮子”图案以及“miniFY”商标标识；鞋盒一侧标有“兔头与字母‘m’”注册商标及“minify”商标标识。被告上海捷爽公司、张梅兰还在店铺内张贴标有醒目“miniFY”字样的广告画。

原告梅西斯公司诉称：四被告的一系列生产、销售行为，具有显而易见的针对原告“米菲兔”、“MIFFY”品牌的“搭便车”恶意，侵害了原告的注册商标专用权，并且严重扰乱了正常市场秩序，构成不正当竞争。请求法院判令：1. 被告深圳米菲公司立即停止使用其“深圳市米菲体育用品有限公司”企业名称，被告南安米菲公司停止使用其“福建南安米菲体育用品有限公司”企业名称，并判令该两被告更改企业名称，更改后名称中不得含有与“米菲”文字或读音相近似的字样；2. 被告深圳米菲公司、南安米菲公司立即停止在其童鞋广告资料、户外广告、童鞋产品、装饰吊坠、保养说明及产品包装上使用与原告米菲兔图案近似的图案装潢的行为，停止在童鞋商品上使用“M F”标记的行为；3. 被告深圳米菲公司、南安米菲公司立即停止使用与原告“米菲”童鞋近似的外包装盒装潢的行为；4. 被告上海捷爽公司、张梅兰立即停止在其店面临街玻璃幕墙上以及店内张贴与原告米菲兔近似图案的童鞋广告宣传画之行为；5. 被告深圳米菲公司、南安米菲公司、上海捷爽公司、张梅兰立即停止销售上述侵权童鞋商品；6. 被告深圳米菲公司在《深圳商报》、南安米菲公司在《泉州日报》、上海捷爽公司、张梅兰在《新民晚报》上分别登载致歉声明，向原告公开赔礼道歉以消除影响；7. 被告深圳米菲公司、南安米菲公司、上海捷爽公司、张梅兰赔偿原告经济损失人民币201万元（以下币种均为人民币，包括原告为调查和制止被告侵权行为而支出的合理费用）。

被告深圳米菲公司、南安米菲公司、上海捷爽公司共同辩称：1. 被告在其童鞋产品上的装潢与原告的装潢不相近似；2. 原告要求被告更改企业名称没有依据；3. 三被告之间不存在连带责任问题，损失赔偿没有依据。

被告张梅兰辩称：张梅兰从杭州的某家商场购入被诉侵权产品，没有从被告深圳米菲公司、南安米菲公司进货。

【审判】

上海市第二中级人民法院经审理认为：

一、关于被诉侵权产品的生产、销售者

被诉侵权童鞋产品及包装显示的信息及相关网页介绍，均表明被告南安米菲公司系制造商，被告深圳米菲公司系总经销商。三被告公司承认被诉侵权童鞋与其生产的童鞋相似，但辩称被诉侵权产品系他人仿冒，对此未提供相关依据。综合全案证据，本院认定被告深圳米菲公司、南安米菲公司共同生产、销售了被诉侵权产品。

二、关于擅自使用知名商品特有包装装潢行为

“米菲”童鞋商品经过多年在全国多个城市内的销售以及广泛宣传，取得较高的市场综合占有率、产品质量优良，综合原告提供的相关证据，“米菲”童鞋商品应认定为知名商品。原告的米菲兔童鞋装潢经多年使用已取得区别其他同类童鞋商品装潢的显著特征，具有特有性，应认定为知名商品的特有装潢。经将原告与被诉侵权童鞋商品包装装潢进行比较，两者构成近似。考虑到被告深圳米菲公司、南安米菲公司具有明显的侵权主观故意，认定该两被告在所生产、销售的童鞋商品上擅自使用与原告知名商品的特有装潢近似的装潢，构成对原告的不正当竞争。

三、关于使用包含“米菲”字号的企业名称行为

被告深圳米菲公司、南安米菲公司将“米菲”文字登记为各自企业名称中的字号并在经营中进行使用的行为，具有主观恶意，违反了经营者在市场交易中应当遵循的自愿、平等、公平、诚实信用的原则，以及应当遵守的公认的商业道德，构成对原告的不正当竞争。

四、关于民事责任承担

被告深圳米菲公司、南安米菲公司共同实施擅自使用知名商品特有包装装潢不正当竞争行为以及恶意登记使用企业名称的不正当竞争行为，依法应承担停止侵权、赔偿损失和消除影响的民事责任。被告上海捷爽公司、张梅兰的被诉侵权行为，已经另案审理，不再处理。

综上，依照《中华人民共和国侵权责任法》第 8 条、第 15 条第 1 款第

（1）项、第（6）项、第（8）项和第2款，《中华人民共和国反不正当竞争法》第2条第1款、第2款和第20条，《最高人民法院关于审理不正当竞争民事案件应用法律若干问题的解释》第1条、第2条第1款和第4条的规定，判决：1. 被告深圳米菲公司、南安米菲公司应在判决生效之日起30日内变更企业名称；2. 被告深圳米菲公司、南安米菲公司停止对原告享有的知名商品的特有包装装潢权利的侵害；3. 被告深圳米菲公司、南安米菲公司连带赔偿原告梅西斯有限公司经济损失人民币15万元；4. 被告深圳米菲公司在《深圳商报》、被告南安米菲公司在《泉州日报》上刊登声明，为原告消除影响；5. 对原告的其余诉讼请求不予支持。

一审判决后，深圳米菲公司、南安米菲公司、上海捷爽公司均不服，向上海市高级人民法院提起上诉。

上海市高级人民法院经审理后认为，一审判决认定事实清楚，适用法律正确，故判决驳回上诉，维持原判。

【评析】

一、知名商品特有包装装潢的认定条件

知名商品特有装潢权利构成的基本要件包括两个方面：使用装潢的相关商品必须是知名商品、装潢本身具有特有性。

本案中，原告为证明符合知名商品的条件，提供了大量证据。法院经审查，考虑到米菲兔形象2002年进入并在2004年使用于童鞋商品、市场销售占有率位于同类商品前列、在上海等主要城市销售情况、通过电视、报刊、网络、世博会场馆展示对商品或米菲兔形象宣传的情况，综合认定使用米菲兔形象的童鞋商品具有较高知名度，认定为知名商品。

包装装潢属于商业标识的一种，故其“特有性”相当于商标的“显著性”，主要是指区别商品来源的显著特性。本案中，原告主张的装潢包括包装上的组合图案设计装潢和四幅米菲兔形象装潢。其中组合图案包装装潢经原告多年使用已取得区别其他同类童鞋商品装潢的显著特征，因而具有特有性，应认定为知名商品的特有包装装潢。

关于原告另主张给予知名商品特有装潢保护的4个米菲兔卡通形象，其中2幅图案因已作为构成要素包含于上述包装装潢中，可以基于该装潢整体获得保护，故不再给予单独保护的地位。其他2幅图案原告并未提供证据证明已将其作为童鞋商品或者包装的装潢包括作为装潢的构成要素进行过使用，故对其关于享有相关的主张不予支持。

二、仿冒知名商品特有包装装潢的侵权判断

知名商品特有的包装装潢相同或者近似与商标相同或者近似在判断原则和方法上是相同的。但是，在侵权判断方面，还必须确定被诉侵权人具有仿冒恶意。

1. 近似判断。本案中，被诉侵权包装装潢与原告装潢均使用蓝色底色，均以白色虚线构成网格状图案，均使用了兔子形象图案以及兔子头图案，两者的整体结构相似。而且，蓝色底色以及白色虚线构成的网格图案装潢是原告包装装潢中最具特色的构成要素，在此方面被诉侵权装潢的相关部分与原告包装装潢使用的网格图案装潢在视觉上基本无差别，且两者整体均以网格图案装潢结合兔子形象图案来表现。虽然两者使用的兔子形象图案以及兔子头形象图案等部分存在不同，但是结合原告包装装潢的特有性和知名度，以相关公众的一般注意力为标准进行隔离比对，两者构成近似。

2. 恶意判断。深圳米菲公司、南安米菲公司为原告的同业竞争者，应当知晓具有一定市场知名度的“米菲”童鞋，仍然在其生产的同类产品上使用与原告知名商品特有包装装潢相近似的包装装潢，足以造成相关公众的混淆、误认。同时，该两被告还将“米菲”文字组合注册登记为企业字号使用，并在其产品上使用与原告注册商标近似的标识。结合上述一系列行为来看，该两被告具有仿冒原告知名商品特有包装装潢的故意，且主观恶意明显。

（撰稿人：李国泉）

影视剧植入广告的辨识及虚假宣传的认定

——北京珂兰信钻网络科技有限公司与上海辛迪加影视有限公司等不正当竞争纠纷案

【提要】

判断某个影视剧情节是否属于植入广告，应以商家与影视剧拍摄者是否存在广告合作关系、相关公众以理性人的标准能否辨识出该情节系植入广告及具有商业信息的道具的出现及其出现方式是否为剧情所需为标准。认定植入广告是否构成虚假宣传，应结合日常生活经验、相关行业产品广告的特点以及公众对该广告的一般注意力等，如果植入广告中涉嫌虚假宣传的内容足以引起相关公众的误解，使原本对该产品不感兴趣的公众因该广告内容而对广告指向的产品或服务产生兴趣，从而不当地为广告主带来现实或潜在的商业机会，则可以认定为构成虚假宣传。

【案情】

原告：北京珂兰信钻网络科技有限公司

被告：上海辛迪加影视有限公司

被告：上海卓美珠宝有限公司

案由：侵犯商标专用权纠纷

一审案号：（2011）浦民三（知）初字第694号

二审案号：（2012）沪一中民五（知）终字第212号

原告北京珂兰信钻网络科技有限公司（以下简称珂兰公司）与被告上海卓美珠宝有限公司（以下简称卓美公司）均经营首饰饰品。原告设计、制作、销售了“天使之翼”项链吊坠，并进行了著作权登记。该吊坠造型为一对翅膀，通过翅尖孔洞所穿项链的不同穿法，翅膀可呈现出相对、相背、竖直三种形态。被告上海辛迪加影视有限公司（以下简称辛迪加公司）是电视剧《夏家三千金》（以下简称《夏》剧）的摄制者及著作权人，对外承担权利、义务。

2010年7月，两被告商定，《夏》剧剧组使用卓美公司厦门店的经营场所进行拍摄，不支付场地费；剧组为其免费做品牌广告宣传。拍摄中，剧组向该店要了一个带有卓美公司品牌英文标识“CDR”的首饰盒，告知将作为道具根据剧情使用，但没有说明用于什么具体情节。随后，剧组将从案外人

（非原告或原告销售商）处购得的与原告“天使之翼”吊坠款式相同的项链放入首饰盒中用于拍摄。向公众播出的《夏》剧中有以下情节：男主人公与其母亲来到有明显卓美公司品牌标识“CRD 克徕帝”的珠宝店选购首饰……在夏家，男主人公将首饰送给女主人公，首饰盒上显示有明显的“CRD”标识，打开首饰盒后为带有吊坠的项链的持续 4 秒的特写镜头。随后，男主人公将项链戴于女主人公颈上，吊坠款式清晰可见。片尾字幕中有“CRD 克徕帝”的广告语。《夏》剧播出后，有消费者致电卓美公司询问该款吊坠的情况。

原告珂兰公司诉称：两被告构成虚假宣传及违反诚实信用原则的不正当竞争行为，故诉至浦东法院，请求法院判令两被告公开赔礼道歉、赔偿原告经济损失 15 万元及制止侵权的合理开支 7 521元。

被告辛迪加公司辩称：剧中项链的使用属于导演自由发挥，其无主观过错，不应承担法律责任。

被告卓美公司辩称：被告没有生产、销售侵权产品；剧中珠宝由剧组自备，卓美公司只提供了拍摄场地。剧中使用系争产品不是其策划的，其对展示珠宝的过程不知情。

【审判】

上海市浦东新区人民法院经审理认为：两被告已形成事实上的广告合作关系，《夏》剧中的前述情节是在电视剧中插入的植入广告，构成对卓美公司品牌的广告宣传。在珠宝首饰的广告中，独特的吊坠款式能够引起消费者的关注，提高品牌的吸引力。系争吊坠并非卓美公司生产或销售，植入广告却将其与带有明显卓美公司品牌标识的首饰盒一并使用，且特写镜头持续了一定时间。容易使得相关公众误以为该款式为卓美公司设计或销售，使得喜欢该款式的公众对卓美公司品牌产生一定的兴趣，从而使其获取更多的商业机会，构成对原告的不正当竞争。故一审法院判决两被告连带赔偿原告经济损失 2 万元及合理费用 7 521元。

一审判决后，卓美公司不服，向上海市第一中级人民法院提起上诉。

二审法院审理期间，两被告与原告和解，卓美公司撤回上诉。

【评析】

本案系一起因影视剧植入广告引发的虚假宣传不正当竞争案件。虽然当前我国影视剧植入广告已经较为常见，但相关法律规制却明显滞后，对于如何判断影视剧中的哪些情节属于植入广告、植入广告是否属于商业广告、商家及影视剧拍摄者对广告宣传后果应承担何种责任等问题都存在一定争议。本案对上述问题进行了有益的探索，对于今后类似案件的审理具有一定的借鉴意义。

一、影视剧植入广告的性质及其辨识

在影视剧中，植入广告往往将广告内容作为道具、背景或台词呈现给观众，与剧情相融合，具有一定的“隐蔽性”。现实中，出于再现生活场景的需要，影视剧中也难免会有一些带有商业元素的商品或服务。对于拍摄者来说，无论是作为植入广告内容的商品，还是一般的带有商业元素的商品，都是拍摄的道具，审判中如何辨别哪些道具的使用属于植入广告，哪些属于合理使用，便成为该类案件首先需要解决的问题。

根据我国广告法的规定，广告是指商品经营者或服务提供者承担费用，通过一定的媒介和形式直接或者间接地介绍自己所推销的商品或者所提供的服务的商业广告。广告媒介的形式多种多样，可以是文字的，也可以是图像的，可以是静态的，也可以是动态的。影视作品中，通过一定的情节设计，对某种产品进行介绍或推销，也可以构成广告，即植入广告。

判断某个影视剧情节是否属于植入广告，可以从以下几个方面进行考虑。而企业是否与拍摄方正式签订合同、企业是否实际支付了广告报酬，抑或双方是否有明确具体的植入情节的约定，不影响对植入广告性质的认定。

1. 商家与影视剧拍摄者是否存在广告合作关系

商家与影视剧拍摄者之间关于广告植入或品牌宣传的合意，是确定双方广告合作关系的前提和基础。本案中，两被告并没有签订书面合同，双方只是口头约定，卓美公司为辛迪加公司提供拍摄场地，辛迪加公司为其在剧中进行品牌宣传。但这并不妨碍对于植入广告性质的认定。两被告之间虽无书面合同，但形成了事实上的广告合作关系。卓美公司是实际的广告主，辛迪加公司是实际的广告经营者。虽然广告法对于广告的界定中有“商品经营者或者服务提供者承担费用”的要求，但这并不意味着影视剧拍摄者必须向广告主实际收取费用。事实上，在商业往来活动中，出于某种利益交换而免于收取广告费的情况并不少见，不能以此否定广告合作关系的存在。国家工商行政管理局在《关于认定利用新闻报道形式发布医疗广告问题的答复》指出，大众传播媒介在发表有关医疗机构报道的同时，在同一媒体同一时间（时段）发布该医疗机构广告的，即使发布者声称未收取费用，也应认定为利用新闻报道形式发布医疗广告。[1] 该局在《关于在收费栏目中发布介绍、推销商品信息是否应认定为广告问题的答复》中也指出，新闻媒介以介绍、

[1] 工商广字（2001）第57号。

推销商品、服务为目的的收费栏目中发布的介绍、推销商品和服务的信息，媒介因种种原因免收广告费，或者协议采用其他方式回报补偿的，也应认定为广告。[1] 本案中，虽然卓美公司没有向辛迪加公司支付广告费，但其免除了辛迪加公司的场地使用费，相互免除的场地费和广告费即可以视为双方的对价，足以认定双方存在广告合作关系。

我国广告法第 13 条规定，广告应当具有可识别性，能够使消费者辨明其为广告。通过大众传播媒介发布的广告应当有广告标记，与其他非广告信息相区别。植入广告由于与剧情相融合，难以在每个植入情节中加广告标记，通常采用片首（尾）字幕的方式。《夏》剧在片尾鸣谢中标明了卓美公司的广告语，又宣传了该公司品牌，也是广告关系的一种体现。

2. 以理性人的标准，观众能否辨识出该情节系植入广告

本案中引起公众误解的主要是男主人公将带有系争吊坠的项链送给女主人公的情节。《夏》剧先以特写镜头向观众呈现了带有明显被告品牌标识"CRD"的首饰盒，紧接着仍以特写镜头呈现了打开首饰盒后的与原告"天使之翼"相同款式的吊坠项链，且该镜头持续 4 秒之久；继而，带有吊坠的项链被戴于女主人公的颈上，吊坠款式仍然清晰可见。上述情节如果从剧中被单独截出，与通常珠宝广告的形式基本相同，完全可以构成一个对"CRD"品牌的独立广告。足以使观看该剧的一个理性人关注到"CRD"品牌，并将其与系争吊坠款式产生联系，加之剧中之前的选购场景及片尾广告语，足以使观看该剧的公众认为上述情节是对"CRD"品牌的广告植入。

3. 具有商业信息的道具的出现及其方式是否为剧情所需

影视剧中为了再现生活的需要，难免会出现一些带有商业元素的道具，为了保护影视剧创作的自由，应当对该些商业元素的引入是出于剧情表达的需要还是处于广告宣传的需要进行合理的判定。既不宜将所有带有商业元素的信息均认定为广告植入，也不宜仅仅根据广告主与拍摄方是否存在关于具体情节的约定进行认定，而应当考虑具有商业信息的道具的出现及其方式是否为剧情所需。本案中，两被告辩称，双方只是约定剧组将带有"CRD"标识的店面拍摄到位，并在片尾打上字幕，没有约定上述送项链的情节。但根据上述约定，《夏》剧完全可以仅仅拍摄店面场景帮助卓美公司进行宣传。即使剧情需要拍摄送首饰及主人公佩戴首饰的画面，完全可以用不带标识的首饰盒来代替，不需要出现带有"CRD"标识的首饰盒；而且，即使用了"CRD"的首饰盒作为道具，也不必通过特写镜头清晰展示"CRD"品牌。

[1] 参见工商广字［1998］第 12 号。

从剧情表达来讲，“CRD”首饰盒在该情节中的出现及其出现方式并非情节所必须。

二、植入广告虚假宣传的认定及责任承担

广告宣传的目的就是使原本不了解某品牌或对其不感兴趣的公众，在观看了广告之后，对该品牌产生兴趣，激发其潜在的购买力，从而为商家争取到更多的商业机会。广告中的元素很多，有些元素对吸引消费者眼球有重要作用，有的则无足轻重。对于珠宝广告来说，款式通常是最吸引眼球的元素。无论是静态的图片广告，还是动态的电视广告，通常都会将项链吊坠、耳环或手镯等的款式作为展示的重点。有的为加强宣传效果，还配以明星佩戴的画面。可见，首饰款式在珠宝首饰广告中，发挥着极其重要的作用，是吸引相关公众注意、使公众对某一品牌迅速产生认知的重要工具。其在本案系争情节中的作用也是一样。与原告“天使之翼”吊坠款式相同的吊坠与“CRD”品牌一同出现在同一情节和场景中，既而被女主人公戴于颈上，这与通常的珠宝广告的情节几乎无异，难免会吸引喜欢该吊坠的公众的注意，并对 CRD 品牌产生兴趣，吸引其进一步了解该品牌或购买该品牌的产品，从而为卓美公司带来现实或潜在的商业机会。卓美公司庭上的陈述也表明，由于该剧的播出，许多消费者向其询问或要求购买该款首饰，可见，该情节的宣传已经为其吸引了消费者，卓美公司已经就植入广告获得了商业利益。

虚假宣传的本质是引人误解。植入广告由于与情节互相融入，出于艺术表达等需要可能出现与事实不相符的情况，判断其是否构成虚假宣传，需要在鼓励创作、保护同业竞争者的合法权益、消费者利益之间进行合理的平衡。既要鼓励创作，保护合理的道具使用行为，避免将带有商业元素的信息一概认定为植入广告；也要规范影视剧植入广告市场，使得制作者和广告主都能审慎对待广告植入，避免因为故意或过失，使得植入广告损害其他竞争者的合法权益或者消费者的利益。在具体案件中，可以结合日常生活经验、相关行业产品广告的特点、公众对该类广告的一般注意力、发生误解的事实和被宣传对象的实际情况等因素，判断涉嫌虚假宣传的内容是否足以引起公众的误解，公众是否会基于其误以为真的内容而对广告所指向的产品或服务产生兴趣，从而为商家带来现实或现在的商业利益。如果植入广告本身有虚假的成分，但根据日常生活经验、该行业一般广告的特点，以相关公众一般注意力为标准，足以辨别出是虚假的信息，不会使相关公众产生误解，则不应认定为虚假宣传。此外，引人误解并不要求一定产生了误解的后果，只要宣传内容足以使原本对该产品没有兴趣的公众因虚假或引人误解的内容而对

该产品产生兴趣，从而为广告主带来原本不属于自己的商业机会，就可以认为是虚假宣传。

植入广告的作用就在于使得原本对某个品牌或商家没有兴趣的消费者在观看某个影视剧的同时，通过广告植入的内容对该品牌或商家产生兴趣，从而激发其潜在的购买力。如果消费者这种兴趣的产生是基于广告中的虚假或引人误解的陈述或展示，则将构成虚假宣传。本案中，在涉嫌虚假宣传的植入广告情节中，引起公众关注并吸引消费者的项链吊坠并非卓美公司设计、生产或销售，也就是说吸引公众眼球的主要元素本并不属于卓美公司，该剧却将其与“CRD”品牌的首饰盒一同使用，足以使观看该剧的公众误认为“天使之翼”吊坠系由“CRD”品牌的厂商设计、生产或销售。因系争吊坠和“CRD”首饰盒在《夏》剧植入广告中的不当使用，卓美公司获得了本不属于自己的商业机会。其客观上利用了作为竞争对手的原告的饰品款式，势必对原告因该特有款式而产生的竞争优势产生影响，或使相关公众误认为原告饰品仿照了卓美公司的款式，损害了原告的合法权益，构成对原告的不正当竞争。

本案中，辛迪加公司是《夏》剧的制作者和发行者，也是版权人，同时还是系争植入广告的制作者和发布者。其明知系争项链吊坠与被告卓美公司无关，却将其与有着明显被告品牌标识的首饰盒一并使用，导致引人误解的后果，损害了原告的合法权益，应当承担相应的民事责任。

需要指出的是，虚假宣传的构成，并不要求广告主必须有故意，过失也可以构成虚假宣传。被告卓美公司作为实际上的广告主，即使没有主动参与送首饰情节的剧情设计，但在其与剧组存在广告合作关系，知道该剧将为其进行品牌宣传，且该首饰盒将根据剧情被使用的情况下，向剧组提供了带有其品牌标识的首饰盒，其应当预见到该首饰盒可能被用于剧中宣传其品牌，对其宣传内容及可能产生的宣传后果应尽到合理的注意义务，即使主观上没有误导消费者的故意，但客观上产生了误导的效果，也获得了不属于自己的商业利益，应当对外承担民事责任。

在植入广告日渐盛行的今天，商家与影视剧拍摄者都应当清醒地认识到：植入广告并非是商家与影视剧拍摄者双赢而又不需承担任何风险和责任的事物。本案处理结果有利于引导各方主体更加审慎地、负责任地在影视剧中进行广告植入，维护影视文化作品的艺术性和文化产品消费者的权利，保护其他经营者的合法权益。

（撰稿人：徐　飞）

名人姓名中财产权益的司法保护路径

——岳彤宇与周立波网络域名权属纠纷案

【提要】

近年来，名人姓名因为其背后隐含的巨大商业利益而频频成为被抢注的对象，本案即属将名人姓名拼音抢注为域名的典型案件。在司法实践中对名人姓名的保护仍不统一的情况下，本案采取反不正当竞争法的路径，认定抢注名人姓名的行为构成擅自使用他人姓名的不正当竞争行为。同时，本案认为，名人姓名的保护范围，不仅可以包括本名，还可以包括其他可以与自然人产生识别性的姓名拼音等。

【案情】

原告（上诉人）：岳彤宇

被告（被上诉人）：周立波

案由：网络域名权属纠纷

一审案号：（2011）沪二中民五（知）初字第171号

二审案号：（2011）沪高民三（知）终字第55号

原告岳彤宇于2007年10月7日注册了zhoulibo.com域名（以下简称涉案域名）。2011年12月7日，因被告周立波投诉，亚洲域名争议解决中心（以下简称亚洲域名中心）裁决将涉案域名转移给被告周立波。

原告岳彤宇诉称：亚洲域名中心的上述裁决不符合相关法律的规定。首先，被告周立波既未取得“周立波zhoulibo及图”的注册商标专用权，又与“zhoulibo”之间不存在一一对应关系，且被告周立波在原告岳彤宇注册涉案域名之前并未知名，故被告周立波对“zhoulibo”并不享有权利；其次，原告岳彤宇注册、使用涉案域名是为宣传、介绍中国当代作家周立波。故原告岳彤宇对涉案域名的使用不会导致公众将涉案域名指向的网站与被告周立波相混淆；再次，原告岳彤宇注册涉案域名后，建立了宣传、介绍中国当代作家周立波的网站，故原告岳彤宇对涉案域名享有合法权益；最后，原告岳彤宇建立宣传、介绍中国当代作家周立波网站的行为，足以表明原告岳彤宇对涉案域名的注册、使用没有主观恶意。综上，原告请求法院判令：1. 原告岳彤宇注册、使用涉案域名的行为不具有恶意，不侵犯被告周立波的合法权益；2. 涉案域名不应转移给被告周立波，应由原告岳彤宇注册、使用。

被告周立波辩称：1. 本案中原告岳彤宇尚未证明其系涉案域名的注册人；2. 被告周立波一直使用其姓名周立波进行大量的商业演出，使其姓名周立波及其拼音“zhoulibo”享有极高的知名度。故被告周立波对其姓名“周立波”及其拼音“zhoulibo”享有的合法权益应受法律保护；3. 被告周立波的姓名及其拼音“zhoulibo”享有极高的知名度，涉案域名的主要部分“zhoulibo”与被告周立波姓名的拼音完全相同，已足以使相关公众产生涉案域名与被告周立波相关联的误认。而原告岳彤宇将涉案域名和被告周立波相关联，使相关公众产生涉案域名与被告周立波相关联的误认；4. 原告岳彤宇并未证明其确系为宣传、介绍中国当代作家周立波而注册、使用涉案域名，故原告岳彤宇注册、使用涉案域名没有合法理由；5. 原告岳彤宇不仅将涉案域名与被告周立波相关联，还以要约高价出售的方式转让涉案域名。原告岳彤宇注册、使用涉案域名显然具有恶意。综上，被告周立波请求本院驳回原告岳彤宇的诉讼请求。

【审判】

上海市第二中级人民法院经审理认为：被告周立波对其姓名“周立波”及其拼音“zhoulibo”享有禁止他人擅自使用或禁止他人以不正当手段从事市场交易等经营活动的合法权益。原告岳彤宇对涉案域名或其主要部分既不享有合法权益，又无注册、使用涉案域名的正当理由。且原告岳彤宇在明知涉案域名的主要部分“zhoulibo”与被告周立波的姓名“周立波”相近似，与被告周立波姓名的拼音“zhoulibo”相同，在足以使相关公众产生涉案域名与被告周立波相关联的误认的情况下，擅自将涉案域名与被告周立波相关联，并以人民币10万元高价要约出售的方式转让涉案域名，以期获得不正当利益。故原告岳彤宇注册、使用涉案域名具有明显恶意，其注册、使用涉案域名的行为属于擅自使用他人姓名，足以造成相关公众误认的不正当竞争行为，故涉案域名应由被告周立波注册、使用。据此，依照《中华人民共和国反不正当竞争法》第5条第（3）项，《最高人民法院关于审理不正当竞争民事案件应用法律若干问题的解释》第6条第2款，《最高人民法院关于审理涉及计算机网络域名民事纠纷案件适用法律若干问题的解释》第4条、第5条第1款第（3）项、第8条之规定，判决驳回原告岳彤宇的诉讼请求。

一审判决后，岳彤宇不服，向上海市高级人民法院提起上诉。

上海市高级人民法院经审理后认为，一审判决认定事实清楚，适用法律正确，故判决驳回上诉，维持原判。

【评析】

近年来，随着名人姓名在商品促销、广告宣传等市场活动中所蕴含的巨大商业价值日益显现，将名人姓名、译名、别名等抢注为商标、域名等商业标识的现象时有发生。但对于擅自将名人姓名进行商业化利用的行为应当如何进行规制，司法实践中并没有形成统一的认识和裁判方法。本案即属于典型的将知名艺人周立波的姓名拼音抢注为域名的案件，在确认名人姓名中蕴含的财产权益应当受到保护的前提下，本案的裁判依据《反不正当竞争法》有关保护姓名权的规定，采用混淆标准，认定涉案域名的使用极有可能会造成相关公众误认为与周立波相关，因此涉案域名应归周立波所有。

一、姓名功能的扩张与所承载利益的二元化

姓名是自然人借以相互识别的文字符号系统的总称，是自然人特定化的社会标志。[1] 在社会经济关系比较简单的时期，姓名在人与人社会交往中主要发挥的是区别功能，即将不同的自然人相互区别开来，一方面有利于国家进行各种管理；另一方面也方便自然人相互开展各种经济社会活动。其次，姓名还可能具有指示家庭或者宗族关系的功能。通过姓名中的姓氏，人们可以大致判断某些自然人之间是否具有亲属关系。不论是区别自然人的功能，还是指示家庭或宗族关系的功能，姓名都是自然人彰显自身主体存在的符号标志，主要承载的是自然人的人格利益或者身份利益。为此，在传统民法理论关于财产权和人身权二元划分的体系下，自然人享有的姓名权自然被划归到人身权范畴下，是民事主体享有的一项重要人格权。

然而，随着社会经济，特别是广告传媒的发展，在注意力经济的背景下，“在广告中使用名人肖像和姓名的现象越来越多。自然人特别是名人的姓名、肖像等标表型人格权有助于提高商品的知名度，增强商品的号召力，形成巨大的明星效应。”[2] 为此，自然人特别是名人的姓名的功能不再仅仅是将不同的自然人区别开，而是成为商品促销的重要题材，具备了广告促销的功能。姓名广告功能的实现，实质上是商家将姓名所承载的名人的声誉转移到相关的商业领域，使消费者在看到名人姓名后会产生商品与名人良好形象的联想，进而达到广告促销的目的。

在这一过程中，姓名所蕴含的巨大经济价值已成为不争的事实。因此，伴随姓名功能的扩张，姓名所承载的利益也不仅仅是一元的人身利益，而是可以同时包含人身利益和财产利益。这种人格权所承载利益的二元化亦已取

[1] 王利明：《人格权法》，法律出版社 1997 年版，第 86 页。

[2] 赵宾、李林启、张艳：《人格权商品化法律问题研究》，知识产权出版社 2009 年版，第 131 页。

得国外理论及司法实践的认可。

二、抢注名人姓名的司法规制路径

姓名中的财产权益应当如何进行保护，国内外都进行了丰富的理论研究和探讨，美国经过长期的探索和实践，创设了“公开权”制度来保护诸如姓名、肖像等人格形象中的财产权益。国内大多数观点主张现有法律规定无法有效地对姓名中的财产权益进行保护，应当通过“商品化权”或“形象权”来保护。上述做法或观点都不无道理，但其都是从应然的角度提出姓名中财产权益应当如何进行保护。但就司法审判而言，面对现实的抢注名人姓名的纠纷，我们应立基于现有的法律规定，去探寻最适合保护姓名中财产权益的路径。从现有的法律规定看，姓名中财产权益的保护主要包括侵权责任法和反不正当竞争法两种路径。

在侵权责任法路径下，按照我国《侵权责任法》第2条之规定，侵害民事权益，应当依照本法承担侵权责任。其中民事权益，包括生命权、健康权、姓名权、名誉权、所有权、著作权等人身、财产权益。因此，在抢注名人姓名纠纷中，权利人可以选择侵害姓名权，也可以选择侵害财产权益来保护自身合法权益。但就侵害姓名权而言，由于姓名权在现有法律体系下仍属于人身权范畴，在保护范围和保护力度方面都会有所限制。一方面，在保护范围方面，姓名权的保护范围一般仅限于自然人的本名，诸如姓名的谐音、拼音等都无法通过姓名权得到保护。另一方面，侵害姓名权的民事责任主要在于赔礼道歉，赔偿损失一般仅限于精神损害赔偿。就侵害财产权益而言，该方式虽然可以获得经济损害赔偿，但保护的范围仍然受到一定的限制，即一般仅限于本名，本案中的姓名拼音很难通过侵害财产权益获得保护。

在反不正当竞争法路径下，按照我国《反不正当竞争法》第5条第（3）项的规定，擅自使用他人的姓名，引人误认为是他人的商品，构成不正当竞争行为。《最高人民法院关于审理不正当竞争民事案件应用法律若干问题的解释》（以下简称《解释》）第6条第2款对此作了进一步的规定，在商品经营中使用的自然人的姓名，应当认定为反不正当竞争法第5条第（3）项规定的“姓名”。具有一定的市场知名度、为相关公众所知悉的自然人的笔名、艺名等，可以认定为反不正当竞争法第5条第（3）项规定的“姓名”。由此可见，反不正当竞争法对姓名中财产权益的保护具有较大的优势，即保护范围具有较大的弹性，不仅可以保护自然人的本名，还可以保护笔名、艺名等。而且根据《解释》的规定，只有具有一定市场知名度、为相关公众所知悉的名称都可以受到保护。

本案中的周立波的拼音“zhoulibo”也可以纳入保护的范围。有人认为，我国《反不正当竞争法》只适用于经营者相互之间的竞争行为，而不适用于经营者以外的其他单位和个人的行为，因此《反不正当竞争法》以当事人之间存在竞争关系为前提。本案中原、被告所处领域差距较大，二者并无直接的竞争关系。对此，我们认为此种观点对于《反不正当竞争法》中竞争关系的理解略显狭隘。《反不正当竞争法》的根本目的是要建立和维护自愿、公平、诚实信用和遵守商业道德的竞争秩序，该法规范的是整个市场的竞争秩序，不局限于具有直接竞争关系的经营者之间的竞争秩序。本案中，原告的恶意抢注域名行为不仅使浏览者误以为涉案域名是被告运营或与被告具有某种联系，对消费者造成误导，其利用名人姓名获得了不正当的竞争优势；同时，原告恶意抢注又高价转让域名的行为亦破坏了竞争有序的市场秩序，不利于域名价值的正常实现。故本案完全可以适用《反不正当竞争法》。

（撰稿人：何　渊　凌宗亮　姜广瑞）

擅自将他人企业名称注册为域名应当承担相应的民事责任

——上海长途汽车客运总站有限公司与铭万信息技术有限公司等计算机网络域名纠纷案

【提要】

计算机网络技术的发展使得网络域名在具有使用价值的同时还具有很高的商业价值，因而抢注域名也成了一些人的生财之道，本案是一起典型的因恶意抢注计算机网络域名而引发的纠纷。本案明确了域名持有者的相关责任，确定了域名注册服务机构应当承担连带责任的前提条件，即在域名注册过程中存在主观过错。

【案情】

原告：上海长途汽车客运总站有限公司

被告：铭万信息技术有限公司

被告：铭万信息技术有限公司上海分公司

被告：张家港市日易机械有限公司

案由：计算机网络域名纠纷

案号：（2011）黄民三（知）初字第62号

原告上海长途汽车客运总站有限公司（以下简称长途客运总站公司）成立于2001年7月31日，注册资本人民币伍仟万元，经营范围包括客运站经营、物业管理、停车场。2005年8月，其经营管理的上海长途汽车客运总站正式投入运营，是2010年上海世博会的重要配套交通基础设施。长途客运总站公司于2007年至2010年度连续两届被上海市人民政府评为上海市文明单位；2008年被中国道路运输协会评为“全国道路运输百强诚信客运站”；2010年被中共上海市闸北区委员会、上海市闸北区人民政府授予“世博工作优秀集体”称号。

被告张家港市日易机械有限公司（以下简称日易公司）成立于2006年6月9日，经营范围包括塑料机械、通用机械、自动化控制系统制造、加工、销售。

2006年8月21日，日易公司与铭万信息技术有限公司苏州分公司（以下简称铭万苏州分公司）、北京铭万智达科技有限公司（以下简称铭万智达公司）签订《域名/通用网址订单》一份，约定日易公司委托铭万苏州分公司和铭万智达公司注册域名“上海长途汽车客运总站.cn”、“上海长途汽车客运总站.com”、“上海长途汽车客运总站.net”、“上海长途汽车客运总站.cc”、“上海长途汽车客运总站．公司”、“上海长途汽车客运总站．网络”及通用网址“上海长途汽车客运总站”，上述域名及通用网址的注册年限均为10年，服务费合计为人民币24 000元；铭万苏州分公司和铭万智达公司按约定共同行使和承担该订单赋予服务方的权利和责任。《域名/通用网址订单》下方加盖了日易公司、铭万公司及铭万智达公司的公章。同日，日易公司成功注册上述6个域名，并基于域名注册管理机构的优惠同时注册了域名“上海长途汽车客运总站．中国”，域名注册服务商均为铭万信息技术有限公司（以下简称铭万公司）。其中，“上海长途汽车客运总站.cn”、“上海长途汽车客运总站．中国”、“上海长途汽车客运总站．公司”、“上海长途汽车客运总站．网络”、“上海长途汽车客运总站.cc”5个域名的到期日为2016年8月21日，“上海长途汽车客运总站.com”、“上海长途汽车客运总站.net”2个域名的到期日为2015年8月21日。日易公司注册系争7个域名后，未实际投入使用。

原告长途客运总站公司诉称：日易公司抢注系争域名的行为侵犯了原告的在先权利；铭万上海分公司在原告与其交涉过程中建议原告有偿收购上述7个域名，并主动表示由其负责商讨具体收购价格，被原告严词拒绝。铭万公司及铭万上海分公司无视普通人从字面上就可以看出日易公司不具有使用“上海长途汽车客运总站”的正当理由，为商业目的直接帮助日易公司侵犯原告合法权益，破坏公共秩序，应当承担相应的法律责任，还应当协助原告办理系争域名的变更手续。原告遂诉至法院，请求判令：1. 被告日易公司立即注销上述7个域名，被告铭万公司、被告铭万上海分公司予以协助；2. 三被告共同支付原告进行调查取证而发生的工商查档费人民币40元、公证费人民币5 000元；3. 诉讼费由三被告共同承担。

被告铭万公司辩称：因持有或使用域名而侵害他人合法权益的责任，应由域名持有者承担，铭万公司作为域名注册服务机构，无须承担侵权责任。铭万公司愿意协助办理相关变更手续，但不同意支付原告的调查取证费。

被告铭万上海分公司辩称：同意铭万公司的答辩意见，且系争域名是铭万苏州分公司代理日易公司进行注册的，铭万上海分公司与本案没有关系，不同意原告诉请。

被告日易公司辩称：日易公司不享有与“上海长途汽车客运总站”有关的权利，其是基于铭万苏州分公司关于域名投资的推销而注册系争域名，注册后并未使用，也没有向原告或他人高价出售，故没有侵权故意，不应当承担侵权责任。

【审判】

上海市黄浦区人民法院经审理认为：经营者在市场经营活动中应当秉承诚实信用原则及公平竞争的理念，遵守公认的商业道德。原告于2001年成立之日起即以“上海长途汽车客运总站”作为字号对外经营，“上海长途汽车客运总站”系原告企业名称中最具识别性的组成部分，至2005年上海长途汽车客运总站正式运营后，“上海长途汽车客运总站”作为原告的企业字号更是被广泛使用，并获得多项荣誉，具有一定社会知名度，因此，原告对“上海长途汽车客运总站”享有合法的民事权益。系争7个域名的可识别部分均为“上海长途汽车客运总站”，与原告字号完全相同，足以导致相关网络用户对系争域名与原告之间的关系产生混淆、误认。被告日易公司的经营范围不包含客运站经营，且未提供证据证明其享有与“上海长途汽车客运总站”有关的任何权利和权益，其注册系争域名不具有正当理由。虽然被告日易公司辩称其未曾向原告或他人发出高价出售的要约，但鉴于其为获取投资收益而注册系争域名的主观目的及注册域名后并未使用的实际情况，可以认定被告日易公司注册系争域名的行为具有主观恶意。被告日易公司注册系争7个域名的行为违背了诚实信用原则，损害了原告对其企业名称享有的合法权益，系争7个域名应当予以注销。

被告铭万公司及被告铭万上海分公司作为域名注册服务机构，在经营中应当自觉遵守国家相关法律、行政法规和规章，公平、合理地为用户提供域名注册服务。就本案而言，原告提供的重庆市高级人民法院的多份民事判决书虽然证明被告铭万公司在他案中确存在恶意推销知名企业域名的情形，但尚不足以证明被告铭万公司及其苏州分公司在本案中实施了向被告日易公司推销系争域名的行为；被告日易公司关于其是基于铭万苏州分公司的推销而注册系争域名的辩称亦没有证据予以证明；同时，原告提交的公证书虽表明被告铭万上海分公司曾建议原告购买系争域名，但同样不足以证明被告铭万上海分公司参与了系争域名的推销、注册。因此，在各方当事人均没有证据证明被告铭万公司及被告铭万上海分公司就系争域名的注册存在过错和违反相关法律规定的情形下，法院难以在本案中认定被告铭万公司及被告铭万上海分公司与被告日易公司构成共同侵权并进而要求上述两被告支付原告主张的合理调查费用。鉴于原告主张的公证费人民币5 000元及工商查档费人民币40元，均系原告调查被告铭万公司及被告铭万上海分公司所支付的费用，与被告日易公司没有关联性，若判令被告日易公司承担该两笔费用，亦有失公允，故对于原告要求三被告共同支付原告合理调查费用的诉讼请求，不予支持。鉴于《中国互联网络域名管理办法》已明确规定了域名注册机构配合执行人民法院裁判的法定义务，故在判决主文中不再累述。

据此，依据依照《中华人民共和国反不正当竞争法》第2条第1款，《最高人民法院关于审理涉及计算机网络域名民事纠纷案件适用法律若干问题的解释》第4条、第5条第1款第（4）项、第8条，《中华人民共和国民事诉讼法》第130条之规定，判决：被告日易公司注销域名“上海长途汽车客运总站.cn”、“上海长途汽车客运总站.com”、“上海长途汽车客运总站.net”、“上海长途汽车客运总站.中国”、“上海长途汽车客运总站.公司”、“上海长途汽车客运总站.网络”。

一审判决后，原、被告均未上诉，判决已生效。

【评析】

计算机网络技术的发展使得网络域名在具有使用价值的同时还具有很高的商业价值，因而抢注域名也成了一些人的生财之道，本案就是一起典型的因恶意抢注计算机网络域名而引发的纠纷。

一、域名持有者的责任认定

域名注册通常遵循“先申请先注册”原则，一般而言，只要是未被他人申请注册的域名，任何人都可以申请注册。但域名作为互联网络上识别和定位计算机的标识，在网络环境中具有与商标、企业名称类似的区分商品（服务）来源的功能，可能会与他人的商标、企业名称等权利冲突，造成相关公众的混淆、误认，从而引发相关域名纠纷。优先保护在先权利、制止不正当的攀附他人商誉行为以维护公平竞争环境是处理此类纠纷的基本原则。根据《最高人民法院关于审理涉及计算机网络域名民事纠纷案件适用法律若干问题的解释》第4条的规定，被告注册、使用域名等行为在满足以下四项条件的时候构成侵权或不正当竞争：一是原告请求保护的民事权益合法有效；二是被告域名或其主要部分与原告请求保护的民事权益相同或近似，足以导致相关公众的误认；三是被告对域名或其主要部分不享有权益，也无注册、使用该域名的正当理由；四是被告对域名的注册、使用具有恶意。以本案为例，“上海长途汽车客运总站”是原告的企业字号，原告成立的时间在被告日易公司之先，原告对其字号无疑享有合法权益。被告日易公司作为张家港市的一家机械公司，申请注册了与其自身地域范围及经营范围毫无关系、却与原告字号完全相同的中文域名，而且在申请后长达五年左右的时间都没有进行实际使用，也没有准备使用，其目的就是要阻止原告注册该域名，从而通过域名转让牟取经济利益，主观恶意十分明显，已经构成对原告的不正当竞争，应当承担停止侵权、注销域名等民事责任。

二、域名注册服务机构的责任认定

在我国，域名注册服务机构是经信息产业部批准，专门受理域名注册申请，帮助申请人完成域名注册的服务机构。鉴于域名持有人是域名申请和使用行为的直接实施者，通常而言，因持有或使用域名而侵害他人合法权益的责任，由域名持有者承担，域名注册服务机构不与域名持有者承担共同侵权的责任。但是，这并非对域名注册服务机构的绝对免责。《中华人民共和国侵权责任法》第9条规定，教唆、帮助他人侵权的，应当与行为人承担连带责任。如果权利人确有证据证明域名注册服务机构在域名注册过程中存在主观过错，明知域名申请人的行为侵犯他人合法权利仍帮助其注册域名或者教唆、鼓励申请人抢注他人享有合法权利的域名时，域名注册服务机构就与行为人具有共同主观过错，应当与行为人承担连带责任。根据“谁主张谁举证”的原则，原告或域名持有人应当对此承担相应的举证责任。本案中，原告就主张被告铭万公司的分支机构向被告日易公司推销了系争域名，而日易公司也承认是基于铭万公司的推销才申请注册了系争域名，但是铭万公司对此予以否认，因此，原告及被告日易公司对此负有举证责任，由于该两方均没有提供证据证明这一点，法院对此节事实无法作出判断，故在本案中没有认定域名注册服务机构的侵权责任。

（撰稿人：孙巾淋）

五、知识产权刑事案件

商标犯罪中故意售假、涉案商品真伪及销售金额的认定

——陈有志销售假冒注册商标的商品罪案

【提要】

由于当前法律及司法解释对于销售假冒注册商标的商品罪中的主观明知无明文规定，在审判实践中需要综合证据中所体现的客观因素将主观明知客观化；在认定涉案商品的真伪问题上，除了考虑价格、进货渠道等因素及在此基础上所做的司法鉴定报告外，被告单位的情况说明也可以作为认定商品真伪的重要参考因素；对于销售金额的认定，因考虑到个案中的特殊情况予以全面考量。

【案情】

公诉机关：上海市长宁区人民检察院

被告人：陈有志

案由：销售假冒注册商标的商品罪

案号：（2012）闵刑（知）初字第11号

被告人陈有志为牟利，自2007年1月至2011年11月间，以本市长宁区仙霞西路885弄59号402室、101室为经营场所，通过在淘宝网站上开设的“冬天的沙西米”、“健康连锁”、“selemon”店铺，对外销售假冒美国安利有限公司的“纽崔莱”等注册商标的蛋白粉、倍力健、钙镁片等商品，销售金额累计人民币606万余元。

2011年11月8日，公安机关在上述经营场所当场查获假冒“纽崔莱”等注册商标的蛋白粉等商品1 183件，这些待销售商品因无标价，且尚未销售，无法查清其实际销售价，故参照被告人陈有志在淘宝网上已销售的同类商品的最低价，经依法鉴定价值人民币92 429元。

公诉机关指控称：被告人陈有志明知是假冒注册商标的商品仍予以销售，销售金额数额巨大，已构成销售假冒注册商标的商品罪，提请法院依法处罚。

被告人陈有志对公诉机关的指控基本无异议。

被告人陈有志辩护人辩称：本案事实不清，证据不足。（1）不能以被告人销售的商品明显低于安利公司商品的市场价以及被告人未从安利公司正规

渠道进货这两点来认定被告人主观上有知假售假的故意；即使要比对价格的高低，也不应以现在的价格比对被告人以往的销售价。（2）在没有直接证据的情况下，已销售的货物不能认定是假货。（3）司法鉴定报告未剔除被告人为了在淘宝网上“冲钻”而做的虚假交易，故认定被告人销售额606余万元不准确。（4）关于未遂部分，安利公司作为被害单位，由其说明商品的真伪不客观、不公正。被告人系初犯、无犯罪前科、家庭困难、认罪态度较好。经综合考虑后，判处被告人陈有志三年以下有期徒刑，并适用缓刑。

【审判】

上海市闵行区人民法院（以下简称闵行法院）经审理后认为：被告人陈有志违反商标管理法规，销售明知是假冒注册商标的商品，已销售金额人民币606万余元，待销售金额人民币92 429元，数额巨大，其行为已构成销售假冒注册商标的商品罪，应依法予以惩处。公诉机关指控的罪名成立。

关于辩护人提出不能以价格明显低于真货价等来认定被告人知假售假的辩护意见，闵行区法院认为，因辩护人的观点无有效证据予以佐证，而安利公司的证明已明确其会员即使让利，对外出售的价格不可能低于标价的七三折，结合被告人未从合法途径进货、数年以明显低于安利公司的市场价大量进货并销售、未核查货源提供者的信息及出具发票等事实，可以认定被告人有知假售假的故意；关于司法鉴定意见书中的金额问题，辩护人列举了有些运单无运输记录以及双赢网有炒信用冲钻等虚假交易现象，但因被告人未抗辩其本人曾制作过此类虚假交易，且辩护人也未明确指出哪一笔具体的交易是虚假的，并提供相对应的有效证据予以佐证，而司法鉴定人员作了说明，已明确将被告人交代的虚假交易剔除，故对鉴定意见予以认定。关于查获的待销售商品的真伪问题，辩护人并未提供被告人购买正品的证据，而生产商有资格和能力判断市场上销售的商品是否属于其自行生产，由安利公司说明商品的真伪并无不妥，结合安利公司直销的经营模式，及其给公司下属会员的价格不低于标价七三折的证明，再结合被告人购入商品的价格及销售价，可以确认从被告人处查获的商品系假冒安利品牌的产品，对辩护人的相关辩护意见不予采纳。关于量刑，根据被告人的犯罪情节、社会危害性以及对注册商标权利人的侵权程度，对被告人陈有志不应适用缓刑，故对辩护人的此项辩护意见不予采纳。辩护人提出的被告人系初犯、无犯罪前科、家庭困难、认罪态度较好等意见，已在量刑时予以综合考虑。

为严肃国家法制，维护社会主义市场经济秩序，保护知识产权不受侵犯，依照《中华人民共和国刑法》第214条、第67条第3款、第52条、第53条、第64条，最高人民法院、最高人民检察院《关于办理侵犯知识产权刑事案件具体应用法律若干问题的解释》第2条第2款以及《关于办理侵犯知识产权刑事案件具体应用法律若干问题的解释（二）》第4条之规定，判决：（1）被告人陈有志犯销售假冒注册商标的商品罪，判处有期徒刑6年6个月，并处罚金人民币80万元。（2）查获的假冒注册商标的商品予以没收。（3）违法所得予以追缴。

一审判决后，陈有志不服，向上海市第一中级人民法院提起上诉。

上海市第一中级人民法院经审理认为，一审判决认定事实清楚、适用法律正确，故判决驳回上诉，维持原判。

【评析】

一、关于被告人主观上知假售假的“明知”的认定

对于销售假冒注册商标罪中主观“明知”问题，现行法律或司法解释并没有相关规定，在司法实践中审判人员也主要依据一些客观事实来认定主观明知，如进货价格及销售价格、进货渠道、涉案商标的知名度等。

本案在审理期间，辩护人曾提出被告人陈有志对经手的商品无法判断真伪，而网上也存在安利公司的会员将真品以极低价予以抛售的现象，故不能以被告人销售的商品明显低于安利公司商品的市场价以及被告人未从安利公司正规渠道进货这两点来认定被告人主观上有知假售假的故意。

第一，从对外销售价格看。被告单位安利公司出具的价格证明、情况说明可以证实安利公司是按统一价格销售其产品的，即使存在部分安利公司的直销人员让利给下家的情况，其对外出售的产品价格也不可能低于正品标价的七三折。而被告人和证人李玉龙交易的淘宝网信息管理器聊天记录内容、证人李玉龙的证言可以证实被告人陈有志曾低价通过非正规渠道购进假冒产品。

第二，从进货渠道来看。结合证人李玉龙的证言及申通快递详情单、被告人和证人李玉龙交易的快递单据、淘宝网信息管理器聊天记录内容等证据，可以证实被告人陈有志在淘宝网上所出售的涉嫌商品不是通过合法途径进货，且进货时并未核查货源提供者的信息及出具发票等。

第三，从被告人的特殊身份看。被告人陈有志为安利公司的会员，应当知晓安利产品的实际对外销售价格，故被告人陈有志对于其进货的产品真假应有一定的判断能力。

二、关于涉案商品的真伪认定

一般的销售假冒注册商标的商品罪案件中，对涉案商品的真伪问题一般

考虑以下因素：鉴定机构出具的鉴定报告、进货渠道及进货价、销售价格等。

本案中对于已销售商品的真伪问题，主要考虑传统因素，如被告人购进所售商品的进货价及售价与正品商品相关价格的对比。对于本案中查获的待售商品的真伪问题，除了上述因素外，本案中还有一项关键证据，即被告单位安利公司出具的相关报告及情况说明。对于该份证据的效力，被告人的辩护人曾提出，因安利公司在本案中系被害单位，存在其为自身利益做假证的嫌疑，故不能因此说明待售商品为假货。

对此，上海市闵行区人民法院认为：第一，安利公司作为涉嫌商品的生产商，有资格和能力来判断市场上销售的商品是否属于其自行生产，故由安利公司来说明商品的真伪并无不妥；第二，安利公司出具的价格证明及情况说明可证实，其给公司下属会员的价格不可能低于标价的七三折，而被告人购进涉嫌商品的价格及网上销售价明显偏低；第三，辩护人也未提供被告人通过正规渠道购买正品的证据。综上，可以认定查获的待销售商品系假冒安利品牌的产品。

三、关于销售金额的认定问题

对于销售金额的计算方法，《关于办理侵犯知识产权刑事案件具体应用法律若干问题的解释》中并没有明确的规定，只是在《关于办理侵犯知识产权刑事案件具体应用法律若干问题的解释》第 12 条中规定了非法经营数额的计算方法，对于“已销售的侵权产品的价值，按照实际销售的价格计算。制造、储存、运输和未销售的侵权产品的价值，按照票价或者已经查清的侵权产品的实际销售平均价格计算。侵权产品没有票价或者无法查清其实际销售价格的，按照被侵权产品的市场中间价格计算”。虽然该条并不是直接规定的销售金额的计算方法，但是在审判实践中被广泛运用于计算销售金额。

本案中对于已销售商品的销售金额的认定上，主要以淘宝网交易记录、支付宝记录、银行账户交易明细记录、上海同大会计师事务所有限公司出具的司法会计鉴定报告及对相关鉴定人员的询问笔录为依据，根据被告人网上销售的实际销售额来计算实际销售金额。但在淘宝网销售模式中，广泛存在为“冲钻”而做的虚假交易现象。对于这一问题，辩护人提出司法鉴定报告未剔除被告人为了在淘宝网上“冲钻”而做的虚假交易，故公诉机关的认定金额不准确。闵行法院认为，对于虚假交易金额是否在鉴定报告中剔除的问题，已由作出该司法鉴定报告的司法鉴定人员作出了说明，明确鉴定报告中所认定的金额中已将被告人交代的虚假交易部分剔除；且辩护人也未明确指出具体的虚假交易记录及其相应证据，同时被告人陈有志也未抗辩其曾制作过虚假交易，故闵行法院对该份司法鉴定报告予以认定，将已销售金额认定为6 064 738. 94元（已扣除运费）。

对于查获的待售商品的销售金额的认定，司法鉴定报告主要参照被告人陈有志在网上销售的同类商品的最低价进行估价，经司法审计，金额共计92 429元。

（撰稿人：杨秋月）

侵犯著作权罪的认定

——傅旭义等人侵犯著作权罪案

【提要】

本案是一起典型的侵犯著作权罪的案件。在认定侵犯著作权罪时，应从犯罪主体、主观方面、客观方面等几个要素区别销售侵权复制品罪，被告人傅旭义和沈辉煌有直接的销售侵权复制品的行为，但也有间接复制行为，本案从犯罪的构成要件和两个罪名的关系入手，认定本案的罪名及一罪问题。

【案情】

公诉机关：上海市普陀区人民检察院

被告人：傅旭义

被告人：晏儒火

被告人：沈辉煌

被告人：蹇明菊

案由：侵犯著作权罪

一审案号：（2011）普刑初字第346号

二审案号：（2011）沪二中刑终字第454号

2010年10月中旬，被告人傅旭义伙同吴德光、颜洪熙未经著作权人香港唐艺设计资讯集团有限公司的同意，商定共同出资，出版复制发行图书《无界-顶级酒店建筑》（以下简称《无界》）。后经人介绍，被告人傅旭义、吴德光、颜洪熙与被告人晏儒火口头约定，由被告人傅旭义提供样书，被告人晏儒火以每册人民币140元的价格承接印制图书《无界》2 000册。被告人沈辉煌得知此事后，出资于傅旭义名下并加入傅旭义、吴德光、颜洪熙复制发行该盗版图书的活动。

被告人晏儒火与被告人蹇明菊原有业务往来，双方口头约定，由被告人晏儒火提供盗版图书《无界》的菲林，被告人蹇明菊以每册人民币110元的价格承接印制该图书2 000册。

同年11月1日，被告人蹇明菊与其他公司签订印刷合同，以总价人民币6万余元的价格交该公司印制该图书2 000册。

广州唐艺文化传播有限公司作为著作权人香港唐艺设计资讯有限公司在大陆的授权出版发行商，在得知被告人傅旭义欲向批发商销售盗版图书《无界》后，多次警告被告人傅旭义等人停止销售行为无果。同年 11 月 18 日，为防止盗版图书流入市场，广州唐艺文化传播有限公司法定代表人康建国与被告人傅旭义签订协议，由该公司以每册人民币 210 元的价格收购盗版图书《无界》2 000册，但未授权被告人傅旭义等人复制发行该图书。

被告人傅旭义、吴德光、颜洪熙、沈辉煌等四人商议，先由傅旭义用一辆车将部分图书运至交易地点，在傅旭义发出交易安全的信息后，再由吴德光、颜洪熙、沈辉煌将两辆装有剩余盗版图书的车开至该处。同年 11 月 22 日，被告人傅旭义将盗版图书《无界》运往本市江宁路 1251 弄 4 号广州唐艺文化传播有限公司上海办事处交货时，警方将其当场抓获，并缴获盗版图书《无界》384 册。被告人沈辉煌等人在得知被告人傅旭义可能被抓后，按照指示将剩余的 1 617册盗版图书《无界》藏匿于本市剑漕路 399 号上海北凯物流公司仓库，并将其中 960 册盗版图书运往湖南省株洲市，现均被扣押。

公诉机关指控称：被告人傅旭义、晏儒火、沈辉煌、蹇明菊的行为已构成侵犯著作权罪，提请法院依法惩处。

被告人傅旭义、晏儒火、沈辉煌、蹇明菊对公诉机关指控的犯罪事实均无异议。

被告人傅旭义辩护人辩称：傅旭义具有其他严重情节，而非其他特别严重情节，应在 3 年以下有期徒刑量刑。

被告晏儒火辩护人辩称：应对晏儒火减轻处罚。

【审判】

上海市普陀区人民法院经审理认为：被告人傅旭义、沈辉煌以营利为目的，未经著作权人许可，共同出版复制发行他人图书，其行为均已构成侵犯著作权罪；被告人晏儒火、蹇明菊以营利为目的，未经著作权人许可，亦未严格审查委托复制者的合法手续，复制他人图书，其行为分别独立构成侵犯著作权罪。公诉机关指控的犯罪事实清楚，罪名成立。被告人傅旭义非法经营数额达人民币 42 万元、被告人晏儒火非法经营数额达人民币 28 万元、沈辉煌非法经营数额达人民币 42 万元，属于有特别严重情节；被告人蹇明菊非法经营数额达人民币 22 万元，属于有其他严重情节。被告人傅旭义、沈辉煌系共同犯罪，其中被告人傅旭义在共同犯罪中起主要作用，系主犯，被告人沈辉煌在共同犯罪中起次要作用，系从犯，应当减轻处罚。鉴于被告人蹇明菊系自首，可以从轻处罚。被告人傅旭义、晏儒火、沈辉煌到案后，能如实供述犯罪事实，认罪悔罪态度较好，可以从轻处罚。辩护人提出的对被告人傅旭义、晏儒火判处 3 年以下有期徒刑并适用缓刑的辩护意见，不予采纳。被告人沈辉煌、蹇明菊在被司法机关取保候审期间均能遵纪守法，到案后自愿认罪，可酌情从轻处罚，并适用非监禁刑，予以考验。公诉机关的量刑建议，予以采纳。根据被告人犯罪的事实、性质、情节及对于社会的危害程度，依照《中华人民共和国刑法》第217条第1项、第2项、第25条第1款、第26条、第27条、第67条第1款、第3款、第72条、第73条、第53条、第64条及《最高人民法院、最高人民检察院关于办理侵犯知识产权刑事案件具体应用法律若干问题的解释》第5条、第11条、第12条第1款、《最高人民法院、最高人民检察院关于办理侵犯知识产权刑事案件具体应用法律若干问题的解释二》第4条之规定，判决：被告人傅旭义犯侵犯著作权罪，判处有期徒刑3年6个月，并处罚金人民币14万元；被告人晏儒火犯侵犯著作权罪，判处有期徒刑3年，并处罚金人民币5万元；被告人沈辉煌犯侵犯著作权罪，判处有期徒刑2年6个月，缓刑2年6个月，并处罚金人民币10万元；被告人蹇明菊犯侵犯著作权罪，判处有期徒刑2年，缓刑2年，并处罚金人民币5万元；违法所得依法予以追缴；扣押在案的盗版图书及菲林，依法予以没收。

一审判决后，傅旭义、晏儒火均不服，向上海市第二中级人民法院提起上诉。

上海市第二中级人民法院经审理后认为，一审判决认定事实清楚，适用法律正确，故判决驳回上诉，维持原判。

【评析】

在侵犯知识产权犯罪刑事司法实践中，往往容易将侵犯著作权罪和销售侵权复制品罪相混淆。根据《刑法》第217条和第218条的规定，从文字表述来看，侵犯著作权罪与销售侵权复制品罪侵犯的客体均为国家的著作权管理制度以及他人的著作权及与著作权有关的权益，但两罪存在着显著的区别，也存在着千丝万缕的联系。首先，两罪的犯罪主体不同。销售侵权复制品罪的主体只能是侵权复制品制作者以外的其他自然人或单位，侵犯著作权罪的主体一般是制作者，有时可能是与制作者通谋的发行者或销售者。其次，犯罪客观方面不同。销售侵权复制品罪在客观方面表现为销售侵权复制品且违法所得数额巨大的行为；侵犯著作权罪的行为方式则可以是复制、发行，其表现形式可以是制作、出售、出版等，且违法所得数额较大或有其他严重情节的就构成犯罪。从实践中的大多数案件看，侵犯著作权罪和销售侵权复制品罪之间存在共同犯罪关系，行为人进行分工合作共同完成了犯罪行为，如果行为人单纯实施复制他人作品的行为，而不发行销售，并不能实现行为人营利的目的，只有将这些侵权复制品推向社会进行销售，才能实现其获利目的。行为人如果实施侵犯著作权或与著作权有关权益的行为构成犯罪，又销售其制作的侵权复制品而且违法所得数额巨大的，后一行为属于不可罚之事后行为，对其只以侵犯著作权罪论处，而不能再定一个销售侵权复制品罪而实行数罪并罚；如果行为人销售的侵权复制品并非其本人制作的侵权复制品，其两个行为又符合构成犯罪的数额或情节要求的，则应对其定两个罪实行数罪并罚；如果销售侵权复制品的行为人事先与侵犯著作权罪的行为人通谋的，对其应以侵犯著作权罪论处，这属于共同犯罪问题。

结合本案的情况来看，被告人傅旭义和沈辉煌表面上并没有“复制发行”他人作品的行为，只有“销售”盗版图书《无界》的行为，是否应当以销售侵权复制品罪来认定两名被告人的罪行？解决定罪的问题必须从犯罪的构成理论和两个罪名的关系入手：（1）从被告人的主观故意的内容来看，被告人傅旭义和沈辉煌两人不仅有销售侵权复制品的故意，也有复制发行他人作品的故意，因为案发前，两人并没有现成的图书复制品可供其销售，且多次在饭店商讨复制发行他人图书一事；（2）从被告人的客观行为来看，基于技术条件的限制，被告人傅旭义和沈辉煌虽然没有直接实际实施复制发行行为，但二人积极地寻找关联人帮助其复制发行他人作品，如向被告人晏儒火提供正版图书、检查被告人晏儒火等第一批复制图书的质量等；（3）一罪还是数罪的问题。有人提出，被告人傅旭义和沈辉煌既有复制发行他人作品的行为，又有销售该侵权复制品的行为，应该对其以销售侵权复制品罪和侵犯著作权罪数罪并罚。的确，从行为的性质判断，被告人确实触犯了两个罪名。但是按照刑法的吸收犯理论，处于同一个犯罪过程，前行为可能是后行为发展的所经阶段或者后行为是前行为发展的当然结果。处理方法有重行为吸收轻行为，实行行为吸收预备行为，主行为吸收从行为。本案的情况就是属于后行为“销售”是前行为“复制发行”的当然结果，故重行为吸收轻行为，以侵犯著作权罪一罪来认定被告人傅旭义和沈辉煌的罪名。这样认定亦符合法律和相关司法解释的规定。

在量刑方面，法院按照宽严相济的刑事司法政策，根据罪刑相当的刑罚原则，慎重研处，综合考量被告人的犯罪性质、情节和社会危害程度，依法对各名被告人作出恰当的处罚。

（撰稿人：竺盈琼）

利用“外挂”制售网络游戏虚拟货币行为的刑事责任认定

——余刚等侵犯著作权罪案

【提要】

相较于典型的侵犯著作权犯罪，本案的被告人并非直接复制发行他人作品来牟取非法获利，而是利用“外挂”程序生成虚拟游戏金币进行销售后牟利，对于这种新型犯罪手法的分析及其责任的认定是本案审理的难点所在。法官谨慎考量了《刑法》中相关罪名的规定，认定被告人的行为应以侵犯著作权罪论处。本案还对侵犯著作权罪中“复制发行”、“非法经营数额”等实践中存在较大争议的问题进行了分析界定，对今后类似案件的判决起到了良好的示范作用。

【案情】

公诉机关：上海市徐汇区人民检察院

被告人：余刚、曹志华、冯典、古靖渲、赖怿、陈依、张荣鑫、马潇、刘京松、陈娅、刘川

案由：侵犯著作权罪

案号：（2011）徐刑初字第984号

2007年11月30日，上海盛大网络发展有限公司（以下简称盛大公司）与韩国艾登特提游戏有限公司（EYEDENTITY GAMES Inc.）签订著作权合作授权书，引进该公司拥有著作权的互联网游戏出版物《Dragon Nest》（即《龙之谷》），并于2009年6月23日获国家版权局认证通过。2010年2月4日，国家新闻出版总署批复同意盛大公司引进上述游戏出版物。2010年7月，盛大公司授权数龙公司正式在互联网运营《龙之谷》游戏。

2008年8月，被告人余刚、冯典、曹志华等人注册成立了大猫公司，余刚为法定代表人。

2010年7月，被告人余刚、曹志华、冯典等利用自己掌握的电脑专业技术，通过反编译手段破译了数龙公司运营的《龙之谷》游戏的客户端程序及相应的通讯协议，并利用从上述客户端程序中复制的大量涉及地图、物品、怪物、触发事件等代码的游戏核心数据库文件、登录文件及完全模拟的通信协议，加入被告人制作的各类能实现游戏自动操作功能的脚本文件，开发了

涉案能实现自动后台多开登录、自动操作诸多游戏功能的脱机外挂软件。

2010年7月底至2011年1月，被告人余刚、赖怿等先后以大猫公司名义招募被告人张荣鑫、陈依、马潇、刘京松、陈娅、刘川等人作为加盟商成立“工作室”，由赖怿负责日常管理，在交纳每台电脑1 000元的加盟费及一定数额的保证金后，使用开发的脱机外挂软件登陆大量账号，合作“生产”《龙之谷》游戏虚拟货币，并交由被告人古靖渲负责的市场部在相关网站上统一销售后分成。经审计查明，大猫公司《龙之谷》游戏金币总计销售额为4 637 448. 30元，其中公司本部销售额为529 888. 80元，张荣鑫等人的工作室销售额为1 257 751. 64元，陈依的工作室销售额为898 555. 90元，马潇、刘京松的工作室销售额为989 124. 58元，陈娅的工作室销售额为706 049. 19元，刘川的工作室销售额为256 078. 18元。

2010年9月，被告人冯典、曹志华离开大猫公司，并带走了《龙之谷》游戏外挂源代码及68万元销售款，大猫公司的股东变更为余刚和古靖渲。

2011年1月，被告人余刚、古靖渲、陈依到案，2011年3月，被告人曹志华、冯典、赖怿、张荣鑫、马潇、刘京松、陈娅、刘川到案，其中陈依、陈娅、刘川系主动向公安机关投案及交代。

2011年9月，经辰星鉴定中心鉴定，将涉案外挂程序和样本《龙之谷》游戏客户端程序进行比对后，两者的文件目录结构相似度为84. 92%，文件相似度为84. 5%，两者存在实质性相似。

公诉机关指控称：被告人余刚伙同被告人曹志华、冯典、古靖渲、赖怿、陈依、张荣鑫、马潇、刘京松、刘川、陈娅以营利为目的，未经著作权人许可，复制其计算机软件，其中，被告人余刚、曹志华、冯典、古靖渲、赖怿非法经营额共计人民币400余万元，被告人陈依非法经营额共计人民币898 555. 90元，被告人张荣鑫非法经营额共计人民币1 257 751. 64元，被告人马潇、刘京松的非法经营额共计人民币989 124. 58元，被告人陈娅非法经营额共计人民币706 049. 19元，被告人刘川的非法经营额共计人民币256 078. 18元，均属情节特别严重，应当以侵犯著作权罪追究其共同犯罪的刑事责任。其中被告人余刚、曹志华、冯典、古靖渲、赖怿系主犯。被告人陈依、张荣鑫、马潇、刘京松、刘川、陈娅系从犯，应当减轻处罚。被告人陈依、陈娅、刘川系自首，可以从轻处罚。被告人余刚、曹志华、冯典、古靖渲、赖怿、张荣鑫、马潇、刘京松到案后如实供述自己的犯罪事实，可以从轻处罚。

被告人余刚辩称：起诉书描述的是事实，对本案的证据有些看不明白，对指控的罪名也不懂，服从法院的认定。

被告人余刚辩护人辩称：本案应认定为系单位犯罪。会计师事务所对涉案金额的统计，程序不合法，结论不准确，外挂软件并未对游戏运行造成破坏，按司法解释规定，被告人并未达到复制的成罪标准，其并未对外销售该软件，非法经营额不能成立。现行法律并未禁止使用外挂软件打币及再销售，故本案不构成犯罪，应该宣告无罪。

被告人曹志华辩称：其对事实及罪名基本无异议，但其已经于2010年9月离开公司。

被告人曹志华辩护人辩称：对指控的罪名没有异议，曹志华离开公司后的犯罪金额应与其无关，外挂软件非其独立开发完成，利用外挂软件生产游戏币而获罪之前并无先例。被告人认罪态度好，也愿意退赃，请求法院能对其判处缓刑。

被告人冯典辩称：其对起诉书的指控没有异议，希望法院能从轻处罚。

被告人冯典辩护人辩称：外挂主程序文件与盛大公司的是不相同的，调取资源文件是复制还是改编也值得研究，即使各被告人的行为存在复制，也仅占游戏程序所有文件的极少比例。本案的非法经营额也认定不当，其中并无外挂软件的销售所得，即使存在违法所得，也必须扣除成本。冯典不是本案的主犯，其应仅对两个月的金额负责，念其年少无知，建议法院对其判处缓刑。

被告人古靖渲辩称：其对技术上的东西不懂，不知道自己是触犯了法律，账目都是财务在做，对涉案金额也不清楚。

被告人赖怿辩称：其系主动到案，应认定为自首。

被告人赖怿辩护人辩称：赖怿不应认定为主犯，搞外挂不是赖怿出的主意，其也未参与制作，未招揽过加盟商，未决定过分成比例，仅是做了一些管理工作，赖怿是接公安电话后主动投案，应认定为自首，赖怿认罪态度好，建议判处缓刑。

被告人陈依辩称：其对罪名及事实基本无异议，但对涉案金额有异议，认为仅有30余万元。

被告人陈依辩护人辩称：陈依不构成侵犯著作权罪的共犯，其没有参与外挂软件的开发、复制，也没有参与游戏币的销售，单纯打游戏币不应认定为犯罪。对外挂软件相似度的鉴定结论不予认可。本案中没有侵权产品的价值，故也不存在非法经营额。30余万元如果是违法所得，则需要扣除保证金、加盟费、办公成本等，剩余的也就11余万元，被告人系自首，初犯，妻子无工作，孩子尚小，请求法院判处缓刑。

被告人张荣鑫辩称：其对事实无异议，但认为涉案金额应为40余万元。

被告人马潇辩称：其对事实无异议，但认为涉案金额非起诉书认定的数额。

被告人刘京松辩称：涉案金额应为30余万元，其余无异议。

被告人刘京松辩护人辩称：本案中没有外挂软件的销售行为，鉴定对象错误，鉴定方法不对，相似度的认定仅是个人的主观意见。盛大公司经济上没有任何实际损失，服务器负担加重、系统瘫痪等破坏性结果也没证据证实，余刚等人的行为应认定为公司行为，刘京松没有参与外挂软件的复制，打金币不是复制行为，销售游戏币的收入也不是复制发行外挂软件的收入，刘京松只是马潇的合伙人，故不应认定为从犯。本案比较新颖，需慎重处理。

被告人陈娅辩称：公安机关当时给其看的金额没那么多，其余无异议。

被告人刘川辩称：涉案金额没那么多，其余无异议。

【审判】

上海市徐汇区人民法院经审理认为：余刚、曹志华、冯典等被告人通过非法手段，获取他人享有著作权的计算机软件中的相关核心程序文件，制作外挂软件并与其他被告人结伙使用牟利，该外挂程序虽与官方客户端程序所有文件并不完全一致，但主体结构、功能系实质性相同，故被告人的行为应属于我国《刑法》所规制的非法复制计算机软件的行为，应以侵犯著作权罪定罪处罚。

本案中被告人系制造了侵权外挂软件，然后使用该侵权软件获取相关游戏虚拟货币并销售后牟利，应以侵权软件衍生物品的销售价格作为非法经营额的认定依据，其中被告人余刚、曹志华、冯典、古靖渲、赖怿非法经营额共计人民币400余万元，被告人陈依非法经营额共计人民币89万余元，被告人张荣鑫非法经营额共计人民币125万余元，被告人马潇、刘京松非法经营额共计人民币98万余元，被告人陈娅非法经营额共计人民币70万余元，被告人刘川非法经营额共计人民币25万余元，均属情节特别严重，其行为均已构成侵犯著作权罪，应予处罚，公诉机关指控成立。

从犯罪主体来看，大猫公司设立后，是以制作、使用外挂实施侵犯著作权犯罪为主要活动，不应以单位犯罪论处。本案应认定为11名被告人系共同犯罪，其中被告人余刚、曹志华、冯典、古靖渲、赖怿在共同犯罪中起主要作用，是主犯，被告人陈依、张荣鑫、马潇、刘京松、陈娅、刘川在共同犯罪中起次要、辅助作用，系从犯，依法应当减轻处罚。被告人陈依、陈娅、刘川系自首，依法可以从轻处罚。被告人余刚、曹志华、冯典、古靖渲、赖怿、张荣鑫、马潇、刘京松到案后能如实供述自己的犯罪事实，依法可以从轻处罚。各被告人在庭审中均自愿认罪、悔罪，可酌情予以从轻处罚。

据此，依照2011年4月30日以前的《中华人民共和国刑法》第217条第1项、第25条第1款、第26条第1款、第4款、第27条、第53条、第64条、第67条第1款、第72条、第73条第2款、第3款和《中华人民共和国刑法》第12条第1款、第67条第3款及《最高人民法院、最高人民检察院关于办理侵犯知识产权刑事案件具体应用法律若干问题的解释》第5条第2款之规定，判决：一、被告人余刚犯侵犯著作权罪，判处有期徒刑4年，并处罚金人民币40万元。

二、被告人曹志华犯侵犯著作权罪，判处有期徒刑3年，并处罚金人民币30万元。

三、被告人冯典犯侵犯著作权罪，判处有期徒刑3年，并处罚金人民币30万元。

四、被告人古靖渲犯侵犯著作权罪，判处有期徒刑3年，缓刑3年，并处罚金人民币30万元。

五、被告人赖怿犯侵犯著作权罪，判处有期徒刑3年，缓刑3年，并处罚金人民币30万元。

六、被告人陈依犯侵犯著作权罪，判处有期徒刑2年6个月，缓刑2年6个月，并处罚金人民币20万元。

七、被告人张荣鑫犯侵犯著作权罪，判处有期徒刑2年6个月，缓刑2年6个月，并处罚金人民币20万元。

八、被告人马潇犯侵犯著作权罪，判处有期徒刑2年3个月，缓刑2年3个月，并处罚金人民币10万元。

九、被告人刘京松犯侵犯著作权罪，判处有期徒刑2年3个月，缓刑2年3个月，并处罚金人民币10万元。

十、被告人陈娅犯侵犯著作权罪，判处有期徒刑2年，缓刑2年，并处罚金人民币10万元。

十一、被告人刘川犯侵犯著作权罪，判处有期徒刑1年9个月，缓刑1年9个月，并处罚金人民币5万元。

十二、被告人余刚、曹志华、冯典、古靖渲、赖怿、陈依、张荣鑫、马潇、刘京松、陈娅、刘川的违法所得予以追缴；查扣的电脑、移动硬盘、硬盘等与本案犯罪有关的物品予以没收。

一审判决后，各被告人均未提起上诉，公诉机关也未提起抗诉，判决已生效。

【评析】

所谓“外挂”，指的是一种随网络游戏应运而生的能增强游戏功能的软件，即通过修改服务器端程序、客户端程序以及修改服务器端程序与客户端程序之间传送的数据的方法作弊，用以增强游戏的效果。网络游戏“外挂”对网络游戏本身的公平性和趣味性造成破坏的同时，也给网络游戏的著作权人和运营商造成经济上的巨大损失，甚至在发展到一定阶段，还会产生不同的分工，形成开发、制作、运营等完善的地下产业链，最终造成对整个网络游戏产业的严重损害。鉴于“外挂”行为的社会危害性，该行为理应纳入刑法规制的范畴。然而，我国现行刑法并无直接对“外挂”行为定罪量刑的相关规定。本案中被告人利用“外挂”程序生成虚拟游戏金币进行销售后牟利，对于这种新型犯罪手法的行为性质分析及其责任的认定是本案审理的难点所在。

一、本案“外挂”行为所涉及的罪名考量

目前“外挂”行为可能触犯的相关罪名，学术界和实务界争议一直较大，主要分为以下三个观点：1. 属于破坏计算机信息系统的犯罪；2. 属于非法经营类的犯罪；3. 属于侵犯著作权的犯罪。

（一）是否属于破坏计算机信息系统的犯罪

首先，破坏计算机信息系统罪，是指违反国家规定，对计算机信息系统功能进行删除、修改、增加、干扰，造成计算机信息系统不能正常运行，对计算机信息系统中存储或者传输的数据和应用程序进行删除、修改、增加的操作，或者故意制作、传播计算机病毒等破坏性程序，影响计算机系统的正常运行，后果严重的行为。本案中被告人为了制作“外挂”，通过反编译手段破译了《龙之谷》游戏的客户端程序及相应的通讯协议后并未对客户端本身以及客户端存储或传输的数据、程序进行删除、修改等破坏行为，也未利用“外挂”进行传播计算机病毒，从而造成计算机信息系统瘫痪的情形。因此本案被告人的行为不属于破坏计算机信息系统的犯罪。

（二）是否属于非法经营类的犯罪

非法经营罪，是指违反国家规定，从事非法经营活动，扰乱市场秩序，情节严重的行为。在审理“外挂”这类新型犯罪手法案件中不少法院都采用了此罪名对被告人来定罪量刑，其判决依据多为《最高人民法院关于审理非法出版物刑事案件具体应用法律若干问题的解释》中的相关规定。该司法解释将非法出版物分为两类：一是内容违法的非法出版物，二是程序违法的非法出版物。外挂的公开发行不仅在程序上违反了《互联网出版管理暂行规

定》和《出版管理条例》，且在内容上侵害了网游经营者的相关权利，当以非法出版物论，这一观点在新闻出版署等五部委发布的《关于开展对“私服”、“外挂”专项治理的通知》关于“外挂违法行为是非法互联网出版活动，应该依法予以严厉打击”的规定中得到了印证。据此“外挂”作为非法出版物，相应的制作销售行为应以非法经营罪论处。但本案中被告人制作“外挂”后并未销售“外挂”软件本身，故以非法经营罪论处似也不恰当。

（三）是否属于侵犯著作权的犯罪

按《刑法》第217条规定，构成侵犯著作权罪，行为人在主观上必须以营利为目的；在客观上行为人必须实施了以下四种行为：（1）未经著作权人许可，复制发行其文字作品、音乐、电影、电视、录像作品、计算机软件以及其他作品；（2）出版他人享有专有出版权的图书；（3）未经录音录像制作者许可，复制发行其制作的录音录像；（4）制作、出售假冒他人署名的美术作品。

《最高人民法院、最高人民检察院、公安部、司法部关于办理侵犯知识产权刑事案件适用法律若干问题的意见》第12条规定，非法出版、复制、发行他人作品，侵犯著作权构成犯罪的，按照侵犯著作权定罪处刑，不认定为非法经营罪等其他犯罪。相较于“非法经营罪”，“侵害著作权罪”规制的行为所损害的客体更为具体，能够体现刑法对特定犯罪行为更为精确的定位，可以运用更合理的定罪量刑标准对被告人的行为进行处罚。针对各种不尽相同的“外挂”行为，如果其行为符合“侵犯著作权罪”的构成要件，则不应再以非法经营罪论处。

二、侵害著作权罪的认定中的相关问题分析

根据我国刑法对于侵犯著作权罪的规定，从犯罪构成方面分析本案的情况：本案中11名被告人均系具备完全的刑事责任能力的自然人；被告人以营利为目的通过制作外挂大量制造游戏币进行销售，其主观故意明显；余刚等被告人的行为侵害了游戏著作权人的合法权益，非法的外挂程序还会对正常网游市场的经济秩序造成严重损害；被告人的行为属于《刑法》第217条第（1）项规定的行为，且属于“其他特别严重情节”。

（一）行为要件“复制发行”的认定

“未经著作权人许可，复制发行其文字作品、音乐、电影、电视、录像作品、计算机软件及其他作品的”行为是侵害著作权罪的行为方式之一。《最高人民法院、最高人民检察院关于办理侵犯知识产权刑事案件具体应用法律若干问题的解释（二）》第2条规定：刑法第217条侵犯著作权罪中的

“复制发行”，包括复制、发行或者既复制又发行的行为。

结合至本案，“外挂”运行的原理是截取、修改游戏客户端和服务器之间通过通讯数据包传输的数据，模拟服务器发给客户端，或模拟客户端发给服务器，从而达到修改游戏、实现各种游戏功能增强的目的。外挂程序制作及运行的过程决定其必须对官方客户端程序的大量数据进行收集、复制和修改。本案涉及的脱机型外挂，是一种需要了解、掌握游戏客户端和服务器之间的通讯的数据包完整内容后才能制作完成的程序，与其他外挂需挂接到客户端程序不同，它可以脱离游戏的客户端程序，模拟官方的客户端进行登录、游戏，并能实现官方客户端所没有的一些功能，如自动打怪、交易等，因此脱机型外挂系脱胎于官方客户端程序，理论上除非掌握该游戏的内部技术秘密，一般技术层面很难完成，但本案中被告人余刚、曹志华、冯典即是利用了其掌握的计算机专业技术，破译了《龙之谷》游戏客户端和服务器间通讯协议，大量复制官方客户端程序中的游戏对话文件、基础数据文件、地图文件、登录文件等关键及核心文件，制作完成了涉案脱机外挂程序。经鉴定，外挂程序与官方客户端程序的文件目录结构、文件的相似度分别为84.92%和84.5%。确实外挂程序与客户端程序两者虽有一定的不同之处，但程序文件的实质性相似应理解为系著作权法意义及刑法意义上的复制，且《计算机软件保护条例》亦将部分复制著作权人软件同样视为可以依照刑法侵犯著作权罪追究刑事责任的行为。故本案中被告人行为应属于我国《刑法》所规制的非法复制计算机软件的行为，应以侵犯著作权罪定罪处罚。

（二）非法经营数额的认定

根据两高《关于办理侵犯知识产权刑事案件具体应由法律若干问题的解释》第5条的规定，复制品1 000张以上或者非法经营额在5万元以上属于“有其他严重情节”，应当处以侵犯著作权罪。本案中被告人虽然对外挂进行了一定规模的复制，但显然达不到起刑的数量，因此本案应通过其非法经营数额这一“其他特别严重情节”来认定被告人所应承担的刑事责任。

根据《最高人民法院、最高人民检察院关于办理侵犯知识产权刑事案件具体应用法律若干问题的解释》第12条规定，本解释所称“非法经营额”，是指行为人在实施侵犯知识产权行为过程中，制造、储存、运输、销售侵权产品的价值。对于计算机软件而言，其价值以著作权价值为完全或主要价值，软件的著作权价值包括软件产品本身通过发行、出租、许可、转让等实现的利益，也包括利用软件实现其功能而形成的附属物品进入流通后产生的价值。本案涉及的《龙之谷》游戏的盈利是采用“免费游戏+虚拟物品买卖”的模式，即玩家免费游戏，付费获得该游戏的道具、装备等增值服务，软件的著作权价值主要体现为游戏衍生品市场形成的利益，本案中被告人系制造了侵权外挂软件，然后使用该侵权软件获取相关游戏虚拟货币并销售后牟利，应以侵权软件衍生物品的销售价格作为非法经营额的认定依据，据此法官按照各被告人的实际犯罪行为认定了各自的非法经营数额。

“外挂”作为网络游戏行业发展中的一种畸形产物，对产业的健康发展有着严重的负面影响。而与其广泛存在的现状相比，我国法律上相关行为规制的留白为司法实践带来了很多问题。“外挂”因其本身种类繁杂、营利方式各异，都会导致不同的行为评价结论，故法院应分析具体的案件情况进行认定，不可一概而论。本案中，对于被告人制作外挂并利用“外挂”制售虚拟货币行为的判断上，法官不拘泥于法律条文的字面含义，通过准确把握法律条文的应然之意，正确适用法律，解决审判难题，对今后类似案件的判决起到了良好的示范作用。

（撰稿人：王利民　王莉莎）

非法制造他人注册商标行为的认定及制造数量的计算规则

——上海镭友实业有限公司等非法制造注册商标标识罪案

【提要】

认定所制造的标识是否为他人注册商标标识，需要考察该所制标识是否已根据所欲非法制造的他人注册商标标识样式实现完整制造；在计算其数量时，还需考虑他人注册商标标识在实际中的使用。

【案情】

公诉机关：上海市宝山区人民检察院

被告单位：上海镭友实业有限公司

被告人：肖若宽

被告人：张勇

案由：非法制造注册商标标识罪

案号：（2012）杨刑（知）初字第21号

自2011年3月始，上海镭友实业有限公司（以下简称“镭友公司”）的法定代表人被告人肖若宽在本市宝山区共康路852弄89号公司实际经营地的厂房内，未经商标权利人许可，组织员工生产假冒“茅台”、“芙蓉王”等烟酒类商品的注册商标标识等，张勇明知是伪造标识仍积极参与。2011年9月27日，上海市公安局在上述地点查获假冒“茅台”、“芙蓉王”等注册商标的标识共计167 450件，其中印有“茅台”图文商标 （商标注册证第3159143号）的标识90 800件、印有“芙蓉王”文字商标（商标注册证第1454927号）的标识76 650件以及印制注册商标的金属模板16块等。2011年9月27日，肖若宽、张勇被民警抓获，其到案后均如实供述了上述犯罪事实。

公诉机关指控称：镭友公司通过其直接负责的主管人员肖若宽、直接责任人员张勇非法制造注册商标标识，情节特别严重，应当以非法制造注册商标标识罪追究单位和个人的刑事责任，提请依法惩处。

被告单位镭友公司、被告肖若宽、张勇共同辩称：在非法制造商标标识的过程中，部分为半成品，属制造未遂；非法制造的标识没有流入市场，社会危害性不大。

被告人肖若宽的辩护人辩称：商标和商标标识是两个概念，不能把一件商标标识里面的组成部分累计重复计算为一件标识，对公诉机关把印有“中华”字样的香烟内衬纸上一个商标作为一件标识持有异议，应以一包“中华”牌香烟内衬纸所需的尺寸为商标标识的计量单位；本案中商标标识没有流入市场，社会危害性不大；公诉人提供的证据中部分压扁的瓶盖系废品，不能使用，有大量半成品，应属于犯罪未遂，应当对被告人肖若宽予以从轻或者减轻处罚。

被告人张勇的辩护人辩称：被告人张勇的工作是压膜，涉案的茅台酒商标标识在压膜时仅有拼音，不能认定属于完整商标，其不明知自己的行为违法；所有商标没有流入市场，没有造成更大的危害；被告人张勇在犯罪中的作用较小，应当认定为从犯，应当从轻或减轻处罚。

【审判】

上海市杨浦区人民法院经审理认为：根据《最高人民法院、最高人民检察院关于办理侵犯知识产权刑事案件具体应用法律若干问题的解释》第12条规定，伪造他人的注册商标标识是以标有完整商标图样的一份标识为1件来认定犯罪数量。本案中查获的76 650个“芙蓉王”商标标识均符合已制作完成标有完整“芙蓉王”商标图样的标识，应予认定；查扣的220 800个假冒茅台”图文商标 （商标注册证第3159143号，指定颜色）中，已成型的酒瓶盖套上的76 800件及未成型的酒瓶盖套上的14 000件商标均符合标有完整的 商标标识，应予认定，至于成卷镭射膜上的130 000个 商标标识，经审查认为，虽该膜上的图文商标与商标注册证上一致，但不符合商标注册证上“指定颜色”的要求，并非完整的商标标识，故不能作为犯罪数量认定，辩护人关于部分压扁的瓶盖系废品，不能使用，部分是半成品，系犯罪未遂的辩护意见，均不予采纳；被告人张勇在被告单位的工作是压膜，根据其本人及被告人肖若宽的供述等证实其是明知生产伪造的“茅台”、“芙蓉王”等商标标识而参与，其当庭也作了供认，且其参与压膜是非法制造商标标识不可或缺的环节，故其辩护人的辩护意见，不予采纳；对于本案“中华”商标标识，因公诉机关仅提供了第100328号“中华”牌香烟盒展开图案的商标注册证，而未能提供“中华”字样作为文字注册商标的相关证据，故本案涉及伪造“中华”字样商标标识的数量，法院难以认定。

被告单位镭友公司非法制造两种以上注册商标标识，情节特别严重，被告人肖若宽系直接负责的主管人员，被告人张勇系直接责任人，其行为均已构成非法制造注册商标标识罪，对被告单位镭友公司、被告人肖若宽、张勇依法应予惩处。被告单位镭友公司、被告人肖若宽、张勇能如实供述自己的罪行，并预缴了罚金，依法可以从轻处罚。法院依照《中华人民共和国刑法》第215条、第30条、第220条、第67条第3款、第72条第1款、第3款、第73条第2款、第3款、第53条、第64条及《最高人民法院、最高人民检察院关于办理侵犯知识产权刑事案件具体应用法律若干问题的解释》第3条第2款第（2）项、《最高人民法院、最高人民检察院关于办理侵犯知识产权刑事案件具体应用法律若干问题的解释（二）》第6条之规定，判决：一、被告单位上海镭友实业有限公司犯非法制造注册商标标识罪，判处罚金人民币4万元；二、被告人肖若宽犯非法制造注册商标标识罪，判处有期徒刑3年3个月，罚金人民币1万元；三、被告人张勇犯非法制造注册商标标识罪，判处有期徒刑3年，缓刑3年，罚金人民币5 000元；四、查获的非法制造注册商标标识、犯罪工具等均予以没收。

一审判决后，被告人未上诉，公诉机关未抗诉，判决已生效。

【评析】

非法制造注册商标标识罪定罪、量刑的标准在于所制造的标识是否为他人注册商标标识，以及非法制造的行为是否"情节严重"或"情节特别严重"，而认定犯罪"情节严重"或"情节特别严重"同非法制造注册商标标识数量密切相关。本案解决了对所制标识为非法制造的他人注册商标标识的认定及数量计算规则两大问题，明确了计算非法制造的标识时，该标识应具备他人注册商标标识的完整性，对已完整制造的非法标识在考量其是否为刑法意义上的"一件"标识时应考虑商标权利人对注册商标的实际使用方式。

一、所制标识是否为非法制造的他人注册商标标识的认定规则

认定非法制造注册商标标识罪的一个前提在于非法制造的标识具备他人注册商标的完整性。本案公诉机关指控被告单位、被告人所制造的"茅台"图样标识220 800件中的130 000件、"中华"字样标识2 133 780件，因其不具备他人注册商标的完整性，而未被法院确认。其余90 800件"茅台"图样标识及76 650件"芙蓉王"标识，具备他人注册商标的完整性，故法院予以认定。试分析如下：

1. "茅台"标识的认定。根据商标注册信息，"贵州茅台"（第3159141号）、（第3159143号，且指定颜色）、"MAOTAI"（第6862377号）系列商标经中华人民共和国国家工商行政管理局商标局核准注册。公安机关扣押清单涉及商标标识为220 800个，其中已成型的酒瓶盖套数量为76 800件（每个含一个第3159143号商标）、镭射商标数量为14 000件（酒瓶

盖的平铺）、成卷镭射膜上共含有 130 000个 商标（成卷未裁剪，未着色）。对于已成型的酒瓶盖及镭射商标，因均符合已制作完成标有完整 商标图样的标识，可以认定为非法制造的他人注册商标标识。对于所查获镭射膜上涉及“茅台”商标的标识，虽然其与注册的茅台酒图文商标形状一致，但尚未着色，对该部分标识是否可以认定为非法制造的注册商标存在分歧。一种意见认为：该图形商标与商标注册证上一致，可认定为相同商标；另一种意见认为：成卷镭射膜上缺乏该商标的指定颜色，系伪造注册商标标识犯罪未遂；第三种意见认为：虽该镭射膜上的图形商标与商标注册证上一致，但不符合商标注册证上“指定颜色”的要求，并非完整的商标标识。

本案采纳第三种意见。由于非法制造注册商标标识罪要求已制造的标识与他人注册商标标识相同，因此即便是意欲伪造或擅自制造他人注册标识，但只要其所制标识与他人注册商标不一致，包括制造未能完成，则均因所制造的标识并非注册商标标识而不符合非法制造注册商标标识罪的犯罪构成要件。对于相同商标标识的判断，可参照最高人民法院、最高人民检察院《关于办理侵犯知识产权刑事案件具体应用法律若干问题的解释》第 8 条第 1 款的规定，“相同商标”是指与被假冒的注册商标完全相同，或者与被假冒注册商标在视觉上基本无差别、足以对公众产生误导的商标，以及该解释第 12 条第 3 款的规定，本解释第 3 条所规定的“件”，是指标有完整商标图样的一份标识。本案查获的标识所对应的注册商标系商标注册证第 3159143 号茅台酒图文商标，该商标已指定颜色。由于注册商标指定颜色后，该指定颜色即构成注册商标的一部分，亦成为该商标显著性、识别性的重要因素。本案镭射膜上的“茅台”标识由于缺乏该指定的颜色，不能认为与已经注册的茅台商标完全相同，不具备注册商标的完整图样，视觉上较为明显的差异也并不易使公众产生混淆，因此该部分标识并没有对“茅台”注册商标进行完整制造，无法认定该部分标识系非法制造的他人注册商标标识。

2. “中华”标识的认定。针对本案中所查获的具有“中华”字样镭射膜上的标识是否构成非法制造注册商标标识，亦以该标识是否具备注册商标标识的完整性进行判断。本案中，由于“中华”香烟系以第 100328 号商标注册证将“中华”牌香烟盒展开图案进行商标注册，而“中华”二字本身并非注册商标，“中华”二字最多只能作为中华香烟注册商标的一部分，故并不具备中华香烟注册商标的完整性，对该部分标识也不能认定为非法制造的他人注册商标标识。

二、已完整制造的非法标识数量计算规则

本案审理过程中，被告人肖若宽的辩护人提出“不能把一件商标标识里面的组成部分累计重复计算为一件标识，不应把印有‘中华’字样的香烟内衬纸上一个商标作为一件标识，应以一包‘中华’牌香烟内衬纸所需的尺寸为商标标识的计量单位”的辩护意见。虽然因本案所涉“中华”字样标识并非注册商标标识而未予认定，故不计入非法制造的注册商标标识数量内，但该辩护人所提出的意见，实际上涉及对于非法制造的注册商标标识数量如何计算问题。

针对该问题，存在两种不同意见：一种意见认为，每一个非法制造的标识只要具备注册商标标识的完整性，则该一个标识就足以构成刑法意义上注册商标标识的“一件”；另一种意见认为，应当查清在正品上使用注册商标标识的数量，如果在一个正品上使用两个标识，那么该两个标识才能构成刑法意义上的“一件”，此时，查获非法标识的总个数应该除以二，之后的数字，才能认定为“件数”。

非法制造他人注册商标标识，其目的无非是通过将非法制造的标识用于某些商品上以达到以假乱真的目的，而使用该非法制造标识的商品一般也同正品在商品类别、商标的大小、使用位置、数量等保持一致，也即，正品使用注册商标的数量对假冒商品使用非法制造的标识数量具有显著的影响。从这个角度出发，在计算非法制造的注册商标标识数量时，应考虑该标识制造完成后的使用情况，即一件正品上注册商标的使用数量极有可能等同于非法制造的标识在假冒产品上的使用数量，因此，如果可以证明一件正品在其载体上（如一个香烟的包装盒）对注册商标的使用数量是复数（如两个商标标识），则非法制造的标识的数量应为所有清点出的非法、完整制造的标识个数除以该复数（一件正品上所含有的商标个数）后所得的件数。比如，清点出的非法制造标识一万件，而一件正品上使用两个注册商标标识，则认定非法制造的注册商标标识件数应为该一万件除以二后所得的五千件。

本案已认定的非法制造的“茅台”、“芙蓉王”标识数量的计算则遵守上述规则。由于酒瓶盖上茅台标识数量只有一个，市场销售的正品芙蓉王香烟的包装上也均使用一个“芙蓉王”标识，因此对于这些已认定的非法“茅台”、“芙蓉王”标识直接按照实际制造的数量计算标识件数即可。

（撰稿人：陈蔓莉　张　呈）

外国作品能否作为侵犯著作权罪的犯罪对象

——游海豹等侵犯著作权罪案

【提要】

外国作品可以成为侵犯著作权罪的犯罪对象。以营利为目的，未经外国作品著作权人许可，复制发行其作品，违法所得数额较大或者有其他严重情节的，能否构成侵犯著作权罪，首先需要确定该外国作品在我国是否取得著作权，该外国作品是否受我国法律保护。

【案情】

公诉机关：上海市杨浦区人民检察院。

被告人：游海豹

被告人：游志明

被告人：刘仲云

案由：侵犯著作权罪

案号：（2012）杨刑（知）初字第176号

被告人游海豹通过网购ACCA教材电子版，在本市杨浦区国定路利用复印器械复印教材，被告人游志明、刘仲云在本市杨浦区政立路分别利用其开设的淘宝网店，以每套（共两本）60元至80元的价格销售盗版ACCA教材，由游海豹按照买家要求通过快递发送教材，买家付款后，游志明、刘仲云通过支付宝与游海豹以每套45元的价格结算。被告人游海豹还通过网络销售其非法复制的ACCA教材。至案发，被告人游志明通过支付宝共支付被告人游海豹44 100余元，共销售非法复制的ACCA教材1 760余本；被告人刘仲云通过支付宝共支付被告人游海豹10 600余元，共销售非法复制的ACCA教材420余本；被告人游海豹在网上销售盗版ACCA教材的金额为3 400余元，共销售非法复制的ACCA教材80本。

被告人游志明、刘仲云为获取非法利益还与宁某（另处）共谋非法复制销售ACCA教材。宁某在本市杨浦区市光路非法复制ACCA教材，游志明、刘仲云在本市杨浦区政立路分别利用其开设的淘宝网店，以每套（共两本）60元至80元的价格销售盗版ACCA教材，由宁某按照买家要求通过快递发送教材，买家付款后，游志明、刘仲云通过支付宝与宁某以每套45元的价格结算。至案发，被告人游志明共支付宁某2 500余元，共销售非法复制的

ACCA 教材 100 余本；被告人刘仲云通过支付宝共支付宁某 4 600余元，共销售非法复制的 ACCA 教材 180 余本。

2012 年 4 月 18 日，被告人游海豹、游志明、刘仲云被公安人员抓获，并查获由被告人游海豹非法复制的盗版 ACCA 教材 1441 本。同年 7 月 26 日，公安人员查获由宁某非法复制的 ACCA 教材 521 本。经鉴定，所查获教材均为盗印及影印的教材。

公诉机关指控称：被告人游海豹、游志明、刘仲云未经著作权人许可复制发行他人作品，其行为已构成侵犯著作权罪，应依法追究刑事责任。

被告人游海豹、游志明、刘仲云及各辩护人对指控的事实及罪名均无异议。

【审判】

上海市杨浦区人民法院经审理认为：被告人游海豹、游志明、刘仲云结伙，未经著作权人许可，非法复制发行 ACCA 教材，被告人游海豹复制发行数量合计在 2 500张（份）以上，属于有其他特别严重情节；被告人游志明、刘仲云复制发行数量分别合计在 500 张（份）以上，属于有其他严重情节，其行为均已构成侵犯著作权罪，依法应予惩处。被告人游海豹、游志明、刘仲云到案后如实供述自己的罪行，并退出了违法所得，依法均可从轻处罚。据此，依法以侵犯著作权罪判处被告人游海豹有期徒刑 3 年，缓刑 3 年，罚金人民币 3 万元；被告人游志明有期徒刑 2 年，缓刑 2 年，罚金人民币 2 万元；被告人刘仲云有期徒刑 9 个月，缓刑 1 年，罚金人民币 1 万元；扣押在案的违法所得人民币 44 000元、查获的侵权教材及犯罪工具电脑、复印机、切割机、胶装机等均予以没收。

一审判决后，被告人未上诉，公诉机关未抗诉，判决已生效。

【评析】

本案的主要问题在于，外国作品能否成为侵犯著作权罪的犯罪对象。

一、外国作品受我国法律保护的条件

地域性是著作权的一个基本属性，著作权的享有受到严格的地域限制，著作权的效力一般仅限于本国领土内。我国刑法规定的侵犯著作权罪，所保护的作品应是在我国领土内享有著作权的作品，外国作品原则上因不具有著作权，故不受我国法律保护。那么，复制发行不受我国法律保护的外国作品就不可能构成侵犯著作权罪。

不过，外国作品的作者在一定条件下可以在我国取得著作权。根据我国《著作权法》第 2 条第 1 款的规定，我国的作者或其他著作权人在作品创作完成后即受我国著作权法保护。外国主体并不能通过创作完成而取得我国著作权法上的著作权，但若其作品首先在中国境内出版，其作品将受到我国著作权法的保护；若外国主体在中国境外首先出版后，30天内在中国境内出版的，视为该作品同时在中国境内出版；外国主体在中国境外出版的作品，则根据其所属国或经常居住国与中国签订的协议或者共同参加的国际条约享有著作权，并受我国法律保护；未与中国签订协议或者共同参加国际条约的国家的作者，首次在中国参加的国际条约的成员国出版的，或者在成员国或非成员国同时出版的，也受我国法律保护。

二、涉案ACCA教材在我国享有著作权并受我国法律保护

本案涉及的作品为ACCA教材，该教材并非由我国作者或其他著作权人创作，系外国作品。复制发行ACCA教材是否能够构成侵犯著作权罪，首先要确定该外国作品是否属于我国《著作权法》意义上的作品。经法院审理查明，ACCA教材的作者系一家美国公司，美国和中国均为关于著作权保护的《伯尔尼公约》、《知识产权协定》的缔约国，而上述国际公约确立著作权保护的国民待遇原则，即各缔约国之间应互相给予国民待遇，故依据某一缔约国法律享有著作权的作品，在其他缔约国亦应依据该国法享有著作权。由于ACCA教材的作者在美国依据美国法对该教材享有版权，故其在中国亦应根据中国著作权法而对该教材享有著作权，从而该教材作为中国著作权法上的作品受中国法律的保护。本案中，被告人游海豹、游志明、刘仲云在未经ACCA教材著作权人许可的情况下，复制发行其享有著作权的作品，复制发行的数量达到法定追究刑事责任的标准，故依法作出有罪判决。

综上，我们认为，外国作品在一定条件下可以成为我国侵犯著作权罪的犯罪对象。结合本案案情，被告人游海豹、游志明、刘仲云的行为侵犯了ACCA教材著作权人的著作权，且被告人游海豹属于有其他特别严重情节，被告人游志明、刘仲云属于有其他严重情节，三被告人的行为均构成侵犯著作权罪，故本案的定性是正确的。但是，根据《刑法》第217条的规定，对被告人游海豹应处3年以上7年以下有期徒刑，并处罚金，对被告人游志明、刘仲云应处3年以下有期徒刑或者拘役，并处或者单处罚金，而三名被告人没有法定减轻处罚情节，仅具有“到案后如实供述自己的罪行，并退出了违法所得”的酌情从轻处罚情节。因此，对3名被告人尤其是对被告人游海豹适用缓刑，与“依法严惩侵犯知识产权犯罪，营造鼓励创新和保护创新成果的市场发展环境”的要求而言，量刑偏轻。

（撰稿人：陈蔓莉　张　呈）

销售侵权复制品罪的认定

——张乐等侵犯著作权罪、销售侵权复制品罪案

【提要】

中国与韩国同为《保护文学和艺术作品伯尔尼公约》（以下简称《伯尔尼公约》）成员国，韩国公司的计算机软件著作权在中国受法律保护。销售侵权复制品的行为既可能被认定为刑法第217条的“发行”而构成侵犯著作权罪，也可能被认定为刑法第218条的“销售”而构成销售侵权复制品罪，区别的关键在于销售者与复制者就复制、销售行为有无共谋和分工，以及是否具备“通过广告方式推销”的条件。

【案情】

公诉机关：上海市浦东新区人民检察院

被告人：张乐

被告人（上诉人）：黄谦

被告人（上诉人）：梁文宇

被告人：阮晓霞

被告人：刘阳

案由：侵犯著作权罪、销售侵权复制品罪

一审案号：（2010）浦刑初字第3240号

二审案号：（2011）沪一中刑终字第411号

《冒险岛》（MAPLE STORY）网络游戏版权所有人为韩国内克松（NEXON）公司，2004年由我国国内企业取得韩国NEXON公司许可并经中华人民共和国文化部、新闻出版总署批准运营和网络出版。

2007年起，张乐伙同黄谦针对《冒险岛》网络游戏研究制作外挂程序。2010年2月起，黄谦专门负责制作外挂的功能模块，张乐编写外挂主程序，进行模块整合、功能细化，将外挂程序细分为周卡、月卡，取名为“CS辅助”。经鉴定，“CS辅助”全面引用复制了《冒险岛》网络游戏客户端程序。2010年6月至9月，黄谦收到张乐转账的违法所得人民币19.9万元。为集中打开销售渠道，张乐与梁文宇通谋，自2010年2月起，由张乐提供外挂，梁文宇担任外挂的销售总代理。梁文宇还受张乐委托租用服务器用于防止网络攻击。张乐与梁文宇之间以“CS辅助”周卡4元/张、月卡14元/

张的价格结算，2010年6月至9月，外挂结算款为1 412 100元。梁文宇通过其在淘宝网上的店铺将“CS辅助”以周卡约5.5元/张、月卡约16元/张的价格对外销售，2010年6月至9月，销售给阮晓霞、刘阳等人外挂的金额为1 565 822元。

2010年2月起，阮晓霞向梁文宇购买“CS辅助”后在其淘宝网上的店铺以周卡10元/张、月卡30元/张的价格对外销售。网店首页上部有“品质保证，信誉专卖”字样，分设有不同的产品栏目。同年6月至9月，阮晓霞的购入金额为537 850元，销售金额为478 802元。同年6月起，刘阳向梁文宇购买“CS辅助”后在其淘宝网上的店铺以周卡10元/张，月卡18元/张、25元/张或30元/张不等的价格对外销售。网店页面上有“祝大家2010年发财 冒险岛”等字句，以及包括涉案外挂在内的各类销售“宝贝”。同年6月至9月，刘阳的购入金额为870 800元，销售金额为364 461元。

同年7月，上海市公安局浦东分局接到报案，经侦查先后将各被告人抓获。

公诉机关指控称：张乐、黄谦共同制作外挂程序，是一种共同的复制行为。梁文宇明知张乐在制作外挂程序的情况下，承担了总代理的销售工作。3名被告人以营利为目的，未经著作权人许可，复制发行其计算机软件，情节特别严重，构成侵犯著作权罪。阮晓霞、刘阳系从梁文宇处批发侵权软件，在网店以广告形式销售，属于司法解释规定的发行行为，应分别对其认定为侵犯著作权罪。对五名被告人都应在3年以上7年以下幅度内量刑，并处罚金。张乐、黄谦、梁文宇在共同犯罪中的作用虽有大小，但均不可或缺、必不可少，不应区分主从犯，但仍可区别其作用酌情量刑。梁文宇能够交代同案犯张乐的有关情况，可酌情予以从轻。建议法庭针对各被告人的不同认罪、悔罪态度酌情区别量刑。

5名被告人对起诉书指控均无异议。

张乐辩称：其与梁文宇并非共同犯罪，故其犯罪数额不应以梁文宇的销售数额认定；其并不掌握外挂制作的核心技术，在犯罪中的作用不大，且制作外挂比复制整个软件危害性小，请求从轻处罚并适用缓刑。

黄谦辩称：其只是在张乐的指使下制作了外挂程序中的一小部分，应定其从犯，请求从轻处罚并宣告缓刑。

梁文宇辩称：其未与张乐、黄谦事先通谋制作外挂，也未共享制作外挂的利润，其行为应适用《刑法》第218条的规定，请求减轻处罚并宣告缓刑。

阮晓霞辩称：其在网店上的产品介绍不属于广告，其行为只是销售侵权复制品，而刑法第218条又规定此行为非法所得数额巨大才构成犯罪，请求从轻判处拘役或免予刑事处罚。

刘阳辩称：其是单纯的销售行为，也未达到《刑法》第218条非法所得数额巨大的条件，请求对其免予刑事处罚。

【审判】

上海市浦东新区人民法院经审理认为：由韩国NEXON公司享有著作权的《冒险岛》网络游戏的计算机软件著作权应受我国法律保护。张乐与黄谦未经权利人许可，共同研发、制作复制该游戏软件客户端程序的外挂程序。张乐又与梁文宇合谋分工，由张乐提供外挂，梁文宇作为销售总代理负责销售，其互相明知，分工明确，符合共犯的特质。3名被告人以营利为目的，未经著作权人许可共同复制发行《冒险岛》网络游戏软件客户端程序，且非法经营数额巨大，情节特别严重，依照《刑法》第217条的规定，构成侵犯著作权罪。阮晓霞、刘阳以营利为目的，明知《冒险岛》外挂程序侵犯游戏软件著作权人权利，仍然大量购进并销售，且销售金额、未销售的侵权复制品货值金额超过了刑事追诉标准，构成销售侵权复制品罪。根据5名被告人行为的性质、危害后果、认罪态度等，依照《刑法》第217条、第218条、第25条第1款、第52条、第53条、第64条、《最高人民法院、最高人民检察院关于办理侵犯知识产权刑事案件具体应用法律若干问题的解释》第5条第2款第（1）、（2）项、第12条第1、2款、《最高人民法院、最高人民检察院关于办理侵犯知识产权刑事案件具体应用法律若干问题的解释（二）》第4条之规定，判决：被告人张乐犯侵犯著作权罪，判处有期徒刑5年，罚金人民币130万元；被告人黄谦犯侵犯著作权罪，判处有期徒刑4年，罚金人民币70万元；被告人梁文宇犯侵犯著作权罪，判处有期徒刑3年6个月，罚金人民币60万元；被告人阮晓霞犯销售侵权复制品罪，判处拘役6个月，罚金人民币30万元；被告人刘阳犯销售侵权复制品罪，判处拘役6个月，罚金人民币20万元；各被告人的违法所得及被扣押的电子设备予以没收。

一审判决后，黄谦、梁文宇不服，向上海市第一中级人民法院提起上诉。

上诉人黄谦上诉称：涉案“CS辅助”并未复制《冒险岛》软件程序，应认定为破坏计算机信息系统罪；黄谦在共同犯罪中系从属地位，应认定为从犯，且认罪态度较好，有退赔行为，请求从轻处罚。

上诉人梁文宇上诉称：其未与张乐、黄谦事先通谋制作外挂程序，也非销售总代理，其行为性质与阮晓霞、刘阳相同，应认定为销售侵权复制品罪；且认罪态度好，为侦破案件提供了线索，请求减轻处罚。

上海市人民检察院第一分院认为："CS 辅助"仅是将《冒险岛》客户端软件在运行中的部分数值、参数加以改变，没有改变客户端软件的实质结构，是对该客户端软件的非法复制，构成侵犯著作权罪。黄谦积极参与，起了十分重要的作用，不能认定为从犯。梁文宇与张乐共谋商定各自分工，系共同犯罪。建议驳回上诉，维持原判。

上海市第一中级人民法院经审理后认为，一审法院查明的事实属实。

上海市第一中级人民法院认为："CS 辅助"对《冒险岛》网络游戏客户端程序进行了全面引用复制，两上诉人和张乐在原审庭审中对司法鉴定意见均无异议，现张乐要求重新鉴定，不予支持。黄谦与张乐分工负责制作外挂程序，且黄谦在其中发挥了积极作用，原判认定两人未经权利人许可，复制他人的计算机软件并无不当。张乐与梁文宇商定，由梁作为销售总代理负责销售外挂，梁文宇还受张乐的委托租用服务器，故二人自 2010 年 2 月起，事前预谋，事中帮助，积极实施了外挂程序的发行行为。据此，原判认定该三名被告人犯侵犯著作权罪，不分主从犯，具有事实和法律依据，应予支持。阮晓霞、刘阳均已构成销售侵权复制品罪。综上，原判认定事实清楚，证据确实、充分，审判程序合法，定罪量刑并无不当。依照《刑事诉讼法》第 189 条第（1）项之规定，裁定：驳回上诉，维持原判。

【评析】

本案是全国打击侵犯知识产权和制售假冒伪劣商品专项行动督办案件。案件所涉《冒险岛》网络游戏较早引进中国，在玩家中具有较高知名度。5 名被告人的犯罪行为贯穿外挂程序的整个研发、制作和销售环节，侵犯了网络游戏版权人、运营商、玩家等多方的利益，严重破坏了互联网游戏出版的正常秩序。法院受理后及时审理，通过宽严相济的刑罚展示了对整个"外挂产业"的威慑力，也有利于提高我国软件保护的国际形象。

关于韩国计算机软件在中国的保护问题。知识产权具有地域性，除签有国际公约或双边互惠协定外，经一国法律所保护的某项权利只在该国范围内发生法律效力。我国《著作权法》第 2 条第 2 款规定："外国人、无国籍人的作品根据其作者所属国或者经常居住地国同中国签订的协议或者共同参加的国际条约享有的著作权，受本法保护。"我国与韩国分别于 1992 年和 1996 年加入《伯尔尼公约》，该公约规定，任何一成员国公民的作品无论是否发表，都应受到保护。因此，韩国作品著作权在我国受相关著作权法律、法规的保护，在受到犯罪行为侵犯时自然也受我国刑法保护。本案所涉《冒险岛》网络游戏属于计算机软件作品，著作权人为韩国 NEXON 公司，盛大集团的三家关联公司分别取得权利人的许可、获得国家有关部门批准及实际运营。虽然难以认定被告人到底侵犯了哪个公司的何种著作权权利，但该网络游戏作为经合法审批引进中国的韩国作品，根据上述公约和我国著作权法的规定，应受我国相关法律的保护。

关于梁文宇和阮晓霞、刘阳销售外挂行为的定性。侵犯著作权犯罪中的销售行为一般构成《刑法》第 218 条规定的销售侵权复制品罪；若通过广告、征订等方式推销侵权产品的，根据《最高人民法院、最高人民检察院关于办理侵犯知识产权刑事案件具体应用法律若干问题的解释（二）》第 2 条第 2 款的规定，属于《刑法》第 217 条规定的“发行”。本案中，梁文宇、阮晓霞、刘阳三人实施的均是销售外挂行为，对其行为定性主要取决于 3 人是否与复制发行者有共谋及是否属于“通过广告、征订等方式推销侵权产品”。(1) 关于共谋和分工的认定。张乐与梁文宇进行合谋分工，由张乐提供外挂，梁文宇作为销售总代理销售外挂。同时，梁文宇还受张乐的委托租用服务器用于控制周卡、月卡客户的验证及防止验证服务器受到网络攻击。可见，梁文宇虽未参与复制，但复制的结果经由其总代理销售而实现最后的价值，且通过其租用服务器为外挂的使用提供便利。该二人为实现共同目的，前后分工、互相明知、互相配合相当明显，符合共犯通谋的特质，法院为此认定梁文宇构成侵犯著作权罪。(2) 关于“通过广告方式推销”的认定。阮晓霞、刘阳虽然明知系外挂仍予销售，但其与外挂制作人没有事先通谋，不构成共同犯罪，对该二人行为的定性主要取决于其行为是否具备“通过广告方式推销”的行为特征。从两名被告人淘宝网店铺内容看，页面上虽有被售品的图案和价格，但仅系一种图片和价格的简单罗列，广告痕迹并不明显，更无店铺页面以外的广告推销行为（如在淘宝网进行首页推荐等），故尚不足以认定为“通过广告方式推销”。况且在网络店铺的页面展示待售品图片及价格等是网店销售常态，否则无法向客户展示所要销售的商品，故而将此种行为认定为对商品的一般性介绍更为合适。若将此行为认定为“发行”而适用刑法第 217 条，则网络环境下销售侵权复制品的行为就没有适用刑法第 218 条的可能性，会导致刑法该条文的空置。为此，法院该二人定销售侵权复制品罪。

（撰稿人：陈惠珍　叶菊芬）

网络环境下侵犯著作权罪的司法认定

——阎鹏侵犯著作权罪案

【提要】

网络环境下，随着数字技术的介入、著作权新型载体的出现以及作品使用方式的扩展，侵犯著作权犯罪行为突破了传统的复制发行方式，在客观行为要件方面发生了重大变化。为应对这种新型犯罪手段，最高人民法院、最高人民检察院发布的知识产权刑事相关司法解释中，对于侵犯著作权罪中的“复制发行”、“以营利为目的”赋予了新的内容。本案的判决结果是网络环境下上述司法解释在司法实践中的充分运用。

【案情】

公诉机关：上海市浦东新区人民检察院

被告人：阎鹏

案由：侵犯著作权罪

案号：（2011）浦刑初字第2941号

上海玄霆娱乐信息科技有限公司（以下称玄霆公司）主要经营原创文学门户网站“起点中文网”（www. qidian. com）。玄霆公司与《斗破苍穹》、《冰火魔厨》、《盗墓笔记》等500余部小说的作者签订《文学作品转让协议》，取得上述作品在全球范围内的独家信息网络传播权，并将上述作品在其经营的“起点中文网”上予以登载。

2010年起被告人阎鹏设立了“悠悠书盟”网（www. uutxt. com），购买了奇文网络小说管理系统，在该网站上提供各类小说的在线阅读和免费点击下载服务。为提高网站的知名度和点击量，自2011年年初起，被告人阎鹏在未取得玄霆公司许可的情况下，运用自动下载软件，擅自大量复制“起点中文网”上的《斗破苍穹》、《冰火魔厨》、《盗墓笔记》等小说，并将上述小说下载至其经营的“悠悠书盟”网，供该网站用户阅读。同时通过在网站上登载广告获取广告收益。

2011年6月28日，被告人阎鹏在辽宁省盘锦市被公安机关抓获。到案后，被告人阎鹏如实供述了上述犯罪事实。

上海东方计算机司法鉴定所于2011年7月12日出具鉴定报告，鉴定结论为：“悠悠书盟”网站的电子小说与“起点中文网”上同名的电子小说有

543 部存在实质性相似。

公诉机关指控称：被告人阎鹏以营利为目的，未经著作权人许可，复制发行其文字作品达 500 余部，情节严重，应以侵犯著作权罪追究其刑事责任。

被告人阎鹏辩称：其系初犯，到案后如实供述犯罪事实，积极赔偿被害单位的损失并取得了被害单位的谅解，同时愿意缴纳罚金。故请求适用缓刑。

【审判】

上海市浦东新区人民法院经审理认为：被告人阎鹏为牟取非法利益，未经玄霆公司许可，复制该公司享有信息网络传播权的文字作品 543 部，通过信息网络向公众传播，情节严重，其行为已构成侵犯著作权罪，公诉机关指控被告人阎鹏犯侵犯著作权罪，罪名成立，应予支持。被告人阎鹏到案后如实供述自己的罪行，依法可从轻处罚。被告人阎鹏自愿认罪，认罪态度较好，并积极向被害单位赔偿，取得了被害单位的谅解，可酌情从轻处罚。被告人阎鹏的辩护人提出对被告人阎鹏从轻处罚并适用缓刑的意见，法院予以采纳。据此，依照《中华人民共和国刑法》第 217 条第（1）项、第 67 条第 3 款、第 72 条、第 73 条、第 53 条、第 64 条、《最高人民法院最高人民检察院关于办理侵犯知识产权刑事案件具体应用法律若干问题的解释》第 11 条、《最高人民法院最高人民检察院关于办理侵犯知识产权刑事案件具体应用法律若干问题的解释（二）》第 1 条、第 4 条之规定，判决：一、被告人阎鹏犯侵犯著作权罪，判处有期徒刑 10 个月，缓刑 1 年，并处罚金人民币 5 万元；二、“DELL” Alienware Aurora 型台式电脑主机一台予以没收；三、违法所得予以没收。

一审判决后，阎鹏未上诉，公诉机关未抗诉，判决已生效。

【评析】

本案是一起典型的网络侵犯著作权的犯罪案件。网络环境下，随着数字技术的介入、著作权新型载体的出现以及作品使用方式的扩展，侵犯著作权犯罪在客观行为要件方面发生了重大变化，而 1997 年修订的刑法对于侵犯著作权罪中“复制发行”、“以营利为目的”的概念实际上针对的还是传统的犯罪手段。因此本案的关键在于网络环境下对“复制发行”和“以营利为目的”的理解。

一、网络环境下“复制发行”的解读

我国《刑法》第 217 条规定“以营利为目的，有下列侵犯著作权情形之一，违法所得数额较大或者有其他严重情节的，处3年以下有期徒刑或者拘役，并处或者单处罚金；违法所得数额巨大或者有其他特别严重情节的，处3年以上7年以下有期徒刑，并处罚金：（一）未经著作权人许可，复制发行其文字作品、音乐、电影、电视、录像作品、计算机软件及其他作品的；……”针对网络侵犯知识产权犯罪日益增多的现状，2004年12月22日，最高人民法院和最高人民检察院《关于办理侵犯知识产权刑事案件具体应用法律若干问题的解释》正式施行，该司法解释明确规定，未经著作权人许可，通过信息网络向公众传播他人文字作品、音乐、电影、电视、录像作品、计算机软件及其他作品的行为，应当视为《刑法》第217条规定的“复制发行”。由于学界及司法实践中围绕“复制发行”究竟属于“复制＋发行”的复合行为还是属于“复制或者发行”的并列行为存在诸多争议，2007年实施的《最高人民法院、最高人民检察院关于办理侵犯知识产权刑事案件具体应用法律若干问题的解释（二）》第2条对此作出规定：“刑法第217条侵犯著作权罪中的‘复制发行’，包括复制、发行或者既复制又发行的行为。”

有观点认为，我国著作权法规定的复制、发行权与信息网络传播权属于并列的、独立的权利，具有不同的含义，因此在刑法仅规定了未经许可的“复制发行”要被追究刑事责任的情况下，2004年的司法解释将信息网络传播行为定性为“复制发行”，实际上是对刑法的扩大化解释，有违罪刑法定原则。我们认为，就“复制发行”指向的具体行为而言，在“印刷版权”的时代，复制主要表现为以印刷、复印、临摹、拓印、录音、录像、翻拍等方式将作品制作一份或者多份的行为。发行是指为满足特定的需求，将一定数量的作品复制件通过一定的方式向社会公众提供的行为，其本质特征在于作品复制件载体的转移。而在当下的“数字版权”时代，复制有了新的形式，即将特定数字化文件从网络服务器下载到计算机硬盘；发行也获得了诸多新途径。网络环境中，通过网络提供作品不会导致复制件的占有转移，而只是通过上传、下载的方式将特定作品再现到了计算机硬盘中，复制与发行常常同步进行。因此从行为本身来讲，信息网络传播行为实际上就是包含了复制和发行两种行为方式。故2004年的司法解释将网络传播作品的行为视为复制发行并无不妥，侵犯信息网络传播权的犯罪行为理应受到刑法的规制。

结合本案，被告人阎鹏在没有取得《斗破苍穹》、《冰火魔厨》等小说的独家信息网络传播权人玄霆公司许可的情况下，运用自动下载软件，擅自大量复制“起点中文网”上的该些小说，并将上述小说下载至其经营的

“悠悠书盟”网，供网站用户阅读。被告人的网络传播行为中虽然没有出现复制件的转移，但是该网络传播行为包含下载小说（复制）并将小说下载至自己经营的网站供用户阅读的“发行”行为，是复制行为和发行行为的统一，侵犯了权利人的信息网络传播权，符合上述2004年的司法解释中规定的应当视为“复制发行”的情形。

二、被告人的行为是否属于“以营利为目的”

根据我国《刑法》第217条的规定，侵犯著作权犯罪须以营利为目的。2004年《关于办理侵犯知识产权刑事案件具体应用法律若干问题的解释》第11条规定，以刊登收费广告等方式直接或间接收取费用的情形，属于刑法第217条规定的“以营利为目的”。2011年1月最高人民法院、最高人民检察院、公安部、司法部联合发布《关于办理侵犯知识产权刑事案件适用法律若干问题的意见》第10条对“以营利为日的”予以了具体化，规定除销售外，具有下列情形之一的，可以认定为“以营利为目的”：以在他人作品中刊登收费广告、捆绑第三人作品等方式直接或者间接收取费用的；通过信息网络传播他人作品，或者利用他人上传的侵权作品，在网站或者网页上提供刊登收费广告的服务，直接或者间接收取费用的；以会员制方式通过信息网络传播他人作品，收取会员注册费或者其他费用的；其他利用他人作品牟利的情形。

“以营利为目的”从根本上讲是行为人的一种主观心理态度。行为人犯罪的主观心理态度是通过行为人在实施犯罪行为前后的一系列外在客观活动表现出来的。因此，在认定行为人是否出于“以营利为目的”方面，应考察行为人的客观外在活动来进行认定，具体因素有：侵权行为发生的背景，如行为人系在商业活动中实施的行为，而非在日常生活中实施的行为；侵权行为发生的规模，如行为人大量上传侵权复制品；侵权行为人实际获利的状况等。在网络背景下，由于复制和发行手段的特殊性，导致行为人的营利目的也往往以比较特殊的形式表现出来。其中，直接的营利方式对行为人营利目的的认定相对较为简单，如未经许可将受著作权保护的他人的文学作品放在自己经营的网站提供有偿下载。但很多情况下，行为人都是通过无偿提供作品如影视作品、文字作品、游戏等吸引用户，同时在网站上发布他人广告来获取利益。行为人并没有直接从作品中获取利益，但其通过实施侵犯权利人著作权的行为，间接获取了非法利益。

本案中，被告人阎鹏以擅自下载大量小说至其经营的网站供网站用户阅读的方式，吸引用户浏览其网站，通过在网站上登载广告获取广告收益。从形式上看，涉案网站提供文学作品的阅读是无偿的，没有向用户收取任何费用。但是实际上，将他人作品置于自己的网站中供人免费浏览，其直接目的虽然是吸引更多网民或提高点击率，但其行为实质是吸引广告的手段，希望以此招徕广告业务、收取更高的广告费用，达到营利的目的。综合上述分析，被告人的这种间接获利的行为方式亦符合“以营利为目的”的要件。

（撰稿人：倪红霞　袁　田）

六、知识产权行政案件

类似商品的判断标准

——浙江梅泰克诺新型建筑板材有限公司不服工商销案决定案

【提要】

类似商品的认定应当以相关公众对商品或者服务的一般认识综合判断。判断标准有两项：一是相关商品在功能、用途、生产部门、销售渠道、消费对象等方面是否相同；二是相关公众一般是否会认为商品之间存在特定联系、容易造成混淆，且两个标准是并列关系，只要符合其中一个标准，即构成类似商品。其中的混淆包括鱼目混珠式的商品混淆、误认为商品来源于同一生产经营者的混淆以及关联关系的混淆，即认为其商品来源与权利人注册商标的商品有特定的联系。

【案情】

原告（上诉人）：浙江梅泰克诺新型建筑板材有限公司

被告（被上诉人）：上海市工商行政管理局奉贤分局

第三人：上海快联物流技术有限公司

案由：不服工商销案决定纠纷

一审案号：（2011）奉行初字第24号

二审案号：（2011）沪一中行终字第274号

“BREMET”商标系梅诺公司（METECNO S. P. A）（以下简称梅诺公司）在中国境内合法注册的商标，商标使用范围为第6类、第17类、第19类。其中，商标使用范围第6类（商品类型为：建筑用金属墙面板；建筑用金属天花板；建筑用金属门板等）的第4673164号“BREMET”商标于2008年3月14日获注册公告，商标专用权的期限为2008年3月14日至2018年3月13日，类似群为“0603”，即金属建筑材料，可移动金属建筑物（不包括建筑小五金），如金属栅栏、钢制滑轮百叶窗、金属台阶（梯子）等商品。该商标注册后，梅泰克诺股份有限公司许可原告在中国境内独占使用该商标。

2009年年初，浙江梅泰克诺新型建筑板材有限公司（以下简称梅诺公司）发现上海快联物流技术有限公司（以下简称快联公司）使用伪造的该公司印章制作“制造商授权书”，假冒“BREMET”商标大量生产、组装、销售自动滑升门，造成其重大损失，遂于2009年4月15日向上海市公安局奉贤分局提出控告。该局经调查，认为快联公司行为尚不构成刑事犯罪，但涉嫌侵犯“BREMET”商标专用权，遂于2009年11月6日将“快联公司涉嫌侵犯BREMET商标权”一案移送上海市工商行政管理局奉贤分局（以下简称奉贤工商局）。该局于2009年11月27日立案。2010年1月，浙江梅诺公司又向该局具名投诉，要求对被投诉人快联公司假冒“BREMET”注册商标的行为进行查处，并称梅诺公司已将“BREMET”商标许可其在中国境内独占使用。经调查，奉贤工商局认为快联公司生产、销售的自动滑升门与投诉人（浙江梅诺公司）主张权利的第4673164号商标核定使用商品在功能、用途、生产部门、销售渠道、消费对象等方面有明显区别，不构成类似商品，故于2010年9月13日对该案作出了撤案决定，并应浙江梅诺公司的要求向其作了书面答复，内容为：“2009年11月6日我局接到‘快联公司涉嫌侵犯BREMET商标权’的公安移送案，2010年1月你公司向我局投诉快联公司侵犯梅诺公司第4673164号BREMET商标专用权。我局于2009年11月17日立案并开始调查，现此案已调查终结。我局认为，本案当事人快联公司生产、销售的自动滑升门商品与投诉人主张权利的第4673164号商标核定使用商品金属门板在功能、用途、生产部门、销售渠道、消费对象等方面有明显区别，不构成类似商品。没有充分证据证明快联公司的上述行为构成侵权，故我局决定撤案。”

原告梅诺公司诉称：被告认定第4673164号商标核定使用商品或服务的类似群为0603，该类似群中商品编码060218商品为金属门。而快联公司生产、销售的工业滑升门为金属门，与被告查证的事实不符，因而被告认定的“不构成类似商品”，既缺乏证据支持，也不符合类似商品认定的相关规定。故原告起诉要求：（1）撤销被告对于“上海快联物流技术有限公司涉嫌侵犯BREMET商标权”作出的撤案决定；（2）判令被告重新作出认定上海快联物流技术有限公司侵权行为成立并依法作出处理的具体行政行为；（3）诉讼费由两被告负担。

被告奉贤工商局辩称：（1）原告主张的金属门板属于《商标注册用商品和服务国际分类》中第6类金属建筑材料类。而第三人快联公司生产销售的工业滑升门是电器成套设备及控制装置，属于《商标注册用商品和服务国际分类》中的第9类。两者在商品功能、用途、生产部门、销售渠道、消费群体等方面有明显区别，不构成类似商品。（2）被告作出的销案决定符合法定程序。被告在接到上海市公安局奉贤分局移送材料后，及时立案调查，在调查过程中，始终遵守《中华人民共和国行政处罚法》、《工商行政管理机关行政处罚程序规定》等法律规定的程序，依法进行了立案、调查取证、终结报告、撤案决定等一系列程序。(3) 原告起诉的事实和理由不成立。原告主张第三人生产的工业滑升门属于金属门的观点不成立。“金属门”这一商品名称强调的是门的材料。而工业滑升门则是由聚氨酯材料和钢板复合而成的门板加上其他电机、五金件、控制件等构成，其具有电动控制的自动化特性，应当属于电器成套设备。综上，请求法院维持被告的具体行政行为，驳回原告的诉讼请求。

第三人快联公司述称：(1) 被告作出的具体行政行为程序合法、事实认定正确。(2) 原告不具有涉案商标使用权，原告起诉的是独占使用，但根据合同，与原告所说的事实不符，涉案商标已经被意大利公司出卖给了其他人，合同上面签名人已经不是该公司的人员，而且上面的签名也与他前面的签名不符，请求法院对签名的真实性和签名人的身份调查。(3) 第三人的商品属于第9类，而原告的商标权限属于第6类，是完全不同的类别，第三人于2009年8月31日申请了第9类的商标，并且通过了审核和公告，截至公告期满最后一天原告提出了异议。(4) 涉案的滑升门上的商标上除了有“BREMET”，旁边还有第三人的名称“FAST LINK”的标示，这不会造成误导。(5) 原告是恶意诉讼，原告从2009年开始就举报说第三人伪造公章，公安局调查后，对第三人没有作出任何处罚就移送给了被告，之后被告经过调查，也没有作出处罚。原告的目的就是打击第三人的市场。综上，被告的撤案决定是正确的，请求法院维持。

【审判】

上海市奉贤区人民法院经审理认为：奉贤工商局具有查处侵犯商标权行为的行政职权。奉贤工商局通过调查，确认涉案侵权产品在功能、用途、生产部门、销售渠道、消费群体等方面，均与梅诺公司注册的“BREMET”商标核准使用的商品存在明显区别，不构成类似商品，故依法决定撤案，符合行政处罚程序的时间节点要求。鉴于奉贤工商局作出撤案决定行为所依据的事实无误、适用法律正确、程序合法，故判决维持奉贤工商局针对“快联公司涉嫌侵犯BREMET商标权”一案作出撤案决定的具体行政行为。

一审判决后，浙江梅诺公司不服，向上海市第一中级人民法院提起上诉。

上诉人浙江梅诺公司上诉称：(1) 根据《商标法》及相关司法解释的规定，类似商品的判断应当包括“功能、用途、生产部门、销售渠道、消费对象等方面相同”和“相关公众一般认为其存在特定联系，容易造成混淆的商品”两个方面的内容，被上诉人没有对后一方面的内容进行审查，且根据被上诉人调查取得的证据，已经发生了相关公众认为第三人快联公司生产销售的涉案产品与上诉人 BREMET 注册商标核定使用的商品存在特定联系，造成混淆的事实，故被上诉人作出的撤案决定认为第三人不构成商标侵权缺乏事实与法律依据。(2) 第三人生产销售的滑升门主要构成有金属门板、电机、轨道、五金件等，而电机、轨道、五金件属于门板从属物，依附于门板之上，金属门板与金属门在功能、用途、生产部门、销售渠道、消费对象等方面基本相同，而金属门与上诉人 BREMET 注册商标核定使用的商品属于类似商品，故第三人生产销售的滑升门与上诉人 BREMET 注册商标核定使用的商品构成类似商品。第三人将相同商标使用在类似商品上构成商标侵权，被上诉人认为没有充分证据证明第三人行为构成侵权，决定撤案缺乏事实与法律依据。故请求撤销奉贤工商局作出的上述撤案决定；判令奉贤工商局重新作出认定快联公司侵权行为成立并依法作出处理的具体行政行为。

被上诉人奉贤工商局答辩称：(1) 该局已经充分履行了法定职责。其于 2009 年 11 月 19 日接到上海市公安局奉贤分局移送材料后，于同月 27 日立案调查，2010 年 1 月上诉人又向其递交了投诉信。在调查过程中，其始终遵守《中华人民共和国行政处罚法》、《工商行政管理机关行政处罚程序规定》等法律规定的程序，先后调查了上诉人主张的门板产品的商标注册、使用情况及门板本身的结构、性能、销售对象等，调查了第三人滑升门的结构、性质、销售对象等情况，并走访调查了上海浦东物流、上海宜隆国际物流等第三人的客户，收集了相关笔录、产品手册、证明文凭、照片等材料，在此基础上，作出了上诉人主张的产品与第三人生产的产品不构成类似商品的判断，并依法将处理结果告知上诉人和第三人，故该局履行职责符合法律规定，且程序合法。(2) 上诉人主张第三人生产销售的涉案产品为金属门，与上诉人 BREMET 注册商标核定使用的商品构成类似商品的理由不能成立。第三人生产的产品为工业滑升门，属于电器控制的自动门，故商标局在商标注册时，将“自动滑升门”、“自动卷闸门”、“电动工业门”、“自动工业门”等相似名称的商品归入第 9 类，而上诉人主张的门板是一种半成品建筑材料，不包括任何机械、电器设备，属于第 6 类，且门板与滑升门在功能、用途、生产部门、销售渠道、消费群体等方面均不相同，故第三人生产的属于第 9 类的工业滑升门与上诉人主张的第 6 类金属门板不相类似。(3) 调查中涉及的相关人员是因为滑升门质量好而再次购买相关商品，没有发现因门板质量好而发生商品选择上的混淆和误认。综合上述理由，该局作出的销案决定事实清楚、证据充分、程序合法，请求二审法院驳回上诉人的上诉，维持该局作出销案决定的行为。

第三人快联公司述称：原审法院认定事实清楚，适用法律正确，请求二审法院维持原判，驳回上诉人的上诉请求。理由是：（1）上诉人商标核准使用的商品为建筑材料，属于第6类，而第三人生产的产品为滑升门，属于第9类，且第三人已在第9类商品类别上向商标局申请注册了与上诉人BREMET商标一样的商标，商品名称为滑升门，商标局也已通过了初审，证明第三人生产的滑升门与上诉人生产的金属门板不属于类似商品；（2）上诉人生产的金属门板是建筑材料，第三人生产的滑升门涉及的产品配件多达36个，不属于建筑产品，而是带机械电动装置的产品，相当于上诉人是原材料的生产商，第三人是设备的生产商，针对的相关公众完全不同，不会构成混淆。

上海市第一中级人民法院经审理查明，一审法院查明的事实基本无误。

上海市第一中级人民法院认为：根据《行政诉讼法》第5条的规定，人民法院审理行政案件，对具体行政行为是否合法进行审查。综合涉案各方意见，本案审查的重点在于梅诺公司注册的“BREMET”商标核准使用的商品与第三人生产、销售的自动滑升门是否属于类似商品。根据被上诉人的当庭陈述，2007年7月商标局颁发的《类似商品和服务区分表（基于尼斯分类第九版）》（以下简称《区分表》）和《最高人民法院关于审理商标民事纠纷案件适用法律若干问题的解释》（以下简称《商标解释》）是其判断商品是否类似的主要法律依据，对此，上诉人浙江梅诺公司及第三人快联公司均无异议。经查，商标局在《区分表》的说明中指出，“类似商品是指功能、用途、所用原料、销售渠道、消费对象等方面具有一定的共同性，如果使用相同、近似商标，易使相关公众认为其存在特定联系、使消费者误认为是同一企业生产的商品”；商标局还指出，“《区分表》不能穷尽所有的类似商品和服务项目。认定商品或服务是否类似，应以相关公众对商品或服务的一般认识综合判断”。《商标解释》第11条则规定，“商标法第52条第（1）项规定的类似商品，是指在功能、用途、生产部门、销售渠道、消费对象等方面相同，或者相关公众一般认为其存在特定联系、容易造成混淆的商品”。据此，二审法院认为，判断相关商品是否类似应当把握两个标准，一是相关商品在功能、用途、生产部门、销售渠道、消费对象等方面是否相同；二是相关公众一般是否会认为商品之间存在特定联系、容易造成混淆；且两个标准是并列关系，只要符合其中一个标准，即构成类似商品。另外，根据商标局对《区分表》所作的说明，认定商品是否类似，侧重以相关公众对商品的一般认识综合判断。本案中，根据奉贤工商局2010年9月13日答复上诉人的内容和奉贤工商局在诉讼中的答辩意见，奉贤工商局根据上述规定的前一个判断标准，结合本案事实作出了两类商品不构成类似商品的结论，但没有依据后一个标准进行针对性的审查，故奉贤工商局作出的撤案决定未能准确的适用法律。鉴于奉贤工商局作出被诉撤案决定行政行为适用法律错误，应予撤销。原审判决维持被诉撤案决定行政行为不当，二审法院予以纠正。另鉴于上诉人提出要求法院判令奉贤工商局重新作出认定快联公司侵权行为成立的具体行政行为的诉请超越了人民法院行政诉讼的审查范围，故不予支持。据此，判决：撤销原审判决；撤销奉贤工商局于2010年9月13日对“快联公司涉嫌侵犯BREMET商标权”一案作出撤案决定的具体行政行为；驳回浙江梅诺公司的其他诉讼请求。

【评析】

根据《商标法》第53条的规定，工商行政管理部门负有处理商标侵权纠纷及查处商标侵权行为的职权。因此，浙江梅诺公司向奉贤工商局投诉快联公司涉嫌商标侵权，奉贤工商局即应当履行法定职责，处理该起商标侵权纠纷。根据《商标法》第52条第（1）项的规定，未经商标注册人的许可，在同一种商品或者类似商品上使用与其注册商标相同或者近似的商标的，属于侵犯注册商标专用权的行为。本案中，快联公司使用的“BREMET”标志与梅诺公司享有的“BREMET”商标完全一致，但快联公司将其使用在第9类的自动滑升门上，而梅诺公司享有的商标核定使用商品的范围为第6类，很明显，两类商品并非同一种商品，因此，本案快联公司侵权与否的关键在于两类商品是否构成类似商品。

一、类似商品的判断方式

《商标法》对于何谓类似商品没有规定，而《商标解释》第11条则规定：“商标法第52条第（1）项规定的类似商品，是指在功能、用途、生产部门、销售渠道、消费对象等方面相同，或者相关公众一般认为其存在特定联系、容易造成混淆的商品。”该解释第12条还规定：“人民法院依据商标法第52条第（1）项的规定，认定商品或者服务是否类似，应当以相关公众对商品或者服务的一般认识综合判断；《商标用商品或者服务国际分类表》、《类似商品和服务区分表》可以作为判断类似商品或者服务的参考。”由此可见，判断类似商品的依据主要是《商标解释》，同时，可以参考《商标注册用商品或者服务国际分类表》、《类似商品和服务区分表》；判断方式是以相关公众对商品或者服务的一般认识综合判断；判断标准有两项：一是相关商品在功能、用途、生产部门、销售渠道、消费对象等方面是否相同；二是相关公众一般是否会认为商品之间存在特定联系、容易造成混淆；且两个标准是并列关系，只要符合其中一个标准，即构成类似商品。

另外，需要进一步指出的是，《商标解释》未将混淆限定为鱼目混珠式的商品混淆，以及误认为源于同一生产经营者的混淆，还包括了关联关系的混淆。这里的混淆分为两种：一种是“对商品的来源产生误认”，即把甲商品当成了乙商品，或者认为甲、乙商品来源于同一个提供者；另一种是特定联系的混淆，即“认为其来源与原告注册商标的商品有特定的联系”，即属于关联关系的误认。❶ 而之所以将关联性商品纳入类似商品的范围，主要是对于保护具有一定知名度而又达不到驰名商标程度的注册商标，尤其具有现实意义。例如，在关联商品上注册与他人在先知名商标相同或者近似的商标，通常都有搭便车的意图，按照商品分类表不足以遏制这种行为，但通过将关联商品解释为类似商品，可以阻止此类商标的注册，有效遏制诸如恶意模仿、搭便车的行为。❷ 这一观点在2011年11月29日最高人民法院在杭州召开的全国法院知识产权审判工作座谈会上亦得体现。在该次座谈会上，最高人民法院要求将关联商品引入类似商品的判断，以遏制恶意抢注和不正当模仿行为。

本案中，奉贤工商局根据快联公司生产销售的自动滑升门与“BREMET”商标核定使用的商品类别在功能、用途、生产部门、销售渠道、消费对象等方面存在的区别，结合《区分表》有关第六类商品（普通金属及其合金，金属建筑材料，可移动金属建筑物，铁轨用金属材料等）和第九类商品（科学、航海、测量、调节或控制电的仪器和器具、通信、磁性数据载体、录音盘等）不属于类似商品群的规定，认定两类商品不相类似。应当指出，上述区别是显而易见的，奉贤工商局所作的事实调查也是全面、客观的，符合《行政处罚法》第36条有关“全面、客观、公正调查、收集证据”的规定。但是，在“相关公众一般是否会认为商品之间存在特定联系、容易造成混淆”方面，奉贤工商局没有展开针对性的审查。事实上，快联公司生产销售的自动滑升门与梅诺公司享有的“BREMET”商标核定使用的商品是直接关联的上、下游产品的关系，前者为成品门，后者为制造成品门的主要原材料，站在该类商品消费者或经营者等相关公众的立场，自然会认为自动滑升门的来源与权利人注册商标的商品存在某种特定的联系，足以导致相关公众对商品的来源产生混淆，从而构成商标侵权。❸ 据此，我们认为，奉贤工商局没有针对性地审查相关公众对商品来源产生混淆的可能性，不符合类似商

---

❶ 孔祥俊：《商标与不正当竞争法原理和判例》，法律出版社2009年版，第273页。

❷ 孔祥俊：《商标与不正当竞争法原理和判例》，法律出版社2009年版，第231页。

❸ 王迁：《知识产权法教程》，中国人民大学出版社2011年版，第432页。

品的法律判断要求，属于法律适用错误。

二、司法裁判方式的具体把握

司法权与行政权是两种不同性质的国家权力，有各自权力运行的特点。相对于行政权而言，司法权更具有权威性和终局性，但司法权本质上是一种事后救济权，具有被动性。通常而言，司法机关不能跨越行政权行使的范畴，直接代替行政机关对当事人提交行政机关解决的纠纷作出实体性的裁决，而只能针对行政机关已经作出的行政行为进行事后合法性审查。本案中，浙江梅诺公司的第二项诉请为“判令奉贤工商局重新作出认定快联公司侵权行为成立并依法作出处理的具体行政行为”，这一诉请其实包含了两层意思：一是要求奉贤工商局认定快联公司侵权行为成立；二是要求奉贤工商局重新作出具体行政行为。根据《行政诉讼法》第54条的规定，适用法律、法规错误的，人民法院判决撤销或者部分撤销具体行政行为，并可以判决被告重新作出具体行政行为。因此，二审法院可以判令奉贤工商局重新作出具体行政行为。但是，如果二审法院直接判令要求奉贤工商局作出快联公司侵权行为成立的认定，实质上是代替行政机关对浙江梅诺公司与快联公司之间的商标纠纷作出实体性的裁决，这无异于司法权侵入了行政权行使的范畴，有违司法自限的原则。[1] 本案上诉人浙江梅诺公司经法庭释明，仍坚持其诉请，故二审法院依法驳回其第二项诉请。

（撰稿人：刘军华　唐　震　李　欣）

[1] 刘德权主编：《最高人民法院司法观点集成》，人民法院出版社2010年版，第453页。

知识产权海关行政保护措施的司法审查

——上海贝邦进出口有限公司不服海关临时扣押产品决定案

【提要】

由于海关扣留侵权嫌疑货物，作为一种行政强制措施，是对相关货物实施暂时性控制，具有即时强制的特征，并非对货物是否侵权做确定性的认定。海关发现进出口货物有侵犯备案知识产权嫌疑并通知知识产权权利人后，海关按照知识产权权利人请求作出扣留侵权嫌疑货物的具体行政行为是合法的。

【案情】

原告：上海贝邦进出口有限公司

被告：中华人民共和国上海海关

第三人：日本精工株式会社

案由：不服海关临时扣押产品决定纠纷

案号：（2012）沪二中行初字第49号

2011年12月16日，上海贝邦进出口有限公司（以下简称贝邦公司）向中华人民共和国上海海关（以下简称上海海关）申报出口爱沙尼亚一批可调节床架配件（滑轮组件）等货物。12月17日，经海关查验，贝邦公司出口货物滚轮上装有不可拆卸的标有“NSK”商标的轴承，存在侵犯“NSK”商标专用权人日本精工株式会社在海关总署备案知识产权嫌疑。12月20日，日本精工株式会社确认贝邦公司出口的该批货物为侵权产品，向上海海关提出采取知识产权保护措施将该批货物扣留的申请。

2012年1月13日，上海海关向贝邦公司送达了沪关知字［2011］第235号扣留（封存）决定书，内容为“当事人出口的滑轮组件（滚轮）因涉嫌侵犯日本精工株式会社‘NSK’商标专用权，现我关已予以扣留，扣留凭单号为沪关知字［2011］235号。扣留期限一年，自扣留之日起算，不包括复议、诉讼期间以及检测、检验、检疫或者技术鉴定的期间。当事人认为海关扣留的货物未侵犯日本精工株式会社‘NSK’商标专用权的，应当向海关提出书面说明并附送相关证据。”

原告贝邦公司诉称：原告认为上述扣押决定事实不清，程序违法，应予以撤销。为此请求法院：1. 判决撤销上海海关所作出的沪关知字［2011］第235号扣留（封存）决定书；2. 判令上海海关赔偿贝邦公司经济损失人民币134 176元（以下币种“元”均指人民币）（海关扣留滚轮价值90 225元、空运费10 771元、集装箱超期使用费20 575元、仓储费7 820元、提货费1 200元、操作费400元、海关检验费1 185元、拖车费1 700元、退关费300元）。

被告上海海关辩称：1. 原告贝邦公司申报出口的滚轮产品货物标有“NSK”商标，且未经商标权利人许可，已构成侵权嫌疑。2. 被告上海海关作为国家进出境监督管理机关，有权依法对与进出口货物有关并受我国法律、行政法规保护的知识产权实施保护。被告上海海关的执法程序符合法律规定。3. 原告的赔偿请求缺乏法律和事实依据，被告上海海关不应承担赔偿责任。请求驳回原告的所有诉讼请求。

第三人日本精工株式会社述称：原告贝邦公司出口的涉案货物侵犯了第三人享有的“NSK”商标专用权。被诉具体行政行为证据确凿，事实清楚，适用法律正确，程序合法，没有违法行使职权，不应当承担赔偿责任。故原告贝邦公司的诉讼请求不应予以支持。

【审判】

上海市第二中级人民法院经审理认为：

1. 上海海关具有作出被诉扣留涉嫌侵犯商标专用权货物决定的法定职权。

2. 关于上海海关的执法程序问题。上海海关对贝邦公司申报出口货物涉嫌侵权行为立案调查后，根据贝邦公司的复核包装数量申请对涉嫌侵权的货物数量进行了核查，最终决定扣留其中涉嫌侵权的4 500件滑轮组件（滚轮），其余货物予以放行。据此，本院认为上海海关的相关执法程序合法，并无不当之处。

3. 关于上海海关的认定事实问题。本院认为，根据《知识产权海关保护条例》及其实施办法的相关规定，海关扣留侵权嫌疑货物，应根据足以证明侵权事实明显存在的证据。本案中，根据上海海关提交的证据和贝邦公司的陈述，可以证明原告出口的滚轮货物上未经许可使用了第三人享有商标专用权并经海关备案的第99790号“NSK”商标标识。根据前述法律规定，相关证据足以证明侵权事实明显存在。因此，上海海关认定滑轮组件（滚轮）涉嫌侵犯第三人“NSK”商标专用权并无不当。至于贝邦公司诉称的类似商品问题，由于海关扣留侵权嫌疑货物，作为一种行政强制措施，是对相关货物实施暂时性控制，具有即时强制的特征，并非是对货物是否侵权做确定性的认定。根据《知识产权海关保护条例》规定，海关发现进出口货物有侵犯备案知识产权嫌疑并通知知识产权权利人后，知识产权权利人请求海关扣留侵权嫌疑货物的，海关应当自扣留之日起30个工作日内对被扣留的侵权嫌疑货物是否侵犯知识产权进行调查、认定。所以，关于是否构成类似商品以至于构成商标侵权问题应在这一程序中作进一步的调查、认定。因此，贝邦公司的相关诉讼理由不能成立。

4. 关于上海海关适用法律问题。法院认为，本案中第三人对其“NSK”商标进行了备案，因此《知识产权海关保护条例》第13条应属作出被诉具体行政行为的法律依据。法院注意到，上海海关所作扣留决定书列明依据第16条，未提及第13条，但考虑到第13条与第16条存在援引关系，且经法院审查，上海海关也依照第13条规定履行了相关程序要求，故法院认定上海海关在执法程序中已将第13条作为扣留侵权嫌疑货物的法律依据予以适用。

综上所述，上海海关认为贝邦公司出口的“滑轮组件（滚轮）涉嫌侵犯第三人日本精工“NSK”商标专用权，决定予以扣留，认定事实清楚，适用法律正确。该被诉具体行政行为依法应予维持。贝邦公司要求上海海关赔偿因违法实施具体行政行为造成经济损失的诉讼请求，因无事实依据，故不予支持。依照《中华人民共和国知识产权海关保护条例》第13条、第16条，《最高人民法院关于执行〈中华人民共和国行政诉讼法〉若干问题的解释》第56条第（4）项之规定，判决：驳回原告上海贝邦进出口有限公司的诉讼请求。

一审判决后，原、被告均未上诉，判决已生效。

【评析】

一、本案是在“三合一”审判模式下审理的一起知识产权行政案件

知识产权行政案件在人民法院内部以往一直是由相关专业庭即由行政审判庭审理的。但是，从案件性质来看，此类案件与一般的行政案件相比有其自身的特点。主要在于，此类案件从大类上可归于知识产权案件，知识产权案件总体上专业性很强，尤其是专利等技术性案件，往往具有法律问题与技术问题高度融合的特征，且随着科学技术的飞跃发展，呈现出很强的活跃性与变动。正是由于这一特点，即使是针对同一事实，在不同的审判庭正常适用不同的诉讼程序情况下，也容易造成事实认定的矛盾冲突以及和裁判尺度把握的差别。尽管有不同审判庭之间的内部沟通，比如相关审判庭会商、咨

询等方式，但并不能有效消除上述矛盾冲突或差别。因此，在全社会日益重视知识产权，知识产权权利人日益重视对其权利的保护，此类案件日渐增多的形势下，需要根据此类案件的特点，尝试建立融合行政、民事审判于一体的新型机制。“三合一”审判机制正是对这一司法需求的有益探索。2009 年 2 月，上海市高级人民法院为贯彻落实《国家知识产权战略纲要》，进一步完善审判体制与审判机制，提出在设立知识产权审判庭的基层法院全面实施知识产权民事、行政和刑事“三合一”审判模式的基础上，中院知识产权审判庭尝试审理知识产权刑事与行政案件，为适时实行“三合一”审判模式做积极的探索。为此上海市第二中级人民法院于同年制定了《关于探索实施知识产权民事、行政、刑事案件“三合一”审判模式的意见（试行）》，该意见规定：审理知识产权行政、刑事案件，采用跨庭审理模式，由民五庭（知识产权庭）法官担任审判长和承办法官，行政庭、刑庭派出法官任合议庭成员，共同进行审理。在审理知识产权行政、刑事案件时，根据审理需要，由民五庭商请，行政庭、刑庭可派员列席民五庭相关会议，共同参与案件讨论。这一全新的审判机制，在现有体制下有效整合了刑事、民事、行政审判资源，发挥了上述各类审判资源之长，有利于对知产刑事、民事、行政案件间保持法律适用的平衡，有利于保证裁判结果的确定。本案就是在适用“三合一”审判机制下首次对海关作出的具体行政行为进行了司法审查，取得了良好的法律效果和社会效果。

二、商标权海关保护的新特点

1. 侵权行为更加隐蔽

近年来我国海关对商标权保护力度的加强，对侵权人的威慑是巨大的，为了更好地躲避海关的检查，使侵犯商标权的货物能够顺利出口，一些违法企业在海关通关环节上打起了主意。越来越多的违法企业采取瞒报、伪报企业名称或货物名称等方法，以图蒙混过关。或是在产品的标识与外包装上采取模仿他人合法注册商标的手法，扰乱海关检查人员的视线。以 2007 年温州海关查获的“香奈儿”商标侵权案为例，某企业申报名称为“PLASTICBUTTON”塑料纽扣，温州海关关员开箱查验时发现里面并非塑料纽扣，而是与“香奈尔”标识高度相似的塑料商标，共计 2 500枚。该塑料商标厚度不一，其中“D”字母中的“I”与其他部分连接处轻轻一碰便脱离，呈现出“香奈尔”的图形商标。经“香奈尔”商标权利人鉴定，被查获商标均为假冒商标，温州海关依法扣留了该批货物。更有甚者，为了通过海关的商标权检查，直接采取伪造、变造许可授权文件等犯罪行为。可以说，违法人员越来越狡猾的作案手法，使海关在商标权保护上的压力大大增加，查获侵犯商标权货物的难度也大大增加。本案的案例中原告人其实也存在将应归类在轴承（hscode：84828000）的产品归类在了可调床架配件（滑轮组件）（hscode：94029000）。

三、商标权海关保护的司法审查路径

根据《知识产权海关保护条例》和《行政诉讼法》及其司法解释的有关规定，商标权海关保护的司法审查路径如下：

1. 海关是否有扣留侵权嫌疑物的法定职权

行政机关拥有一定的法定职权是作出具体行政行为的前提。根据《知识产权海关保护条例》第2条的规定，海关对与进出口货物有关并受中华人民共和国法律、行政法规保护的商标专用权、著作权和与著作权有关的权利、专利权（以下统称知识产权）实施的保护的职权。

2. 海关执法程序是否合法

海关执法应严格按照法定的程序进行，特别是要对涉嫌侵权的货物数量进行全面核查，以确定是否侵权及侵权程度。本案中，上海海关对贝邦公司申报出口货物涉嫌侵权行为立案调查后，根据贝邦公司的复核包装数量申请对涉嫌侵权的货物数量进行了核查，最终决定扣留其中涉嫌侵权的4 500件滑轮组件（滚轮），其余货物予以放行。实际上上海海关通过核查认可了贝邦公司的主张。符合海关的相关执法程序。

3. 侵权事实的初步认定

根据《知识产权海关保护条例》规定，海关执行扣留涉嫌侵权产品的前提是海关发现进出口货物有侵犯备案知识产权嫌疑，即要有证明侵权事实明显存在的证据。本案中，上海海关提交的证据和贝邦公司的陈述，可以证明存在如下事实：（1）被扣滚轮系出口货物可调床架滑轮组件中的配件之一；滚轮系由轴承和附加的PPU材料构成，轴承上标有“NSK”商标。（2）贝邦公司在申报出口时对轴承使用“NSK”商标的知识产权状况并不了解；滚轮所用轴承并非“NSK”注册商标权利人所制造。（3）“NSK”商标注册人也即第三人向上海海关确认滚轮使用“NSK”标识未经其授权。上述事实显示，原告出口的滚轮货物上未经许可使用了第三人享有商标专用权并经海关备案的第99790号“NSK”商标标识。根据前述法律规定，相关证据足以证明侵权事实明显存在。因此，上海海关认定滑轮组件（滚轮）涉嫌侵犯第三人“NSK”商标专用权并无不当。

4. 临时性强制措施的采取

如果海关初步认定被侵权事实，则可以采取扣留侵权嫌疑货物的临时性措施。需要注意的是，由于海关扣留侵权嫌疑货物，作为一种行政强制措施，是对相关货物实施暂时性控制，具有即时强制的特征，并非对货物是否侵权做确定性的认定。根据《知识产权海关保护条例》规定，海关发现进出口货物有侵犯备案知识产权嫌疑并通知知识产权权利人后，知识产权权利人请求海关扣留侵权嫌疑货物的，海关应当自扣留之日起 30 个工作日内对被扣留的侵权嫌疑货物是否侵犯知识产权进行调查、认定。所以，关于是否构成类似商品以至于构成商标侵权问题应在这一程序中作进一步的调查、认定，并非在采取临时强制措施之时就需要判定的。

5. 海关执法的法律适用问题

《知识产权海关保护条例》第 16 条规定："海关发现进出口货物有侵犯备案知识产权嫌疑的，应当立即书面通知知识产权权利人。知识产权权利人自通知送达之日起 3 个工作日内依照本条例第 13 条的规定提出申请，并依照本条例第 14 条的规定提供担保的，海关应当扣留侵权嫌疑货物，书面通知知识产权权利人，并将海关扣留凭单送达收货人或者发货人。知识产权权利人逾期未提出申请或者未提供担保的，海关不得扣留货物。"其中，对知识产权权利人已获备案情形下申请扣留程序援引了第 13 条的规定，本案中第三人对其"NSK"商标进行了备案，因此第 13 条应属作出被诉具体行政行为的法律依据。本案中，上海海关所作扣留决定书列明依据第 16 条，未提及第 13 条，虽然通过法条转引可以认定上海海关在执法程序中已将第 13 条作为扣留侵权嫌疑货物的法律依据予以适用，但海关在执法时直接在列明执法的依据为第 13 条，更为直接明了，也更为规范。

（撰稿人：李国泉　姜广瑞）

Ⅰ. Civil Dispute Cases over Copyright

Judgment on Effect and Liability for Breach of Contract Regarding the Rights to Dispose Future Works

— Shanghai Xuanting Entertainment Information Technology Co., Ltd. v. Wang Zhong, *et al.* Dispute over Copyright Contract

【Summary】

The case concerns a dispute between an internct literary website operator and an internet writer. The focus of the trail lies in the accurate evaluation of cooperation method in which the website operator buys out all of the future works of the internet writer. The case mainly involves the determination of legal relations between both parties, the effect of such legal relations and bearing of the liability for breach of contract, to name just a few. When determining the legal nature of a copyright contract, the court shall not only regard the name of the contract as the criteria of determination, but also determine the nature by combining the purpose of the contract in accordance with the right-obligation relationship among the parties agreed upon in the contract. The agreement concluded by the parties concerned in connection with the transfer of right in future works[1] has legal effect. However, the other party shall not claim the continued performance if the obligations of the contract involve the writer's act of creation or freedom of creation.

【Facts】

Plaintiff (Counter-Defendant, Appellee): Shanghai Xuanting Entertainment Information Technology Co., Ltd.

Defendant (Counter-Plaintiff, Appellant): Wang Zhong

The Third Party (Appellant): Beijing Huanxiang Zongheng Network Technology Co., Ltd.

---

[1] Future works refer to the works which have not been created or finished when the contract is entered into. Please refer to the relevant provisions in the copyright laws of the UK or Australia.

Cause of Action: Dispute over Copyright Contract

Case No. at First Instance: (2010) PU-Min-San- (Zhi) -Chu-Zi No. 424

Case No. at Second Instance: (2011) HU-Yi-Zhong-Min-Wu- (Zhi) -Zhong-Zi No. 136

Wang Zhong has published many works on the website of Shanghai Xuanting Entertainment Information Technology Co., Ltd. (hereinafter referred to as the "Xuanting Company") with the pen-name "Meng Ru Shen Ji (Dreaming of Divine Skills)" successively since 2006 and Xuanting Company has paid the royalties totaling over RMB 2 million to Wang Zhong in the period.

Xuanting Company (Party A) concluded an *Agreement on Works of Platinum Writer* with Wang Zhong (Party B) on 18 January 2010. According to Article 3. 2. 1 of the agreement, on a global scale, the right in network dissemination of information in connection with all works created by Wang Zhong within four years from the effective date of the aforesaid agreement (hereinafter referred to as the Works in Agreement, which include the versions in any and all languages no matter whether they have been completed or not) and other rights including but not limited to the right of compilation, the right of adaptation, the right of reproduction and the right of distribution of the Works in Agreement in the electronic form shall be permanently transferred to Party A. The cases that Party B exercises the aforesaid rights at his own discretion, transfers such rights to the third party or authorizes the rights after the conclusion of the agreement are excluded. The agreement also provides the liability for breach of contract the parties as well as the clause regarding liquidated damages.

On the same day, Xuanting Company (Party A) also signed an *Agreement on Creation of Commissioned Works* with Wang Zhong (Party B). According to Article 3. 2. 1 and Article 1. 1. 7, Party B serves as the exclusive writer to Party A, and the works commissioned by Party A in accordance with the agreement, copyright thereof as well as any and all rights derived therefrom shall belong to Party A exclusively. Without written consent of Party A, Party B shall not, in his real name, pen name or any other name, hand over works (including those under the agreement) created by him during the period of agreement to any third party, or authorize any third party to use or develop such works, or create works for any third party. The agreement also agrees upon the articles concerning the delivery date of the commissioned works, schedule of creation, payment of royalties, liability for breach of contract and liquidated damages, to name just a few.

On February 10, 2010, Xuanting Company, in accordance with the aforesaid agreement, prepaid Wang Zhong RMB 100,000 as the funds for creation.

On June 18, 2010, however, Wang Zhong (Party B) entered into a *Labor Contract* with Beijing Huanxiang Zongheng Network Technology Co., Ltd. (hereinafter referred to as "Huanxiang Company") (Party A) to assume the post of Director of Game Designers in the company with a term of five (5) years. Pursuant to the contract, Party B shall create works in the course of employment based on the requirement of Huanxiang Company while the copyright shall belong to Party A. Wang Zhong published the novel *Yong Sheng* (*the Immortality*) on the website designated by Huanxiang Company in his pen-name Meng Ru Shen Ji on July 18, 2010, and the serial story ended on February 5, 2012.

Xuanting Company, the Plaintiff, made the following allegations: Both parties signed the *Agreement on Works of Platinum Writer* and the *Agreement on Creation of Commissioned Works*, the collateral contract, on January 18, 2012. The Plaintiff has prepaid the Defendant RMB 100,000 in conformity with the foregoing agreements and actively fulfilled the agreed obligations. Nevertheless, the Plaintiff found the Defendant published the novel, created by himself and named *Yong Sheng* (*the Immortality*), on *www. zongheng. com.* Meanwhile, the Defendant also expressed in his blog and other speeches that he would like to leave *www. qidian. com* (the website operated by Xuanting Company) and would no longer continue the performance of the obligations provided in the aforesaid agreements. Given these grounds, the Plaintiff instituted an action and requested the court to order the Defendant to: 1. continue the performance of *the Agreement on Works of Platinum Writer* and *the Agreement on Creation of Commissioned Works* and cease the act of publishing his works on the other websites; 2. bear liquidated damages of RMB 1.01 million; 3. confirm the copyright of the novel *Yong Sheng* (*the Immortality*) created by himself shall belong to the Plaintiff.

Wang Zhong, the Defendant, argued that the performance of the *Agreement on Works of Platinum Writer* and *the Agreement on Creation of Commissioned Works* cannot be continued, and the novel *Yong Sheng* (*the Immortality*) did not belong to the category of the works agreed upon by the Plaintiff and the Defendant while the liquidated damages claimed by the Plaintiff were too high. Meanwhile, the Defendant lodged a counterclaim that both parties indeed signed and entered into the two aforesaid agreements in dispute on January 18, 2010, but the *Agreement on Works of Platinum Writer* was obviously unfair and should be rescinded under law. As for the *Agreement on Creation of Commissioned Works*, the Defendant requested to terminate it. On this ground, the Defendant requested the court to order to rescind 1) *the Agreement on Works of Platinum Writer*; and 2) terminate *the Agreement on Creation of Commissioned Works.*

Huanxiang Company, the Third Party, alleged that it had concluded a labor contract with the Defendant. The novel *Yong Sheng* (*the Immortality*) was a work created after the Defendant was employed by it, therefore it should be the work created in the course of employment. Moreover, the Third Party agreed with the Defendant's answers to the complaint regarding the other claims.

Regarding the counterclaim, Xuanting Company, the Plaintiff, argued that since the two aforesaid agreements were both authentic and effective, their performance should be continued instead of being rescinded and terminated.

【Trial】

After trial, Pudong New Area People's Court of Shanghai Municipality held that the *Agreement on Works of Platinum Writer*, a contract concluded by the two equal parties, namely Xuanting Company and Wang Zhong, on a voluntary basis, constituted the true expression of the intention of both parties and complied with the principles of fairness, voluntariness and mutual benefit as provided in *the Contract Law of the PRC*, which had no obvious unfairness and shall not be rescinded. The *Agreement on Creation of Commissioned Works*, which was legal and effective, shall be continued. The novel *Yong Sheng* (*the Immortality*) shall be the work of Wang Zhong. But according to the period of its creation, it fell into the period agreed upon by Xuanting Company and Wang Zhong. Hence, the copyright of the novel shall belong to Xuanting Company.

According to Article 3. 2. 1 of the *Agreement on Works of Platinum Writer* and Article 3. 2. 2 of the *Agreement on Creation of Commissioned Works*, Wang Zhong shall not create any work for any third party arbitrarily within the term of agreement without the consent of Xuanting Company. But disregarding the two agreements signed with Xuanting Company, Wang Zhong published his literature works on the website of Huanxiang Company. Given that such breach of contract is obvious and intentional, Wang Zhong shall bear the liability for breach of contract accordingly. The liquidated damages, as a part of the agreement, are compensatory and punitive. As such damages are mainly for the purpose of compensation, they shall not exceed the actual losses suffered by Xuanting Company. Despite the grounds and methods agreed upon by both parties in the agreement for calculating the liquated damages, Xuanting Company failed to present evidence of its actual losses. In actuality, that Wang Zhong published his novel on the website of Huanxiang Company means the loss of click ratio for Xuanting Company, and now there is no relevant standard available to translate such click rate into economic loss. Moreover, as both parties need to continue the performance of the agreements, the liquidated damages may be reduced appropriately. Based on the above grounds, in accordance with Article 8, Article 44, Article 60, Article 107 and Article 114 of *the Contract Law of the People's Republic of China*, Article 10, Article 11 and Article 25. 1 of *the Copyright Law of the People's Republic of China* and Article 2 of *the Some Provisions of the Supreme People's Court on Evidence in Civil Procedures*, the court ruled that 1. Xuanting Company and Wang Zhong shall continue the performance of the *Agreement on Works of Platinum Writer* concluded by both parties on January 18, 2012; 2. Xuanting Company and Wang Zhong shall continue the performance of the *Agreement on Creation of Commissioned Works* concluded by both parties on January 18, 2010; 3. Wang Zhong shall stop publishing of the novel *Yong Sheng* (*the Immortality*) on the website designated by Huanxiang Company; 4. Wang Zhong shall pay Xuanting Company the liquidated damages of RMB 200,000 within ten (10) days after the ruling takes effect; 5. Copyright of the novel *Yong Sheng* (*the Immortality*) created by Wang Zhong (apart from the rights that cannot be transferred under law) shall belong to Xuanting Company; 6. Other claims of Xuanting Company are dismissed; 7. All claims of Wang Zhong are dismissed.

Both Wang Zhong and Huanxiang Company refused to accept the ruling of the first instance and then appealed to Shanghai No. 1 Intermediate People's Court.

According to Wang Zhong, the Appellant, the novel *Yong Sheng* (*the Immortality*) was created for performing the job tasks assigned by Huanxiang Company and the copyright thereof shall belong to Huanxiang Company. The nature of the contract obligations under the *Agreement on Creation of Commissioned Works* was not fit for compulsory performance. The contents of the *Agreement on Works of Platinum Writer* violated the principles of fairness and equal value exchange. The liquidated damages of RMB 200,000 determined by the court of the first instance for Wang Zhong to burden had no factual or legal basis. On this ground, Wang Zhong requested the court of the second instance to quash items 1-7 of the ruling made in the first instance, amend them to dismiss all claims of Xuanting Company and affirm his counterclaims.

Huanxiang Company, the Appellant, alleged that the copyright of the novel *Yong Sheng* (*the Immortality*) belonged to Huanxiang Company and the *Agreement on Creation of Commissioned Works* was not applicable for continued performance under law. Therefore, Huanxiang Company requested the court of the second instance quash items 3 and 5 of the ruling made in the first instance.

After trial, Shanghai No. 1 Intermediate People's Court held that the finding of fact by the court of the first instance was true.

Shanghai No. 1 Intermediate People's Court also held that the *Agreement on Works of Platinum Writer* and the *Agreement on Creation of Commissioned Works* concluded by Xuanting Company and Wang Zhong were the true expression of the intentions of both parties, and the contents thereof had not violated the mandatory provisions in relevant laws, hence both parties shall perform the obligations thereunder according to the two agreements. During the performance of the above agreements, Wang Zhong made it clear with his statement and conduct that he would no longer perform the contractual obligations thereunder, which constituted violation of such contractual obligations. He shall bear the corresponding liability for breach of contract pursuant to law. However, Xuanting Company requested the court to order that Wang Zhong continue to perform the *Agreement on Works of Platinum Writer* and the *Agreement on Creation of Commissioned Works*, cease the act of publishing his works on other websites (including but not limited to *www. zongheng. com*), and confirm that the copyright of the novel *Yong Sheng* (*the Immortality*) created by Wang Zhong belongs to Xuanting Company. The request, in nature, asked Wang Zhong to bear the liability for breach of contract with regard to the continued performance of contractual obligations. In the *Agreement on Creation of Commissioned Works*, both parties agreed that Wang Zhong was the "Exclusive Writer" of Xuanting Company and shall solely create the "Agreed Works". He may not create works for others or hand over works to any third party for publishing. Moreover, apart from the delivery date, word counts and other aspects provided in the agreements, Xuanting Company also had the right of first refusal to Wang Zhong's works created beyond the term of the agreements. Such obligations, which involve the freedom of Wang Zhong's creation, are of personal attributes and shall not be fit for compulsory performance in nature. When Wang Zhong breached the agreements, Xuanting Company shall not request his continuous performance and can only request him to pay the liquidated damages or make compensation for its losses. However, the ownership of rights to created works shall not fall into the enforceable obligation, and copyright of the novel *Yong Sheng* (*the Immortality*) claimed by Xuanting Company in accordance with the agreements had the legal basis.

The liquidated damages, RMB 1.01 million, that Xuanting Company requested the court to order the payment from Wang Zhong fell into compensation for the breach of contract in substituting the performance interest, and the court should not affirm the request when Xuanting Company claimed to continue the performance of the agreements in the meanwhile. But as the contractual obligations were not fit for the continued performance, Xuanting Company had the legal basis to claim for the liquidated damages under law. As it shall be decided that the copyright of the novel *Yong Sheng* (*the Immortality*) is owned by Xuanting Company, it can be construed that part of contractual performance interest has been fulfilled and hence the liquidated damages shall be decreased to RMB 600,000 accordingly.

Based on the above grounds, Shanghai No. 1 Intermediate Court, pursuant to Article 153.1 (2) of *the Civil Procedure Law of the People's Republic of China*, Article 94 (4), Article 107, Article 110 (1) and Article 114 (1) and Article 114 (2) of the *Contract Law of the People's Republic of China*, ruled that 1. Judgment 5) made in the (2010) PU-Min-San- (Zhi) -Chu-Zi No. 424 was affirmed; 2. Judgments 1), 2), 3), 4), 6) and 7) made in the (2010) PU-Min-San-(Zhi) -Chu-Zi No. 424 were quashed; 3. The *Agreement on Works of Platinum Works* and the *Agreement on Creation of Commissioned Works* concluded on January 18, 2010 between Wang Zhong and Xuanting Company shall be terminated on the effective date of the ruling; 4. Wang Zhong shall pay the liquidated damages of RMB 600,000 to Xuanting Company within ten (10) days upon the effective date of ruling; 5. Other appeals of Wang Zhong and his other counterclaims in the first instance were dismissed; 6. Other appeals of Huanxiang Company were dismissed; and 7. Other counterclaims of Xuanting Company in the first instance were dismissed.

【Comments and analysis】

The case concerns a dispute between an internet literary website operator and an internet writer. The focus of the trail lies in the accurate evaluation of cooperation method in which the website operator buys out all of the future works of the internet writer. The case mainly involves the determination of legal relations between both parties, the effect of such legal relations and bearing of the liability for breach of contract, to name just a few.

I. Nature of Legal Relations between Xuanting Company and Wang Zhong

When determining the nature of the legal relations concerning the involved contract/agreement, the court shall not be constrained to the name of the contract/agreement adopted by the parties. Instead, the court shall determine the nature through considering the purpose for contract/agreement conclusion sought by both parties and combining the articles regarding rights and obligations in the contract/agreement. In the case, although the *Agreement on Creation of Commissioned Works* signed by both parties has adopted the name of Commissioned Works, the agreement did not specify the contents and format that should be created by Wang Zhong in detail, and it actually focused on the determination of the ownership of the works under the agreement. It can be known, by referring to the *Agreement on Works of Platinum Writer*, that the real purpose of entering into the agreement by both parties is to buy out the copyright of all works created by Wang Zhong in the future. Therefore, the legal relations between both parties shall be determined as the relations of copyright transfer.

II. Effect of Contract Concerning Transfer of Right in Future Works

The *Copyright Law* explicitly provides that the property rights in the copyright can be transferred. In the case, the works have not been created when both parties signed the agreements to transfer the copyright in the agreed works, hence the involved agreements actually are the ones to stipulate the transfer of copyright in future works. But the *Copyright Law* has not set down explicit provisions on the legal effect of such transfer.

According to Article 52 of the *Contract Law of the People's Republic of China*, a contract shall be null and void under any of the five circumstances stipulated therein. The circumstances (1), (2), (3) and (5) stipulated in the aforesaid article obviously do not apply to the case. However, further consideration is needed to determine whether the agreements shall be null and void according to circumstance

(4) in the aforesaid article from the point view of protecting the social public interests.

Firstly, based on the foreign legislation, legislators hold different attitudes towards the transfer of the rights to future works in countries where there are relevant laws officially laid down. Some countries totally recognize such effect, such as the UK❶, South Africa❷ and India❸. Some countries recognize the effect but impose

❶ According to Article 91 (1) of the *Copyright Law of the United Kingdom*, where an agreement made in relation to future copyright, and signed by or on behalf of the prospective owner of the copyright, the prospective owner purports to assign the future copyright (wholly or partially) to another person, then if, on the copyright coming into existence, the assignee or any other person claiming hereunder is entitled as against all other persons to require the copyright to be vested in him, the copyright shall vest in the assignee or his successor in title by virtue of this subsection. Please refer to the translation panel of *the Copyright Laws of Twelve Countries*: *the Copyright Laws of Twelve Nations* (translated by Zhang Guangliang), published by Tsinghua University Press in 2011.

❷ According to Article 22 (5) of the *Copyright Law of South Africa*, an assignment, license or disposition as legacy may be granted or made in respect of the copyright in a future work, or the copyright in an existing work in which the copyright does not subsist but will come into being in the future, and the future copyright in any of such works shall be transmissible as movable. Please refer to the translation panel of *the Copyright Laws of Twelve Countries*: the *Copyright Laws of Twelve Countries* (translated by Tan Yue), published by Tsinghua University Press in 2011.

❸ According to Article 18 (1) of the *Indian Copyright Act*, the owner of the copyright in an existing work or the prospective owner of the copyright in a future work may assign to any person the copyright either in whole or part and either in a summarized or limited manner and either for the protection term of copyright in whole or part: provided that in the case of the assignment of copyright in any future work, the assignment shall take effect only when the work comes into existence. Please refer to the translation panel of *the Copyright Laws of Twelve Countries*: the *Copyright Laws of Twelve Countries* (translated by Xiang Jing), published by Tsinghua University Press in 2011, p. 231. (Editor's note: The article provides that the assignment only takes effect when the work concerned exists. But it seems that the article should not be interpreted as the limitation to the assignment of a future work. In this way, India is a country that totally recognizes the effect of the future work copyright.)

limitations to some extent, such as Brazil [1], France[2], Germany[3]. A few ones totally deny the effect, such as Egypt [4]. Generally speaking, it is rarely seen any legislature that expressly prohibits the assignment of right in a future work.

Secondly, from the point view of jurisprudence, the property right in copyright constitutes no barrier of transfer. As for the transfer of right in a future work, the common question lies in that the transfer of the right is totally groundless since the work does not come into being yet. Such question only relates to the performance of contract instead of effect judgment. Actually, when a sales contract is concluded in a transaction of res corporals, it is extremely common that the seller does not obtain the ownership of the goods or the sold subject matter itself even does not exist. Mainly out of consideration for public policies and interest balancing, some countries deny the validity of transfer of rights in a future work or impose some limitations. As there is fairly great disparity in strength between a writer and a publisher, audio and video producer, radio and television institutions and other circulation agencies of works, the writer usually is at a disadvantaged position in the negotiation on contract. Some

---

[1] According to Article 51 of the *Brazilian Copyright Law*, the term of assignment of the author's rights in future works may not exceed five years. Please refer to the translation panel of *the Copyright Laws of Twelve Countries*: the *Copyright Laws of Twelve Countries* (translated by Wan Yong), published by Tsinghua University Press in 2011, p. 15.

[2] According to L. 131 - 1 of *the Intellectual Property Code of France*, the total transfer of future works shall be null and void. Please refer to the translation panel of *the Copyright Laws of Twelve Countries*: the *Copyright Laws of Twelve Countries* (translated by Huang Hui and Zhu Zhigang), published by Tsinghua University Press in 2011, p. 77.

[3] According to Article 40 (1) of the *German Copyright Act*, the agreements under which an author undertakes to grant exploitation rights in future works which are in no way created or whose types are specified shall be made in writing. They may be terminated by either party after a period of five years from conclusion of the agreement. Six months notice of termination shall be given if no shorter period has been agreed. Article 40. 2 provides that the right of termination may not be waived in advance. Please refer to the translation panel of *the Copyright Laws of Twelve Countries*: the *Copyright Laws of Twelve Countries* (translated by Xu Chaoyi), published by Tsinghua University Press in 2011, p. 158. (Editor's note: *the German Copyright Act* adheres to monism of copyright and hence does not recognize the transfer of the copyright itself, but the grant of exploitation rights is equal to a permission, which has no distinct difference between such grant and transfer in reality and shall be included. Strictly speaking, it should be the provision regarding the permission of future works right.)

[4] Article 153 of the *Law on the Protection of Intellectual Property of Egypt* (*Section of Copyright*) provides that any disposition by the author of his future intellectual creation shall be considered as null and void. Please refer to the translation panel of *the Copyright Laws of Twelve Countries*: the *Copyright Laws of Twelve Countries* (translated by Jin Haijun), published by Tsinghua University Press in 2011, p. 39.

limitations imposed by virtue of legislation to the assignment of rights will be beneficial to protecting the rights and interests of writers in some sense.

However, the fact that the law recognizes the assignment of right in a future work will facilitate the creation and circulation of the work in a positive way. Firstly, in the copyright trade, it is common to solicit contributions from writers. In many cases, there is no such issue as disparity in strength between the writer and the work disseminator. Secondly, the creation of a work, apart from the intellectual creation of the writer, often relies on the support of funds. For some works, such as film and television works, computer software and maps, the upfront input of funds plays a key role in the completion of these works. If it is not allowed to dispose the right in a future work, it will not be beneficial to guarantee the work to have sufficient support of funds. Last not the least, if it is permitted to transfer the right in a future work in the literature and art world, it will be beneficial to the writers, especially the fledgling ones, to have stable and anticipated incomes to guarantee the continuity of their creation.

In summary, there is no persuadable ground to invalidate the transfer of the right in a future work no matter from the observation of comparative law or from the measurement of public interest. Hence, the writer affirms the recognition of the validity in the transfer of such right.

III. Liability for Breach of Contract Concerning Transfer of Rights in Future Works

The contract concerning the transfer of rights in future works has the legal effect, and the non-breaching party may ask the breaching party to bear the liability according to the contract law. But the question is whether the assignee can request the continued performance of the contract when the writer breaches the contract.

Pursuant to Article 110 of *the Contract Law of the People's Republic of China*, the non-breaching party shall not request the breaching party continue to perform if the debt is unable to be performed by law or the subject matter of debt is not fit for enforceable performance. In the process of transfer of future works, the creation belongs to the intellectual creation of the writer and has personal attribute. By nature the enforceable performance is not fit. On the other hand, the limitation imposed on the freedom of creation is also contrary to the legislative purpose for the copyright law to promote the creation and circulation of the works, so it cannot be performed compulsorily by law. If the work itself has not be completed when the contract is concluded and the opposing party requests the writer deliver the unfinished work or transfer the right thereafter, such act will in some cases lead to forced creation of the writer or impose limitations on the freedom of creation. Under such circumstances, it is not suitable to force the writer to continue the performance of the contract.

In this case, Xuanting Company requested the court to order that Wang Zhong continue to perform the *Agreement on Works of Platinum Writer* and the *Agreement on Creation of Commissioned Works*, cease the act of publishing his works on other websites, and confirm that the copyright of the novel *Yong Sheng* (*the Immortality*) created by Wang Zhong belongs to Xuanting Company. The request, in nature, asked Wang Zhong to bear the liability for breach of contract with regard to the continued performance of contractual obligations. Firstly, in accordance with the *Agreement on Creation of Commissioned Works*, both parties agreed that Wang Zhong was the "exclusive writer" to Xuanting Company and shall solely create the "Agreed Works". He may not create works for others or hand over works to any third party for publishing. Moreover, apart from the delivery date, word counts and other aspects provided in the agreements, Xuanting Company also had the right of first refusal for Wang Zhong's works created beyond the term of the agreements. These obligations, involving the creation and freedom of creation of Wang Zhong, are not fit for enforceable performance by nature. Hence, when Wang Zhong breached the agreements, Xuanting Company shall not request his continued performance and can only request him to pay the liquidated damages or make compensation for its losses. Secondly, the assignment and transfer of the right in created works shall not fall into the enforceable obligation, and the copyright of the novel *Yong Sheng* (*the Immortality*) claimed by Xuanting Company pursuant to the agreements had the legal basis. According to these grounds, the second instance amended the ruling made in the first instance.

(Written by: Liu Junhua)

Network Service Provider has the Duty of Care to Its Users' Repeated Infringement

—Zhuang Zedong *et al.* v. Shanghai Source Internet Technology Co., Ltd. Dispute Over Infringement on the Right to Network Dissemination of Information

【**Summary**】

Network service provider shall strictly scrutinize contents uploaded by its users with lawsuit history of infringement on copyright and take proper measures to avoid Internet users' repeated infringement with technology it provides. When the above duty of care failed, such provider shall jointly shoulder the infringement liabilities.

【**Facts**】

Plaintiff (Appellant): Zhuang Zedong, Atsuko Sasaki

Defendant (Appellee): Shanghai Source Internet Technology Co., Ltd.

Cause of Action: Dispute over infringement on the right to network dissemination of information

Case No. at First Instance: (2010) LU-Min-San- (Zhi) -Chu-Zi No. 193

Case No. at Second Instance: (2010) HU-Yi-Zhong-Min-Wu-Zhi-Zhong-Zi No. 33

From July 1998 to July 2008, Red Flag Press published *Deng Xiaoping's Approval on Our Marriage* authored by Zhuang Zedong and Atsuko Sasaki.

On March 26, 2010, Zhuang Zedong and Atsuko Sasaki authorized agent Zhang Yu for notarization. The notarization confirmed that VeryCD. com run by Shanghai Source Internet Technology Co., Ltd. (hereinafter referred to as "Source Internet") displayed audio version of the said book. The user name of the publisher is "nobodyvssomebody" (hereinafter referred to as "N"), and the link of the said resource for downloading is *ed2k: // | file | %5B%E5%B0%8F%E8%AF%B4%E8%BF%9E%E6%*.

The Plaintiffs Zhuang Zedong and Atsuko Sasaki alleged that: They owned the copyright of the said book. The Defendant, without permission, adapted the book into audio material for Internet dissemination, infringing on the right of reproduction and right of network dissemination of information of the Plaintiff. The Plaintiff has thus lodged the claim, requesting the defendant to stop the infringement and compensate a loss of RMB 530,000.

The defendant Source Internet argued that *VeryCD. com* run by the Company was an Internet resource-sharing platform supported by P2P technology, and it did not provide works initiatively. The audio book involved was not produced and uploaded by the defendant, who had already performed its duty of care and management by shielding the disputed work. It should not take the infringement liability and requested the court to dismiss claims of the Plaintiffs.

【Trial】

After trial, the former Shanghai Luwan District People's Court held that the involved audio book was published by Internet user N and was not stored on Source Internet's server, and the download address was not the website of the said company for which Source Internet only provided link service. Therefore, the claim made by Zhuang Zedong and Atsuko Sasaki of the direct infringement against Source Internet was groundless. Meanwhile, in consideration of the huge amount of links provided by users, it was improper to have a claim on Source Internet to check and verify materials uploaded by all users one by one. Besides, audio books, unlike films and television programs, with a lower cost of production, may be created and uploaded by ordinary fans for sharing. In summary, it could not be derived for sure that Source Internet has known or should have known that the involved audio book had not been authorized by the right holders. Therefore, Source Internet did not commit contributory infringement. Since Source Internet shielded the involved audio book upon receipt of the pleadings, it performed its obligation as a network service provider. Based on the above grounds, the claim of Zhuang Zedong and Atsuko Sasaki was dismissed.

After trial of the first instance, Zhuang Zedong and Atsuko Sasaki, not satisfied with such decision, brought an appeal to Shanghai No. 1 Intermediate People's Court.

The Appellees Zhuang Zedong and Atsuko Sasaki alleged that: (1) *VeryCD. com* run by Source Internet not only provided network link of the involved work, but also created special webpage for categorized display, picture display and content introduction, and had product placement on the webpage, to attract users to browse the website and download materials. It was a direct infringement. (2) Since user N was suspected of infringing on others' copyright, and Shanghai Weixi Network Technology Co, . Ltd. (hereinafter referred to as "Weixi Company"), the former operator of *VeryCD. com* had been charged. Source Internet, after taking over the operation of *VeryCD. com*, failed to strengthen check, verification and management of its users and materials uploaded. Instead, it modified the creation time intentionally to protect its users. (3) The contact information for complaints provided by Source Internet to the right holders existed in name only for there was no answer on the phone or Email, making the right holders impossible to exert his/her right in time. Therefore, the fact of contributory infringement by Source Internet did exist. The Appellee, thus, requested the court to quash the original ruling and amend the ruling to order Source Internet to stop infringement and compensate an economic loss of RMB 530,000.

The Appellee Source Internet argued that: (1) It was true that *VeryCD. com* was run by the company. But it only provided an Internet resource sharing platform based on P2P technology where users published the links of resources on the website run by the company who only zoned all users' resources links without any editing, storage or modification. Besides, there was no such fact of creating special webpage. (2) Due to the large amount of resources uploaded by the users, it was impossible to check and verify one by one. The involved work published at an earlier time with limited popularity. In addition, the cost of making audio books was low, the scope of dissemination was relatively small, and any user could upload it on *VeryCD. com*. Therefore, it made Source Internet impossible to know or shall have known the infringement of copyright of such audio book. (3) The creation time and the registration time of Internet users of *VeryCD. com* were different, and Source Internet never modified the creation time of user N. The contact email address set up by the website was unobstructed. The emails from related persons were not replied because their senders could not be identified. Source Internet had performed its duty of care as a network service provider, therefore should not take the liability for the infringement. It requested the court to uphold the original judgment.

Shanghai No. 1 Intermediate People's Court ascertained after trial that the founders of *VeryCD. com* were Huang Yimeng, Dai Yunjie, *et al. VeryCD. com* was run by Weixi Company; the person in charge of the website was Huang Yimeng, shareholder and legal representative of Weixi Company; Dai Yunjie was anther shareholder of Weixi Company. On November 2, 2009, Weixi Company transferred *VeryCD. com* to

Source Internet of which Dai Yunjie served as shareholder and legal representative, and Source Internet inherited all rights of the *VeryCD. com*. On December 22, 2009, Weixi Company cancelled its industrial and commercial registration. As shown on the websites of Telecommunication Management Bureau of the Ministry of Industry and Information Technology of the PRC and Shanghai Telecommunications Administration, the person in charge of *VeryCD. com* were changed to Dai Yunjie on January 17, 2011, while the email address and mobile phone number of the person in charge were still Huang Yimeng's. Relevant information on the official website of *VeryCD. com* indicated that Huang Yimeng was still the owner and website manager of *VeryCD. com* since September 2003.

VeryCD. com is an Internet resource sharing platform based on P2P technology where introduction, link address and other information of the online resources are input by Internet users based on the guide of the settings of the website. The website categorized resources uploaded by users in accordance with suggestions from users and statistics of third-party websites. When the resource uploaded is of high readability and frequently clicked, the management system of the website would automatically recommend such resource to the "best resource" column. Advertisings on the webpage were generated by respective advertising clients, and the advertisement pages were stored on server of the website, and the templates were modified by the website regularly.

Internet user N registered on *VeryCD. com* on March 29, 2005 as a senior user (golden-disk level, only below the highest "emule level"). Since October 17, 2005, N has released 88 resources on *VeryCD. com* of which 82 were "best resources" and 6 were "normal resource" falling into "Entertainment" and "Material" categories. The "best resources" include "Material" *Red Guard* of Wu Jicheng read by Zhang Yao (7 episodes in mp3) [ISO], "Material" *The Shocking Dream of a Rich and Powerful Family* of Liang Fengyi read by Chen Axi, 22 episodes, [ISO]; "Material" *My Uncle Zhou Enlai* of Zhou Bingde written down by Tie Zhuwei (35 episodes in WMA format) [ISO], "Material" *Grand Justice* of Zhang Hongsen (55 episodes in mp3) [ISO] and some other works.

On November 27, 2005, the release of audio book of *Dark Passage* resulted in the lawsuit of Cui Yabin against Weixi Company and Huang Yimeng for infringement of property right in works. The jointly entrusted agent of the Defendants Weixi Company and Huang Yimeng was Ye Jigang, employee of the then Weixi Company.

On January 13, 2006, N released the audio version of *Deng Xiaoping's Approval of Our Marriage* on *VeryCD. com.* Until the notarization of such evidence of infringement by Zhuang Zedong and Atsuko Sasaki, the resource was browsed for 2, 315 times and marked for three times. On August 18, 2010, Zhuang Zedong and Atsuko Sasaki filed a lawsuit to the court against Source Internet's infringement of right of network dissemination of information of the aforementioned book. At the first instance, the entrusted agent of Source Internet was still Ye Jigang (now an employee of Source Internet).

During trial of the first instance, Zhuang Zedong and Atsuko Sasaki paid RMB26.90 on the book, RMB 6, 260 on notarial fee, and RMB 10,000 on counsel fee.

Shanghai No. 1 Intermediate People's Court held that *VeryCD. com* run by Source Internet was a website of network resource sharing based on P2P technology. With P2P technology, internet users need not to transit through the network central server to realize peer-to-peer data exchange. When users of P2P software illegally disseminate works of other proprietors, the network provider of P2P technology has, in fact, helped P2P software users in disseminating the infringed works. However, it could not judge based on the objective result that the network provider of P2P technology needs to bear the liability of infringing on others' copyright. According to Article 23 of the *Regulation on the Protection of the Right to Network Dissemination of Information* that "provider of network services such as search and link who knows or should have known the infringement of the object of links shall assume the liability of contributory infringement", only when network service provider who provides P2P technology has subjective fault shall such provider assumes contributory infringement liability for indirect infringement. And the determination of whether the network service provider has subjective fault shall be objectively made based on the comprehensive consideration of the operating acts of the network service provider. As user N of the said website had caused copyright infringement lawsuit between other people and *VeryCD. com*, and Weixi Company who had operated *VeryCD. com* were highly confusing with the actual operator of Source Internet. Therefore, Source Internet should be quite clear about the fact that user N had infringed on others' copyright. Besides, the resources released by N on *VeryCD. com* related to numerous famous works which could be suspected of copyright infringement even by a common internet user, Source Internet, as a network service provider specialized in internet resource sharing, should naturally assume higher duty of care. In addition, the popularity of the materials uploaded by the user is closely related to business profit of the network service provider through advertisements. The higher click rate of uploaded materials, the higher motivation of advertisers, thus the higher profit a network service provider could earn. Based on the equivalence between rights and obligations, network service providers shall assume prudent duty of care and duty of review on "best resources" with higher click rate. The case was, to some degree, resulted from the negligence of Source Internet in the abovementioned duties and its indifference to the suspected infringement of the senior user N. In conclusion, the court of the second instance held that Source Internet had subjective fault on user N's infringement of the right of network dissemination of information of Zhuang Zedong and Atsuko Sasaki by releasing audio version of their works titled *Deng Xiaoping's Approval of Our Marriage*. The company shall bear the liability of contributory infringement. In the meantime, as the Appellees Zhuang Zedong and Atsuko Sasaki requested Source Internet to compensate RMB 530,000 but failed to provide evidence concerning their actual losses and the profit Source Internet made, the court then made determination based on comprehensive consideration of category of works, nature of the infringement, infringement duration, result of infringement, and the severity of subjective fault of Source Internet. The court made the decision that Source Internet should stop infringing the right of network dissemination of information of Zhuang Zedong and Atsuko Sasaki in the book *Deng Xiaoping's Approval of Our Marriage* and compensate the abovementioned two authors with RMB 55,000 for economic losses and reasonable expenses.

【Comments and analysis】

The legal focus of the case is whether network service provider of P2P technology shall perform due duty of care on network users who had caused similar lawsuit. As it involves network technology and application of relevant laws, the principle for trial and judgment that "technical analysis for technical issues and law settlement for legal matters" shall be followed.

I. Application Features of P2P Software Technology

P2P is the abbreviation of "Peer to Peer", a new network information dissemination technology created at the beginning of the century. With the creation of P2P technology, information dissemination freed from the dependence on network central server where network users could realize data exchange without transit through network central server. In P2P network system, each user could set up a "shared folder" (equivalent to a file server) on local hard disk. If the owner is willing to share his/her films, music, software and other files, he/she may copy the said files to the "shared folder". Then any other users using the P2P software may search with key words of files copied to the "shared folder" and download the files to their own computer as long as the owner opens his/her computer, stays online, and runs the P2P software.❶Compared with traditional network information technology, P2P boasts the features that even though the server of network service provider is shut down, network users of P2P technology can still access to information they need through other network users utilizing P2P technology.

II. Integral Parts for Network Service Provider of P2P Technology to Assume the Infringement Liability

P2P technology is not a kind of pure malicious software. It not only provides technical support for network users to exchange information, but also facilitates the development of the Internet industry. It is certain that P2P technology may be used by Internet users for illegal dissemination of infringed works, infringing right to network dissemination of information owned by others. However, it shall be pointed out that when Internet users using P2P technology for illegal dissemination of infringed works, even if the network service provider providing such technology has objectively helped such users in disseminating the infringed works, it could not be judged simply on this ground that such provider should assume corresponding infringement liability.❷The reason is that: the network service provider of P2P technology have no act directly infringing on the right to network dissemination of information. Therefore, it did not commit direct infringement. If such network service provider assumes the liability of contributory infringement for the indirect infringement, the following conditions should be met: (1) there are direct infringement acts; (2) it has objectively

❶ Refer to Wang Qian, *Intellectual Property Law Course*, Edition 1, Page 165, China Renmin University Press.

❷ Refer to Zhu Jianjun, Tan Minghua: Determination of Direct Infringement Liability of P2P Service Provider, *Intellectual Property*, Issue 1, 2009.

participated in and assisted with the direct infringement acts; (3) it has subjective fault. [1]In this case, acts of Source Internet conformed to two of the aforementioned conditions. The point is whether it conformed to the third condition, or, whether Source Internet had subjective fault.

III. Judgment Criteria for Subjective Fault of Network Service Providers

According to Article 23 of the *Regulation on the Protection of the Right to Network Dissemination of Information* that "network provider of search and link services who knows or shall has known the infringement of the object of links shall assume the liability of contributory infringement", criteria for judging whether the P2P technology network service provider has any subjective fault are divided into two categories: have known and should have known: 1. Have known. In juridical practice, the finding of "have known" is mainly illustrated in two aspects: First, the P2P network service provider admits that it has known that its users had infringed on copyright of others and did not take any measures to eliminate such acts, which is determined as admitted have-known. Second, according to the "notice - takedown" rule, for instance, after the copyright owner issued a warning with evidence but the P2P network provider did not take any measures to eliminate such infringement acts, it can be determined that the network service provider have known. It is determined as inferred have-known. 2. Should have known, which refers to that within the scope can be predicted by the P2P network service provider, it should have foreseen the infringement on others' copyright by its P2P software users, but failed to fulfill its duty of care which resulted in or expanded the losses. Then it shall be determined that such network service provider has subjective fault.

In this case, Source Internet denied all the time that it had known the involved audio book uploaded to its website was an infringed work, and Zhuang Zedonga and Atsuko Sasaki did not provide any evidence proving that they had issued warning meeting legal requirements to Source Internet. Therefore, the existing evidence did not prove that Source Internet had subjective fault that it had known the infringement

---

[1] Chen Shaoping, Research on Legal Liabilities of MP3 Search Engine Providers - Analysis on Rulings of Second Instance Issued by Beijing Higher Court on "Baidu Case" and "Yahoo! Case", *Electronics Intellectual Property*, Issue 8, 2008.

of links provided by its user N.

However, we believe that Source Internet should have known that its user N had committed infringement for the following reasons: 1. the involved user had caused infringement lawsuit before. In the last infringement case, the then operator of *VeryCD. com* was the Defendant, and the entrusted agent of that case is the entrusted agent at the first instance of this case. In the meantime, the two operators of *VeryCD. com* are highly confusing. It could be concluded that Source Internet was clear about the fact that user N was suspected of infringing copyright. 2. A responsible website operator shall, after the occurrence of infringement lawsuit, pay special attention to materials uploaded by involved users. User N in this case has uploaded 88 resources, involving a number of popular works. Under normal circumstance, such user is unable to obtain legal authorizations from so many authors. Therefore, even ordinary people would realize that the user is suspected of infringement. Source Internet, as a professional network provider for sharing of Internet resources, had no ground to neglect and ignore it. 3. N is a senior user of *VeryCD. com* and uploaded 86 "best resources", bringing advertisement profit for Source Internet. Based on the equivalence between rights and obligations, Source Internet shall bear larger duty of care. Therefore, we believe that Source Internet has subjective fault on the occurrence of infringement and shall bear the liability of contributory infringement.

IV. Weighing Elements on Statutory Damages

In this case, Zhuang Zedong and Atsuko Sasaki did not submit to the court evidence proving their actual losses and illegal gains of Source Internet, and the highest standard of statutory damages was observed in trial. Therefore, damages shall be determined in accordance with the details of categories of the work, nature of the infringement, duration and consequence of the infringement, subjective fault of Source Internet, and etc. Since the involved work is a popular book written by celebrities and has been printed three times since the publishing in July 1998. Audio version of the work was uploaded to *VeryCD. com* in January 2006. With the P2P technology, it will be disseminated again and again as an "infringing seed", which will affect the normal sales of the involved book. And Source Internet, with its negligence to duty of care, has subjective fault on the occurrence of infringement. Therefore, we decided that Source Internet shall pay damages of RMB 50,000 with reference to similar cases and the compensations.[1] Meanwhile, in consideration of the costs paid by Zhuang Zedong and Atsuko Sasaki on investigation, notarization, attorney's fee and other expenses for the purpose of stopping Source Internet from infringing, we ruled, based on the accessibility of obtaining evidence of the case, complexity of trial of second instance and other factors, that Source Internet should bear reasonable expenses of RMB 5,000.

(Written by: Song Xuedong, Liu Junhua, and Tang Zhen)

[1] In 2010, Shanghai No. 1 Intermediate People's Court made the decision that the defendant of infringing on the right to network dissemination of information of cinematographic works shall pay on average of no more than RMB 30,000 compensation (including reasonable expenses). Refer to Zhu Dan, Decision on Damages of Infringing on Right to Network Dissemination of Information, *The People's Judicature* (*Application*), Issue 11 of 2011.

Determination on Ownership of Copyright of Cartoon Character Images

—Hu Jinqing, *et al.* and Shanghai Animation Film Studio Dispute over Copyright Ownership

【Summary】

This case involves a dispute over the ownership of copyright of works created in the course of employment in the era of planned economy. The ruling explicitly specified that under particular historical conditions, even without explicit agreement or specific laws and regulations, cartoon character images created by employees of an entity may be determined as "special works created in the course of employment" based on the specific acts and true expression of the intentions of the parties, and the entity shall enjoy all copyright except for the right of authorship. On the one hand, this complies with the general understanding of the public to the ownership of copyright of such works. On the other hand, it can also protect the sound development of cultural industry.

【Facts】

Plaintiff (Appellant): Hu Jinqing

Plaintiff (Appellant): Wu Yunchu

Defendant (Appellee): Shanghai Animation Film Studio

Cause of Action: Dispute over Copyright Ownership

Case No. at First Instance: (2010) HUANG-Min-San- (Zhi) -Chu-Zi No. 28

Case No. at Second Instance: (2011) HU-Er-Zhong-Min-Wu- (Zhi) -Zhong-Zi No. 62

Hu Jinqing, the Plaintiff, once used the names of Mo Du and Jin Qing. In 1953, Hu Jinqing, the Plaintiff, was employed by Shanghai Animation Film Studio (hereinafter referred to as the "Animation Film Studio"), the Defendant, as animation designer, action designer, image designer, director, and deputy director of the Arts Committee successively. In August 1964, Wu Yunchu, the Plaintiff, was employed by the Defendant as action designer, image designer and director successively.

In 1984, the Defendant's literary screenwriter, Yang Yuliang, composed the outline of the literary script *Seven Brothers* based on the folktale of *Seven Brothers*. At the end of 1985, the Defendant set up the camera crew for the film *Seven Brothers*, appointing Hu Jinqing, Zhou Keqin and Ge Guiyun as directors and Hu Jinqing and Wu Yunchu as image designers. The two plaintiffs drew the image sketch of the cartoon character "Calabash Brothers" with consistent images which share the following common features: square face, short and thick eyebrows, bright eyes, and stocky figure. They are wearing calabash top on the head, calabash leaf necklace, sleeveless jacket and shorts and calabash leaf apron. The seven calabash brothers' clothes are in seven colors, i. e. red, orange, yellow, green, cyan, blue and purple respectively. Hu Jinqing, the Plaintiff, totally drew the story board scripts for 13 episodes of *Calabash Brothers*. After the comparison, the images of "Calabash Brothers" in the story board scripts are basically the same as those in the film in appearance. The former are in white and black and simplified drawing with discrepancies in details of the images in different parts. The latter are colored and delicate, without discrepancy at all. In 1988, Hu Jinqing, the Plaintiff, totally drew story board scripts for six episodes of *Calabash King Kong* and the image of "Calabash King Kong" and is generally the same as those of "Calabash Brothers". Different from "Calabash Brothers", "Calabash King Kong" was dressed in white and wearing golden glittering calabash-shaped pendant around the neck, representing the integration of the seven calabash brothers.

The Defendant completed the production of 13 episodes of *Calabash Brothers* in 1986 and 1987, and completed the production of six episodes of *Calabash King Kong* successively from 1989 to 1991. Each episode of *Calabash Brothers* and *Calabash King Kong* was generally affixed with names of the three art designers: Wu Yunchu, Jin Qing and Chang Baosheng. The finished scripts for each episode of *Calabash Brothers* and the credit title at the run-out of each VCD of Calabash Brother series produced by the Animation Film Studio in 1996 was affixed with names of the two image designers: Wu Yunchu and Jin Qing. The credit title at the run-out of each script of *Calabash King Kong* also displayed the names of the two image designers: Wu Yunchu and Jin Qing.

Hu Jinqing and Wu Yunchu, the Plaintiffs, jointly alleged that character image artwork had come into being before the production of the film, and the copyright thereof could be independent from the film and owned by the designers. In addition, the copyright of "*Calabash Brothers*" reflected in the film shall also belong to them. They never used the Defendant's material and technological conditions in creating story board scripts of the film involved. It shall be a general work created in the course of employment. Under the context that no agreement has been reached between the parties, the copyright of the character images of "Calabash Brothers" shall belong to them. Therefore, they filed this lawsuit to and requested the court to: 1. confirm that the copyright of the original artwork of character images of calabash brothers in *Calabash Brothers* and its sequel *Calabash King Kong* series (including Calabash Brothers and Calabash King Kong), a paper cutting animation film, shall belong to Hu Jinqing and Wu Yunchu, the Plaintiffs; 2. the costs of court shall be borne by the Defendant.

The Animation Film Studio, the Defendant, argued that the film involved was shot against the backdrop of planned economy, and then the copyright law had not been issued, so that it was impossible for both parties to sign an agreement on the ownership of the said copyright. The drafts of the character images in dispute were drawn by script drawers including the two plaintiffs, and then posted up to the camera crew for discussion and modification and finally reviewed and determined by the Art Committee of the Studio. The creation of these images was led by the Defendant, representing the will of the legal person who assumed responsibilities for them. Therefore, the copyright of such images shall belong to the Defendant and the Plaintiffs had gained remuneration and awards from the Defendant. Besides, the images of "Calabash Brothers" in the films were consecutive and dynamic, which cannot be used independently from the films. Even though they can be used separately, the copyright shall be possessed by the Defendant, and this will be more beneficial to the development of the animation industry. Therefore, it requested the court to dismiss the claims of the Plaintiffs.

【Trial】

After the trial, Huangpu District People's Court of Shanghai Municipality held that the images in dispute came into existence during the production of the film in 1986 when no laws and regulations or policies stipulating the ownership of copyright of the character images in the film. According to the provisions of the copyright law, the case shall still be settled in accordance with the *Copyright Law of the People's Republic of China*.

Issues concerning the ownership of the copyright of the character images of

"Calabash Brothers". At the time when the involved films were created, China remained in the period of planned economy. It was the Plaintiffs' responsibility to complete the tasks of image designers allocated by the Defendant. It was an undoubted industry practice that the results created belong to the entity. Since the legal system then was not well-established enough, it was unreasonable to require the involved parties to reach a specific agreement on the copyright ownership in the form of contract at the time of creating the images in dispute. Furthermore, the two Plaintiffs had received remuneration and awards far higher than their salary bonus for the disputed images. During the 24 years from the premiere of the involved films in 1986 to 2010 before the lawsuit was lodged, the Plaintiffs never raised an objection against the Defendant on the copyright of the images in dispute. In conclusion, according to the historical background and conditions where the images in dispute were created as well as the above-mentioned acts of both parties, it can be determined that the copyright of the character image artwork of "Calabash Brothers" shall be owned by the Defendant and the two Plaintiffs only own the right of identifying themselves as the designers thereof. The creation of the artwork in dispute demonstrates unique ideas, emotion, intention and personalities of the designers. The suggestions on modification put forward by other members of the camera crew and the department head of the Defendant shall not impact the fact that it is the designers who made substantial contributions to the character images of "Calabash Brothers". In addition, viewing from the names affixed at the film run-out, the image design was also attributed to the Plaintiffs. Therefore, the character image artwork of "Calabash Brothers" is not the creation representing the intention of the legal person, thus shall not be determined as works of the legal person.

Having been integrated into the film, the image artwork in dispute formed complete images of "Calabash Brothers" with characteristic features. Then, it was not purely a piece of artwork when people saw the static images of "Calabash Brothers" but vivid ones with the elements including unique characteristics, stories and responses. The reasons for "Calabash Brothers" becoming widely known and favored cartoon images by the audience lied in the reputation brought by the Defendant in making investment to shoot the films and its devotion to sustained publicity of the films. From the equity principle of the *Civil Law*, the contribution made by the integrity and reputation of the images of "Calabash Brothers" shall belong to the Defendant. Therefore, the court did not support the Plaintiffs' claim for owning the copyright of the images of "Calabash Brothers" in the film. Therefore, in accordance with Article 3.4, Article 11.1, Article 11.2, Article 11.4, Article 15, Article 16.2.2, Article 60 and Article 61 of the *Copyright Law of the People's Republic of China*, Article 4.8, Article 4.11 and Article 11.1 of the *Regulation for the Implementation of the Copyright Law of the People's Republic of China*, and Article 4 of the *General Principles of the Civil Law of the People's Republic of China*, the court hereby ruled that it did not affirm the request of Hu Jinqing and Wu Yunchu, the Plaintiffs, for confirming their claims that the copyright of the original artwork of "Calabash brothers" in *Calabash Brothers* and its sequel *Calabash King Kong* series (including Calabash Brothers and Calabash King Kong), paper cutting animation films, shall belong to them.

After the ruling of first instance, Hu Jinqing and Wu Yunchu, not satisfied with such decision, brought an appeal to Shanghai No. 2 Intermediate People's Court.

After the trial, Shanghai No. 2 Intermediate People's Court held that a clear finding of fact had been made and correct laws had been applied in the ruling of first instance, and hence made the ruling to reject the appeal and affirm the original judgment.

【Comments and analysis】

According to the general rules of the *Copyright Law*, a citizen creating a work shall be the author of the work who owns the copyright thereof. Under some special circumstances, however, copyright can also be owned by natural persons other than the author, legal person or other organizations pursuant to relevant agreement or laws. For instance, if a work is a commissioned work or a work created in the course of employment, the copyright of the work may belong to the principal or the entity pursuant to the agreement reached between the parties. If the work is a part of a corporate work in conformity with provisions of laws, then the copyright of the work shall belong to the legal person, even it is accomplished independently by the author. Since the involved works and cartoon films were created at the time of planned economy when the *Copyright Law* had not yet issued and implemented, there was no relevant laws for reference and the parties had not reached specific agreement on the ownership of the disputed works. Therefore, in this case, the courts of first instance and second instance, taking into consideration the nature and historical background of the involved works as well as the actual performance of both parties, made a correct judgment.

I. The Involved Cartoon Character Images are not Corporate Works

It is provided in Article 11. 3 of the *Copyright Law of the People's Republic of China* that for any work created under the leadership of a legal person or other organizations, which represents the will of the legal person or other organizations and for which the legal person or other organizations take the legal liability, the legal person or such other organizations shall be regarded as the author of the work. Besides, it is provided in Article 16. 1 of the *Copyright Law* that the work created by a citizen for fulfillment of his/her tasks of the legal person or other organizations is a work created in the course of employment. Since the executor of the legal person's can only be and must be natural persons who may unavoidably have strong subjective initiative in execution of the will. However, a work created in the course of employment is one created by the author with the purpose of fulfilling his/her tasks. It is unavoidable that the creation itself needs to comply with the working requirements of the entity, and to some extent, represents the will of the entity. Therefore, corporate work and work created in the course of employment often become the focus of dispute between both parties in a lawsuit. It is also a difficult point in judicial decision. In judicial practice, the distinction between corporate work and work created in the course of employment shall be made in terms of the relationship of the creator and the entity, the creation process, provision of material and technological conditions, the will the work represents and the assumption of the responsibilities of the work.

Take this case as an example. First of all, the two Plaintiffs were employees of the Defendant. The cartoon character images of "Calabash Brothers" were designed based on the work arrangement of the Defendant. It was also their job responsibility to create the images. Both parties held no dispute over the above facts, from which we can see that the involved works comply with the basic key components of works created in the course of employment. Secondly, viewing from the process of production of the involved works, the Defendant stated that the involved works had been drafted by the Plaintiffs but discussed and modified by the members of the camera crew, and reviewed and determined by the Art Committee of the Studio. Based on this ground, the works should be regarded as collective created works, which shall be owned by the legal person. We hold that the involved works are artworks, whose creation is of strong individual properties of the creators. In addition, the statement on the drafts of the involved works made by the Defendant also serves as an evidence for the fact that it was the Plaintiffs who created the works from nothing. The works reflects ideas, will and emotion of the two Plaintiffs. The Defendant did not provide evidence proving the result of collective discussion of the camera crew or the decision made by the Art Committee of the Studio to modify the involved works substantially, which can thus only be assumed as the assistance they provided to the Plaintiffs. Therefore, the works shall not be considered as embodiment of the collective will of the Defendant. Just as stated in the ruling of first instance, "this shall not impact the fact that it is the designers who made substantial contributions to the character images of 'Calabash Brothers'". Lastly, pursuant to the law, the authors of corporate works shall be legal persons or other organizations, namely entities. In other words, an entity possesses the complete copyright of corporate work including the right of authorship. If the involved works were determined as corporate works, their rights of signature shall belong to the entity instead of individuals. However, the Defendant affixed the names of the Plaintiffs as image character designers of the involved animation films for many times, which did not conform to the facts. Taking the above factors into consideration as a whole, we hold that the cartoon character images of "Calabash Brothers" were designed by the two Plaintiffs and shall be works created in the course of employment rather than corporate works.

II. The Involved Cartoon Character Images are Special Works Created in the Course of Employment

Article 16 of the *Copyright Law* put works created in the course of employment into two categories: The first category includes general works created in the course of employment, of which the copyright shall be owned by the creator with the entity enjoying the priority of using it within business scope. The second category includes special works created in the course of employment, of which the creator only owns the right of authorship and the entity possesses all other copyright. We believe it is a fact that both parties did not sign a written contract on the ownership of the copyright of the works in dispute. However, it was an act under specific historical conditions. It was hard for the parties to reach specific agreement on the copyright ownership of the works created in the course of employment according to the *Copyright Law* in advance at the time of creation. Meanwhile, there were no laws and regulations with provisions on such issues at that time. Therefore, in-depth study shall be made to explore the specific forms and true expression of intentions of the parties at the time of acting, based on which the ownership of the copyright of works in dispute created in the course of employment can be determined.

First of all, considering the legal environment at that time, China did not enact copyright laws or regulations and the public were not aware of protecting the copyright. In respect of the whole creation of the animation films, the products created for finishing job tasks shall belong to the entity, which was commonly acknowledged by the public at that time. Second, when the shooting of the film *Calabash Brothers* finished, the Defendant had granted awards to the Plaintiffs for the designed images in dispute, which was in line with the policies implemented at that time and the expectation of the Plaintiffs. Third, during the shooting of the animation film *Calabash Brothers*, Jiang Youyi, director of the Creation Office of the Animation Film Studio then once explicitly required the designers not to contribute their works to other entities, against which the Plaintiffs, the designers, did not raise any objection. That is to say, the Plaintiffs observed the rules made by the Defendant with actual behaviors. Lastly, during the 24 years from the completion of the images in dispute till the filing of this lawsuit, the Plaintiffs never raised any objection against the Defendant about the copyright of the involved images of "Calabash Brothers". As evidenced by all these facts, both parties acknowledged that the Defendant had the right to control the character images in the above animation films.

Article 2 of *Interpretation II of the Supreme People's Court on Several Issues Concerning the Application of the Contract Law of the People's Republic of China* provided that "unless otherwise stipulated by laws, where the parties, though not signing any written contract or reach any agreement in oral form, can be inferred to have the intention to reach an agreement according to their civil acts, the people's court can determine that a contract has been reached "in other forms" pursuant to Article 10. 1 of the *Contract Law.* " Based on the above analysis, we conclude that since the involved works were created in the era of planned economy, under such a particular historical background, though both the Plaintiffs and the Defendant had not reached any agreement on the ownership of the copyright of the involved works in writing or oral form, both parties actually had reached a tacit understanding that "the involved works shall be controlled by the entity" with their actual behaviors, and thus formed a factual contract relationship. This falls under the "contract reached in other forms" as provided in the foregoing clause. Therefore, the involved works fall into the category of special works created in the course of employment, namely works created in the course of employment the copyright of which is owned by the legal person or other organizations in accordance with contract, as stipulated in Article 16.2 (2) of the *Copyright Law*, under which the creators have the right of authorship while the legal person owns all other rights and grant the creators with awards. From the perspective of integrity, the Plaintiffs should not have expressed adverse intentions to claim the copyright of the character image artwork in dispute. The conclusion divides the ownership properly by balancing the benefits of both parties, which is in line with the orientation of the intellectual property policies.

(Written by: Yuan Xiuting and Sun Jinlin)

Determination on whether Slogans Constitute Works

—Chen Yuji, *et al.* v. Shanghai Yuexing Holding Group Co., Ltd., *et al.* Dispute over Copyright Infringement

【Summary】

Slogans are not a type of works explicitly illustrated in the *Copyright Law of the People's Republic of China*. It cannot be generalized whether they constitute works or not. Instead, they should be determined specifically based on judgment and analyzing case by case, by taking into consideration the protected objects and components of works stipulated in the Copyright Law, as well as the contents, specific ways of expression, and sentence structures of slogans. In determination of the "originality" of works, the text attributes and the social value of slogans, which are different from ordinary works, can also be taken into consideration.

【Facts】

Plaintiff (Appellant): Chen Yuji

Plaintiff (Appellant): Sheng Huanhua

Defendant (Appellee): Shanghai Yuexing Holding Group Co., Ltd.

Defendant (Appellee): Wu Xiaoli

Cause of Action: Dispute over Copyright Infringement

Case No. at First Instance: (2011) PU-Min-San- (Zhi) -Chu-Zi No. 1

Case No. at Second Instance: (2012) HU-Er-Zhong-Min-Wu- (Zhi) -Zhong-Zi No. 11

In October 2010, Shanghai Yuexing Holding Group Co., Ltd. (hereinafter referred to as "Yuexing Company"), the Defendant, disclosed information on its website and relevant media, soliciting the line for the image ambassador of Wu Xiaoli in the advertisement for Yuexing Company, the Defendant and the thematic slogan for the company nationwide with considerable reward. The two plaintiffs contributed 11 slogans and 7 representation lines including "月星家居，我心中的家 (Yuexing, My Dream Home)" to Yuexing Company, the Defendant, in November 2010 and registered them at the Copyright Administration of Jiangsu Province in February 2011.

In December 2010, Yuexing Company, the Defendant, announced the winning works and authors of the contest on its official website. The slogans and representation lines including "Yuexing, My Dream Home" contributed by the two plaintiffs were not adopted, and Yuexing Company, the Defendant, did not grant relevant awards and rewards to the two plaintiffs.

Since February 2011, the advertisement with six-character slogan of "月星，心中的家（Yuexing, Your Dream Home）", which was starred by Wu Xiaoli, the Defendant, and produced by Yuexing Company, the Defendant, has been broadcasted on media such as CCTV and Phoenix TV, and the corresponding print advertisement has also been released.

Plaintiffs Chen Yuji and Sheng Huanhua jointly made the following allegation that they were the only owners of the copyright of the slogan "Yuexing, My Dream Home". The contents of the slogan and the representation line "Yuexing, Your Dream Home" used by the two Defendants were all important and major parts of the slogan "Yuexing, My Dream Home" created by them. These two slogans were substantially identical in wording and expression in terms of conception and originality, connotative meaning, sentence pattern, formal structure, intrinsic quality, and expression forms like wording. The two Defendants had not adopted the slogan and representation line of the two plaintiffs in the contest appraisal and award granting. However, they used the slogan created thereby in the "brand-new television advertising film of Yuexing Home starred by Wu Xiaoli", which was broadcasted by the media including CCTV. The two Defendants had widely used works of the two plaintiffs without the consent of the owners in commercial advertisement and ambassador activities for a long time, thus severely infringing on the copyright thereof. Given these grounds, the two plaintiffs instituted an action, requesting the court to order the Defendants to stop publishing and broadcasting such advertisements involving infringement on media, website or outlets; order Defendant Yuexing Company to publish a letter of apology on *Xinmin Evening News* and Defendant Wu Xiaoli to publish a letter of apology on *People's Daily* (Overseas) to eliminate the adverse impact; and order the Defendants to jointly pay them related economic damages of RMB 650,000, mental damages of RMB 60,000 and a variety of reasonable expenses of RMB 19, 700.

Yuexing Company, the Defendant, argued that the slogan "Yuexing, My Dream Home" contributed by the two plaintiffs was of no originality so that it was not a "work" defined in the Copyright Law, thus, enjoying no copyright. It has used sentences such as "我爱月星，心中的家（I Love Yuexing, My Dream Home), "月星，我心中的家（Yuexing, a Dream Home of Mine)", and "月星，心中的家（Yuexing, a Dream Home)" as the slogans and cultural theme of the Company for a long time. It did not infringe on the legal rights and interests of the two plaintiffs. Thus, it shall not take any legal liability. Therefore, it requested the court to dismiss the claims of the two plaintiffs.

Wu Xiaoli, the Defendant, argued that this case involves a dispute on copyright infringement concerning whether the sentence in dispute was a work defined in the Copyright Law and whether the Plaintiffs enjoys the copyright, both of which were irrelevant to her. The soliciting, planning and production of the advertisements were all in the charge of Defendant Yuexing Company. She only provided video images and signature according to her contract concluded with Yuexing Company. The two plaintiffs failed to provide any evidence to prove Defendant Wu Xiaoli had infringed upon their copyright. She had no legal connection with this case. Therefore, she was not an eligible defendant in this case, let alone to assume any liability. Defendant Wu Xiaoli requested the court to dismiss the claims of the two plaintiffs against her.

【Trial】

After the trial, Shanghai Putuo District People's Court held that in terms of contents and forms, the slogan in dispute "Yuexing, My Dream Home", focusing on delivering the idea that "good home furnishing gives people a warm feeling of home" in evident oral expression with only a handful of characters, was widely used in daily life. Based on the common sense of the general public, it did not meet the requirements of "originality" in works, thus it did not constitute a work defined in the Copyright Law. Besides, Yuexing Company, the Defendant, had used the slogan "Yuexing, Your Dream Home" before the slogan soliciting campaign. In summary, Yuexing Company, the Defendant, did not infringe upon the copyright of the two plaintiffs. The legal consequences resulting from Defendant Wu Xiaoli's engagement in the entrusted activities shall be assumed by the entrusting party, as she is the entrusted party of the representation contract. Therefore, Wu Xiaoli, the Defendant, shall bear no liability for copyright infringement. Based on the above grounds, in accordance with Article 3 of the *Copyright Law of the People's Republic of China* and Article 2 of the *Regulation for the Implementation of the Copyright Law of the People's Republic of China* and Article 2 of the *Some Provisions of the Supreme People's Court on Evidence in Civil Procedures*, the court overruled the claims of the two plaintiffs, Chen Yuji and Sheng Huanhua.

After the first instance, the two plaintiffs, not satisfied with the ruling, lodged an appeal to Shanghai No. 2 Intermediate People's Court.

The two appellants, Chen Yuji and Sheng Huanhua, jointly alleged that the five slogans in dispute met the originality requirements of works. The disputed slogans had obtained the copyright registration certificate, which was enough to prove that the disputed slogans were works. Yuexing Company, who actually used the slogan of "Yuexing, My Dream Home" created by them, infringed upon their copyright. Wu Xiaoli, as the ambassador thereof, engaged in contributory infringement. Based on the above grounds, they requested the court of the second instance to quash the original ruling and instead, support the claims made by them.

Yuexing Company, the Appellee, argued that the disputed slogan was not a work and it had used the slogan "Yuexing, Your Dream Home" before the slogan soliciting campaign. It requested the court to dismiss the appeal.

Appellee Wu Xiaoli argued that the two appellants had not provided sufficient evidence to prove that she had committed the so-called copyright infringement, and requested the court to dismiss the appeal.

After trial, Shanghai No. 2 Intermediate People's Court held that the finding of fact by the court of the first instance was substantially true.

After trial, Shanghai No. 2 Intermediate People's Court determined that the first instance had made a clear finding of fact and applied proper laws, and hence overruled the appeal and affirmed the original ruling.

【Comments and analysis】

The major focus of dispute in this case is whether the disputed slogan created by the two plaintiffs constitutes a work. It cannot be generalized on whether slogans are works or not. They shall be determined specifically according to the concrete form of expression case by case. The general principles are: first, to judge whether a slogan is an expression or an idea or a "combination of an idea and expression"; and second, to judge whether the slogan possesses the essential factor of "originality" required by the Copyright Law.

The standard of "originality" is generally the critical factor in determining whether a slogan constitutes a work or not. The originality of a work means that "the author makes some kind of intelligent input in the progress of creation and the work created shall have the minimum degree of creativity". Only the work with originality is protected by the Copyright Law.

Works are in a variety of forms, and those in different fields are of different characteristics. Therefore, there is not yet an originality standard applicable to all works. The originality standard for slogans constituting works is relatively high, mainly based on the following two points:

I. The Originality Standard for Slogans to Constitute Works is Relatively High

With texts as the carrier, slogans are more similar to literary works listed in the Copyright Law. Nevertheless, slogans obviously are not historical or documentary works and are only similar to literary works to some extent. Literary works are less restricted by objective facts. Therefore, the originality standard shall be relatively high, which shall at least have a minimum standard for contents and length. The creation of slogans requires the knowledge on linguistics, rhetoric and aesthetics. Slogans can be defined as the authors' fruits of labor. However, the conclusion that slogans shall be protected by the *Copyright Law* cannot be drawn simply because they are fruits of labor. In this case, the core characters in the disputed slogan submitted by the two plaintiffs similar to the slogan actually used by Yuexing Company is only seven words "Yuexing, My Dream Home" (or nine Chinese characters "月星家居，我心中的家"). The slogan actually used by Yuexing Company has only four words "Yuexing, Your Dream Home" (or six Chinese characters "月星，心中的家")。The core expression of "Yuexing, My Dream Home" created by the two plaintiffs is colloquial, which is used very commonly in people's daily life in different fields. The two plaintiffs simply connected "Yuexing", name of the Company, to "Dream Home" using the homophonic between "xing" and "xin" (referring "star" and "heart" respectively in Chinese) in the subject-predicate pattern that somebody (name of product or company) does something. This technique is commonly used or pretty commonplace in creation of slogans. From the general understanding of the public, it does not possess the minimum creativity in works required by the *Copyright Law*. With texts as the carrier, slogans are usually short. Therefore, the originality standard for slogans shall not be too low, or it does not conform to the legislative intention of the *Copyright Law* to encourage originality and creativity.

Ⅱ. Considering from the Perspective of Public Policies, the "Originality" Standard for the Copyright of Slogans Shall Be Relatively Higher

Works may be in a variety of patterns with diverse purposes of creation and influence on the public and the society, which is conducive to determining the "originality" standard. Works which are highly specialized would have relatively fewer audiences or readers while popular works would be accessible to the public. We believe that no matter how many audiences or readers they have, the nine patterns of works listed in the *Copyright Law* are basically accessible to the society and could bring benefits to the public, improving the literary accomplishment of the public or the cultural taste of the society, or bringing spiritual pleasure to others and the authors themselves.

Slogans are apparently different to general works. Serving the advertisement strategy of enterprises, slogans facilitate to market products (services), capture the market and maximize the benefits of the enterprises. From the fact that slogans are usually solicited by enterprises with rewards, even a large amount of money, we can see the major characteristic of slogans is to maximize the benefits of the enterprises. The success of a slogan is inevitably determined by the enterprise which launches the advertisement based on the standards - whether its products (services) are accepted by the society and consumers and whether it brings increase in its profits rather than how much cultural value the slogan brings to the society. There is great disparity between the value brought by slogans and that brought by other works, determining that the "originality" of slogans shall be relatively higher.

In conclusion, the disputed slogan in this case does not possess the minimum originality required for works in the *Copyright Law*. Thus, it is not a work defined in the Copyright Law.

(Written by: Zhu Yingqiong)

Evidentiary Effect of Website ICP Filing Information and Determination

—Shanghai Guanshi Culture Communication Co., Ltd. v. Shanghai Beiming High Strength Steel Co., Ltd., *et al.* Dispute over Infringement on Right to Network Dissemination of Information of Works

【Summary】

ICP filing information is the primary evidence to determine the operator of a website. However, its probative force is relatively weak. Should there be any contrary evidence that disproves the recorded operator is not the actual operator of the website, ICP filing information shall not be adopted as evidence. Determination of a website operator generally shall be based on ICP filing information as well as the relationship between the service contents of the website and corporate property of the defendant, copyright statement or contact information, and evidence, facts and circumstances provided by the internet access service provider or the competent administrative department.

【Facts】

Plaintiff: Shanghai Guanshi Culture Communication Co., Ltd.

Defendant: Shanghai Beiming High Strength Steel Co., Ltd.

Third Party: Shanghai Yisu Network Technology Co., Ltd.

Cause of Action: Infringement on right to network dissemination of information of works

Case No.: (2012) YANG-Min-San-(Zhi)-Chu-Zi No. 54

Beijing HY Brothers Entertainment Investment Co., Ltd., the copyright owner of the teleplay "Black Rose", issued a Letter of Authorization to the Plaintiff, granting the exclusive right to network dissemination of information of Black Rose to the Plaintiff. On July 14, 2011, the Plaintiff discovered that "Lover's Movie Website" (www. qingren. tv) arbitrarily provided the public with online play service of the teleplay in dispute without permission so that it submitted an application to the Notary

Office for the evidence conservation notarization. The Notarial Certificate specifies that inquiry by the domain name "qingren. tv" in the "website filing information inquiry system" of Zhejiang Communications Administration would get the results indicating ICP filing subject information and ICP filing website information. ICP filing subject information include: Filing/license number: "Hu-ICP-Bei No. 10216794", date of approval: "June 27, 2011", and name of holding organization: Shanghai Beiming High Strength Steel Co., Ltd."; ICP filing website information include: Name of website: "Shanghai Beiming High Strength Steel Co., Ltd.", address of website homepage: "www. qingren. tv", person in charge of website: "Wang Jia", domain name of website: "qingren. tv", and website filing/license number: "Hu-ICP-Bei No. -1". After "www. qingren. tv" was input in the address field of the internet, the homepage of "Lover's Movie Website" would prop up with columns of films, teleplays and cartoons at the top. At the bottom of the homepage, there was a statement saying that "all videos on Lover's Movie Website were collected from the internet. The website does not engage in or provide upload, download, conversion and production of any videos, and thus, will take no liability for any disputes and legal liability arising from the healthiness and legality of the contents of such videos. Where there is any content involving in copyright, please contact the administrator as soon as possible, and we will delete the content immediately". The filing number of the website and the email address of the administrator were given under the statement. We entered "Black Rose" in the search field on the Teleplay page, clicked Episode 1, 28 and 36 randomly to play, and randomly captured screenshot of the streaming play and saved them in a word file.

On March 22, 2012, the items specified in the judicial investigation of Shanghai No. 3 People's Court presented two pieces of the Website Filing Information and the Proof and Explanation on Relevant Information to the Defendant. The two pieces of the Website Filing Information indicated the filing records of the involved website during different periods of time. The first one indicated the following information: Holding organization: Shanghai Beiming High Strength Steel Co., Ltd.", industrial and commercial business license No.: 310113000738459S, date of approval: November 25, 2010, principal person in charge and person in charge of website: "Wang Jia", filing number: Hu-ICP-Bei No. 10216794, website access service provider: "Shanghai Yisu Network Technology Co., Ltd.", IP address of website: 220. 196. 58. 182, website access way: virtual host, and location of the server:

Shanghai. The other piece of Website Filing Information indicated the following information: Holding organization: "Wang Yuwei", ID card number: 410182198505144919, filing number: "Hu-ICP-Bei No. 11034990", date of approval: September 7, 2011; principal person in charge and person in charge of website: "Wang Yuwei", name of website: "Yi Jian Chuan Xin (An Arrow through Heart)", website access service provider: Huai' an Sanquan Network Technology Co., Ltd. ", IP address of website: 222. 184. 88. 135, network access way: virtual host, and location of server: Jiangsu. The Proof and Explanation on Relevant Information indicated that the domain name "qingren. tv" had been applied for filing with a third party on the filing system website on November 25, 2010. The access service was terminated on June 27, 2011, the website cancelled on August 2011, and the applying subject written off on September 2, 2011. Since no notice had been given on the dispute of the filing of the domain name, relevant information and data have been cancelled and invalidated according to the set procedures. If the filing applicant used a forged ID card or illegally relevant certificates of the enterprise leaked in the upload and download on the Internet, the third party was incapable to prove it. It was the third party that provided network access services to the relevant server with IP address of 220. 196. 58. 182. However, the third party never engaged in transactions of network access service.

During the trial, the court visited Shanghai Communications Administration to investigate the filing and change of the infringing website (*www. qingren. tv*) on May 10, 2012. Relevant officers of the Administration made on-site inquiry and discovered that the access IP address of the server of the infringing website was in Xiamen, Fujian Province. The staff also presented the historical records of inquiry about ICP filing of the website to the court. The records indicated that: on November 25, 2010, the status was "new filing" with the number of "Hu-ICP-Bei No. 100216794", and the holding organization was "Shanghai Beiming High Strength Steel Co., Ltd. "; on June 27, 2011, the status was "access cancelled" with the filing number and holding organization the same as the previous record; on September 7, 2011, the status was "new filing" with the filing number of "Hu-ICP-Bei No. 11034990", and the holding organization was "Wang Yuwei"; and on September 8, 2011, the status was "new website" with filing number and holding organization the same as the previous record.

Besides, it was also discovered in the investigation that the Plaintiff had never given any oral infringement warning or written notice to the Defendant from the date when it obtained the Notarial Certificate till its submission of the pleadings to the court on November 28, 2011. The Defendant is an enterprise engaging in steel products such as high strength steel sheet, low temperature resistant steel rod and hot roll, and wear-resistant plate. The website of the enterprise is *www. sh-bm. net*, including contents such as company profile, product display, technical services, stock resources and comprehensive services. The business license number of the Defendant is 310113000738159.

The Plaintiff alleged that it owned the exclusive right to network dissemination of information of the teleplay "Black Rose". In July 2011, the Plaintiff discovered that the Defendant provided online play service of the disputed teleplay to the public on its website without authorization, thus constituting right infringement. Therefore, it filed a suit to the court, requesting the court to order the Defendant: 1. to terminate the infringement immediately; 2. compensate the Plaintiff with economic losses of RMB 30,000; and 3. compensate the Plaintiff with reasonable expenses on right protection of RMB 2,000.

The Defendant argued that it was neither the operator of the infringing website, nor did it authorize any party to put the infringing website on records on behalf of it. Therefore, it shall not take any legal liability for the infringing acts of the website.

The third party stated that it was a company providing network access services. Based on inquiry, an applicant named Wang Jia once submitted the disputed domain name "qingren. tv" for filing on behalf of the Defendant, with the corresponding IP address of 220. 196. 58. 182. In fact, the third party never engaged in transactions of network access service with the Defendant via the IP address.

【Trial】

After trial, Yangpu District People's Court held that the dispute of this case was focused on whether the Defendant was the operator of the infringing website. Filing is a process where relevant individuals and organizations submit relevant information and material to the competent administrative authority, and the authority puts such information and material on record for reference in accordance with laws. With respect of website filing, though relevant provisions of the Ministry of Industry and Information Technology of the People's Republic of China required website access service providers to review and verify the authenticity of the information submitted by applicants, filing is not an administrative confirmation or permission. Therefore, in filing activities, the competent administrative authority generally conducts formal examination, rather than substantive examination, on the information and material submitted by the applicants. Therefore, the actual operator of a website shall be comprehensively determined based on other facts, evidence and information. In this case, firstly, the Defendant is an enterprise engaging in steel products, but the infringing website is a video website. The infringing website did not indicate the contents such as the operator and copyright owner of the website on its webpage so that it could not be determined that there was any relationship between the infringing website and the Defendant. Secondly, the material provided by the third party indicated that the business license number submitted by the person in charge of the initial filing "Wang Jia" and the actual business license number of the Defendant are different. Lastly, the third party explicitly stated that it never engaged in any transactions of website access service with the Defendant as the website access service provider. Therefore, where there was contrary evidence and facts, the Plaintiff determined that the infringing website was operated by the Defendant according to the inquiry results of website filing, which lacked facts and legal basis. Thus, the determination was not adopted as evidence by the court. Since the existing evidence failed to prove that the infringing website was operated by the Defendant, the Plaintiff's allegation that the Defendant infringed its right to network dissemination of information of the disputed teleplay "Black Rose" was not supported by the court. Therefore, in accordance with Article 10. 1 (12) of the *Copyright Law of the People's Republic of China*, Article 64. 1 of the *Civil Procedure Law of the People's Republic of China* and Article 2 of the *Several Provisions of the Supreme People's Court on Evidence in Civil Procedures*, the court dismissed all the claims made by Shanghai Guanshi Culture Communications Co., Ltd. After the first instance, neither the Plaintiff nor the Defendant lodged an appeal and the ruling has taken effect.

【Comments and analysis】

In cases of infringement on right to network dissemination of information of works, it is a general practice adopted by the copyright owner to log onto the "ICP filing information inquiry system of the Ministry of Industry and Information Technology of the People's Republic of China to inquire about ICP filing of infringing website to determine the operator of the infringing website. This case specified the evidentiary effect and ways of determination of ICP filing information, providing some guidance and reference for judicial practice.

ICP means the Internet Content Provider which is usually referred in its shortened form. ICPs can be divided into operating ones and non-operating ones according to the nature of services. The former, which provides paid information, shall obtain business license; and the latter, which provides public, sharing information, only needs to perform filing formalities, or ICP filing. The major function of ICP filing is to collect, disclose and file the information of non-operating ICPs for reference. The Ministry of Industry and Information Technology of the PRC and the communications administrations of all provinces, autonomous regions and municipalities under the direct control of the central government have established a unified "ICP information filing management system", summarizing the filing information to form a database for the inquiry of the public.

Since relevant administrative laws and regulations require a filing applicant provides authentic information and competent administrative authority and network access service provider review the authenticity of the information and material, ICP filing information has the primary evidentiary force. Besides, since ICP filing is not administrative approval or permission, the competent administrative authority conducts formal examination, rather than substantive examination on the information and material provided by the filing applicant. Therefore, the possibility that ICP filing information is inconsistent with the objective facts still exists. Viewing these two aspects comprehensively, ICP filing information is primary evidence with some effect of presumption, which are of little evidentiary force but advantageous probability. It can be overruled by contrary evidence. In other words, under circumstances without contrary evidence, the operator of website can be determined according to ICP filing information; otherwise, ICP filing information is hard to be adopted as evidence.

This case did not adopt ICP filing information as evidence out of the comprehensive consideration of the following contrary evidence, facts and circumstances including the material provided by the network access service provider or the historical records of filing provided by the competent administrative department, the relationship between the service contents of the website and the nature of the enterprise, copyright statement or contact information, etc. First of all, the materials provided by the network access service provider or the historical records of filing provided by the competent administrative department indicated that the business license number filed was different from the actual business license number of the Defendant. Second, the network access service provider has never engaged in any transactions of network access service with the Defendant. Third, the infringing network is a video sharing website that gains benefits from advertisements on the homepage and prop-up advertisements. However, the Defendant in this case is an enterprise engaging in steel products. There is great disparity between the attributes of services provided by the infringing website and the corporate nature of the Defendant. Lastly, the infringing website has attached a unilateral statement at the footer of its homepage that it "shall take no responsibility for copyright infringement". There is no information including "About us", "Contact us" or "Copyright announcement" used by standard websites. Therefore, it cannot be determined that the infringing website is related to the Defendant.

The infringing website actually used the name of Defendant for filing since the network access service provider did not perform its obligation of review in a conscientious way. After the determination of this case took effect, the court gave the competent administrative authority of ICP filing a judicial suggestion to "enhance the supervision and guidance on network access service providers", which was proactively responded and implemented by the competent administrative authority, achieving sound legal and social effects.

(Written by: Dong Wentao)

Determination of Infringement Liability of Search Engine Providers

—Shanghai Xuanting Entertainment Information Technology Co., Ltd. v. Beijing Baidu Network Information Technology Co., Ltd., *et al.* Property Right Infringement

【Summary】

Baidu, who provided the public access to copyright works of others on its secondary domain wap. baidu. com, alleged that it only provided search and transcoding services and that the involved works were not stored on its servers. In this case, the court analyzed search services and provision of works at length from both legal and technical aspects to look into their fundamental difference, and held that the act of Baidu constituted a direct infringement based on relevant evidence.

【Facts】

Plaintiff (Appellee): Shanghai Xuanting Entertainment Information Technology Co., Ltd.

Defendant (Appellant): Beijing Baidu Network Information Technology Co., Ltd.

Defendant (Appellant): Shanghai Source Internet Technology Co., Ltd.

Cause of Action: Copyright Infringement

Case No. at First Instance: (2010) LU-Min-San- (Zhi) -Chu-Zi No. 61

Case No. at Second Instance: (2011) HU-Yi-Zhong-Min-Wu- (Zhi) -Zhong-Zi No. 141

The Plaintiff, Shanghai Xuanting Entertainment Information Technology Co., Ltd. (hereinafter referred to as "Xuanting"), owns the property right in *Fight under The Sky* (*Dou Po Cang Qiong*), *A Story of Becoming Immortal* (*Fan Ren Xiu Xian Zhuan*), *The Card Maker* (*Ka Tu*), *Bodyguard* (*Jin Shen Bao Biao*) and *King of A Time* (*Tian Wang*), individually or collectively referred to as "involved works", including the right of reproduction and the right to network dissemination of information. In regard of right protection, the author of involved works also acknowledged that the Plaintiff shall exercise the right to protect their rights.

The defendant Beijing Baidu Network Information Technology Co., Ltd. (hereinafter referred to as "Baidu") runs the search service website-*www. baidu. com*. The Baidu search services it provided (*www. baidu. com*) has offered the public a number of unauthorized links to involved works of which the Plaintiff owns the exclusive right to network dissemination of information for a very long period of time. During 2009 and 2010, the Plaintiff communicated with the defendant Baidu for many times and required it to delete the infringing links according to laws. It also served Baidu a legal letter attached with the certificate of copyright in involved works and addresses of hotlinks, urging Baidu to respond to the notice within 24 hours, remove corresponding infringing links, keep Xuanting updated on the result of removal of each infringing links one by one, and retrieve and remove all infringing information on certain websites according to samples of infringing links, work titles and name of authors provided by the Plaintiff. However, though Baidu was fully aware that the right to network dissemination of information of involved works was owned by the Plaintiff and the infringing links existed, it did not duly remove the infringing information or disable the links as notified by the Plaintiff.

In addition, the defendant Baidu also recommended the involved works on its secondary domain *wap. baidu. com* by initiating the "Hottest Rankings" and "Best Recommendations" columns, allowing the public to directly read involved works on its WAP website.

The defendant Shanghai Source Internet Technology Co., LTD. is the producer of "7999 Website Collection" (*www. 7999. com*). "As a member of Baidu Union with Baidu Union's green certification, 7999 Website Collection" embedded a Baidu search bar at an easily noticeable place on its web page and entered into a revenue-sharing agreement with Baidu based on search results.

The Plaintiff Xuanting alleged that the defendant Baidu, who did not disable the links involved in this case after upon receipt of the notice from Xuanting and provided the public with involved works at *wap. baidu. com*, which infringed the property right of the Plaintiff. The defendant Shanghai Source Internet Technology Co., LTD. jointly promoted Baidu Search with the defendant Baidu itself and gained profits from such promotion, contributing to expansion of the dissemination scope of those infringing links and hotlinks and causing huge losses to the Plaintiff, and therefore should assume the liability for joint infringement together with Baidu.

The defendant Baidu argued that it did not commit contributory infringement since the notice from the Plaintiff did not conform to legal requirements and it had satisfactorily performed its duty of care. Its secondary domain *wap. baidu. com* only provided search and transcoding services, and never reproduced or stored any content of the web pages of any third party. The Plaintiff did not send any notice against WAP search of Baidu. Therefore, its act did not constitute infringement.

The defendant Shanghai Source Internet Technology Co., LTD. argued that it was only the producer of *www. 7999. com*, not the actual operator, and thus not an eligible defendant in this case.

【Trial】

After the trial, Shanghai Luwan District People's Court, the court of first instance, came to the following determinations: 1. The legal letter sent by the Plaintiff as the right holder to notify Baidu to remove links involved fully complied with Article 14 of the *Regulation on Protection of the Right to Network Dissemination of Information*, and it can be inferred that the defendant Baidu knew about the copyright in involved works and the infringing links. However, the defendant Baidu did not perform its obligation to disable those infringing links and therefore was not qualified for exemption from the liability for damage. The nonfeasance of the defendant Baidu indicated its subjective intention to help infringement committed by others, and it objectively extended the damage of the infringement act, constituting indirect infringement. According to Article 36 of the *Tort Law of the People's Republic of China*, the defendant Baidu shall be jointly and severally liable with internet users directly committing tort for the extended damage since it failed to take necessary measures in a timely manner upon receipt of notice from the right holder. 2. In normal circumstances, a search engine is used to help internet users inquire and locate the information they want from massive information, provide users with information index from source websites and network address links, and guide users to browse the search results on a third party's website rather than take the place of a third party's website to directly provide users with contents. The Plaintiff in this case had the evidence notarized that *wap. baidu. com* was accessed via internet from computers rather than mobile phones by browsing the wireless channels. The notarization also indicated that *wap. baidu. com* had recommended the involved works. It edited and modified the search results as well. The defendant Baidu provided users with full texts of the involved works in the search results of WAP channel and click-to-read function. From the address bar of click-to-read webpage to the print result of each webpage, the addresses displayed all belonged to Baidu servers, and the webpage displayed even had the texts of "Baidu" and "Recommend: essential for mobile surfing, all in new palm Baidu!". Through the attribute query of the webpage, we could see the fact that the webpage's master data were stored on Baidu's web server. Baidu also displayed "Original Webpage" at the bottom of each webpage to prove that the webpage was a duplicate. However, the duplicate webpage had obviously been pruned and rearranged, not automatically generated upon the request of visiting users. The format conversion alleged by the defendant Baidu technically requires copying the content of a Web page onto the memory of Baidu's server or hard disk before being processed and converted into a WAP page. Baidu's act of providing the content of involved works through WAP search and allowing users to obtain full texts without visiting the third party's website had gone beyond the normal scope of search engine services and was not eligible for liability exemption specified by laws. Therefore, it was determined that Baidu, by directly and fully placing the involved works on its servers and providing users with involved works via click-to-read function, had duplicated and uploaded the works, and disseminated them through network, constituting direct infringement. 3. It can be seen from the evidence provided by the Plaintiff that the fact that "7999 Website Collection" website, as a member of Baidu Union with Baidu Union's green certification, embedded a Baidu search bar at an easily noticeable place on its web page was not sufficient to prove Shanghai Source Internet Technology Co., Ltd. had any subjective fault in or engaged in the infringement act committed by Baidu. It thus did not support the Plaintiff's claim for holding Shanghai Source Internet Technology Co., Ltd. jointly liable for the infringement.

Therefore, in accordance with Article 36 of the *Tort Law of the People's Republic of China*, Article 14, Article15, Article18. 1 and Article 23 of the *Regulation on Protection of the Right to Network Dissemination of Information*, Article 10. 1. 12, Article 48. 1 and Article 49 of the *Copyright Law of the People's Republic of China*, and Article 25. 1, Article 25. 2 and Article 26 of the *Explanations on Several Issues in Applying Laws to Trial of Copyright Civil Lawsuits* enacted by the Supreme People's Court, *the* court hereby decided that (1) the defendant Beijing Baidu Network Information Technology Co., Ltd. should cease the infringing act against the right to network dissemination of information of *Fight under The Sky*

(*Dou Po Cang Qiong*), *A Story of Becoming Immortal* (*Fan Ren Xiu Xian Zhuan*), The Card Maker (*Ka Tu*), *Bodyguard* (*Jin Shen Bao Biao*) and *King of A Time* (*Tian Wang*) in which the Plaintiff Shanghai Xuanting Entertainment Information Technology Co., Ltd. has the property right immediately after this determination took effect; (2) the defendant Beijing Baidu Network Information Technology Co., Ltd. should compensate the Plaintiff Shanghai Xuanting Entertainment Information Technology Co., Ltd. RMB 500,000 Yuan for its financial losses and RMB 44, 500 Yuan for its reasonable expenses incurred hereby within ten days after this determination took effect; (3) Other claims of the Plaintiff Shanghai Xuanting Entertainment Information Technology Co., Ltd. were overruled.

After the first instance, Baidu, not satisfied with such determinations, lodged an appeal to Shanghai No. 1 Intermediate People's Court.

During the trial by the court of second instance, Baidu withdrew its appeal.

【Comments and analysis】

I. In this Case, Did Baidu Wireless Channel Store the Involved Works on its Servers?

This is also the focus of dispute in this case. The Plaintiff held that it could access Baidu wireless channel from a computer and directly browse the involved works on its website, the involved works, therefore, were directly stored on Baidu's server. The defendant Baidu responded that it only provided search and transcoding services, and did not store any involved works. The basic rationale of Baidu wireless channel is as follows: After a user submits his/her request to search by key words, the search engine will, according to the user's request, organize retrieval data related to the user's instruction in the index database based on technical rules, generating temporary links for the user; mobile adaptation: the process in which search results are adapted through transcoding services to mobile web pages and returned back to the user. The adaptation process is as follows: The user requests for Baidu's transcoding service -> transcoding service analyzes URL to obtain the link address of Web pages of third parties -> transcoding service requests for Web pages of the third parties-> transcoding service converts Web pages into WAP pages -> transcoding service returned WAP pages back to the user's mobile terminal browser-> the user views the WAP pages. Baidu held that Baidu WAP did not and could not store massive contents from third parties in advance since it is impossible to predict the instructions given by users. In addition, in order to complete the mobile adaptation, it must engage an agent. That is to say, the name of Baidu's domain was used in the first part of the URL in the address bar of the browser, and the actual target website address became a URL parameter (the last part of URL in the address bar). Beginning a URL with "*wap. baidu. com*" was only a necessary technical means by which Baidu completed the mobile adaptation, which did not mean that Baidu had duplicated or stored the contents of third-party web pages. We held that it is inevitable to duplicate and store web pages from third parties while Baidu wireless channel transcoding them and that web pages produced in the process of transcoding were only duplicates in some forms rather than the original ones. Evidence of this case demonstrated through attributes query of the web page the fact that the master data displayed by the web page were stored on Baidu's server and Baidu displayed at the bottom of each page "Original Webpage", further proving that it acknowledged this web page was only a duplicate rather than the original one. Therefore, we held that in this case Baidu wireless channel stored the involved works on its server.

II. Is Baidu, Who Provided the Public with Involved Works Through its Wireless Channel, Eligible for Iegal Exemption from Liability?

Baidu argued that it did not and could not store massive contents from third parties in advance since it is impossible to predict the instructions given by users and it searched relevant content on the internet, transcoded them in a real-time manner and then reversed them back to the user upon receipt of a user's request. We believed that this statement made by Baidu was authentic. Then, the question left was that whether or not Baidu, who provided the public with involved works through its wireless channel, was eligible for exemption from liability due to "temporary storage"? We thought that Baidu's act of storing the involved works through its wireless channel did not comply with Article 21 of the *Regulation on Protection of the Right to Network Dissemination of Information* concerning exemption from liability due to temporary storage, which was designed to increase the efficiency of network transmission and target at technical phenomena frequently occur in network transmission process. To be specific, when a user visits a target website, he/she usually has to go through more than one transit servers before the instruction is transmitted and information obtained. In order to increase the efficiency of network transmission, the transit server will store the information transmitted from the target website server on its system cache while the user visiting the target website and will transmit such information directly from its system cache to the next user who attempts to visit the same target website, thus accelerating the speed at which users obtain the information. In this case, Baidu wireless channel stored the involved works for the purpose of transcoding and provided them to mobile users. Besides, the server of Baidu wireless channel acted in this case as more than just a transit server for increasing the efficiency of network transmission. Considering that purpose involved in this case was not consistent with that indicated in the exemption clause, we held that Baidu's storing the involved works through its wireless channel was not eligible under the exemption clause. In this case, Baidu wireless channel actually replaced the third party website to provide the public with involved works because of its act and expanded dissemination of involved works even to mobile terminal. The act of the defendant Baidu impacted the normal use of involved works by the Plaintiff as well as the property right holder, and substantially weakened the effect expected by the Plaintiff to achieve economic purposes by charging on viewing the copyright involved works, hence unreasonably damaging the legal benefits of the Plaintiff.

In conclusion, we held that the act of Baidu wireless channel of providing the public with involved works constituted direct infringement on the Plaintiff's property right in involved works.

(Written by: Gu Wenkai and Xu Hao)

Ⅱ. Civil Dispute Cases over Trademark

Determination of Unauthorized Use of Well-Known Trademarks in Websites and Pamphlets

— Cartier International N. V. v. Foshan M · K Ceramics Co., Ltd. in Sanshui District, *et al.* Trademark Right Infringement and Unfair Competition

【Summary】

Using a mark similar to a well-known trademark owned by others in websites, pamphlets or sales document can attract the attention of the public and lead the public to mistake such trademark as the well-known mark, which in turn reduces the prominence of such well-known trademark and causes damage to the holder of the trademark. This act constitutes an infringement on others' exclusive right to use in a well-known trademark. One who links his own product with others' well-known brand deliberately improves reputation of his/her products by dint of other's goodwill, which violates the principles of honesty and good faith as well as the generally accepted business ethics, constituting unfair competition.

【Facts】

Plaintiff (Appellee): Cartier International N. V.

Defendant (Appellant): Foshan M · K Ceramics Co., Ltd. in Sanshui District

Defendant (Appellant): Foshan Jinsiyuma Decorative Material Co., Ltd.

Defendant (Appellant): Zhang Yunshu

Cause of Action: Trademark right infringement and unfair competition

Case No. at First Instance: (2010) HU-Yi-Zhong-Min-Wu- (Zhi) - Chu-Zi No. 123

Case No. at Second Instance: (2011) HU-Gao-Min-San- (Zhi) - Zhong-Zi No. 93

The brand "Cartier" was founded in Paris, France in 1847. The trademark "Cartier" (trademark registration certificate No. 202386) and "卡地亚" (trademark registration certificate No. 783315) were registered in China respectively on December 15, 1983 and October 14, 1995. Both of the trademarks were certified to use on products of Class 14. The Plaintiff Cartier International N. V. (hereinafter referred to as "Cartier Company") owned these two registered trademarks.

In 1999, the trademark "Cartier" mainly used on garments, leather products and watches was listed on the List of Key Trademarks under Protection in China prepared by the Trademark Office of China. From October 2004 to August 2005, to protect the legal rights and interests of holders of foreign well-known brands, Beijing Administration for Industry and Commerce, Shanghai Administration for Industry and Commerce and Tianjin Administration for Industry and Commerce separately released announcements prohibiting clothing markets and small commodity markets under its administration from selling commodities bearing trademarks specified in the announcement without authorization. Trademarks "Cartier" and "卡地亚" were included. In addition, the Trademark Office of China had for more than once recognized in trademark objection decisions that trademarks "Cartier" and "卡地亚" used on precious stones and jewelries were well-known trademarks. In Case No. (2010) Er-Zhong-Min-Chu-Zi No. 01529, Beijing No. 2 Intermediate People's Court ruled on April 26, 2010 that the trademarks "Cartier" (registration No.: 202386) and "卡地亚" (registration No.: 783315) were well-known trademarks.

Since 2000, media such as newspapers, journals and magazines have been reporting on the brand Cartier (卡地亚). From 2005 to 2010, the Plaintiff continuously displayed jewelries of Cartier (卡地亚) brand on magazines such as ELLE, Harper's Bazaar, Business Watch Magazine and Eastern Air. The "Cartier Treasures" exhibition was also held in the Palace Museum in Beijing from September 5, 2009 to November 22, 2009.

The defendant Foshan M · K Ceramics Co., Ltd. in Sanshui District, (hereinafter referred to as "M · K") and the defendant Foshan Jinsiyuma Decorative Material Co., Ltd. (hereinafter referred to as "Jinsiyuma") used the alleged infringing trademark "卡地亚" and "卡地亚 KADIYA" on their website pages and pamphlets and publicized that "卡地亚" was a synonym for the most outstanding jewelries in the world and was reputed as "jewelry for the king and the king of jewelry" and that "Jinsiyuma's 卡地亚 series was designed with the spirit of classic taste, elegance, faithfulness and eternity to build the king of K gold brick".

On March 5, 2010, the Plaintiff bought a piece of 600 * 600 ceramic tile with RMB210 from Qibao Brothers Ceramics Shop in Minhang District in Shanghai run by the defendant Zhang Yunshu. The said shop issued a dispatch bill and invoice which specified "Jinsiyuma Kadiya（卡地亚）Series - Red".

The Plaintiff Cartier Company alleged that since Cartier（卡地亚）entered the Chinese market in 1983, it had opened many franchised stores and engaged many franchised dealers in many cities, including Beijing and Shanghai. Thanks to its high-quality products and services, it had been well received and embraced by consumers, enjoying a high brand awareness and reputation among certain consumers. "Cartier" and "卡地亚" had become well-known trademarks. The three defendants used "卡地亚" in their businesses as the trademark of ceramic commodities produced or sold by them and made misleading false advertisements on their websites and pamphlets, illegally taking advantages of the appeal of the prominence and goodwill attraction of the Plaintiff's trademarks. Their acts had infringed the Plaintiff's exclusive right to use in the registered trademarks and constituted unfair competition.

In consideration of the above, the Plaintiff requested the court to order the three defendants to: 1. immediately cease trademark infringement and unfair competition; 2. jointly compensate the Plaintiff for its economic losses of RMB 500,000 (including the reasonable expenses paid by the Plaintiff, the same currency as below); 3. publicly clarify the facts on national media such as *People's Daily* and *China Industry & Commerce News*, as well as the operating premises of the defendants to eliminate the adverse effects.

The defendants M · K, Jinsiyuma and Zhang Yunshu jointly argued that the evidence provided by the Plaintiff was insufficient to prove that the two trademarks were well-known trademarks. The defendants, by using "卡地亚" as the name of categories of disputed products, did not use it for the purpose expected by using it as a trademark, and therefore used it in a legitimate way. Nor did the act of the defendants constitute an unfair competition of false propaganda. The Plaintiff also asked too much by requesting for economic damages of RMB 500,000 as the disputed products were marketed only long ago. Grounded on the above reasons, the three defendants requested the court to reject the claim made by the Plaintiff.

【Trial】

After trial, Shanghai No. 1 Intermediate People's Court held that the Plaintiff's trademark "Cartier" with the number of 202386 which was approved to be used for jewelries, watches and clocks made of precious metals or coated therewith in Class

14, and "卡地亚" with the number of 783315 which was approved to be used for ornaments, precious stones, and watches and clocks in Class 14, were well-known trademarks when the infringing acts occurred.

The defendants M · K and Jinsiyuma used "卡地亚" or "卡地亚 KADIYA" in their brochures or on their web pages to market ceramic tile products produced or sold by them, thus infringing plaintiff's exclusive right in these two registered trademarks. The defendant Zhang Yunshu sold Jinsiyuma KADIYA series products produced by M · K, and used "卡地亚" in its sales documents, infringing the Plaintiff's exclusive right to the registered trademark "卡地亚".

The defendants M · K and Jinsiyuma, who promoted their own "卡地亚" series products by linking them to "卡地亚" in their brochures and web pages, subjectively had the intention to take advantage of the brand awareness of others, thus constituting unfair competition against the Plaintiff.

The defendants M · K and Jinsiyuma jointly infringed the Plaintiff's exclusive right in the two registered trademarks involved in this case and constituted unfair competition against the Plaintiff. Therefore, they should assume the civil liability to cease infringement, compensate for economic losses and eliminate the adverse effects. Zhang Yunshu, as the legal representative of the defendant Jinsiyuma, was well aware that the disputed products had infringed the Plaintiff's exclusive right in registered trademarks and should assume the civil liability to cease infringement and compensate for economic losses.

In conclusion, in accordance with Article 130 of the *General Principles of the Civil Law of the People's Republic of China*, Article 52 (5) and Article 56. 2 of the *Trademark Law of the People's Republic of China*, Article 2. 1 and Article 20. 1 of the *Anti-Unfair Competition Law of the People's Republic of China*, Article 1 (2), Article 16. 1, Article 16. 2, and Article 21. 1 of the *Interpretation of the Supreme People's Court Concerning the Application of Laws in the Trial of Cases of Civil Disputes Arising from Trademarks*, and Article 10 of the *Interpretation of the Supreme People's Court on Several Issues Concerning the Application of Laws to the Trial of Cases of Civil Disputes over the Protection of Famous Trademarks*, Shanghai No. 1 Intermediate People's Court held that: (1) the defendants M · K and Jinsiyuma should cease the infringement on the Plaintiff Cartier Company's exclusive right in registered trademarks "Cartier" and "卡地亚" which were approved to be used for Class-14 goods from the date when the determination took effect; (2) the defendants M · K and Jinsiyuma should cease the act of unfair competition against the Plaintiff Cartier Company from the date when the determination took effect; (3) the defendant Zhang Yunshu should cease the infringement on the Plaintiff Cartier Company's exclusive right in registered trademarks "Cartier" and "卡地亚" which were approved to be used for Class-14 goods from the date when the determination took effect; (4) the defendants M · K and Jinsiyuma should jointly compensate the Plaintiff Cartier Company for its economic losses of RMB 450,000, within 10 days from the date when the determination took effect; (5) the defendant Zhang Yunshu should compensate the Plaintiff Cartier Company for its economic losses amounting to RMB 50,000 within 10 days from the date when the determination took effect; (6) the defendants M · K and Jinsiyuma should publish an announcement on *China Industry & Commerce News* within 30 days from the date when the determination took effect, in order to eliminate the adverse effect on the Plaintiff Cartier Company due to the disputed trademark infringement and unfair competition (The content of the announcement should be reviewed by the court of first instance and in case of failure to perform at due time, the court of first instance will publish the determination on *China Industry & Commerce News* at the expense of the two defendants; and (7) the remaining claims of the Plaintiff Cartier Company were rejected.

After the trial of first instance, M · K, Jinsiyuma and Zhang Yunshu, all not satisfied with such decision, lodged an appeal to Shanghai High People's Court.

The Appellants M · K, Jinsiyuma and Zhang Yunshu jointly alleged that: 1. the court of first instance determined the two registered trademarks as well-known trademarks lacked legal ground based on inappropriate applicable laws; 2. The Appellants did not use "卡地亚" and "Cartier" as trademarks of products, thus was insufficient to mislead the public or cause damage to the Appellee or constitute infringement on well-known trademarks; 3. As the brand Jinsiyuma owned by the Appellants had already enjoyed high brand recognition in the building material industry, and the products of appellants were easily distinguishable from those of the Appellee, the Appellants did not have to or would improve the brand awareness of their products by using the Appellee's registered trademarks. The Appellants had no intention to take advantage of the Appellee's trademarks and thus did not cause an unfair competition. 4. Since the compensation amount determined by the court of first instance violated the principle of equity, the defendants requested the court of second instance to re-determine the compensation amount and reduce the compensation liability of the Appellants. Based on the above ground, the defendants requested the court of second instance to overrule the determination of the court of first instance and reject the claims of Cartier Company.

The Appellee Cartier Company argued that the court of first instance had made a clear finding of fact and applied correct laws, thus requested the court of second instance to reject the appeal of the three defendants and uphold the determination of the court of first instance.

After trial, Shanghai High People's Court held that the finding of fact by the court of first instance was true.

Shanghai High People's Court held that: 1. In comprehensive consideration of the awareness of relevant public about the registered trademarks "Cartier" and "卡地亚", the period during which the trademarks were used, as well as the period of time, intensity and geographical coverage of the promotion of the trademarks and the records of them being protected as well-known trademarks, it could be determined that the two registered trademarks of Cartier Company, namely "Cartier" and "卡地亚", had already been well-known trademarks when the alleged infringement act occurred. Moreover, it could be seen from the slogans used by M · K, such as "卡地亚, a synonym for the most outstanding jewelries in the world and was reputed as 'jewelry for the king and the king of jewelry'", that M · K also knew well about Cartier brands and acknowledged their brand popularity. 2. M · K and Jinsiyuma used the alleged infringing marks "卡地亚" and "卡地亚 KADIYA" on their web pages and in their brochures, and Zhang Yunshu used the alleged infringing mark "卡地亚" in his sales documents, which had the function of identifying goods sources. Therefore, it shall be determined that the above-mentioned acts of the three appellants did use these alleged infringing marks, "卡地亚" and "卡地亚 KADIYA" as trademarks. In this case, though the three appellants used the trademark "Jinsiyuma" on their websites and in their brochures and sales documents, they drew the public attention and misled relevant public to take their goods as from Cartier Company or related to the Appellee, by using "卡地亚" and "卡地亚 KADIYA" which are identical or similar to "卡地亚" and "Cartier" in texts and pronunciation because "卡地亚" and "Cartier" were well-known trademarks for relevant public. This reduced the distinctiveness of "卡地亚" and "Cartier" as registered trademarks, which may bring losses to the Appellee. On this ground, the acts of the three appellants had constituted an infringement on the Appellee's exclusive right to use the two registered trademarks concerned. 3. In this case, M · K and Jinsiyuma introduced "卡地亚" brand in their brochures and on their websites as "卡地亚, a synonym for the most outstanding jewelries in the world and was reputed as 'jewelry for the king and the king of jewelry'", and then promoted Jinsiyuma KADIYA series, claiming they were "designed with the spirit of classic taste, elegance, faithfulness and eternity to build the king of K gold brick". The quality and reputation of "卡地亚" are exclusive to Cartier Company. M · K and Jinsiyuma, by promoting their own "卡地亚" series products in connection with the brand "卡地亚" owned by Cartier Company, subjectively had the intention to promote their own products and raise the reputation of their products by dint of the goodwill of others, which violated the principle of faithfulness and equity as well as the generally accepted commercial ethics, constituting unfair competition against Cartier Company. 4. In this case, there was no evidence to prove that the three appellants had gained any profits from infringement or that the Appellee had suffered any actual losses due to the infringement. On this ground, considering the nature, circumstance, scale and scope of the allegedly infringement committed by the three appellants as well as the popularity of the Appellee's two registered trademarks involved and the reasonable expenses it spent for this case comprehensively, the court of first instance determined at its discretion that the Appellants M · K and Jinsiyuma should jointly compensate the Appellee with RMB 450,000 for its economic losses and the Appellant Zhang Yunshu should compensate the Appellee with RMB 50,000 for its economic losses. The determination was appropriate. Based on the above analysis and considerations, the court of second instance decided in accordance with Article 153. 1 (1) and Article 158 of the Civil Procedure Law of the People's Republic of China to reject the appeal and uphold the judgment of the court of first instance.

【Comments and analysis】

This was a typical trademark infringement and unfair competition suit caused by the defendant's act of "capitalizing on famous brand". The dispute mainly focused on: first, whether the trademarks for which the Plaintiff requested for protection should be determined as well-known trademarks; and second, whether the acts of the three defendants constituted trademark infringement and unfair competition.

I. Determination of Well-known Trademarks

The judicial determination of well-known trademarks is a dynamic recognition mechanism characterized with post-event recognition, case-specific recognition, and negative protection. According to relevant judicial interpretations, requests of parties involved and the specific context of each case are preconditions for determining whether or not a trademark involved in any lawsuit shall be recognized as a well-known trademark. In this case, the Plaintiff clearly requested to recognize the two registered trademarks concerned, namely "卡地亚" and "Cartier", as well-known trademarks. Furthermore, the Plaintiff requested protection for two registered trademarks certified to be used on jewelries and ornaments of Class 14 while the defendants used the allegedly infringing marks on ceramic tiles of Class 19. The two kinds of goods shared neither identity nor similarity. Besides, the Plaintiff never registered "Cartier" and "卡地亚" for any goods of Class 19. Therefore, this case involves the issue that whether or not a registered trademark can be protected among different classes of goods. Besides, it is necessary to determine whether or not the two registered trademarks claimed by the Plaintiff are well-known.

In this case, the Plaintiff presented sufficient evidence to prove its trademarks were well-known trademarks. The evidence provided by the Plaintiff proved that the brand "Cartier" had a history of more than 160 years since its foundation in 1847 in Paris, France and the two registered trademarks involved in this case namely "卡地亚" and "Cartier" were registered and used in China for a couple of decades. Cartier Company had carried out ongoing advertising and promotion for the aforesaid two registered trademarks across China via many Chinese media including newspapers and magazines. It also released articles on the development history of Cartier (卡地亚) brand and its excellent quality; through the advertising and promotion by Cartier Company as well as the media coverage, the two registered trademarks involved in this case namely "卡地亚" and "Cartier" had built a high reputation among relevant public. In 1999, the trademark "Cartier" was listed on the List of Key Trademarks under Protection in China. During 2004 and 2010, the two disputed registered trademarks, "卡地亚" and "Cartier", were recognized by the Trademark Office of China and the people's court as well-known trademarks for several times. These facts sufficed to prove that two disputed registered trademarks, "Cartier" and "卡地亚", were well-known to relevant public within the territory of China. Therefore, the court had taken into comprehensive consideration the popularity of the two registered trademarks (“Cartier” and “卡地亚”) among relevant public, the period of time the trademarks were used as well as the period of time, intensity and geographical coverage of the promotion of the trademarks and the records of them being protected as well-known trademarks, and determined according to laws that two registered trademarks of the Appellee's, “Cartier” and “卡地亚”, had already been well-known trademarks when the alleged infringement acts occurred. The judgment was appropriate.

II. Determination of Trademark Infringement and Unfair Competition

While conducting transactions, market players shall follow the principles of free will, equality, fairness and integrity and abide by generally accepted commercial ethics. Any player shall be enjoined from any acts to the detriment of any legal rights and interests of any other players or disrupting the social and economic order.

In this case, the Plaintiff accused the defendants of infringement in two aspects: first, the defendants used the alleged infringing marks “卡地亚” and “卡地亚 KADIYA” on their websites and in their brochures and documents, which constituted trademark infringement; and second, the defendants promoted their own “卡地亚” series products on their websites and in their brochures, capitalizing on the brand “卡地亚” owned by Cartier Company, which constituted unfair competition.

Firstly, in comparison with general trademark infringement, the alleged infringing mark in this case was used in some special way and no evidence showed that the defendants directly used the alleged infringing marks on their ceramic tile products. One defense that the defendants pivoted on was that they used the alleged infringing mark in a manner that was not specified by the trademark law. In response, the court held that use of a trademark defined in the trademark law was not limited to the use on goods. In addition to the use of a trademark on the package or container and document of commodity transactions, it certainly included the use on advertising, promotion, exhibition, and other commercial activities. In this case, the three defendants used the alleged infringing marks “卡地亚” and “卡地亚 KADIYA” as the names of their product series on their web pages and in their brochures and sales documents, which undoubtedly had the function of identifying goods sources, which could be determined as using the alleged infringing marks as trademarks. A trademark infringement should be determined according to whether any damage was incurred to the Plaintiff' trademark due to the defendant's acts. "卡地亚" as a coined word is highly distinctive and the two registered trademarks, "卡地亚" and "Cartier" have already become well-known trademarks, enjoying a high popularity among relevant public. The three defendants used "卡地亚" and "卡地亚 KADIYA" which are identical or similar to the well-known trademarks "卡地亚" and "Cartier" in Chinese texts or pronunciation on their websites and in their brochures and sales documents. In this way, they drew attention from relevant public and misled the public to take their goods as from the Plaintiff or related to the Plaintiff, reducing the distinctiveness of "卡地亚" and "Cartier" as registered trademarks, which may cause damages to the Plaintiff. Therefore, the three defendants' acts constituted infringement on the Plaintiff's exclusive right to use two disputed registered trademarks.

Secondly, the unfair competition alleged in this case took a quite special form. The defendants promoted their own "卡地亚" series products by capitalizing on the Plaintiff's brand. In their advertisements, the defendants M · K and Jinsiyuma firstly introduced the brand "卡地亚", stating that "卡地亚, a synonym for the most outstanding jewelries in the world and was reputed as 'jewelry for the king and the king of jewelry'", and then advertised their own Jinsiyuma 卡地亚 series products, claiming that they were "designed with the spirit of classic taste, elegance, faithfulness and eternity to build the king of K gold brick" The court held that the quality and reputation of "卡地亚" are exclusive to Cartier Company, and that the two defendants, who promoted their own "卡地亚" series products by capitalizing on the brand "卡地亚" while knowing about the high brand awareness of "卡地亚", subjectively had the intention to promote their own products and raise the popularity of their products by dint of the Plaintiff's goodwill. They violated the principle of faithfulness and equity as well as the generally accepted commercial ethics, constituting unfair competition against Cartier Company.

In this case, it is clear that the defendants had the intention of "capitalizing on top brand", viewing from the manner they used the alleged infringing marks and relevant advertising texts. Such acts of utilizing the high popularity of others' trademarks to gain unjustifiable profits in an illegal manner should be strictly punished to safeguard the legal rights and benefits of right holders and maintain the normal market and economic order. In this case, the court approved by the cross-class protection for well-known trademarks and determined compensation amounted to RMB 500,000, the maximum damages provided by laws based on the actual conditions of this case. It heavily punished the three defendants for their malicious infringement acts of "capitalizing on top brand" and protected the Plaintiff Cartier Company's legal rights and benefits to its internationally well-known trademarks "卡地亚" and "Cartier".

(Written by: Ma Jianfeng)

Judicial Determination of Nominative Fair Use of Trademarks

—Nippon Paint (China) Co., Ltd. v. Shanghai Zhanjin Trade Co., Ltd., *et al.* Infringement on Exclusive Right to Use Trademarks

【Summary】

If an alleged infringer uses others' registered trademark to refer to the trademarked goods itself, which has neither confused relevant public nor brought any damage to the rights and interests of the registered trademark holder, it shall not be determined as trademark infringement.

【Facts】

Plaintiff (Appellant): Nippon Paint (China) Co., Ltd.

Defendant (Appellee): Shanghai Zhanjin Trade Co., Ltd.

Defendant (Appellee): Zhejiang Taobao Network Co., Ltd.

Cause of Action: Infringement on the exclusive right to use trademarks

Case No. at First Instance: (2011) XU-Min-San-(Zhi)-Chu-Zi No. 138

Case No. at Second Instance: (2012) HU-Yi-Zhong-Min-Wu-(Zhi)-Zhong-Zi No. 64

The Plaintiff Nippon Paint (China) Co., Ltd. ("Nippon") is the holder of the trademark "", a combination of text and image, and "立邦" involved in this case. The defendant Shanghai Zhanjin Trade Co., Ltd. ("Zhanjin") opened a store named "Huitong Paint Store" selling paints with a variety brands on the online Tmall run by the defendant Zhejiang Taobao Network Co., Ltd. ("Taobao"). This online store displayed "Huitong Paint Store, in-kind shooting, genuine products from the original factory, return and replacement within seven days, and wholehearted services" on the top of its homepage and "Home Page, Store Rating, Distributed Brands, 50% Off Sales Zone, Link to Dulux Color Card, Link to Nippon Color Card, Instructions on After-sales Services, Instructions on Anti-counterfeiting and Logistics, Tips on Decoration" at the bottom of the page. In the middle of the page, the second advertisement introduced the brand

Nippon, displaying "Nippon Paint 立邦漆" on the top of the advertisement. At the bottom, the shopkeeper recommended Nippon, Huarun and Dulux paints, demonstrative images, brief information, prices, and sales volume of some of their products. On the left side, the page showed "Company Name: Shanghai Zhanjin Trade Co., Ltd., Location: Shanghai, Store: Huitong Paint Store" as well as "branded wood lacquer: Dulux wood lacquer, Nippon wood lacquer, Huarun wood lacquer, and Bauhinia wood lacquer; branded wall paint: Dulux wall paint, Nippon wall paint, Huarun wall paint and Bauhinia wall paint; Qiaobo activated carbon; paint tools and brushes". Clicking the link of "Distributed Brands" at the homepage, we would get to the page displaying advertisements of Nippon, Dulux, Henkel, Levis, Huarun, and Senge from top to bottom, of which there were 4 advertisements of Nippon in total: the first on the top left showing "", the second in the middle showing " 2010 Paint for love" ("为爱上色" in Chinese); the third on the top left showing " Decorate new home, paint for new happiness" ("装饰新家，刷新幸福" in Chinese) and the fourth on the top left showing " (Editor's Recommendation with the Highest Cost-Performance" ("小编120分推荐 净味性价王" in Chinese).

Nippon held that the aforesaid store had committed trademark infringement and complained to Taobao via emails. Taobao responded to all emails from Nippon, requesting Nippon to provide identification documents, ownership certificates, distributorship certifications, preliminary materials proving the establishment of infringement and specific links to infringing goods. Taobao also indicated that if the Taobao seller released information accurately describing Nippon products, the images bearing the original marks on Nippon products released by the seller as well as the description of the products did not constitute trademark infringement defined by laws and regulations.

The Plaintiff Nippon alleged that it had the ownership of the registered trademark involved in this case, Nippon, a paint brand widely known to the social public in China. The defendant Zhanjin decorated its store on Taobao with the Plaintiff's trademark and the above-mentioned marks without permission of the Plaintiff, which sufficed to mislead the consumers to think that Zhanjin had some connection with the Plaintiff, thus infringing on the Plaintiff's trademark right. Taobao turned its back on the Plaintiff's complaints and did not interfere with Zhanjin's further infringement, increasing the losses incurred to the Plaintiff, which constituting joint infringement. Therefore, it requested the court to rule that Zhanjin and Taobao should cease the infringement, issue an announcement at an easily visible place on Taobao to apologize to Nippon and eliminate the adverse effects, and compensate the Plaintiff with RMB 200,000 for its economic losses.

The defendant Zhanjin argued that: it had a legal supply channel. It did not violate any law in using relevant disputed trademarks for sales of Nippon paint. In addition, it no longer sold Nippon paints on Taobao after the Plaintiff raised objections. Therefore, it requested the court to reject the claims of Nippon.

The defendant Taobao argued that: Zhanjin had presented evidence and certificates to Taobao when it opened the store, proving that it had a legal supply channel, it was a means of normal operation using the disputed trademark for sales of Nippon paint, which did not constitute trademark infringement. Even if Zhanjin did commit infringement, Taobao had fully performed its duty of care in prior examination, and the Plaintiff's requirement on Taobao to shield all Nippon products was beyond Taobao's technology. Therefore, Taobao had no fault in this case and did not commit contributory infringement. It thereby requested the court to reject the claims of Nippon.

【Trial】

After trial, Shanghai Xuhui District People's Court held that: Zhanjin used the registered trademark in promotion and advertising in a reasonable manner in sales of Nippon products, which conformed to the general business practice. Since Zhanjin did not constitute infringement, the court would not support Nippon's claim requiring Taobao to undertake compensation liability for joint infringement. In accordance with Article 1 of the Trademark Law of the People's Republic of China and Article 3 of the Regulation for Implementation of the Trademark Law of the People's Republic of China, the court decided to reject the claims of Nippon.

After the trial of first instance, Nippon, not satisfied with such determination, appealed to Shanghai No. 1 Intermediate People's Court.

The Appellant Nippon claimed that: Zhanjin had no evidence to prove the Nippon products it sold were supplied by a legal source; Zhanjin used Nippon trademark, distributed brands, Nippon online flagship store and other images on Taobao, deliberately implying to the public that it was the agent of Nippon and its store was a flagship store of Nippon having close connection with the Appellant in operations. This was sufficient to mislead the consumers and was not a reasonable use of a trademark. Zhanjin used Nippon trademark, a well-known trademark, without authorization or payment for considerations, rupturing the Appellant's supervision over its trademark and impacting the quality guarantee and the value of reputation contained in a well-known trademark. Taobao failed to perform its duty in prior examination and post-event remedy as the e-business platform operator. The court of first instance erred in law application and based its decision on conformity to commercial practice and reference to legislative purpose of trademark laws.

The Appellee Zhanjin argued that: it sold Nippon products from legitimate sources. The trademarks and photos on the webpage of its store were used to ensure consumers that the products it sold were Nippon products and to distinguish them from other brands, leading to no confusion among consumers. Therefore, it requested the court to reject the appeal and uphold the decision of the court of first instance.

The Appellee Taobao argued that: Zhanjin used Nippon trademark on Taobao for the purpose of truly reflecting the provider of the products it sold, exactly as the fact was. Besides, such use of trademark conformed to functions of a trademark and did not constitute trademark infringement. Even if Zhanjin was determined to have committed infringement, Taobao, as a network service provider, had no subjective fault and did not commit infringement. Therefore, it requested the court to reject the appeal and uphold the decision of the court of first instance.

After trial, Shanghai No. 1 Intermediate People's Court held that the facts found by the court of first instance were primarily true and discovered that on the homepage of "Huitong Paint Store" run by Zhanjin on Taobao Mall, a picture box in the upper middle scrolled three different pictures, first Dulux paint advertisement and second Nippon Paint advertisement (the upper of such advertisement showed "Nippon Paint 立邦漆", followed by an introduction to Nippon paint). Click the links of "Distributed Brands" on the homepage, we would come to a page displaying advertisements of Nippon, Dulux, Henkel, Levis, Huarun, and Senge in several picture boxes from top to bottom. In the picture box displaying Nippon Paint, there were 4 advertising images of Nippon: the first was a screen shot of a web page displaying on the top " ECOLOR Homepage Beautiful Housing Furnishing Industrial and Engineering My Nippon Online Tmall (" ECOLOR 首页 美丽家居 工业与工程 我的立邦 网上商城" in Chinese), the second picture box in the middle showing " 2010 Paint for Love （"为爱上色" in Chinese）" followed by Nippon news on the left of the lower part and "Nippon Online Flagship Store Log in Now" （"立邦网络旗舰店　马上登陆" in Chinese）, "Paint Quantity Calculator" （"漆量计算器" in Chinese）, and "Paint for Love E-book" （"为爱上色电子书" in Chinese） on the right; and the third and fourth Nippon product overviews respectively showing " Decorate new home, paint for new happiness" （"装饰新家，刷新幸福" in Chinese） on the top left and " Editor's Recommendation with the Highest Cost-Performance" （"小编 120 分推荐净味性价王" in Chinese） on the top left.

Shanghai No. 1 Intermediate People's Court held that: Zhanjin used the registered trademark of the Appellant Nippon to refer to the goods it sold, causing no confusion among relevant public and did not disparage or weaken the distinctiveness or brand awareness of such trademark in the course of use, did not damage other trademark benefits of the trademark owner. Therefore, the claim made by Nippon to charge Zhanjin for committing trademark infringement would not be established. Nor did Taobao, as a network service provider, should be deemed to have committed infringement. Though it was inappropriate to some extent for the court of first instance to determine an infringement based on whether it conformed to business practices and quoted Article 1 of the *Trademark Law* as its decision basis, which, however, did not impact the judgment on the substance and procedures of this case. Therefore, according to Article 52 （1） of the *Trademark Law of the People's Republic of China* and Article 153. 1 （1） of the *Civil Procedure Law of the People's Republic of China*, the court decided to reject the appeal and uphold the original decision.

【Comments and analysis】

This case involved a trademark infringement dispute. The key to the trial was whether the use of Nippon trademark by Zhanjin in its sales of Nippon products constituted trademark infringement, which focused on the judicial determination of normative fair use of trademarks.

Nominative fair use means that business operators use registered trademarks of others in business activities in good faith as appropriate to objectively state that its goods or services are supplied by others or indicate that the purposes, target customers and other attributes of the goods are related to the goods or services of the suppliers. In terms of current judicial practices, nominative fair use primarily includes two types: First, trademarks are used to describe the features and purposes of another goods or service, such as instructions to components or accessories of the goods and target customers. Second, trademarks are used to resell or promote purchased goods which are authorized by the trademark owner to market via advertising or in any other legitimate manner.

Nominative fair use has not been clearly specified in trademark laws of China. In judicial practices, it may be determined based on two aspects of the analysis on traditional trademark infringement theories. First, the trademark is not used for purposes under trademark laws. Specifically speaking, the trademark is used to identify or describe the user's goods, rather than to mark the source of goods or services. To judge whether a trademark is used for any purpose under the trademark laws, consideration shall be given to the external representation of trademark use and the likelihood of confusing relevant public, including the size, place, meaning, distinctiveness, background, and general impression produced on relevant public of the alleged infringing mark. Second, it does not cause damage to trademark benefits of the trademark owner, meaning that it does not impacted the trademark's functions, such as source identification, quality guarantee, advertising, and awards.

In this case, Zhanjin used several pictures relating to Nippon products while selling Nippon products at its online store on Taobao. It can be analyzed in the following aspects to determine whether the use of the trademark "Nippon" ("立邦" in Chinese) owned by Nippon constituted trademark infringement or was a nominative fair use:

I. Zhanjin Used the Disputed Trademark "Nippon ("立邦" in Chinese) to Indicate the Information of the Goods It Sold

Firstly, it should be considered in terms of trademark use. The disputed trademark composed of images which mainly introduced Nippon products, and the homepage of the disputed online store displayed pictures of paints of various brands and information about their names, prices and sales volume. Based on the ways where the pictures were used and the layout of the webpage, relevant public usually deemed that the trademark advertised the goods on sale, which means the trademark indicated the brand information of the goods rather than that of the operator. Secondly, it should be considered in terms of whether or not the alleged infringing use would confuse or mislead relevant public about the source of services. Zhanjin used the disputed trademark to directly indicate the goods of the registered trademark owner rather than Zhanjin itself, which means that the connection between the trademark "Nippon" and Nippon products has not been impacted and relevant public would not mistaken Zhanjin as the source of Nippon products on sale.

II. No Damage Has Been Incurred to The Trademark Benefits of Nippon

Nippon did not provide evidence to prove that the Nippon products sold by Zhanjin were bogus products affixed with its registered trademark. Zhanjin did not counterfeit goods, lower the product quality, or disparage its trademark and the identification, advertising and award functions of the trademark while selling products of Nippon. Besides, it did not confuse or mislead consumers about the source of goods. Therefore, the alleged infringing act did not cause any damage to the trademark benefits of Nippon.

III. Though Zhanjin was Not Completely Faultless in This Case, Its Act was Not under the Regulation of Trademark Laws

Firstly, it was found in trial and inspection that "Nippon Online Flagship Store" was a part of the texts on a webpage screenshot rather than a separate module available for clicking and that the screenshot was displayed in a scrolling way together with other pictures on the "Distributed Brands" interface, which was neither a highlighted part of the entire webpage nor an online flagship store defined by Taobao. Zhanjin placed links to "Distributed Brands" on the homepage of its online store and many advertising images on the interfaces of each distributed brand, which might mislead relevant public to taken Zhanjin as having business relationship with Nippon. However, such confusion was not resulted from the use of the trademark, but was rooted in the excessive use of Nippon advertising images by Zhanjin for promotion. Such act was not regulated by trademark laws and did not lead to trademark confusion or damage to the trademark benefits defined in these laws. Secondly, if Zhanjin used advertising images sufficient to confuse relevant public and lead them to think Zhanjin had a special relation with Nippon such sponsorship or support and gained profits from such unfair competition, and Nippon was eligible for remedies provided by the laws against unfair competition, Nippon may request for protection according to the laws against unfair competition.

In summary, Zhanjin used the registered trademark of Nippon to indicate the information of goods it sold, which did not confuse relevant public or cause any damage to any other trademark benefits of Nippon. Therefore, Nippon's claim that the act of Zhanjin constituted trademark infringement could not be established. Taobao, as a network service provider, should be convicted of trademark infringement on the condition of Zhanjin's conviction. Since the Appellee Zhanjin was not convicted of trademark infringement, nor was Taobao.

(Written by: Chen Yaoyao)

Judgment on Trademark Similarity in Determination of Trademark Infringement

—Beiersdorf AG v. Shanghai Yuyan Cosmetic Company *et al.* Infringement on Exclusive Right to Use a Trademark

【Summary】

Trademark similarity refers to the similarity between an alleged infringing trademark and the registered trademark of the Plaintiff in script, pronunciation or meaning of texts, layout and color of a graphics, or the overall structure or three-dimensional shape and color combination of all elements, which is likely to confuse relevant public about the source of the alleged infringing products or lead the public to assume that the source of such products has certain connection with the products bearing the Plaintiff's trademark. A similar or identical trademark should be recognized based on the general attention of relevant public. Comparison should not only be made between the trademarks as a whole, but also be made between their major parts. In addition, consideration should also be given to the request for protecting the distinctiveness and reputation of the registered trademark.

【Facts】

Plaintiff (Appellee): Beiersdorf AG

Defendant (Appellant): Arunis Biotechnology (Shanghai) Co., Ltd.

Defendant (Defendant of First Instance): Shanghai Yuyan Cosmetics Company

Cause of Action: Infringement on the exclusive right to use a trademark

Case No. at First Instance: (2010) HU-Er-Zhong-Min-Wu- (Zhi) - Chu-Zi No. 139

Case No. at Second Instance: (2011) HU-Gao-Min-San- (Zhi) - Zhong-Zi No. 34

With a history of more than 120 years, the Plaintiff Beiersdorf AG (hereinafter referred to as "BDF") has developed into an internationally prestigious cosmetics manufacturer. "NIVEA/妮维雅", a brand of the Plaintiff with the highest value and greatest market influence whose history in China can be originated in 1930, is currently one of the leading brands in the skincare market of China. The Plaintiff was the owner of a series of registered trademarks including "NIVEA" numbered 215396, "NIVEA VISAGE and image" numbered G720172 and "NIVEA and image" numbered G803978.

From early March to late April 2009, the defendant Arunis Biotechnology (Shanghai) Co., Ltd. (hereinafter referred to as "Arunis") processed and produced 161, 400 bottles in 55 types of Niya Yuyan skincare products (hereinafter referred to as the "alleged infringing products") under the authorization of the defendant Shanghai Yuyan Cosmetics Company (hereinafter referred to as "Yuyan") who distributed products in Shanghai, Chengdu, Shenyang, Xi'an and other cities. The two defendants used the trademark "NIYEA UYAN and image" (hereinafter referred to as the "alleged infringing trademark") on these products.

The Plaintiff BDF alleged that: the two defendants produced and sold the alleged infringing products were identical or similar to those on which the disputed registered trademarks were approved to be used and the alleged infringing trademark used by the two defendants were similar to the Plaintiff's registered trademarks numbered 215396, G720172 and G803978. Such acts of the two defendants constituted infringement on the Plaintiff's exclusive right to the registered trademarks with relatively obvious subjective intention. Besides, the two defendants had been punished for the aforesaid infringement by Jiading Office of Shanghai Administration for Industry & Commerce for their determined infringement and had been charged with penalty. The infringing products had been detained and destroyed. The Plaintiff alleged that the two defendants had common intention in committing the infringement and should assume joint and several liabilities for damages. On this ground, it requested the court to order that: 1. the two defendants cease the infringement on the Plaintiff's exclusive right to use the registered trademarks numbered 215396, G720172 and G803978; and 2. the two defendants jointly and severally compensate the Plaintiff with RMB 500,000 (the same currency below) for its economic losses and RMB 103, 921 for its reasonable expenses.

The defendant Yuyan was neither present for the trial to defend nor submitted a written defense.

The defendant Arunis argued that: Firstly, it did not produce the alleged infringing products out of its own will or under the entrustment of Yuyan. Secondly, relevant information of Arunis bearing on the outer packages of the alleged infringing products was used without permission by others. Therefore, it requested the court to reject the claims of the Plaintiff.

【Trial】

After trial, Shanghai No. 2 Intermediate People's Court held that the Plaintiff, a company incorporated under the laws of German Federal Republic, had the exclusive right to use trademarks No. 215396, G720172 and G803978 registered at the Trademark Office of China, which were still valid and under the protection of China's laws, and that the disputed registered trademarks of the Plaintiff had developed high reputation among relevant consumers during the long-term use.

The first issue to be determined was whether or not the two defendants produced and sold the alleged infringing products identical or similar to those on which the disputed registered trademarks were approved to be used. Both of the above mentioned products were categorized in Class 3 under international classification, which can be used for daily hairdressing and beauty or body care, produced by hairdressing and beauty supplies or cosmetics manufacturers and distributed through supermarkets or commodity stores, targeting at general consumers. According to the common understanding of consumers, the alleged infringing products should be recognized as identical or similar to those on which the Plaintiff's trademarks were approved to be used.

The second issue to be determined was whether or not the two defendants used trademarks similar to the Plaintiff's registered trademarks numbered 215396, G720172 and G803978. These registered trademarks owned by the Plaintiff all contained the distinctive word "NIVEA". As a fabricated word, "NIVEA" was of strong originality and distinctiveness. In addition to "NIVEA", Trademark No. G720172 also indicated a distinctive color combination (white texts against blue background with silvery borders) and graphic pattern (square pattern with a half-moon dividing line). The word "VISAGE" at the bottom, meaning "face or countenance" in Chinese, was not a distinctive part of the trademark. In addition to "NIVEA", Trademark No. G803978 also indicated a distinctive color combination (white texts against deep blue background) and graphic pattern (a blue square). First of all, the alleged infringing trademark was similar to Trademark No. 215396 owned by the Plaintiff. It was mainly composed of the word "NYVEA", which differentiated from the Plaintiff's word trademark "NIVEA" only by one letter, namely "Y" and "V" which looked alike in shape and were arranged at the same sequence respectively in "NYVEA" and "NIVEA". These two words were confusingly similar in pronunciation and both bore no meaning. Therefore, the alleged infringing trademark was similar to the Plaintiff's trademark in terms of major elements. Second, the alleged infringing trademark was similar to the Plaintiff's registered trademark numbered G803978. The alleged infringing trademark plagiarized the image layout and color elements from the Plaintiff's trademark, such as the square shape, deep blue background and white texts, bearing texts extremely similar to that of the Plaintiff's trademark. The alleged infringing trademark as a whole generated the same impression with Trademark No. G803978 on relevant public, leading them to think that the products involved in this case were from the Plaintiff or had certain connection with goods bearing the Plaintiff's registered trademark. Thirdly, the alleged infringing trademark was similar to the Plaintiff's registered trademark numbered G720172. In terms of the structure, both marks were composed of an outer box and inner texts which were divided into upper and lower parts by a half-moon shape. In terms of color, both consisted of a combination of silvery white outer box, blue background, and white texts and half-moon shape. And in terms of texts, both used the same font and their major parts of "NIYEA" and "NIVEA" respectively, were similar in shape and pronunciation. Though there were delicate differences as a whole such as the directions toward which the half-moon bent and different texts in the lower, they could be barely noticed without special observation. In this regard, the two marks were similar in overall structure. As the Plaintiff's "NIVEA" series trademarks enjoy high popularity, the defendant Arunis as a company engaged in the cosmetics industry since 2005 should have known about the existence of "NIVEA" trademarks but failed to perform its duty of care. It did not conduct necessary examinations before processing and producing the alleged infringing products upon the entrustment of the defendant Yuyan, and delivered such products to Yuyan for sale. The two defendants, with joint infringement intention and acts, should assume joint liability for the infringement. In summary, the two defendants used marks similar to the Plaintiff's registered trademarks on the goods of the same class without the permission of the Plaintiff, thus jointly infringing the Plaintiff's exclusive right to use the registered trademarks numbered 215396, G720172 and G803978. The argument made by the defendant Arunis that it did not produce the alleged infringing products was inconsistent with the facts. Therefore, the court refused to adopt it as evidence.

The third issue to be determined was the liability for damages that the two defendants should undertake. Since it was hard to determine the benefits gained by the infringer and the losses suffered by the infringed because of the infringement, the court of first instance had determined the compensation amount in consideration of various factors, including the high reputation enjoyed by the Plaintiff's registered trademarks, the obvious infringement intention of the two defendants, and 161,400 bottles of up to 55 categories of the alleged infringing products, as well as the reasonable expenses incurred to the Plaintiff to stop such infringement. Besides, in accordance with Article 8 of the Tort Liability Law of the People's Republic of China, "two or more parties, who jointly commit a tortuous act and bring damage to another party, shall assume the joint and several liabilities." In this case, the two defendants jointly committed the trademark infringement and should be jointly liable for damages.

On these grounds, in accordance with Article 8 of the *Tort Liability Law of the People's Republic of China*, Article 52. 1 (1), Article 56. 1 and Article 56. 2 of the *Trademark Law of the People's Republic of China*, Article 8, Article 9. 1, Article 10, Article 11. 1, Article 12, Article 16. 1, Article 16. 2 and Article 21. 1 of the *Interpretation of the Supreme People's Court Concerning the Application of Laws in the Trial of Cases of Civil Disputes Arising from Trademarks*, and Article 130 of the *Civil Procedure Law of the People's Republic of China*, the court determined that: 1. The defendants Shanghai Yuyan Cosmetics Company and Arunis Biotechnology (Shanghai) Co., Ltd. should cease the infringement on the exclusive right to use registered trademarks No. 215396, G720172 and G803978 owned by the Plaintiff Beiersdorf AG. 2. The defendants Shanghai Yuyan Cosmetics Company and Arunis Biotechnology (Shanghai) Co., Ltd. should jointly compensate the Plaintiff Beiersdorf AG with RMB 500,000 for its economic losses, including reasonable expenses, within ten days after this determination took effect.

After the trial of first instance, Arunis, not satisfied with such determination, appealed to Shanghai High People's Court.

After trial, Shanghai High People's Court held that the court of first instance found facts clearly and applied laws correctly, thus rejected the appeal and upheld the decision of the court of first instance.

【Comments and analysis】

The issue that whether or not the two defendants used trademarks similar to the

Plaintiff's registered trademarks numbered 215396, G720172 and G803978 is hereby analyzed as follows:

In accordance with Article 9.2 of the *Interpretation of the Supreme People's Court Concerning the Application of Laws in the Trial of Cases of Civil Disputes Arising from Trademarks*, "trademark similarity refers to the similarity between an alleged infringing trademark and a registered trademark of the Plaintiff in script, pronunciation or meaning of texts, layout and color of a graphics, or the overall structure or three-dimensional shape and color combination of all elements, which is likely to confuse relevant public about the source of the alleged infringing products or lead them to assume that the source of such products has certain connection with the products bearing the Plaintiff's trademark".

It is provided in Article 10 of the *Interpretation of the Supreme People's Court Concerning the Application of Laws in the Trial of Cases of Civil Disputes Arising from Trademarks* that "a similar or identical trademark should be recognized based on the general attention of relevant public. Comparison should not only be made between the trademarks as a whole, but also be made between their major parts. In addition reputation of the registered trademark shall be taken into consideration". In this case, registered trademarks No. 215396, G720172 and G803978 owned by the Plaintiff all contained the distinctive word "NIVEA". As a fabricated word, "NIVEA" was of strong originality and distinctiveness. In addition to "NIVEA", Trademark No. G720172 also indicated a distinctive color combination (white texts against blue background with silver borders) and graphic pattern (square pattern with a half-moon dividing line). The word "VISAGE" at the bottom, meaning "face or countenance" in Chinese, was not a distinctive part of the trademark. Apart from "NIVEA", Trademark No. G803978 indicated a distinctive color combination (white texts against deep blue background) and graphic pattern (a blue square).

Firstly, the alleged infringing trademark was similar to Trademark No. 215396 owned by the Plaintiff. The alleged infringing trademark was primarily composed of the word "NIYEA", which differentiated from the Plaintiff's word trademark "NIVEA" only by one letter, namely "Y" and "V" which looked alike in shape and were arranged at the same sequence respectively in "NIYEA" and "NIYEA". These two words were confusingly similar in pronunciation and both bore no meaning. Therefore, the alleged infringing trademark was similar to the Plaintiff's trademark in terms of major elements.

Secondly, the alleged infringing trademark was similar to the Plaintiff's registered trademark numbered G803978. The alleged infringing trademark plagiarized the image layout and color elements from the Plaintiff's trademark, such as the square shape, deep blue background and white texts and bore texts extremely similar to that of the Plaintiff's trademark. The alleged infringing trademark as a whole generated the same impression with Trademark No. G803978 on relevant public, leading them to think that the products involved in this case were from the Plaintiff or had certain connection with the products bearing the Plaintiff's registered trademark.

Thirdly, the alleged infringing trademark was similar to the Plaintiff's registered trademark numbered G720172. In terms of the structure, both marks were composed of an outer box and inner texts which were divided into upper and lower parts by a half-moon shape. In terms of color, both contained a combination of silvery white outer box, blue background, and white texts and half-moon shape. And in terms of texts, both used the same font and their major parts, "NIYEA" and "NIVEA" respectively, were similar in shape and pronunciation. Though there were delicate differences between them as a whole such as the directions toward which the half-moon bent and the texts in the lower part, they could be barely noticed without special observation. In this regard, the two marks were similar in overall structure.

(Written by: Shou Zhongliang)

Appendix I: Registered Trademark No. G720172 Owned by the Plaintiff.

Appendix II: Registered Trademark No. G803978 Owned by the Plaintiff.

Appendix III: Trademark Used by the Two Defendants on the Alleged Infringing Products.

Conditions and Factors for Judicial Recognition of Well-known Trademarks

—Diageo Brands BV, *et al.* v. Xiao Shaoli, *et al.* Infringement on Exclusive Right to Use a Trademark

【Summary】

With years of judicial practices, China has accumulated rich experience in the judicial protection of well-known trademarks. However, new issues and problems arose from time to time. To effectively solve prominent issues in judicial protection of well-known trademarks, the Supreme People's Court enacted corresponding judicial interpretations, defining the conditions for and the scope of well-known trademark recognition, considerations and burden of proof for well-known trademark recognition, and conditions for well-known trademark protection. In this case, decision was made in accordance with the judicial interpretations on whether or not the registered trademark involved should be recognized as well-known trademark as well as the specific factors to be taken into account in well-known trademark recognition.

【Facts】

Plaintiff: Diageo Brands BV

Plaintiff: Diageo (Shanghai) Ltd

Defendant: Xiao Shaoli

Defendant: Changzhou Bishuang Biological Technology Co., Ltd.

Defendant: Wuxi Yongru Bio-Cosmetic Products Co., Ltd.

Cause of Action: Infringement on the exclusive right to use a trademark

Case No.: (2010) HU-Er-Zhong-Min-Wu- (Zhi) -Chu-Zi No. 31

The Plaintiff Diageo Brands BV (hereinafter referred to as "Diageo") is the exclusive owner of the registered text trademark "JOHNNIE WALKER" and the registered graphic trademark "Walking Gentleman (Right)". The Plaintiff Diageo (Shanghai) Ltd (hereinafter referred to as "Diageo Shanghai") is a general licensee of these trademarks. The defendants Changzhou Bishuang Biological Technology Co., Ltd. (hereinafter referred to as "Bishuang") and Wuxi Yongru Bio-Cosmetic Products Co., Ltd. (hereinafter referred to as "Yongru") used the text "JOHNNIE WALKER" and a graph titled "Gentleman Walking Left" which was extremely similar to "Walking Gentleman (Right)" on "Hanzhiyun skin moisture olive oil" and "Hanzhiyun pure skin-care olive oil", the products jointly produced and sold by them. The defendant Xiao Shaoli distributed "Hanzhiyun skin moisture olive oil" through his Lisheng Grocery in Huangpu District, Shanghai.

The Plaintiffs Diageo and Diageo Shanghai jointly alleged that their trademarks were well-known trademarks widely known by relevant public in China and that their legal rights in the two well-known trademarks were infringed by the acts of the three defendants. They requested the court to order the three defendants to: 1. immediately stop their infringement upon the Plaintiffs' exclusive right to use the registered trademarks "JOHNNIE WALKER" and "Walking Gentleman (Right)"; 2. jointly compensate the Plaintiffs with RMB 50,000 for their economic losses.

The defendants Bishuang and Yongru jointly argued that: "JOHNNIE WALKER" and "Walking Gentleman (Right)" were not well-known trademarks; the alleged infringing products were skincare goods among cosmetics, neither identical nor similar to whiskeys for which the disputed trademarks were used. "Gentleman Walking Left" was neither identical nor similar to "Walking Gentleman (Right)". Therefore, their use of "JOHNNIE WALKER" and "Walking Gentleman (Right)" on the alleged infringing products would neither lead to confusion among relevant public nor infringe upon the legal rights of the two plaintiffs. The two defendants requested the court to reject the claims of the two plaintiffs.

The defendant Xiao Shaoli argued that he agreed on the defense made by the defendants Bishuang and Yongru and believed that he should not be liable for the infringement on the account that "Hanzhiyun skin moisture olive oil" he sold at his Lesheng Grocery was from a legal source.

【Trial】

After trial, Shanghai No. 2 Intermediate People's Court held that: the Plaintiff Diageo, who was the exclusive owner of the registered trademarks "JOHNNIE WALKER" and "Walking Gentleman (Right)", had authorized the Plaintiff Diageo (Shanghai) to use them in China through non-exclusive licensing.

The text "JOHNNIE WALKER" used on the outer package of the alleged infringing products was identical to the registered text trademark "JOHNNIE WALKER", but the alleged infringing products were cosmetics, which were neither identical nor similar to whiskeys for which the registered trademark "JOHNNIE

WALKER" was approved to be used. In this case, the Plaintiffs filed the trademark infringement lawsuit against the defendants, claiming that the defendants had replicated and imitated their well-known trademarks by using the marks on neither identical nor similar goods. Therefore, whether the production and sales by Bishuang and Yongru as well as the sales of alleged infringing goods by Xiao Shaoli constituted infringement was preconditioned on whether "JOHNNIE WALKER" was a well-known trademark or not.

Comparing the "Gentleman Walking Left" used on the outer package of the alleged infringing products with the registered trademark "Walking Gentleman (Right)", we found that both marks were designed with a gentleman wearing a hat and tailcoat with a cane in hand. However, they were walking towards opposite directions. In "Gentleman Walking Left", the gentleman, wearing no boots, did not show a post of walking straight forward. The alleged infringing products were neither identical nor similar to the alcoholic goods for which "Walking Gentleman (Right)" was approved to be used. Therefore, the court held that since the registered trademark "Walking Gentleman (Right)" and the image "Gentleman Walking Left" were neither identical nor similar, the use of "Gentleman Walking Left" on the alleged infringing products would not lead to confusion or misconception among relevant consumers. The claim of the two plaintiffs that the use of "Gentleman Walking Left" on the alleged infringing products constituted infringement on the registered trademark "Walking Gentleman (Right)" can hardly be established. Therefore, it is not necessary to determine whether or not the registered trademark "Walking Gentleman (Right)" was well-known.

As to whether or not the registered trademark "JOHNNIE WALKER" was well-known, after trial, the court held that: 1. "JOHNNIE WALKER" series whiskeys branded with "JOHNNIE WALKER" trademark had a high share in the whiskey market of China; 2. The trademark "JOHNNIE WALKER" had been used since its registration in 1958 and for over five decades in China; 3. the "JOHNNIE WALKER" series whiskeys bearing the trademark "JOHNNIE WALKER" had been advertised and promoted in China since 1954. The expenses for their advertisements and promotions amounted to nearly RMB800 million during 2004 and 2009; 4. "JOHNNIE WALKER" series whiskeys bearing "JOHNNIE WALKER" trademark had won prizes from a variety of international contests, and the trademark "JOHNNIE WALKER" was ranked at top 100 global brands; 5. Black Label whiskeys bearing the trademark "JOHNNIE WALKER" had been recognized by administrative and judicial authorities as well-known goods for times, indicating that the trademark "JOHNNIE WALKER" had been very popular among relevant consumers. Therefore, the court recognized the registered trademark "JOHNNIE WALKER" as a well-known trademark. The use of "JOHNNIE WALKER" by the defendants Bishuang and Yongru on the alleged infringing products was intended to ride on the popularity of "JOHNNIE WALKER", which was sufficient to confuse relevant public so that they would develop a misconception about the source of goods bearing "JOHNNIE WALKER" and a belief that there should be certain relationship between the alleged infringing products and the Plaintiffs' registered trademark "JOHNNIE WALKER". Therefore, the court decided that the two defendants had replicated well-known trademarks of others registered in China on neither identical nor similar goods. Such act would mislead the public and possibly infringe the benefits of the owner of the well-known trademark. The defendant Xiao Shaoli also infringed upon the two plaintiffs' legal rights in the registered trademark "JOHNNIE WALKER" in selling the alleged infringing products.

In conclusion, Shanghai No. 2 Intermediate People's Court decided that the defendants Bishuang and Yongru jointly committed the infringement by using "JOHNNIE WALKER" on the alleged infringing goods produced and sold by them, and should cease such infringement and be held liable for the damages. The defendant Xiao Shaoli, as an operator of retailing business, should have known about the popularity of the registered trademark "JOHNNIE WALKER" but failed to give due care, therefore, should cease the infringement and be liable for the damages. Given that the Plaintiffs did not provide evidence to prove the profits gained by the infringers from the infringement and their own losses resulted from such infringement, the court would determine the compensation amount at its own discretion by taking into consideration the nature, duration and consequence of the infringements committed respectively by the defendants Bishuang and Yongru and the defendant Xiao Shaoli, the popularity of the registered trademark "JOHNNIE WALKER" involved in this case, and the reasonable expenses paid by the Plaintiffs to stop the infringement of the defendants.

Therefore, in accordance with Article 134.1 (1) and Article 134.1 (7) of the *General Principles of the Civil Law of the People's Republic of China*, Article 13.2, Article 14, Article 52 (2) and Article 56 of the *Trademark Law of the*

People's Republic of China, Article 2 (1), Article 3 (2), Article 4, Article 5, Article 9. 1 and Article 10 of the *Interpretation of the Supreme People's Court Concerning the Application of Laws in the Trial of Cases of Civil Disputes over the Protection of Famous Trademarks*, and Article 16. 1, Article 16. 2 and Article 17 of the *Interpretation of the Supreme People's Court Concerning the Application of Laws in the Trial of Cases of Civil Disputes Arising from Trademarks*, the court determined that: 1. The three defendants should immediately stop their infringement upon the exclusive right of the Plaintiff Diageo to use and that of the Plaintiff Diageo Shanghai to use under general license the registered trademark "JOHNNIE WALKER"; 2. The defendant Xiao Shaoli should compensate the two plaintiffs with RMB1, 500 for the economic losses of the Plaintiffs, including reasonable expenses; 3. The defendants Bishuang and Yongru should jointly compensate the two plaintiffs with RMB 120,000 for their economic losses, including reasonable expenses; 4. The remaining claims of the two plaintiffs were not supported.

Neither the Plaintiffs nor the defendants appealed after the trial of first instance and the judgment has taken effect.

【Comments and analysis】

The protection of well-known trademarks is provided in the Trademark Law which has been modified in 2001. After that, the Supreme People's Court issued the *Interpretation of the Supreme People's Court Concerning the Application of Laws in the Trial of Cases of Civil Disputes Arising from Network Domain Names* and the *Interpretation of the Supreme People's Court Concerning the Application of Laws in the Trial of Cases of Civil Disputes Arising from Trademarks* respectively in 2001 and 2002, providing on the recognition and protection of well-known trademarks in the trial of civil cases involving network domain names and trademarks, primarily establishing the basic system for trademark recognition based on single cases, demands and facts. With years of judicial practices, China has accumulated rich experience in the judicial protection of well-known trademarks. However, new issues or problems arose from time to time. To effectively solve the prominent problems in judicial protection of well-known trademarks, the Supreme People's Court issued the *Interpretation of the Supreme People's Court Concerning the Application of Laws in the Trial of Cases of Civil Disputes over the Protection of Well-known Trademarks* (hereinafter referred to as the "Judicial Interpretation on Well-known Trademarks") in 2009, defining the conditions for and the scope of well-known trademark recognition, considerations and burden of proof for well-known trademark recognition, and conditions for well-known trademark protection. In this case, decision was made in accordance with judicial interpretations on whether or not the registered trademark involved should be recognized as well-known trademark as well as the specific factors to be taken into account in well-known trademark recognition.

I. Applicable Conditions for Well-known Trademark Recognition

1. Recognition based on single cases. The recognition of a well-known trademark means to legally confirm the fact that a trademark is well-known. Only when a suit is filed against the infringement on a well-known trademark or in occurrence of unfair competition, should a well-known trademark to be determined as a well-known trademark.

2. Recognition based on demands. The types of civil dispute cases in which well-known trademark recognition should be determined was provided in Article 2 of the *Judicial Interpretation on Well-known Trademarks*, and those in which well-known trademark recognition is not needed was provided in Article 3, defining the applicable scope of judicial recognition of well-known trademarks from different perspectives. This is called the principle of well-known trademark recognition based on demands.

In this case, the Plaintiffs requested to recognize "JOHNNIE WALKER" and "Walking Gentleman (Right)" as well-known trademarks and alleged that the defendants had replicated and imitated these trademarks by using the marks on neither identical nor similar goods. It is clear that this case involves cross-class protection of trademarks which shall be determined under the precondition that the disputed trademarks are recognized as well-known, which complies with Article 2 of the *Judicial Interpretation on Well-known Trademarks* that "in trademark infringement where lawsuits are filed on the account of violating Article 13 of the Trademark Law, if the Plaintiff bases his/her claims on the fact that the disputed trademark is well-known, the people's court shall determine whether or not to recognize such trademark as well-known when it deems necessary". However, Article 3 of the *Judicial Interpretation on Well-known Trademarks* also provides that, in cases where the alleged trademark infringement or unfair competition is not established due to the lack of any other elements required by laws, the people's court will not review whether or not the trademark involved is well-known. Therefore, the establishment of infringement alleged by the Plaintiffs was a precondition of the need to determine whether or not JOHNNIE WALKER" and "Walking Gentleman (Right)" were well-known trademarks. In this case, the text "JOHNNIE WALKER" used on the alleged infringing products was identical to the registered trademark "JOHNNIE WALKER", which was likely to confuse or mislead relevant public. Therefore, it was necessary to determine whether or not the registered trademark "JOHNNIE WALKER" was recognized as well-known. As to the image "Gentleman Walking Left" used on the alleged infringing products, the court held that it was neither identical nor similar to the registered trademark "Walking Gentleman (Right)" and would not lead to confusion or misconception among relevant public. The claim of infringement upon this trademark could hardly be established. Therefore, it was unnecessary to determine whether or not the registered trademark "Walking Gentleman (Right)" was recognized as well-known.

II. Specific Considerations for Well-known Trademark Recognition

According to Article 14 of the Trademark Law and Article 4 and Article 5 of the Judicial Interpretation on Well-known Trademarks, the court should determine whether or not the trademark "Johnnie Walker" was well-known when the alleged trademark infringement occurred by taking into comprehensive account the market share, the sales territory and the profits and taxes of goods on which the trademark was used; the duration of use of the trademark, the methods, duration, scope, investment and region of the publicity or promotion of the trademark, and the records on protection of the trademark as a well-known one, as well as the market reputation it enjoyed and other supportive facts. This is called the principle of recognition based on facts about well-known trademarks.

In this case, the court held according to discovered facts that: 1. the "JOHNNIE WALKER" series whiskeys branded with the trademark "JOHNNIE WALKER" enjoyed a large share in the whiskey market of China; 2. the trademark "JOHNNIE WALKER" had been used since its registration in 1958 and had been used in China for over five decades; 3. the "JOHNNIE WALKER" series whiskeys bearing "JOHNNIE WALKER" trademark were advertised as early as in 1954 in China, and the expenses for their advertisements and promotions amounted to nearly RMB800 million during 2004 and 2009; 4. the "JOHNNIE WALKER" series whiskeys bearing "JOHNNIE WALKER" won many prizes in a variety of international contests, and the trademark "JOHNNIE WALKER" was listed among top 100 global brands; 5. the "Black Label" whiskey bearing "JOHNNIE WALKER" was recognized by administrative and judicial authorities as well-known products for many times, indicating that the trademark "JOHNNIE WALKER" had been very popular among relevant consumers. Therefore, the court recognized the registered trademark "JOHNNIE WALKER" as a well-known trademark.

(Written by: He Yuan)

Judgment on the Necessity of Well-known Trademark Recognition

—Intel Corporation *v.* Shenzhen Inteljet Digital Technology Co., Ltd., *et al.* Infringement on Exclusive Right to Use a Trademark

【Summary】

In cases involving well-known trademark recognition, the principle of recognition based on necessity should be followed. To be specific, it is necessary to determine whether a trademark is well-known or not only when the alleged infringing trademark and the trademark involved in cases are used on different classes of products. The class of a product shall not be simply determined according to the Classification Table of Similar Goods and Services. Instead, considerations should be given sufficiently to its function, purpose, production sector, distribution channels and target consumers.

【Facts】

Plaintiff (Appellee): Intel Corporation

Defendant (Appellant): Shenzhen Inteljet Digital Technology Co., Ltd.

Defendant (Defendant of First Instance): Tao Jian

Defendant (Defendant of First Instance): Shanghai Nabaichuan Goods & Materials Recycle Co., Ltd.

Cause of Action: Infringement of the exclusive right to use a trademark

Case No. at First Instance: (2011) HU-Er-Zhong-Min-Wu-(Zhi)-Chu-Zi No. 89

Case No. at Second Instance: (2012) HU-Gao-Min-San-(Zhi)-Zhong-Zi No. 60

The Plaintiff Intel Corporation (hereinafter referred to as "Intel") had the exclusive right to use the registered "Intel" series trademarks. Intel, also the abbreviation and trade name of the company, was strongly distinctive and had become a well-known trademark familiar to relevant public of China. The defendant Shenzhen Inteljet Digital Technology Co., Ltd. (hereinafter referred to as "Inteljet") used the texts of "IN - TELJET", "Inteljet" and "inteljet" on products it produced such as printer toner cartridges and ink cartridges as well as its website domain name and English name without permission. The defendant Tao Jian distributed the alleged infringing products of Inteljet in Shanghai and the defendant Shanghai Nabaichuan Goods & Materials Recycle Co., Ltd. (hereinafter referred to as "Nabaichuan") issued invoices for the alleged infringing products sold by Tao Jian in its name.

The plaintiff Intel claimed that: the above mentioned act of Inteljet sufficed to mislead relevant public to think that Inteliject and its products had some relationship with the Plaintiff. Inteliject illegitimately took advantage of the market reputation of Intel's well-known trademarks and diluted the well-known trademark of Intel, infringing the Plaintiff's exclusive right to use its registered trademarks. The defendants Tao Jian and Nabaichuan, by their acts of selling, committed joint infringement and should undertake legal liability for such infringement. Therefore, the Plaintiff filed a suit to the court and requested the court to order that: 1. The defendant Inteljet should immediately cease the infringement upon the Plaintiff's well-known trademarks "INTEL" and "intel"; 2. the defendant Tao Jian and Nabaichuan shall immediately cease selling the infringing products and relevant infringing goods from the defendant Inteljet, including but without limitation to infringing packages, instructions and publicity materials, and infringement of any form; 3. the three defendants should jointly compensate the Plaintiff with RMB 500,000 for its losses and reasonable expenses resulted from this case; and 4. the three defendants should pay the legal costs of this case.

The defendant Inteljet argued that: 1. "inteljet" was the English translation of its Chinese trademark "因特佳" on which it never received any notice of infringement from the Plaintiff since it adopted in 2006, indicating it had no subjective intention to infringe; 2. the mark "inteljet" had been used before 2008 and was no longer in use; 3. the toner and ink cartridges it produced were neither identical with nor similar to the classes of goods for which the Plaintiff's trademarks were registered; 4. it agreed to cease using relevant marks but argued that the amount of compensation claimed by the Plaintiff was groundless.

The defendants Tao Jian and Nabaichuan jointly argued that: Tao Jian was the authorized agent of Inteliject in Shanghai and Tao Guangxiang, the legal representative of Nabaichuan was father of Tao Jian. When Tao Jian entered into the agency agreement with Inteljet in June 2010, he had neither knowledge about nor ability to identify whether the products were infringing. All products he sold came from legitimate sources. Therefore, he should not be held liable for damages. Nabaichuan, a company engaging in recycling waste and obsolete goods and materials, was neither an agent of Inteljet. Nor did it actually sell any product of Inteljet. Naibaichuan issued invoices in its name because Tao Jian had not established the sales company at that time and the Plaintiff, in consideration of the special relationship between Tao Jian and Nabaichuan, issued invoices upon the request of the Plaintiff. Nabaichuan did not actually sell any product of Inteljet. Therefore, there was no act infringing on the Plaintiff's trademarks.

【Trial】

After trial, Shanghai No. 2 Intermediate People's Court held that: the alleged infringing goods produced and sold by Inteljet *et al.* were neither identical with nor similar to the goods on which the trademarks claimed by the Plaintiff were approved to use, including microcomputers, microcontrollers, microprocessors and integrated circuits. Therefore, the determination of whether or not Intel's relevant registered trademarks were well-known trademarks was the precondition for the determination of whether the act of Inteljet *et al.* constituted infringement. The trademark "INTEL" had been used since it was registered on April 30, 1985. Based on the fact that it was well-known in the territory of China and the evidence provided by Intel, it could be recognized as a well-known trademark. Inteljet's act of using marks similar to Intel's well-known trademark sufficed to mislead relevant public to think that the marks it used had some relationship with Intel's well-known trademark and illegitimately capitalizing on the market reputation of Intel's well-known trademark, impairing Intel's right in the well-known trademark. In conclusion, in accordance with Article 8, Article 15. 1 (1), Article 15. 1 (6), and Article 15. 1 (8) of the *Tort Liability Law of the People's Republic of China*, Article 13. 2, Article 14, Article 52 (2), Article 56. 1, and Article 56. 2 of the *Trademark Law of the People's Republic of China*, Article 16. 1 and Article 16. 2 of the *Interpretation of the Supreme People's Court Concerning the Application of Laws in the Trial of Cases of Civil Disputes Arising from Trademarks*, and Article 2 (1), Article 4, Article 8 and Article 9 (2) of the *Interpretation of the Supreme People's Court Concerning the Application of Laws in the Trial of Cases of Civil Disputes Arising from the Protection of Famous Well-known Trademarks*, the court ruled that: first, the defendants

Shenzhen Inteljet Digital Technology Co., Ltd. and Tao Jian should cease the infringement of the exclusive right to use the registered trademarks "INTEL" (Trademark registration certificate No.: 225222) and "intel" (Trademark registration certificate No.: 220559) owned by the Plaintiff Intel Corporation; second, the defendant Shenzhen Inteljet Digital Technology Co., Ltd. should compensate the Plaintiff Intel Corporation with RMB 400,000 for its economic losses, including reasonable expenses, within ten days after this ruling took effect, and the defendant Tao Jian should pay RMB 4,000 included in the compensation amount for joint liability; third, the defendant Shenzhen Inteljet Digital Technology Co., Ltd. should publish an announcement on *Legal Daily* within thirty days after this ruling took effect to eliminate the adverse impact (the contents of the announcement should be reviewed and approved by this court); and forth, the court did not support the remaining claims made by the Plaintiff Intel Corporation.

After the trial of first instance, Inteljet, not satisfied with such decision, appealed to Shanghai High People's Court. During the trial of the court of second instance, Inteljet withdrew the appeal after reaching a settlement agreement with Intel.

【Comments and analysis】

One focus of dispute in this case is whether or not it is necessary to recognize "INTEL" as a well-known trademark. The judicial practices of China in protecting well-known trademarks adhere strictly to the principles of "restricted conditions, recognition based on single cases and passive protection", aiming to regulate improper well-known trademark recognition by companies and prevent companies from taking judicial recognition of well-known trademarks as a cost effective and efficient way of brand building which may lead to unfair competition. The principle of recognition based on single cases emphasizes the examination on the necessity of cross-class protection. Where remedies for general trademark infringement or those from other channels are available, well-known trademark recognition will not be conducted. What are requirements for well-known trademark recognition?

Article 52 (1) of the *Trademark Law*, which illustrates the judgment rules for ordinary trademark infringement in China, provided that the act of "using any mark identical with or similar to a registered trademark on identical or similar goods without permission from the owner of the registered trademark" constitutes trademark infringement. It can be seen that general trademark infringement is determined based on two essential conditions: identical or similar goods and trademark of which the identicalness or similarity of class of goods is the premise and basis for determination of trademark infringement. The condition for the class of goods requires comparison to be made within the classes of goods on which the registered trademark is approved to be used, because the goodwill an ordinary trademark bears will not expand beyond the registered classes to form goodwill of "brand expansion" due to the immobility of consumers or the limitation of business scope. The Trademark Law also protects ordinary registered trademarks within the classes of goods on which such trademarks are approved to be used. If an ordinary trademark produces sufficient goodwill in classes of goods in addition to those registered for through application, it can also become a well-known trademark. Only in such circumstance, will the protection over trademark rights not take classes of goods into consideration. In other words, if the class of goods on which the alleged infringing trademark approved to be used is identical with or similar to that of the registered trademark in a specific case, a well-known trademark recognition is not necessary. Otherwise, the well-known trademark recognition will be necessary.

Then, how can the similarity of class of goods be recognized? The likelihood of confusion is the core in determining a trademark infringement. Therefore, the likelihood of confusion runs through the process of determining the similarity of class of goods and that of trademarks. In reality, whether or not goods are similar is always closely related to the likelihood of confusion and, to some extent, the popularity of the trademark in specific cases, distribution channels for goods, consumption habits in certain regions, etc. In terms of classes of goods, the similar goods defined under the Classification Table of Similar Goods and Services (hereinafter referred to as the "Classification Table") and those likely to lead to confusion must be distinguished. In other words, the class of goods in the Classification Table is a static administrative and formal classification while the similarity of goods in determining infringement is a dynamic judicial and essential recognition. In judicial practices, the variety development of goods and changes in consumption habits and groups of consumers will result in confusion about the originally similar goods which did not confuse the consumers or the originally different goods among customers. Therefore, more considerations must be given to the actual factors in recognition of a specific case rather than simply depending on or referring to the Classification Table. To be specific, similar goods under the Classification Table are not necessarily similar goods in determining infringement, or the charge of trademark infringement cannot be established even if they are similar in determining infringement but does not lead to confusion among consumers. On the contrary, goods which are not similar under the Classification Table may be presumed to be similar goods in trademark infringement for they result in confusion among consumers. For example, are salad dressing and peanut butter similar goods? The comparison is made as follows: function: both are nutriments; purpose: both are sauces; production sector: both are produced by food processing and manufacturing enterprises; distribution channel: supermarkets and food groceries are the important distribution channels for both of them; target consumers: both are priced at the same level and target at ordinary customers without special group demand. It can be seen from the comparison above that though salad dressing and peanut butter are in different classes of the Classification Table, they should be recognized as similar goods.

In this case, the alleged infringing goods produced and sold by the defendants were toner cartridges and ink cartridges which belongs to classes different from that of microcomputers, microcontrollers and microprocessors on which No. 22522 "INTEL" trademark claimed by the Plaintiff was approved to be used and integrated circuits, automatic recorders, and semiconductor memories on which No. 220559 "INTEL" trademark was approved to be used. However, analysis should be made on function, use, production sector, distribution channel, and target consumers to determine the class of goods. To be specific, comparison should be made as follows: function: the former is printing supplies while the latter is intelligent control device; purpose: the former for printing, copying, and faxing, while the latter for computers, controllers and processors; production sector: the former in the production sector of electronic consumables while the latter in the production sector of memories, controllers and intelligent instruments; distribution channel: the former distributed through consumables stores and supermarkets while the latter through stores, computer malls, and brand companies; target consumers: the former to offices of authorities, companies or individuals, while the latter, though partially overlapped with the former, to an obviously different level of consumption due to their big difference in prices. The above comparison indicated that they should not be recognized as similar goods. Therefore, well-known trademark recognition is necessary.

(Written by: Yuan Bo)

"Integral Part" Selection of Combined Trademarks for Similarity Comparison

—Nokia Corporation *v.* Wuxi Jinyue Technology Co., Ltd. Infringement on Exclusive Right to Use a Trademark

【Summary】

Comparison of integral parts of two different trademarks shall be made in similarity recognition between them, which means that comparison and contrast shall be made between the major parts which mainly identify trademarks of the two parties. In selection of integral parts, priority should usually be given to the parts taking a larger proportion at an easily visible place, or those in texts, fabricated, or well-known in a combined trademark. Similarity recognition should be conducted from the identifiability of all parts or their combination.

【Facts】

Plaintiff: Nokia Corporation

Defendant: Wuxi Jinyue Technology Co., Ltd.

Cause of Action: Infringement of the exclusive right to use a trademark

Case No.: (2010) PU-Min-San- (Zhi) -Chu-Zi No. 670

The Plaintiff Nokia Corporation, founded in Finland in 1896, is a world famous manufacturer of telecommunication equipment. The Plaintiff registered its trademark "NOKIA" numbered 357902 in China, which was approved to be used on products of Class 9 such as televisions and wireless phones from August 20, 1989 to, after a renewal, August 19, 2019. In April 2008, the Trademark Office of the State Administration for Industry & Commerce of China recognized the Plaintiff's trademark "NOKIA" as a well-known trademark.

The defendant Wuxi Jinyue Technology Co., Ltd. (hereinafter referred to as "Jinyue"), founded in 2006, engages in the R&D, processing and manufacture of moulds. On June 12, 2010, the defendant declared to Shanghai Customs 2,250 sets of LCD TV shells and modules it produced for export to Egypt, with a declared value of USD 46,888.50. A mark "NOKIA EGYPT" was printed in the middle of the front of these LCD TV shells. Upon the request of the Plaintiff, Shanghai Customs detained the goods above mentioned.

The Plaintiff Nokia Corporation alleged that: its No. 357902 registered trademark was a well-known trademark and "NOKIA" branded products were sold well around the world. Therefore, the trademark was of great market value. The defendant Jinyue used the mark "NOKIA EGYPT", which was similar to the Plaintiff's registered trademark, on identical goods it produced and sold without permission. Besides, it highlighted "NOKIA" and attenuated "EGYPT", misleading relevant public to assume that its products had a connection with the Plaintiff, infringing the Plaintiff's exclusive right to use the registered trademark. Therefore, the Plaintiff requested the court to order the defendant to cease infringement and compensate the Plaintiff with RMB 500,000 for its economic losses.

The defendant Jinyue argued that: "NOKIA EGYPT" was a trademark registered by its client in Egypt and it was lawful for the defendant to produce the goods involved in this case according to the client's order. Moreover, the alleged infringing trademark was a combination of texts "NOKIA" and "EGYPT" while the Plaintiff's trademark was a combination of text and pattern. They were not similar trademarks. Therefore, the defendant committed no infringement. Since the goods involved in this case had been detained by the customs and did not bring any economic loss to the Plaintiff, the Plaintiff had no ground to claim for compensation even though the defendant had committed infringement. Therefore, the defendant requested the court to reject the Plaintiff's claims.

【Trial】

After trial, Shanghai Pudong New Area People's Court held that: the Plaintiff's exclusive right to use its No. 357902 registered trademark "NOKIA" was protected by laws. The LCD TV shells produced and declared for export by the defendant were identical with those on which the Plaintiff's trademark was approved to be used, and the major part of the mark "NOKIA EGYPT" used by the defendant was identical with that of the Plaintiff's trademark, indicating that they were similar trademarks and the former was likely to mislead relevant public about the source of the defendant's goods. Therefore, it constituted infringement of the Plaintiff's exclusive right to use the registered trademark and the defendant should undertake the civil liability for ceasing infringement and damages according to laws. The defendant's arguments that the trademark it used was registered by its client in Egypt and that its act of production of the goods involved in this case according to the client's order did not constitute infringement lacked supporting facts and legal basis. In accordance with Article 134. 1 (1) and Article 134. 1 (7) of the General Principles of the Civil Law of the People's Republic of China, Article 52 (1), Article 52 (2), Article 56. 1 and Article 56. 2 of the Trademark Law of the People's Republic of China, the court ordered that: the defendant shall immediately cease the infringement of the Plaintiff's exclusive right to use its No. 357902 registered trademark "NOKIA" and compensate the Plaintiff with RMB 120,000 for its economic losses within ten days after this order took effect.

After the trial of first instance, neither the Plaintiff nor the defendant appealed and the order has taken effect.

【Comments and analysis】

The recognition of trademark similarity is the core issue in determining trademark infringement, and the similarity recognition of combined trademark, which is extremely difficult, is the focus of similarity recognition. Since a combined trademark consists of several parts, comparisons between integral parts of the trademark shall be made in recognition the similarity of combined trademarks. Integral part comparison, also called observation and comparison of integral parts of trademarks, means to compare and contrast the parts which mainly identify trademarks, supplementing the overall comparison of trademarks. In integral part comparison, priority should usually be given to parts taking a larger proportion or at an easily visible place, or those in texts or fabricated or well-known in combined trademarks. Similarity recognition should be conducted from the identifiability of all parts or their combination. This case well illustrated the perspectives and rules of "integral part" selection and served as a good example.

I. Select the Part Taking a larger Proportion or at an Easily Visible Place as Integral Part

In general environment of commodity transaction, the mark used on a commodity plays a role in visual identification if it is fairly noticed by the relevant public. From the perspective of vision, the part taking a larger proportion or at an easily visible place of a combined trademark usually leave the first impression on relevant public because of its visual impact. On the contrary, the parts taking small proportion or at a relatively invisible place are likely to be ignored. Therefore, the part taking a larger proportion or at an easily visible place directly dominates the identifiability of a trademark in terms of visual effect. The part aforesaid can undoubtedly be used as the integral part for comparison.

In this case, when comparison was made between the alleged infringing mark "NOKIA EGYPT" and the Plaintiff's trademark "NOKIA" in determining whether they were similar, the court held that the proportion of the text "NOKIA" in the entire trademark "NOKIA" was visually larger than that of the pattern at its top right corner, indicating that "NOKIA" was the integral part of the trademark. "NOKIA" in the alleged infringing mark "NOKIA EGYPT" was more than twice the size of "EGYPT" and occupied over 75% of the entire mark, illustrating that "NOKIA" was the integral part of the mark. Therefore, "NOKIA" both in the Plaintiff's trademark and in the defendant's trademark should be selected as integral parts for comparison. Given that the two integral parts were completely identical, it could be recognized that the two marks were similar trademarks.

II. Select the Part in Texts as Integral Part

A combined trademark consists of different elements which have different effects of identification on relevant public. In practice, many combined trademarks are composed both texts and patterns. In comparison of patterns of combined trademarks, texts are usually easier for relevant public to name, identify and remember for they include "pronunciation, shape and meaning", thus generating stronger identifiability. Therefore, the part in texts of a combined trademark is usually selected as integral part. The World Intellectual Property Organization stated that "the similarity of the part in texts is usually sufficient... the part in patterns will lead to confusion only when such patterns are the distinctive content of a trademark. Furthermore, if the parts in patterns are also similar in two marks, any similarity of the parts in texts will be focused on. "❶

In this case, the Plaintiff's trademark "NOKIA" consisted of a text and a pattern, of which the text NOKIA was obviously easier for consumers to name, identify and remember, or identify. Therefore, the text was the integral part of this trademark and should be compared.

❶ Kong Xiangjun: Rationales and Cases on Trademark and Anti – unfair Competition Law, Page 242, Law Publishing House, 2009.

III. Select the Fabricated Part as Integral Part

Among the elements of a trademark, the specially and uniquely fabricated part usually has distinctiveness and is easy for relevant public to identify. However, the degree adverbs and descriptive words in a trademark, which are usually considered as an emphasis or explanation on the fabricated or other parts, can hardly serve as integral parts of a combined trademark in most cases. The International Association for the Protection of Intellectual Property stated that "unless the indistinctive parts influence the general impression of two marks, the similar distinctive parts of these two marks are usually deemed to have the likelihood of leading to confusion."❶

In this case, "EGYPT" was the English name of an African country, a general vocabulary with no distinctive function. It, therefore, should not be used as the integral part of a trademark for comparison.

IV. Select the Well-known Part as Integral Part

Article 10 of the *Interpretation of the Supreme People's Court Concerning the Application of Laws in the Trial of Cases of Civil Disputes Arising from Trademarks* provides that "the distinctiveness and popularity of trademarks shall be considered in determining whether or not two trademarks are similar". Article 6 of the *Opinions of the Supreme People's Court on Several Issues Concerning Intellectual Property Trial Services in Current Economic Situation* points out that the recognition of trademark similarity should take into consideration the distinctiveness and popularity of the registered trademark for which protection has been requested. A wider range of protection shall be provided with more efforts to registered trademarks with strong distinctiveness and high market. The more well-known a trademark, the deeper impression it leaves to relevant public. In business activities, the owner of a combined trademark often uses part of it for convenience or easier identification, thus gaining certain popularity for such part. In this circumstance, such part should also be compared as integral part.

In this case, the trademark NOKIA used by the Plaintiff on mobile phones and other communication equipment was recognized as a well-known trademark with a high popularity in China. In the combined trademarks or marks of the Plaintiff and

❶ Huang Hui: Trademark Law, Page 131, Law Publishing House, 2004.

the defendant, "NOKIA" generated a deeper impression on relevant public and therefore should be compared as integral part.

It is sure that in similarity recognition of combined trademarks, "integral part" may be selected based on the (but not limited to) four rules mentioned above, subject to each individual case. The four rules do not exclude the application of each other. For example, for combined trademarks with patterns and texts, texts are usually selected as the integral part for comparison, but it never exclude the selection of pattern as integral part. Where the pattern takes a larger proportion, is located at a clearly visible place or is well-known in a combined trademark, the pattern will undoubtedly be selected as the integral part for comparison.

(Written by: Xu Genhua and Guo Jie)

Judicial Determination of Contributory Infringement by Online Trade Platform Operator

—E · Land Fashion (Shanghai) Co., Ltd. *v.* Zhejiang Taobao Network Co., Ltd. *et al.* Infringement on Exclusive Right to Use Trademarks

【**Summary**】

In general, online trade platform operators are not capable of predicting and preventing the infringements committed by online stores, so they should not be held liable to compensate for such infringements. However, if an online trade platform operator provides network services to an online store or fails to take any necessary actions when it knows such online store uses the network services it provides to commit infringement, the online trade platform operator should be held liable for joint infringement together with the online store. Various factors such as whether or not the right holder has sent a notice of infringement or whether the infringement is obvious should be taken into consideration in determining whether or not an online trade platform operator knows about the infringement. To determine whether or not the online trade platform operator has taken necessary actions to prevent the infringement from occurring, a number of factors should be taken into comprehensive consideration, including the response of the online trade platform operator to the notice of infringement, its capability to prevent such infringement, and the probability of infringement.

【**Facts**】

Plaintiff (Appellee): E · Land Fashion (Shanghai) Co., Ltd.

Defendant (Defendant of First Instance): Du Guofa

Defendant (Appellant): Zhejiang Taobao Network Co., Ltd.

Cause of Action: Infringement on the exclusive right to use trademarks

Case No. of First Instance: (2010) PU-Min-San-(Zhi)-Chu-Zi No. 426

Case No. of Second Instance: (2011) HU-Yi-Zhong-Min-Wu-(Zhi)-Zhong-Zi No. 40

The defendant Zhejiang Taobao Network Co., Ltd. (hereinafter referred to as

"Taobao") was the operator and manager of *www. taobao. com.* The Plaintiff E · Land Fashion (Shanghai) Co., Ltd. (hereinafter referred to as "E · Land") obtained, with the authorization of E · Land CC from South Korea, an outsider to this case, the right to use registered trademarks No. 1545520 and No. 1326011 under exclusive license. E · Land had frequently complained to Taobao about stores on Taobao. com selling counterfeit goods over a long time for many stores released product information infringing upon the trademark right of TEENIE WEENIE. From late September to November 2009, E · Land had lodged seven complaint to Taobao about the defendant Du Guofa who released infringing product information. Taobao did immediately eliminate the infringing information every time it received complaints from E · Land. According to rules and regulations such as the *Taobao User Behavior Management Rules*, a seller on Taobao who releases infringing information shall be warned, restricted from releasing product information, or even be punished with account freezing, subject to the severity of infringement. However, Taobao took no punitive action against Du Guofa. On November 20, 2009, E · Land bought the infringing product from Du Guofa's store on Taobao and, after the evidence conservation notarization, filed a suit to the court, requesting the court to order the two defendants jointly compensate it with RMB 84, 900 for its economic losses and reasonable expenses and apologize to it.

The Plaintiff E · Land alleged that: Taobao only eliminated the infringing information as required by the Plaintiff but did not take any action to stop such infringement as it had agreed with the stores, which was actually conniving or helping the store to commit infringements. Therefore, it should assume joint and several liabilities for damages with the store.

The defendant Taobao argued that: firstly, the Plaintiff made a large amount of complaints. From September to November 2009, the Plaintiff had made up to 131,261 complaints about a variety of commodity information allegedly involved in infringement, of which about 20% were false complaints. Secondly, Taobao had taken many measures to protect intellectual property, including conducting reasonable examination on sellers' real identity, building up teams to delete alleged infringing information complained by right holders in a timely manner, and developing and improving continuously its operation rules; therefore, it had performed its duty of care.

The defendant Du Guofa argued that: the Plaintiff only notarized that one commodity it bought from Du Guofa was fake, on which other products involved in the seven complaints or the other commodities sold by Du Guofa could not be determined to be counterfeit. The Plaintiff claimed over economic losses and reasonable expenses.

【Trial】

Shanghai Pudong New Area People's Court held that: the garments sold by Du Guofa bore marks identical with or similar to the Plaintiff's registered marks No. 1545520 and No. 1326011 and Du Guofa failed to provide evidence to prove that the products he sold were from a legal source, therefore, should be held liable for damages.

Taobao, upon receipt of the complaint notices from E · Land, had reviewed the content complained and eliminated the product information released by Du Guofa. However, Taobao did not take any other measure as required by relevant management rules that it should have prevented Du Guofa from releasing product information, deducting his credits or freezing his account. Though it knew Du Guofa had released infringing product information for several times, Taobao still failed to carry out its management rules strictly. Instead, it continued providing network services to Du Guofa, creating convenient conditions for Du Guofa to sell infringing products. This constituted contributory infringement and Toabao should assume joint and several liabilities for damages according to laws.

Since neither the Plaintiff and defendants provided evidence to prove the profits gained by Du Guofa or the losses incurred to E · Land brought by such infringement, the compensation amount for economic losses was determined in consideration of the high popularity of the disputed trademark, the small business scale and small profits of the online store operated by Du Guofa, and the reasonable expenses was determined based on the authenticity, relevance, necessity and reasonableness of the expenses paid for the right protection. In accordance with Article 130 of the *General Principles of the Civil Law of the People's Republic of China*, Article 52 (2), Article 52 (5) and Article 56 of the *Trademark Law of the People's Republic of China*, Article 148. 1 of the *Opinions of the Supreme People's Court on Several Issues Concerning the Implementation of the General Principles of the Civil Law of the People's Republic of China (Trial)*, Article 16. 1, Article 16. 2, and Article 17 of the *Interpretation of the Supreme People's Court Concerning the Application of Laws in the Trial of Cases of Civil Disputes Arising from Trademarks*, and Article 50 (2) of the *Regulations for the Implementation of the Trademark Law of the People's Republic of China*, the court ruled that: the defendants Du Guofa and Taobao should jointly compensate the Plaintiff E · Land with RMB 3,000 for its economic losses and RMB 7,000 for the reasonable expenses paid for stopping such infringement; and it rejected other claims of the Plaintiff E · Land.

After the trial of first instance, Taobao, not satisfied with such decisions, appealed to Shanghai No. 1 Intermediate People's Court.

After trial, Shanghai No. 1 Intermediate People's Court held that the court of first instance found facts clearly and applied laws correctly, and rejected the appeal and upheld the decision of the court of first instance.

【Comments and analysis】

Since products on an online trade platform are provided by online users, or sellers, the platform operator will not assume the liability for direct infringement by any seller who sells counterfeit products. As a result, the dispute of this kind of cases focused on whether the online trade platform should assume the liability for contributory infringement or not.

I. Online Trade Platform Operator Have No Obligation to Noluntarily Monitor Infringing Information

According to Article 50 (2) of the *Regulations for the Implementation of the Trademark Law*, it constitute infringements to intentionally provide any other party with such convenience as storage, transportation, postal service, or concealment for their infringement of the exclusive right of a third party to use a registered trademark. Before the *Tort Liability Law* was enacted, the courts usually refer to the aforesaid regulations and the *General Principles of the Civil Law* concerning joint infringement to determine whether or not an online trade platform operator has committed contributory infringement. Article 36. 3 of the *Tort Liability Law* provides that where a network service provider knows that a network user is infringing upon civil rights or interests of another person with its network services but fails to take necessary measures, it shall be jointly and severally liable for any damages with the network user.

In trial practices, the difficulty in determining the liability of an online trade platform operator for contributory infringement lies in decision of whether the platform operator is at fault, or whether or not the platform operator knows that the seller commits infringement with its network services. We held that the online trade platform operator shall not be deemed faulty just because there is a lot of infringing information on its platform or because the platform operator knows generally that there are sellers selling counterfeit products through its online trade platform. The platform operator has neither the obligation to examine the product information released by sellers in advance nor the duty to search and delete infringing information on a voluntary basis. The primary reasons include: firstly, the product information is uploaded by network users, and the online trade platform operator cannot predict the information to be uploaded. Secondly, even if the platform operator generally knows that there is massive infringing information on its network, it is not technically feasible to require it to monitor such information for the product information is massive and involves complicated categories, such as new products, second-hand goods or commissioned overseas commodities. Besides, different right holders may register identical trademarks on different classes of goods. The online trade platform cannot distinguish and block the infringing information. Thirdly, if the online trade platform operator is required to examine all product information, it certainly will lead to a dramatic increase in its network service costs which in turn results in an increase in online trade costs. These costs will be transferred to network users and are detrimental to the healthy development of e-business, which finally will impact the social public welfare.

In practice, various factors such as whether or not the right holder have sent a notice of infringement or whether the infringement is obvious should be taken into comprehensive consideration in determining whether or not an online trade platform operator knows about the infringement. Upon receipt of a notice of infringement from any right holder, the online trade platform operator knows about the existence of infringement. However, "notice" is not the only way to "know" about the infringement. Where a user uploads the infringing information with certain content and places it on the online homepage or any other easily visible place that can be seen by the network service provider, the service provider, if making no response or taking no measure and indulging the infringement, shall be held liable for joint infringement together with the network user.

II. The "Notice and Takedown" Rule is Applicable to Information Monitoring by Online Trade Platform Operators

The Regulation on Protection of the Right to Network Dissemination of Information provides a haven for network service providers to be exempted from liability for damages, of which the "notice and takedown" rule is an important content. According to the rule, a right holder who discovers any network user releases any infringing content may inform the network service provider to eliminate the infringing information or shield relevant links. The notice from a right holder should include the following contents: (1) name, contact and address of the right holder; (2) title of the information and network address required to be deleted or links to be disabled; and (3) preliminary evidence and materials proving the infringement. If the notice does not meet the above requirements, the network service provider has no obligation to delete the information. Upon receipt of a qualified notice from the right holder, which means that the network service provider should have known that some network user has committed infringement, the service provider shall be subjectively at fault and objectively amplifies the influence of such infringement if it fails to delete the infringing information, constituting contributory infringement. If the network service provider deletes the infringement information immediately after it receives a notice from the right holder, it generally will not be held liable for compensation for such infringement. If the infringement alleged by the right holder shall not be established after the network service provider deletes the information notified of by the right holder, the network user may claim for remedies based on the rule of "counter notice and recovery".

The "notice and takedown" rule works well to balance the benefits of the right holder, network service provider and the social public. On one hand, this rule can drive the right holder to actively search and find infringing information so as to protect their own benefits. On the other hand, it can also facilitate the network service provider to stop infringement on a timely manner to prevent the consequences of infringement from spreading. We believe that, the online trade platform operators provide sellers with storage space for their product information and should be protected under the "haven". As a result, the "notice and takedown" rule should also be applicable to cases involving the determination of indirect trademark infringement by online trade platform operators. In this case, Taobao had performed its obligation by duly eliminating the infringing product information upon receipt of the qualified notices from E · Land.

III. Necessary Effective Measures the Online Trade Platform Operator Should Take to Stop Infringement in This Case

That a network service provider duly eliminates the infringing information according to the "notice and takedown" rule after receiving such a notice is one of the conditions for being exempted from liability for damages, but is not a sufficient condition. If the network user continues to infringe using the network services provided by the network service provider after the latter deletes the infringing information, the latter shall further take necessary measures to stop such infringement. These necessary measures should be determined based on the type of network service, technical feasibility, cost and the severity of the infringement. To be specific, online trade platform operators may take measures including public warning to network users, downgrading their credit ratings, restricting the release of product information, and even canceling accounts of such network users.

In this case, Taobao, as the largest online trade platform operator in China, is fully capable to regulate violations of its network users and has actually developed and published a series of network behavior rules. According to the then effective *Taobao User Behavior Management Rules* (*Non Tmall Users*), a seller who commits trademark infringement or any other violations will be warned, restricted from releasing product information or imposed with other punishment. Where a seller committed severe violations, Taobao has the right to permanently cancel the account of the seller. If Taobao have handled the violations by sellers strictly according to its rules, it may make it more difficult for network users to infringe if not completely eradicate the infringement, thus reducing the infringement. However, Taobao took no other punitive measures except for deleting the infringing product information after received the notice of complaint from E · Land against Du Guofa. Under the seven effective complaints, Taobao, though knew that Du Guofa sold infringing products on *www. taobao. com*, failed to take necessary measures to stop the infringement, ignoring and indulging the infringement by Du Guofa, and provided convenience for Du Guofa to sell the infringing products. Therefore, it was subjectively at fault and its act constituted contributory infringement. It should jointly and severally assume the liability for damages together with Du Guofa.

(Written by: Xu Genhua and Shao Xun)

Effect of Trademark Use in the Determination of Trademark Infringement

—Honeywell International Inc. v. Shanghai Gerritt Turbocharger System Co., Ltd. *et al.* Infringement on Exclusive Right to Use Trademarks and Unfair Competition

【Summary】

It is a puzzle besetting the judicial trial practices all the time whether to determine the act of using the trademark of others' in one's company name or domain name as infringement of the exclusive right to use a trademark or unfair competition. In judicial practices, it should be determined based on the fact that whether it is used as a trademark. If certain infringement involves using the trademark of others' for the purpose of trademark, it should be determined as infringement of the exclusive right to use a trademark. Otherwise, it should be determined as unfair competition.

【Facts】

Plaintiff: Honeywell International Inc.

Defendant: Shanghai Gerritt Turbocharger System Co., Ltd.

Defendant: Tong Yuwei

Defendant: Han Song

Cause of Action: Infringement of the exclusive right to use trademark and unfair competition

Case No.: (2009) HUANG-Min-San- (Zhi) -Chu-Zi No. 73

The Plaintiff Honeywell International Inc. (hereinafter referred to as "Honeywell") owns the text trademark "GARRETT" (No. 541689) approved to be used on goods of Class 12 (parts of land and air vehicles, including motors, turbines, standby power plants, and control systems) and the combined trademark consists of both Chinese and English texts "Garrett 盖瑞特" (No. 994384) (auto parts, including motors, turbochargers, auxiliary power plants and control equipment).

In March 2004, the defendant Tong Yuwei and the outsider Wu Na jointly invested into and founded the defendant Shanghai Gerritt Turbocharger System Co., Ltd. (hereinafter referred to as "Gerritt Company"), which mainly engaged in processing, repairing and sales of turbochargers as well as sales of hardware and electrical equipment, construction materials and auto parts. The defendant Tong Yuwei was an executive director of Gerritt Company. In 2007, the company was changed into a limited liability company funded solely by Tong Yuwei, and Hua Juan acted as its director.

The defendant Tong Yuwei had applied to register the mark consisting of the text "Gerritt" and the pattern "GIT" and the mark of texts "gerritt" and the pattern consisting of characters "盖里特" and letters "GIT", but was rejected by the State Administration for Industry & Commerce. On August 28, 2007, the defendant Tong Yuwei was approved to register the mark with Chinese text "盖里特" (No. 4434599) to be used on goods of Class 12. Upon the request of the Plaintiff, the Trademark Appeal Board then decided to annul the mark on April 16, 2010 on the ground that it was similar to the Plaintiff's trademark "Garrett 盖瑞特" approved to be used on similar goods.

On December 8, 2005, Putuo Office of Shanghai Administration for Industry & Commerce detained the turbochargers at the sales office of the defendant Gerritt Company on the ground of trademark infringement as reported by the Plaintiff. The defendant Han Song signed on the Proof of Service on Notice of Distained Properties (Sealed Up) sent by Putuo Office. The photos of detained products confirmed by the defendants showed that the detained turbochargers were imprinted with the English letters "CARRETT", their hangtags were printed with the mark "Gerritt", and the outer boxes labeled with "Gerritt 盖里特". The hangtags also bore the company name of the defendant Gerritt Company.

In January 2008, the defendant Han Song established his private business named Fengcheng Turbocharger Store at No. 40, Block 3, No. 1681, Gulang Road, Putuo District in Shanghai, mainly engaging in sales of auto turbocharger parts (retail).

On February 26, 2008, the Plaintiff bought a turbocharger from the store at No. 40, Block 3, Xinshiji Auto Part Center on Gulang Road, Shanghai, and obtained an invoice with the special seal for invoices and a business card of the defendant Gerritt Company. The invoice indicated that the product was Jiangling Turbocharger, and the name card bore the mark of letters "gerritt" and the pattern consisting of characters "盖里特" and letters "GIT" in addition to "Gerritt Company" and its contact person Han Song.

On October 17, 2008, Huang Ye, under supervision of a notary, came to the store at No. 40, Block 3, Xinshiji Auto Part Center at No. 1681 Gulang Road, Shanghai, and bought a "盖里特" 90B turbocharger with a receipt (No. 0026528) and a name card on the spot. The receipt indicated that the product was a 90B turbocharger, the price was RMB 1, 100 and it was invoiced by Han. The name card was identical with the one the Plaintiff got on February 26, 2008. The attached photos of the bought products showed that the outer packaging box, packaging bag, operating manual and nameplate of the product all bore the mark combining letters "gerritt" and the pattern consisting of characters "盖里特" and the letters "GIT". The outer packaging box and quality tracking card were printed with "Shanghai Gerritt Turbocharger System Co., Ltd." and the cover of the operating manual stated "Operating Manual for Gerritt Turbochargers".

On January 21, 2009, Putuo Office of Shanghai Administration for Industry & Commerce imposed administrative penalty on Fengcheng Turbocharger Store in Putuo District of Shanghai, and found that the store had purchased 200 turbochargers with packages bearing "Gerritt 盖里特" at the price of RMB240/piece and 168 turbocharger core assemblies bearing "Gerritt 盖里特" at the price of RMB80/piece from the defendant Gerritt Company since March 2008, totally amounting to RMB61, 440, and then sold them at the price of RMB260/piece and RMB90/piece respectively. Since the mark "Gerritt 盖里特" on the package of those products was similar to Honeywell's "Garrett 盖瑞特" (No. 994384), it infringed the latter's exclusive right to use the registered trademark. According to photos of products detained by Putuo Office, the products and their outer packaging boxes bore the mark combining letters "gerritt" and the pattern consisting of characters "盖里特" and letters "GIT", and the company name printed on the outer packaging boxes was Gerritt Company.

It was also found that: the website registered by the defendant Gerritt Company in July 2006 was www. gerritt. com. cn with the domain name of gerritt. com. cn. The website registered by the defendant Gerritt Company on June 7, 2007 was www. gerritt. com with the domain names of gerritt. cn and gerritt. com.

In trial, the defendant Gerritt Company stated on the court that Fengcheng

Turbocharger Store in Putuo District of Shanghai operated by the defendant Han Song was an outlet for its products and the defendant Gerritt Company had not established any production or operation premises in Shanghai.

The Plaintiff Honeywell alleged that: it owned the exclusive right to use the trademarks "GARRETT" and "Garrett 盖瑞特". The defendant Tong Yuwei was the registrant of the trademark "Gerritt" and the defendant Gerritt Company was a one-person limited liability company founded by Tong Yuwei. The defendant Gerritt Company not only applied the marks "GERRITT", "CARRETT" and "GAREETT" similar to the Plaintiff's trademarks on turbochargers produced or sold by it without authorization, but also used the trademark "盖里特" on auto turbochargers on which it had not been approved to be used. Moreover, it intentionally used the unregistered mark "盖里特" on the products and their packages and highlighted "Gerritt". Besides, Gerritt Company used a website with the domain name of www. gerritt. com. cn for its operating activities. In this domain name, gerritt was similar to the Plaintiff's trademark GARRETT both in text and pronunciation. Such acts constituted the infringement of the Plaintiff's exclusive right to use the trademark. Furthermore, the characters "盖里特" in the defendant's name Gerritt Company was similar to the Plaintiff's trademark, forming unfair competition. The defendant Han Song sold the products involved in this case, constituting infringement as well. On these grounds, it requested the court to order that: 1. The three defendants should cease the infringement upon the Plaintiff's registered trademarks "GARRETT" (No. 541689) and "Garrett 盖瑞特" (No. 994384) and destroy the infringing products and their packages. 2. The defendant Gerritt Company should change its company name and not use "盖里特" in its name. 3. The defendant Gerritt Company should stop using the domain name gerritt. com. cn. 4. The three defendants should compensate the Plaintiff with RMB 500,000 for its economic losses.

The defendant Gerritt Company argued that: 1. It held no dissent about the high popularity of the Plaintiff's trademarks "GARRETT" and "Garrett 盖瑞特" in the industry. And that was why the defendant Gerritt Company thought sales of the same class of products by the Plaintiff and the defendants through different channels to different consumers would not lead to confusion among relevant public. The defendant Gerritt Company accepted the transfer of the trademark "盖里特" from its holder Tong Yuwei and made great efforts in promoting the trademark during use. Since 2008, Gerritt Company had combined the trademark "盖里特" with

"GERRITT" in use, but never separately used "GERRITT". The use of such combination did not constitute the infringement upon the Plaintiff's registered trademark. In addition, the evidence provided by the Plaintiff could not prove that the infringing products were produced by Gerritt Company and the administrative penalty was not imposed against Gerritt Company. Therefore, the Plaintiff had no ground to accuse Gerritt Company of infringing the Plaintiff's exclusive right to use the trademark. 2. Though "盖里特" had no actual meaning, it had been legally registered. The defendant Gerritt Company, by using its full name, did not constitute unfair competition against the Plaintiff. The infringement upon the trademark of others by a company name or domain name is preconditioned on the fact that the allegedly infringed trademark is well-known. In this case, the trademark claimed by the Plaintiff was not recognized as a well-known trademark by the State Administration for Industry & Commerce or appropriate judicial authorities in China, it was only entitled to general protection. The Plaintiff's claims was beyond due protection. 3. Gerritt Company would not agree on the economic losses and relevant expenses for the Plaintiff as it had no act of infringement. In trial, the defendant Gerritt Company stated on court that it had not established any production or operation premises in Shanghai.

The defendant Tong Yuwei argued that: he was the legal representative, general manager and executive director of Gerrit Company and his act was an act of duty. The Plaintiff had no legal basis to hold the defendant Tong Yuwei as an infringing subject and ask him to jointly assume the liability for damages. Therefore, he did not agree on the Plaintiff's claims.

The defendant Han Song argued that: he was an agent rather than an employee of Gerritt Company and did not engage in any operating activity in the name of Gerritt Company. He was only a private business owner of Fengcheng Turbocharger Store in Putuo District of Shanghai and bore no legal connection with Gerritt Company or Tong Yuwei. Even if Shanghai Putuo District Fengcheng Turbocharger Store did have any act of infringement, Han Song would be responsible for such infringement only rather than jointly assuming legal liability for the acts of Gerritt Company and Tong Yuwei.

【Trial】

After trial, Shanghai Huangpu District People's Court held that: the defendant Gerritt Company used marks similar to the Plaintiff's trademarks on similar goods, thus infringed the Plaintiff's exclusive right to use the trademarks. The domain name "gerritt. com. cn" registered by the defendant Gerritt Company was similar to the Plaintiff's registered trademark "GARRETT". While the defendant Gerritt Company did e-business through this domain name to sell relevant turbocharger products of the same class of plaintiff's products, it was likely to confuse relevant public about the Plaintiff's products and mislead network users to visit its website. The defendant Gerritt Company provided no evidence to prove it had any relevant right or interest in the main part of the domain name "gerritt" and failed to give any legitimate, reasonable cause for registering and using such a domain name. Its act of maliciously registering and using such a domain name to conduct similar product transaction for business purposes constituted the infringement of the Plaintiff's exclusive right to use its registered trademarks.

The Plaintiff and the defendant Gerritt Company both had business in connection with turbochargers and relevant products, forming a relationship of industrial competition. In this case, the two trademarks were used by the Plaintiff before the defendant Gerritt Company adopted its company name. The defendant Gerritt Company registered "盖里特" as its company name while it knew the Plaintiff's trademark "Garrett 盖瑞特" embraced a high popularity in the industry, implying its subjective intention to ride on the good reputation of the Plaintiff's trademarks and confuse the public about the sources of products. Therefore, the registration of "盖里特" as a company name went against the principles of good faith and fair competition. Even if the defendant Gerritt Company normally used its company name, it would still have constituted the infringement of the Plaintiff's legal rights and interests and damaged fair competition in the market, forming unfair competition against the Plaintiff.

The defendant Tong Yuwei authorized the defendant Gerritt Company to use the above trademarks and failed to stop the defendant Gerritt Company from using these trademarks after he had known that the Plaintiff's trademarks were well-known and his application for trademark registration was rejected by the trademark office. Therefore, the defendant Tong Yuwei subjectively had the intention of infringement and objectively infringed the Plaintiff's exclusive right to use the trademarks jointly with the defendant Gerritt Company. As a result, he should assume civil liabilities for joint infringement upon the above trademarks with the defendant Gerritt Company. However, the Plaintiff failed to provide the evidence proving that the defendant Tong Yuwei had personally used the domain name with "gerritt" or "盖里特" or the company name Shanghai Gerritt Turbocharger System Co., Ltd.. For this reason, the Plaintiff's claim that the defendants Tong Yuwei and Gerritt Company should jointly be liable for domain name infringement and unfair competition concerning company name was not supported. Gerritt Company was a one-person company owned by the defendant Tong Yuwei. As he failed to provide evidence to prove that the properties of Gerritt Company were independent of personal properties, the defendant Tong Yuwei should assume joint and several liabilities for the debts of the defendant Gerritt Company.

The defendant Han Song should have known that relevant "Gerritt" marks of Gerrit Company were involved in infringement when he was investigated by the administration for industry & commerce and his products from Gerritt Company were detained in 2005, but he still sold such products, which constituted infringement on the Plaintiff's exclusive right to use the registered trademarks. Han Song should assume the legal liability to stop infringement and compensate economic losses. However, the Plaintiff's claim that the defendants Han Song and Gerritt Company had the intention to jointly infringe its exclusive right to use the trademarks and the act of unfair competition, which was not proved by sufficient evidence, was not supported by the court.

Therefore, in accordance with Article 52 (1), Article 52 (2) and Article 56 of the *Trademark Law of the People's Republic of China*, Article 1 (3), Article 8, Article 9.2, Article 10, Article 11.1, Article 12, Article 16.2, Article 17.1 and Article 18 of the *Interpretation of the Supreme People's Court Concerning the Application of Laws in the Trial of Cases of Civil Disputes Arising from Trademarks*, Article 2.1 and Article 2.2 of the *Anti-Unfair Competition Law of the People's Republic of China*, and Article 64 of the *Company Law of the People's Republic of China*, the court ruled that: the three defendants should stop the infringement upon the Plaintiff's registered trademarks on the effective date of this ruling. The defendant Shanghai Gerritt Company should stop using the domain name gerritt.com.cn on the effective date of this ruling, apply to change its company name so that the changed name after does not contain "盖里特", and compensate the Plaintiff with RMB 480,000 for its economic losses, including reasonable expenses. The defendant Tong Yuwei should assume joint and several liabilities for the above-mentioned compensation with Shanghai Gerritt Company. The defendant Han

Song should compensate the Plaintiff with RMB 20,000 for its economic losses, including reasonable expenses.

Neither the Plaintiff nor the defendants appealed after the trial of first instance and the ruling had taken effect.

【Comments and analysis】

In the circle of intellectual property, a well-known metaphor is used to describe the relationship between the Anti-Unfair Competition Law and the Trademark Law or among other intellectual property laws. That is to say, the intellectual property laws such as the Trademark Law, the Patent Law and the Copyright Law are icebergs floating on the sea surface, while the Anti-Unfair Competition Law is the sea water holding up the icebergs. Fields beyond the intellectual property laws such as the Trademark Law will be supplemented and covered by the Anti-Unfair Competition Law. In other words, intellectual property laws such as the Trademark Law and the Anti-Unfair Competition Law share a relationship between special laws and general laws. In judicial practices, however, some infringements are hard to be determined as infringement of exclusive right to use a trademark or unfair competition. In this case, the defendants committed several types of infringements: first, using marks similar to the Plaintiff's registered trademarks on goods of the same class; second, using marks similar to the Plaintiff's registered trademarks in its website domain name; and third, using marks similar to the Plaintiff's registered trademarks in its company name. It was not disputable to determine the use of marks similar to the Plaintiff's registered trademarks on goods of the same class as infringement of the exclusive right to use these trademarks. Nevertheless, to decide on the nature of the latter two acts of infringement, the concept of trademark use may be brought in. The defendant used marks similar to the Plaintiff's trademark in its website domain name and conducted relevant commodity transactions, which belonged to trademark use and constituted infringement of the exclusive right to use these trademarks. The defendant used marks similar to the Plaintiff's trademarks in its company name but did not highlight them, which did not belong to trademark use. However, though it did not constitute infringement of the exclusive right to use the trademarks, it should be determined as unfair competition as the defendant subjectively had malicious intention and objectively was likely to confuse consumers.

I. Effect of Trademark Use in Determination of Trademark Infringement

The life of a trademark is embodied in use. The right holder of a trademark may use a trademark to improve the distinctiveness of the trademark, maintaining the registered trademark and gradually improving its popularity. In judicial practices, trademark use is an important criterion to determine whether or not certain act constitutes the infringement of exclusive right to use a trademark and to distinguish trademark infringement from unfair competition.

Trademark use means that the mark a party uses is identical with or similar to the registered trademark of another party, which may indicate that the goods or services provided by the former come from the latter or bear a relation with the owner of the registered trademark. It is disputable whether or not alleged infringing acts are limited to acts of "using the trademark", or only the acts of trademark use shall be determined as trademark infringement. For instance, it was pointed out that: "a defendant can be determined as having any act of infringement only when it uses the trademark in businesses as a trademark, namely indicating the source". TRIPs Agreement and statutory laws, though not necessarily clearly requiring, tacitly deem that the use of a mark in business must be trademark use." The European Court of Justice holds that: "it is unnecessary to distinguish trademark use (to identify the source of goods) from non-trademark use (to show loyalty), because an act may have and usually has both of them. Therefore, using the trademarks of another party as loyalty marks constitutes infringement use, just as any other use damaging the source of goods or services of the trademark owner. The reason is that trademark is a form of property right and the owner of a trademark has the right to prohibit any use damaging the function of such trademark". In response, the English Court of Appeal explained that: "Once registered, a trademark confers its owner a form of property right. Therefore, it should be considered whether the alleged infringing act is likely to damage such property right by affecting or endangering the guarantee for the sources of a trademark's basic functions. Answer to this question does not lie in whether the alleged infringing use is a kind of "trademark use". Instead, it includes the use in a wider scope. In addition to the descriptive use, trademark use by any unauthorized third party may damage the functions of trademark right as the registered trademark can no longer guarantee the source, which is a basic function of trademarks".

The Trademark Law and relevant rules and judicial interpretations also give examples of "use" constituting trademark infringement. Article 52. 1 of the Trademark Law provides that: "any of the following acts constitutes an infringement of the exclusive right to use a registered trademark: (1) using a trademark identical with or similar to a registered trademark in connection with the same or similar goods without the authorization from the owner of the registered trademark". Article 3 of the Regulations for the Implementation of the *Trademark Law* provides that: "the trademark use mentioned in the *Trademark Law* and the Regulations refers to affixing trademarks to products, packages or containers as well as product exchange documents or using trademarks in advertisements, exhibitions and other business activities". Article 50. 1 of the Regulations provides that: "any of the following acts shall constitute infringement of the exclusive right to use a registered trademark specified in Article 52 (5) of the *Trademark Law*: (1) using any signs identical or similar to another party's registered trademarks as the name or decoration of the same or similar goods, misleading the public". Article 1. 1 and Article 1. 3 of the *Interpretation of the Supreme People's Court Concerning the Application of Laws in the Trial of Cases of Civil Disputes Arising from Trademarks* (hereinafter referred to as the "Trademark Interpretations") provides that: "the following acts are acts under Article 52 (5) of the Trademark Law that cause, in other aspects, prejudice to the exclusive right of others to use registered trademarks: (1) using prominent lexical items identical with or similar to another party's registered trademark as one's own company name on identical or similar goods, which is likely to cause confusion among relevant public; (3) registering lexical items identical with or similar to another party's registered trademark as a domain name, and conduct, via the domain name, e-commerce of transactions of relevant goods, which is likely to cause confusion among relevant public".

It can be seem from the above provisions that an alleged infringing act should be an act "using a mark as trademark" to constitute the infringement of exclusive right to use a trademark under the *Trademark Law of China*. However, the concept of trademark use is not in a narrow sense. It not only refers to using marks identical with or similar to another party's registered trademarks on identical or similar goods, but also includes the use to imply the source of a product, such as commodity name, decoration or highlighted characters. Considering the alignment between the

Trademark Law and the *Anti-Unfair Competition Law*, China did not classify the unauthorized trademark use by any third party into trademark infringement as the European Court of Justice did. Instead, the acts of using another party's registered trademark not as trademarks are regulated through anti-unfair competition law.

II. Judicial Application of Trademark Use in This Case

In this case, it is more disputable whether the normal use of another party's trademark in one's domain name and company name should be determined as infringement of exclusive right to use a trademark or as unfair competition.

1. Judicial determination of using another party's registered trademark in one's domain name

Article 4 of the Interpretation of the Supreme People's Court on the Application of Laws in the Trial of Civil Disputes over Domain Names of Computer Network (hereinafter referred to as the "Domain Names Interpretation") provides that: "A people's court should determine a defendant's act of registration or use of the domain names as a tort or unfair competition in trial of domain name cases, if: (1) the civil rights and interests the Plaintiff claimed are legal; (2) the defendant's domain names or the main parts of the domain names are either copies, imitations, translations, or transliterations of the Plaintiff's or the same as or similar to the Plaintiff's registered trademarks or domain names that concerned public would be misled; (3) the defendant has neither rights or interests in the domain names or their main parts nor the reasonable ground for registration or use; and (4) the defendant's registration or use has malicious intent". Based on relevant provisions in the Trademark Interpretations concerning the infringement of exclusive right to use a trademark, it can be seen that if a defendant uses another party's registered trademarks in its domain name and conducted e-business in the transaction of relevant commodities, it can be deemed as "trademark use" and constitute infringement of exclusive right to use the registered trademark. If a defendant uses another party's registered trademarks in its domain name but does not conduct related goods transaction through this domain name, it cannot be deemed as trademark use. If a defendant meets the four conditions specified in the Domain Names Interpretations, it shall be deemed as constituting unfair competition. Therefore, in cases involving domain names infringing upon trademark rights, the Domain Names Interpretations and the Trademark Interpretations should be applied in a certain sequence. To be specific, it should be determined whether or not the use of the trademark in a domain name meets the conditions for infringement of exclusive right to use the trademarks; if no, it should be determined as unfair competition.

In this case, the domain name "gerritt. com. cn" registered by the defendant Gerritt Company was similar to the Plaintiff's registered trademark "GARRETT". While the defendant Gerritt Company did e-business through this domain name to sell relevant turbocharger products of the same class as the Plaintiff's products, it was likely to confuse relevant public about the defendants' products with the Plaintiff's and mislead network users to visit its website. Therefore, it constituted the infringement of exclusive right to use a trademark in accordance with the Trademark Interpretations.

2. Judicial processing of the use of another party's registered trademark in one's company name

Though both company name and trademarks are used as commercial marks, they have different functions. A company name is used to distinguish providers of various goods or services, while a trademark is used to identify different goods or services. Due to their difference in essence, a company name is not regulated under trademark laws. In practical disputes over company name infringement of exclusive right to use a trademark, it generally involves lexical items in a company name identical with or similar to another party's registered trademarks and the infringer highlights the use of such lexical items. For consumers, such highlighted use has actually detached the lexical items from the company name to some extent, which further works as a trademark. Therefore, the highlighted use of lexical items in a company name is regulated under the Trademark Interpretations. In other words, the highlighted use of lexical items will still be determined as infringement of the exclusive right to use a trademark. If the lexical item in a company name is identical with or similar to another party's registered trademarks and is used in a normal rather than highlighted manner, it shall not be determined as trademark use since it does not have the function to identify goods or services, but to identify different market entities. Where the normal use of a company name is still likely to lead to confusion and misconception among the social public and the defendant has subjective malicious intent, such act shall be determined as violating the principle of faith and honesty and constituting unfair competition according to the general provisions of the Anti-Unfair Competition Law.

In this case, the defendant Gerritt Company registered "盖里特" as its company name while it knew the Plaintiff's trademark "Garrett 盖瑞特" embraced a high popularity in the industry. The defendant Gerritt Company explained that the "盖里特" sounded like a foreign company, which indicated that it had expected to mislead the relevant public, ride on the good reputation of the Plaintiff's trademarks, make relevant public to assume that the two operators bear a certain relationship, and confuse about the sources of its products when registering its company name. Therefore, the registration of "盖里特" as a company name went against the principles of good faith and fair competition and Gerritt Company was at subjective fault. Even if the defendant Gerritt Company used its company name in a normal way, it would still have constituted the infringement of the Plaintiff's legal rights and interests and damaged fair competition in the market, thus forming unfair competition against the Plaintiff.

(Written by: Ling Zongliang)

Judicial Determination on Infringement of Exclusive Right to Use Registered Trademark by Network Domain Name

—Swarovski Aktiengesellschaft v. Wang Chenyun *et al.* Infringement on Exclusive Right to Use Trademark

【Summary】

It constitutes infringement of exclusive right to use registered trademark to establish 4 websites by registering 4 domain names with words identical with or similar to the registered trademark of Swarovski Aktiengesellschaft, purchase Swarovski crystal products from taobao. com according to online orders, and sell the purchased commodities through the aforesaid websites.

【Facts】

Plaintiff (Appellee): Swarovski Aktiengesellschaft)

Defendant: Wang Chenyun

Defendant (Appellant): Shanghai Wangxing Information Technology Co., Ltd.

Cause of Action: Infringement of exclusive right to use trademark by computer network domain name

Case No. at First Instance: (2009) HUANG-Min-San-(Zhi)-Chu-Zi No. 283

Case No. at Second Instance: (2011) HU-Er-Zhong-Min-Wu-(Zhi)-Zhong-Zi No. 4

From 1987 to 2004, the Plaintiff registered 4 trademarks namely "SWAROVSKI", "施华洛世奇", " ", and "SWAROVSKI 施华洛世奇" which were approved to be used on the products of Class 14 of the international goods classification. The defendant Shanghai Wangxing Information Technology Co., Ltd. (hereinafter referred to as Wangxing Company") was established in July 2001, and the defendant Wang Chenyun is the legal representative and a shareholder of Wangxing Company. The defendant Wang Chenyun registered a domain name *chinaswarovski. com* in June 2008 and another three domain names of *chinaswarovski. cn*, *swarovski8. cn*, and *swarovski-*

shop. cn in July of the same year. On April 30, 2009, the Notarial Certificate issued by Beijing Guoxin Notary Public Office stated that: input the web addresses corresponding to the aforesaid 4 domain names respectively in the address bar of a browser, we will get to the homepages of "施华洛世奇水晶专卖网" ("Exclusive Online Store of Swarovski Crystal") and "施华洛世奇专卖网" ("Exclusive Online Store of Swarovski") which displayed "Swarovski, 施华洛世奇, and " and combination of the aforesaid characters and pattern. On the left of the web pages was a column listing classification of 28 crystal products branded "施华洛世奇" or such modules as "product classification", "sales ranking" and "special offer". Each homepage of the websites displayed pictures, names, prices and other information about the crystal products, and the characters "施华洛世奇水晶" ("Swarovski crystal") were placed before the name of product. On April 21, 2009, the Notarial Certificate issued by Beijing Guoxin Notary Public Office stated that: the authorized agent of the Plaintiff purchased a pieced of "施华洛世奇水晶吊坠28MM大号金色魅影贝壳" ("Swarovski 28MM Golden Shadow Shell Crystal Pendant") at the price of RMB288 on *http://www.swarovski-shop.cn/*, the website operated by the defendant, under the supervision of the notary. The defendant Wangxing Company admitted that: from February to June 2009, employees of the company successively purchased 22 Swarovski crystal products of various kinds from an online shop on taobao. com according to the online orders, and sold them on the websites with corresponding aforesaid domain names. The total buying price and the total selling price were RMB2, 115 and RMB6, 145 respectively. During trial, the defendant Wang Chenyun transferred the domain name ended with com he owned to the defendant Wangxing Company which agreed in writing to accept and abide by the judgment of the court. The other three domain names ended with cn were due on July 16, 2010. Presided by the court, the affiliated company of the Plaintiff, Swarovski (Shanghai) Trading Co. Ltd., registered and began to use the three domain names on September 25 the same year.

The Plaintiff alleged that: the two defendants established four websites with four domain names registered with Chinese characters which were similar to the registered trademarks of the Plaintiff, used registered trademarks of the Plaintiff widely and prominently on the websites, and publicized and sold crystal products bearing counterfeited registered trademarks similar to those of the Plaintiff, constituting infringement. The Plaintiff hereby requested the court to order the two defendants to stop infringing, return the domain name ended with com to it for registration and use, eliminate bad effects, and compensate RMB 400,000 for its economic losses and reasonable expenses.

The two defendants argued that: the four disputed domain names directed to the same IP address and connected to the same website. Wangxing Company was both the domain name owner and website operator. The Swarovski crystal products and relevant information on the websites were from trustworthy sellers on taobao. com whose promised to provide genuine products. The sources of products were legitimate, and no public misunderstanding was caused. Besides, the trademarks were for indicative use. Therefore, they did not commit infringement.

【Trial】

After trial, Shanghai Huangpu District People's Court held that: SWAROVSKI, whose translated Chinese name is 施华洛世奇, originates from the family name of Daniel Swarovski, the founder of the company SWAROVSKI. It mainly engages in production and sales of crystal products. From 1987 to 2004, the four trademarks registered by the Plaintiff at the Trademark Office of the State Administration for Industry & Commerce of the People's Republic of China were legitimate and valid, and the Plaintiff enjoyed exclusive right to use these trademarks. Besides, there are many records of the aforesaid trademarks being protected by judicial and arbitration authorities during 2000 and 2009. Therefore, the aforesaid registered trademarks of the Plaintiff are known to the relevant public and enjoyed great popularity and reputation. The two defendants registered domain names including Chinese characters similar to the registered trademarks of the Plaintiff in June and July 2008. Therefore, the Plaintiff registered and used the Swarovski series trademarks earlier than the defendants. The major part of the four domain names registered by the two defendants is completely the same as the registered trademarks of the Plaintiff. The defendant Wangxing Company had built four websites with these domain names, each of which publicized Swarovski crystal products with conditions for independent commodity sales. Since the defendant Wang Chenyun did not use the domain name he registered for business purposes and had transferred the domain name during the trial to the defendant Wangxing Company which agreed in writing to be abide by the judgment of the People's Court, it can be determined that all these four domain names were registered and used by Wangxing Company. The defendant Wangxing Company surely had known that the registered trademarks of the

Plaintiff enjoyed wide market popularity when registering the domain names. Nevertheless, it still established websites with the aforesaid domain names for business purposes, engaging in online operating activities, which resulted in confusion and misconception among relevant public. Therefore, the act of the Company's registration and use of the disputed domain names constituted infringement. Without authorization or permission of the Plaintiff, the defendant Wangxing Company highlighted the four registered trademarks of the Plaintiff on these four websites corresponding to the four domain names, and labeled all products on sale as Swarovski crystal products. All packing boxes and products bought by the Plaintiff on the aforesaid websites of the defendant under supervision of the notary indicated the registered trademarks of the Plaintiff. The aforesaid trademark using act of the defendant Wangxing Company constituted infringement of the Plaintiff's exclusive right to use trademarks. It was identified that the products bought under supervision of the notary were products bearing counterfeited trademarks of the Plaintiff. The defendant neither proved the source of its products to be legal, nor did it provide any counterevidence. Besides, during the trial, it admitted to have sold a variety of on claimed Swarovski crystal products to the aforesaid networks. Therefore, the defendant Wangxing Company performed the act of selling commodities infringing the Plaintiff's exclusive right to use registered trademarks, and shall not be exempted from liabilities by law. Since the defendant Wang Chenyun is not the actual owner of the disputed four domain names or the actual operator of the corresponding websites, and the Plaintiff did not provide evidence to prove the two defendants had joint subjective intention for the infringement or cooperation acts, the court did not adopt the claim of the Plaintiff on joint infringement of the two defendants.

Therefore, in accordance with Article 134 of the *General Principles of Civil Law of the People's Republic of China*, Article 52. 1, Article 52. 2, and Article 56 of the *Trademark Law of the People's Republic of China*, Article 50. 1 (1) of the Regulation for the *Implementation of the Trademark Law of the Peoples Republic of China*, Article 1 (3), Article 16. 1, and Article 16. 2 of the *Interpretation of the Supreme People's Court Concerning the Application of Laws in the Trial of Cases of Civil Disputes Arising from Trademarks*, and Article 4, Article 5. 1 (2), Article 7. 1 and Article 8 of the *Interpretation of the Supreme People's Court on Application of Laws in the Trial of Civil Disputes Over Domain Names of Computer Network*, the court hereby ruled that: (1) The defendant Wangxing Company shall immediately stop using the domain name *chinaswarovski. com* and immediately stop using the aforesaid four registered trademarks of the Plaintiff on the websites. (2) The domain name *chinaswarovski. com* registered by Wangxing Company shall be registered and used by the Plaintiff. (3) The defendant Wangxing Company shall publish announcements on People's Court Daily to eliminate the bad effects. (4) The defendant Wangxing Company, shall compensate RMB 98,000 for economic losses and reasonable expenses of the Plaintiff.

After the trial of first instance, Wangxing Company, not satisfied with the ruling, filed an appeal to Shanghai No. 2 Intermediate People's Court.

After trial, Shanghai No. 2 Intermediate People's Court held that the court of first instance had found the findings of facts clearly and applied correct laws, thus dismissed the appeal and affirmed the original judgment.

【Comments and analysis】

This case is a typical infringement of trademark right by computer network domain names. With the development of network technology and e-commerce, more and more individuals or companies are rushing to register domain names to establish websites for commodity transaction through e-commerce. Therefore, questions such as how to protect intellectual properties such as trademarks by law in the network environment and how to adjust the relationship of rights and obligations between domain name users and owners are new tasks for the judicial protection of intellectual properties in the network era.

I. Determination of Infringement of Trademarks in Disputes Over Network Domain Names

A domain name is an alphanumeric string which corresponds to a numerical address on the Internet. [1] As addresses on the Internet, enterprise domain names display not only business entities but also products and services. If identical with or similar to others' business marks, domain names may lead to confusion about business entities. If they include content of others' trademarks, domain names may lead consumers to connect them with others' trademarks or cause confusion. There-

[1] Kong Xiangjun, Trademark Law and Anti – unfair Competition Law, Edition 1, Law Publishing House, July 2009, p. 27.

fore, one of the distinguishing features of computer network domain names lies in its identifying function created in the network environment which is similar to that of trademarks or trade names and distinguishes domain name users and their services. Registration and use of domain names enable such identifying function to come into being and develop, embodying the economic value of domain names. Therefore, conflicts arise between domain names and traditional trademarks, trade names, etc. It is the key to trial of disputes over domain names to determine whether the registration and use of domain names by the defendant constitutes infringement or unfair competition. According to Article 4 of the *Interpretation of the Supreme People's Court on Application of Laws in the Trial of Civil Disputes Over Domain Names of Computer Network*, for the registration and use of domain names by the defendant to constitute infringement or unfair competition, four conditions shall be met: Firstly, the civil rights and interests for which protection was requested by the Plaintiff is legitimate and valid. Secondly, there are similarities between domain names of the defendant and the objects of right for which protection was requested by the Plaintiff. Thirdly, the defendant has no legitimate cause for registration and use. Fourthly, the defendant has malicious intention. Determination of infringement or unfair competition shall be made on the basis of similarity and malicious intention both from objective and subjective perspectives. As a general condition for the establishment of infringement in such fields as traditional trademarks and trade names, the essential condition of similarity is applicable to the field of domain name as well. However, according to Article 1. 3 of the *Interpretation of the Supreme People's Court Concerning the Application of Laws in the Trial of Cases of Civil Disputes Arising from Trademarks* issued subsequently, the act of "registering words identical with or similar to others' registered trademarks as domain names and conducting transactions of relevant goods through e-commerce using the domain names, which are likely to lead misconception among relevant public" is included in Article 12. 5 of the *Trademark Law* as acts that causes other damages to the exclusive right of others to use registered trademarks. This stipulation obviously includes domain names identical with or similar to registered trademarks of others as an infringement on trademarks, providing legal basis for determination of dispute over domain names involving both trademark infringement and unfair competition. Besides, the stipulation further clarifies that as far as registered trademarks are concerned, only when the domain names registered later have been used for business purposes, will they constitute trademark infringement. ❶ The stipulation on the condition of maliciousness reflects the prudence in protecting civil rights and interests in the field of domain names. Only when the defendant has the intention for infringement, may the owner of trademarks and trade names extend their exclusive rights to the field of their domain names. ❷Malicious intention refers to the subjective intention of the actor who is well aware that he is violating basic principles of civil laws such as "honesty and integrity". However, it is hard to prove the subjective "full awareness". Therefore, the judicial interpretation stipulated on a few circumstances, under any of which the actor can be ascertained to have been "fully aware". In this case, firstly, the Plaintiff's exclusive right of to use the series registered trademarks of Swarovski is legitimate and valid and shall be protected by laws. Secondly, the domain names registered and used by the defendant Wangxing Company are similar to the registered trademarks of the Plaintiff, which is likely to make relevant public to mistake the Plaintiff as the source of the crystal products on the websites or lead them to assume that the products have some connection with the registered trademarks of the Plaintiff. Thirdly, the defendant Wangxing Company neither provided evidence to prove it enjoyed priority right or other rights and interests in the four disputed domain names, nor gave a legitimate cause for its registration use of the disputed domain names. Fourthly, the defendant Wangxing Company surely have known that the registered trademarks of the Plaintiff enjoy wide market popularity when it registered the domain names for commercial purposes. It used the aforesaid domain names and established corresponding websites, engaging in online operating activities with an intention to capitalizing on the popularity of the registered trademarks of the Plaintiff, which led to confusion and misconception among relevant consumers. In addition, it guided users to visit its websites and buy relevant products to gain economic profit. Therefore, the act of the defendant Wangxing Company had malicious intention. The defendant Wangxing Company registered words which are similar to the registered trademarks of the Plaintiff as domain names, and engaged in e-commerce activities selling crystal products relating to products of the Plaintiff, claiming that all goods on sale were Swarovski crystal

---

❶ Kong Xiangjun, Trademark Law and Anti - unfair Competition Law, Edition 1, Law Publishing House, July 2009, p. 574.

❷ Shen Deyong *et al.*, Intepretation and Application of Intellectual Property Law, Edition 1, Law Publishing House, October 2009, p. 199.

products. However, it failed to prove that the source of its products was legitimate. Its act is very likely to lead relevant public to mistake the products as from the Plaintiff, causing other damages to the exclusive right of others to use registered trademarks and constituting infringement of the exclusive right of the Plaintiff to use registered trademarks.

II. Application of Exemption from Liabilities for Damages Arising from Infringement

According to Article 56.3 of the *Trademark Law of the People's Republic of China*, the distributor of infringing goods shall not bear the liability for damages under two conditions: Firstly, he (she) does not know the goods he (she) sells infringes others' exclusive right to use registered trademarks. That is to say, he (she) is not at fault subjectively, nor does he (she) have the intention to infringe. Secondly, he (she) can prove that the goods are legitimately obtained and specify the provider, which means that the source of the commodities is legitimate. In practice, whether the infringing goods are from legal sources is determined by the following methods: First, whether the distributor is able to name the provider of the infringing goods, such as whether he (she) can specify the supplier or the channels of buying and selling. Procurement and sales contracts, invoice, delivery notes, bills of lading, etc. can be provided as evidence materials. Secondly, whether the distributor can prove that his (her) buying price is reasonable. If the distributor fails to clarify his/her buying price or the purchasing price is remarkably lower than the price of authentic goods but the distributor fails to explain why, the buying price cannot be proved to be reasonable. The degree of familiarity of the distributor with the price of authentic goods is an important factor for judging whether the buying price is reasonable or not. It shall be determined based on such factors as market influence, sales volume, advertising, and types of distributors of authentic goods. [1]In this case, first of all, the goods sold by the defendant Wangxing Company are crystal products similar to those of the Plaintiff. Since the series trademarks of Swarovski of the Plaintiff enjoy high popularity and brand value in China, the selling prices of its crystal products are also high. According to statement of the de-

[1] See Shanghai High People's Court. Investigation and Reference (Trial of Intellectual Property), Reply to Several Questions on Application of Laws in Cases of Disputes over Trademarks, Issue 3, 2012.

fendant Wangxing Company, the buying price of the disputed products bought by the Plaintiff under supervision of the notary is only RMB 46. According to common sense and experience, the defendant Wangxing Company, as a professional distributor of crystal products, surely have known that the goods purchased at such a low price on taobao. com were not authentic products of the Plaintiff. Secondly, the defendant Wangxing Company, as a professional crystal product distributor, is fully capable and obliged to examine the source of the goods to be sold by means such as requesting the supplier to provide trademark right certificate, trademark licensing certificate and inventory certificate. However, the defendant Wangxing Company stated at court that it was fully aware that the merchants on *taobao. com* sold DIY crystal products on the Internet. Apparently, the defendant Wangxing Company neither fulfilled its duty of care nor provided evidence on the legal source of the goods. In conclusion, the defendant Wangxing Company was not only at fault subjectively but also objectively performed the infringement of the Plaintiff's exclusive right to use its registered trademarks. Therefore it shall not be exempted from liabilities.

III. Constitution of Joint Infringement

In accordance with Article 130 of the General Principles of the Civil Law of the People's Republic of China and Article 8 of Tort Law of the People's Republic of China, two or more parties who have committed joint infringement and caused damage to others shall bear joint and several liabilities. Since the legislators are cautious about expanding the scope of application of joint and several liabilities in trial practice and their value orientation focuses more on the consistency between liability assumption and subjective fault, they hold a rigid stance to the essential conditions for determining a "joint" infringement. Only the subjective ones with intentional liaison between the parties are recognized as joint infringements, whereas those objective ones with behavioral connection between the parties are not recognized as joint infringements. [1] Therefore, for joint infringement to be established, the following essential conditions shall be met: 1. there shall be more than one infringers who shall have corresponding capacity for civil conduct; 2. collaboration in tort and

[1] Xi Xiaoming *et al.*, Interpretation and Application of the Tort Law of the People's Republic of China, Edition 1, Law Publishing House, January 2010, p. 67.

contributory activity of the infringers who use and support each other; 3. subjective joint intention of the actors, which can be divided into two parts: joint intent and contributory negligence; 4. unity of damages: the damages caused by actions of the infringers shall be consistent with the joint intent. In this case, the domain name ended with com originally owned by the defendant Wang Chenyun has been transferred to the defendant Wangxing Company during the trial, and the latter has also agreed in writing to abide by the judgment of the court. In accordance with Article 8 of the *Uniform Domain Name Dispute Resolution Policy* and Article 39 of the *Administrative Measures for Internet Domain Names of China*, the transfer act was legally effective. Since neither the defendant Wang Chenyun is the actual owner of the four domain names or the actual operator of the disputed websites, nor did the Plaintiff provide evidence to prove that the two defendants had subjective joint intention, collaboration in tort, or unity of damages in the three infringements. Therefore, the court did not adopt the claim of the Plaintiff that the two defendants had committed the infringement jointly.

IV. Assumption of Liabilities for Domain Names Infringement

In accordance with Article 8 of the *Interpretation of the Supreme People's Court on Application of Laws in the Trial of Civil Disputes Over Domain Names of Computer Network*, after the court determined on the infringement or unfair competition of the defendant, the specifically applicable civil liabilities can be assumed in three ways: Firstly, the general way for the defendant to assume civil liabilities is to stop infringement and cancel the domain name. Secondly, where the Plaintiff requests the court to order to transfer the ownership of the domain to the Plaintiff, the court may, based on actual conditions of cases, order that the domain name shall be registered and used by the Plaintiff. The Plaintiff can go through relevant procedures for domain name transfer at the domain name registration and administration authorities with the written ruling. The court may issue a notice on assist in enforcement if necessary. Thirdly, where the Plaintiff can put to the proof that the act of the defendant has caused actual damage to the Plaintiff, the people's court may order the defendant to compensate for the losses. [1] The legal provisions embodied the

[1] Shen Deyong *et al.*, Understanding and Application of Judicial Interpretation on Intellectual Property. Edition 1, Law Publishing House, 2009, p. 201.

spirit of law that it gives consideration to the balance of rights and interests of clients of both parties to reduce lawsuit fatigue of the clients. To embody the spirit of law, the court ruled according to law that the domain name ended with com owned by the defendant Wangxing Company should be registered and used by the Plaintiff based on the Plaintiff's request. Besides, presided over by the court, the three domain names ended with cn have been registered and used by affiliated companies of the Plaintiff, which enabled rapid and effective settlement of the disputes between the two parties over relevant domain names.

(Written by: Qi Jimin)

Application of Laws Concerning Rush Registration of Trademark by Distributors

—Abbott Diabetes Care Inc. v. Shanghai Hotin Commercial Trading Co, Ltd. *et al.* Infringement on Ownership of Exclusive Right to Use Trademarks

【Summary】

This is a typical case in which domestic distributors performed malicious rush registration of trademarks in distribution of products of foreign-funded companies. The court did not apply Article 15 of the *Trademark Law of the People's Republic of China* for its ruling. Instead, it ruled that the Chinese logo "利舒坦" shall belong to the Plaintiff based on the terms relevant to intellectual property in the *International Distribution Agreement* signed by both parties in addition to taking into consideration of the obvious maliciousness of the three defendants in application and transference.

【Facts】

Plaintiff (Appellee): Abbott Diabetes Care Inc.

Defendant (Appellant): Shanghai Hotin Commercial Trading Co, Ltd.

Defendant (Appellant): Shanghai Hoxen Medical Equipment Co., Ltd.

Defendant (Appellant): Shanghai Xihe Medical Equipment Co., Ltd.

Cause of Action: Dispute over ownership of exclusive right to use trademarks

Case No. at First Instance: (2010) HUANG-Min-San-(Zhi)-Chu-Zi No. 371

Case No. at Second Instance: (2012) HU-Er-Zhong-Min-Wu-(Zhi)-Zhong-Zi No. 4

In 2002, FreeStyle glucometer produced by TheraSense, Inc. entered and distributed in the Chinese market, and its application for the registration of the trademark in letters "FREESTYLE" was also approved in China. After TheraSense, Inc. was acquired by Abbott Laboratories Ltd. in 2004, it was renamed Abbott Diabetes Care Inc. (hereinafter referred to as "Abbott Company") and continued engaging in "FreeStyle/利舒坦" glucometer and blood glucose test strips.

The defendant Shanghai Hotin Commercial Trading Co, Ltd. (hereinafter referred to as "Hotin Company") publicizing FreeStyle glucometer made by TheraSense, Inc. in May 2003. Besides, it has been advertising such FreeStyle glucometer on *Chinese Journal of Diabetes* and *Chinese Journal of Endocrinology and Metabolism* since August 2003 based on the publicity materials provided by TheraSense, Inc.

In October 2003, the defendant signed an International *Distribution Agreement* with TheraSense Sales Corporation, a wholly-owned subsidiary of TheraSense, Inc., which authorized Hotin Company to be a non-exclusive authorized distributor of FreeStyle products. As is agreed in Article 6.4 on promotion information of the distributor, TheraSense, Inc. owns all copyrights and rights, as well as ownership, rights and interests of other intellectual properties in or produced by the promotion information of the distributor. Therefore, the distributor hereby transferred and handed over all its copyrights or rights as well as ownership and rights and interests of other intellectual property generated by promotion information. Afterwards, the product distribution business as agreed in the *International Distribution Agreement* was taken over by the defendant, an affiliated company of Hotin Company - Shanghai Hoxen Medical Equipment Co., Ltd. (hereinafter referred to as "Hoxen Company"), which marked "FreeStyle 利舒坦 Glucometer" on the Chinese label on the packaging box of the product. Relevant enterprise information was also marked on the label, such as the name of the Plaintiff as the manufacturer of the product and Hoxen Company the distributor. In distribution and publicity of the product, the Chinese characters "利舒坦" and the English trademark "FreeStyle" were always used at the same time.

On December 1, 2007, the defendant Shanghai Xihe Medical Equipment Co.,Ltd. (hereinafter referred to as "Xihe Company"), an affiliated company of Hotin Company, signed a *Distribution Agreement* with Abbott (Hong Kong), an affiliated company of the Plaintiff. The *International Distribution Agreement* was terminated because of the signing of the aforesaid agreement. The distribution of relevant products of "FreeStyle Glucometer" in China was actually operated by Abbott Laboratories Trading (Shanghai) Co., Ltd., which was established in Shanghai and designated by the defendant Xihe Company, and Abbott (Hong Kong) in accordance with the *Distribution Agreement*. The *Distribution Agreement* shall terminate at expiration.

In April 2008, the Chinese characters "利舒坦" were approved to be registered as a text trademark for goods of Class 10. On January 21, 2009, the trademark was approved to be transferred by the defendant Hoxen Company to the defendant Xihe Company.

The Plaintiff Abbott Company alleged that: As agents who were fully aware of the agreement, the three defendants maliciously registered the trademark of the Plaintiff, which seriously infringed the legal rights and interests of the Plaintiff. Although the Plaintiff registered its trademark with the English letters "FreeStyle" only, the English letters "FreeStyle" had always been used together with the Chinese characters "利舒坦" at the same time for its glucometer and blood glucose test strips. The three defendants also used "FreeStyle" correspondingly with "利舒坦" in distribution. Meanwhile, they prominently used "美国雅培" and symbolic patterns and texts of the Plaintiff together, which closely related the enterprise names and products of the Plaintiff with the trademark "利舒坦" on an objective basis. Relevant public has established a sole reference relation between "利舒坦" and "FreeStyle" before the application date of the disputed trademark. The aforesaid infringing act of the three defendants was sufficient to make relevant public confused about the product sources, which further led to damages to the public interests. Therefore, the Plaintiff requests the court to order that the exclusive right to use the word trademark "利舒坦" (registration No. 4750189) belong to the Plaintiff and the court costs to be borne jointly by the three defendants.

The defendants Hotin Company, Hoxen Company and Xihe Company jointly argued that: (1) Before the *International Distribution Agreement* was signed between Hotin Company and TheraSense, Inc., the text trademark of Chinese characters "利舒坦" had been created and used by Hotin Company for advertising products relevant to "FreeStyle" glucometer of the Plaintiff. Therefore, the Chinese trademark "利舒坦" was not the "distribution information" of the Plaintiff in the cooperation between the parties as agreed in the *International Distribution Agreement*, in which there was no agreement on the ownership of Chinese trademarks. (2) Since the *Distribution Agreement* between Xihe Company and Abbott (Hong Kong) had not reached agreement on intellectual property of the Chinese trademark "利舒坦", which was ascertained by the civil ruling of Shanghai High People's Court on objection to jurisdiction, no agreement had been made between the Plaintiff and the defendant on the ownership of the Chinese text trademark "利舒坦".

(3) Xihe Company indeed used the text trademark "利舒坦" for products relevant to "FreeStyle" glucometer, but the Plaintiff never raised any objection during its long-period use. Since the text trademark "利舒坦" was created by Hotin Company, applied for registration by Hoxen Company, and transferred to Xihe Company in a legitimate manner, the source of the trademark right owned by Xihe Company was clear and should be protected by laws. Therefore, the defendant did not agree to the claims of the Plaintiff.

【Trial】

After trial, Shanghai Huangpu District People's Court held that: the *International Distribution Agreement*, indicating the true intent of both parties, was established according to the law and was legally binding. The clients should fully fulfill their obligations according to the agreement. Though the defendant Hotin Company had used the Chinese characters "利舒坦" as product name or logo for publicity before the International Distribution Agreement was signed, it was proved by the witness provided by Hotin Company that "利舒坦" was created specially by Hotin Company for the distribution of glucometer products of TheraSense, Inc. in China. Therefore, the Chinese characters "利舒坦", either as a product name or a trademark produced in distribution of the glucometer and blood glucose test strips, was the intellectual property belonging to the distributor. In accordance with Article 6.4 (i) of the *International Distribution Agreement*, relevant rights of the Chinese mark "利舒坦" shall be owned by TheraSense Sales Corporation. The defendant Hoxen Company confirmed that it actually operated the business of product distribution as agreed in the *International Distribution Agreement.* Despite of its full awareness of the agreement on ownership of relevant intellectual property, Hoxen Company applied for registration of the Chinese trademark "利舒坦" as the trademark applicant, which obviously violated the contract agreement and indicated apparent subjective intent. Besides, the shareholder of Xihe Company, who was the original shareholder of Hotin Company, should be fully aware of the relevant contents and the actual execution of the International Distribution Agreement. Therefore, nor Xihe Company's acceptance of the transfer of the Chinese trademark "利舒坦" registered by Hoxen Company was not out of legitimate purpose. Since the original TheraSense Sales Corporation confirmed that the rights, ownership and rights and interests in the trademarks "FreeStyle" and "利舒坦" it used in distribution of "FreeStyle (利舒坦)" brand products such as glucometer and blood glucose test strips belonged to the Plaintiff, the present claims of the Plaintiff complied with the law.

In accordance with Article 60. 1 of the *Contract Law of* the *People's Republic of China*, Shanghai Huangpu District People's Court ruled that: The ownership of the registered trademark "利舒坦" (registration No. 4750189) should belong to the Plaintiff Abbott Diabetes Care Inc.

After the trial of first instance, the three defendants, not satisfied with such decision, lodged an appeal against to Shanghai No. 2 Intermediate People's Court.

After trial, Shanghai No. 2 Intermediate People's Court held that the findings of facts in the first instance had been fully proved and the application of laws was correct, thus dismissed the appeal and affirmed the original judgment.

【Comments and analysis】

This is a typical case in which domestic distributors performed malicious rush registration of trademarks in distribution of products of a foreign-funded company. With regard to the application of laws in this case, some hold that though the three defendants are not agents according to the traditional civil law, it does not affect the legal fact that the three defendants are agents or representatives stipulated in Article 15 of the *Trademark Law*. With regard to the scope of agents defined in Article 15 of the *Trademark Law*, there are entirely different viewpoints in legal practice. One holds that agents refer to agents defined in the civil law, excluding agencies and dealers. Whereas the other holds that the definition of the agent or representative in the Trademark Law should be broadened. Agents should refer to not only agents defined in the civil law, but also agencies and dealers. Some authoritative interpretations support the definition of agents and representatives in a broad sense. It was also pointed out by the Supreme People's Court in the Cephalosporin Xinling Case [(2007) Xing-Ti-Zi No. 2] that "the agents defined in Article 15 of the *Trademark Law* should be interpreted in a broad sense, which not only refer to trademark agents and representatives who are entrusted by applicants of trademark registration or trademark registrants to handle their businesses such as trademarks on their behalf within the scope of authority, but also refer to agents and representatives in special distribution such as exclusive distributor (exclusive dealership) and exclusive distributor (exclusive agency)."

However, the collegial panel held it was inappropriate to determine ordinary dealers as the agents defined by Article 15 of the *Trademark Law*. The reasons were as follows: (1) There were substantial differences between agents and dealers. Agents conducted civil juristic acts in the name of their principals within scope of authority, whereas dealership was in essence a kind of act of purchase and sale. (2) In the ruling of the Cephalosporin Xinling Case, the Supreme People's Court did not clarify whether ordinary dealers are agents specified in Article 15 of the *Trademark Law of China*. The legislative intent of Article 15 of the *Trademark Law* is to suppress agents' malicious acts of rush registration in violation of the principle of honesty and integrity. The maliciousness in malicious rush registration can be judged based on the differentiation between goodness and maliciousness in the civil law. Theoretically, maliciousness defined in the civil law only depends on the awareness of the actor. Oughtness to know is related to the duty of care and degree of care of the actor: it is the actor's fault if he/she does not know what he/she ought to know and has access to know. Grievous fault is deemed as intentional[1]. As far as ordinary dealers are concerned, their degree of care and duty of care are obviously different from that of exclusive dealers. If we equate exclusive dealers with ordinary dealers, the procedures and duty of care for ordinary dealers will be increased, which is apparently unfair to ordinary dealers. Therefore, it was held by the collegial panel that as far as ordinary dealers were concerned, the court should not simply presume during trial that ordinary dealers were agents or representatives specified in Article 15 of the *Trademark Law*. Instead, it should examine whether there has been a special dealership between the trademark owner and the agent or representative before finally determining whether Article 15 of the *Trademark Law* is applicable.

As is stipulated by Article 15.2 of the Amendment to the *Trademark Law* (*Draft*) of the People's Republic of China that "where a trademark of a product applied for registration is identical with or similar to the trademark of the same or similar kind of product which has been used by another party, or the applicant is fully aware of the existence of the trademark of another party because of the contractual and business relationship or other relationships other than the relationship stipulated in the aforesaid provision, the trademark shall not be registered if the other

[1] Zhong Ming, Chen Jinchuan. Standardized Trademark Law System for Curbing Rush Registration and Its Application, *Journal of Law Application*, Issue 10, p. 8.

party raises an objection. "❶。It can be seen from the wording that the aforesaid provision is supplement to and perfection of Article 15 of the prevailing *Trademark Law*, which will better curb the ever-increasing rush registration of others' trademarks in China.

(Written by: Jin Ying and Wang Tingyu)

❶ *Amendment to the Trademark Law of the People's Republic of China* (*Draft*).

Ⅲ. Civil Dispute Cases over Patents

How to Define the Scope of Patent Right Protection Where There are Obvious Errors in Wording of Claims

—Beijing Sico-Sst Hospitality Equipment Manufacturing Co., Ltd. v. Guangzhou Fanyu Halmay Hotel Co., Ltd. *et al.* Invention Patent Infringement

【Summary】

Where ordinary technicians in the field can, after reading the claims, specifications and attached figures, clearly and unmistakably confirm that there are obvious errors in the wording of the claims and can explicitly correct the meaning indicated by the wording of the claims, the claims should be interpreted and the scope of patent protection should be confirmed according to the corrected meaning. It should not be simply determined that the alleged infringing technical solution does not fall into the scope of patent protection.

【Facts】

Plaintiff: (Appellant): Beijing Sico-Sst Hospitality Equipment Manufacturing Co., Ltd.

Defendant (Appellee): Guangzhou Fanyu Halmay Hotel Co., Ltd.

Defendant (Appellee): Shanghai Minhang Chateau Star River Hotel Co., Ltd.

Cause of Action: Infringement of invention patent

Case No. at First Instance: (2011) HU-Yi-Zhong-Min-Wu- (Zhi) -Chu-Zi No. 89

Case No. at Second Instance: (2012) HU-Gao-Min-San- (Zhi) -Zhong-Zi No. 44

Eleven rights were claimed on the disputed invention patent "mobile folding stage". The Plaintiff Beijing Sico-Sst Hospitality Equipment Manufacturing Co., Ltd. (hereinafter referred to as "Sico-Sst Company") claimed its rights with Claim 3. As is stated clearly by the Claim, a mobile folding stage (20) with a rotation activity linkage device (30) consists of a deck (24) and an outer leg

(34) mounted on the deck, which can rotate from the position in use where the outer leg is perpendicular to the deck to the folded position where the leg approaches the bottom of the deck. It is featured with the first master connecting rod (100) with perpendicular ends (102) and raised center portion (104), the second connecting rod (105) substantially rectangular with a pivot at its first end mounted in a rotary manner on the raised center portion and another pivot at its second end mounted in a rotary manner on the deck, the third connecting rod (106) with a pivot at its first end mounted in a rotary manner on the perpendicular bottom and another pivot at its second end mounted in a rotary manner on the deck, and the fourth connecting rod (116) with two ends connected respectively with the perpendicular end of the master connecting rod and the outer leg with pivots in a rotary manner.

The defendant Shanghai Minhang Chateau Star River Hotel Co., Ltd. (hereinafter referred to as "Chateau Star River Company") purchased the alleged infringing product "flexible stage" from Guangzhou Fanyu Halmay Hotel Co., Ltd. (hereinafter referred to as "Halmay Company").

The Plaintiff Sico-Sst Company alleged that: Sico-Sst Company (USA) is the patentee of the invention patent of "mobile folding stage" (patent No. ZL95196021.0). The Plaintiff was granted with the exclusive permission to implement the aforesaid patent of Sico-Sst Company (USA) in China on September 4, 2007. Besides, the Plaintiff was authorized by Sico-Sst Company (USA) to file a lawsuit in its own name. In October 2010, the Plaintiff found that the defendant Chateau Star River Company used the product "mobile folding stage" produced and sold by the defendant Halmay Company in the hotel it operated. The comparison indicated that the product fell into the scope of protection for the disputed patent. Therefore, the Plaintiff requested the court to order that: (1) the defendant Halmay Company to stop manufacturing and selling the infringing product, destroy the infringing products in stock and the product dies, and eliminate the bad effect; (2) the defendant Halmay Company to compensate RMB 100,000 for the economic loss and reasonable expenses of the Plaintiff; and (3) the defendant Chateau Star River Company to stop using the infringing products.

The defendant Halmay Company argued that: the scope of patent right claimed to be protected by the Plaintiff is Claim 3, whose features included that the shape of the second connecting rod was rectangular, while the structure of the folding stage product manufactured by Halmay Company was not rectangular, thus did not have the technical feature required by Claim 4 of the Plaintiff. Therefore, it neither fall into the scope of protection for the patent right claimed by the Plaintiff nor constitute patent right infringement.

The defendant Chateau Star River argued that: The company purchased the product of "flexible stage" produced by Halmay Company through public bidding and did not know whether the product infringed others' patent right. The product used by the company has a legal source; therefore, the company shall not assume the liability for damages resulting from the infringement.

【Trial】

After trial, Shanghai No. 1 Intermediate People's Court held that: There was no further definition of the so-called "the second connecting rod (105) which is substantially rectangular" in the Specification or the attached figure. Therefore, the meaning of the statement shall be explained based mainly on the record in the Claim and public literature such as reference books and textbooks, as well as common understanding of ordinary technicians. According to the definition in Cihai (*Ocean of Words*, a Chinese Dictionary), rectangles are quadrangles on a plane with four right interior angles. From the perspective of ordinary technicians, it is hard to come to the conclusion that the meaning of "substantially rectangular" covers "approximately concave" and geometrical characteristics of U-shapes. Since the Plaintiff failed to prove that the two defendants had performed patent right infringement, in accordance with Article 26. 3, Article 4, and Article 59 of the *Patent Law of the People's Republic of China* and Article 2, Article 3 and Article 7 of the *Interpretation of the Supreme People's Court on Several Issues Concerning the Application of Law in the Trial of Patent Infringement Dispute Cases*, and Article 64. 1 of the *Civil Procedure Law of the People's Republic of China*, the court ruled that the claims of the Plaintiff Sico-Sst Company was rejected.

After the trial of first instance, Sico-Sst Company, not satisfied with the decision, lodged an appeal to Shanghai High People's Court.

The Appellant Sico-Sst Company alleged that: (1) According to the files submitted for patent application, the expression about the second connecting rod in the Claim should be "substantially U-shaped". Therefore, the "substantially rectangular" in the Claim was a slip of pen. (2) If the second connecting rod was "substantially rectangular", the technical solution defined in the Claim could not have been implemented. Therefore, the Appellant requested to quash the original judgment, order Halmay Company to immediately stop producing and selling the alleged infringing products, destroy the infringing products in stock and the product dies, and eliminate the bad effect of infringement, order Chateau Star River Company to immediately stop using the infringing products; and order Halmay Company to compensate RMB 100,000 for the economic loss (including reasonable expenses) of Sico-Sst Company.

The Appellees Halmay Company and Chateau Star River Company jointly argued that: the scope of invention protection was subject to the claims of authorization texts, neither the Specification of the patent and attached figures in this case could be used to interpret the meaning of "substantially rectangular" of the second connecting rod in the claims. The court should not have determined it as a slip of pen. Instead, it should be determined by the patent authorization agency.

After trial, Shanghai High People's Court held that the finding of fact by the court of first instance was true.

It was also found that it was stated clearly that in the "background technology" in the Specification of the disputed patent: "although it has been proved that these stages are of great use in providing folding low boards, they can be further improved. When the stage is folded to a substantially perpendicular position, the ends of the deck are contacted, which may clamp hands or fingers of users. It was recorded in the "content of invention" of the Specification: "It is understandable that a new and improved folding stage should be developed, which can be folded from a using position to a folding position with the top of the decks connecting with each other smoothly in general... This invention aims at solving these problems and other problems concerning folding stages. The drive linkage device for folding includes a master installation board with perpendicular ends and the raised center portion. A connecting rod which is substantially U-shaped is mounted at the raised center portion of the installation board of the linkage device to the frame, and a short connecting rod is mounted at the ends of the installation board to the frame. A long connecting rod is mounted at the installation board of the linkage device to the outer legs to drive the folding legs while the stage is being folded. The U-shaped connecting rod has a slightly oblique plane on its top which is used to place the sides of two decks and make the decks face each other in a slightly incline manner when the folding stage is folded. In this way, accidental unfolding could be prevented and a gap could be formed between the two decks so that the hands or fingers of users will not be clamped". It is specified clearly in the "Details on Implementation" that: "the linkage device 30 also includes a roughly U-shaped connecting rod 108, which is mounted with one end at a pivot 128 and the other at the center portion 104 of the master board 100. The U-shaped connecting rod 108 also includes the first sidepiece 100 and the second sidepiece 112 connected by an oblique bottom 114. The bottom 114 includes an oblique top surface, which is used to place and supports decks 24 when the stage 20 is being folded. The oblique plane at the bottom 114 makes the deck 24 slightly oblique and deviate from the vertical position towards the central axis, so as to prevent the stage from being unfolded unexpectedly at the folding position. The second sidepiece 112 is mounted at the mounting bracket 124 on the stage frame 22 at the pivot 128. Besides, a short rod 106 is mounted with one end on the mounting racket 124 at a pivot 122 and another at the end of the master board 100 at the pivot 118".

In addition, as was shown on Page 15 of the English document of patent application (International Application No.: PCT/US95/14805), the contents of Claim 15 were as follows: "A mobile folding stage having a folding linkage, comprising: ... d) a substantially U-shaped second link pivotally mounting at a first end to the raised center portion and at a second end to the deck; ... " The "Public Specification on Invention Patent Application" (Application No.: 95196021.0) corresponding to the international application document indicated that Claim 15 is "一种具有一折叠联动装置的可移动的折叠台包括：……d）一其第一端枢轴转动安装于该隆起的中心部而其第二端枢轴转动安装于该台盖板的基本上呈'U'形的第二连杆；……" The aforesaid English PCT and Claim 15 in its corresponding Chinese public document on application corresponded to Claim 3 in the authorization text of the disputed patent.

It was specified clearly in the *Main Body of the Notice of the Opinion on the First Examination with* the application number 95196021.0 that: "Claim 1 is not divided into 'Preface' and 'Features' based on the most proximate comparison document, ... The applicant should re-divide the Claim based on the comparison document, and include these features in the Preface.... Besides, adaptability revision should be made in the section of background technology in the Specification. In this section, technical contents of the comparison document should be described briefly and problems should be identified, ... If the applicant modifies the application document according to the opinion on examination in this notice and overcomes the existing deficiencies, it is likely for the application to be granted with the patent right, ... The applicant should notice that modification to application documents should conform to Article 33 of the Patent Law and not go beyond the scope of the original Specification and Claim. The applicant Sico-Sst (USA) stated in the *Statement of Opinion* concerning the aforesaid notice of opinion on examination that: "We, the applicant, has substantially accepted your opinions, according to which the following modifications have been made: (1) Independent Claim 1 has been divided into sections according to comparative document 1 (US4, 074, 636). (2) Supplementary modification has been made to the adaptability of the section of background technology in the original Specification based on the content of the comparative document 1, and problems to be solved have been pointed out. (3) Subtitles in the original Specification were also modified to conform to Article 18 of the Rules for Implementation". It is indicated by the aforesaid content that in the authorization of the disputed patent, neither the first opinion on examination of the examiners nor the reply of the applicant to the opinion referred to modification to Claim 3.

Shanghai High People's Court held that: There was an obvious error in the description of "the second connecting rod" in Claim 3 of the disputed patent, which shall be understood as "substantially U-shaped". Relevant technical features of the "mobile stage" produced and sold by the manufacturing company fell into the scope of protection for the technical features defined by Claim 3 of the disputed patent, the "mobile stage" thus constituted infringement on the disputed patent. Therefore, the manufacturing company shall bear corresponding civil liabilities for infringement and compensation for losses. It should be deemed that the equipment company has obtained reasonable consideration for the infringing product purchased by a hotel if the hotel, as the user of the infringing product, under the circumstance where there was no evidence to prove its full awareness, paid corresponding consideration for purchasing the infringing product from the manufacturing company, especially after the manufacturing company had assumed the liability for damages to the obligee for the infringing product it bought. The request of the equipment company for the hotel to immediately stop using the infringing product should not be supported. Accordingly, in accordance with Article 134. 1 (1) and Article 134. 1 (7) of the *General Principles of the Civil Law of the People's Republic of China*,

Article 11. 1, Article 59. 1, and Article 65 of the *Patent Law of the People's Republic of China*, Article 2 and Article 3 of the *Interpretation of the Supreme People's Court on Several Issues Concerning the Application of Law in the Trial of Patent Infringement Dispute Cases*, Article 22 of the *Several Provisions of the Supreme People's Court on Issues Concerning Applicable Laws to the Trial of Patent Controversies* and Article 153. 1 (3) of the *Civil Procedure Law of the People's Republic of China*, the court ruled that: (1) The Civil Ruling ((2011) HU-Yi-Zhong-Min-Wu-(Zhi)-Chu-Zi No. 89) of Shanghai No. 1 Intermediate People's Court was hereby abrogated. (2) Halmay Company should immediately stop infringing the invention patent of "mobile folding stage" (patent No. ZL95196021. 0) owned by Sico-Sst Company. (3) Halmay Company should compensate RMB 60,000 for economic loss and reasonable expenses of Sico-Sst Company within 10 days since the ruling took effect; (4) Other claims of Sico-Sst Company were not supported.

【Comments and analysis】

This is a case of dispute over patent infringement in which there is an obvious error in the wording of the Claim of the patent. The trial of the case mainly involves the following issues:

I. There is a Contradiction between the Expression of "the Second Connecting Rod" in Claim 3 and the Corresponding Description in the Specification

According to the description in Claim 3 of the disputed patent, "the second connecting rod" is "substantially rectangular". However, there is no specific explanation about "substantially rectangular" in the Specification. Some hold the view that rectangle is a common geometrical shape which can be easily understood by the public even if without referring to the Specification. However, what is worth mentioning in this case is the description in the Specification that "the drive linkage device for folding" contains "a substantially U-shaped connecting rod". Whereas according to the mounting position described in the Specification, the connecting rod "is mounted at the raised center portion of the installation board of the linkage device to the frame". Therefore, the "connecting rod which is substantially 'U-shaped'" is "the second connecting rod (105) substantially rectangular with a pivot at its first end mounted in a rotary manner on the raised center portion and another pivot at its second end mounted in a rotary manner at the raise center portion" as described in Claim 3. Therefore, it can be seen that there is a contradiction between the Claim and the Specification in their description of "the second connecting rod".

II. The Patent Application Process Reflects that "the Second Connecting Rod" Described in the Original Application Document Should be "Substantially U-shaped", Which has not been Revised in Application

According to the public text on application for the disputed patent, "the second connecting rod" was described as "substantially U-shaped", which, however, was described as "a substantially U-shaped second link", i. e. "the second connecting rod which is substantially U-shaped" in the original text of the PCT application. Therefore, the meaning of the original text of the PCT application document is consistent with that of the Chinese public text on application for the disputed patent, or "the second connecting rod is substantially U-shaped".

In the notice of the opinion on the first examination of the disputed patent, the examiners did not give opinions on modification to Claim 3, and the Statement of Opinions submitted later by the applicant only made corresponding modification to Claim 3 and the background section and subtitles in the Specification as well. Therefore, viewing from the process of the modification to the application document of the disputed patent, the modification by the applicant did not involve the written description of "the second connecting rod" in Claim 3.

III. The Second Connecting Rod Which is "Substantially Rectangular" Cannot Realize Goals of Invention of the Disputed Patent

Suppose the second connecting rod of the disputed patent is indeed "substantially rectangular", it is impossible to form a "a slightly oblique plane on its top" which is used to place the sides of two decks and make the decks face each other in a slightly incline manner when the folding stage is folded, nor will "accidental unfolding could be prevented and a gap formed between the two decks so that the hands or fingers of users will not be clamped".

IV. If Relevant Public Can Find Obvious Errors and Offer Definite Right Answers, the Errors Should be Corrected

From the perspective of cognition degree, technicians with common technical expertise in the field of the technology are able to definitely perceive the obvious errors in the written description in Claim 3 that "the second connecting rod" is "substantially rectangular". Meanwhile, the Specification and the review files can undoubtedly further confirm that to realize the aforesaid function of taking in and using while keeping the deck at a certain angle, the second connecting rod here can only be "substantially U-shaped".

Therefore, according to Claims and context of the Specification of the disputed patent as well as relevant application documents, technicians with common technical expertise in the field are able to find the written description in Claim 3 that "the second connecting rod" is "substantially U-shaped" an obvious error in application for the disputed patent, and the technical solution to be protected should be determined based on the expression "substantially U-shaped".

In this case, some may think that Claims are written by the patent applicant. Therefore, even if there are slips of pen, the legal consequences should also be taken by the patentee. If the slips of pen in the claim are allowed to be corrected, the scope of protection of claims will be expanded, which will, in turn, affect the function of informing the public of claims.

We think that generally speaking, mistakes in claims of patents will lead to invalidity of the patent because of lack of the support from the specification. However, if the slip of pen in the claim is so obvious that ordinary technicians in the field can, after reading the claim and specification, immediately and correctly find the mistake in the description of a technical feature with a corresponding correct answer, the scope of protection of the claim should be defined based on the corrected claim. Therefore, the Supreme People's Court expressed a similar viewpoint in the case of infringement of the patent of "the method of making shielding belt of composite metal" of Xi' an Qinbang Company, a logistic company. ❶

Correction of obvious errors in such claims does not affect the definiteness of the scope of protection of the claim, nor does it affect the publication and stability. Since the scope of protection of claims should be understood by ordinary technicians in the field. If they can, after reading the Specification, relevant claims in

❶ The Supreme People's Court pointed out in the (2012) Min – Ti – Zi No. 3, that where there are obvious errors in specific expression in the Claim that ordinary technicians in the field can, according to records in the Specification and attached figures, definitely, directly and undoubtedly correct the meaning of the specific expression, the Claim should be interpreted according to the corrected one.

attached figures and the Claim as well as the patent review files, correctly and definitely confirm that there are errors in the Claim and obviously undoubtedly correct answers, they will surely correct the errors themselves. The scope of protection defined by the corrected claim should be the right scope of protection or the scope of protection publicized to the society by the Claim of the patent.

(Written by: Wang Jing)

Determination on Patent Infringement under the Doctrine of Equivalents

—Ningbo Yuexiang Equipment Machine Co. , Ltd. v. Shanghai Changyi Machinery Manufacturing Co. , Ltd. Invention Patent Infringement

【Summary】

When one determines whether the technical features of the alleged infringing product are equivalent to the ones of the patent, it is necessary to consider whether the technical feature of the alleged infringing product can be thought of by those ordinary technicians in the field without paying inventive labor. Meanwhile it is also necessary to consider whether the technical features of the alleged infringing product, compared with the technical features of the patent, belong to substantially identical technical means, realize substantially identical functions and achieve substantially identical effect. Only when the above two conditions are met may one determine that both of them have the identical technical features.

【Facts】

Defendant（Appellant）: Shanghai Changyi Machinery Manufacturing Co., Ltd.

Plaintiff（Appellee）: Ningbo Yuexiang Equipment Machine Co., Ltd.

Case No. at First Instance:（2011）HU-Er-Zhong-Min-Wu-（Zhi）-Chu-Zi No. 106

Case No. at Second Instance:（2012）HU-Gao-Min-San-（Zhi）-Zhong-Zi No. 10

On 29 October 2007, the Plaintiff filed with the State Intellectual Property Office of the P. R. C.（SIPO）an application for the invention patent entitled "the folded vehicle frame". The said application was published on 16 April 2008, and the patent was granted on 25 August 2010 with the No. ZL200710156429. X（hereinafter referred to as "the Involved Patent"）. The protection scope claimed by the Plaintiff is Claim 1 of the Involved Patent. Claim 1 seeks to protect a folded vehicle frame with the following seven technical features: 1. a front vehicle frame, 2. a back vehicle frame, 3. pedals, 4. a locking device for controlling the included angle variation of the front vehicle frame, 5. the back end of the said front vehicle frame and the front end of the back vehicle frame and the middle of the pedal are hinged together on one cardinal axis, 6. the fore part of the locking device is connected with the front vehicle frame, 7. the rear part of the locking device is connected with the back vehicle frame.

According to the background art, the folded frame includes, without limitation, the following defects: the locking process of the vehicle frame is complex while the construct after folding is not compact, the volume is too large, and the vehicle frame of existing scooters cannot be folded. Given the aforesaid defects, the Description of the Involved Patent and its figures present five embodiments for the folded vehicle frame, which apply the locking device of the five structures (A1-A5) respectively. According to A1 (see paragraphs from [0044] to [0051] of the Description and Figures 1-7), the front end of A1 is hinged at the hinge pin in the middle of the front vehicle frame; its back end is hinged at the hinge pin in the middle of the back vehicle frame. The other parts include a telescopic link sleeve with the first pin hole and screw hole concentric in the middle, a telescopic link set inside the telescopic link sleeve with the second pin hole in the middle, and a pin-pulling body set outside the telescopic link sleeve, wherein a pin, a spring and a guiding hole are provided. According to A2 (see paragraphs from [0052] to [0056] of the Description and Figures 8-13), the middle part of the front vehicle frame is a groove body with a downward opening, which has the pin hole as well as the concentric guide hole. A2 mainly includes a guiding groove body fixed inside the groove body of the front vehicle frame and provided with a pin hole; the pull rods with pin sleeves are equipped at both ends, wherein the pin sleeve at the back end of the pull rod is hinged with the back vehicle frame; the pin-guiding rod of U-shaped pin-pulling body runs through inside the guiding hole of the front vehicle frame; the pin of the pin-pulling body can run through the pin holes of the front vehicle frame and guiding groove, and the front-end pin sleeve of the pull rod. The locking device A2 further contains a spring, a clamping spring as well as a stop block. According to A3 (see paragraphs from [0057] to [0062] of the Description and Figures 14-18), A3 consists mainly of a locking support, a locking pin sleeve with a pipe hole, and a U-shaped pin pulling body, wherein the locking support is permanently connected with the back end of the front vehicle frame; the locking sleeve is permanently connected with the front end of the back vehicle frame; the locking support is provided on both sides with concentric guiding hole and concentric pin hole respectively; the pin-guiding rod of the pin-pulling body runs through the concentric guiding hole while the pin of pin-pulling body runs through the pin hole as well as the pipe hole of locking pin sleeve. Furthermore, A3 also contains a clamping spring, a torsion spring and a stop block. According to A4 (see paragraphs from [0063] to [0068] of the Description and Figures 24-26), a spring shock absorber is added on the basis of A1, which is set outside the telescopic link sleeve and is comprised of a spring bracket with a spring guide, a guide ring, the first spring seat, a spring and the second spring seat in threaded connection with the telescopic link sleeve. According to the A5 (see paragraphs from [0069] to [0074] of the Description and Figures 27-32), a spring shock absorber set outside the pull rod is provided on the basis of the locking device A2. According to paragraphs from [0048] to [0051], paragraph [0055], paragraph [0056], paragraph [0061], paragraph [0062], paragraph [0068] and paragraph [0074] of the Description, for the purpose of folding the vehicle frame, the pin-pulling body in A1-A5 is pulled so that the pin may be withdrawn from the pin hole and the locking device is unlocked; the pedal is pressed downward to increase the included angle between the front vehicle frame and the back vehicle frame. In this way, the vehicle frame can come into a folded condition; when the frame is unfolded, the included angle between the front vehicle frame and back vehicle frame is decreased. After the locking device is locked, the vehicle frame comes into a steady unfolded condition.

During the trial, the Plaintiff made it clear that the protection scope of the Involved Patent was Claim 1. The contents of the technical features regarding the locking device in the folded vehicle frame should be determined on the basis of the embodiments A1 and A4 in connection with locking device as recorded in the Description and figures; the gas spring in the alleged infringing solution was equivalent in structure to A1 and A4 shown in the Description and figures of the Involved Patent.

On 19 May 2009, the Defendant filed with the SIPO an application for a utility model patent entitled "a scooter with a driving device" (hereinafter referred to as the "Defendant's Patent"), which was granted on 24 March 2010 with No. ZL200920072486. 4.

According to the Notarial Certificate (2011) Zhe-Yong-Yong-Zheng-Ming-Zi No. 1783 issued by Ningbo Yongxin Notary Office of Zhejiang Province on 6 July 2011, HU Xiaoyong, the patent attorney of the Plaintiff, conducted the following operations on the computer at the aforesaid notary office on 5 July 2011, viz. inputting the address www. xldsports. com and entering the website of the Defendant's company, where the relevant web pages displayed the pictures of the Involved Scooter; inputting tz5200. b2b. hc360. com and entering the website, where the relevant web pages displayed the name of the Defendant's company, the pictures of the Involved Scooter, and the text indicating a "supply" of the Involved Scooter.

According to the Notarial Certificate (2011) Zhe-Yong-Yong-Zheng-Ming-Zi No. 1789 issued by Ningbo Yongxin Notary Office of Zhejiang Province on 6 July 2011 (hereinafter referred to as the "Notarial Certificate 1789"), HU Xiaoyong, the patent attorney of the Plaintiff, dialed the mobile phone number (0) 138××××280 through the fixed-line telephone ××××5628 at the aforesaid notary office in the afternoon on July 6, 2011 and then talked on telephone with a male calling himself "Manager Tan" (pronunciation), who told HU that the Involved Scooter had been manufactured for over one year, with a monthly output of 7,000 – 8,000 scooters, and Ex-factory price was RMB 380 per scooter. The notaries supervised the above process and recorded the conversation.

On 30 July 2011, the Plaintiff purchased a "Xuanlida" space scooter X580 (hereinafter referred to as the Involved Scooter) from the Defendant.

The technical solution to the folded vehicle frame in the Involved Scooter (hereinafter referred to as the "alleged infringing solution") is comprised of the following technical features: 1′. a front vehicle frame, 2′. a back vehicle frame, 3′. a pedal, 4′. a gas spring which is able to realize telescopic positioning and locking so as to control the included angle variations in the front vehicle frame and the back vehicle frame, 5′. the back end of the front vehicle frame and the front end of the back vehicle frame as well as the middle of the pedal are hinged together on a cardinal axis, 6′. one end of the gas spring is connected with the front vehicle frame, 7′. the other end of the gas spring is connected with the back vehicle frame. The gas spring applied in the alleged infringing solution is purchased by the Defendant. The said gas spring is a standard part widely used in the industry. The pistol rod of the said gas spring is partially sealed in a cylinder barrel, which can be telescopic in the cylinder barrel. By pulling the folding trigger to unlock the gas spring and pressing the pedal downward to increase the included angle between the front vehicle frame and the back vehicle frame, the vehicle frame will come into a folded condition. When the vehicle frame is unfolded, the folding trigger may be pulled to decrease the included angle between the front vehicle frame and back vehicle frame so that the frame is opened. Then the vehicle body will be locked into corresponding position by releasing the folding trigger.

By comparison, the technical features 1′, 2′, 3′, 5′, 6′, and 7′ of the alleged infringing solution correspond to the technical features 1, 2, 3, 5, 6 and 7 in Claim 1 of the Plaintiff. The technical feature 4′ (gas spring) of the alleged infringing solution is different in structure with the locking devices A1 and A4 indicated in the Description of the Involved Patent.

The Plaintiff made the following allegations that it is the owner of the patent of invention entitled "the folded vehicle frame" with the patent number ZL200710156429. X. The Plaintiff found that the technical solution to the folded vehicle frame of the Involved Scooters manufactured, sold and offered for sale by the Defendant fell into the protection scope of Claim 1 of the Involved Patent owned by the Plaintiff and thus infringed the Involved Patent of the Plaintiff. With respect of the amount of compensation, the Plaintiff held that the Notarial Certificate No. 1789 was sufficient to substantiate that the Defendant had manufactured and sold 8,000 Involved Scooters for each month. Therefore, the Defendant has earned a great profit from manufacturing and sales of the Involved Scooters (RMB 380/each scooter (sale price) ×12 months ×15% profit rate/each scooter). In view of this, the Plaintiff requested the court to order the Defendant to (1) cease infringing the patent right for the invention entitled "folded vehicle frame" owned by the Plaintiff (under the patent number ZL200710156429. X), and destroy the special equipment and mould used for manufacturing X580 space scooters named as "Xuanlida"; and (2) compensate the Plaintiff for its economic loss of RMB 2 million inclusive of reasonable expenses (lawyer's fee of RMB 83, 000).

The Defendant argued that firstly the Involved Scooters were manufactured according to the authorized utility model patent (No. ZL200920072486. 4). Given that various technical features in Claim 1 of the Involved Patent were not originally created by the Plaintiff and published in prior multiple patent documents, Claim 1 of the Involved Patent could not be established. The technical features of the alleged infringing solution fell into the technique disclosed prior to the application date of the Involved Patent or the common knowledge to all. Furthermore, the locking device (i. e. gas spring) in the alleged infringing solution was completely different in the structure from that of the locking device in the Involved Patent. The said gas spring was a standard part widely applied in the industry and was purchased by the Defendant in the market. In view of this, the action of the Defendant's manufacturing, sales or offering for sale of the Involved Scooters did not infringe the Plaintiff's rights to the Involved Patent. Secondly, the Defendant did not object to the authenticity of Notarial Certificate No. 1789 in the form. However, the content of phone records specified in the Notarial Certificate stretched the truth and failed to reflect the actual quantity of the Involved Scooters manufactured and sold by the Defendant. The Defendant admitted that it began to produce the Involved Scooters from March of 2010 and launched its sale from April in the same year. The unit price of the said scooter was RMB 380. So far there have been over 10, 000 units sold. The amount of compensation claimed by the Plaintiff had no basis in fact either. In light of the foregoing, the Defendant requested the court to dismiss the claims of the Plaintiff.

【Trial】

After the trial, Shanghai No. 2 Intermediate People's Court finds that:

I. The Protection Scope of Claim 1

In this case, the scope that the Plaintiff sought to protect is Claim 1 of the Involved Patent. Claim 1 consists of seven technical features, among which, the technical feature 4 is represented as "a locking device for controlling the included angle variation in the front vehicle frame and the back vehicle frame". Regarding the technical feature 4, firstly no relevant evidence can prove that there has been a "locking device" with the relatively fixed structure in the technology field, which is known to the ordinary technicians in such field and able to control the variations in the included angle between the front vehicle frame and the back vehicle frame. Secondly, Claim 1 only records the function to be realized by the said locking device, viz., the function of "controlling the included angle between the front vehicle frame and the back vehicle frame", and fails to define the structure of the said locking device for realizing the above-said function. Therefore, the technical feature 4 is a functional technical feature.

The Description and Figures of the Involved Patent have presented five embodiments (A1-A5) for the locking device, in which the operational methods for folding/unfolding are the same, i. e., the frame can be folded by pulling the pin-pulling body to cause the pin to withdraw from the pin hole and unlock the locking device. The vehicle frame will come into a folded condition by the pressing of the pedal downward to increase the included angle between the front vehicle frame and the back vehicle frame. Furthermore, the vehicle frame will be in a steady unfolded condition through the decrease of the included angle between the front vehicle frame and the back vehicle frame to cause the locking device to be locked when the frame is unfolded. Thus it can be seen that A1-A5 as recorded in the Descriptions and Figures may each realize the function of "controlling the included angle between the front vehicle frame and the back vehicle frame". The front and back parts of A1-A5 are respectively connected to the front vehicle frame and the back frame. The embodiments of A1-A5 and their equivalents are all covered in the technical feature 4. Hence, the protection scope of Claim 1 is the technical solution to the folded vehicle frame comprising the technical features 1-7, in which the contents of the technical feature 4 represent the embodiments A1-A5 as described in the Description and its figures as well as their equivalents.

II. Whether the Alleged Infringing Solution Falls into the Protection Scope of Claim 1 of the Involved Patent

Through comparison, the technical features 1′, 2′, 3′, 5′, 6′ and 7′ of the alleged infringing solution are identical with and correspond to the technical features 1, 2, 3, 5, 6 and 7 of Claim 1 of the Involved Patent. The technical feature 4′ (gas spring) of the alleged infringing solution is different in structure with the embodiments A1 and A4 of the technical feature 4 of Claim 1.

As for whether the technical feature 4′ and the technical feature 4 of the Involved Patent are equivalent, a gas spring is hinged between the middle of the front vehicle frame and the middle of the back vehicle frame in the case, hence the Plaintiff holds that the said gas spring is equivalent to A1 and A4 presented in the Description and figures. The court of first instance holds that, in the alleged infringing solution, the included angle between the front vehicle frame and the back vehicle frame has been changed by the gas spring through stretching, locking and resetting. Thus it can be seen that the gas spring has fulfilled locking device's function of the involved patent, viz, "the control of the included angle variations in the front vehicle frame and the back vehicle frame". The said gas spring is a standard industrial part with broad applications, which can be purchased directly in the market. Its structure and function should be known to the ordinary technicians in the field. In the Involved Patent, A1 has fulfilled its function through a locking device with a telescopic link, a telescopic link sleeve and a pin-pulling body. On the basis of A1, A4 has added a spring shock absorber. As mechanical locking structures, A1 and A4 are common methods for realizing a locking function to those ordinary technicians in the field. Hence, both the gas spring applied in the alleged infringing solution as well as A1 and A4 in the Involved Patent are common methods for realizing the above functions to those ordinary technicians in the field. Both has adopted substantially identical technical means to realize a substantially identical function and achieve a substantially identical effect. According to the background art, the locking process of the vehicle frame is complex, the construct after folding is not compact while the volume is great, and the vehicle frame of existing scooters cannot be folded. In order to solve the above problems, the Involved Patent presents some embodiments for the locking device in different manners. This provides the ordinary technicians in the field with a technical inspiration to install a locking device between the front vehicle frame and the back vehicle frame to realize the folding and unfolding of the vehicle frame. In particular, after A1 and A4 have presented the solution for realizing the locking function through the set telescopic link, telescopic link sleeve and spring, the ordinary technicians in the field may, without paying the inventive labor, think of replacing the locking device A1 or A4 in the Involved Patent with a standard industrial part (gas spring) and realize the same. Based on the above, the gas spring used in the alleged infringing solution as well as A1 and A4 belong to the equivalent features, i. e., the technical feature 4′ in the alleged infringing solution and the technical feature 4 of Claim 1 of the Involved Patent are equivalent.

Since the technical features 1′, 2′, 3′, 5′, 6′, and 7′ of the alleged infringing solution are identical with the technical features 1, 2, 3, 5, 6, and 7 of Claim 1 of the Involved Patent, and the technical feature 4′ (gas spring) of the alleged infringing solution is equivalent to the technical feature 4 of the Involved Patent, the alleged infringing solution fall into the protection scope of Claim 1 of the Involved Patent.

III. Civil Liability Borne by the Defendant

In this case, given that the alleged infringing solution falls into the protection scope of Claim 1 of the Involved Patent, the Defendant's manufacturing, sale or offering for sale of the Involved Scooters without the Plaintiff's approval has infringed the Plaintiff's rights to the Involved Patent. The Defendant shall bear the civil liability to refrain from infringement and compensate for the loss. In this case, the Plaintiff fails to provide evidence for the loss it has suffered from such infringement. Although the Plaintiff has provided the Notarial Certificate No. 1789 to prove that the Defendant gained profits from such infringement, the court of first instance held that, without cross references to other evidence, the mere Notarial Certificate No. 1789 does not constitute sufficient evidence to prove the actual quantity of the scooters manufactured and sold by the Defendant as well as accurate benefits gained therefrom. Moreover, the Plaintiff also fails to provide the amount of loyalty as a reference. Therefore, the court of first instance determined the amount of compensation at judicial discretion according to the right value of the Involved Patent, such as the inventiveness of the patented technology, the implementation of the patented technology, the profits of the same kind products in the market, and the manner of the Defendant's infringement, the scale of production and sales of the infringing product, the duration of infringement, the consequences of damage due to infringement and the profits gained therefrom. Besides, the court of first instance also determined at its discretion that the amount of reasonable expenses for this case by referring to the lawyer charges as specified by the related administrative authority of justice.

The court of first instance did not support the Plaintiff's claim that the Defendant should destroy the special equipment and mould for manufacturing the Involved Scooters either as such destruction did not constitute a method of bearing the civil liability.

In summary, in accordance with Article 15. 1. 1, Article15. 1. 6 and 15. 2 of the *Tort Liability Law of PRC*, Article 11. 1, Article 59. 1 and Article 65 of *the Patent Law of PRC*, Article 4, Article 7 and Article 14. 1 of *the Interpretations of the Supreme People's Court on Some Issues Concerning Applicable Laws to the Trial of Patent Infringement Controversies* and Article 17. 2 of *the Several Provisions of the Supreme People's Court on Issues Concerning Applicable Laws to the Trial of Patent*

Controversies, the court hereby decided that (1) the Defendant, Shanghai Changyi Machine Manufacturing Co., Ltd., shall immediately cease its act of infringing the rights to the patent for invention named "the folded vehicle frames" and enjoyed by the Plaintiff, Ningbo Yuexiang Equipment Machine Co., Ltd. (No. ZL200710156429. X); (2) the Defendant, Shanghai Changyi Machine Manufacturing Co., Ltd., shall, within ten days after this decision comes into effective, compensate the Plaintiff for its economic loss of RMB 300, 000 inclusive of reasonable expenses; (3) the other claims of the Plaintiff, Ningbo Yuexiang Equipment Machine Co., Ltd., are overruled. The court fee for the first trial of the case was RMB 22, 800. The Plaintiff, Ningbo Yuexiang Equipment Machine Co., Ltd. shall bear RMB 9, 690 while the Defendant, Shanghai Changyi Machine Manufacturing Co., Ltd., shall bear RMB 13, 110.

Shanghai Changyi Machine Manufacturing Co., Ltd, not satisfied with such decision, brought an appeal and requested that the court quash the original judgment, amend the judgment that the Appellant does not constitute an infringement of patent for invention, and dismiss all the claims of the Appellee while the costs of court shall be borne by the Appellee. The main grounds for the aforesaid appeal were (1) the technical features 6′and 7′ of the alleged infringing solution were not identical with the technical features 6 and 7 of Claim 1 of the Involved Case, and the finding of the first instance judgment, i. e., "the technical features 1′, 2′, 3′, 5′, 6′ and 7′ of the alleged infringing solution are identical with the technical features 1, 2, 3, 5, 6 and 7 of Claim 1 of the Involved Patent", is a wrong finding of fact. (2) The finding of the first instance judgment, i. e., "the technical feature 4′ of the alleged infringing solution was equivalent to the technical feature 4 of Claim 1 of the Involved Patent", was a wrong finding of fact. (3) The court of first instance failed to make a definite response to the Appellant's application for technical appraisal, thus violating the legal procedure. The Appellant also requested the court of second instance to make a technical appraisal on the technical problems concerning this case.

The Appellee, Ningbo Yuexiang Equipment Machine Co., Ltd., argued that (1) the Appellant's ground that the technical features 6′and 7′ of the alleged infringing solution were not identical with the technical features 6 and 7 of Claim 1 of the Involved Case, could not be established, and both features constituted the same technical feature. (2) The gas spring used in the alleged infringing product was different from the corresponding technical feature of the Involved Patent. But, both of them have adopted substantially identical technical means, realized substantially identical function, and achieved substantially identical effect, and those ordinary technicians in the field could, without paying inventive labor, think of replacing the locking device in the invention of the Involved Patent with a gas spring. Due to the above grounds, both of them constituted the identical technical features. (3) The Appellant has only filed with the court of first instance, an oral request for technical appraisal, and the court of first instance had the right to decide whether to conduct such appraisal. In summary, the Appellee requested the court to reject the appeal and affirm the original judgment.

After trial, Shanghai Higher People's Court held that the finding of fact by the court of first instance was true.

Shanghai Higher People's Court held that the technical features of Claim 1 of the Involved Invention Patent entitled "folded vehicle frame", could be divided into (1) a front vehicle frame, (2) a back vehicle frame, (3) a pedal, (4) a locking device for controlling the included angle variations between the front vehicle frame and the back vehicle frame, (5) wherein the back end of the front vehicle frame and the front end of the back vehicle frame, and the middle of the pedal were hinged together on one cardinal axis, (6) the fore part of the locking device was connected with the front vehicle frame, (7) the rear part of the aforesaid locking device was connected with the back vehicle frame. Among all these technical features, the technical feature 4 only stated the function of the locking device, but failed to describe its specific structure. Therefore, the technical feature 4 was a functional technical feature. In accordance with Article 4 of the *Interpretations of the Supreme People's Court on Issues Concerning Applicable Laws to the Trial of Patent Infringement Controversies*, "If any technical feature in claims is represented in terms of function and effect, the People's Court should determine its content according to the embodiments for the said function or effect as described in the Description and figures and their equivalent embodiments". The Description and figures of the Involved Patent have presented five embodiments A1-A5 of the locking device. Therefore, the content of the technical feature 4 shall be limited to be the embodiments for the above-mentioned locking device A1-A5 and their equivalent embodiments.

The technical features of the alleged infringing product could be divided into

1′. a front vehicle frame, 2′. a back vehicle frame, 3′. a pedal, 4′. a gas spring which is able to realize telescopic location and locking so as to control the included angle variation between the front vehicle frame and the back vehicle frame, 5′. wherein the back end of the front vehicle frame, the front end of the back vehicle frame and the middle part of the pedal are hinged together on one cardinal axis, 6′. one end of the gas spring is connected with the front vehicle frame and 7′. the other end of the gas spring is connected with the back vehicle frame.

In the trial of first instance, the Appellee, Ningbo Yuexiang Equipment Machine Co., Ltd., maintained that the gas spring in the technical feature 4 of the alleged infringing product was equivalent to the embodiments A1 and A4 presented in the Description and figures of the Involved Patent. In view of this, the court held that, firstly the technical feature 4′ (gas spring) of the alleged infringing product was different in structure from the embodiments A1 and A4 of the technical feature 1 of the Involved Patent. Secondly, the embodiments A1 and A4 of the technical feature 4 in Claim 1 of the Involved Patent have adopted a locking device of mechanical spring which "controls the included angle variation between the front vehicle frame and the back vehicle frame" by pulling the pin-pulling body to cause pin insertion, or by withdrawing the pin to cause the telescopic link to slide in the telescopic link sleeve in an axial direction. The alleged infringing product has adopted a locking device of a gas spring type, which "controls the included angle variation between the front vehicle frame and the back vehicle frame" by controlling the pressure balance inside the cylinder barrel through the opening and closing of a control valve, and thereby causing the pistol rod to slide in the cylinder barrel in an axial direction. The gas spring of the technical feature 4′ had a different working principle from the embodiments A1 and A4 of the technical feature 4. Furthermore, both of them have adopted different technical means instead of "substantially identical technical means" . Since the means of the technical feature 4′ was not substantially identical with that of the technical feature 4, the technical feature 4′ of the alleged infringing product was not identical with nor equivalent to the technical feature 4 of Claim 1 of the Involved Patent. In summary, the technical features of the alleged infringing product did not cover all the necessary technical features recorded by Claim 1 of the Involved Patent while the alleged infringing product did not fall into the protection scope of the Involved Patent. Therefore, the alleged patent infringement in the case could be established. The Appellant's manufacturing and sales of the Involved Scooters did not infringe the Appellee's rights to the Involved Patent.

To sum up, the court of first instance made a clear finding of fact, but applied the law erroneously. The Appellant's appeal that it did not infringe the patent right of the involved invention has legal and factual basis, and should be supported. The decision of the court of first instance, that the Appellant shall immediately cease its act of infringing the rights to the patent enjoyed by the Plaintiff, and the Appellant shall compensate the Appellee for its economic loss of RMB 300, 000, lacked factual and legal basis and should be corrected. In accordance with Article 59. 1 of the *Patent Law of the PRC*, Article 4 and Article 7 of the *Interpretations of the Supreme People's Court on Issues Concerning Applicable Laws to the Trial of Patent Infringement Controversies*, Article 17. 2 of *Several Provisions of the Supreme People's Court on Issues Concerning Applicable Laws to the Trial of Patent Controversies*, and Article 153. 1. 2 of the *Civil Procedure Law of the PRC*, the court ruled that (1) the civil decision (2011) HU-Er-Zhong-Min-Wu-Zhi- Chu-Zi No. 106 made by Shanghai No. 2 Intermediate People's Court was reversed and (2) the claims of Ningbo Yuexiang Equipment Machine Co., Ltd. were dismissed. The court fee totaling RMB 28, 600 (RMB 22, 800 for the first instance and RMB 5, 800 for the second instance) shall be borne by the Appellee, Ningbo Yuexiang Equipment Machine Co., Ltd.

【Comments and analysis】

In accordance with Article 7 of the *Interpretations of the Supreme People's Court on Some Issues Concerning Applicable Laws to the Trial of Patent Infringement Controversies*, "For judging whether an alleged infringing technical solution falls into the protection scope of a patent right, the People's Court shall examine all the technical features defined in the claims asserted by the patentee. Where the alleged infringing technical solution includes the technical features identical or equivalent to all the technical features define in a claim, the People's Court shall determine that it falls into the protection scope of the patent right. Where, compared with all the technical features of a claim, the alleged infringing technical solution lacks more than one technical feature recorded in the claim, or more than one technical feature is neither identical nor equivalent, the People's Court shall determine that it does not fall into the protection scope of the patent right".

In this case, the technical feature 4′ (gas spring) of the alleged infringing product is different in structure from the embodiments A1-A5 of the technical feature 4 in Claim 1 of the Involved Patent, hence the technical feature 4′ of the alleged infringing product is different from the technical feature 4 of the Involved Patent. The Plaintiff argues that the gas spring in the technical feature 4′ of the alleged infringing product is equivalent to the embodiments A1 and A4 presented in the Description and figures. Therefore, the issue of this case lies in whether the technical feature 4′ (gas spring) of the alleged infringing product is equivalent to the embodiments A1 and A4 presented in the Description and Figures of the Involved Patent.

According to Article 17 of *Several Provisions of the Supreme People's Court on Issues Concerning Applicable Laws to the Trial of Patent Controversies*, an equivalent feature refers to one that applies substantially identical means, realizes substantially identical functions and achieves substantially identical effects, compared with the technical features defined, and that the ordinary technicians in the field can think of without paying inventive labor. According to the above provisions, when one determines whether the technical features of the alleged infringing product are equivalent to the technical features of the patent, it is necessary to consider whether the technical feature of the alleged infringing product can be thought of by those ordinary technicians in the field without paying inventive labor. Meanwhile it is also necessary to consider whether the technical features of the alleged infringing product, compared with the technical features of the patent, belong to substantially identical technical means, realize substantially identical functions and achieve substantially identical effect. Only when the above two conditions are met may one determine that both of them have the identical technical features. Besides, as the substitutive technical means vary a lot, the said technical means, even if they are common and conventional, cannot be determined as equivalent technical features usually.

In this case, the embodiments A1 and A4 of the technical feature 4 in Claim 1 of the Involved Patent have adopted a locking device of mechanical spring type, which "controls the included angle variation between the front vehicle frame and the back vehicle frame" by pulling the pin-pulling body to cause pin insertion, or by withdrawing the pin to cause the telescopic link to slide in the telescopic link sleeve in an axial direction. Meanwhile, the alleged infringing product has adopted a locking device of gas spring type, which "controls the included angle variation between the front vehicle frame and the back vehicle frame" by controlling the pressure balance inside the cylinder barrel by opening and closing a control valve, and thereby causing the pistol rod to slide in the cylinder barrel in an axial direction. The gas spring applied in the technical feature 4′ has a different working principle from the embodiments A1 and A4 of the technical feature 4. Furthermore, both of them adopt different technical means instead of "substantially identical technical means". Since the technical means of the technical feature 4′ is not substantially identical with that of the technical feature 4, the technical feature 4′ of the alleged infringing product is not identical with nor equivalent to, the technical feature 4 of Claim 1 of the Involved Patent. Compared with the involved patent, the alleged infringing product has at least one corresponding technical feature which is not identical or equivalent, hence the alleged infringing product does not fall into the protection scope of the Involved Patent and the alleged patent infringement in this case cannot be established.

The determination on the equivalent infringement is a puzzling question in patent infringement disputes. In this case, the courts of the first instance and the second instance had a different understanding on the principle for determination of equivalent infringement, and finally rendered different results of judgment. Since equivalent infringement refers to a situation where the protection scope of a patent is extended beyond the literal meaning of the patent claims, sufficient limitations should be imposed on such extension so that the protection scope of patent is rather definitive. Building China into an innovative country requires encouraging the original innovation and the status quo of our country encourages more of an innovation based on existing technological achievements. In determining an equivalent infringement, the proper interests of the patentee, as well as the actual demands of technological and economic development in China, have to be taken into consideration. The People's Court should treat such case with extreme prudence as the patent infringement disputes involving the determination of equivalent infringement. In judging whether a certain technical feature of an alleged infringing product or method is equivalent to a corresponding technical feature defined in the patent claims according to the judicial interpretations issued by the Supreme People's Court in a specific case, one should determine the technical means and function of a certain technical feature defined in the patent claims as well the effect required to achieve by combining the reference to the background art, invention purpose (the technical problem to be solved), and beneficiary effect indicated in the Description of the Involved Patent so as to further determine whether a corresponding technical feature of the alleged infringing product is equivalent to the said technical feature defined in the patent claims.

(Written by: Ma Jianfeng)

Determination on the Content of Functional Attributes in Claims

—Qu Shengbo v. New World (China) Technology & Media Co., Ltd., *et al.* Infringement on Utility Model Patent

【Summary】

Where there are no embodiments of functions recorded in either the Specification or its figures for realizing the functional features of the claims, in accordance with Article 4 of *the Interpretation of the Supreme People's Court on Several Issues concerning the Application of Law in the Trial of Patent Infringement Dispute Cases*, the content of corresponding functional features in the claim will not be able to be determined, neither shall the protection scope of the claim be able to be determined. Since the protection scope of the claim cannot be determined, it can be directly determined that the alleged patent infringement is not established.

【Facts】

Plaintiff (Appellant): Qu Shengbo

Defendant (Appellee): New World (China) Technology & Media Co., Ltd.

Defendant (Appellee): ECGuard Co., Ltd.

Cause of Action: Dispute over infringement on utility model patent

Case No. at First Instance: (2009) HU-Yi-Zhong-Min-Wu- (Zhi) - Chu-Zi No. 106

Case No. at Second Instance: (2010) HU-Gao-Min-San- (Zhi) - Zhong-Zi No. 89

On May 3, 2006, State Intellectual Property Office of the P. R. C. (hereinafter referred to as State IP Office) granted a utility model patent to Shanghai Kezhen Investment Consulting Co., Ltd. for its "Electronic Multi-route Bus-stop Board" (Patent No. ZL200420021194. 5), which was applied on March 23, 2004. On May 11, 2007, State IP Office issued a *Notification of Passing Examination on Formalities*, notifying that the disputed patent right holder was changed from Shanghai Kezhen Investment Consulting Co., Ltd. to the Plaintiff Qu Shengbo. It is recorded by the claim of the patent that "Claim 1. A kind of multi-route electronic bus-stop board, which consists of a stop name displayer, an electronic display screen for arrival prediction, display panel of the list of multi-line stops and a supporting and fixing pedestal. Its features are: a. The stop displayer is at the top of the stop board; b. The electronic display screen for arrival prediction is in the upper part of the stop board and is connected to the bottom of the stop displayer; c. The display panel of the list of multi-line stops is fixed between the electronic display screen for arrival prediction and the supporting and fixing pedestal." It is recorded on the 3rd page of the Description of the patent: "The structure of electronic bus-stop boards known to the public can usually be applied to one bus route only, or though it can be applied to multiple routes, in the situation of long-time outage or malfunction of electronic lines or communication, it cannot guarantee that necessary bus guide information like list of stops of bus routes can be displayed correctly, nor can it satisfy the requirement for non-stop round-the-clock service. This utility model patent provides a structure of electronic multi-route bus-stop board, which can not only display information about multi-lines at the same time, but can satisfy the requirements for non-stop round-the-clock service." It is recorded on the 4th page of the Description that "Further explanation of this utility model patent with the aid of the figures and embodiments is as follows. ... For the electronic display screen for arrival prediction, which is at the upper part of the electronic stop board and is connected to the bottom of the stop name displayer, a universal 3-row LED lattice character displaying screen is adopted in this embodiment, for the purpose of scrolling display of such dynamic information as predicted time of arrival of the nearest buses of various lines and the distances to the stop, as well as information concerned by the public such as weather forecast, news, and commercial advertisements."

Aiming at the above-mentioned patent, Patent Reexamination Board of the State IP Office (hereafter referred to as Patent Reexamination Board) made a decision (No. 12120) on August 20, 2008 at the request of ECGuard Co., Ltd. for announcement of invalidation, that the patent right was affirmed valid. ECGuard Co., Ltd. lodged an appeal against the decision to Beijing No. 1 Intermediate People's Court, which made an administrative judgment ((2009) Yi-Zhong-Xing-Chu-Zi No. 718) on July 24, 2009 that the decision of first instance was affirmed.

The Plaintiff submitted to the court of first instance a group of photos of the alleged infringing digital bus-stop board installed on the roads of Pudong New Area in Shanghai, which was shot by the Plaintiff. During litigation, the court of first instance organized clients of the three parties to investigate the spot of the alleged infringing product at the place in the photos shot by the Plaintiff, and shot a group of photos. The alleged infringing bus-stop pavilion in the photos is tri-prism-shaped. At its top is a board displaying stop names, above which is written "New World Technology & Media"; below the board are in sequence a display screen without any content, a display panel displaying advertisements or information about multi-line buses.

What are displayed on the screen in the alleged infringing bus-stop pavilion include "New World (China) Technology & Media Co., Ltd. (hereafter referred to as New World Company) DBS electronic digital bus-stop pavilion information display", "New World (China) Technology & Media Co., Ltd. DBS electronic digital bus-stop pavilion arrival information forecast display", "The electronic information bus-stop pavilion is invested and constructed by New World (China) Technology & Media Co., Ltd., which is also in charge of its operation maintenance. The pavilion can post various kinds of information in real time and it has such functions as video surveillance and voice guide."

The Plaintiff Qu Shengbo alleged that the technical features of the digital bus-stop pavilions manufactured, sold and installed by the two Defendants are identical with those of the Claim 1 of the utility model patent, "Multi-route Electronic Bus-stop Board" of the Plaintiff. Till the day on which the Plaintiff began the suit, the two Defendants had installed "digital bus-stop pavilions" on a large scale in many big cities across China. Media in Beijing and Shanghai, etc. as well as the website of New World Company also widely reported the installation and operation of the "digital bus-stop pavilion". The Plaintiff held that the manufacturing and using the digital bus-stop pavilions by the two Defendants without permission of the Plaintiff infringed the patent right of the Plaintiff, and hence requested the court to rule that 1. The two Defendants shall stop using and dismantle the alleged infringing digital bus-stop pavilion system; 2. The two Defendants shall pay a compensatory payment of US $ 1 dollar to the Plaintiff for the economic loss suffered by the Plaintiff. During the first trial, the Plaintiff changed its litigious claim to ask the court to rule 1. that the two Defendants shall stop manufacturing, selling and using the alleged infringing digital bus-stop pavilion system; 2. the two Defendants shall compensate RMB 300,000 yuan to the Plaintiff for the economic loss suffered by the Plaintiff.

The Defendants New World Company and ECGuard Co., Ltd. co-argued that the technical features of the digital bus-stop pavilion co-researched and developed by the two Defendants were not identical with or equivalent to the technical features recorded in the Claim 1 of the patent of the Plaintiff.

【Trial】

After the trial, Shanghai No. 1 Intermediate People's Court found that "Since the utility model patent right holder of 'Multi-route Electronic Bus-stop Board' was changed from Shanghai Kezhen Investment Consulting Co., Ltd. to the Plaintiff, the Plaintiff, as the patent holder, shall be entitled to prohibit other from implementing the abovementioned patent without authorization, which include that others shall not manufacture, sell or use the patent product without authorization of the Plaintiff."

It is stipulated by Article 59 of the *Patent Law of PRC* that the protection scope of utility model patent shall be subject to its claim, and that the Description and its figures are for interpreting the content of the claim. Therefore, for judging whether the alleged infringing technical solution falls into the protection scope of a patent right, the court shall compare all of the technical features defined in the claim maintained by the right holder with the technical features included in the technical solution of the alleged infringing technical solution. Where the alleged infringing technical solution includes the technical features identical or equivalent to all the technical features defined in a claim, the People's Court shall determine that it falls into the protection scope of the patent right. Where, compared with all the technical features of a claim, the alleged infringing technical solution lacks more than one technical feature recorded in the claim, or more than one technical feature is neither identical nor equivalent, the People's Court shall determine that it does not fall into the protection scope of the patent right. The Plaintiff in this case maintained that all of the features of the alleged infringing bus-stop pavilion were identical with those defined in Claim 1 of the patent of the Plaintiff; hence the judgment on whether infringement was constituted in this case shall be based on the judgment on whether the technical features of the alleged infringing bus-stop pavilion cover all the technical features defined in Claim 1 of the patent of the Plaintiff in a comprehensive way. By comparing the technical features of the alleged infringing bus-stop pavilion and those defined in Claim 1 of the patent of the Plaintiff, the Plaintiff held that the two were identical, whereas the two Defendants held that the differences between the two lies in that the stop name displaying board of the former was not at the top of the bus-stop board and that there were also identification lamps, cameras and a roof, etc. above the stop name displaying board; the LED screen for arrival prediction display and the illuminated bus route board of the alleged infringing bus-stop pavilion were embedded in the pavilion frame, which was different from the technical feature in the patent of the Plaintiff taking the "supporting and fixing pedestal" as graded load bearing structure; a certain angle of inclination was kept between the LED screen for arrival prediction and the vertical pavilion frame of the alleged infringing bus-stop pavilion, whereas the two components in Claim 1 of the Plaintiff were on the same plane. The court of first instance held that the display screen at the upper part of the stop board and connected to the lower part of the bus-stop name displayer did not display information on arrival prediction. While it is recorded in Claim 1 of the patent of the Plaintiff that the electronic display screen for arrival prediction is in the upper part of the stop board and is connected to the bottom of the stop displayer. The patent Description further explains the electronic display screen for arrival prediction as a screen for scroll displaying such dynamic information as predicted time of arrival of the nearest buses of various lines and the distances to the stop.

In accordance with Article 59. 1 of the Patent Law of PRC and Article 7 of the Interpretations of the Supreme People's Court on Some Issues Concerning Applicable Laws to the Trial of Patent Infringement Controversies, Shanghai No. 1 Intermediate People's Court hereby decided that the claims of the Plaintiff, Qu Shengbo is overruled.

After the first instance, Qu Shengbo lodged an appeal against the decision in the first instance to Shanghai High People's Court.

The Appellant, Qu Shengbo alleged that firstly, the functions of the alleged infringing bus-stop pavilion were entirely identical with the functions of "scroll displaying such dynamic information as predicted time of arrival of the nearest buses of various routes and the distances to the stop" of the electronic display screen for arrival prediction defined in the involved description. Secondly, the technical features defined in the claim of the utility model patent were features of shape and structure of the product. It was against the law for the court of first instance to have used information displayed on an electronic display screen with features that did not belong to those of utility model patents as the basis of comparison. And the Administrative Judgment (2010) Gao-Xing-Zhong-Zi No. 189 made by Beijing Municipal Higher People's Court also confirmed that "the technical solution of Claim 1 of the patent does not include specific text messages and data information recorded in the bus-stop board. Data information does not belong to the technical features of Claim 1 of the patent." Thirdly, in accordance with the definition of "electronic bus-stop board" in Article 3. 4 in Part 3 of the national standard GBT 5845-2008, Urban Public Transport Sign, electronic bus-stop board is "an electronic display and direction board set at stops for displaying to passengers such information as direction of the coming bus of the bus line, dynamic location of buses in operation, and predicted waiting time". It is also stipulated in Article 5. 8. 2. 1 in the standard that "For electronic bus-stop boards, LED lattice light emitting display had better be used." According to stipulations of the national standard as well as facts already found by the first instance of the case, it can be known to ordinary technicians in this field that the LED display screen of the alleged infringing bus-stop pavilion is an electronic display screen for displaying information about arrival predication, which does not need the Appellant to provide evidence to prove any more. Therefore it should be affirmed that the LED display screen of the alleged infringing bus-stop pavilion is the electronic display screen for arrival prediction defined in Claim 1 of the involved patent. In summary, the Appellant asked the court to withdraw the judgment in the first instance and amend the judgment to uphold all the claims the Appellant proposed in the first instance.

The Appellee, New World Company and ECGuard Co., Ltd. co-argued that the findings of fact in the original judgment were clear and laws applied were correct, thus the original judgment should be affirmed.

After trial, Shanghai High People's Court held that the finding of fact by the court of first instance was substantially true. It was also found that the Administrative Judgment (2010) Gao-Xing-Zhong-Zi No. 879 made by Beijing Municipal Higher People's Court was an administrative judgment of second instance on the decision of Patent Re-examination Board on examination of No. 14927 request for announcement of invalidation, and the final judgment affirmed the decision of Patent Re-examination Board on examination of No. 14927 request for announcement of invalidation. Besides, it is recorded in the administrative judgment that "the technical solution of Claim 1 of the patent does not include specific text messages and data information recorded in the bus-stop board. Data information does not belong to the technical features of Claim 1 of the patent."

The subordinate Claim 5 recorded in the Patent Claims of the involved patent is "an electronic bus-stop board as described in Claim 1, which is characterized by its rectangular dual-faced display structure or tri-prism three-dimensional display".

It is recorded on Page 1 of the involved patent Description that "a universal multi-row LED lattice displaying screen is adopted for the electronic display screen for arrival predication in the upper part of the electronic bus-stop board, for the purpose of scrolling display of such dynamic information as predicted time of arrival of the nearest buses of various lines and the distances to the stop". It is described on Page 2 that "The rectangular dual-faced display structure or tri-prism three-dimensional display structure can be used for this utility model of electronic bus-stop board, which can satisfy the requirement of large cities for displaying information about more than ten routes of buses on one electronic bus-stop board".

According to valid evidence identified by the court of first instance, the stop name displayer, LED display screen and display panel for list of multi-route bus stops of the alleged infringing bus-stop pavilion did not form an upper, middle and lower positional relation in the same plane.

In the first instance, Qu Shengbo provided the court of first instance with a video of the alleged bus-stop pavilion, which was played at court during the second trial in the first instance with cross-examination of concerned personnel of both parties. When the video was played again at court in the second instance, it was displayed in the video that on one side of the alleged bus-stop pavilion (on the same plane), the stop name displayer, LED display screen and the list of multi-line bus stops of the alleged infringing bus-stop pavilion form an upper, middle and lower positional relation; but the screen panel of multi-line bus stops displays bus stops of only one bus line.

At court in the second instance, the collegiate bench inquired whether at the mention of "electronic display screen of arrival predication" which can scroll display such dynamic information as predicted time of arrival of the nearest buses of various lines and the distances to the stop, ordinary technicians in the field would think of the normal detailed technical structure of "electronic display screen of arrival predication". Qu Shengbo replied affirmatively and held that in accordance with the national standard GBT 5845-2008 Urban Public Transport Sign, it is known to ordinary technicians of the field that "electronic display screen of arrival predication" could post messages as long as there was communications support.

Shanghai High People's Court held that firstly, one of the technical features defined in Claim 1 of the involved patent is "electronic display screen of arrival predication". According to description of the patent Description, the electronic display screen used for the "electronic display screen of arrival predication" is multi-row LED lattice displaying screen; however, no specific technological means were recorded or described in either the Claims or the Description to indicate how the screen was enabled to scroll display such dynamic information as predicted time of arrival of the nearest buses of various lines and the distances to the stop. In this case, there was no corresponding evidence to prove that in the technical field there had been a kind of "electronic display screen of arrival predication" with relatively fixed technical structure and was known to ordinary technicians in the field and could scroll display such dynamic information as predicted time of arrival of the nearest buses of various lines and the distances to the stop. The technical features of the "electronic display screen of arrival predication" in the claim described only the function of "arrival prediction" to be realized by the feature (it could be further determined according to the Description that the function of "arrival prediction" referred to the function of predicting "such dynamic information as predicted time of arrival of the nearest buses of various lines and the distances to the stop"), and no specific technical means to realize the function was recorded in the claim. Therefore, "electronic display screen of arrival predication" was merely a functional feature.

In accordance with Article 4 of *the Interpretation of the Supreme People's Court on Several Issues concerning the Application of Law in the Trial of Patent Infringement Dispute Cases*, if any technical feature in claims is represented in terms of function and effect, the People's Court should determine its content according to the embodiments for the said function or effect as described in the Description and figures and their equivalent embodiments. Since in the Description of the involved patent, there was no description about the specific technical means for realizing the function of predicting "such dynamic information as predicted time of arrival of the nearest buses of various routes and the distances to the stop" of the "electronic display screen for arrival prediction" which uses multi-row LED lattice displaying screen, the content of the technical feature, "electronic display screen for arrival prediction" in Claim 1 of the involved patent, could not be determined in accordance with the aforesaid judicial interpretation of the Supreme People's Court, and thus the protection scope of Claim 1 of the involved patent could not be determined either. Therefore, regardless of the technical solution of the alleged infringing bus-stop pavilion, the alleged patent infringement on the Appellant Qu Shengbo could not be established either way because the protection scope of Claim 1 of the involved patent could not be determined.

Qu Shengbo held that at the mention of "electronic display screen for arrival prediction" which could scroll display such dynamic information as predicted time of arrival of the nearest buses of various lines and the distances to the stop, ordinary technicians in the field could think of the normal detailed technical structure of "electronic display screen of arrival predication", but Qu Shengbo did not provide sufficient evidence to prove. The aforesaid national standard GBT 5845-2008 Urban Public Transport Sign merely defines "electronic bus-stop board", stipulates equipment with what functions can be called "electronic bus-stop board", and suggests that "For electronic bus-stop boards, LED lattice light emitting display had better be used." The standard does not disclose any specific technical solution to manufacturing LED lattice light emitting "electronic bus-stop board" with corresponding functions. Qu Shengbo also held that communications support is required for the "electronic display screen for arrival prediction" to predict information about arrival; however neither the claims of the involved patent nor its Description describe what kind of specific technological means of communications is needed for support.

Furthermore, even if after reading the Patent Claims and Description of the involved patent, ordinary technicians in the field can design an embodiment to realize the functions required by the features of the "electronic display screen for arrival prediction" in Claim 1 of the patent, the Patent Description should also describe corresponding specific embodiments, and the content of the functional feature "electronic display screen for arrival prediction" should be determined according to the corresponding specific embodiments described in the Description and equivalents embodiments. Where ordinary technicians in the field can design an embodiment to realize the functions required by the feature of "electronic display screen for arrival prediction" in Claim 1 of the patent, but no corresponding embodiments to realize the function is described in the Patent Description, the content of the functional feature was determined directly based on the functional feature itself of the "electronic display screen for arrival prediction" in Claim 1 of the patent, then the content of the functional feature will be interpreted as covering all the embodiments which can realize the corresponding function, which does not conform to the stipulation on judicial interpretations issued by the Supreme People's Court.

Secondly, even if the "electronic display screen for arrival prediction" in Claim 1 of the involved patent is not considered a functional feature, but a structural feature instead, according to the record in Claim 1 of the involved patent, the positional relation between stop name displayer, electronic display screen for arrival prediction and display panel of the list of multi-route stops on Claim 1 is: a. the stop displayer is at the top of the stop board; b. the electronic display screen for arrival prediction is in the upper part of the stop board and is connected to the bottom of the stop displayer; c. the display panel of the list of multi-line stops is fixed between the electronic display screen for arrival prediction and the supporting and fixing pedestal. In accordance with the record of the Claims of the involved patent as well as description of the Patent Description and its figures, the stop name displayer, electronic display screen for arrival prediction and display panel of the list of multi-line stops should form an upper, middle and lower positional relation in the same plane. The stop name displayer, electronic display screen for arrival prediction and display panel of the list of multi-line stops should be placed in the same plane of the electronic bus-stop board; it shall not be deemed that the stop name displayer, electronic display screen for arrival prediction and display panel of the list of multi-line stops can be respectively set on in different display planes of rectangular dual-faced display structure or tri-prism three-dimensional display structure. Subordinate Claim 5 defines Claim 1 further, and based on the technical features defined in Claim 1, it adds to Claim 1 the technical feature of "rectangular dual-faced display structure or tri-prism three-dimensional display structure", i. e., besides setting the stop name displayer, electronic display screen for arrival prediction, display panel of the list of multi-line stops and the supporting and fixing pedestal in the same plane as defined in Claim 1, Claim 5 defines the design of setting the stop name displayer, electronic display screen for arrival prediction, display panel of the list of multi-line stops and the supporting and fixing pedestal in the other plane or the other two planes of rectangular dual-faced display structure or tri-prism three-dimensional display structure, for the purpose of constructing the dual-faced or three-dimensional electronic bus-stop board, so as to "satisfy the requirement of large cities for displaying information about more than ten lines of buses on one electronic bus-stop board". On the grounds that it can be affirmed that in Claim 1, the upper, middle and lower positional relation in the same plane between the stop name displayer, electronic display screen for arrival prediction and display panel of the list of multi-line stops is a technical feature in Claim 1, and in accordance with valid evidence affirmed by the court of first instance, the stop name displayer, LED display screen and display panel of the list of multi-line stops of the alleged infringing bus-stop pavilion do not form an upper, middle and lower positional relation, the corresponding alleged patent infringement on the Appellant Qu Shengbo could not be established. Despite that the video provided by Qu Shengbo showed that in one plane (the same plane) of the alleged infringing bus-stop pavilion, the stop name displayer, LED display screen and the list of stops of bus lines form an upper, middle and lower positional relation, the list shows stops of only one bus line, thus the display panel is merely a "display panel of the list of single-line stops", rather than the "display panel of the list of multi-line stops" defined in Claim 1 of the patent. Therefore, the alleged patent infringement on Qu Shengbo could not be established either.

Thirdly, utility model refers to a new technical solution to the shape, structure or the combination of the two of the product applicable to utility, thus is the improvement to the shape or structure of the product. Utility model patent protects products only, but the technical solution to utility model patent can consist of more than just technical features of shape and structure. The technical solution to utility model patent can include not only technical features of shape and structure, but technical features other than shape and structure. As long as the technical solution co-defined by these technical features is a product with a definite shape or structure, such product can become the object of the protection of utility model patent. The protection scope of the utility model patent is co-defined by all the technical features recorded in the Claims, including technical features of shape and structure and non-shape and non-structure technical features. In this case, the "electronic display screen for arrival prediction" in Patent Claim 1 is a functional feature, rather than a structural feature of shape or structure.

In this case, the technical solution of Claim 1 of the involved patent certainly "does not include specific text messages and data information recorded in the bus-stop board" indeed, and the data information does not belong to the technical features defined by Claim 1 of the involved patent" indeed. The reason why the court of first instance held that the technical features of the LED electronic display screen of the alleged infringing bus-stop pavilion were different from those of the "electronic display screen for arrival prediction" defined by Claim 1 of the involved patent is that the available evidence of the case could not prove that the LED electronic display screen of the alleged infringing bus-stop pavilion had displayed information about arrival prediction (even though the display screen of the alleged infringing bus-stop pavilion displayed "New World (China) Technology & Media Co., Ltd. DBS electronic digital bus-stop pavilion arrival information forecast display"), therefore, it cannot be affirmed that the LED electronic display screen of the alleged infringing bus-stop pavilion is an "electronic display screen for arrival prediction" with the function of arrival prediction. The court of first instance took the information about arrival prediction of buses which had been actually issued as the proof to prove that the LED electronic display screen had become "electronic display screen for arrival prediction" with the function of "arrival prediction", rather than taking the specific text messages and data information displayed on the LED electronic display screen as the technical feature defined in Claim 1 of the involved patent. In accordance with Article 153. 1 (1) and Article 158 of *the Civil Procedure Law of the People's Republic of China*, Shanghai High People's Court hereby decided to dismiss the appeal and uphold the original judgment.

【Comments and analysis】

I. Rules on Determination on the Content of Functional Features

With regard to the rules on determination on the content of functional features in claims, the Interpretations of the Supreme People's Court on Some Issues Concerning Applicable Laws to the Trial of Patent Infringement Controversies which took effect on January 1, 2010 made explicit stipulation. As stipulated by Article 4 in the judicial interpretations, "If any technical feature in claims is represented in terms of function and effect, the people's court should determine its content according to the embodiments for the said function or effect as described in the Description and figures and their equivalent embodiments". The interpretation that the content of the features in claims presented in terms of function is not subject to the function itself recorded in the claims but rather to the embodiments for the said function as described in the Description and figures and their equivalent embodiments drew lessons from the provisions in Article 112. 6 of Patent Law of the U. S. A. It is stipulated in Article 112. 6 of the Patent Law of the U. S. A. that "An element in a claim for a combination may be expressed as a means or step for performing a specified function without the recital of structure, material, or acts in support thereof, and such claim shall be construed to cover the corresponding structure, material, or acts described in the specification and equivalents thereof".

II. How to Handle Infringement Controversies if no Embodiments for the Functions in the Claims are Described in Claims, Description and Figures

As stipulated by Article 26. 3 of the *Patent Law of PRC* that "the Description shall make clear and complete description about the invention or utility model, which shall be subject to the attainability of technicians in the field; figures shall be available if necessary." It is stipulated by Article 26. 4 that "the Claims shall be based on the Description and shall define the protection scope of the patent clearly and briefly".

With regard to claims with features in terms of function in the process of examination and approval of a patent, if no embodiments for the said functions are recorded in the Description, they will be handled in the same way as they will be in America, i. e., determine whether the expression of the Description and the Claim conforms to provisions in Article 26. 3 and 26. 4 of the *Patent Law of PRC* and then determine further whether the approved patent or recognized patent right is invalid.

The courts in China trying cases of patent infringement controversies do not examine the validity of the patent rights in the cases, thus with regard to claims covering functional features, if no embodiments for the said functions are recorded in the Description, which made the expression of the claims unconformable to requirements of Article 26. 4 of the Patent Law of PRC (including the case in which the Description conforms to requirements of Article 26. 3 of the Patent Law of PRC, but the claims do not), the courts cannot directly deem the patent right void. Under such circumstance, the author thinks that the problem can be solved not only by procedure of announcement of invalidation; for the problem to be solved rapidly and effectively, the court trying infringement cases can directly affirm that the protection scope of the claim cannot be determined and decide directly further that the alleged infringement cannot be established.

In the aforesaid case of "multi-route electronic bus-stop board" utility model patent infringement disputes, the court firstly affirmed that the technical feature "electronic display screen" recorded in the claims of the involved patent was a functional feature, and further held that because there were no descriptions about embodiments for the function of "arrival prediction" performed by the "electronic display screen for arrival prediction" in the Description of the involved patent, the content of the technical feature "electronic display screen for arrival prediction" in the claims of the involved patent could not be determined in accordance with the judicial interpretations of the Supreme People's Court, and thus the protection scope of the claims of the involved patent could not be determined further. On the grounds that the protection scope of the claims of the involved patent could not be determined, the alleged infringement could not be established whatever the alleged technical solution is.

The court also pointed out that even if technicians in the field were able to design an embodiment to realize the functions required by the features of the "electronic display screen for arrival prediction" in claims of the patent after reading the Claim and Description of the involved patent, there shall be description about corresponding specified embodiments in the patent Description. Where ordinary technicians in the field can design an embodiment to realize the functions required by the feature of "electronic display screen for arrival prediction" in claims of the patent, but no corresponding embodiments to realize the function is described in the patent Description, the content of the functional feature was determined directly based on the functional feature itself of the "electronic display screen for arrival prediction" in claims of the patent, then the content of the functional feature will be interpreted as covering all the embodiments which can realize the corresponding function, which does not conform to the stipulation on judicial interpretations issued by the Supreme People's Court.

(Written by: Zhang Xiaodu)

Comparison of the Infringement upon Appearance Designs with Composition

—Toyroyal (Shanghai) Co., Ltd. v. Yang Leizhen, *et al.* Infringement on Appearance Design Patent

【Summary】

In the judicial practice of this case, no consensus has been reached on issues concerning comparison of infringement upon appearance design with composition, such as whether the overall appurtenance presented to the consumers or the photo views of the appearance design patents should be taken as the objects of comparisons, and whether cubic charts should be included. In this case, whether the composition is unique has been taken as the standard to judge whether the cubic charts or the patent views would be taken as objects of comparison.

【Facts】

Plaintiff: Toyroyal (Shanghai) Co., Ltd.

Defendant: Yang Leizhen

Defendant: Guangdong Five Star Toys Co., Ltd. (formerly known as Shantou Chenghai District Fivestar Toys Industry Co., Ltd.)

Cause of Action: Dispute over infringement on appearance design patent

Case No. at First Instance: (2010) HU-Yi-Zhong-Min-Wu- (Zhi) - Chu-Zi No. 87

Case No. at Second Instance: (2012) HU-Gao-Min-San- (Zhi) - Zhong-Zi No. 7

On August 1, 2007, State Intellectual Property Office of the P. R. C. (hereinafter referred to as State IP Office) granted an appearance design patent to the Plaintiff Toyroyal (Shanghai) Co., Ltd. (hereafter referred to as Toyroyal) for its "toy (assorted dessert)" (patent No. ZL200630041415. X), which was applied on October 11, 2006. The annual fee of the above said patent has been paid on time. The patented toy has 3 components, which will combine by insertion to form a 1/8 fan-shaped block. Eight such exactly same fan-shaped blocks will combine into a cylinder-shaped cake toy. On the top and circumferential side there are corresponding parting lines to the aforesaid 8 fan-shaped blocks. On the top side of the cake toy dotted small holes and along the periphery of the top side there is an outward wavy edge. Besides on the entire circumferential side there are wavy concave-convex shapes in vertical direction.

On November 28, 2009, the Plaintiff bought a musical toy (article number 37970) from Colorful Dream Children's Goods Store in Changning District, Shanghai at the unit price of RMB 90 yuan. The store issued an invoice for the toy. The contents marked on the package of the aforesaid purchased product are Product name: Musical toy; Product model: 37970; Manufacturer: Shantou Chenghai District Fivestar Toys Industry Co., Ltd. (hereinafter referred to as Fivestar Toys); Address: East Xingye Road, Laimei Industrial Zone, Chenghai District, Shantou City, Guangdong Province. Besides, telephone, fax and website, etc. By comparison, the appearance design of the alleged infringing product was identical with that of the patented product in this case.

On December 7, 2009, the Plaintiff appointed a lawyer to send a *Lawyer's Letter* to Fivestar Toys on the company's manufacturing and selling the "singing toy cake" (article No. 37970), a product of "Baby Star" series for babies, asking Fivestar Toys to stop manufacturing and selling the product and compensate for the economic loss. On December 23, 2009, Fivestar Toys also appointed a lawyer to reply the aforesaid letter, stating that the products mentioned in the *Lawyer's Letter* of the Plaintiff were also purchased from elsewhere and that the publicity and selling of the product had stopped.

On April 2, 2010, the Plaintiff bought another musical toy (article No. 37970) from Colorful Dream Children's Goods Store in Changning District, Shanghai at the unit price of RMB 110 yuan. On November 7, 2011, the Plaintiff bought another alleged infringing product in Tesco (Changning) in Shanghai at the unit price of RMB 149 yuan. Shanghai Kang Jiao Hymart Supermarket Co., Ltd. issued an invoice for the product. The appearance of the two alleged infringing products was the same with that of the first alleged infringing products.

In April 2010, the Defendant Yang Leizhen purchased 3 alleged infringing products (article No. 37970) from Yuan Yuemin's Toy Store at the unit price of RMB 48 yuan.

It was also found that on March 22, 2010, the Plaintiff signed an *Authorized Representation Contract* with Shanghai Xincheng Law Firm (hereafter referred to as Xincheng Firm), who was entrusted to act as an agent of the Plaintiff on the dispute over infringement on appearance design patent of the toy of assorted dessert. The attorney fee would be paid on the date of effective judgment at 30% of the total amount of compensation obtained by the Plaintiff.

The Plaintiff Toyroyal alleged that the Plaintiff is the appearance design patent holder of "toy (assorted dessert)" (patent No. ZL200630041415. X). The Defendant Fivestar Toys counterfeited the patented product "assorted dessert" of the Plaintiff by using the patented technology of the Plaintiff without permission, and manufactured and sold the "singing toy cake" (article No. 37970) in large quantity. On November 28, 2009, the Plaintiff purchased an alleged infringing product manufactured by Fivestar Toys from Colorful Dream Children's Goods Store in Changning District, Shanghai operated by the Defendant Yang Leizhen. The Plaintiff requested the court to rule that 1. the Defendant Yang Leizhen shall stop selling the alleged infringing products and the Defendant Fivestar Toys to stop manufacturing and selling the alleged infringing products; 2. the Defendant Fivestar Toys shall compensate the Plaintiff RMB 500,000 (including reasonable expenses) for its economic loss and the Defendant Yang Leizhen shall bear joint and several liability for RMB 100,000 out of the total amount.

The Defendant Yang Leizhen argued that the store he operated was an individually-owned business and he did not know that the alleged infringing products were patent infringing products. The alleged infringing products were purchased from a children's toy store in Shanghai Yuyuan Mall, which was legal source. He had stopped selling the alleged infringing products upon the receipt of the statement of claim from the Plaintiff. Hence he disagreed with the Plaintiff's claim that he should bear joint and several liabilities for RMB 100,000 yuan out of the total amount of compensation to Fivestar Toys.

The Defendant Fivestar Toys argued that the appearance design of the alleged infringing product "singing toy cake" (article No. 37970) produced by Fivestar Toys, formerly known as Shantou Chenghai District Fivestar Toys Industry Co., Ltd. was neither identical with nor similar to the appearance design of the patented product of the Plaintiff, hence the alleged infringement was not established. The amount of compensation requested by the Plaintiff lacked supporting basis, thus the Defendant asked the court to dismiss the claim of the Plaintiff.

【Trial】

After trial, Shanghai No. 1 Intermediate People's Court held that with regard to products with unique composition, ordinary consumers usually had an impression of the overall appearance design of the assembled components. Hence therefore the overall assembled appearance design should be taken as the object of comparison, not the appearance of individual component. The appearance design for the patented product of the Plaintiff, the toy cake, is composed of 8 groups of components, each of which is composed of three components numbered 1, 2 and 3. It is not a single-layer piece. Besides, the patent did not specifically claim the color protection, and there are no components like fruit in the cubic chart of the patented product in its assembled state. In this sense, the color and such components inserted in the cake as fruits do not fall into the protection scope of the appearance design patent of the Plaintiff. The overall visual effect of appearance design for the alleged infringing toy cake is identical with that of the assembled cake of the Plaintiff composed of various inserted components. Hence, the alleged infringing toy cake falls into the protection scope of the appearance design patent of the Plaintiff. In accordance with Article 134. 1 (1), (7) and Article 134. 2 of *the General Principles of the Civil Law of the People's Republic of China*, Article 11. 2, Article 59. 2, Article 65 and Article 70 of *the Patent Law of PRC*, and Article 11. 3 of the *Interpretations of the Supreme People's Court on Several Issues concerning the Application of Laws in the Trial of Patent Infringement Dispute Cases*, the court ruled that (1) the Defendant Guangdong Fivestar Toys Co., Ltd. and the Defendant Yang Leizhen shall immediately stop infringing the appearance design patent right of "toy (assorted dessert)" enjoyed by the Plaintiff Toyroyal (Shanghai) Co., Ltd. (patent No. ZL200630041415. X); (2) the Defendant Guangdong Fivestar Toys Co., Ltd. shall, within ten (10) days from the day on which this judgment takes effect, compensate the Plaintiff Toyroyal (Shanghai) Co., Ltd. for its economic loss and reasonable expenses at RMB 150,000 yuan; (3) the other claims of the Plaintiff Toyroyal (Shanghai) Co., Ltd. are dismissed.

The Defendant Fivestar Toys lodged an appeal against the decision in the first instance to Shanghai High People's Court.

During the trail of the second instance, all concerned parties to the case reached a reconciliation agreement and case was closed with reconciliation.

【Comments and analysis】

The focus of dispute of this case is the difference in the understanding about the method of comparison between the alleged appearance design and the appearance design of the patent, i. e., the difference in the understanding on the rules of comparison that "with regard to products with unique composition, ordinary consumers usually have an impression of the overall appearance design for the assembled components. Hence the assembled overall appearance design of components should be taken as the object of comparison, not the appearance of individual component." The patented toy of the Plaintiff has 3 components, which will combine by insertion to form a 1/8 fan-shaped block. Eight such exactly same fan-shaped blocks will combine into a cylinder-shaped cake toy. On the top and circumferential side, there are corresponding parting lines to the aforesaid 8 fan-shaped blocks. Small holes dot the top side of the cake toy and along the periphery of the top side, there is an outward wavy edge. Besides on the entire circumferential side, there are wavy concave-convex shapes in vertical direction. The cubic chart of the patent displays the overall effect of a cylindrical cake inserted all over with fruit. The appearance design for the cake cylinder of the alleged infringing product is identical with that of the patent, whereas such inserted components as fruit between the two are different. With regard to the comparison between the two, there are two viewpoints. One holds that the object of comparison of appearance design is the overall effect. In this case the toy cake is displayed all the time in its overall effect with inserted components during its sales, and ordinary consumers usually have an impression of the overall appearance design for the assembled component. In this way, the overall appearance design for products in their assembled state should be taken as the objects of comparison. Besides, the cubic chart of the patent should also be taken as the object of comparison. As the inserted components of the alleged infringing products are neither identical with nor similar to those in the patent appearance design, the alleged infringing product does not fall into the protection scope of the patent appearance design of the Plaintiff, and the alleged patent infringement cannot be established. The other holds that comparison should be made between the alleged infringing product and the chart of patent appearance design. In this case, the chart of patent appearance design of the Plaintiff is the cake cylinder without such inserted components as fruit, and its cubic chart only displays the effect of the cake cylinder inserted with such components as fruit. The inserted components of fruit on the cake can be removed and replaced, thus they do not form the unique composition. In this way, the cubic chart of the cake cylinder inserted with such inserted components as fruit should not be taken as object of comparison. However it can be taken as object of comparison if such inserted components as fruit cannot be removed or replaced and they form unique composition with the cake cylinder. Accordingly, the patent appearance design chart should be taken as the object of comparison. The toy cake cylinder of the alleged infringing product is identical with that of patent appearance design, thus the alleged infringing product falls into the protection scope of the appearance design patent of the Plaintiff. The difference between the conclusions of the two viewpoints lies in that the protection scope of the patent of the Plaintiff defined by the former one is narrow, while that defined by the latter one is much wider. Hence the collegiate bench finally adopted the second viewpoint.

(Written by: Wang Jing)

Assignment of Burden of Proof on "New Product" in Disputes over Invention Patent Infringement on Manufacturing Method of New Product

— 3M Company v. Zhejiang Daoming Reflective Materials Co., Ltd. Infringement on Invention Patent

【Summary】

According to evidence rules in civil procedure, in the invention patent cases of new product manufacturing method, the burden of proof shall be borne by the unit or individual that manufactures the same product on that the manufacturing process is not adopted in the patented method. Whereas the Plaintiff shall bear the burden of proof on whether the patented product of the Plaintiff is a new product or not as it is indeed difficult for the Plaintiff to put to the proof on new product in judicial practice, the court usually merely requests the Plaintiff to submit preliminary evidence or give an explanation. If the Plaintiff has not submitted any evidence to prove that its patented product is a new product, the court does not uphold the transfer of the burden of proof directly to the Defendant.

【Facts】

Plaintiff (Appellee): 3M Company

Defendant (Appellant): Zhejiang Daoming Reflective Materials Co., Ltd.

Cause of Action: Dispute over infringement on patent for invention

Case No. at First Instance: (2008) HU-Er-Zhong-Min-Wu- (Zhi) - Chu-Zi No. 262

Case No. at Second Instance: (2011) HU-Gao-Min-San- (Zhi) - Zhong-Zi No. 73

The Plaintiff 3M Company is the patent right holder of the patent for invention of "retro reflective articles and manufacturing method" (patent No. ZL95193042.7). The patent has 4 independent Claims, among which independent Claim 1 and 19 are involved with exposed micro sphere retro reflective articles, independent Claim 10 is involved with the manufacturing process of retro reflective articles, and independent claim 17 is involved with clothing articles containing retro reflective articles. The Defendant Zhejiang Daoming Reflective Materials Co., Ltd. (hereafter referred to as Daoming Company) has produced in large quantity fluorescent flame warning tapes (production model: DM1991, DM1992) and reflective vests made of such fluorescent flame warning tapes, and sold and committed to selling the a-bove-mentioned products through offices across the country as well as the Chinese and English websites.

The Plaintiff 3M Company argued that since by comparisons all of the technical features of the Defendant's products fell into the protection scope of the patent for invention of the Plaintiff, the Defendant infringed the right of patent for invention enjoyed by the Plaintiff and caused great economic loss to the Plaintiff. In this sense, the Plaintiff appealed to the court and requested the court to rule that (1) the Defendant should immediately stop the patent infringement acts, including the cease of producing, selling and committing to selling the infringing products, de-stroying the infringing products and special moulds; (2) the Defendant should compensate the Plaintiff for the economic loss, including reasonable expenses at RMB 500,000 yuan; and (3) the Defendant should publicly apologize on the *Le-gal Daily* and *Wenhui Bao* to eliminate the effects.

The Defendant Daoming Company argued that (1) the alleged infringing "re-flective tape" product was not purchased from the Defendant or came directly from the Defendant. The alleged infringing acts in this case had nothing to do with the Defendant; (2) the *Judicial Export Report* quoted by the Plaintiff as evidence was an appraisal entrusted by the single party. The material sent for appraisal was not the notarized product purchased by the Plaintiff and its source was unclear. Hence the Defendant found it difficult to accept the authenticity of the material and thought that the appraisal conclusion based on the above said material was illegal and lacked of authenticity and relevance; (3) the *Inspection Report* attached to the aforesaid *Judicatory Export Report* could not prove that the said sample had the same technical features corresponding to those of the patent of the Plaintiff and could realize technical effect of the patent. In summary, the Defendant held that there was no act of infringement on patent for invention of the Plaintiff on the part of the Defendant, and that the appeal of the Plaintiff lacked factual and legal basis. In this sense, the Defendant requested the court to dismiss the appeal of the Plaintiff.

【Trial】

After the trial, Shanghai No. 2 Intermediate People's Court held that in accordance with the evidence submitted by 3M Company, such as Notarial Certificate, delivery note obtained in the purchase of the articles for evidence, business card, website notarization and brochure, as well as statements of the concerned parties at court, the court made an overall judgment and affirmed that Daoming Company performed the act of producing, selling and committing to selling the alleged infringing products, and that the technical features of the alleged infringing product fell into the protection scope of independent Claims 1, 17 and 19 of the patent for invention of 3M Company. However, the patent of manufacturing process claimed to be protected by the independent Claim 10 of the patent for invention of 3M Company was not used for the alleged infringing product. Hence the court affirmed that Daoming Company, without authorization of 3M Company, produced, sold and committed to selling the patented product, which constituted infringement on the patent for invention of 3M Company. Daoming Company shall bear civil liabilities for stopping the infringement and compensating for the loss. In accordance with Article 134. (1) and (7) of *the General Principles of the Civil Law of the People's Republic of China*, Article 11. 1, Article 59. 1, Article 61. 1, Article 65 of *the Patent Law of PRC*, Article 17 of *the Interpretation of the Supreme People's Court on Several Issues concerning the Application of Law in the Trial of Patent Infringement Dispute Cases*, Article 2 and Article 4. 1 (1) of *Some Provisions of the Supreme People's Court on Evidence in Civil Procedures*, the court hereby ruled that Daoming Company shall stop infringing and compensate RMB 250,000 yuan (including reasonable expenses) for the economic loss suffered by 3M Company.

Daoming Company lodged an appeal against the decision in the first instance to Shanghai High People's Court.

The Appellant Daoming Company argued that the alleged infringing product lacked several technical features defined in the claim of the involved patent. The findings in the first instance judgment were wrong, and the amount of compensation imposed was exceedingly large.

The Appellee 3M Company argued that the hearing procedure of the court of first instance was legal. The factual basis on which the Appellant was affirmed to have performed alleged infringement in the original judgment was sufficient, the technical solution of the alleged infringing product fell into the protection scope of the involved patent, and the amount of compensation decided by the original judgment was appropriate.

After the trial, Shanghai High People's Court found that the finding of fact by the court of first instance was true.

Shanghai High People's Court held that by comparison, the technical features of the alleged infringing product fell into the protection scope of Claims 1, 17 and 19 of the patent for invention of the Plaintiff, and there was nothing inappropriate about the affirmation of the court of first instance. There was nothing inappropriate on the amount of compensation decided by the court of first instance according to such factors as type of patent and nature and details of the infringement act. The reason proposed by the Appellant about exceedingly large amount of compensation decided in the original judgment was groundless. Therefore in accordance with Article 153. 1 (1) and Article 158 of the *Civil Procedure Law of the People's Republic of China*, the court hereby ruled to dismiss the appeal and affirm the original judgment.

【Comments and analysis】

This case involved infringement on patent for invention of a renowned foreign enterprise. The Plaintiff in this case affirmed the infringement fact through different means like notarization and appraisal, which considerably expanded the possibility of winning the lawsuit. By comparing technical features of claim and applying evidence rules properly, the court made the final decision and protected the legitimate rights and interests of the patent right holder. However, this case also involved the burden of proof on the manufacturing methods of the new product, which needs to be explored further.

It is stipulated by Article 61 of *the Patent Law of PRC* that where any dispute over patent infringement involves a patent for invention for the manufacturing process of a new product, the entity or individual manufacturing the identical product shall provide proof on the difference of its own process used in the manufacture of its product from the patented process. In this sense, in the cases where a patent for invention for the manufacturing process of a new product is involved, the principle of reversion of burden of proof is adopted, i. e., if the product of the alleged infringer is identical with that manufactured with the patented process, the law will assume that the alleged infringer produced the identical product with the patented process of the patent holder, unless the alleged infringer produces contrary evidence to overthrow the assumption. Specifically speaking, with regard to the dispute over infringement on patented process, in accordance with the principle of assignment of burden of proof applicable to general infringement disputes, to accuse others of infringement, the patentee shall firstly provide evidence to prove that (1) the patentee holds a patent for process for manufacture and the patent right is still valid; (2) the alleged infringer performs acts that have infringed the patent for process. It is hardly possible for the patentee to put to the proof to prove that the alleged infringer used the patented technology, because in practice, the use of patent by others is usually during the manufacturing process, but the patentee is inaccessible to the manufacturing site to obtain evidence. "The law does not force someone to do something against his/her will". Under such circumstance, sticking to the conventional rule of "he who alleges has to prove" will result in unfairness and that the patentee may well lose the lawsuit due to the failure to put to the proof. Nonetheless, the premise to apply the aforesaid rule of reversion of the burden of proof is that the patentee shall firstly prove that the product manufactured with the patented process is a "new product". Despite that given the great difficulty in proving the fact of "new product", the requirement of the court for the patentee on the burden of proof on "new product" is usually not high, and the court would still require the patentee to firstly provide some preliminary evidence or some factual explanation. Otherwise, the burden of proof cannot be transferred directly to the alleged infringer. Therefore, in trail practice, it is a question deserving further discussion as to what degree of burden of proof on "new product" shall be borne by the Plaintiff. In accordance with the *Guidance to the Trial of Patent Infringement Dispute Cases* (2011) issued by Shanghai High People's Court, in cases of any dispute case over patent for invention for process of manufacturing new products, the Plaintiff shall make sufficient explanation about whether the involved product is a new product, and the Defendant shall submit disproof. In such cases, after the Plaintiff makes explanation about whether the involved product is a new product, the people's court may affirm that the involved product is a new product. Where the Defendant holds that the proposition of the Plaintiff on the new product is not tenable, the burden of proof shall be borne by the Defendant to refute. In the event that the manufacturing process invention of the new product proposed by the Plaintiff is the "manufacturing process" in the patent for invention of "product and its manufacturing process", it shall be presumed that the product manufactured with the manufacturing process is a new product. Where the Defendant does not agree to the presumption, the burden of proof shall be borne by the Defendant to refute. Hence it can be seen that with regard to the burden of proof on "new product" of the Plaintiff, there are two circumstances. One is that the involved patent for invention is a process patent, under which the Plaintiff shall primarily bear the burden of proof on whether the involved product is a "new product". The evidence may be presented either by submitting relevant evidence or making explanation only, but the degree of proof shall reach a state which enables the court to affirm that the involved product is a "new product". The other is that the involved patent for invention is a patent of "product and its manufacturing process", i. e., the involved product and its manufacturing process are under the same patent. Under such circumstance, given that the involved product must have satisfied the requirement of "novelty" before it is awarded the patent, it can be presumed that the involved product is a new product, on which the Plaintiff does not need to bear the burden of proof the Defendant shall bear the burden of disproof on the presumption.

In this case, though the involved patent falls into the second circumstance, the court did not apply the principle of reversion of burden of proof on the grounds that the Plaintiff failed to provide any proof on whether the product manufactured with the patented process in Claim 10 is a "new product". Instead, the court requested the Defendant bear the burden of proof and in the end dismissed the appeal of the Plaintiff. The major consideration of the court is that the involved patent for invention in this case was awarded in accordance with the *Patent Law* issued in 2000, and that the new *Patent Law* in effect which was issued in 2008 raises much higher requirements for "novelty" of patents for invention than the earlier one, i. e., the patent for invention should not be categorized as an existing technology "known to the general public both at home and abroad prior to the date of application". According to Article 17 of the *Interpretation of the Supreme People's Court on Several Issues concerning the Application of Law in the Trial of Patent Infringement Dispute Cases*, where a product or a technical solution for manufacturing a product is known to the public at home and abroad before the patent application date, the people's court shall determine that such a product is not a new product as provided for in paragraph 1 of Article 61 of *the Patent Law*. Thus it is only reasonable to affirm that "the involved product is a new product" based on the stipulation on "novelty" by the *Patent Law* issued in 2008. However, the patent for invention in this case was granted based on thc *Patent Law* issued in 2000, thus the novelty of the involved product does not meet the requirement of the new *Patent Law*, hence it is inappropriate to presume it to be a new product.

(Written by: Hu Mi)

Ⅳ. Civil Dispute Cases over Unfair Competition

Ascertainment on Whether Stating Judicial Facts-in-issue to Specific Subject in the Industry Constitutes Commercial Defamation

— Xuanda Industrial Group Co., Ltd. v. MECS, Inc., *et al.* Dispute over Commercial Defamation

【Summary】

It is stipulated by Article 14 of *the Law of the People's Republic of China against Unfair Competition* that a manager shall not fabricate, spread false facts to damage the business reputation or commodity fame of the other competitor, i. e., a manager shall not carry out any act of commercial defamation. In judicial practice, there are frequently controversies over the definition of "false facts" and act of "spreading". Facts in issue which have not been affirmed by judicial proceeding may constitute "false fact as stipulated in Article 14 of *the Law of the People's Republic of China against Unfair Competition*, and stating the aforesaid "false fact" to specific personnel in the industry may also constitute "spreading" of the false fact as stipulated in the article.

【Facts】

Plaintiff: Xuanda Industrial Group Co., Ltd.

Defendant: MECS, Inc.

Defendant: Monsanto (Shanghai) Company Ltd.

Cause of Action: Dispute over commercial defamation

Case No.: (2009) HU-Yi-Zhong-Min-Wu- (Zhi) -Chu-Zi No. 228

In June of 2004, the Plaintiff Xuanda Industrial Group Co., Ltd. (hereinafter referred to as Xuanda Company), co-established Shanghai Allgreen Environmental Engineering Co., Ltd. (hereinafter referred to as Shanghai Allgreen Company) with a partner, engaging in environmental protection material and installation and debugging of chemical equipment, to name just a few. The Defendant MECS, Inc. mainly engages in supply and service of sulfur-related technologies and equipment, and has advanced heat recovery system (HRS). The Defendant, Monsanto (Shanghai) Company Ltd. (hereafter referred to as Monsanto Company), is a limited liability company established in China and solely funded by Monsanto Company based in USA.

In March 2005, Longsheng Company and ITOCHU Corporation, two outsiders of the case, established a joint venture- Zhongsheng Company. In May of 2005, Zhongsheng Company entrusted Jiesheng Company, another outsider, to construct the project of equipment needed by the production of sulfuric acid products. In July of 2005, Shanghai Allgreen Company signed a contract with Jiesheng Company, agreeing to provide the special technology, Domestic Water Heating Systems (DWHS), for Jiesheng Company at a cost.

On April 12, 2006, the Defendant MECS, Inc. filed a lawsuit against Xuanda Company, Shanghai Allgreen Company, Jiesheng Company, Zhongsheng Company, Longsheng Company, and Hong Bozhi in Shanghai No. 1 Intermediate People's Court, accusing Xuanda Company and Shanghai Allgreen Company of infringing its commercial secret by providing DWHS technology which is identical with HRS technology of MECS, Inc. Monsanto Company is one of the Plaintiffs in this case, who withdrew the prosecution later. After the trial, the court held that the technology proposed by the Plaintiff was not identical with the involved technology of the Defendant, and thus dismissed all the claims of MECS, Inc. on August 21, 2009.

On June 20, 2006, the Defendant entrusted a lawyer to send a *Lawyer's Letter* to the shareholder of Zhongsheng Company, ITOCHU Corporation, asking ITOCHU Corporation to "take necessary measures to order Zhongsheng Company stop infringing trade secrets of the client." It is written in the letter that "Jiesheng/Zhongsheng project is the first Chinese client obtained by Xuanda Company and Allgreen Company by unlawful means.... Our client is very likely to win the lawsuit comprehensively... Once our client wins the lawsuit, Jiesheng/Zhongsheng project may be suspended and even demolished..."

On September 13, 2006, the Defendant entrusted a lawyer to send a *Lawyer's Letter* to Inorganic Acid-Base-Salt Council of the Chemical Industry and Engineering Society of China, alleging that "... Xuanda Company and Shanghai Allgreen Company infringed the technical secret of HRS of our client, and renamed it DWHS technology to sell in Chinese market... Our client has filed a lawsuit on infringement on trade secret, and we believe the judgment will soon be made in favor of our client... Xuanda Company and Shanghai Allgreen Company may publicize

DWHS technology at the 26th Conference on Exchange of Sulfuric Acid Technology... We earnestly ask you not to engage in the aforesaid act of illegal publicity of infringing technology and products".

On September 20, 2006, the Defendant MECS, Inc. sent a letter entitled *Case on the Infringement on Trade secret of MECS, Inc.* respectively to the Director of the Administrative Committee of Hangzhou Bay Fine Chemical Zone and the Director-General of Development and Reform Bureau of Shangyu City. The main content of the letter is that "We are hereby writing to report to your bureau that the project of sulfuric acid factory constructed by Jiesheng Company and Zhongsheng Company in Hangzhou Bay Fine Chemical Zone in Shangyu City of Zhejiang Province with annual output capacity of 300,000 tons has infringed upon technical secret of our company and had the major hidden danger... Xuanda Company renamed the HRS technology stolen from our company DWHS, and began publicizing it in the market openly... In March 2006, our company had to file a lawsuit against Hong Bozhi and Xuanda Company, *et al.* for the aforementioned infringement act... We are very confident to win the lawsuit comprehensively." The letter alleged at the same time that there were major hidden dangers in the Jiesheng/Zhongsheng project, and therefore asked relevant departments to step up efforts in supervision of the project, and if necessary, suspend the machine operation and test run of DWHS unit.

On June 4, 2007, the Defendants MECS, Inc. and Monsanto Company, entrusted a lawyer to send a *Lawyer's Letter* to Wuxi Tovo Chemical Power Co., Ltd., the content of which involved the matter on the Plaintiff's infringement upon their trade secret.

The Plaintiff Xuanda Company alleged that in 2005 the Plaintiff provided a totally domestic low-temperature heat recovery system successfully for Zhongsheng Company through its subordinate enterprise Shanghai Allgreen Company. The two Defendants were rivals of the Plaintiff. Though they knew perfectly well that the technology of the Plaintiff was different from that of their products, they lodged an appeal against the Plaintiff's infringement upon trade secret in Shanghai No. 1 Intermediate People's Court in 2006. Before the court made its decision on the case, the Defendants entrusted a lawyer to keep openly mailing and distributing written materials to users or potential clients of the Plaintiff and relevant local government departments, censuring the Plaintiff for "having no technology or experience" in the sulfuric acid industry, and "stealing" technologies of the companies of the Defendants, and claiming that the project "has major hidden dangers" and even asking the clients to terminate their cooperation with the Plaintiff. The aforesaid acts of the Defendants have constituted commercial defamation. Therefore, the Plaintiff appealed to the court, requesting the court to order 1. the acts of the two Defendants should be affirmed to have constituted unfair competition and have undermined business reputation of the Plaintiff, thus the two Defendants should be forbidden from engaging in the same or similar acts; 2. the two Defendants should assume associated liabilities for compensating the economic loss of the Plaintiff at RMB 18 million yuan; 3. the two Defendants should eliminate the adverse effect on the *Zhejiang Daily*.

The Defendants MECS, Inc. and Monsanto Company co-argued that 1. the content of the letters submitted by the Defendants to the relevant departments fell into the scope of civil complaint of lawsuit on trade secret. There was no inappropriateness in the description of the Defendant about the progress of the lawsuit on trade secret and the possible legal consequences, nor did the Defendants perform any act of "uttering false facts". 2. The Defendants did not perform act of "uttering false facts", and the relevant letters were sent to related recipients only. The Defendants did not publish or spread in public, or provide for any media any materials on claim concerning trade secret.

【Trial】

Shanghai No. 1 Intermediate People's Court held that firstly, the recipients of the letters sent by the Defendants were local functional departments and trade associations. If the situation was reported to these departments only without improper attempts in business competition, it cannot be affirmed only due to fiery rhetoric and others that the Defendants spread the false facts. However, if the opinions expressed to these departments were beyond the scope of normal report of problems, the inappropriate language was very likely to damage the business reputation of the party reported. In this case, apart from facts and reasons based on which the Defendant MECS, Inc. filed the lawsuit on infringement upon trade secret, the content of the letters sent by the Defendants also covered such matters as "major hidden dangers" in the DWHS technical equipment provided by the Plaintiff and Shanghai Allgreen Company for Zhongsheng project, the Plaintiff as the accused "infringer", and preventing the Plaintiff from publicizing DWHS technology and products across domestic sulfur market and Symposium on Sulfur-based Sulfuric Acid Making in May 2007 as well as the 26th Conference on Exchange of Sulfuric Acid Technology. Although sulfuric acid chemical industry is under key safety protection, the Defendants expressed the negative expression that there were "major hidden dangers" in Zhongsheng project, which showed serious degree of the problem without any evidence. The act of the Defendants obviously went beyond the normal scope of problem report and would produce adverse effects on the production and operation of the Plaintiff, thereby damage the business reputation of the Plaintiff. Secondly, by the time when the two Defendants delivered the *Lawyer's Letter*, the court had not ruled on the lawsuit filed by the Defendants on infringement upon their trade secret. Under the circumstance that no related factual basis was provided and that the judicial authority had not made authoritative affirmation on whether the Plaintiff and others infringed trade secret of the Defendants, the two Defendants delivered, without authorization, the aforesaid negative evaluation against the Plaintiff. The acts of the Defendants had caused substantial effect on the normal operation of the Plaintiff, which was bad enough to damage the business reputation of the Plaintiff. Despite that the Plaintiff and Wuxi Tovo Chemical Power Co., Ltd. finally succeeded in signing a contract on DWHS technology, this result did not affect the affirmation on the inappropriateness of the aforesaid acts of the two Defendants. Accordingly, in accordance with provisions of Article 134. 1 (1), (7) and (9) of the *General Principles of the Civil Law of the People's Republic of China*, Article 14 of *Law of the People's Republic of China Against Unfair Competition* and Article 17. 1 of the *Interpretation of the Supreme People's Court on Some Issues Concerning the Application of Law in the Trial of Civil Cases Involving Unfair Competition*, the court ruled that (1) the two Defendants shall immediately stop their practices of unfair competition which damages business reputation of the Plaintiff as of the date on which the ruling takes effect; (2) the two Defendants shall, within ten days from the date on which the ruling takes effect, publish statement on their act of unfair competition on the *Zhejiang Daily* for the purpose of eliminating adverse effect; (3) the two Defendants shall, within ten days from the date on which the ruling takes effect, compensate RMB 200,000 yuan for the economic loss caused to the Plaintiff; (4) the other claims of the Plaintiff are dismissed.,

After the first trial, neither the Plaintiff nor the Defendants lodged an appeal, and the ruling has taken effect.

【Comments and analysis】

The regulation of legislation in our country over commercial defamation is mainly adjusted by the provision in Article 14 of the *Law of the People's Republic of China against Unfair Competition.* It is generally acknowledged commercial defamation is composed of four major elements, namely (1) the behavioral agent must be an operator, i. e., someone who engages in commodity marketing or profit-making service; (2) such behaviors are shown in the form of uttering and spreading false facts; (3) the perpetrator is in fault subjectively; and (4) such behaviors have caused damage to business reputation of the competitor of the perpetrator. Business reputation can be divided into business integrity and commodity credit. The focus of dispute of the case is whether judicial facts-in-issue can constitute "false facts", and whether writing to specific subject in the industry on judicial facts-in-issue constitutes "spreading" of false facts.

I. Whether Judicial Facts-in-issue Constitute "False Facts"

In this case, the Defendants filed a lawsuit against the Plaintiff Xuanda Company in 2006, accusing the Plaintiff of infringing upon their trade secret. However, before the ruling of this case took effect, the Defendants wrote to different parties through lawyer, stating in affirmative tones that the Plaintiff had infringed upon their trade secret. Before the judicial ruling took effect, the authenticity of the fact was still to be proved, and it needs further analysis as to whether it could be affirmed directly as "false fact" as defined in Article 14 of the *Law of the People's Republic of China against Unfair Competition.*

The connotation of the word "false fact" stipulated in the *Law against Unfair Competition* should be understood based on its literal meaning as well as the purpose of legislation on commercial defamation. The purpose of legislation on regulation over commercial defamation is to prevent managers from damaging business reputation of their rivals and thereby improve their own competitive advantages through spreading false fact. In practice, many managers spread some unproved one-sided and distorted facts with uncertain authenticity, which cause misunderstanding among the public or relevant consumers, and thereby undermine the business reputation of their competitive rivals substantially. For example, the Defendants in this case claimed that the Plaintiff had infringed upon their trade secret in their letters to outsiders. Though the authenticity of the fact had not been affirmed, the affirmative tones would surely damage the business reputation of the Plaintiff. It is thus obvious that spreading unproved facts as well as the proved false facts may both damage the business reputation of rivals and the two do not differ essentially in the sense of the law against Unfair Competition. If the "false fact" is understood in its narrow sense, which excludes facts with unproved authenticity, more managers will take advantage of the loophole in law to sabotage the market order of fair competition. Therefore, with regard to the judgment on "false fact" as regulated by the law against Unfair Competition, comparison should be made between the spread facts and the actual situation of the facts. As long as the two are inconsistent, the spread facts can be judged as false facts in the sense of the law against Unfair Competition.

II. Whether Stating Judicial Facts-in-issue to Specific Subject in the Industry Constitutes "Spread" of False Facts

The way of acts of the Defendants in this case is different from that of common commercial defamation in two ways. Firstly, the alleged way of commercial defamation is writing to specific subject instead of spreading directly to the public by the Defendants. Secondly, not only did the lawyer of the Defendants delivered letters to clients and potential clients of the Plaintiff, but he/she also sent letters to non-market entities such as the government and trade associations.

The Defendants held that their acts of writing to specific subject did not form influence on the social public, and thus did not constitute "spreading of false fact". Their acts of writing to government departments and trade associations were a way of reporting on their normal petitions, which did not constitute "spreading of false fact" either. Such view is also held by some scholars, who believe that "spreading" must be acts implemented toward non-specific third party. From the essence of the act of commercial defamation, the purpose of performing such defamation behavior is to undermine business reputation of the rivals and blunt their advantages to improve their own market share or competitiveness. Therefore, with regard to whether such behavior constitutes "spreading of false fact", the author holds that it should be judged based on whether such spreading of false fact has damaged the business reputation of the rival instead of on the attribute of the subject and extensiveness of the spreading. The consumers in the field of the involved sulfuric acid commercial units are very limited, for the products are not well-known to the general public. Hence even if managers only spread false fact among merely specific personnel in the industry, such act will equally bring substantial damage to the business reputation of the rival, and such damage caused to the rival by spreading false fact among specific personnel in the industry may be greater than that caused by spreading false fact among the general public. It can be seen that whether spreading among specific general public or organizations can both cause damage to business reputation and competitiveness of rivals. In this sense, the "spreading" of false fact regulated in the law against unfair competitiveness aims at the act of spreading, and should not be understood in the perspective of the attribute and extensiveness of the objects of spreading.

With regard to whether the managers' acts of writing to government authorities and trade associations to report on illegal act of rivals, the author holds that such acts should not be lumped together. Reporting to government authorities and trade associations on illegal acts or violations of managers is a right of citizens and legal persons, as well as a social responsibility. Even if there is discrepancy between the reported facts and the actuality, they had better not be affirmed as fabricating and spreading facts as long as there is no subjective malignity. However, if the reported facts lack basic basis and extremely deviate from objective facts, and that there is subjective malignity, such acts obviously violate the basic principle of honesty and credibility and constitute act of unfair competitiveness. But it still needs further analysis of the spreading of the reporting to judge whether such malicious reporting constitutes commercial defamation. Because reporting to government authorities or trade associations is "point-to-point" spreading, such act of reporting, compared to general "spreading of false fact", is characterized by relative closure, which does not necessarily lead to damage to the business reputation and competitiveness of the rival. However, if the manager discloses related conditions of the malicious reporting to the general public or relevant consumers, or discloses to the outside world through other entities, such acts will substantially damage the business reputation of the rival and constitute commercial defamation.

III. Balance Between Free Competition and Judicial Intervention

The legislative intent of the law against Unfair Competition is to suppress unfair competition, and meanwhile encourage fair and free competition. As to the relation between free competition and fair competition, competitive freedom and efficiency should be primarily emphasized. Only those acts of "excessive" competition should be corrected in a fair way. In this case, the Defendants wrote to members of different parties in the industry and described judicial facts-in-issue with affirmative tones, which seriously tortured the facts and caused damage to the business reputation of the Plaintiff. Such acts violated the basic principle of honesty and integrity as well as publicly acknowledged business ethics, exceeded the dimension of free competition. Such acts must be intervened by judicial proceedings so as to maintain the competitive order. If the Defendants did not state in affirmative tones in the letters that the Plaintiff had infringed upon their trade secret and there were hidden dangers in the project, instead they mentioned only that the dispute between the Defendants and the Plaintiff had entered the stage of judicial proceedings and wrote to remind legal risks, or used the words that the Defendants were "suspected of being involved in" infringing trade secrets, although it may still cause negative influence to a certain degree to the business reputation of their rivals, it did not violate the basic business ethics and order. If so, it does not need judicial intervention. Instead, more room for competition should be given to the market so that excessive limit on free competition would be prevented.

(Written by: Zheng Junhuan)

Judgment on Infringement on Commercial Signs Counterfeited Beforehand

—Zhang Sheng v. Ji Sheng F&B Management Co., Ltd. Shanghai, *et al.* Dispute over Unfair Competition

【Summary】

This case is a typical one of dispute over counterfeit, which mainly involves legal protection for commercial signs used earlier. Special names of commodities enjoying some popularity in market are protected by the law. The commercial sign used later, if identical with or similar to the special name of a well-known commodity and cause relevant public to misrecognize or confuse the two, shall be stopped.

【Facts】

Plaintiff (Appellee): Zhang Sheng

Defendant (Defendant in first instance): Wang Yong

Defendant (Appellant): Shanghai Noodles Restaurant Management Co., Ltd.

Defendant (Defendant in first instance): Wang Wei

Defendant (Appellant): Ji Sheng F&B Management Co., Ltd. Shanghai

Defendant (Defendant in first instance): Us-Asia Investment Holdings Group (Asia) Limited

Cause of Action: Dispute over other unfair competition

Case No. at First Instance: (2009) HU-Er-Zhong-Min-Wu- (Zhi) - Chu-Zi No. 146

Case No. at Second Instance: (2011) HU-Gao-Min-San- (Zhi) - Zhong-Zi No. 13

The Plaintiff Zhang Sheng runs an individually-owned business of catering which was started in September 2006 under the name of "Sheng Ji Yi Pin Fried Dumplings Shop Wujiang Branch" (hereafter referred to as Sheng Ji Yi Pin Wujiang Branch). The words "Sheng Ji Yi Pin" have been used as the brand of the fired Dumplings in the shop. Because of wise management, "Sheng Ji Yi Pin" fried dumplings enjoys a good reputation among consumers. Sheng Ji Yi Pin Wujiang Branch was once interviewed with the program of Popular Delicacies of Shanghai Television on November 14, 2006, and the program was broadcast under the name of "highly popular fried dumplings" the same night. After that, the reputation of "Sheng Ji Yi Pin" fried dumplings grew further. Since July, 2007, the Plaintiff has been cooperated respectively with Shanghai Xingyuan Restaurant Management Co., Ltd. (hereafter referred to as Xingyuan Company) and Shanghai Jingren Management Consulting Co., Ltd. (hereafter referred to as Jingren Company), which are neither involved in the case, and established a chain store system of "Sheng Ji Yi Pin" fried dumplings brand. Up till September 2007, East Nanjing Road Branch, Meilong Branch and Wanda Branch had been successively set up.

The Defendant, Shanghai Noodles Restaurant Management Co., Ltd. (hereafter as Noodles Company), was established in December 2004. The Defendant Wang Yong is one of the two shareholders of the company and holds the post of design director. On November 22, 2006, Wang Yong applied to the Trademark Office of State Administration for Industry and Commerce for registering the trademark of 盛记一品 (hereafter referred to as "Sheng Ji & Sheng Ji Yi Pin" trademark). There were 43 types of application, including such service items as restaurant and hotel. The Trademark Office accepted the case on May 8, 2007. The Defendant Ji Sheng F&B Management Co., Ltd. (hereafter referred to Ji Sheng Company), was established in October 2008. The Defendant Wang Wei is one of the two shareholders and holds 80% share. The Defendant Us-Asia Investment Holdings Group (Asia) Limited (hereafter referred to as Us-Asia Company) was registered in Hong Kong in April 2008, whose sole shareholder is Wang Jun. In June, 2008, Wang Yong transferred the trademark "Sheng Ji & Sheng Ji Yi Pin" to Us-Asia Company. Later, Us-Asia Company authorized Ji Sheng Company and its subordinate branches to use the trademarks "Sheng Ji" and "Sheng Ji Yi Pin" in Mainland China. In July 2008, Us-Asia Company applied to the Trademark Office of State Administration for Industry and Commerce for registration of the trademark on such foods as pastry and Dumplings.

Since 2008, the Defendants Miandao Company and Ji Sheng Company has been using the trademarks of "Sheng Ji" and "Sheng Ji Yi Pin" as the shop sign and brand name for such operation activities as soliciting customers, franchising and authorizing to use the brands. Relevant websites belonging to the two Defendants use the video snapshots of Shanghai Television interviewing with Wujiang Branch, and the same snapshots were also used in the large advertisement posters issued in the name of "Shanghai Sheng Ji Yi Pin Chain Restaurant". Besides, the Defendants Wang Yong and Wang Wei registered a website for Sheng Ji Yi Pin fried Dumplings, www. sjypgt. cn, to publicize the chain franchise of "Sheng Ji Yi Pin Fried Dumplings".

In April 2009, Sheng Ji Yi Pin Wujiang Branch received a "Declaration Letter" in the name of the Defendant, Us-Asia Company, claiming that there were a few shops with counterfeited brand "Sheng Ji Yi Pin Fried Dumplings" in Shanghai market without authorization of Us-Asia Company, and that someone reversed the fact and spread false information through slandering and defaming, etc., and requested that the false information deliverer surnamed Zhang immediately stop reputation infringement and apologize publicly. Besides, it is also requested in the letter that the shop signs of all the "Sheng Ji Yi Pin" fried dumplings shops without authorization of Us-Asia Company be removed immediately to stop infringing, otherwise it will resort to law for rights protection. The Defendants, Ji Sheng Company and Us-Asia Company posted the letter jointly on the website of Ji Sheng Company. During June and July in 2009, Ji Sheng Company entrusted a lawyer to send a Lawyer's Letter to the shopping mall management unit of "Sheng Ji Yi Pin" shop operated by the Plaintiff, Jingren Company, etc., claiming that the counterfeited "Sheng Ji Yi Pin" fried dumplings shop set up at the unit features poorly made products and poor conditions of hygiene, etc. and thus has caused wide confusion by the consumers, which has constituted unfair competition; Ji Sheng Company will take measures according to law to investigate and affix legal liability. Besides, Ji Sheng Company sent a Lawyer's Letter with similar content to outsiders Xingyuan Company, etc.

The Plaintiff, Zhang Sheng, alleged: The five Defendants were an experienced gang of vicious counterfeiting and infringing with clear division of labor. The series of behaviors implemented by them have constituted unfair competition with the Plaintiff and caused serious damage to the business reputation and economic interests of the Plaintiff. The Plaintiff thus requested the court to rule that (1) the five Defendants to stop all the behaviors of unfair competition by using the well-known special product name brand of the Plaintiff, "Sheng Ji" and "Sheng Ji Yi Pin"; 2. the Defendant, Ji Sheng Company, to stop the behavior of unfair competition by disseminating false information on its website to damage business reputation of the Plaintiff and commodity reputation; (3) the five Defendants to publish announcements on a page of Evening News (excluding the centre joint) to eliminate bad effect; (4) the five Defendants to jointly compensate the Plaintiff for its economic loss at RMB one million.

The Defendants Wang Yong, Miandao Company, Wang Wei and Ji Sheng Company co-argued that (1) the subject of the Plaintiff is not eligible; (2) "Sheng Ji & Sheng Ji Yi Pin" were originally created and firstly used by Wang Yong and Miandao Company; (3) The evidence provided by the Plaintiff cannot prove that the fried dumplings produced by the Plaintiff are well-known commodities; (4) the Plaintiff failed to prove that it enjoys prior right to "Sheng Ji" and "Sheng Ji Yi Pin"; (5) the Plaintiff failed to prove that the five Defendants deliberately contacted and relevant behaviors constitute behavior of joint infringement; (6) the large amount of compensation proposed by the Plaintiff lack evidence.

The Defendants Us-Asia Company did not respond to the suit or argue.

【Trial】

After the trial, Shanghai No. 2 Intermediate People's Court held that though the Plaintiff, Zhang Sheng, ran his business in a rented shop with business license at the beginning, it does not affect his claiming the right to the brand "Sheng Ji Yi Pin". According to the facts found, Shanghai Television once interviewed with Wujiang Branch operated by the Plaintiff and broadcasted the video, yet the Defendant, Miandao Company failed to provide sufficient evidence to prove its assertion of fact that it used "Sheng Ji Yi Pin" earlier than the Plaintiff. Therefore, the court supported the fact asserted by the Plaintiff, Zhang Sheng, that he used the commodity name "Sheng Ji Yi Pin" fried dumplings earlier. Because of wise management and interview with relevant media, the "Sheng Ji Yi Pin" fried dumplings of the Plaintiff had gained some popularity and should be ascertained as a well-known commodity according to law. The name of "Sheng Ji Yi Pin" fried dumplings was created based on one of the characters in the name of the Plaintiff, Zhang Sheng, which has distinct features distinguishing from the sources of same or similar commodities, and thus should be ascertained as a special name of a well-known commodity. The Defendants Miandao Company, Us-Asia Company and Ji Sheng Company used the special name of the well-known commodity of the Plaintiff without authorization, which made consumers confuse their products with the well-known products of the Plaintiff and misunderstand that the products of the Defendants were the well-known commodities. Thus the Defendants co-constituted unfair competition with the Plaintiff. The Defendant Ji Sheng Company fabricated and disseminated false facts, which caused damage to the business reputation and commodity reputation of one of the operators of the same trade, the Plaintiff, and constitutes unfair competition. Hereby, in accordance with Article 130 of *Civil Procedure Law of the People's Republic of China*, Article 134. 1 (1), (7) and (9) of *General Principles of the Civil Law of the People's Republic of China*, and Article 2. 1, Article 5. 2, Article 14 and Article 20. 1 of *Law of the People's Republic of China against Unfair Competition*, and Article 17. 1 of the *Interpretation of the Supreme People's Court on Some Issues Concerning the Application of Law in the Trial of Civil Cases Involving Unfair Competition*, the court hereby ruled that (1) the Defendants Miandao Company, Ji Sheng Company and Us-Asia Company shall stop their behavior of unfair competition by using the special name of the well-known commodity without authorization; (2) the Defendant Ji Sheng Company shall stop its behavior of unfair competition of commercial defamation; (3) the Defendants Miandao Company, Ji Sheng Company, and Us-Asia Company shall publish statement on the *Xinmin Evening News* to eliminate bad effect of their using the special name of the well-known commodity without authorization; (4) the Defendant Ji Sheng Company shall publish statement on the *Xinmin Evening News* to eliminate adverse effect for its unfair competition through commercial defamation; (5) The Defendants, Miandao Company, Ji Sheng Company, and Us-Asia Company shall assume joint and several liabilities for compensating the Plaintiff for his economic loss at RMB 100,000 yuan, including reasonable expenses; (6) The other claims of the Plaintiff are not supported.

After the first trial, Miandao Company and Ji Sheng Company lodged an appeal against the decision to Shanghai High People's Court.

After the trial, Shanghai High People's Court held that the findings of facts in the first instance had been fully proved and the application of laws was correct, thus dismissed the appeal and affirmed the original judgment.

【Comments and analysis】

I. Overview of Legal Protection of Unregistered Trademarks

The situation involved in this article is dispute caused by earlier used commodity (service) name being used by others without authorization. As a kind of business mark, commodity (service) name is unregistered trademark in nature. Therefore, before discussing legal protection of the commodity name in the case, it is necessary to overview the legal protection of unregistered trademarks briefly.

As is stipulated by Article 3 of *Trademark Law of the People's Republic of China*, the trademark registrant shall be entitled to enjoy exclusive right to trademark use, which is protected by the law. The direct result produced by trademark register is that trademark registrant can enjoy his/her exclusive right to be against trademark infringing behaviors, i. e., others are forbidden to use trademarks identical with or similar to registered trademarks on the same commodity or similar commodity without authorization of the trademark registrant.

The purpose of the establishment of the trademark system in our country is to guide and encourage operators to apply to register their trademarks and strengthen their means of self protection. The *Trademark Law of the People's Republic of China* targets mainly at protecting registered trademarks, and meanwhile it provides protection to unregistered trademarks meeting conditions of legal provisions. Take the protection of the *Trademark Law of the People's Republic of China* for unregistered well-known trademarks as an example. It is stipulated in Article 13. 1 in the *Trademark Law of the People's Republic of China* that: "Where a trademark in respect of which the application for registration is filed for use for identical or similar goods is a reproduction, imitation or translation of another person's trademark not registered in China and likely to cause confusion, it shall be rejected for registration and prohibited from use." With regard to protection for earlier used trademarks of some reputation, it is stipulated by Article 31 of the *Trademark Law of the People's Republic of China* that "An application for the registration of a trademark shall not create any prejudice to the prior right of another person, nor unfair means be used to preemptively register the trademark of some reputation another person has used."

Besides, the *Law of the People's Republic of China against Unfair Competition* provided some protection too for unregistered trademarks. It is stipulated by Article 5. 2 of the *Law of the People's Republic of China against Unfair Competition*: "Operators shall not adopt any of the following unfair means to carry on transactions in the market and cause damage to competitors: ... using, without authorization, the names, packaging or decoration peculiar to well-known goods or using names, packaging or decoration similar to those of well-known goods so that their goods are confused with the well-known goods of others, causing buyers to mistake them for the well-known goods of others." The protection for names, packaging and decoration peculiar to well-known goods in the aforesaid stipulation is in nature protection for unregistered trademarks.

Compared with strong protection for registered trademarks, the protection for unregistered trademarks is weak in that firstly the scope of protection for unregistered trademarks is limited. As is mentioned above, the law provides protection for only special circumstances stipulated by the law. Secondly, the degree of protection is also limited. The protection of the law for unregistered trademarks conforming to legal provisions can hardly reach the degree of protection for registered trademarks in protection mode and effort. For example, in the event that there is right conflict between trademarks registered earlier and trademarks registered later, and the latter holder raises the plea earlier and is set up, as far as current legal precedents are covered, the good result is the former keeping being used and co-exist with the latter; however, the former cannot obtain protection with the same degree as that obtained under the circumstance of established infringement on exclusive right to trademarks, i. e., forbidding using infringed marks completely. Besides, considering that the defined interested field of unregistered trademarks cannot usually obtain the scope of validity of registered trademarks throughout the country, nor can it stand abreast with registered trademarks in protection mode effort in such fields as compensation.

II. The Case is a Typical One of Unfair Competition by Counterfeiting Earlier Business Mark

The ruling of the case made explicit negative comment on the illegal action performed on the Defendant, which has significant meaning in protecting legal interests of honest operators and maintaining economic order of the market.

1. The Plaintiff enjoys relevant rights to the well-known goods, "Sheng Ji Yi Pin" fried dumplings

"Well-known goods" refers to goods which are known to the relevant public and enjoy some popularity in markets within Chinese territory. In this case, Wujiang Road in Jing' an District, Shanghai is a food street known for snacks. Because of wise management, the brand of "Sheng Ji Yi Pin" fried dumplings was accepted by consumers and enjoys a good reputation among consumers. The broadcast of the program of Wujiang Branch interviewed with Popular Delicacies of Shanghai Television produced great advertising effect, which further improved the reputation of the brand of "Sheng Ji Yi Pin" fried dumplings. Later, the Plaintiff Zhang Sheng expanded his business in Shanghai by chain store operation. Therefore, "Sheng Ji Yi Pin" fried dumplings have enjoyed some popularity and shall be ascertained as a well-known commodity according to the law. The Defendant proposed that the Plaintiff runs his business by borrowing other's business license, thus the goods he operates were not legally qualified to be well-known goods. With regard to the proposal, the court held that even if the behavior of the Plaintiff's borrowing other's business license to operate violated relevant administration laws, it shall be dealt with by relevant administrative bodies and it does not affect the civil rights and interests enjoyed by the Plaintiff to the brand of "Sheng Ji Yi Pin" created and used by the Plaintiff in actual operation.

2. The behavior of the Defendant's using similar trademark to that of the well-known goods of the Plaintiff constitutes unfair competition

As stipulated by Article 5. 2 of the *Law of the People's Republic of China against Unfair Competition*, the Operators shall not use, without authorization, the names, packaging or decoration peculiar to well-known goods or use names, packaging or decoration similar to those of well-known goods so that their goods are confused with the well-known goods of others, causing buyers to mistake them for the well-known goods of others. In this case, the Defendant applied for registration of the trademarks of "Sheng Ji" and "Sheng Ji Yi Pin" and claimed to enjoy the rights to the trademarks. The characters used in the trademarks are the same as the name "Sheng Ji Yi Pin" fried dumplings of the Plaintiff. It is found by comparing the trademarks and the shop sign used by the Plaintiff that, though there is slight different between the typefaces used in "Sheng Ji" and "Sheng Ji Yi Pin" in Chinese characters, visually there is no substantial difference between the two if observed based on general attention of consumers, thus it is well likely to cause confusion and mistaking of consumers. The so-called pictures used by the Defendants, Miandao Company and Ji Sheng Company on relevant websites which show Shanghai Television's interviewing with "Sheng Ji Yi Pin" franchise store, is in fact video snaps of Shanghai Television's interviewing with Sheng Ji Yi Pin Wujiang Branch operated by the Plaintiff. After the TV program of Shanghai Television's interviewing with Sheng Ji Yi Pin Wujiang Branch was broadcast, "Sheng Ji Yi Pin" brand had gained some popularity, thus Miandao Company, as a restaurant management enterprise engaging in operation in Shanghai area, must have known this to a certain extent. The aforesaid behavior of stealing video snapshots is sufficient to prove that the Defendants counterfeited deliberately, which violated the principle of honesty and integrity and recognized business ethnics which should have been obeyed by operators.

3. The Defendants of the case co-performed the involved behavior of unfair competition

The case features multiple defendants, covert infringing means and integrated infringing behavior. On the surface, the infringing behaviors performed by each Defendant are independent of one another, but it is quite difficult to ascertain their respective infringing nature if examined in the perspective of individual behaviors. By analyzing and concluding large quantities of evidence, we can find that the infringing behaviors of the Defendants were interlinked after combing through the case on the whole. For example, after Wang Yong applied for registration of the trademark, he authorized Miandao Company to use the trademark, and meanwhile, he became a shareholder and senior manager of Miandao Company; after Wang Yong transferred the trademark to Us-Asia Company, Us-Asia Company permitted Ji Sheng Company, which is held by the Defendant, Wang Wei, to use the trademark. The sponsor, person in charge as well as contact person of www. sjypgt. cn, the website of Sheng Ji Yi Pin fried dumplings which counterfeited the trademark, is nobody else but Wang Yong. It thus can be seen that the Defendants are involved in a relation of co-conspiracy, division of labor to cooperate, and they co-performed the behavior of unfair competition by counterfeiting others' special name of well-known goods and conducted commercial defamation. Besides, according to evidence and statement of the clients, it can be ascertained that the infringing behaviors of Wang Yong and Wang Wei were duty behaviors representing respectively Miandao Company and Ji Sheng Company. Therefore, the court finally ordered Miandao Company, Ji Sheng Company and Us-Asia Company to assume joint and several liabilities for infringing the rights of the Plaintiff.

(Written by: Li Guoquan)

Determination on Trade Secret of Database of Registration Information of Network Users

—Quzhou Wanlian Network Technology Co., Ltd. v. Zhou Huimin, *et al.* Infringement on Trade Secret

【Summary】

Information database registered by users is core asset of relevant websites, whose ownership can be enjoyed the operator of the website according to the principle of obtaining property right. The database of registration information of network users, if conforming to the requirements of "secrecy, practicability and confidentiality", may be protected as trade secret according to the law; if it does not constitute trade secret, it may be protected as an ordinary property infringement case. This case provides some reference for how to determine the ownership of registration information of network users as well as trade secret; meanwhile, it reminds network operators to take necessary measures of crypto security for databases of registration information of network users, so as to maintain enterprise competitiveness and avoid legal risks.

【Facts】

Plaintiff (Appellant): Quzhou Wanlain Network Technology Co., Ltd.

Defendant (Appellee): Zhou Huimin

Defendant (Defendant at first instance): Feng Ye

Defendant (Defendant at first instance): Chen Yunsheng

Defendant (Defendant at first instance): Chen Yufeng

Defendant (Defendant at first instance): Chen Yongping

Cause of Action: Dispute over infringement on trade secret

Case No. at First Instance: (2010) HU-Er-Zhong-Min-Wu-(Zhi)-Chu-Zi No. 57

Case No. at Second Instance: (2011) HU-Gao-Min-San-(Zhi)-Zhong-Zi No. 100

The Plaintiff Quzhou Wanlian Network Technology Co., Ltd. (hereafter referred to as "Wanlian Company") was established in May, 2001. Its legal representative is Qiu Qi. In June, 2001, the Plaintiff Wanlian Company and the Defendant Zhou Huimin signed a written employment contract with a term of two years. According to the contract, Zhou Huimin shall create a website and develop software programs for the Plaintiff, and both parties agreed that within the contract term or after the expiration of the contract, Zhou Huimin shall not, without consent of the Plaintiff, let out the secret of, transfer, and use for others the software programs in the ownership of Wanlian Company. The contract was not renewed after expiration of the contract; however, before Zhou Huimin left his job in May 2004, he had been holding the post of core technician of the company of the Plaintiff.

In May 2002, the Plaintiff registered a website whose domain name is *www. boxbbs. com* (hereafter referred to as the involved website) to operate online games. The software program of the website is mainly designed by the Defendant, Zhou Huimin. Besides, passwords were set for the network database, which were only known to Qiu Qi, the legal representative of the company of the Plaintiff and the Defendant, Zhou Huimin. The involved network gained good momentum for development, and by the beginning of 2004, the number of registered users had reached 550,000.

The Defendants Feng Ye, Chen Yunsheng and Chen Yufeng became shareholders of the Plaintiff in November 2003, and held posts of operating management. The Defendant, Chen Yongping was hired to hold the post of technical director of the company of the Plaintiff during March 2003 and July 2003. In June 2004, the five Defendants, including Zhou Huimin, etc. left their jobs in the company of the Plaintiff and published a joint declaration that in view of the situation in which the company of the Plaintiff was unable to ascertain the stock rights of the business starting personnel, all the former core members of the team, Zhou Huimin, Feng Ye, Chen Yunsheng, Chen Yufeng, and Chen Yongping, decided to leave their jobs to establish a new Box01 working team and register a new company; reclaim the Boxbbs source program and database data in the possession of the new company; relevant legal liabilities faced by Box01 working team would be co-assumed by the five Defendants including Zhou Huimin.

After that, the five Defendants registered two websites in succession whose domain names were *www. box2004. com* and *www. ibox. com. cn* (hereafter referred to as the alleged infringing website) to operate online games. The Defendant Zhou Huimin used the database which includes registration information of users and was downloaded from the involved website as well as software programs originally developed to be used for the involved website for the abovementioned alleged infringing website, and guided the registered users of the involved website to the alleged infringing website by means of online announcement, etc. Besides, he modified the configuration files of the software programs of the involved website, causing the involved website unable to run.

The Plaintiff Wanlian Company alleged that the involved website had been keeping a good momentum of development, ranking around the 1100th among global websites. The five Defendants conspired to establish Box01 working group and co-decided to infringe website data and source programs of the Plaintiff. The Defendant Zhou Huimin used the passwords to the involved website in his hand to log in and download database of the website for opening the alleged infringing website. Meanwhile, he modified the character strings in the application configuration files of the involved website. The aforesaid behaviors of the five Defendants infringed trade secrets of the Plaintiff, making the involved website unable to run and causing enormous economic loss to the Plaintiff. Therefore, the Plaintiff requested that the court order that the five Defendants shall compensate the Plaintiff for its economic loss at RMB 4,858,000 yuan and reasonable expenses at RMB 150,000 yuan.

The Defendant Zhou Huimin argued that the involved website is a personal website instead of corporate website, and the database and all the information in the database shall belong to the Five Defendants and Qiu Qi, thus the Defendant Zhou Huimin is entitled to use them. The users' information in the database of the involved website does not meet constitutive requirements and thus does not belong to trade secret; the Defendant, Zhou Huimin, is the copyright owner of the collective works of the database of the involved website; the Defendant, Zhou Huimin, brought only a copy of the backup data with him when he left the company of the Plaintiff, but he did not perform any behaviors which damage the involved website. In summary, the Defendant asked that the court dismiss all the claims of the Plaintiff.

【Trial】

After the trial, Shanghai No. 2 Intermediate People's Court held that there were two focuses of dispute, namely (1) attribution of right of the database which includes registration information of users and which was formed during the operation of the involved website; (2) whether the users' information in the database of the involved website belonged to trade secret.

With regard to the first focus of dispute, the Plaintiff registered the involved website in the name of its company, and during the external commercial operation of the involved website, the Plaintiff has always been the actual manager. The five Defendants' argument that the involved website is personal website instead of corporate website has not corresponding evidence to support. Even if there were no formal labor contracts between the Plaintiff and the five Defendants, and that the Plaintiff did not pay salary regularly for the Plaintiff, according to relevant evidence, the five Defendants acknowledged the fact that they worked for the Plaintiff and agreed to continue to work for the Plaintiff based on the premise that they did not receive salaries. The behaviors of the five Defendants' participation in the technical development, maintenance and commercial operation, etc. belong to behaviors that company staff execute their duties, and do not represent the five Defendants' ownership of the website and its database. Therefore, the Plaintiff, as the domain name owner and actual operator of the involved website, owns proprietary of the database formed during its operation of the website.

With regard to the second focus, according to relevant provisions of the *Law of the People's Republic of China against Unfair Competition*, trade secrets refers to the technical information and operational information which is not known to the public, which is capable of bringing economic benefits to the owners of the rights, which has practical applicability and which the owners of the rights have taken measures to keep secret. In this case, the trade secret proposed by the Plaintiff is users' info in the database of the involved website, including username field of registered users, registered password field, and registered time field, etc. The court held that firstly, the aforesaid users' info belonged to operation information formed during long-term business activities of the involved website, and the Plaintiff contributed creative intellectual effort in attracting online gamers to register in the website and communicate on it. Although such information as registered user names, registration passwords and registration time is relatively easy to obtain, integrated mass user information about over 500,000 registered users formed by user names, registered passwords and registration time is not easy to be known generally and obtained by personnel in relevant fields. Secondly, the aforesaid users' info proved that the involved website, as a game website, has a large size of user group and visitor volume, and the visitor volume of the website is closely related to such economic interest as advertising revenue of the website. Therefore, the aforesaid users' info can bring economic interest to the Plaintiff and thus features practicality. Lastly, the Plaintiff set passwords for the database of the involved website, and the passwords were known only to the Defendant, Zhou Huimin, who was a major technician and Qiu Qi, the legal representative of the Plaintiff. Besides, there are terms of confidentiality in the *Employment Contract* signed by the Plaintiff and the Defendant, Zhou Huimin. Therefore, it can be ascertained that the Plaintiff had taken security measures aiming at the aforesaid users' info. Hence, the court ascertained that the users' info in the database of the involved website, including registered user name field, registered password field, and registration time field, etc., belongs to trade secret and shall be protected by the law.

The Defendant, Zhou Huimin, without authorization of the Plaintiff, utilized the database passwords to have copied and downloaded the database including users' info from the involved website of the company of the Plaintiff, and used the database for business activities of the alleged infringing website, which infringed trade secret of the Plaintiff. The other four Defendants were co-infringers and shall co-assume the civil liabilities for compensation for the loss. In view of the fact that neither the actual loss of the Plaintiff nor the profit gained by the Defendants can be ascertained, the court put all relevant factors and the circumstance into consideration to determine the amount of compensation including reasonable expenses. Accordingly, in accordance with Article 130 of *Civil Procedure Law of the People's Republic of China*, Article 134. 1 (7) of *General Principles of the Civil Law of the People's Republic of China*, Article 10. 1 (1), (2), Article 10. 3 and Article 20 of *Law of the People's Republic of China against Unfair Competition*, and Article 9, Article 10, Article 11, Article 14, Article 17. 1 of *Interpretation of the Supreme People's Court on Some Issues Concerning the Application of Law in the Trial of Civil Cases Involving Unfair Competition*, the court hereby ruled: the five Defendants shall jointly compensate the Plaintiff, Wanlian Company, for its economic loss, including reasonable expenses at RMB 1 million yuan.

After the first instance judgment was made, Zhou Huimin lodged an appeal against the ruling to Shanghai High People's Court.

After the trail, Shanghai High People's Court held that the findings of facts in the first instance had been fully proved and the application of laws was correct, thus dismissed the appeal and affirmed the original judgment.

【Comments and analysis】

Presently, almost all business-related websites adopt the business model based on membership system, thus registration information database of network users is considered an indispensable "key facility" to the network industry. Yet, the understanding of the legal nature of the database of registration information of website users is still unclear, which goes against the development of the network and information industry in a healthy and ordered way. The interpretation of the two focus issues in this case has well clarified our understanding in the respect.

I. The Ownership of the Database of Registration Information of Website Users is the "Preliminary Question" in Dispute in the Case

If the five Defendants are the subjects of right of the database, there can't be the status of infringement, and it didn't need to determine on whether the database belongs to trade secret. Because there are some ambiguities with regard to the property rights of the website in this case, clients of both parties held that the issue of ownership of the database of registration information of website users belongs to determination on the website owner. Seen from the findings of facts of this case, the Plaintiff, Wanlian Company is the domain name registrant of the website, which, as the actual business operator of the website, meets not only formal requirements for right holder, but also substantive requirements for right holder. Therefore, the involved website ought to be independent corporate property of Wanlian Company, which, as the first person responsible, shall enjoy the benefits and take the risks of all the results incurred by operation of the website. Meanwhile, based on the rule of acquisition of property right, registration information of users shall be network data and information designed by registered users themselves and kept and operated by the website. They are objective material information obtained during the process of website operation, as well as derivative information product produced by Wanlian Company in investing in and operating the involved website, and thus shall be brought into the scope of "responsible property" of Wanlian Company. Though the five Defendants including Zhou Huimin, as key technical and managerial persons of the company of the Plaintiff, had made significant contributions to the development of the website, their behaviors were merely behaviors of performing duties for the company, whose consideration shall be remunerations and even stock ownership incentive, but shall not be direct obtainment of owernership of the corporate property. Even if we consider the database program as a piece of work made for hire whose copyright is held by the Defendant, Zhou Huimin, the information of registered users of the website was not the direct result of Zhou Huimin's intellectual creation, but rather the information result obtained by Wanlian Company of the Plaintiff after it invested the program as a tool into the website operation. Therefore, the ownership of the information of the registered users of the website shall be enjoyed by Wanlian Company.

II. In Accordance with Provisions of *the Law of the People's Republic of China against Unfair Competition* and Relevant Judicial Interpretations, Trade Secrets Shall Have Three Features - Secrecy, Practicability and Confidentiality

Secrecy refers to the state of relevant information being kept secret, which is not generally known to or easily obtained by relevant personnel in the field. Practicability refers to the realistic or potential business value of relevant information, which can bring competitive advantages to the right holder. Confidentiality refers to that the right holder has taken reasonable corresponding protective measures aiming at specific circumstances such as business value for the purpose of preventing leakage of information when the relevant information is in the environment of secrecy. Generally speaking, confidentiality and practicability belong to objective intrinsic attributes of relevant information. Despite that they are closely related to the investment of the right holder in the R&D and management, the attainment and degrees of these attributes are limited by the development level of the industry, and over them the right holder has little control; whereas confidentiality is mainly dependant on the sense of confidentiality of the right holder and extrinsic measures of confidentiality. In this case, the secrecy and practicability of the database of registration information of the website users were formed substantially naturally, but the appropriate measures of confidentiality taken by the company of the Plaintiff enabled the database to have the three complete features of trade secret, and thus enabled it to gain legal protection as trade secrets. What needs to be pointed out is that the database of registration information of website users includes personal registration information and has much to do with the normal use of the network by users, thus the leakage of the database is highly likely to cause damage to massive network users and trigger disputes. It can be seen that to website operators, taking necessary measures of confidentiality for the database of registration information of website users is not only required by safeguarding core assets of the website and maintaining competitiveness of the enterprise, but it is also required by protection of personal information of massive network users and avoiding the legal risks of nonfeasance infringement.

In conclusion, the ruling of this case has some guiding significance in determining the ownership of database of registration information of network users and its nature of trade secret; meanwhile, it reminds website operators to take necessary measures of confidentiality for database of registration information of network users, so as to maintain enterprise competitiveness and avoid legal risks. However, if databases of registration information of users of other websites do not meet the constitutive requirements for trade secrets because no measures of confidentiality similar to those in this case are taken, we believe they can be protected by the law based on cause of action of ordinary property right as well as the nature of the property of the database of the registration information of website users.

(Written by: Hu Mi)

Role of Amount of Money of Crime Affirmed by Criminal Judgment in Determining on Compensation for Damage Caused by Civil Infringement

—Techniques Surfaces Management (Shanghai) Co., Ltd. v. Wei Chenggang, *et al.* Dispute over Trade Secret Infringement

【Summary】

Where the right holder files civil tort actions after the behaviors of the Defendant have been affirmed to have constituted a crime of infringing trade secret by efficient criminal judgment, the people's court may determine on the corresponding compensation amount by adopting the infringement profit affirmed in the criminal judgment, and taking into consideration the reasonable expenses of the right holder on stopping the infringement.

【Facts】

Plaintiff (Appellee): Techniques Surfaces Management (Shanghai) Co., Ltd.

Defendant (Appellant): Wei Chenggang

Defendant (Appellant): Li Dizhun

Defendant (Appellant): Shanghai Ouben Surface Treatment Techniques Co., Ltd.

Cause of Action: Disputer over infringement on trade secrets

Case No. at First Instance: (2010) HU-Er-Zhong-Min-Wu-(Zhi)-Chu-Zi No. 19

Case No. at Second Instance: (2011) HU-Gao-Min-San-(Zhi)-Zhong-Zi No. 56

In July 1998, the Plaintiff, Techniques Surfaces Management (Shanghai) Co., Ltd. (hereafter referred to as TSMa) obtained the metal surface heat treatment technology (referred to also as "SURSULF" or "ARCOR" technology) of the Hydromécanique et Frottement (HEF) Group in France through authorization, and it has formed production capacity above designated scale.

In November 2000, Xu Wen was employed by the Plaintiff as the General Manager to be responsible for the corporate operation and management, and signed a *Confidentiality Agreement* with the Plaintiff. Xu Wen left his job in March 2001. Wei Chenggang was employed by the Plaintiff as the Manager of the Market Department in December 2001 and was dismissed in the same year. In August 1999 Li Dizhun was employed as the Manager of the Department of Technology and signed a *Confidentiality Agreement* with the Plaintiff. During his job tenure, he once directly participated, on behalf of the Plaintiff, in the whole process of the Plaintiff's experiment on processing air valve of automobiles for Shanghai Eaton Engine Components Company, Ltd. (hereafter referred to as Eaton Co., Ltd.), and mastered the entire technological process and key technologies of the business.

When Wei Chenggang was holding the post of Manager of the Market Department of the company of the Plaintiff from February 2001 to May 2001, he co-established Shanghai Ouben Surface Treatment Techniques Co., Ltd. (hereafter referred to as Ouben Company) which engages in metal surface heat treatment with Xu Wen, who was then holding the post of General Manager of the company of the Plaintiff. In March in the same year, Xu Wen ordered 3 customized electric furnaces from the equipment supplier of the Plaintiff, Industrial Furnace Plant in Changxing County, Zhejiang Province based on the requirement of the Plaintiff, i. e. "For the temperature control of the salt bath sulfo-nitrocarburizing furnace, the technology of dual temperature control over heating chamber (outside salt bath vessel) and salt bath chamber (inside the vessel) respectively should be used" (hereafter referred to as dual temperature control technology), and were delivered to Ouben Company for use in June in the same year. As the General Manager of Ouben Company, Xu Wen is responsible for the operation and management of Ouben Company, while Wei Chenggang, as the Deputy General Manager, is in charge of such affairs as quality control. Xu Wen and Wei Chenggang enticed Li Dizhun to work for Ouben Company by the promise of richly-paid job. In August in the same year, Li Dizhun took advantage of the convenience of his working as the Manager of the Department of Technology of the Plaintiff, copied documents of the company of the Plaintiff such as *Operation Instruction*, *Program Files in Quality Management Manual* and *Engineering Flow Sheet* to a floppy disk, and resigned immediately from the company of the Plaintiff to hold the post of Manager of the Department of Technical Quality Department in Ouben Company. Afterwards, Xu Wen and Wei Chenggang took over the business of Eaton Co., Ltd. with lower price which was originally undertaken by the Plaintiff. Based on the technical requirements of the aforesaid stolen documents, Wei Chenggang and Li Dizhun compiled another set of the *Operation Instruction*, *Program Files in Quality Management Manual* and *Engineering Flow Sheet* for Ouben Company to guide the production of the Ouben Company. From July 2001 to December 2003, Xu Wen, Wei Chenggang and Li Dizhun used technologies of material surface salt-bath nitridation and oxidation of the Plaintiff as well as tools and equipment such as salt bath furnace which were customized based on technical requirements of the Plaintiff, to provide metal surface heat treatment processing service for Eaton Co., Ltd., Shanghai Qiule Industrial Co., Ltd., and Hangzhou Hangfa Crank Axle Co., Ltd., etc., and made a profit of over RMB 970,000 yuan.

On June 19, 2008, Shanghai Yangpu District People's Court sentenced Wei Chenggang and Li Dizhun corresponding years in prison and fines, etc. Wei Chenggang and Li Dizhun lodged an appeal against the ruling to the court of original jurisdiction. The court of original jurisdiction ruled to dismiss the appeal and affirm the original judgment.

It is shown by the expert conclusion issued by Shanghai Science and Technology Consultant Service Center that: (1) the salt-bath nitridation surface treatment technology of the Plaintiff and the experience and tricks of the trade (including special technological equipment such as slag salvaging basket and clamping apparatus) in the process of transferring the technology into scaled production constitute proprietary technologies of the company, and belong to non-public information in this industry. The salt bath nitridation surface treatment technology used by Ouben Company is basically the same as that used by Shefu Company; (2) the specific processing technique (i. e. *Engineering Flow Sheet*) compiled by the Plaintiff aiming at the specific processing object, i. e., the specific client Eaton Co., Ltd., is a specific technological document compiled by the company of the Plaintiff based on its own aforesaid specific factors by reasonably choosing working procedure and parameters, and thus belongs to non-public technology. The result of comparison between relevant *Engineering Flow Sheets* of Ouben Company and the 11 *Engineering Flow Sheets* corresponding with the Plaintiff is: the two are the same in working procedure, and same or substantially same in technological parameters of relevant working procedure.

The Plaintiff, TSMa alleged that the efficient criminal adjudicative document affirmed by the law that the acts of the Defendants, Wei Chenggang and Li Dizhun, constituted crime of invading trade secrets, and that the Defendants caused an economic loss amounting to RMB 970,000 to the Plaintiff. The Defendants, Wei Chenggang and Li Dizhun were direct infringers, thus the Plaintiff is entitled to claim civil compensation for the damage caused by the infringement from the infringers by the law in accordance with the efficient criminal judicial verdict; the Defendant, Ouben Company, served as the tool and profit earning approach for the Defendants, Wei Chenggang and Li Dizhun, to perform the criminal behavior of invading trade secrets, and the Defendant, Ouben Company has independent qualification of civil subject, thus the Plaintiff is also entitled to affix the joint and several liabilities of the Defendant, Ouben Company, for compensation according to the efficient criminal judicial verdict by the law. Therefore, the Plaintiff requested the court to order: (1) the Defendants Wei Chenggang, Li Dizhun and Ouben Company to apologize to the Plaintiff; (2) the Defendants, Wei Chenggang, Li Dizhun and Ouben Company to stop their behaviors of invading trade secrets of the Plaintiff until the trade secrets have been known to the public; (3) the Defendants, Wei Chenggang, Li Dizhun and Ouben Company to jointly compensate the Plaintiff for its economic loss which totals RMB 1.378 yuan million (including direct economic loss of RMB 970,000 yuan and attorney fee and investigation charge of RMB 408,000 yuan).

The Defendants, Wei Chenggang and Ouben Company co-argued: (1) Technology secrets belong to property right, thus the Plaintiff has no evidence to prove that the behaviors of the Defendants infringed its identity right, thus the Plaintiff's asking the Defendants to apologize lacks legal basis. (2) The Plaintiff has no trade secrets. (3) The Defendants did not perform any behaviors of invading the so-called trade secrets of the Plaintiff, and there are clear errors in the criminal judgment and criminal verdict in procedure, facts determination and applicable laws, and thus shall not be adopted by the court. (4) Even if there is loss caused to the Plaintiff, it did not have legal causal relationship with the Defendants. In conclusion, the accusation of the Plaintiff lacked the minimum factual evidence and legal basis, and thus the Defendants requested the court to dismiss the appeal of the Plaintiff.

The Defendant Li Dizhun argued: (1) The Plaintiff had not implemented the

QS document complied by the Plaintiff by October 2003. He entered Ouben Company at the end of August 2001, by which time Ouben Company had started mass production, without implementing the QS. The compilation of QS document of Ouben Company started in October 2002. (2) There are no labor contracts or confidentiality agreements signed between the Defendant and the Plaintiff, thus it lacks essential condition of confidentiality in the Plaintiff's claiming that the Defendant infringed its technical secrets. His replies in other aspects were same as those of Wei Chenggang and Ouben Company. He requested the court to dismiss the appeal of the Plaintiff.

【Trial】

After the trial, Shanghai No. 2 Intermediate People's Court held that

1. The Plaintiff started to process and trial-manufacture air valves of automobiles for Eaton Co., Ltd. in 1998. During the process, the Plaintiff used the metal surface heat treatment technology authorized by HEF Company and developed a set of special technologies combined for specific processing business. The Plaintiff input technical force and material resources into the special technology, and agreed on terms of confidentiality in relevant agreements signed with Eaton Co., Ltd., and Industrial Furnace Plant in Changxing County, Zhejiang Province, etc. Besides, such words as "controlled" were stamped on relevant technical documents as secrets to be protected. Therefore, it should be affirmed that the relevant technologies and the whole set of technological process applied by the Plaintiff in processing air valve of automobiles for Eaton Co., Ltd. belong to trade secrets which are not known to the public, which can bring economic interests, which features practicability and for which the right holder took measures of confidentiality.

2. Xu Wen, General Manager of the Plaintiff's company and the outsider of the case, Wei Chenggang and Li Dizhun, Managers of Market Department and Department of Technology of the Plaintiff's company, must have known that the Plaintiff input manpower and material resources and took measures of confidentiality. According to law, the aforesaid personnel shall assume obligation of maintaining confidentiality for the involved technologies of the Plaintiff; however, Xu Wen and Wei Chenggang employed improper means to seek interests by cutting out processing business of the Plaintiff from Eaton Co., Ltd. and processing and producing in Ouben Company. According to, Ouben Company used key technologies and technological process which were substantially same with those of the Plaintiff when it

processed products for Eaton Co., Ltd., and there is also evidence of technical documents of *Operation Instruction*, *Program Files in Quality Management Manual* and *Engineering Flow Sheet*, therefore, the court affirmed that Li Dizhun and Wei Chenggang co-performed the behavior of invading trade secrets of TSMa. Ouben Company, as direct carrier to infringe the trade secrets of the Plaintiff, should assume legal liabilities for such infringement. According to factum probantia of the clients of the case as well as relevant provisions of civil evidence rules on facts determined by efficient judgment documents, the court affirmed that the three Defendants co-infringed the trade secrets of the Plaintiff. In conformity to the law, the three Defendants co-infringed trade secrets of others, and thus shall jointly assume civil liabilities such as stopping infringement and compensating for the loss.

3. In this case, great economic loss was caused to the Plaintiff because the Defendants stole trade secrets of the Plaintiff and cut out processing business from Eaton Co., Ltd. Under the circumstance that the loss caused to the Plaintiff because of the infringement act of the Defendant is unable to be calculated, the court affirmed, based on the facts ascertained in this case and facts affirmed in the criminal case, that Ouben Company made a profit of over RMB 970,000 yuan out of its infringement act. Reasonable expenses paid by the Plaintiff on investigating and obtaining evidence of the Defendant's infringement act shall also be supported by the law according to the circumstances together with the profit gained by the infringer. The behaviors of the Defendants, Wei Chenggang, Li Dizhun and Ouben Company constitutes joint infringement, therefore the three Defendants shall assume joint and several liabilities.

In summary, in accordance with Article 118, Article 130, Article 134. 1 (1), (7) and Article 134. 2 of *General Principles of the Civil Law of the People's Republic of China*, Article 10 and Article 20. 1 of *Law of the People's Republic of China against Unfair Competition*, Article 9, Article 10, Article 11, Article 16. 1, and Article 17. 1 of *Interpretation of the Supreme People's Court on Some Issues Concerning the Application of Law in the Trial of Civil Cases Involving Unfair Competition*, and Article 9 of *Some Provisions of the Supreme People's Court on Evidence in Civil Procedures*, Shanghai No. 2 Intermediate People's Court hereby ruled: (1) The Defendants, Wei Chenggang, Li Dizhun and Ouben Company shall, from the date on which the ruling takes effect to the date on which the dispute over the right to trade secrets of the Plaintiff, TSMa in issue was terminated, stop invading the trade secrets in issue of the Plaintiff, TSMa; (2) The Defendants, Wei Chenggang, Li Dizhun, and Ouben Company shall, within 10 days from the date on which the ruling takes effect, assume joint and several liabilities for compensating the Plaintiff, TSMa, for its economic loss including reasonable expenses at RMB 1.05 million; (3) The other claims of the Plaintiff, TSMa are not supported.

Wei Chenggang, Li Dizhun and Ouben Company lodged an appeal against the ruling to Shanghai High People's Court.

The Appellants, Wei Chenggang, Li Dizhun and Ouben Company co-alleged: the technical authentication report on the number of documents issued by Shanghai Science and Technology Consultant Service Center should not be admitted evidence; the technologies claimed to be protected by the Plaintiff are the prior art; the business of Eaton Co., Ltd. gained by Ouben Company belongs to normal market operation behavior and is nothing illegal or improper; the compensation amount affirmed by the court of original jurisdiction is excessive. Accordingly, the Appellants requested the court to abrogate the judgment in the first instance and dismiss the claims of the Appellee.

The Appellee TSMa argued that according to provisions of law, the efficient criminal legal documents have absolute probative force, in which the facts have been affirmed. The facts of infringement by three Defendants in the first instance were clear. The loss claimed by the Plaintiff has lawfully recognized evidence and is calculated appropriately.

After trial, Shanghai High People's Court held that the finding of fact by the court of first instance was true.

Shanghai High People's Court held that the relevant technologies and the whole technological process applied to the business of processing air valve of automobiles by TSMa for Eaton Co., Ltd. is not known to the public; besides, it can bring economic interests to TSMa and features practicability. Moreover, TSMa has taken measures of confidentiality for them; therefore, the aforesaid technologies and the whole technological process meet constitutive requirements for trade secrets, and are trade secrets of TSMa, thus shall be protected by the law according to law. Wei Chenggang, Li Dizhun and Ouben Company disclosed and used the aforesaid trade secrets without authorization of TSMa. The aforesaid behaviors of the three Defendants jointly infringed the aforesaid trade secrets owned by TSMa, and they shall assume civil liabilities such as stopping infringement and compensation for the loss according to law. In accordance with provisions of Article 153. 1 （1） and Article 158 of *the Civil Procedure Law of the People's Republic of China*, the court hereby ruled: the appeal was dismissed and original judgment was affirmed.

【Comments and analysis】

This case is a typical one that employees resigned to set up a new company and then infringed trade secrets of their former employer. Meanwhile, this case is also a civil tort action took by the right holder after the Defendants have been ascertained by the efficient criminal judgment to have constituted crime of breaching trade secrets. The major focuses of dispute of this case is whether the Defendants constituted trade secret infringement and how to determinate on the amount of compensation.

I. Issue on Whether the Defendants Constitute Infringement on Trade secrets

In accordance with provisions of laws in China, clients need not provide proof on facts which have been affirmed by judgment of people's courts with legal effect, unless clients have opposite evidence which is sufficient to overturn the facts. In this case, Xu Wen and Li Dizhun signed *Confidentiality Agreement* with the Plaintiff; Xu Wen and Wei Chenggang lured Li Dizhun to work for Ouben Company by promise of fat salary; Wei Chenggang and Li Dizhun compiled *Operation Instruction*, *Program Files in Quality Management Manual* and *Engineering Flow Sheet* of Ouben Company based on the technical requirements in the stolen documents of the Plaintiff for the purpose of guiding the production of Ouben Company; During the period from July 2001 to December 2003, Wei Chenggang and Li Dizhun utilized the technologies of material surface material surface salt bath nitridation and oxidation of the Plaintiff as well as tools and equipment such as salt bath furnace which were customized based on technical requirements of the Plaintiff, to provide metal surface heat treatment processing service for Eaton Co., Ltd., etc. All of the aforesaid facts have been affirmed by the paper of sentence of the people's court with legal effect. Though the three Defendants raised an objection to the aforesaid facts, they failed to provide sufficient opposite evidence to overturn the aforesaid facts.

The authentication report on the number of documents issued by Shanghai Science and Technology Consultant Service Center was made by different expert panels of authentication, and all of the expert conclusions were the same: the relevant technologies and the whole technological process applied to the business of processing air valve of automobiles by TSMa for Eaton Co., Ltd. belong to special technologies not known to the public; Ouben Company used substantially identical key technologies and technological process with those of TSMa in the process of processing products for Eaton Co., Ltd.; the technical content of the *Operation Manual of Salt Bath Sulfo-nitrocarburizing and Nitrocarburizing Compound Treatment Process* of Wuhan Research Institute of Materials Protection Chemical Heat Treatment Technology Co., Ltd. does not involve the special technology used by the Plaintiff in its production. Though the three Defendants raised doubts about the aforesaid authentication report, they failed to provide sufficient evidence to overturn the aforesaid authentication conclusion. The three Defendants further raised a proposal that "From June 2001 to October 2002, Ouben Company actually used the crude salt and matching technology of Wuhan Research Institute of Materials Protection for production, and then used its self-developed technology for production"; however, they failed again to provide sufficient evidence to support.

Therefore, in this case, the court affirmed that the three Defendants infringed trade secrets owned by the Plaintiff by the law based on relevant facts affirmed by the efficient paper of sentence as well as relevant authentication report admitted as evidence, which were factual and legal basis.

II. Issue on Determination on the Amount of Compensation

The Plaintiff requested that the three Defendants compensate the Plaintiff for its economic loss of a total amount of RMB 1.378 million, which includes direct economic loss of RMB 970,000 and attorney fee and investigation charge of RMB 408,000. In this case, great economic loss was caused to the Plaintiff because the Defendants stole trade secrets of the Plaintiff and cut out processing business from Eaton Co., Ltd. Under the circumstance that the actual loss suffered by the Plaintiff because of the infringement act of the Defendant is unable to be calculated, the court affirmed, based on the facts ascertained in the criminal case, that Ouben Company made a profit of over RMB 970,000 yuan out of its infringement act. Meanwhile, considering that for the purpose of stopping the infringement act of the three Defendants the Plaintiff actually conducted investigation, obtained evidence, and hired attorneys to participate in the lawsuit of this case, the court supported the reasonable expenses paid by the Plaintiff on stopping the Defendant's infringement act of the three Defendants according to the actual circumstances in this case. In the end, the court determined the amount of compensation to be RMB 1.05 million yuan based on the amount of profit gained from infringement ascertained by the criminal judgment at RMB 970,000 yuan as well as on the reasonable expenses paid by the right holder on stopping the infringement act, which fully protected the legitimate rights to trade secrets enjoyed by the Plaintiff.

(Written by: Ma Jianfeng)

Determination on and Protection of Right to Special Packaging Decoration of Well-known Goods

—Mercis B. V. v. Shenzhen Minify Sport Goods Co., Ltd. *et al.* Dispute over Infringement on Exclusive Right to Use Trademark and Unfair Competition

【Summary】

This case involves determination on and protection of special packaging decoration of well-known goods. To claim the pattern design with right to special decoration of well-known goods, it must be proved that it was used as decoration. Where combinational design and decoration are affirmed as special packaging decoration of well-known goods and have thus received protection, independent protection will not be provided for the patterns as components of the decoration.

【Facts】

Plaintiff (Apellee): Mercis B. V.

Defendant (Appellant): Shenzhen Minify Sport Goods Co., Ltd.

Defendant (Appellant): Fujian Nan'an Mifei Sports Goods Co., Ltd.

Defendant (Appellant): Shanghai Jieshuang Shoes Co., Ltd.

Defendant (Defendant at first instance): Zhang Meilan

Cause of Action: Dispute over infringement on exclusive right to use trademark and unfair competition

Case No. at First Instance: (2011) HU-Er-Zhong-Min-Wu-(Zhi)-Chu-Zi No. 28

Case No. at Second Instance: (2012) HU-Gao-Min-San-(Zhi)-Chu-Zi No. 58

The Plaintiff, Mercis B. V. (hereafter referred to as Mercis), is an enterprise registered and established in Netherlands. In 1955, Dick Bruna published the image of Miffy - a lovely bunny that he created. During the period from 1974 to 2001, the Plaintiff registered the copyright of the three images, i. e., "Miffy pointing to her chest", "Miffy walking" and "two Miffy rabbits sitting under an umbrella", internationally at World Intellectual Property Organization or registered them as international deposits of industrial designs. During the years from 2003 to 2006, the Plaintiff registered images of "Miffy", "Mitty Rabbit", and "MIFFY" trademark successively in China, which were checked and ratified to be used for the 25th category of goods of clothes, shoes and hats.

In 2002, the "Miffy Rabbit" image of the Plaintiff began to enter Mainland China through publishing and distribution of books and audiovisual products as well as broadcast of cartoons by TV stations, etc. In December 2004, the Plaintiff authorized relevant manufacturers in Mainland China to use relevant images of Miffy rabbit in products of children's shoes and packaging and advertising materials. After "Miffy" brand and the cartoon image of Miffy rabbit entered Mainland China, the Plaintiff and its authorized manufacturer publicized the "Miffy" trademark and brand extensively on media such as newspapers, magazines, televisions and network, thus the "Miffy" trademark and brand enjoy great popularity in the field of goods of children's shoes. The packaging decoration of the children's shoes of the Plaintiff is: the background color of the shoe box is blue (the color of the underside of the box is white); on the top cover there is a grid formed by white dotted lines; in the grid there are matched patterns of 6-petal flowers, smaller patterns of the image of "standing Miffy rabbit" and a large pattern of the image of "walking Miffy rabbit"; on one side of the shoe box there is a pattern of black pricked-eared rabbit head.

The packaging decoration of the children's shoes manufactured by the Defendant, Fujian Nan'an Mifei Sports Goods Co., Ltd. (hereafter referred to as Nan'an Mifei Company), exclusively distributed by the Defendant, Shenzhen Minify Sport Goods Co., Ltd. (hereafter referred to as Shenzhen Minify Company), and sold by the Defendants, Shanghai Jieshuang Shoes Co., Ltd. (hereafter referred as Shanghai Jieshuang Company), and Zhang Meilan is as follows: the background color of the shoe box is blue (the color of the underside of the box is white); on the top cover there is a pattern of grid of white dotted lines; at intersections of the dotted lines there are patterns of the image of a white prick-eared rabbit head; on the top cover is matched by the pattern of "a rabbit carrying a basket on one arm" and the sign of registered trademark, "miniFY"; on one side of the shoe box there is registered trademark of "rabbit head and the letter 'm'" and the trademark of "minify". The Defendants, Shanghai Jieshuang Company and Zhang Meilan, also put up striking posters with words of "miniFY" in their stores.

The Plaintiff, Mercis, alleged: The series of behaviors of production and marketing of the four Defendants which aim at the brands of "Miffy Rabbit" and "MIFFY" of the Plaintiff demonstrates obvious malignity for "hitchhike", infringed the exclusive right to use the registered trademarks of the Plaintiff, and seriously disturbed normal market order, thus constituted unfair competition. The Plaintiff requested the court to order: (1) the Defendant, Shenzhen Minify Company, shall immediately stop using its enterprise name "Shenzhen Minify Sport Goods Co., Ltd."; the Defendant, Nan'an Mifei Company, shall stop using its enterprise name of "Fujian Nan'an Mifei Sports Goods Co., Ltd."; and the two Defendants shall change their enterprise names, which, after being changed, shall not include characters with similar character patterns or pronunciation with "Miffy"; (2) the Defendants, Shenzhen Minify Company and Nan'an Mifei Company shall immediately stop their acts of using decoration with patterns similar to the pattern of Miffy rabbit of the Plaintiff, on their advertising materials of children's shoes, outdoor advertisements, children's shoe products, decorative pendants, maintenance instruction and product packaging, and stop their acts of using "M F" sign on children's shoe products; (3) the Defendant, Shenzhen Minify Company and Nan'an Mifei Company shall immediately stop their behavior of using decoration of outer packing box which is similar to that of "Miffy" children's shoes of the Plaintiff; (4) the Defendants, Shanghai Jieshuang Company and Zhang Meilan shall immediately stop their behaviors of putting up posters of children's shoes with patterns similar to Miffy rabbit of the Plaintiff on frontage glass curtain walls of the store; (5) the Defendants, Shenzhen Minify Company, Nan'an Mifei Company, Shanghai Jieshuang Company and Zhang Meilan shall immediately stop selling the aforesaid infringing children's shoe products; (6) the Defendant, Shenzhen Minify Company, shall publish an apologetic statement on the *Shenzhen Economic Daily*, Nan'an Mifei Company shall do the same on the *Quanzhou Daily*, and Shanghai Jieshuang Company and Zhang Meilan on the *Xinmin Evening News* to apologize publicly to eliminate bad effect; 7. the Defendants, Shenzhen Minify Company, Nan'an Mifei Company, Shanghai Jieshuang Company and Zhang Meilan shall compensate the Plaintiff for its economic loss at RMB 2.01 million (all of the following currencies to be mentioned are the same, including those of reasonable expenses paid by the Plaintiff for investigating and stopping the infringement act of the Defendants).

The Defendants, Shenzhen Minify Company, Nan'an Mifei Company and Shanghai Jieshuang Company co-argued: (1) The decoration used by the Defendants on their children's shoe products were not similar to those of the Plaintiff; (2) The Plaintiff's requesting that the Defendants change their enterprise names lacks basis; (3) Since there is no problem of joint and several liabilities among the three Defendants, the requested compensation for loss lacks basis, too.

The Defendant Zhang Meilan argued that she purchased the alleged infringing products from a shopping mall in Hangzhou, instead of from companies of the Defendants, Shenzhen Minify Company and Nan'an Mifei Company.

【Trial】

After the trial, Shanghai No. 2 Intermediate People's Court held that:

I. About the Producer and Distributor of the Alleged Infringing Products

Information shown by the alleged infringing children's shoe products and their packaging as well as relevant introductions on web pages all indicate that the Defendant, Nan'an Mifei Company is the manufacturer, and the Defendant, Shenzhen Minify Company, is the sole distributor. The three Defendant companies admitted that the alleged infringing children's shoes were similar to those produced by the Plaintiff, but meanwhile they argued that the alleged infringing products were counterfeited by others, about which they failed to provide relevant supporting basis. Synthesizing all evidence in this case, the court affirmed that the Defendants, Shenzhen Minify Company and Nan'an Mifei Company jointly produced and distributed the alleged infringing products.

II. About the Act of Using Special Packaging Decoration of Well-known Goods without Authorization

"Miffy" children's shoe products, with high quality, have won high comprehensive market share through many years of distribution and extensive publicity in many cities in China. Based on relevant evidence provided by the Plaintiff, the court affirmed "Miffy" children's shoe products to be well-known goods. After many years of use, the decoration used for Miffy rabbit children's shoes of the Plaintiff has acquired obvious features distinct from decoration used for other children's shoe products of the same kind, and features peculiarity, thus should be affirmed as special decoration of well-known goods. By comparison, the decoration used for children's shoe products of the Plaintiff and that for children's shoe products of the Defendants constitute similarity. Considering that the Defendants, Shenzhen Minify Company and Nan'an Mifei Company, show obvious subject intent of infringement, the court affirmed that the two Defendants used decoration which is similar to the special decoration of the well-known goods of the Plaintiff, and thus constituted unfair competition with the Plaintiff.

III. About the Act of Using Enterprise Names Including Characters of "Miffy"

The act that the Defendants, Shenzhen Minify Company and Nan'an Mifei Company, registered the characters of "Miffy" as part of their enterprise names and used them in operation showed their subjective malice and violated the principles of voluntariness, equality, fairness and honesty and integrity which should be followed in market transactions, as well as publicly recognized business ethics which should be abided by, thus constituted unfair competition with the Plaintiff.

IV. About Civil Responsibility Assumption

The Defendants, Shenzhen Minify Company and Nan'an Mifei Company, jointly performed the act of unfair competition by using special packaging decoration of well-known goods without authorization, and maliciously registering and using enterprise names. They shall assume the civil liabilities of stopping infringement, compensating for the loss and eliminating the bad effect according to law. The alleged infringing acts of the Defendants, Shanghai Jieshuang Company and Zhang Meilan, have been trialed as a separate case and will not be handled here any more.

In summary, in accordance with Article 8, Article 15.1 (1), (6) and (8) and Article 15.2 of the *Tort Law of the People's Republic of China*, Article 2.1, Article 2.2 and Article 20 of *Law of the People's Republic of China against Unfair Competition*, and Article 1, Article 2.1 and Article 4 of *Interpretation of the Supreme People's Court on Some Issues Concerning the Application of Law in the Trial of Civil Cases Involving Unfair Competition*, the court hereby ruled: (1) The Defendants, Shenzhen Minify Company and Nan'an Mifei Company, shall, within 30 days from the date on which the ruling takes effect, change their enterprise names; (2) The Defendants, Shenzhen Minify Company and Nan'an Mifei Company, shall stop infringing the right of the Plaintiff to the special packaging decoration of the well-known goods; (3) The Defendants, Shenzhen Minify Company and Nan'an Mifei Company, shall assume joint and several liabilities for economic loss caused to the Plaintiff, Mercis B. V., at RMB 150,000 yuan; (4) To eliminate bad effect, the Defendant, Shenzhen Minify Company, shall publish statement on the *Shenzhen Economic Daily*, and the Defendant, Nan'an Mifei Company shall do the same on the *Quanzhou Daily*; (5) The other claims of the Plaintiff are not supported.

Shenzhen Minify Company, Nan'an Mifei Company and Shanghai Jieshuang Company lodged an appeal against the decision in the first instance to Shanghai High People's Court.

After the trial, Shanghai High People's Court held that the findings of facts in the first instance had been fully proved and the application of laws was correct, thus dismissed the appeal and affirmed the original judgment.

【Comments and analysis】

I. Conditions for Recognition of Special Packaging Decoration of Well-known Goods

The essential elements constituting special decoration rights of well-known goods cover two aspects: the relevant goods which use the decoration must be well-known goods; the decoration itself shall feature particularity.

In this case, the Plaintiff provided quantities of evidence to prove that its products meet requirements for well-known goods. After investigation and examination by the court, considering that the image of Miffy rabbit entered China in 2002 and began to be used for children's shoe products in 2004, that its market share ranks high on the list of goods of the same kind, the sales status in major cities like Shanghai, and the demonstration of the publicity of the image of goods with the image of Miffy rabbit through TV, newspapers, network, and World Expo venues, the court affirmed that the children's shoe products with the image of Miffy rabbits used enjoy great popularity and are well-known goods.

Packaging decoration belongs to commercial mark, thus its "peculiarity" is equivalent to the "distinctiveness" of trademarks, which refers mainly to the noteworthy features distinct from merchandise resources. In this case, the decorations claimed by the Plaintiff include decoration of composite pattern design on the package and decoration of four images of Miffy rabbits. After used by the Plaintiff for many years, the packaging decoration with the composite pattern has gained noteworthy features distinct from decoration of other children's shoe products of the same kind, thus it features peculiarity and shall be affirmed as special packaging decoration of well-known goods.

With regard to the 4 cartoon images of Miffy rabbits for which the Plaintiff claimed separate protection of special decoration of well-known goods, two of them will not be provided with separate protection, because they have been included in the aforesaid packaging decoration as constitutive elements and thus will receive protection based on the overall decoration. With regard to the other 2 patterns, since the Plaintiff did not provide evidence to prove that they were once used as the constitutive elements of the children's shoe products or the packaging decoration, no support will be provided for the relevant claims to protection for them.

II. Judgment on Infringement on Special Packaging Decoration of Counterfeited Well-known Goods

The principles and methods used for judging that decoration is identical or similar to the packaging decoration of the well-known goods are the same as those used for judging that two trademarks are identical or similar to each other. However, in terms of judgment on infringement, it must be ascertained that the alleged infringer has malicious intent of counterfeiting.

1. Judgment on similarity. In this case, the overall structures of the alleged infringing packaging decoration and the decoration of the Plaintiff are similar, for both used blue as the background color, both used white dotted lines to form the pattern of grid, and both used patterns of the image of rabbit and rabbit head. Besides, the blue background and the grid pattern formed by white dotted lines are the most distinctive constitutive elements in the packaging decoration of the Plaintiff. In this aspect, there is no substantial visual difference between the relevant parts of the alleged infringing decoration and those of the grid pattern decoration used for the packaging decoration of the Plaintiff. Moreover, both are presented on the whole by grid pattern decoration and pattern of rabbit image. Though there are some differences between the two in the patterns of rabbit image and the patterns of the image of rabbit head used, etc., the two constitute similarity based on isolation comparison with general attention of the public as standard and in

consideration of the peculiarity and popularity of the packaging decoration of the Plaintiff.

2. Judgment on maliciousness. As competitors in business with the Plaintiff, Shenzhen Minify Company and Nan'an Mifei Company must have known "Miffy" children's shoes which enjoy some popularity in the market. Despite the knowledge, the two companies still used packaging decoration similar to the special packaging decoration of the well-known goods of the Plaintiff, which was sufficient to cause confusion and misrecognition by the public. Meanwhile, the two Defendants used the combined characters, "米菲 (Miffy in literal Chinese)", for their registered enterprise names, and used for their products trademarks similar to the registered trademark of the Plaintiff. Seen from the aforesaid series of behaviors, the two Defendants showed deliberate intent on counterfeiting the special packaging decoration of the well-known goods of the Plaintiff and obvious subjective maliciousness.

(Written by: Li Guoquan)

Identification of Product Placement in Movies and Television Plays and Determination on False Propaganda

—Beijing Kelan Diamond Network Technology Co., Ltd. v. China Syndication Entertainment Co., Ltd., *et al.* Dispute over Unfair Competition

【Summary】

Judging whether a plot in a movie or TV play belongs to product placement should be based on the standards of whether there is advertising partnership between the merchant and the movie or TV play producer, whether relevant public can identify, based on the standard of rational men, that the plot is product placement, and whether the presentation and the way of presentation of properties carrying commercial information are required by the plot. Identifying whether the product placement constitutes false propaganda should be based on daily life experience, characteristics of advertisements of relevant products in the industry and general attention paid by the public to the advertisement, etc. The product placement can be identified as false propaganda if the content suspected to be false propaganda in the product placement is such that it makes relevant public misunderstand and the public that were not originally interested in the product become interested in the product or service to which the advertisement content is oriented, thus wrongfully bring actual or potential business opportunities to the advertiser.

【Facts】

Plaintiff: Beijing Kela Diamond Network Technology Co., Ltd.

Defendant: China Syndication Entertainment Co., Ltd.

Defendant: Shanghai Zhuomei Jewelry Co., Ltd.

Cause of Action: Dispute over infringement on exclusive right to use trademark

Case No. at First Instance: (2011) PU-Min-San-(Zhi)-Chu-Zi No. 694

Case No. at Second Instance: (2012) HU-Yi-Zhong-Min-Wu-(Zhi)-Zhong-Zi No. 212

The Plaintiff, Beijing Kela Diamond Network Technology Co., Ltd. (hereafter referred to Kela Company) and the Defendant, Shanghai Zhuomei Jewelry Co., Ltd. (hereafter referred to as Zhuomei Company) both engages in operation of jewelry. The Plaintiff designed, produced, and sold "Angle's Wings" necklace pendant, and registered legal copyright to it. The pendant is shaped as a pair of wings. They can be shaped differently: either with backs to each other, with faces to each other, or in vertical direction by stringing through holes on the points of the wings in different ways to connect them to the necklace. The Defendant, China Syndication Entertainment Co., Ltd. (hereafter referred to as Syndication Company), is the film maker and copyright holder of the TV play *My Daughter* (hereafter referred to as the Play), and it assumes rights and obligations.

In July 2010, the two Defendants came to an agreement that the Play crew would use the site of Zhuomei Company Xiamen Branch for business operation to shoot the Play without paying for site use fee; in return the crew would advertise its brand free of charge. During the shooting, the crew asked the branch store for a jewel case with English logo "CDR" of Zhuomei Company on, and told the store that the jewel case would be used as a property according to the plot, but did not clarify in what detailed plot the case would be used. After that, the crew put a necklace with the same style as that of the "Angel's Wings" pendant of the Plaintiff purchased from an outsider (rather than the Plaintiff or retailers of the Plaintiff) into the jewel case for shooting. There is a plot in the Play broadcast to the public: the hero and his mother came to a jewelry store with an obvious logo, "CRD 克徕帝" of Zhuomei Company, to pick out and buy jewelry... In the Xia's, the hero presented the jewelry case with the clear logo of "CRD" to the heroin. After she opens the case, there is a close-up shot of a necklace with pendant which lasts for 4 seconds. Then, the hero put the necklace around the neck of the heroin, with the pendant style clearly seen. In the caption at the end of the Play there is an advertisement slogan of "CRD 克徕帝". After the Play was broadcast, some consumers called Zhuomei Company to inquire about the pendant.

The Plaintiff, Kela Company, alleged: the behaviors, misleading propaganda and violation of principle of honesty and integrity, of the two Defendants constitute unfair competition. Therefore, the Plaintiff lodged an appeal to the Court of Pudong New Area, requesting the court to order the two Defendants to apologize publicly and compensate RMB 150,000 yuan for the economic loss of the Plaintiff and

RMB 7,521 for the reasonable expense of the Plaintiff on stopping the infringement.

The Defendant, Syndication Company, argued: The use of necklace in the Play belongs to free play of the director without subjective fault, and thus the Defendant should not assume legal liabilities.

The Defendant, Zhuomei Company, argued: the Defendant did not produce or sell the infringing product; the jewelry used in the Play was prepared by the crew; Zhuomei Company provided site for shooting only. The product in issue used in the Play was not planned by the Defendant, who knew nothing about the process of the jewelry display.

【Trial】

After the trial, the Court of Pudong New Area held that the two Defendants have formed de facto advertising partnership. The aforesaid plot in the Play constitutes advertisement of the brand of Zhuomei Company. In the jewelry advertisement, the unique pendant style could attract attention of consumers and improve brand attractiveness. The pendant in issue was not produced or sold by Zhuomei Company, but the product placement used it together with a jewelry case with clear brand logo of Zhuomei Company, and the close-up shot lasts for some time. It is likely to mislead relevant public and make them think that the jewelry of the style was designed or sold by Zhuomei Company and make the public interested in the style become interested in the brand of Zhuomei Company, so that Zhuomei Company will gain more business opportunities and constitute unfair competition with the Plaintiff. Therefore, the court at first instance ruled that the two Defendants shall assume joint and several liabilities for compensating RMB 20,000 yuan for the economic loss of the Plaintiff and RMB 7,521 yuan for reasonable expenses.

Zhuomei Company lodged an appeal against the decision in the first instance to Shanghai No. 1 Intermediate People's Court.

During the trail in the second instance, the two Defendants and the Plaintiff reached reconciliation and Zhuomei Company withdrew the appeal.

【Comments and analysis】

This case is one of unfair competition through false propaganda caused by product placement in a TV play. Although product placement in movies and TV plays has been very common in China presently, relevant legal regulations are obviously lagged behind. There are disputes over the standard to judge what kinds of plots belong to product placement, whether product placement belongs to commercial advertisement, and what liabilities should be assumed by merchants and movie and TV play makers for the result of advertisement publicity. This case conducted some sound explorations into the aforesaid questions, and has some significance of providing reference for trial of similar cases in future.

I. Nature and Identification of Product Placement in Movies and TV Plays

In movies and TV plays, product placements are usually presented to the audience as properties, background or lines, which are integrated into the plot, thus features "elusiveness". In reality, there are unavoidably some scenes of commodities or services in movies and TV plays for the need of reproducing scenes of life. For film shooters, both commodities for product placement and ordinary commodities with commercial elements are properties for shooting. Thus in the trial, the judgment on the use of what kinds of properties should be identified as product placement and the use of what kinds of properties should be identified as reasonable use has become a problem requiring to be solved firstly.

According to provisions of *Advertising Law of the People's Republic of China*, advertisements refer to commercial ads that publicize, directly or indirectly and through certain media or forms, some kind of commodities or services at the expense of the suppliers of the commodities or services. The forms of advertising media can be various, either words or images, stationary or dynamic. Introducing or marketing a product in designed plots in movies or TV plays can also constitute advertisement, i. e., product placement.

To judge whether a plot in a movie or TV play belongs to product placement can be considered in the following aspects. Whether the enterprise has signed a formal contract with the shooter, whether the enterprise actually paid remuneration for the advertisement, or whether the two parties have reached explicit agreement on the plot for placement does not affect determination on the advertisement nature.

1. Whether there is advertising partnership between the merchant and the movie or TV play producer

The consensus between the merchant and movie or TV play shooter on product placement or brand publicity is the premise and basis to determine on the advertising partnership between the two sides. In this case, instead of signing a written contract, the two Defendants reached only a verbal agreement that Zhuomei Company shall provide a shooting site for Syndication Company and the latter shall publicize the brand of the former in the TV play. However, it does not affect the determination on the nature of product placement. Though there were no written contracts between the two Defendants, they formed a de facto advertising partnership. Zhuomei Company is the actual advertiser, and Syndication Company is the actual advertising operator. Although according to the definition of "advertisement" in the *Advertising Law of the People's Republic of China*, publicity of commodities or services shall be "at the expense of the suppliers of the commodities or services", it does not mean that the movie or TV play shooter must actually charge the advertiser. In fact, in business activities, it is not uncommon not to charge advertising fee because of some kind of exchange of interests, thus the existence of advertising partnership shall not be denied for this reason. As is pointed out by State Administration for Industry & Commerce of the P. R. C. (SAIC) in the *Replies to the Problem Concerning Determination on Publishing Medical Advertisements in the Disguise of a News Report*, where a massive medium publishes advertisements of a medical institution during the same time periods on the same medium while publishing news report of the medical institution, it shall be determined as publishing medical advertisements in the disguise of a news report, even if the publisher claims that it did not charge any fee. ❶It is also pointed out by the SAIC in *Replies to the Problem Concerning Whether Publishing Information on Introducing and Marketing Commodities and Services in Rechargeable Columns Should Be Determined as Advertisement* that, information on introducing and marketing commodities and services published in rechargeable columns of news media for the purpose of introducing and marketing commodities and services shall also be determined as advertisement, even if the media do not charge advertising fee for various kinds of reasons or the two parties agree to compensate in other ways. ❷In this case, although Zhuomei Company did not pay advertising fee to Syndication Company, it did not charge the site fee from Syndication Company either. The mutually exempted site fee and advertising fee can be seen as consideration of the two parties, which is sufficient to determinate that there is advertising partnership between the two.

---

❶ Gong - Shang - Guang - Zi (2001) No. 57.

❷ See Gong - Shang - Guang - Zi [1998] No. 12 for reference.

According to provisions of Article 13 of the *Advertising Law of the People's Republic of China*, an advertisement should be able to be clearly recognizable as a kind of advertisement. A clear indication should be shown on the advertisements published through mass media to distinguish it from non-advertising information. It is difficult to add advertisement indication to each plot placement, because product placement is integrated into the plot; therefore, product placement in the caption at the beginning (end) of the movie or TV play is usually used. The Play shows the advertising slogan of Zhuomei Company in acknowledgements at the end of the play, and publicized the brand of Zhuomei Company, which is also a manifestation of advertising relationship.

2. Whether relevant public can identify, based on the standard of rational men, that the plot is product placement

What caused public misunderstanding in this case is the plot that the hero presented the necklace with the pendant in issue to the heroin. The Play presented to the audience a jewelry case with a clearly-seen brand logo "CRD" of the Plaintiff with close-up shot, then it presented, after the jewelry case is opened, with close-up shot again, the necklace with a pendant whose style is the same as that of "Angel's Wings" of the Plaintiff and the shot lasted for 4 seconds; after that, the necklace with the pendant is hung around the neck of the heroin, with the style of the pendant clearly seen. If cut out from the Play separately, the aforesaid plot is substantially the same with usual jewelry ads in form, and can constitute an independent advertisement for the brand "CRD". It is enough to draw attention of a rational person watching the Play to the brand "CRD", and make him/her connect the brand with the style of the pendant in issue. Together with the earlier scene of choosing and buying in the Play and the advertising slogan at the end of the Play, it is sufficient to mislead the public watching the Play and make them think that the aforesaid plot is product placement of the brand "CRD".

3. Whether the presentation and the way of presentation of properties carrying commercial information are required by the plot

There are unavoidably some properties with commercial elements in movies and TV plays for the need of reproducing scenes of life. Thus for the purpose of protecting freedom of creation of movies and TV plays, reasonable judgment should be made on whether introduction of these commercial elements is out of the need of plot expression or advertisement. It is not appropriate to determine all information with commercial elements as product placement, nor is it appropriate to determine based only on whether there is an agreement between the advertiser and the movie or TV play producer on detailed plot; instead, it should be determined based on whether the presentation and the way of presentation of properties is required by the plot. In this case, both of the Defendants argued that, they two reached only an agreement that the crew shall shoot the storefront with the logo "CRD" and show the caption at the end of the Play, but they did not agree on the aforesaid plot of presenting the necklace. However, according to the aforesaid agreement, the Player producer absolutely could have helped Zhuomei Company for publicity by shooting the scene of the storefront only. Even if it is required by the plot to shoot the scene of presenting the jewelry and the heroin's wearing the jewelry, the jewelry case used could absolutely be replaced by one without logo, and there was no need to show the jewelry case with the logo "CRD". Besides, even if the jewelry case with the logo "CRD" was used as property, it was needless to show the brand "CRD" so clearly with close-up shot. In the perspective of plot expression, the presentation and the way of presentation of the "CRD" jewelry case in the plot was not required by the plot.

II. Determination on False Propaganda of Product Placement and Liability Assumption

The purpose of advertising is to make the public who do not know a brand or are not interested in the brand become interested in the brand after watching the advertisement, and stimulate their purchasing power, so as to win more business opportunities for merchants. There are various kinds of elements in advertisements. Some play important roles in attracting attention of consumers, while some others are of little importance. As far as jewelry ads are concerned, style is usually the most attractive element. Whether it is in static display advertising or in dynamic TV commercials, the style of necklace pendants, earrings or bracelets is usually the focus of display. To strengthen the effect of publicity, sometimes the scene of the jewelry being worn by stars is added to the advertisement. It can be seen that the style plays a crucial role in jewelry advertisements. It is an important tool to attract attention of relevant public and make the public cognize a brand rapidly. It plays the same role in the plot in issue of this case. A pendant whose style is the same with that of "Angle's Wings" of the Plaintiff appeared in the same plot and scene with the brand "CRD", and was then hung around the neck of the heroin. This plot is almost a standard jewelry ad, and would no wonder draw the public attention to the pendant, make them interested in CRD brand, and attract them to further learn about the brand or purchase products of the brand, so as to bring realistic or potential business opportunities to Zhuomei Company. It was also indicated by the presentation of Zhuomei Company in the court that many consumers inquired Zhuomei Company about the jewelry or asked to buy it because of the broadcast of the Play. It thus can be seen that the publicity of the plot has attracted consumers for Zhuomei Company, which has gained commercial interest from the product placement.

The nature of false propaganda is to cause misunderstanding. Because product placement is integrated into the plot, and may not consist with the facts because of the need for artistic expression, to judge whether product placement constitutes false propaganda needs to strike reasonable balance between encouraging creation and protecting legal interests of competitors in business and interests of consumers. Efforts should be made not only to encourage creation for the purpose of protecting reasonable acts of property use and avoid determining all information with commercial elements to be product placement, but to standardize the market of product placement in movies and TV plays for the purpose of making both producers and advertisers take product placement prudently, and avoiding making product placement damage legal rights and interests of other competitors and interests of consumers because of intention or negligence. In detailed cases, such factors as daily life experience, characteristics of product ads in relevant industries, general attention of the public to such kind of ads, facts of misunderstanding and the actual situation of the publicized object should be brought into consideration to judge whether the content suspected of being involved in false propaganda is enough to cause misunderstanding of the public and whether the public will become interested in the products or services to which the ad is oriented based on the misunderstood content so as to bring realistic or current commercial benefits to the merchant. With regard to product placement containing false elements, if according to daily life experience and characteristics of general advertising and the standard of general attention of relevant public, it is easy enough to identify the false elements as false information and won't make relevant public misunderstand, the product placement shall not be identified as false propaganda. Besides, making people misunderstand does not necessarily produce consequence of misunderstanding. It shall be determined as false propaganda as long as the content of publicity is sufficient to make the public who originally have no interest in the product become interested in the product because of the false or misleading content, so as to bring the advertiser business opportunities which do not belong to himself/herself originally.

The role of product placement lies in causing the consumers who originally have no interest in a brand or merchant to, while watching a movie or TV play, become interested in the brand or merchant because of the content of product placement, so that their potential purchasing power is stimulated. The product placement shall constitute false propaganda if generation of such interest of the consumers is based on the false or misleading presentation or display in the ad. In this case, in the plot of product placement suspected of being involved in false propaganda, the necklace pendant which attracted attention of the public and attracted consumers were not designed, produced or sold by Zhuomei Company; that is to say, the major element catching the attention of the public does not belong to Zhuomei Company. However, the Play used the major element together with the jewel case labeled with "CRD" brand, which was sufficient to mislead the public watching the play and make them think that the "Angel's Wings" pendant was designed, produced or sold by the manufacturer of "CRD" brand. Zhuomei Company gained business opportunities which do not belong to itself because of the inappropriate use of the pendant and "CRD" jewelry case in issue in the product placement in the Play. Objectively, Zhuomei Company utilized the jewelry style of the Plaintiff as its competitor, which would certainly affect the competitive advantages of the Plaintiff produced because of its unique style, or mislead relevant public to make them think that the jewelry of the Plaintiff copied the style of Zhuomei Company, thus caused damage the legitimate rights and interests of the Plaintiff and constitutes unfair competition with the Plaintiff.

In this case, Syndication Company is not only the producer and issuer of the Play, but also the copyright owner of the Player; meanwhile it is also the producer and issuer of the product placement in issue. Knowing perfectly well that the necklace pendant in issue is irrelevant to the Defendant, Zhuomei Company, Syndication Company used the pendant together with the jewelry case with clearly seen brand logo of the Defendant onit, which caused misleading consequence and damaged the legitimate legal rights and interests of the Plaintiff. Therefore, Syndication

Company shall assume corresponding civil liabilities.

It needs to be pointed out that the constitution of false propaganda does not necessarily require intent; negligence can constitute false propaganda, too. Even if the Defendant, Zhuomei Company, as the actual advertiser, did not actively participated in the design of the plot of presenting jewelry, it has a relationship of advertising cooperation with the crew of the Play and knew that the crew would publicize its brand. Besides, it provided a jewel case with its brand logo, knowing that it would be used according to the plot. Therefore, it should ordinarily have foreseen that the jewelry case may be used in the Play to publicize its brand and should have fulfilled its duty of care about the content of publicity and the consequences it may produce. Even if it has no subjective intent to mislead consumers, it led to the effect of misleading objectively, and gained business opportunities which do not belong to it. Therefore, it shall bear civil liabilities.

When product placement is increasingly prevailing today, both merchants and movie and TV play producers should know clearly: to merchants and movie and TV play producers, all product placements are not win-win solutions which do not require the two sides to take any risks or assume any responsibilities. The trial result of this case is conducive to guiding different parties to conduct product placement in movies and TV plays in a more prudent and responsible way, so as to maintain artistry of movies, TV plays and cultural works as well as rights of consumers of cultural products, and protect the legitimate rights and interests of other operators.

(Written by: Xu Fei)

Path to Juridical Protection of Property Right and Interests in Names of Celebrities

—Yue Tongyu v. Zhou Libo Dispute over Infringement on Ownership of Network Domain Name

【Summary】

In recent years, names of celebrities have become frequent targets of cyber-squatting because of the huge hidden commercial interests. This case is a typical one in which the name of a celebrity was registered by others as a domain name. Under the circumstance that in judicial practice the degrees of protection for names of celebrities are still not unified, this case took the path of countering unfair competition and affirmed that the act of rushing registration of names of celebrities constitutes unfair competition of using others' name without authorization. Besides, according to this case, the scope of protection for names of celebrities covers not only Chinese characters of the names, but it also covers other objects which may identify natural persons, such as *Pinyin* (phonetic alphabets) of the names.

【Facts】

Plaintiff (Appellant): Yue Tongyu

Defendant (Appelle): Zhou Libo

Cause of Action: Dispute over ownership of network domain name

Case No. at First Instance: (2011) HU-Er-Zhong-Min-Wu- (Zhi) - Chu-Zi No. 171

Case No. at Second Instance: (2011) HU-Gao-Min-San- (Zhi) - Zhong-Zi No. 55

The Plaintiff Yue Tongyu registered the domain name, *zhoulibo. com* (hereafter referred to as the involved domain name) on October 7, 2007. On December 7, 2011, due to Zhou Libo's complaint, Asian Domain Name Dispute Resolution Centre (hereafter referred to as Asian Domain Name Center) arbitrated that the involved domain name shall be transferred to the Defendant Zhou Libo.

The Plaintiff Yue Tongyu alleged that the aforesaid arbitration of Asian Domain Name Center does not conform to provisions of relevant laws. Firstly, the Defendant, Zhou Libo did not gain the exclusive right to use the registered trademark of "周立波 zhoulibo and the pattern", nor is there one-to-one correspondence between the Defendant, Zhou Libo, and "zhoulibo". Besides, the Defendant, Zhou Libo, was not well-known before the Plaintiff, Yue Tongyu registered the involved domain name; therefore the Defendant, Zhou Libo, does not enjoy right to "zhoulibo". Secondly, the purpose that the Plaintiff, Yue Tongyu, registered and used the involved domain name is to publicize and introduce Zhou Libo, a contemporary Chinese writer. Therefore, the use of the involved domain name by the Plaintiff, Yue Tongyu, will not make the public confuse the website to which the involved domain name is oriented with the Defendant, Zhou Libo. Thirdly, after the Plaintiff Yue Tongyu registered the involved domain name, he established a website to publicize and introduce Zhou Libo, a contemporary Chinese writer; therefore, the Plaintiff Yue Tongyu enjoys legal rights and interests to the involved domain name; Lastly, the act that the Plaintiff Yue Tongyu established the website to publicize and introduce the contemporary Chinese writer, Zhou Libo, is sufficient to demonstrate that the Plaintiff Yue Tongyu had no subjective malice. In conclusion, the Plaintiff requested the court to order (1) the act that the Plaintiff Yue Tongyu registered and used the involved domain name is free from malice, and does not infringe the legitimate rights and interests of the Defendant Zhou Libo; (2) The involved domain name shall not be transferred to the Defendant Zhou Libo instead, it shall be registered and used by the Plaintiff Yue Tongyu.

The Defendant Zhou Libo argued that (1) the Plaintiff Yue Tongyu in this case had not proved that he was the registrant of the involved domain name; (2) The Defendant Zhou Libo had long been using its name, Zhou Libo, to have put on large quantities of commercial performances, which made his name, Zhou Libo, and its *Pinyin* "zhoulibo" enjoy great popularity. Therefore, the legitimate rights and interests enjoyed by the Defendant Zhou Libo to his name "周立波", and its *Pinyin* "zhoulibo", is protected by the law. (3) The name and its *Pinyin* "zhoulibo" of the Defendant Zhou Libo enjoys great popularity, and the major part of the involved domain name, "zhoulibo" is completely the same with the *Pinyin* "zhoulibo" of the Defendant Zhou Libo which is sufficient to mislead the relevant public and make them associate the involved domain name with the Defendant Zhou Libo. The Plaintiff Yue Tongyu associated the involved domain name with the Defendant Zhou Libo, and misled the relevant public and made them think that the two were associated. (4) The Plaintiff Yue Tongyu failed to prove that the purpose for which he registered and used the involved domain name is indeed to publicize and introduce the contemporary Chinese writer Zhou Libo. Therefore, there is a lack of reasons for the Plaintiff Yue Tongyu's registration and use of the involved domain name. (5) The Plaintiff not only associated the involved domain name with the Defendant Zhou Libo, but also transferred such domain name through offering in high prices. Obvious malice was displayed by the Plaintiff Yue Tongyu's registration and use of the involved domain name. In conclusion, the Defendant Zhou Libo requested the court to reject the claim of the Plaintiff Yue Tongyu.

【Trial】

After the trial, Shanghai No. 2 Intermediate People's Court held: The Defendant, Zhou Libo enjoys legitimate right to his name "周立波" and the *Pinyin*, "zhoulibo", which forbids others from using them without authorization or engaging in such business operations as market transactions by illegitimate means. Neither does the Plaintiff Yue Tongyu enjoy legitimate right to the involved domain name or its major part, nor does he have legitimate reasons for registering and using the involved domain name. Besides, knowing perfectly well that the major part of the involved domain name "zhoulibo" is similar to the name of the Defendant, "周立波", and the same with "zhoulibo", the *Pinyin* of the name of the Defendant Zhou Libo, the Plaintiff Yue Tongyu, under the circumstance that it was sufficient enough make relevant public to associate the involved domain name and the Defendant Zhou Libo actually did so without authorization, and tried to transfer the involved domain name in the way of selling with an offer of high price, RMB 100,000 yuan with a view to gaining illegitimate interests. Therefore, the Plaintiff Yue Tongyu, showed clear malice in his registration and use of the involved domain name, and his act of registration and use of the involved domain name belongs to use of other's names without authorization, which is sufficient to cause unfair competition by misleading relevant public. Therefore, the involved domain name should be registered and used by the Defendant Zhou Libo. Accordingly, in accordance with Article 5. 3 of *Law of the People's Republic of China against Unfair Competition* and Article 6. 2 of *Interpretation of the Supreme People's Court on Some Issues Concerning the Application of Law in the Trial of Civil Cases Involving Unfair Competition*, and Article 4, Article 5. 1 (3) and Article 8 of *Interpretation of the Supreme People's Court on Application of Laws in the Trial of Civil Disputes Over Do-*

main Names of Computer Network, the court ruled to reject claims of the Plaintiff Yue Tongyu.

Yue Tongyu lodged an appeal against the decision to Shanghai High People's Court.

After the trial, Shanghai High People's Court held that the findings of facts in the first instance had been fully proved and the application of laws was correct, thus dismissed the appeal and affirmed the original judgment.

【Comments and analysis】

In recent years, the huge commercial value of celebrity names contained in such market activities as commodity promotion and advertising has become increasingly evident, and the phenomenon of rush registration of names, translated names, and aliases, etc. of celebrities as commercial signs such as trademarks and domain names occurred occasionally. However, unified understanding and judgment method have not been formed in judicial practice as to how to regulate using celebrity names commercially without authorization. This case belongs to a typical one in which the *Pinyin* of the name of the celebrity, Zhou Libo was registered by others as a domain name. Under the premise that it is ensured that the property right and interests contained in celebrity names are protected, this case is judged in accordance with relevant regulations in the *Law of the People's Republic of China against Unfair Competition* on protection of right of name, thus the standard of confusion was adopted. It is affirmed that the use of the involved domain name is very likely to mislead the relevant public and make them think it is related to Zhou Libo, thus the involved domain name shall belong to Zhou Libo.

I. Expansion of Functions of Name and Dualization of Interests Carried

Name is an umbrella term of letter symbol systems by which natural persons identify one another; it is a specific social mark of natural persons. [1]In the period when the socio-economic relations were quite simple, the major role names play in interpersonal social interaction is distinctive function, i. e., distinguishing different natural persons from one another, which is not only beneficial to various administration of the country, but is also convenient for natural persons to carry out

[1] Wang Liming: *Personal Right Law*, Law Press China, 1997: p. 86.

various economic and social activities. Secondly, names may also have the function of indicating family or clan relationship. From family names, people can roughly judge whether there is kinship between some natural persons. Whether it is the function of distinguishing different natural persons or the function of indicating family or clan relationship, names are the sign indicators demonstrating the existence of subjects of natural persons, and carries mainly interests of personality or interests of status. Therefore, in the system of dual-division between property right and personal right according to the theory of traditional civil law theory, the right of name enjoyed by natural persons is naturally categorized into the scope of personal right, and is an important right of personality enjoyed by civil subjects.

However, with the development of social economy, particularly the development of advertising media against the background of economy of attention, the use of portraits and names of celebrities in advertisements are more and more common. Indicating rights of personality such as names and portraits of natural persons and particularly celebrities are conducive to improve the popularity of commodities, strengthening the rallying point of commodities and produce huge celebrity effect."[1] Therefore, the function of names of natural persons, particularly celebrities, are no longer to distinguish different natural persons only, they can also become important themes of commodity promotion, thus have the function of advertising promotion, too. The realization of the function of advertisement of names is in essence the transference of reputation of celebrities carried by their names by merchants to relevant commercial field, so as to make consumers to, at the sight of the celebrity names, associate the commodities with the good image of celebrities and then achieve the goal of advertising promotion.

In this process, the huge economic value contained in names became indisputable facts. Therefore, along with the expansion of functions of names, the interests carried by names are not only unitary personal interest, but include personal interests and property interests at the same time. The dualization of the interests carried by such right of personality has also been recognized by foreign theories and judicial practice.

---

[1] Zhao Bin, Li Linqi, Zhang Yan: *A Study on the Legal Issue about Commercialization of Right of Personality*, Intellectual Property Publishing House, 2009: p. 131.

II. Path to Judicial Regulation on Rush Registration of Celebrity Names

Many theoretical researches and discussions on how to protect property rights in names have been conducted both at home and abroad. After long-term exploration and practice, America has established a system of "right of publicity" to protect property interests in images of personality such as names and portraits. Most domestic views hold that provisions in current laws cannot effectively protect the property right and interests in names, which shall be protected through "merchandising right" or "image right". Reasonable as the aforesaid practice or views are, all of them proposed how to protect the property right and interests in names in the perspective of what ought to be done. As long as judicial adjudication is concerned, when confronted with disputes over rush registration of celebrity names in reality, we should explore the best path to protection of property right and interests in names based on provisions of existing laws. Seen from provisions of existing laws, there are mainly two paths to the protection of property right and interests in names: tort liability law and anti-unfair competition law.

In the path of tort liability law, according to the provision of Article 2 of *the Tort Liability Law of the People's Republic of China*, when civil rights and interests are infringed, tort liability shall be borne in accordance with the Law. Civil rights and interests include the right to life, right to health, right to one's name, right to one's reputation, ownership rights, copyrights, and other such personal and property rights and interests. Therefore, in disputes over rush registration of celebrity names, the right holder may choose either the path to infringement on the right to name or the path to infringement on property rights and interests to protect his/her own legal rights and interests. In terms of infringement on right to one's name, both the scope of protection and the effort made in the protection are limited to some extent, because in the existing legal system, the right to one's name still falls into the category of personal right. As far as the scope of protection is concerned, the scope of protection of the right to one's name is usually limited to autonym of natural persons; homophonic characters and *Pinyin*, etc. cannot be protected through the right to one's name. On the other hand, the civil liabilities for infringement on right to one's name are mainly extending formal apologies, and the compensation for the loss is usually limited to moral damage only. With regard to infringement on property rights and interests, though in this way indemnity for economic damage may be obtained, the scope of protection is still limited to some extent, i. e., it is usually limited to autonym, thus the *Pinyin* of the name in this case is usually hard to receive protection through the path to infringement on property rights and interests.

In the path of anti-unfair competition law, in accordance with provisions in Article 5. 3 of the *Law of the People's Republic of China against Unfair Competition*, using, without authorization, personal names of others on their own goods, leading purchasers to mistake them for the goods of others shall constitute unfair competition. Article 6. 2 of the *Interpretation of the Supreme People's Court on Some Issues Concerning the Application of Law in the Trial of Civil Cases Involving Unfair Competition* (hereafter referred to as the *Interpretation*) stipulated further on that: Names of natural persons used in commodity marketing shall be determined as "names" as specified in Article 5. 3 in the *Law of the People's Republic of China against Unfair Competition* . Pennames, stage names and others of natural persons with some market popularity which are known to the relevant public can be determined as "names" as specified in Article 5. 3 in *Law of the People's Republic of China against Unfair Competition.* It thus can be seen that property rights and interests of names enjoy great advantages as to their protection by the *Law of the People's Republic of China against Unfair Competition*, i. e., the scope of protection features great inflexibility, for the Law not only protects the autonyms of natural persons, but it also protects pennames and stage names, etc. Besides, according to provisions of the *Interpretation*, all of names with some market popularity which are known to the relevant public can be protected.

The *Pinyin*, "zhoulibo" of the name "周立波" in this case can also be covered in the scope of protection. Some believe that the *Law of the People's Republic of China against Unfair Competition* is applicable only to the acts of competition between operators, but not applicable to acts of units and individuals other than operators. Therefore, the *Law of the People's Republic of China against Unfair Competition* takes the competitive relation between clients as the premise. In this case, the Plaintiff and the Defendant engage in considerably different fields of work, thus there is no direct competitive relation between the two. Considering that, we think that the aforesaid view is slightly narrow in its understanding of the competitive relation in the *Law of the People's Republic of China against Unfair Competition.* The fundamental aim of the *Law of the People's Republic of China against Unfair*

Competition is to establish and maintain the competitive order of voluntariness, equality, honesty and integrity, and abiding by commercial ethics. The competitive order regulated by the Law is that of the entire market, and is not limited to that between operators with direct competitive relation. In this case, the malicious act of rush registration of the Plaintiff not only misled browsers to make them think that the involved domain name is operated by the Defendant or that it has some connection with the Defendant, but the Plaintiff also gained unfair competitive advantages by utilizing other's name. Meanwhile, the act of rush registration and the later transference of the domain name with high price also damaged the market order of orderly competition, thus is not good for normal realization of the value of the domain name. Therefore, the *Law of the People's Republic of China against Unfair Competition* is completely applicable to this case.

(Written by: He Yuan, Ling Zongliang, Jiang Guangrui)

Registering Other's Enterprise Name as Domain Name Without Authorization Shall Bear Corresponding Civil Liabilities

—Shanghai Long-distance Bus Station Co., Ltd. v. Mainone Information Technology Co., Ltd., *et al.* Dispute over Infringement on Network Domain Name

【Summary】

The development of computer networking technology endows network domain names with not only use value, but also great commercial value; therefore rush registration of domain names has been a chance for some people to get rich. This case is a typical dispute caused by rush registration of computer network domain name maliciously. It clarified relevant responsibilities of domain name owners, determined on the precondition under which domain name registration and service institutions shall assume joint and several liabilities, i. e., there is subjective fault in the process of domain name registration.

【Facts】

Plaintiff: Shanghai Long-distance Bus Station Co., Ltd.

Defendant: Mainone Information Technology Co., Ltd.

Defendant: Mainone Information Technology Co., Ltd. Shanghai Branch

Defendant: Zhangjiagang Riyi Machinery Co., Ltd.

Cause of Action: Dispute over computer network domain name

Case No.: (2011) Huang-Min-San- (Zhi) -Chu-Zi No. 62

The Plaintiff Shanghai Long-distance Bus Station Co., Ltd. (hereafter referred to as the Bus Station Company), was established on July 31, 2001 with the registered capital of RMB 50 million yuan. Its business scope covers operation of the bus station, property management and parking lot. In August 2005, Shanghai Long-distance Bus Station operated and managed by the Plaintiff was formally put into operation. It is an important supporting infrastructure for 2010 World Expo Shanghai. From 2007 to 2010, Shanghai Long-distance Bus Station was awarded a

"Civilized Entity in Shanghai" by Shanghai Municipal People's Government for two consecutive times. In 2008, it was rated as one of the "Top 100 High-integrity Bus Station" by China Road Transport Association; in 2010, it was awarded the title of "Excellent Group for Work in World Expo Shanghai" by Shanghai Zhabei District Committee of the Communist Party of China and the People's Government of Shanghai Zhabei District.

The Defendant, Zhangjiagang Riyi Machinery Co., Ltd. (hereafter referred to as Riyi Company) was established on June 9, 2006. Its business scope covers manufacturing, processing and distribution of plastic machinery, general machinery and automatic control system.

On August 21, 2006, Riyi Company, Mainone Information Technology Co., Ltd. Suzhou Branch (hereafter referred to as Mainone Suzhou Branch), and Beijing Mainone Zhi Da Technology Co. Ltd. (hereafter referred to as Mainone Zhi Da Company) signed a *Domain Name/Universal Website Order Form*, agreeing that Riyi Company shall entrust Mainone Suzhou Branch and Mainone Zhi Da Company to register the domain names "*上海长途汽车客运总站.cn*", "*上海长途汽车客运总站.com*", "*上海长途汽车客运总站.net*", "*上海长途汽车客运总站.cc*", "*上海长途汽车客运总站.公司*", "*上海长途汽车客运总站.网络*", and the universal website "*上海长途汽车客运总站*". The registration period of all of the aforesaid domain names and universal website is 10 years, and the service fee totals RMB 24,000 yuan. Mainone Suzhou Branch and Mainone Zhi Da Company shall, according to the agreement, jointly exercise and bear the rights and obligations of service providers endowed by the order form. At the bottom of the *Domain Name/Universal Website Order Form* the official seals of Riyi Company, Mainone Company and Mainone Zhi Da Company were stamped. On the same day, Riyi Company successfully registered the aforesaid 6 domain names; besides, based on the preference provided by domain registration administration organization, it also registered the domain name, "*上海长途汽车客运总站.中国*". All of the aforesaid domain names share the same service provider, Mainone Information Technology Co., Ltd. (hereafter referred to as "Mainone Company"). The due date of the five domain names, "*上海长途汽车客运总站.cn*", "*上海长途汽车客运总站.中国*", "*上海长途汽车客运总站.公司*", "*上海长途汽车客运总站.网络*", and "*上海长途汽车客运总站.cc*", is August 21, 2016, and the due date of the 2 domain names, "*上海长途汽车客运总站.com*" and "*上海长途汽车客*

运总站.net", is August 21, 2015. Riyi Company did not actually put the 7 domain names in use after they were registered.

The Plaintiff, Bus Station Company, alleged: The act of Riyi Company's rush registration of the domain name in issue infringed the existing prior right of the Plaintiff; Mainone Shanghai Branch suggested during his negotiation with the Plaintiff that the Plaintiff should purchase the aforesaid 7 domain names at an expense, and indicated initiatively that it would take the charge of negotiating about the detailed purchasing price, but was refused sternly by the Plaintiff. Mainone Company and Mainone Shanghai Branch ignored the fact that even average persons can literally see that Riyi Company does not have the just cause of using "上海长途汽车客运总站", and directly helped Riyi Company to infringe the legitimate rights and interests of the Plaintiff for commercial purposes, which damaged public order. Therefore, they should bear corresponding legal liabilities, and should also assist the Plaintiff to go through the procedures of changing the domain names in issue. Thus the Plaintiff lodged an appeal and requested the court to order that (1) the Defendant, Riyi Company, shall immediately cancel the aforesaid 7 domain names, and the Defendants, Mainone Company and Mainone Shanghai Branch shall assist; (2) the three Defendants shall jointly pay the Plaintiff for the fee of consulting files in industrial and commercial bureau generated for the purpose of obtaining evidence through investigation, RMB 40 yuan, and notarial fees, RMB 5,000 yuan; (3) The legal fare shall be borne jointly by the three Defendants.

The Defendant, Mainone Company, argued: The liabilities for infringing others' legitimate rights and interests because of owning or using domain names shall be borne by the domain name owner. As a service provider of domain name registration, Mainone Company does not need to assume liability for tort. Mainone Company is willing to assist in clearing procedures of relevant change, but does not agree to pay the Plaintiff for the expense of investigation and evidence collection.

The Defendant, Mainone Shanghai Branch, argued: It agrees with the reply of Mainone Company. Besides, the domain names in issue were registered by Mainone Suzhou Branch as the agent of Riyi Company, and Mainone Shanghai Branch has nothing to do with this case, thus does not agree with the claims of the Plaintiff.

The Defendant, Riyi Company, alleged: Riyi Company does not enjoy rights relevant to "上海长途汽车客运总站". Its registration of the domain names in issue was based on the promotion of Mainone Suzhou Branch about domain name investment. After the registration, it did not use or sell to the Plaintiff or others at high price. Therefore, it had no intent of infringement and shall not assume liability for tort.

【Trial】

After the trial, Shanghai Huangpu District People's Court held that in market operation activities, operators shall adhere to the principle of honesty and integrity and the philosophy of fair competition, and obey acknowledged commercial ethics. Since the company of the Plaintiff was established in 2001, the Plaintiff has been operating its company under the name of "上海长途汽车客运总站" (Shanghai Long-distance Bus Station). "上海长途汽车客运总站" is the most easily identifiable part in the enterprise name of the Plaintiff. Since Shanghai Long-distance Bus Station was officially put into operation, "上海长途汽车客运总站", as the enterprise name of the Plaintiff, has been used more extensively. Besides, it has awarded many honors and enjoys some reputation in the society. Therefore, the Plaintiff enjoys legitimate civil rights and interests to "上海长途汽车客运总站". The identifiable parts of the 7 domain names in issue are the same, i. e., "上海长途汽车客运总站", which overlaps completely with the enterprise name of the Plaintiff. It is thus sufficient to cause relevant network users to confuse the relation between the domain names in issue and the Plaintiff and make them mistake one for the other. The business scope of the Defendant Riyi Company does not cover operation of passenger stations. Besides, it failed to provide evidence to prove that it enjoys any rights and interests related to "上海长途汽车客运总站". Thus it does not have just cause for the registration of the domain names in dispute. Although the Defendant Riyi Company alleged that it did not issue offers of selling at high price to the Plaintiff or others, given that the subjective purpose for which it registers the domain names in issue is to gain investment income, and considering the actual situation that it did not use the registered domain names, it can be affirmed that the act of registration of domain names in issue of the Defendant, Riyi Company, has subjective malicious intent. The act of registration of the 7 domain names in issue of the Defendant, Riyi Company, violated the principle of honesty and integrity, and damaged the legitimate rights and interests enjoyed by the Plaintiff over its enterprise name. Therefore, the 7 domain names in issue should be cancelled.

As the service providers of domain name registration, the Defendants,

Mainone Company and Mainone Shanghai Branch, should abide by relevant laws and regulations and administrative laws and regulations of our country during operation, and provide service of domain name registration for users fairly and reasonably. As far as this case is concerned, although the multiple papers of civil judgment provided by Chongqing High People's Court proved that the Defendant Mainone Company actually maliciously marketed the domain names of well-known enterprises in other cases, it is not sufficient to prove that the Defendant Mainone Company and its Suzhou Branch performed behavior of marketing the domain names in issue to Riyi Company in this case. Besides, the reply of Riyi Company on that the reason for which it registered domains in issue is the marketing of Mainone Suzhou Branch lacked supporting proof, either; furthermore, though the notarization submitted by the Plaintiff suggests that Mainone Shanghai Branch had suggested that the Plaintiff should purchase the domain names in issue, it is not sufficient to prove that Mainone Shanghai Branch was involved in the marketing and registration of the domain names in issue. Therefore, under the circumstance that none of the clients have proof to prove that the Defendants Mainone Company and Mainone Shanghai Branch were at fault on the registration of domain names in issue and violated relevant laws and regulations, the court found it hard to affirm that the Defendants Mainone Company and Mainone Shanghai Branch constituted joint infringement together with Riyi Company, and further asked the two Defendants to pay reasonable investigation expense of the Plaintiff. With regard to the notarial fees, RMB 5,000 yuan and the fee of consulting files in industrial and commercial bureau generated for the purpose of obtaining evidence through investigation, RMB 40 yuan, which were claimed by the Plaintiff. Both were paid by the Plaintiff for investigating the Defendants Mainone Company and Mainone Shanghai Branch, and had no relevance to the Defendant Riyi Company, thus it is unfair to order Riyi Company to bear the fees. Therefore, the claim of the Plaintiff that the three Defendants should jointly pay the Plaintiff for the reasonable investigation fees is not supported. As *Measures for the Administration of Internet Domain Names of China* has clearly specified the legal duty of domain name registration organizations to support executing the judgment of the people's court, the details will not be elaborated here.

In accordance with Article 2. 1 of *Law of the People's Republic of China against Unfair Competition*, Article 4, Article 5. 1 (4), and Article 8 of *Interpretation of the Supreme People's Court on Application of Laws in the Trial of Civil Disputes Over*

Domain Names of Computer Network, and Article 130 of *Civil Procedure Law of the People's Republic of China*, the court hereby ruled: the Defendant, Riyi Company, shall cancel the domain names, "*上海长途汽车客运总站.cn*", "*上海长途汽车客运总站.com*", "*上海长途汽车客运总站.net*", "*上海长途汽车客运总站.cc*", "*上海长途汽车客运总站. 中国*", "*上海长途汽车客运总站. 公司*", and "*上海长途汽车客运总站. 网络*".

Neither did the Plaintiff, nor did the Defendant appealed to higher court after the trial, and the ruling has come into effect.

【Comments and analysis】

The development of computer networking technology endows network domain names with not only use value, but also great commercial value; therefore rush registration of domain names has become a chance for some people to get rich. This case is a typical dispute caused by rush registration of computer network domain name maliciously.

I. Determination on Liabilities of Domain Name Owners

The principle of "first apply first registered" is usually followed in domain name registration. Generally speaking, any one can apply for registering domain names which have not been applied to be registered by others. However, as the sign for identifying and positioning computers on the Internet, domain names have the function of distinguishing sources of commodities (services), which is similar to that of trademarks and enterprise names. There may be conflicts of right between domain names with others' trademarks and enterprise names, etc., which may make the public confuse and mistake one for the other, so that disputes on relevant domain names are caused. It is a basic principle to settle such disputes to give preferential protection to existing prior rights and curb the behavior of wrongfully playing up to others' business reputation so as to maintain the environment of fair competition. As is specified by Article 4 of *Interpretation of the Supreme People's Court on Application of Laws in the Trial of Civil Disputes Over Domain Names of Computer Network*, The behavior of registration and use of domain names by the Defendant shall constitute infringement or unfair competition provided that the following four requirements are met, namely (1) the civil rights and interests which are requested to be protected by the Plaintiff are legitimate and valid; (2) the domain name of the Defendant or the major part of the domain name is identical with or similar to the civil rights and interests requested to be protected by the Plaintiff, which is sufficient to cause relevant public to mistake one for the other; (3) the Defendant does not enjoy rights and interests over the domain name or its major part, nor does the Defendant have just cause for registering and using the domain name; (4) the Defendant has malicious intent in registering and using the domain name. Take this case as an example. "上海长途汽车客运总站" is the enterprise name of the Plaintiff. The enterprise of the Plaintiff was establisher earlier than the Defendant, Riyi Company, thus undoubtedly the Plaintiff enjoys legitimate rights and interests over its enterprise name. As a machinery company in Zhangjiagang City, the Defendant Riyi Company applied and registered Chinese domain names which have nothing to do with its territorial scope or business scope, but are completely identical with the enterprise name of the Plaintiff; besides, the domain names were not actually used in a period as long as 5 years after application, nor was there intention to be used. The purpose is to prevent the Plaintiff from registering the domain name, so as to cash in on transferring the domain name. The Defendant has shown clear subjective maliciousness and has constituted unfair competition with the Plaintiff, thus shall assume the civil liabilities of stopping infringement and canceling domain names, etc.

II. Determination on Liabilities of Service Providers of Domain Name Registration

In China, service providers of domain name registration are service organizations authorized by the Ministry of Information Industry, which specialize in accepting application for registration of domain names to help applicants finish domain name registration. Considering that domain name owners are the direct implementers of the act of domain name application and use, generally speaking, the liabilities for infringement on others' legitimate rights and interests because of owning or using domain names shall be assumed by domain name owners, and service providers of domain name registration shall not assume the liabilities for joint infringement with the domain name owner. However, it does not mean absolute exemption of liabilities of service providers of domain name registration. As is specified by Article 9 of the *Tort Law of the People's Republic of China*, if someone abets another to commit or assists another in committing a tortuous act, he/she shall bear joint and several liability with the actor. If the right holder really has proof to prove that the service provider of domain name registration is at fault during the process of domain name registration, who, despite of knowing perfectly well that the action of the domain name applicant infringed others' legitimate rights, still helped it register domain names, or abet or encourage the applicant to rush register domain names whose legitimate rights are enjoyed by others, the service provider of domain names commits subjective fault jointly with the actors, and shall bear joint and several liabilities with the actor. According to the principle of "the proof lies upon him who affirms", the Plaintiff or domain name owner shall bear corresponding burden of proof. In this case, the Plaintiff affirmed that a branch of the Defendant, Mainone Company, marketed the domains in issue to the Defendant, Riyi Company, who admitted that it applied and registered the domain names in issue because of the marketing of Mainone Company, but Mainone Company denied. Therefore, both the Plaintiff and the Defendant, Riyi Company, shall bear burden of proof on that. Because both parties failed to provide evidence to prove that, the court was unable to make judgment on that, and thus did not determine the liability for tort of the service provider of domain name registration in this case.

(Written by: Sun Jinlin)

V. Criminal Cases over Intellectual Property

Determination on Intentional Distribution of Counterfeited Products, Authenticity of Involved Commodities and Sales Amount

—Crime of Chen Youzhi's Distribution of Commodities Bearing Counterfeited Registered Trademarks

【Summary】

As currently there are no expressly provisions on subjective knowing of the crime of distribution of commodities bearing counterfeited registered trademarks in existing laws and judicial interpretations, in judicial practice we need to objectify such subjective knowing by taking the objective factors embodied in proof in the overall consideration. As for the determination on the authenticity of involved commodities, besides the factors such as price and inbound channel as well as report on judicial expert report based on the factors, presentation of condition on the Defendant's entity can also be taken as an important reference factor for determination on the authenticity of commodities. As for determination on sales amount, overall factors should be taken into consideration given the special circumstances in individual cases.

【Facts】

Public Prosecutor: Shanghai Changning District People's Procuratorate

The Defendant: Chen Youzhi

Cause of Action: Crime of distribution of commodities with counterfeited registered trademarks

Case No.: (2012) -MIN-Xing- (Zhi) -Chu-Zi No. 11

For profit-making, the Defendant Chen Youzhi, between January 2007 and November 2011, took Room 402 and Room 101, No. 59, Lane 885, West Xianxia Road in Changning District as site for business operation to sell counterfeited commodities such as albumen powder, DOUBLE X and calcium magnesium of such registered trademarks as "Nutrilite" of Amway through such online shops at taobao. com as "冬天的沙西米 (Sashimi in Winter in literal Chinese)", "健康连锁 (Good Health Chain in literal Chinese)" and "selemon". The sales amount has totaled over RMB 6. 06 million yuan.

On November 8, 2011, the public security organ seized on the spot altogether 1, 183 pieces of counterfeited commodities with registered trademarks such as "Nutrilite". The actual prices for these commodities were unable to be checked out as no price was marked on them and they had not been sold. Therefore, by reference to the minimum prices of the commodities under the same classification sold on line at www. taobao. com by the Defendant Chen Youzhi, the sales amount was determined to be RMB 92, 429 yuan through authentication by law.

The Public Prosecutor alleged that fully knowing that the commodities were those bearing counterfeited registered trademarks, the Defendant Chen Youzhi still sold them in great sales amount, thus his acts had constituted the crime of distributing commodities with counterfeited registered trademarks. The Public Prosecutor brought the case to court for punishment according to the law.

The Defendant Chen Youzhi had no substantial objection to the accusation made by the Public Prosecutor.

The defender of the Defendant Chen Youzhi argued that the facts in this case were not clear with insufficient evidence. (1) The Defendant should not be determined to have had subjective intention of distributing counterfeited commodities with full awareness based on the following two points: the prices of the commodities sold by the Defendant were obviously lower than the market prices of the commodities of Amway Company; the Defendant did not stock through proper channels of Amway Company. Even if the comparison of prices was indispensable, such comparison should not be made between the existing prices and the sales prices of the Defendant in the past. (2) Under the circumstance that there was no direct evidence, the sold commodities should not be determined to be counterfeited commodities. (3) As the judicial expert report did not exclude the bogus transactions conducted by the Defendant for becoming a premium "Diamond Supplier" at www. taobao. com, the sales amount of over RMB 6. 06 yuan which was determined by the court was not accurate. (4) As for the unsold commodities, it was neither objective nor fair to have Amway Company, the victim entity, judge the authenticity of the commodities. On the other hand, as Defendant was a first-time offender, who had a completely clean criminal record, a family stuck in financial difficulties and sound attitude toward admission of guilt. It was hoped that the court may take all the factors into consideration and sentence the Defendant Chen Youzhi to imprisonment of less than 3 years.

【Trial】

After the trial, Shanghai Minhang District People's Court (hereafter referred to as Minhang Court) held that the Defendant Chen Youzhi had violated the laws and regulations of trademarks, and sold counterfeited commodities that he fully knew. The sales amount totaled over RMB 6.06 million yuan and that of commodities to be sold was RMB 92, 429 yuan, which was fairly large. The acts of the Defendant constituted crime of distributing commodities with counterfeited registered trademarks, and the Defendant shall be punished by law. The crime charged by the Public Prosecutor was thus established.

Regarding the views of the defender that the Defendant shall not be determined to have sold counterfeited commodities while he fully knew that they were counterfeited based on that the prices of the commodities sold by the Defendant were obviously lower than those of authentic ones, Minhang Court held that as the views of the defender had no valid evidence to support, whereas the evidence supplied by Amway Company had specified that even if the company surrender part of the profits, the sales price could by no means be lower than 73% of the full price. Besides, the Defendant did not purchase the commodities through proper channels. Instead he purchased and sold the commodities in large quantities at prices obviously lower than the market prices of Amway Company in several years. In addition, he never checked the information about the commodity provider or issued any invoice. Based on the above grounds, it can be determined that the Defendant had the intention of selling counterfeited commodities while he was fully knowing the facts. As for the sales amount in the judicial export report, the defender cited examples that there were no transportation records in some freight notes and that there are cases of bogus transactions for speculation credit and becoming a premium "Diamond Supplier" on www.Hiwinwin.com. However, the Defendant did not defend that he himself had made such bogus transactions, nor did the defender specifically point out which transaction was bogus. Moreover, as no corresponding evidences had been provided to support the views while the judicial expert made the explanation and specified that the bogus transactions advised by the Defendant had been excluded. Based on aforesaid grounds, the expert report shall be affirmed. As for the authenticity of the seized commodities to be sold, given the defender did not provide any evidence to prove that the commodities purchased by the Defendant were authentic, and the manufacturers were qualified and able to judge whether the commodities sold on the market were manufactured by themselves, it was nothing inappropriate for Amway Company to judge the authenticity of the involved commodities. Given the model of direct selling of Amway Company, the evidence that the prices of the commodities of Amway Company for subordinate members should not be lower than 73% of the full price and the prices of the commodities purchased and sold by the Defendant, it can be determined that the seized commodities at the place of the Defendant were counterfeit products of Amway, thus the relevant views submitted by the defender was not accepted. As for the sentencing, according to circumstances of crime the Defendant committed, hazard to society and degree of infringement on the right of the holder of the registered trademark right, suspension of sentence shall not be applied to the Defendant Chen Youzhi. Hence the view of the defender was not accepted either. The views of the defender that the Defendant, as a first-time offender, had a completely clean criminal record, a family with financial difficulties, and sound attitude toward admission of guilt has been taken into overall consideration during the sentencing.

In order to carry out the state legal system seriously, maintain sound order of the socialist market economy and protect intellectual property from being infringed, in accordance with Article 214, Article 67. 3, Article 52, Article 53, and Article 64 of the *Criminal Law of the People's Republic of China*, Article 2. 2 of the *Interpretation of the Supreme People's Court and the Supreme People's Procuratorate Concerning Several Issues on the Specific Application of Law for Handling Criminal Cases of Infringement upon Intellectual Property Rights* and Article 4 of the *Interpretation II Concerning Several Issues on the Specific Application of Law for Handling Criminal Cases of Infringement upon Intellectual Property Rights*, the court hereby ruled that (1) the Defendant Chen Youzhi had committed the crime of distributing commodities with counterfeited registered trademarks, and shall be sentenced to imprisonment of 6 years and 6 months, and fined RMB 800,000 yuan. (2) The seized commodities with counterfeited registered trademarks shall be confiscated. (3) The illegal gains shall be pressed for payment afterwards.

Chen Youzhi lodged an appeal against the decision to Shanghai No. 1 Intermediate People's Court.

After the trial, Shanghai No. 1 Intermediate People's Court held that the findings of facts in the first instance had been fully proved and the application of laws was correct, thus the court dismissed the appeal and affirmed the original judgment.

【Comments and analysis】

I. Determination on "Full Knowing" of Deliberately Selling Counterfeited Commodities by the Defendant Subjectively

With regard to subjective "full knowing" in the crime of distributing commodities with counterfeited registered trademarks, there are no relevant provisions in existing laws or judicial interpretations. In judicial practice, judicial officers should determine on subjective full knowing based on objective facts, such as purchase price and sales price, inbound channel, and popularity of the involved trademarks.

In the trial of this case, the defender pointed out that the Defendant Chen Youzhi was unable to judge the authenticity of the commodities he sold, and there were also members of Amway Company selling authentic commodities at extremely low price online. Hence the Defendant should not be determined to have had subjective intention of distributing counterfeited commodities based on the facts that the prices of the commodities sold by the Defendant were obviously lower than the market prices of the commodities of Amway Company and the Defendant did not purchase through proper channels of Amway Company.

Firstly from the sales price, the price certification and presentation of condition issued by the Defendant's entity Amway Company can prove that Amway Company sold their products at unified prices, and that even if some direct salesmen in Amway Company surrendered part of the profits to the subordinate, the price of the products sold to consumers could be by no means lower than 73% of the full price of authentic products. It can also proved by the chatting records on transactions between the Defendant and the witness Li Yulong on the information manager of *www. taobao. com* that it was true that the Defendant Chen Youzhi once purchased counterfeited products at lower price through non-formal channels.

Secondly from the inbound channel, it can be proved by the evidences such as testimony of the witness Li Yulong, the details in the receipts of Shentong Express, receipts issued by express companies on transactions between the Defendant and the Witness Li Yulong as well as chatting records on the information manager of *www. taobao. com* that the commodities suspected of being counterfeited sold by the

Defendant Chen Youzhi on www. taobao. com were not purchased through legal channels, and the information of the goods supplier was not checked, nor were invoices issued at purchasing.

Thirdly from the special identity of the Defendant, as a member of Amway Company, the Defendant Chen Youzhi was sure to know the actual sales price of Amway products. Therefore, the Defendant Chen Youzhi has the ability to judge the authenticity of the purchased products.

II. Determination on the Authenticity of the Involved Commodities

In ordinary cases of crimes of distributing commodities with counterfeited registered trademarks, the following factors are usually considered regarding the authenticity of involved commodities, namely the report issued by relevant authentication organizations, inbound channel and purchasing price, and sales price, to name just a few.

In this case, the authenticity of the sold commodities was determined mainly based on such traditional factors as comparison between purchasing price and sales price of the commodities sold by the Defendant and relevant prices of authentic commodities. As for the authenticity of the seized commodities to be sold in this case, apart from the aforesaid factors, there were other crucial evidences, i. e., relevant reports and presentation of conditions made by the Defendant's entity Amway Company. As for the efficacy of the evidence, the defender of the Defendant pointed out that because Amway Company, as the victim entity in this case, was suspected of providing false evidence for its own benefits, the commodities to be sold by the Defendant should not be determined to be counterfeited goods.

As for this point, Shanghai Minhang District People's Court held that firstly as the manufacturer of the involved commodities, Amway Company was both qualified and able to judge whether the commodities sold on the market were produced by itself or not, thus there was nothing inappropriate to have Amway Company identify authenticity of the commodities. Secondly, the price certification and presentation of condition provided by Amway Company could prove that the price of the products distributed to members of Amway Company could be by no means lower than 73% of the authentic product's full price. However, the purchase price and online sales price of the commodities suspected of being counterfeited goods purchased by the

Defendant were obviously lower than those of authentic commodities. Besides, the defender failed to provide evidence to prove that the Defendant had purchased authentic commodities through formal channels. Hence it could be determined that the seized commodities to be sold were counterfeited products with Amway brand.

III. Determination on Sales Amount

As for the calculating method of the sales amount, there are no explicit provisions in the *Interpretation of the Supreme People's Court and the Supreme People's Procuratorate Concerning Several Issues on the Specific Application of Law for Handling Criminal Cases of Infringement upon Intellectual Property Rights*, which only specified the calculation method of the amount of illegal business in Article 12 of the Interpretation that "the value of the sold infringing products shall be calculated at the actual sales price. The value of the manufactured, stored, transported or unsold infringing products shall be calculated at the marked price, or at the average actual sales price of the infringing products that has been found out. If no price is marked on the infringing products or the actual sales price is unable to be found out, the said value shall be calculated at the average market price of the infringed products. Though the method is not directly specified for calculating sales amount, it has been extensively used in calculating sales amount in judicial practice.

The determination on the sales amount of sold commodities in this case was mainly based on the calculation of actual sales amount according to transaction records of *www. taobao. com*, records of Alipay, records of transaction details of bank accounts, judicial accounting appraisal report issued by Shanghai Tongda Certified Public Accountants Firm, as well as records of question of relevant appraising experts with consideration given to actual online sales amount of the Defendant. However, in the sales model of *www. taobao. com*, the bogus transactions for becoming the premium "Diamond Supplier" are extensive. As for the issue, the defender pointed out that the judicial expert report did not exclude the bogus transactions of the Defendant for the purpose of becoming the premium "Diamond Supplier" on *www. taobao. com*, hence the sales amount determined by the Public Prosecutor was not accurate. Minhang Court held that with regard to whether the amount of bogus transactions had been excluded from the calculation in the judicial expert report, the judicial expert who made such report had explained and stated clearly that the determined amount in the report did not include the amount of bogus transactions specified by the Defendant. Besides, the defender did not clarify detailed records of bogus transactions and corresponding evidence, nor did the Defendant counterplead that he himself had conducted such bogus transactions. Therefore, Minhang Court affirmed the judicial expert report and determined the amount of sold commodities to be RMB 6, 064, 738. 94 yuan (deducting transportation expense).

For the determination of the sales amount of the seized commodities to be sold, the minimum price of commodities under the same category sold on line by the Defendant Chen Youzhi was taken mainly as the reference by the judicial export report for evaluation. The total amount determined after judicial auditing was RMB 92,429 yuan.

(Written by: Yang Qiuyue)

Determination on Crime of Infringement on Copyright

—Fu Xuyi, *et al.*
Crime of Infringement on Copyright

【Summary】

This case is a typical one of crime of infringement on copyright. In the determination of the crime of infringement on copyright, such factors as subject of crime, subjective intention and objective facts should be brought into consideration to distinguish from the crime of selling infringement on replica. The Defendants Fu Xuyi and Shen Huihuang have performed both direct act of selling infringing replica and indirect behavior of duplication, therefore the crime name and one crime in this case were determined based on the constitutive requirements for crimes and the relation between the two crimes.

【Facts】

Public Prosecutor: Shanghai Putuo District People's Procuratorate

The Defendant: Fu Xuyi

The Defendant: Yan Ruhuo

The Defendant: Shen Huihuang

The Defendant: Jian Mingju

Cause of Action: Crime of infringement on copyright

Case No. at First Instance: (2011) Pu-Xing-Chu-Zi No. 346

Case No. at Second Instance: (2011) HU-Er-Zhong-Xing-Zhong Zi No. 454

In the midmonth of October, 2010, the Defendant Fu Xuyi teamed up with Wu Deguang and Yan Hongxi to reach an agreement on joint contribution to public distribution and duplication of the book the *Bounded & Unbounded —Top Hotel Buildings* (hereinafter referred to as the *Unbounded*) without authorization of Tang Art Design & Information Group Limited. Later, the Defendant Yan Ruhuo was introduced to the three Defendants Fu Xuyi, Wu Deguang, and Yan Hongxi, and they reached a verbal contract that the Defendant Fu Xuyi would provide advance copy, and the Defendant Yan Ruhuo shall undertake to print 2,000 copies of the *Unbounded* at the price of RMB 140 yuan per book. Informed of the matter, the

Defendant Shen Huihuang subscribed capital under the name of Fu Xuyi and joined Fu Xuyi, Wu Deguang, and Yan Hongxi in the activity of duplicating and distributing the pirated book.

The Defendant Yan Ruhuo, who had done business with the Defendant Jian Mingju previously, reached an oral contract with the latter that the Defendant Yan Ruhuo shall provide the film of the pirated book the *Unbounded*, and the Defendant Jian Mingju shall undertake to print 2,000 copies of the book at the price of RMB 110 yuan per book.

On November 1 in the same year, the Defendant Jian Mingju signed a printing contract with another company, handing the business of printing 2,000 copies of the book over to the company at a total price of over RMB 60,000 yuan.

As the authorized publisher and distributor of the copyright owner Tang Art Design & Information Group Limited in Mainland China, Guangzhou Tang Art Culture Dissemination Limited Company has warned the Defendants Fu Xuyi, *et al.* to terminate their sales acts after being informed that the Defendant Fu Xuyi intended to sell the pirated book the *Unbounded* to wholesalers. On November 18 in the same year, for the purpose of preventing pirated books from flowing into the market, the legal representative of Guangzhou Tang Art Culture Dissemination Limited Company, Kang Jianguo, signed an agreement with the Defendant Fu Xuyi, in which the Company shall purchase 2,000 pirated copies of the book the *Unbounded* at the price of RMB 210 yuan per book. But the Company did not authorize the Defendant Fu Xuyi and others to duplicate and distribute the book.

The four Defendants Fu Xuyi, Wu Deguang, Yan Hongxi and Shen Huihuang decided after discussion that only part of the books would be firstly transported to the transaction site with a car by Fu Xuyi and after he sent information about safe transaction, the rest of the pirated books would be loaded onto two cars and transported to the site by Wu Deguang, Yan Hongxi and Shen Huihuang. On November 22 in the same year, the Defendant Fu Xuyi transported the pirated copies of the book the *Unbounded* to Shanghai Office of Guangzhou Tang Art Culture Dissemination Limited Company located at No. 4, Lane 1251, Jiangning Road in Shanghai and was caught on the site by the police during transaction of goods. Altogether 384 pirated copies of the book the *Boundless* were seized. Informed that the Defendant Fu Xuyi might have been caught, the Defendant Shen huihuang, *et al.* followed instructions and hid the remaining 1, 617 copies of the pirated books the *Unbounded* in the warehouse of Shanghai Beikai Logistics Company located at No. 399, Jiancao Road of Shanghai, and delivered 960 copies of the pirated books to Zhuzhou City in Hunan Province. Presently, all of the books have been detained.

The Public Prosecutor alleged that the acts of the Defendants Fu Xuyi, Yan Ruhuo, Shen Huihuang and Jian Mingju had constituted crime of infringement on copyright, thus the Public Prosecutor submitted to the court for punishment according to the law.

None of the Defendants Fu Xuyi, Yan Ruhuo, Shen Huihuang and Jian Mingju had an objection to the accusation of the Public Prosecutor.

The defender of the Defendant Fu Xuyi argued that Fu Xuyi had committed the crime with other serious circumstances involved, instead of other especially serious circumstances. Therefore the penalty measured for him should be an imprisonment of less than three years.

The defender of the Defendant Yan Ruhuo argued that the punishment for Yan Ruhuo should be mitigated.

【Trial】

After the trial, Shanghai Putuo District People's Court held that for the purpose of profit-making, the Defendants Fu Xuyi and Shen Huihuang jointly duplicated and distributed other's book without authorization of the copyright owner. Their acts have constituted crime of infringement on copyright. For the purpose of profit-making, the Defendants Yan Ruhuo and Jian Mingju published and duplicated other's book without authorization of the copyright owner, nor did they strictly examine the legal procedures of the clients who entrusted them to duplicate. Their acts have respectively and independently constituted crime of infringement on copyright. The corpus delicti charged by the Public Prosecutor was clear and the crimes were thus established. The amount of illegal business obtained by the Defendant Fu Xuyi totaled RMB 420,000 yuan, that obtained by the Defendant Yan Ruhuo reached RMB 280,000 yuan, and that obtained by the Defendant Shen Huihuang, RMB 420,000 yuan, which all fell into especially serious circumstances. The amount obtained by the Defendant Jian Mingju reached RMB 220,000 yuan, falling into other serious circumstance. The Defendants Fu Xuyi and Shen Huihuang committed the crime together. The former, who had played a major part in the joint crime, was the principal criminal. Whereas the latter, who played a secondary role in the joint crime, was the accessary criminal, thus the punishment for the latter should be mitigated. Given that the Defendant Jian Mingju voluntarily surrendered, thus the punishment could be mitigated. When the Defendant Fu Xuyi, Yan Ruhuo and Shen Huihuang, appeared before the court, confessed the corpus delicti truthfully with good attitude towards admission of guilt, and thus could be given lesser punishment. With regard to the submission of the defenders that the Defendants Fu Xuyi and Yan Ruhuo, should be sentenced to imprisonment of less than three years and temporary suspension of the execution should be applied, the court did not accept. As the Defendants Shen Huihuang and Jian Mingju observed disciplines and obeyed laws during the period of bail pending trial with restricted liberty of moving per order of the judicial organ, and admitted guilt voluntarily during the trial, they could be given a lesser punishment according to the circumstances. Besides, non-custodial penalty can be applied here for putting to the test. The suggestion of the Public Prosecutor on measurement of penalty was accepted. Based on the facts, nature, circumstances and degree of endangerment to the society, in accordance with Article 217. 1, Article 217. 2, Article 25. 1, Article 26, Article 27, Article 67. 1, Article 67. 3, Article 72, Article 73, Article 53, Article 64 of the *Criminal Law of the People's Republic of China*, and Article 5, Article 11 and Article 12. 1 of the *Interpretation of the Supreme People's Court and the Supreme People's Procuratorate of Several Issues concerning the Specific Application of Law in Handling Criminal Cases of Infringement on Intellectual Property Rights*, and Article 4 of the *Interpretation II of the Supreme People's Court and the Supreme People's Procuratorate of Several Issues concerning the Specific Application of Law in Handling Criminal Cases of Infringement on Intellectual Property Rights*, the court hereby ruled that the Defendant Fu Xuyi was sentenced to imprisonment of three years and six months, and fined RMB 140,000 yuan for the crime of infringement on copyright. The Defendant Yan Ruhuo was sentenced to three years of imprisonment and fined RMB 50,000 yuan for the crime of infringement on copyright. The Defendant Shen Huihuang was sentenced to imprisonment of two years and six months with two years and six months of probation and fined RMB 100,000 yuan for the crime of infringement on copyright. The Defendant Jian Mingju was sentenced to two years of imprisonment with two years of probation and fined RMB 500,000 yuan. All illegal gains shall be recovered by law. The seized pirated books and films shall be confiscated by law.

Fu Xuyi and Yan Ruhuo lodged an appeal against the decision to Shanghai

No. 2 Intermediate People's Court after the first instance judgment.

After the trial, Shanghai No. 2 Intermediate People's Court held that the findings of facts in the first instance had been fully proved and the application of laws was correct, thus the court dismissed the appeal and affirmed the original judgment.

【Comments and analysis】

In criminal justice practice of crime of infringement on intellectual property, it is very likely to confuse the crime of infringement on copyright with the crime of selling infringing replica. In accordance with provisions of Article 217 and Article 218 of the *Criminal Law*, seen from literal expression, the objects of both crimes are copyright management system of the country and others' copyright and rights and interests related to copyright. But there are also significant differences as well as innumerable links between the two. Firstly, the two crimes differ in subject of crime. The subjects of the latter crime can only be natural persons or units other than the infringing replica makers; whereas the subjects of the former crime are usually infringing replica makers, or sometimes the publishers or distributors conspiring with the maker. Secondly, the two differ in objective circumstances. In objective aspect, the latter crime is manifested in the behavior of selling infringing replica with huge amount of illegal gains; whereas the behavioral pattern of the former crime may be copying or publishing, and it may be manifested in manufacturing, selling and publishing, etc., which constitute the crime provided the amount of illegal gains is considerable or there are other serious circumstances. Seen from most cases in practice, there is another thing in common between the crime of infringing copyright and the crime of selling infringing replica: joint crime. In both crimes, actors jointly performed criminal behaviors by division of labor. The goal of profit-making set by the actor cannot be realized if the actor performed only the behavior of copying other's works without publishing and selling. Only by selling the infringing replica to the public can be goal of profit-making be realized. Where the actor performed the behavior of infringing copyright or rights and interests related to copyright and thus constituted crime, and thereafter sold the infringing replica made by the actor, from which he/she gained a huge amount of illegal gains, the latter behavior belongs to post factum undeserving punishment, and the actor shall be punished for his/her crime of infringing copyright only, and shall not be convicted of the crime of selling infringing replica and thus be given cumulative punishment. However, if the infringing replicas sold by the actor are not manufactured by him/her, and that the two behaviors conform to the requirements for the amount constituting crime or circumstances, the actor shall be given cumulative punishment. If the actor who sells the infringing replicas conspired with the actor who commits the crime of infringes copyright beforehand, the two actors shall be punished for joint crime of infringing copyright.

From the circumstances of this case, the Defendants Fu Xuyi and Shen Huihuang seemingly did not "duplicate and distribute" others' works and only performed the acts of "selling" the pirated book the *Unbounded*. Should the two Defendants be convicted of the crime of selling infringing replica? Solving the problem of conviction should start from the crime constitution theory and the relation between the two crimes. (1) From the subjective intention of the Defendants, the two Defendants Fu Xuyi and Shen Huihuang had the intention not only to sell infringing replicas, but to duplicate and distribute other's works. Because before the case happened, the two Defendants did not have ready-made book replicas to sell, and they had discussed in hotels about duplicating and distributing others' books for many times. (2) From the objective acts of the Defendants, due to the limit of technical conditions, the Defendants Fu Xuyi and Shen Huihuang, instead of directly performing the act of duplicating and distributing, actively sought affiliated persons to help them duplicate other's works, such as providing legal copy of the book and examining the quality of the first batch of books duplicated by the Defendant Yan Ruhuo, etc. (3) The question of one crime or several crimes. It was proposed by some that the Defendants Fu Xuyi and Shen Huihuang not only performed duplication and distribution of other' s works, but also sold such infringing replica, thus they should be given combined punishment for both the crime of selling infringing replica and the crime of infringing copyright. From the nature of behaviors, the Defendant committed two crimes indeed. However, according to the theory of absorbable offence in the Criminal Law, in the same process of commission of crime, the previous act may be a stage of development of the later act, or the later act may be the inevitable result of the development of the previous act. The handling methods include the serious acts' absorption of light acts, perpetrating acts' absorption of the preparative acts and principal acts' absorption of accessory acts. In this case, as the later acts of "selling" is the inevitable result of the previous act "duplication and distribution", in accordance with the principle that serious acts absorb light acts, the Defendants Fu Xuyi and Shen Huihuang were convicted of the crime of infringing copyright only. Such conviction also conformed to provisions of laws and relevant judicial interpretations.

As for the sentencing, the court followed the judicial policy of combining punishment with leniency as well as the principle of proportionate punishment to crimes, prudently studied the punishment and gave appropriate punishment to the Defendants according to law by taking into consideration the properties of criminal acts, circumstances and degree of endangerment to the society.

(Written by: Zhu Yingqiong)

The Ascertainment of Criminal Liability for Using "Plug-in" to Fabricate and Sell Online Game Virtual Currency

—Copyright Infringement Committed by Yu Gang *et al.*

【Summary】

Compared with typical copyright infringement cases, the Defendants in the case did not directly reproduce and distribute the works of others to reap illegal profits. Instead they used the "plug-in" program to generate the virtual game gold coins for profit after the sales. The analysis of such new modus operandi and ascertainment of the liabilities constitute the difficult points during the hearing of the case. After careful deliberation of the provisions concerning related charges in the *Criminal Law of the PRC*, the judge ruled that the Defendant's acts should be punished for copyright infringement. In this case, such controversial issues in copyright infringement as Reproduction and Distribution and Illegal Operation Proceeds were also analyzed and defined, setting a sound example for the ruling of similar cases in the future.

【Facts】

Public Prosecutor: Shanghai Xuhui District People's Procuratorate

Defendants: Yu Gang, Cao Zhihua, Feng Dian, Gu Jingxuan, Lai Yi, Chen Nong, Zhang Rongxin, Ma Xiao, Liu Jingsong, Chen Ya and Liu Chuan

Cause of Action: Copyright Infringement

Case No.: (2011) XU-Xing-Chu-Zi No. 984

On November 30, 2007, Shanghai Shanda Networking Development Co., Ltd. (hereinafter referred to as Shanda Company) and EYEDENTITY GAMES Inc. in South Korea signed a power of attorney on copyright cooperation which authorized Shanda Company's introduction of EYEDENTITY Game's Internet game publication named *the Dragon Nest* (《龙之谷》 literally in Chinese). The game was authenticated and approved by the National Copyright Administration of People's Republic of China on June 23, 2009. On February 4, 2010, the General

Administration of Press and Publication of the PRC approved Shania's introduction of the aforementioned game publication. On July of 2010, Shanda Company authorized Shanghai Shulong Technology Development Co., Ltd. (Shanghai Shulong) to officially operate the *Dragon Nest* online.

In August of 2008, Yu Gang, Feng Dian and Cao Zhihua and other Defendants incorporated Damao Company with Yu Gang as the legal representative.

In July of 2010, Yu Gang, Cao Zhihua and Feng Dian and other Defendants, employing their computer skills and decompilation, deciphered the game client program of *the Dragon Nest* operated by Shanghai Shulong and the corresponding communication protocols. Together with a large number of the game core database files, log files and complete simulation communication protocols relating to maps, items, monsters, trigger events and other codes copied from the client program, the Defendants added various script files fabricated by them that could achieve automatic operation of the game and thus developed the offline plug-in software in this case that can allow automatic multiple-logins, automatic operation and other game functions in the background.

From the end of July 2010 to January 2011, the Defendants, including Yu Gang and Lai Yi, recruited Zhang Rongxin, Chen Nong, Ma Xiao, Liu Jingsong, Chen Ya, Liu Chuan and other Defendants in the name of Damao Company as franchisees to set up a "studio". Lai Yi, responsible for the daily management, after paying the initial franchise fee of 1,000 RMB yuan for each computer and a certain amount of cash deposit, logged in with a lot of accounts by using the offline plug-in software and cooperated with the fabrication of the *Dragon Nest* game virtual currency, all of which was later sold on relevant sites by the marketing department in the charge of Gu Jingxuan, another Defendant, to share the profits there from. The audit has found out that Damao Company's sales of the *Dragon Nest* game gold coins totaled RMB 4, 637, 448. 30 yuan, of which RMB 529, 888. 80 yuan were the sales in Damao Company, RMB 1, 257, 751. 64 yuan were achieved by the studio of Zhang Rongxin *et al.*, RMB 898, 555. 90 yuan by the studio of Chen Nong, RMB 989, 124. 58 yuan by the studio of Ma Xiao and Liu Jingsong studio, RMB 706, 049. 19 yuan by the studio of Chen Ya and RMB 256, 078. 18 yuan by the studio of Liu Chuan.

In September 2010, Feng Dian and Cao Zhihua, the Defendants, left Damao Company and took away the game plug-in source code of *the Dragon Nest* and the sales RMB 680,000 yuan. The shareholders of Damao Company were changed to Yu Gang and Gu Jingxuan.

In January 2011, Yu Gang, Gu Jingxuan and Chen Nong, the Defendants, appeared before the court. In March 2011, Cao Zhihua, Feng Dian, Lai Yi, Zhang Rongxin, MA Xiao, Liu Jingsong, Chen Ya and Liu Chuan, the other Defendants, were present in court. Especially Chen Nong, Chen Ya and Liu Chuan voluntarily surrendered themselves and confessed their crimes to the public security organs.

In September 2011, Shanghai Stars Digital Forensic Center, after comparing the plug-in program in the case with the sample *Dragon Nest* game client program, confirmed the similarity in the file directory structures were 84.92% and the files were 84.5%, which demonstrated substantially similarity in the plug-in program and the client program of the *Dragon Nest.*

The Public Prosecutor alleged that Yu Gang teamed up with Cao Zhihua, Feng Dian, Gu Jingxuan, Lai Yi, Chen Nong, Zhang Rongxin, Ma Xiao, Liu Jingsong, Liu Chuan and Chen Ya and copied the computer software without the permission of copyright owner for profit. The illegal business turnover of Yu Gang, Cao Zhihua, Feng Dian, Gu Jingxuan and Lai Yi totaled over RMB 4 million Yuan. The illegal business turnover of Chen Nong was RMB 898, 555.90 yuan, of Zhang Rongxin RMB 1, 257, 751.64 yuan, of Ma Xiao and Liu Jingsong RMB 989, 124.58 yuan, of Chen Ya RMB 706, 049.19 yuan and Liu Chuan RMB 256, 078.18 yuan. They all committed exceptionally serious crimes and should be prosecuted for their criminal liability of joint offence for copyright infringement. Among them, Yu Gang, Cao Zhihua, Feng Dian, Gu Jingxuan and Lai Yi were prime culprits. Chen Nong, Zhang Rongxin, Ma Xiao, Liu Jingsong, Liu Chuan and Chen Ya were accomplices and should be given mitigated punishments. Moreover, Chen Nong, Chen Ya and Liu Chuan surrendered themselves and should be given a lighter punishment. Yu Gang, Cao Zhihua, Feng Dian, Gu Jingxuan, Lai Yi, Zhang Rongxin, Ma Xiao and Liu Jingsong could also be given lighter punishments as they confessed their crimes truthfully after appearing in court.

Yu Gang argued that what the indictment stated was true. Although he was a bit confused about the evidence of the case and did not understand the charges, he still accepted the court's determination.

The advocate of Yu Gang argued that the case should be ascertained as corporation crime. On the other hand, the CPA firm's calculation of the involved amount did not follow legitimate procedures, and thus the conclusion was not accurate. The plug-in software did not cause any damage to the game's operation. According to judicial interpretation, the Defendants did not meet the criterion to commit the crime of copying. As they did not take part in the external sales of the software, the illegal business turnover amount was untenable. The existing law did not prohibit the fabrication and re-sale of virtual money through plug-in software, so the case did not constitute a crime and the Defendants should be acquitted.

Cao Zhihua argued that basically he had no objection to the facts and charges, but he had left the company since September 2010.

The advocate of Cao Zhihua argued that he had no objection to the charges, but Cao Zhihua had nothing to do with the part of the illegal turnover gained after he left the company, the plug-in software was not developed solely by him and there was no precedent for conviction for using plug-in software to fabricate game coins. Given that the Defendant pleaded guilty with good attitude and was willing to give up the illicit gains, he asked the court for the sentence of probation.

Feng Dian argued that he had no objection to the allegations of the indictment, but hoped that the court could mitigate the punishment.

The advocate of Feng Dian argued that the main program file of the plug-in software was different from that of Shanda Company and it was worth studying whether the retrieval of resource file was copying or reprogramming. Even if the Defendants' conducts did include copying, the duplicated files were only an extremely small part of the whole game program. The illegal business turnover of this case was not properly recognized as there were no plug-in software sales proceeds. Even if there was illegal income, costs must be deducted. Feng Dian was not the prime culprit of the case and should only be held responsible for the turnover of two months. Considering his young age and little knowledge, it is suggested the court's sentence of probation.

Gu Jingxuan argued that he did not understand the technical stuff or knew he had violated the law. The accounting was done by the finance, so he was unaware of the amount involved.

Lai Yi argued that he voluntarily appeared in court and should be recognized that he gave himself to law.

The advocate of Lai Yi argued that Lai Yi should not be identified as the prime culprit as developing plug-in program was not his idea. He did not involve in the production, never solicited franchisees or decided how to divide the profits apart some management work. He voluntarily surrendered himself after the receipt of the phone call from the police and thus should be recognized as surrender. Moreover, he pleaded guilty with good attitude, it is suggested the sentence of probation.

Chen Nong argued that he had no objection to the charges and the basic facts, but did not agree on the amount involved. He thought it was just over RMB 300,000 yuan.

The advocate of Chen Nong argued that Chen Nong was not an accomplice in the crime of copyright infringement. He did not involve in the development and copying of plug-in software and the sales of the game currency. Fabrication of game currency solely should not be recognized as a crime. He did not recognize the appraisal result on the similarity in the plug-in software. The case did not involve the value of the infringing products, so there was no illegal business turnover. Even if the RMB 300,000 + yuan fell into illegal income, cash deposit, the initial franchise fee, office costs and other expenditures should be deducted and only over RMB 110,000 yuan would be left. Given that the Defendant surrendered himself and it was his first offense while his wife was jobless and child was still small, he asked the court for the sentence of probation.

Zhang Rongxin argued that he had no objection to the facts, but the amount involved should be over RMB 400,000 yuan.

Ma Xiao argued that he had no objection to the facts, but thought the amount involved was different from the amount in the indictment.

Liu Jingsong argued that the amount involved should be more than RMB 300,000 yuan and he had no objection to other facts.

The advocate of Liu Jingsong argued that the case did not involve the plug-in software sales, the object for its identification was wrong and the method of identification was also not correct. The identification of similarity was only a personal subjective opinion. On the other hand, Shanda Company did not suffer any actual loss in economy, and there was no evidence of increased server burden, system failures and other destructive results. Yu Gang and other defendants' behavior should be recognized as corporate behavior. Liu Jingsong did not involve in the copying of plug-in software while fabricating game currency was not copying. The income from game currency sales was not the income from reproduction and distribution of plug-in software. Liu Jingsong, only a partner of Ma Xiao, should not be regarded as an accomplice. The case was quite novel and should be dealt with discretion.

Chen Ya argued that the amount presented by the public security organs was far less and she had no objection to other facts.

Liu Chuan argued that the amount involved was not so much and he had no objection to other facts.

【Trial】

After trial, People's Court of Shanghai Xuhui District held that Yu Gang, Cao Zhihua, Feng Dian and other Defendants obtained relevant core program files of the computer software whose copyright belonged to others and fabricated plug-in software and reaped profits from it with other Defendants through illegal means. Although the plug-in software was not entirely identical with the official client program files, their main structures and functions were substantially similar. Therefore, according to the *Criminal Law of the PRC*, the Defendants committed the crime of illegal reproduction of computer software and should be punished as copyright infringement.

The Defendants in this case manufactured the infringing plug-in software and then used such software to obtain the concerned game virtual currency for profit after the sales. The identification of illegal business turnover should be based on the price of derived goods of the infringing software. Illegal business turnover earned by Yu Gang, Cao Zhihua, Feng Dian, Gu Jinghua and Lai Yi's totaled more than RMB 4 million yuan, turnover made by Chen Nong was more than RMB 890,000 yuan, turnover by Zhang Rongxin was more than RMB 1.25 million yuan, by Ma Xiao and Liu Jingsong more than RMB 980,000 yuan, by Chen Ya more than RMB 700,000 yuan and by Liu Chuan more than RMB 250,000 yuan. The circumstances were all exceptionally serious, and their behaviors have constituted the violation of copyright. They should be punished and convicted on the Public Prosecutor's charges.

In view of the subject of crime, since its establishment, Damao Company's major business was the fabrication and use of plug-in software for copyright infringement, which should not be accounted as corporation crime. In this way, the case should be identified as joint crime committed by the 11 Defendants. Among them, Yu Gang, Cao Zhihua, Feng Dian, Gu Jingxuan and Lai Yi played a major role in the joint crime and were the prime culprits, while Zhang Rongxin, Ma Xiao, Liu Jingsong, Chen Ya and Liu Chuan played a secondary and supporting role in the joint crime and were accomplices whose punishment should be mitigated by law. As Chen Nong, Chen Ya and Liu Chuan surrendered themselves, they should be given a lighter punishment. Yu Gang, Cao Zhihua, Feng Dian, Gu Jingxuan, Lai Yi, Zhang Rongxin, Ma Xiao and Liu Jingsong could also have their punishments mitigated if they confessed their crimes truthfully after appearing in court. The Defendants in the trial voluntarily confessed and repented, so they can be given a lighter punishment according to the actual circumstances.

On these grounds, in accordance with Article 217. (1), Article 25. 1, Article 26. 1 and Article 26. 2, Article 27, Article 53, Article 64, Article 67. 1, Article 72, Article 73. 2 and Article 73. 3 of *the Criminal Law of the People's Republic of China* valid prior to April 30, 2011, Article 12. 1 and Article 67 . 3 of the effective *Criminal Law of People's Republic of China* and Article 5. 2 of the *Interpretation of the Supreme People's Court and the Supreme People's Procuratorate of the Issues concerning the Specific Application of Law in Handling Criminal Cases of Infringement on Intellectual Property Rights*, the court held that 1. Yu Gang was convicted of copyright infringement, sentenced to four years of imprisonment and fined RMB 400,000 yuan.

2. Cao Zhihua was convicted of copyright infringement, sentenced to three years of imprisonment and fined RMB 300,000 yuan.

3. Feng Dian was convicted of copyright infringement, sentenced to three years imprisonment and fined RMB 300,000 yuan.

4. Gu Jingxuan was convicted of copyright infringement, sentenced to three years of imprisonment, suspended for three years and fined RMB 300,000 yuan.

5. Lai Yi was convicted of copyright infringement, sentenced to three years of imprisonment and fined RMB 300,000 yuan.

6. Chen Nong was convicted of copyright infringement, sentenced to two years and six months of imprisonment, suspended for two years and six months and fined RMB 200,000 yuan.

7. Zhang Rongxin was convicted of copyright infringement, sentenced to two years and six months of imprisonment, suspended for two years and six months and fined RMB 200,000 yuan.

8. Ma Xiao was convicted of copyright infringement, sentenced to two years

and three months of imprisonment, suspended for two years and three months and fined RMB 100,000 yuan.

9. Liu Jingsong was convicted of copyright infringement, sentenced to two years and three months of imprisonment, suspended for two years and three months and fined RMB 100,000 yuan.

10. Chen Ya was convicted of copyright infringement, sentenced to two years of imprisonment, suspended for two years and fined RMB 100,000 yuan.

11. Liu Chuan was convicted of copyright infringement, sentenced to one year and nine months of imprisonment, suspended for one year and nine months and fined RMB 50,000 yuan.

12. Yu Gang, Cao Zhihua, Feng Dian, Gu Jingxuan, Lai Yi, Chen Nong, Zhang Rongxin, Ma Xiao, Liu Jingsong, Chen Ya and Liu Chuan' illegal income shall be recovered. The seized computers, mobile hard disks, hard disks and other items related to this case were confiscated.

After the first instance, no defendant filed an appeal and the Public Prosecutor did not file a counter appeal. The decision thus took effect.

【Comments and analysis】

The so-called "plug-in" refers to a kind of software that came into being with the emergence of online game and could enhance game features, namely, cheating to enhance the game effects by modifying the server program, the client program and the data transmitted between the two. Online game "plug-in" does not only undermine the fairness and fun of the game, but also causes great economic losses to the copyright owner and the online game operator. Moreover, even at certain stage of its development, different modes of division of labor will be formed and hence an underground industry chain will emerge, which includes development, production and operation, to name just a few. Eventually the entire online game industry will suffer serious damages. Given the hazard to the society, the act of "plug-in shall be included in the scope of criminal regulation. Unfortunately, at current stage, there is no relevant regulation available in the existing *Criminal Law of the PRC* concerning the conviction and sentencing of "Plug-in" acts. In this case, the Defendants employed "plug-in" program to generate virtual game gold coins for profit after the sales. The analysis of the new modus operandi and the ascertainment of liabilities are the difficult points of hearing this case.

I. Consideration of the Charges Involved in This Case Concerning the "Plug-in" Act

Currently there are quite some disputes over the charges derived from the "plug-in" act in the academia and the circle of practitioners, whose opinions can mainly be divided into the following three: 1. the act is the destruction of computer information system; 2. the act falls into illegal business operation; and 3. the act is copyright infringement.

1. Whether such act can be accounted as destruction of computer information system

For a start, destruction of computer information system refers to the act of deleting, modifying, adding, interfering the computer information system functions that result in computer information system's inability to operate normally, the deletion, modification and addition of data and applications stored in or transmitted by the computer information system, or the act of intentionally programming and spreading computer viruses and other destructive programs to affect the normal operation of the computer system, which not only violates the state regulations, but has serious consequences. The Defendants in this case deciphered the *Dragon Nest* game client program and the corresponding communication protocols by means of decompilation so as to fabricate the "plug-in". After that, they have neither conducted any destructive activity like deleting or modifying the client program itself or the data and program stored or transmitted by the client, nor used the "plug-in" to spread computer viruses which may leave the computer information system in paralysis. Therefore, the acts of the Defendants in the case should not be accounted as destruction of computer information system.

2. Whether the act can be accounted as illegal business operation

Crime of illegal business operation refers to the act of being engaged in illegal business activities and disrupting the market order, which violates the state regulations and has serious consequences. During the trial of "Plug-in" cases - a new modus operandi, quite a number of courts convicted and sentenced the defendants on the aforesaid charge of illegal business operation based on the relevant regulations in the *Interpretation of the Supreme People's Court on Issues concerning the Specific Application of Laws to the Trial of Criminal Cases of Illegal Publications* in most cases. Such judicial interpretation divides illegal publications into two categories, the publications with illegal contents and publications with illegal procedures. The public issuance of the plug-in does not only violates procedurally the *Interim Provisions on the Administration of Internet Publication* and the Regulations on the *Administration of Publication*, but also infringes the online game operator's relevant rights in terms of the content. So it should be accounted as illegal publication. Such view has also been verified in such provision of the *Notice on Special Control Campaign against Private Server and Plug-in* issued by the General Administration of Press and Publication and another four ministries and commissions that the illegal act of plug-in is the illegal online publication, which shall be cracked down by law. Hence the production and sales arising from the plug-in, an illegal publication, should be punished as illegal business operation. However, in this case, the Defendants have not sold the "Plug-in" itself after the fabrication. Hence it is also inappropriate to punish them on the charge of illegal business operation.

3. Whether such act can be accounted as copyright infringement

According to Article 217 of the *Criminal Law of PRC*, copyright infringement is committed only if the perpetrator must subjectively take profit as his or her purpose and implement the following four objective actions objectively: 1. copy and release the written works, music, movies, television shows, video works, computer software and other works without the permission of their copyright owner; 2. publish books whose exclusive right of publication belong to others; 3. copy and distribute recordings and videos without the permission of audio or video producers; 4. fabricate or sell art works with fake signatures.

Article 12 in *the Opinions of the Supreme People's Court, the Supreme People's Procuratorate and the Ministry of Public Security and Ministry of Justice on Several Issues concerning the Application of Law in Handling Intellectual Property Right Infringement Criminal Cases* stipulates that the illegal publication, reproduction, distribution of others' works which constitute copyright infringement should be convicted and punished as copyright infringement and should be accounted as illegal business operation and other charges. Compared with the illegal business operation, the object suffering damage due to the acts of copyright infringement is more specific, which can reflect Criminal Law's more precise identification of certain criminal act and can be adopted with more appropriate conviction and sentencing criteria to punish the defendants. Among different kinds of "Plug-in" acts, in case that the acts are more consistent with the constitutive requirements of copyright infringement, the defendants should not be punished on the charge of illegal business operation any longer.

II. An Analysis of the Issues Concerning the Identification of Copyright Infringement

According to the regulations on copyright infringement in China's criminal law, the analysis of this case from the perspective of crime constitution is as follows: the 11 Defendants in this case were all natural persons with complete criminal responsibility. The Defendants fabricated a large amount of game currency by programming the plug-in and sold the currency for profit with obvious subject intent. Yu Gang and other Defendants' acts violated the legitimate interests of the game copyright owners and the illegal plug-in could cause serious damage to the economic order of ordinary online game market. The Defendants' acts can be accounted as those stipulated in Article 217. (1) of the *Criminal Law of the PRC* and fall into the category of "other exceptionally serious circumstances".

1. The Identification of the Conduct Requirement - the Reproduction and Distribution

One of the acts of copyright infringement is the "reproduction and distribution of the written works, music, movies, television shows, video works, computer software and other works without the permission of the copyright owners". Article 2 of the *Interpretation II of the Supreme People's Court and the Supreme People's Procuratorate of the Issues concerning the Specific Application of Law in Handling Criminal Cases of Infringement on Intellectual Property Rights* stipulated that the reproduction and distribution in the copyright infringement stipulated by Article 217 of the *Criminal Law of the PRC* includes reproduction, distribution and committing both simultaneously.

In terms of this case, the principle of the "Plug-in" operation is to intercept and modify the data transmitted between game client and server via communicate data packet, then simulate a server to send the data to the client or vice versa, so as to modify the game and enhance a variety of game functions. The process of fabricating and running the plug-in program requires it is a must to collect, reproduce and modify a large amount of data of the official client program. The off-line plug-in involved in this case is a kind of program whose fabrication requires one to understand and master complete contents of the communication data packet between game client and server. Unlike other types of plug-in which need to be linked with a client program, it may simulate the official client to allow players to login and play the game without connecting the official game client program and can realize some functions that the official client does not have, such as automatic monster hunting and transactions, etc. Therefore, the off-line plug-in grows out of the official client program, and it is normally quite difficult to complete such plug-in technically unless all internal technical secrets of the game has been mastered theoretically. However in this case, the Defendants Yu Gang, Cao Zhihua and Feng Dian deciphered the communication protocols between the client and the server of *Dragon Nest* by their computer expertise and copied huge volume of the game dialogue files, basic data files, map files, log-in files and other key and core files of the official game client program and fabricated the off-line plug-in involved in the case. According to the appraisal, similarity in the plug-in is 84.92% and 84.5% respectively compared with the official client program's file directory structure and its file. Indeed, there are some differences between the plug-in and the client program. But the substantial similarity in the program files should be understood as the reproduction in the sense of copyright law and criminal law. Moreover, according to the *Regulations on Computer Software Protection*, partial reproduction of the copyright owner's software shall be accounted as copyright infringement and the offenders shall be prosecuted for their criminal liabilities in the light of copyright infringement on the criminal law. Hence the acts of the Defendants in this case fell into the ones illegal reproduction of computer software according to the Criminal Law of the PRC, and these Defendants should be convicted and punished on the charge of copyright infringement.

2. The Identification of the Amount of Illegal Business Turnover

According to Article 5 in the *Interpretation of the Supreme People's Court and the Supreme People's Procuratorate of the Issues concerning the Specific Application of Law in Handling Criminal Cases of Infringement on Intellectual Property Right*, the reproduction over 1,000 copies or the illegal business turnover over RMB 50,000 yuan shall be accounted as "other serious circumstances", and the offenders shall be punished for copyright infringement. The Defendants in this case produced a sizable number of plug-in copies, but obviously the quantity does not live up to the starting point for crime. Therefore in this case, the Defendants' criminal liability was ascertained according to their illegal business turnover - one of the "other exceptionally serious circumstances" per stipulation.

According to Article 12 in the *Interpretation of the Supreme People's Court and the Supreme People's Procuratorate of the Issues concerning the Specific Application of Law in Handling Criminal Cases of Infringement on Intellectual Property Rights*, illegal business turnover as per such article refers to the value of the infringing products manufactured, stored, transported and sold by the perpetrator in the process of copyright infringement. In terms of computer software, its entire or main value lies in the value of copyright, which includes the benefits arising from the distribution, lease, license, transfer, etc. as well as the value produced by the accessories whose functions are realized thanks to the use of the software after their entry into circulation. The *Dragon Nest*, the game involved in this case, adopts the profit model of free games plus virtual goods trading, which means that players may play the game for free, but need to pay for the game properties, equipment and other value-added services. The software's copyright value is mainly represented by the interests in the market of game derivatives. In this case, the Defendants fabricated the infringing plug-in software, then used such software to obtain relevant game virtual currency and sold the currency for profit. Their illegal business turnover should be identified on the basis of the sales price of the derivatives of the infringing software. On these grounds, the judge held the Defendants' illegal business turnover respectively according to their actual criminal acts.

"Plug-in", as an abnormal result in the development of the online game industry, has exerted serious negative impacts on the sound development of the industry. In spite of its prevalence, there is no regulation in China's legal system on related acts, which has posed a lot of problems to judicial practice. As a large variety of "Plug-in" types with different profit modes result in various act evaluation results, the court should analyze the specific circumstances before identification rather than jump to generalized conclusions. In this case, when judging the Defendants' acts of fabricating plug-in and using it to fabricate virtual currency for sale, the judge accurately grasped the supposed meaning of legal provisions rather than rigidly adhering to the literal meaning of the law, applied the law correctly and solved the problems in the trial, providing a good model for the judgment of similar cases in the future.

(Written by: Wang Limin and Wang Lisha)

Identification of the Act of Illegal Fabrication of Other's Registered Trademark and the Computation Rule of Fabrication Quantity

—The Case of Illegal Fabrication of Registered Trademark Symbols by Shanghai Leiyou Industry Co., Ltd. *et al.*

【Summary】

The identification of whether a fabricated trademark symbols are the ones registered by others depends on the observation whether complete fabrication has been fulfilled by the people who intend to conduct illegal fabrication according to the pattern of the other's registered trademark symbols. Furthermore, the calculation of the fabricated quantity should also take the actual use of these other's registered trademark symbols into account.

【Facts】

Public Prosecutor: Shanghai Baoshan District People's Procuratorate

Defendant Work Unit: Shanghai Leiyou Industry Co., Ltd.

Defendant: Xiao Ruokuan

Defendant: Zhang Yong

Cause of Action: Crime of Illegal Fabrication of Registered Trademark Symbols

Case No.: (2012) Yang-Xing (Zhi) -Chu-Zi No. 21

Since March 2011, the Defendant Xiao Ruokuan, the legal representative of Shanghai Leiyou Industry Co., Ltd. (hereinafter referred to as "Leiyou Company"), had been organizing staff to fabricate the registered trademark symbols of fake Maotai liquor, Furongwang cigarettes and other cigarettes and liquor products without permission of the trademark owners in the plant of the company's actual operation site located at No. 89, Lane 852, Gongkang Road, Baoshan District, Shanghai. Another Defendant Zhang Yong, although knowing it was the forging of trademark, still took part in actively. On September 27, 2011, Shanghai Public Security Bureau seized 167, 450 pieces of registered trademark symbols of fake Maotai liquor, and Furongwang cigarettes and other brands, of which 90,800 pieces bore , the graphic trademark of Maotai (Trademark Registration Certificate No. 3159143), and 76, 650 pieces of trademarks bearing the text Furongwang (Trademark Registration Certificate No. 1454927). The other findings included 16 metal templates for printing trademarks. On September 27, 2011, Xiao Ruokuan and Zhang Yong were arrested by police and confessed the aforementioned criminal facts after appearing in court.

Public Prosecutor alleged that the illegal fabrication of registered trademark symbols conducted by Xiao Ruokuan, the company's executive taking the direct responsibility, and Zhang Yong, the other person-in-charge with direct responsibility for fabrication had exceptionally serious consequences. Both work unit and the individuals should be prosecuted for their criminal liability. The Public Prosecutor therefore brought the case to court for punishment in accordance with law.

The Defendant Work Unit Leiyou Company and the Defendants Xiao Ruokuan and Zhangyong jointly argued that among the illegally fabricated trademark symbols, some were semi-finished and should be accounted as attempted manufacture. These illegally fabricated symbols did not cause any severe harm to the society as they have not been on the market.

The advocate of the Defendant Xiao Ruokuan argued that since the trademark and trademark symbol were two different concepts, components of one trademark symbols could not be calculated cumulatively and repeatedly as one. The advocate had objection to the decision of the Public Prosecutor who treated the trademark on the inner liner of cigarette packets bearing the word "中华" (Chunghwa) as a symbol. The calculation should take the size needed by the inner liner of one packet of "Chunghwa" cigarettes as measurement unit. Furthermore, the trademark symbols in this case have not been on the market and thus have not brought much severe harm to the society. Some flattened bottle caps in the evidences provided by Public Prosecutor were scraps which could not be used while the others were a large number of semi-finished products. In this sense, the act of the Defendant should be attempted crime, and The Defendant Xiao Ruokuan should be given a lighter or mitigated punishment.

The advocate of the Defendant Zhang Yong argued that the Defendant's job was lamination. The Maotai trademark symbols in the case only bore the Pinyin and should not be recognized as complete trademarks. On the other hand, the Defendant himself had no knowledge that his acts were illegal, and all trademarks have not been on the market, resulting in no greater harm. Given that the Defendant Zhang Yong played a less important role in the crime, he should be recognized as an accomplice and given a lighter or mitigated punishment.

【Trial】

People's Court of Shanghai Yangpu District, after trial, held that in accordance with Article 12 of *the Interpretation of the Supreme People's Court and the Supreme People's Procuratorate of the Issues concerning the Specific Application of Law in Handling Criminal Cases of Infringement on Intellectual Property Rights*, a mark with the entire trademark pattern is adopted as one piece to identify the number of crimes in terms of counterfeiting other's registered trademark symbols. As the 76,650 Furongwang trademark symbols seized in this case were all completed and bore the complete trademark pattern of Furongwang, they should be identified. As for the 220,800 fake Maotai graphic trademarks (Trademark Registration Certificate No. 3159143 with specified colors), both the 76,800 trademarks on the completed liquor bottle cap sets and 14,000 on the uncompleted cap sets for wine bottle caps bore the complete trademark symbol and should also be counted in the quantity of offense. Regarding the 130,000 trademark symbols on the laser film rolls, it was found after investigation that although the graphic trademarks on the films were identical to those on the Trademark Registration Certificate, they did not fit the requirement of "specified colors" thereon, so they should not be counted in the quantity of offence. The court did not accept the advocate's view that the acts of the Defendant should be attempted crime as some flattened bottle caps were useless scraps while others fell into semi-finished products. It was also proved that the Defendant Zhang Yong, whose job in the Defendant Work Unit was lamination, participated although he knew it was the fabrication of faked Maotai, Furongwang and other trademark symbols according to his confession and the confession of the Defendant Xiao Ruokuan. The Defendant Zhang Yong made the same confession in court and his participation of lamination also constituted an indispensable part of illegal fabrication of trademark symbols. Based on the aforesaid grounds, the court did not accept the views of Zhang Yong's advocate. Regarding the trademark symbol of Chunghwa in this case, given that the Public Prosecutor presented only the No. 100328 Trademark Registration Certificate for the expanded pattern of Chunghwa cigarettes instead of related evidence that the word "中华" were used as the registered word trademark. The court hence was unable to identify the quantity of the counterfeited trademark symbols bearing the word "中华".

The Defendant Work Unit Leiyou Company has illegally fabricated more than two types of registered trademark symbols. Such act has brought exceptionally serious consequences. The Defendant Xiao Ruokuan was the executive who took the direct responsibility and the Defendant Zhang Yong was the person-in-charge with the direct responsibility. Their acts have constituted the crime of illegal fabrication of registered trademark symbols. Based on the above grounds, Leiyou Company, Xiao Ruokuan and Zhang Yong shall be punished in accordance with law. But as Leiyou Company, Xiao Ruokuan and Zhang Yong have truthfully confessed their crime and paid their fines in advance, they could be given a lesser punishment in accordance with law. In accordance with Article 215, Article 30, Article 220, Article 67. 3, Article 72. 1 and Article 72. 3, Article 73. 2 and Article 73. 3, Article 53 and Article 64 of *the Criminal Law of the PRC*, Article 3. 2 (2) of the *Interpretation of the Supreme People's Court and the Supreme People's Procuratorate of the Issues concerning the Specific Application of Law in Handling Criminal Cases of Infringement on Intellectual Property Rights* and Article 6 of the *Interpretation II of the Supreme People's Court and the Supreme People's Procuratorate of the Issues concerning the Specific Application of Law in Handling Criminal Cases of Infringement on Intellectual Property Rights*, the court ruled that 1. Shanghai Leiyou Industry Co., Ltd., the defendant work unit, was convicted of illegal fabrication of registered trademark symbols and fined RMB 40,000 yuan; 2. the Defendant Xiao Ruokuan was convicted of illegal fabrication of registered trademark symbol, sentenced to three years and three months of imprisonment and fined RMB 10,000 yuan; 3. the Defendant Zhang Yong was convicted of illegal fabrication of registered trademark symbols, sentenced to three years of imprisonment, suspended for three years and fined RMB 5,000 yuan; 4. the illegally fabricated registered trademark symbols, instrument of crime and others seized by the police were confiscated. After the first instance, no Defendant has filed appeal and the Public Prosecutor has not filed counter appeal either. The verdict has taken effect.

【Comments and analysis】

The conviction and sentencing standards of illegal fabrication of registered trademark symbols are whether the fabricated symbol has been registered by others as trademark symbols and whether the acts of illegal fabrication has "serious consequences" or "exceptionally serious consequences". The identification of the severity of the circumstances is closely related to the quantity of illegally fabricated registered trademark symbols. This case solved two problems, namely, the identification of the symbols as illegal fabrication of other's registered trademark symbols and the computation rules of the quantity. It has clarified that in the calculation of illegally fabricated symbols, these symbols shall have the completeness of other's registered trademark symbols. In consideration of whether a completed illegal symbol constitutes one piece in the sense of criminal law, it shall take into account the method on how the trademark right holder is using the registered trademarks actually.

I. The Identification Rules of Whether the Fabricated Symbol is an Illegally Fabricated Registered Trademark Symbol of Others

A premise to identify the illegally fabricated registered trademark symbols is that such illegally fabricated symbols have the completeness of other's registered trademarks. In this case, according to the Public Prosecutor's accusation of the Defendant Work Unit and the Defendants, totally 130,000 out of 220, 800 pieces of Maotai graphic symbols and 2, 133, 780 pieces of Chunghwa word symbols did not have the completeness of other's registered trademarks and thus were not recognized by the court. But the remaining 90, 800 pieces of Maotai graphic symbols and 76, 650 pieces of Furongwang symbols logos had the completeness of other's registered trademarks and thus were recognized by the court. The analysis is as follows:

(1) The identification of Maotai symbols. According to the trademark registration information, trademarks including "贵州茅台 (Guizhou Maotai in literal Chinese)" (No. 3159141), (No. 3159143, with specified color) and "MAOTAI" (No. 6862377) have all been approved by and registered in the Trademark Office of the State Administration for Industry and Commerce of the People's Republic of China. The list of seized items by the public security organ included 220,800 trademark symbols, of which 76, 800 pieces (each containing one No. 3159143 trademark) were completed wine bottle cap sets, 14,000 pieces were laser trademarks (spread-out bottle caps), 130,000 pieces were trademarks (rolled, unclipped and unpainted) on laser film rolls. As the completed bottle caps and laser trademarks bore the complete graphic pattern of trade-

mark, they can be identified as illegally fabricated registered trademark symbols of others. The seized "Maotai" -related trademark symbols on the laser films bore the same shape as that of the graphic symbols of the registered Maotai trademark, but they were not colored, and there was disagreement over whether they could be identified as illegally fabricated registered trademarks. The first view is that as the graphic trademarks were identical to the shape on the trademark registration certificate, they can be identified as the same trademark. The second view is that as they did not bear the specified color of the registered trademark, the act of the Defendant Work Unit and the Defendants should be accounted as attempted crime of counterfeiting registered trademark symbols. The third view is that although graphic trademark on the laser film had the same shape with that on the trademark registration certificate, they did not meet the requirement of "specified color" on the certificate and thus cannot be counted as complete trademark symbols.

The court accepted the third view regarding the case. As the crime of illegal fabrication of registered trademark symbols requires the fabricated symbols are identical to the other's trademark symbols. Hence even there is intention to counterfeit or arbitrary fabrication of other's registered symbols, the fabricated symbols are neither registered trademark symbols, nor the constitutive elements of illegal fabrication of registered trademark symbols only if the fabricated symbols are not identical to other's registered trademarks. Article 8. 1 of *the Interpretation of the Supreme People's Court and the Supreme People's Procuratorate of the Issues concerning the Specific Application of Law in Handling Criminal Cases of Infringement on Intellectual Property Rights* can serve as reference in the judgment of the identical trademark symbols. The "identical trademark" refers to the trademark which is entirely identical with the counterfeited registered trademark, or which is hardly different from the counterfeited registered trademark in terms of visual effect and is enough to mislead the public. According to the Article 12. 3 of the aforesaid Interpretation, the "piece" prescribed in Article 3 of this Interpretation shall mean a mark with the entire trademark pattern. The symbols seized in this case corresponded to the Maotai graphic trademark under the Trademark Registration Certificate No. 3159143, which had the specified colors. As the registered trademark had the specified colors, such colors constituted part of the registered trademark and an important factor for distinguishing and identifying the trademark. In this case, the Maotai symbols on the laser film could not be considered as identical with the registered Maotai trademark, which did not have the complete pattern of the registered trademark or have the significant difference in terms of visual effect to mislead the public with obvious visual differences. Therefore, these symbols did not undergo the complete fabrication of the registered Maotai trademark and could not be recognized as the illegal fabrication of other's registered trademark symbols.

(2) The identification of "Chunghwa" symbol. The identification of whether the symbols bearing the word "中华" (Chunghwa) on seized laser films constituted the illegally fabricated registered trademark logos was also based on whether they had the completeness of the registered trademark symbols. In this case, Chunghwa cigarettes has registered the expanded pattern of "Chunghwa" cigarette packet as trademark under the Trademark Registration Certificate No. 100 328, but the characters of "中华 (Chungwa in literal Chinese)" are not registered trademark and at the most a part of the registered trademark of Chunghwa cigarettes. Therefore, the "Chunghwa" symbols on laser films did not have the completeness of registered trademark of Chunghwa cigarettes and can not be identified as part of the illegally fabricated other's registered trademark.

II. The Computation Rules of the Quantity of Completed Illegally Fabricated Symbols

During the trial, the advocate of the Defendant Xiao Ruokuan argued that the components of a trademark logo should not be calculated cumulatively and repeatedly as one symbol, and the computation should take the size needed by the inner liner of one packet of "Chunghwa" cigarettes as measurement unit. Though the court did not recognize that the Chungwa word symbols in the case did not fall into the registered trademark symbols, which were thus not counted in the quantity of illegally fabricated registered trademark symbols, the view of the advocate actually involved the issue on how to calculate the quantity of illegally fabricated registered trademark symbols.

There are two different views on this issue. One is that only each illegally fabricated symbol has the completeness of the registered trademark symbol, such symbol is enough to constitute "one piece" of registered trademark logo in the sense of the criminal law. Another view is that the quantity of the registered trademark symbols actually used in the certified product should be verified. If there are two symbols utilized in a certified product, such two symbols will constitute "one piece" in the sense of the criminal law. According to the second view, the "pieces" should be the result of the total number of seized illegal symbols divided by two.

Illegal fabrication of other's registered trademark symbols is to apply them to the some fake products to achieve the mixing of the fake with the genuine. These fake products applying the illegally fabricated symbols are normally identical to the genuine ones in terms of product category and the size, location of use, quantity and other aspects of the trademark. This means the quantity of registered trademark used by genuine products has a significant impact on the quantity of illegally fabricated symbols used on fake products. From this point of view, in the computation of the quantity of illegally fabricated registered trademark symbols, the use of the symbols after fabrication should be considered. In other words, the quantity of symbols used in a genuine product is extremely possibly equivalent to the quantity of illegally fabricated symbols used on a fake product. So if it could prove that there are plural registered trademarks (for example two trademark symbols) used on the carrier (e. g. a cigarette packet) of a genuine product, the quantity of illegally fabricated symbols should be the result of all the completed illegal symbols after tally divided by the aforesaid plural (i. e. all the trademarks used on a genuine product). For example, if there are 10,000 pieces of illegally fabricated symbols according to tally result, and two registered trademarks symbols are used on one genuine product, the identified quantity of illegally fabricated registered trademark symbols should be 5,000, i. e. the above 10,000 divided by 2.

In this case, the computation of the quantity of illegally fabricated Maotai and Furongwang symbols was based on the above rules. As only one Maotai symbol is used on the bottle caps, and there is also only one Furongwang symbol used on the packet of genuine Furongwang cigarettes sold on the market, the identified illegal Maotai and Furongwang symbols are computed according to actually fabricated quantity.

(Written by: Chan Manli and Zhang Cheng)

Whether A Foreign Work Can Be Accounted as the Object of Copyright Infringement

— The Case of Copyright Infringement Committed by You Haibao *et al.*

【Summary】

Whether a foreign work can be accounted as the object of copyright infringement and whether the reproduction and distribution of a foreign work without the permission of the work's copyright owner for profit resulting in a considerable amount of illegal income or other serious circumstances will constitute copyright infringement depends on whether such work have copyright in China and whether it is protected by China's law.

【Facts】

Public Prosecutor: People's Procuratorate of Shanghai Yangpu District

Defendant: You Haibao

Defendant: You Zhiming

Defendant: Liu Zhongyun

Cause of Action: Copyright Infringement

Case No. : (2012) YANG-Xing-Chu-Zi No. 176

The Defendant You Haibao bought an electronic version of ACCA textbooks online and then copied the textbooks on the photocopying machine in a place at Guoding Road of Yangpu District in Shanghai. The Defendants You Zhiming and Liu Zhongyun sold the pirated ACCA textbooks at the price of RMB 60 to 80 yuan per set (two textbooks totally) on their Taobao shop at Zhengli Road of Yangpu District in Shanghai. The Defendant You Haibao would send the textbooks through express delivery as required by buyer. After buyers paid for the textbook sets, You Zhiming and Liu Zhongyun would divide their earnings at the price of RMB 45 yuan per set with You Haibao through Pay pal. The Defendant You Haibao also sold the illegally copied ACCA textbooks on the internet. Till the crime was disclosed, the Defendant You Zhiming had paid more than RMB 44,100 yuan through Pay pal to the Defendant You Haibao and more than 1,760 illegal copies of ACCA textbooks were sold in total. The Defendant Liu Zhongyun had paid You Zhiming more than RMB 10,600 yuan through Pay pal and sold more than 420 illegal copies of ACCA textbooks. The Defendant You Haibao had sold more than RMB 3,400 yuan worth of pirated ACCA textbooks online, or 80 illegal copies of ACCA textbooks.

The Defendant You Zhiming and Liu Zhongyun also illegally copied and sold ACCA textbooks with a person whose surname was Ning (who was convicted and sentenced in another case) for illegal profit. Ning illegally copied the ACCA textbooks at Shiguang Road of Yangpu District in Shanghai. You Zhiming and Liu Zhongyun sold the copies in their Taobao Shops on Zhengli Road of Yangpu District at the price of RMB 60 to 80 yuan per set (two books in total). Ning sent the copies through express delivery as required by buyers. After the buyers paid for the books, You Zhiming and Liu Zhongyun would divided their earnings at the price of RMB 45 yuan per set with Ning through Pay pal. Till the crime was disclosed, the Defendant You Zhiming had paid Ning more than RMB 2, 500 yuan and sold more than 100 illegal copies of the ACCA textbooks. The Defendant Liu Zhongyun had paid Ning more than RMB 4, 600 yuan through Pay pal and sold more than 180 illegal copies of ACCA textbooks in total.

On April 18, 2012, the Defendants You Haibao, You Zhiming and Liu Zhongyun were arrested by public security officers and totally 1441 illegal copies of pirated ACCA textbooks copied by the Defendant You Haibao were seized. On July 26, 2012, public security officers seized 521 ACCA textbooks illegally copied by Ning. The identification showed that all the seized textbooks were pirated and copied.

According to the Public Prosecutor, the Defendants You Haibao, You Zhiming and Liu Zhongyun reproduced and distributed other's work without the permission of the copyright owner, and their acts have constituted the crime of copyright infringement. Therefore, they should be prosecuted for their criminal liability.

The Defendants You Haiming, You Zhiming, Liu Zhongyun and their advocates had no objection to the alleged facts and charges.

【Trial】

After the trial, People's Court of Shanghai Yangpu District held that the Defendants You Haibao, You Zhiming and Liu Zhongyun ganged up to illegally reproduce and distribute ACCA textbooks without the permission of the copyright owner. The Defendant You Haibao reproduced and distributed over 2, 500 copies, resulting in other exceptionally serious consequences. The Defendants You Zhiming and Liu Zhongyun reproduced and distributed more than 500 copies together, resulting in other serious consequences. Their acts have constituted the crime of copyright infringement and should be punished according to law. The Defendants You Haibao, You Zhiming and Liu Zhongyun truthfully confessed their crime after appearing in court and returned their illegal income, so they could be given a lighter punishment according to the law. On these grounds and according to law, the Defendant You Haibao was convicted of copyright infringement, sentenced to three years of imprisonment, suspended for three years and fined RMB 30,000 yuan. The Defendant You Zhiming was sentenced two years of imprisonment, suspended for two years and fined RMB 20,000 yuan. The Defendant Liu Zhongyun was sentenced nine months in prison, suspended for one year and fined RMB 10,000 yuan. The seized and documented illegal income totaled RMB 44,000 yuan, and the infringing textbooks and instruments of crime, including computers, photocopiers, cutting machines and glue binding machines, were confiscated.

After the first instance, no Defendant has filed an appeal, and the Public Prosecutor has not filed a counter appeal. The verdict has thus taken effect.

【Comments and analysis】

The major problem of this case lies in whether a foreign work can be accounted as the object of copyright infringement.

I. The Conditions for Foreign Works to be Protected by Law in China

Territoriality stands a fundamental attribute of copyright. Its entitlement is subject to strict geographical restrictions while the validity is generally limited to the territory of its country. The provisions regarding the copyright infringement in the criminal law of China only protects the works that are entitled to such right within the Chinese territory. In principle, as foreign works do not have copyrights, they are not protected by law in China. In this sense, the reproduction and distribution of foreign works not protected by law in China do not constitute the copyright infringement.

However, the authors of foreign works can obtain the copyright in China under certain conditions. According to the 2nd paragraph of Article 2.1 of the *Copyright Law of the PRC*, works of Chinese authors or other copyrighters outside of China shall be protected in accordance with the Law after these works have been completed. Foreign subjects are not able to obtain copyright in the light of the *Copyright Law of their* through completion of their works. But if published firstly in China, their works will be protected in accordance with the copyright law in China. If the foreign subjects publish their works in China within thirty (30) days after publishing them outside China, such works will be construed to be published simultaneously in China. Any work of a foreign subject published outside the territory of China which is eligible to enjoy copyright under an agreement concluded between country to which the foreigner belongs or country of habitual residence and China, or under an international treaty to which both countries are party, shall be protected in accordance with this *Copyright Law of the PRC*. As for the authors from countries that have not signed an agreement with China or joined the same international treaty with China, if their works are firstly published in the member countries of the international treaties that China has joined or published in member countries or non-member countries at the same time, they will also be protected by the law of China.

II. The ACCA Textbooks Involved in this Case Enjoy the Copyright in China and Are Protected by the Law in China

The ACCA textbooks involved in this case are foreign works, which are not created by Chinese authors or other copyright owners. In order to identify whether it is copyright infringement to reproduce and distribute ACCA textbooks, the first step is to confirm whether such foreign work may fall into the works in the sense of the *Copyright Law of the PRC*. According to the court's investigation, the author of ACCA textbooks is a company in the US. Given that the US and China are both contracting parties of copyright protection-related *Berne Convention* and *Agreement on Trade-Related Aspects of Intellectual Property Rights* while the two international treaties have established the principles of national treatment on copyright protection, i. e., contracting parties share national treatment with each other, the works enjoying copyright according to the law of one contracting party shall enjoy copyright in other contracting parties according to their copyright laws as well. As the author of ACCA textbooks has the copyright in the US according to the US law, it also enjoys the copyright according to the *Copyright Law of the PRC* and the textbooks, as the work in the sense of the *Copyright Law of the PRC*, are protected by the law in

China. In this case, the Defendants You Haibao, You Zhiming and Liu Zhongyun reproduced and distributed ACCA textbooks without the permission of the copyright owner to the quantity that can be prosecuted for their criminal liability, so the Defendants were found guilty by law.

In summary, the court held that a foreign work can be accounted as objects of copyright infringement in our country under certain conditions. In this case, the Defendants You Haibao, You Zhiming and Liu Zhongyun violated the right of the copyright owner of the ACCA textbooks. The acts of the Defendant You Haibao fell into the other exceptionally serious consequences while the acts of the Defendants You Zhiming and Liu Zhongyun fell into other serious consequences. The acts of the three Defendants all constituted copyright infringement, therefore the conviction of the court is correct. But according to Article 17 of the *Criminal Law of the PRC*, the Defendant You Haibao should be sentenced to fixed-term imprisonment of not less than three years and not more than seven years and fined, the Defendants You Zhiming and Liu Zhongyun should be sentenced to fixed-term of imprisonment of not more than three years or criminal detention and/or fined. Three Defendants have no statutory circumstances deserving punishment mitigation, except only the fact for mitigated punishment at judicial discretion that they "truthfully confessed their crime after appearing in court and returned their illegal income". Based on above said grounds, the application of probation to the three defendants, especially to the Defendant You Haiming, has lightened the punishment and is not consistent with the requirement of "punishing severely copyright infringement and creating a market development environment that encourages innovations and protects innovation achievements".

(Written by: Chan Manli and Zhang Cheng)

Identification of the Crime of Selling Infringing Duplicates

— The Case of Copyright Infringement and Selling Infringing Duplicates Committed by Zhang Le *et al.*

【Summary】

As China and South Korea are both member states of the *Berne Convention for the Protection of Literary and Artistic Works* (hereinafter referred to as the *Berne Convention*), the computer software copyright of South Korean companies is protected by law in China. The acts of selling infringing duplicates can be either identified as "distribution" in Article 217 of the criminal law and constitute the crime of copyright infringement, or accounted as "selling" in Article 218 of the criminal law and constitute the crime of selling infringing duplicates. The key to difference lies in whether the sellers and the duplicators conspire and divide their labor with each other regarding the duplication and selling as well as whether the case has met the requirement of "promoting sales through advertisement".

【Facts】

Public Prosecutor: Public Prosecutor: People's Procuratorate of Shanghai Pudong New Area

Defendant: Zhang Le

Defendant (Appellant): Huang Qian

Defendant (Appellant): Liang Wenyu

Defendant: Ruan Xiaoxia

Defendant: Liu Yang

Cause of Action: Copyright Infringement and Selling Infringing Duplicates

Case No. at First Instance: (2010) PU-Xing-Chu-Zi No. 3240

Case No. at Second Instance: (2011) HU-Yi-Zhong-Xing- Zhong-Zi No. 411

The copyright owner of the online game MAPLE STORY is NEXON Co. Ltd (NEXON) in South Korea. In 2004, a Chinese company, granted the license by NEXON and approved by the Ministry of Culture and the General Ministry of Press and Publication of the People's Republic of China, began to operate and publish the game online.

Since 2007, Zhang Le, ganged up with Huang Qian, has been researching and fabricating the plug-ins of the MAPLE STORY. Since February 2010, Huang Qian has been specially responsible for fabricating the function modules of the plug-ins, and Zhang Le has been in charge of writing the main program of the plug-ins, integrating modules, refining functions and dividing the plug-in program under the name of CS Assistances into weekly card and monthly card. The identification showed that CS Assistances completely used and duplicated the client program of the MAPLE STORY. From June to September of 2010, Huang Qian received totally RMB 199,000 yuan of illegal income transferred by Zhang Le. In order to centrally expand the marketing channels, Zhang Le conspired with Liang Wenyu. Since February of 2010, Zhang Le had been responsible for supplying the plug-ins while Liang Wenyu has worked as general sales agent of the plug-ins. Commissioned by Zhang Le, Liang Wenyu also rented servers to prevent network attacks. Zhang Le and Liang Wenyu settled their account at the price of RMB 4 yuan per CS Assistances weekly card and RMB 14 yuan per CS Assistance monthly card. From June to September of 2010, the settled amount for the plug-ins totaled RMB 1,412,100 yuan. Liang Wenyu sold the CS Assistances at the price of RMB 5.5 yuan per weekly card and RMB 16 yuan per monthly card on his Taobao shop. From June to September of 2010, totally RMB 1,565,822 yuan's worth of the plug-ins was sold to Ruan Xiaoxia and Liu Yang *et al.*

Since February of 2010, Ruan Xiaoxia has been buying CS Assistances from Liang Wenyu and selling them at the price of RMB 10 yuan per weekly card and RMB 30 yuan per monthly card on her Taobao shop. At the upper part of her shop home page, there is the title of "Exclusive Sales of Guaranteed Quality with High Credibility". In the shop, different product sections have been divided. From June to September of the same year, Ruan Xiaoxia bought RMB537, 850 yuan's worth of the plug-ins and sold RMB 478,802 yuan's worth. Since June of the same year, Liu Yang has been buying CS Assistances from Liang Wenyu and selling them at the price of RMB 10 yuan per weekly card and RMB 18 yuan, RMB 25 yuan or RMB 30 yuan per monthly card on his Taobao shop. On the web pages of the online shop, there are writings of "Wish Everyone a Prosperous Year 2010" and "MAPLE STORY" besides various "goods" for sale, which include the plug-in involved in this case. From June to September of the same year, Liu Yang bought

RMB 870,800 yuan's worth of the plug-ins and sold RMB 364,461 yuan's worth.

In July of the same year, Shanghai Public Security Bureau Pudong Branch received a report and arrested the Defendants aforesaid after investigation.

According to the accusation of Public Prosecutor, Zhang Le ganged up with Huang Qian to co-produce the plug-ins. Their acts have constituted joint duplication. Liang Wenyu, knowing that Zhang Le was fabricating the plug-in programs, took on the sales role of general agent. The three Defendants reproduced and distributed the computer software for profit without the permission of the copyright owner, resulting in serious consequences and copyright infringement. Ruan Xiaoxia and Liu Yang bought the infringing software from Liang Wenyu by wholesale and sold them through advertisement on their online shops. Their acts should be accounted as distribution regulated by judicial interpretation and should be identified as copyright infringement respectively. All of the five Defendants should be sentenced to fixed-term imprisonment of not less than three years and not more than seven years and fined. Zhang Le, Huang Qian and Liang Wenyu, playing different roles in the joint crime, were all indispensable and essential to each other and should not be differentiated as prime culprit and accomplices, but their roles could still be differentiated so as to sentence them based on the actual circumstances. As Liang Wenyu has disclosed the information related to the Zhang Le, his joint offender, the Defendant could be given a lighter punishment. It is suggested the court sentence the Defendants according to their respective confession and repentance.

The five Defendants had no objection to the charges in the indictment.

Zhang Le argued that Liang Wenyu and he did not commit joint offence, so the amount of crime should not be identified as the sales quantity of Liang Wenyu. He did not grasp the core technology of the plug-in fabrication, played only a minor role in the crime and plug-in fabrication was less harmful than duplicating the entire software, so he requested for a lighter punishment and application of probation.

Huang Qian argued that he fabricated only a small part of the plug-in program at the instigation of Zhang Le, so he should be identified as accomplice and requested for a lighter punishment and probation.

Liang Wenyu argued that he had not conspired with Zhang Le and Huang Qian in advance for fabricating the plug-ins or shared the profits of such fabrication. Article 218 of the criminal law was applicable to his acts, so he requested for the mitigation and probation.

Ruan Xiaoxia argued the product information on her online shop was not advertisement, and her acts were only selling infringing copies. Article 218 of the criminal law provided that this kind of acts would constitute the crime only when huge amount of illegal income was generated. So she asked for detention as a lighter punishment or exemption from criminal punishment.

Liu Yang argued that his acts constituted simple sales and did not meet the requirement for huge amount of illegal income in Article 218 of the criminal law. Hence he asked for the exemption from criminal punishment.

【Trial】

People's Court of Shanghai Pudong New Area held after trial that the computer software copyright of online game MAPLE STORY was owned by NEXON Co. Ltd. in South Korea and should be protected by the law in China. Zhang Le and Huang Qian jointly developed, fabricated and duplicated the plug-in program of the game software's client program without the permission of the copyright owner. Zhang Le and Liang Wenyu conspired and divided their labor with Zhang Le serving as the supplier of the plug-ins and Liang Wenyu as general agent responsible for the sales. They were aware of each other's role and had clear-cut division of labor, which were in accordance with the characteristics of accomplices. The three Defendants jointly reproduced and distributed the game client program of MAPLE STORY for profit without the permission of the copyright owner and generated a huge amount of illegal business turnover, resulting in exceptionally serious consequences. According to Article 217 of the criminal law, their acts have constituted the copyright infringement. Ruan Xiaoxia and Liu Yang, knowing the fact that the plug-in program of MAPLE STORY had infringed the right of the copyright owner, still bought and sold the plug-ins in bulk for profit and their sales amount and the worth of unsold infringing duplicates exceeded standard of criminal prosecution. Hence their acts constituted the selling of infringing duplicates. In accordance with the nature of acts, threats and consequences as well as repentance attitude and other aspects of five Defendants and based on Article 217, Article 218, the first paragraph of Article 25, Article 52, Article 53, Article 64 of the *Criminal Law of the PRC*, Article 5. 2. (1) and Article 5. 2. (2) and the first and second paragraphs of Article 12 of the *Interpretation of the Supreme People's Court and the Supreme People's Procuratorate Concerning Some Issues on the Specific Application of Law for Handling Criminal Cases of Infringement upon Intellectual Property Rights* and Article 4 of the *Interpretation II of the Supreme People's Court and the Supreme People's Procuratorate of the Issues concerning the Specific Application of Law in Handling Criminal Cases of Infringement on Intellectual Property Rights*, the court ruled that the Defendant Zhang Le was convicted of copyright infringement, sentenced to five years of imprisonment and fined RMB 1.3 million yuan; the Defendant Huang Qian was convicted of copyright infringement, sentenced to four years of imprisonment and fined RMB 700,000 yuan; the Defendant Liang Wenyu was convicted of copyright infringement, sentenced to three years and six months in prison and fined RMB 600,000 yuan; the Defendant Ruan Xiaoxia was convicted of selling infringing duplicates, sentenced to six months of detention and fined RMB 300,000 yuan; the Defendant Liu Yang was convicted of selling infringing duplicates, sentenced to six months of detention and fined RMB 200,000 yuan. All illegal gains of the Defendants and seized electronic equipment shall be confiscated.

After the first instance, Huang Qian and Liang Wenyu refused to accept the ruling and filed an appeal to Shanghai No. 1 Intermediate People's Court.

The Appellant Huang Qian claimed that the CS Assistances involved in this case had not duplicated the software program of the MAPLE STORY and should be recognized as the crime of destroying computer information system. Huang Qian played a subordinate role in the crime and should be recognized as an accomplice. As Huang Qian presented better attitude toward admission of guilty and returned his illegal gains, he asked for a lighter punishment.

The Appellant Liang Wenyu claimed that he had not conspired with Zhang Le in advance for fabricating the plug-ins and served as general sales agent, so his acts shared the same nature with those of Ruan Xiaoxia and Liu Yang and should be recognized as selling infringing duplicates. Given that he pleaded guilty with better attitude and provided clues to solve the case, he asked for a lighter punishment.

First Branch of Shanghai People's Procuratorate held that as CS Assistances only modified part of the values and parameters of "Maple Story" client software during operation instead of the modification of the software's essential structure, CS Assistances was illegal duplication of the software client and its fabrication should be recognized as copyright infringement. Huang Qian, who had actively participated in the fabrication, played a very important role. So he should not be recognized as an accomplice. Zhang Le and Liang Wenyu, who conspired and divided their labors, committed joint crime. It is suggested that the appeal be dismissed and the original judgment be affirmed.

After trial, Shanghai No. 1 Intermediate People's Court held that the finding of fact by the court of first instance was true.

Shanghai No. 1 Intermediate People's Court held that the CS Assistances had fully utilized and duplicated the client program of online game MAPLE STORY. The two Appellants and Zhang Le had no objection to the judicial appraisal opinion in the first trial, so the present appeal for re-investigation filed by Zhang Le shall not be supported. Huang Qian and Zhang Le divided their labors for the fabrication of the plug-ins, in which Huang Qian played an active role. The first judgment was correct to identify that these two duplicated other's computer software without the permission of the copyright owner. Zhang Le and Liang Wenyu decided after negotiation that Liang was the general sales agent responsible for the sales of the plug-ins and he was also entrusted by Zhangle to rent servers. Hence the two actively distributed the plug-in programs with premeditation since February of 2010 and help with each other during the distribution. On these grounds, the original judgment ruled that the three Defendants were convicted of copyright infringement and should not be differentiated as prime culprit or accomplices. The court of second instance supported the original judgment based on the facts and laws. Ruan Xiaoxia and Liu Yang had been convicted of selling infringing duplicates. In summary, the court of second instance ruled that the original judgment affirmed the facts were clarified, and the evidences were conclusive and adequate while the judicial procedures were legal and the conviction and sentencing were not inappropriate. In accordance with Article 189 (1) of *the Criminal Procedure Law of the PRC*, the ruling was that the appeal shall be dismissed, and the original judgment shall be affirmed.

【Comments and analysis】

This case was supervised and handled by China's Special Campaign to Combat IPR Infringement and Selling Counterfeit and Inferior Goods. The involved online game MAPLE STORY, which has been introduced in to China for a comparatively long time, was rather popular among Chinese players. The acts of five Defendants covered the entire process of the plug-in development, fabrication and marketing, which have infringed the interests of copyright owner, operators and players of the online game and undermined the normal order of the internet game publication. The court heard the case promptly and demonstrated the deterrent force to the entire "plug-in industry" by tempering justice with mercy, which also helped to improve the international image of China's software protection.

On protecting computer software from South Korean in China Intellectual property rights are characteristics of territoriality. Unless the involved countries sign international conventions or bilateral reciprocal agreements, the protection of a right by the law of one country may only take effect within such country. The second paragraph of Article 2 of the *Copyright Law of the PRC* stipulates that any work of a foreigner or stateless person published outside the territory of the People's Republic of China which is eligible to enjoy copyright under an agreement concluded between the country to which the foreigner or stateless person belongs or country of habitual residence and China, or under an international treaty to which both countries are party, shall be protected in accordance with this Law. China and South Korea joined the *Berne Convention* in 1992 and 1996 respectively. According to the convention, the works of the citizens of any member state, whether published or not, shall be protected. Hence the copyright South Korean works are protected by relevant copyright laws and regulations in our country while such copyright is also protected by the criminal law of our country when infringed by criminal acts in China. The involved online game MAPLE STORY is a computer software work, whose copyright belongs to NEXON Co. Ltd. in South Korea. Three affiliates of Shanda Group, with the permission of the copyright owner and the approval of China's authorities, operated the game. It is difficult to identify what type of copyright of which company was violated by the Defendants, but according to the provisions of the aforementioned convention and the copyright law of China, the online game, as a South Korean work legally introduced into China with approval, shall be protected by relevant laws of our country.

On determining the nature of the plug-ins sales conducted by Liang Wenyu, Ruan Xiaoxia and Liu Yang Generally, the acts of selling in the crime of copyright infringement constitutes the crime of selling infringing duplicates stipulated Article 218 of the *Criminal Law of the PRC*. According to the second paragraph of Article 2 of the *Interpretation II of the Supreme People's Court and the Supreme People's Proc-*

uratorate of the Issues concerning the Specific Application of Law in Handling Criminal Cases of Infringement on Intellectual Property Rights, the marketing of infringing products by the holder of infringing products in such a manner as advertising or subscription is the "distribution" in Article 217 of the *Criminal Law of the PRC*. In this case, Liang Wenyu, Ruan Xiaoxia and Liu Yang all had the acts of selling the plug-ins, so determining the nature of their acts depends on whether they have conspired with the person in charge of reproduction and distribution and whether they had been "marketing infringing products by the holder of infringing products in such a manner as advertising or subscription". (1) On identifying the conspiracy and division of labor. Zhang Le and Liang Wenyu conspired and divided their labor with Zhang Le as the supplier of the plug-ins. Liang Wenyu was the general sales agent responsible for the sales of the plug-ins. Meanwhile, Liang Wenyu, entrusted by Zhang Le, rented servers to control the verification of weekly cards and monthly card customers and prevent network attacks on the verification server. It is thus clear that although Liang Wenyu was not involved in duplication, the products of duplication was sold and their value was realized by him as the general sales agent while the application of the plug-in was facilitated by the servers rented by him. Obviously, the aforesaid two Defendants, knowing each other's role, divided their labor in tandem and cooperated with each other for common purpose, which is in line with the characteristics of conspiracy. Based on such ground, the court affirmed that Liang Wenyu committed copyright infringement. (2) On identifying "the marketing in such a manner as advertising". Although Ruan Xiaoxia and Liu Yang were fully aware that what they sold was the plug-ins, they did not conspire with the plug-in fabricator beforehand and thus did not commit joint crime. To determine the nature these two Defendants' acts depends on whether their acts have the characteristics of "marketing in such a manner as advertising". There were pictures and prices of the products on sale in the Taobao shops of the two Defendants, but only one type of pictures and prices were listed with no obvious signs of advertising and no advertisement outside the shop (such as recommendations on the home page of Taobao, etc.), so their acts were not sufficient to be identified as "marketing in such a manner as advertising." Moreover, it is a normal practice for online sellers to display the pictures and prices of products for sale on the pages of their online shops. They have no other ways to show their products to customers, so it is more appropriate to identify such acts as general introduction to the products. If such acts were identified as "distribution" and Article 217 of the criminal law should be applied, Article 218 of the criminal law would have been impossible to be applied to the acts of selling infringing duplicates on the internet and would exist in name only. Hence the court convicted the two Defendants of selling infringing duplicates.

(Written by: Chen Huizhen and Ye Jufen)

Judicial Recognition of Copyright Infringement in Internet Environment

— The Case of Copyright Infringement Committed by Yan Peng

【Summary】

In Internet environment, with the advent of digital technology, the emergence of new carriers for copyright and the expansion of the usage of works, acts of copyright infringement, which have undergone major changes in terms of objective act elements, are no longer limited to the traditional way of reproduction and distribution. In order to deal with this new means of crime, the Supreme People's Court and the Supreme People's Procuratorate added new explanation for "reproduction and distribution" and "for profit" regarding the copyright infringement in the judicial interpretation related to the criminal cases of infringement on intellectual property rights. The ruling of this case is the full application of the aforementioned judicial interpretation to judicial practice in Internet Environment.

【Facts】

Public Prosecutor: People's Procuratorate of Shanghai Pudong New Area

Defendant: Yan Peng

Cause of Action: Copyright Infringement

Case No.: (2011) Pu-Xing-Chu-Zi No. 2941

Shanghai Xuanting Entertainment Information Technology Co., Ltd. (hereinafter referred to as Xuanting Company) is the operator of www. qidian. com, a portal site for original literature works. Xuanting Company signed the Literature Works Transfer Agreement" with authors of more than 500 novels, including *the Broken Sky* (《斗破苍穹》 in literal Chinese), *the Kitchen Magic Spell* (《冰火魔厨》 in literal Chinese) and *the Tomb Notes* (《盗墓笔记》 in literal Chinese), obtained the exclusive rights of network dissemination of the above-mentioned works around the globe and published them on www. qidian. com operated by Xuanting Company.

In 2010, the Defendant Yan Peng set up a site www. uutxt. com, purchased a set of Qiwen Online Novel Management System and began to provide the services of free reading and click free download of various novels on *www. uutxt. com.* In order to improve the visibility and click rate of the site, the Defendant Yan Peng, without the permission of Xuanting Company, has copied a large number of novels including *the Broken Sky*, *the Kitchen Magic Spell* and *the Tomb Notes* from www. qidian. com through automatic download software and uploaded them to his site www. uutxt. com for the users to read since the beginning of 2011. He also obtained proceeds from the advertisements published on the website.

On June 28, 2011, the Defendant Yan Peng was arrested by public security organs in Panjin City of Liaoning Province. After appearing in court, the Defendant Yan Peng truthfully confessed the aforementioned facts of crime.

On July 12, 2011, Shanghai Oriental Computer Forensic Institute issued an appraisal report with the conclusion that the e-novels on www. uutxt. com are substantially similar to the 543 e-novels with the same titles on www. qidian. com.

According to the Public Prosecutor, the Defendant Yan Peng reproduced and distributed more than 500 literary works for profit without the permission of the copyright owner, resulting in serious consequences. Based on these grounds, he should be prosecuted for criminal liability on the charge of copyright infringement.

The Defendant Yan Peng argued that he was a first offender, truthfully confessed the facts of crime after appearing in court, voluntarily compensated the victim company, who had forgiven his acts, and was willing to pay the fine. Therefore, he requested for application of probation.

【Trial】

People's Court of Shanghai Pudong New Area held after trial that the Defendant Yan Peng, without the permission of Xuanting Company, copied 543 literary works to which the company had information network dissemination rights and disseminated them to the public through information network for profit, resulting in serious circumstances. His acts had constituted the crime of copyright infringement and the court supported that Defendant Yan Peng was convicted of copyright infringement as was accused by the Public Prosecutor. The Defendant Yan Peng truthfully confessed his crime after appearing in court and thus could be given a lesser punishment according to the law. The Defendant Yan Peng voluntarily pleaded guilty with a sound attitude, compensated the victim company and had been forgiven by the victim, so he could be given a mitigated punishment according to actual circumstances. The advocate of the Defendant Yan Peng requested for a lighter punishment and probation for him, and the request was accepted by the court. Based on these grounds, in accordance with Article 217. (1), the third paragraph of Article 67, Article 72, Article 73, Article 53 and Article 64 of *the Criminal Law of the People's Republic of China*, Article 11 of *the Interpretation of the Supreme People's Court and the Supreme People's Procuratorate of the Issues concerning the Specific Application of Law in Handling Criminal Cases of Infringement on Intellectual Property Rights* and Article 1 and Article 4 of *the Interpretation II of the Supreme People's Court and the Supreme People's Procuratorate of the Issues concerning the Specific Application of Law in Handling Criminal Cases of Infringement on Intellectual Property Rights*, the court ruled that 1. the Defendant Yan Peng was convicted of copyright infringement, sentenced to ten months of imprisonment, suspended for one year and fined RMB 50,000 yuan; 2. one "DELL" Alienware Aurora desktop computer shall be confiscated; 3. the Defendant's illegal income shall be confiscated.

After the first instance, Yan Peng has not filed an appeal and the Public Prosecutor has not filed a counter appeal either. The judgment has thus taken effect.

【Comments and analysis】

This is a typical case of online copyright infringement. In Internet environment, with the advent of digital technology, the emergence of new carriers for copyright and the expansion of the usage of works, copyright infringement has undergone major changes in terms of objective act elements, while the concepts of "duplication and distribution" and "for reaping profit" in *the Criminal Law of the PRC* amended in 1997 is actually only applicable to traditional means of crime. Therefore, the key to this case lies in the understanding of "duplication and distribution" and "for reaping profit" in Internet environment.

I. The Interpretation of "Duplication and Distribution" in Internet Environment

Article 217 of *the Criminal Law of the PRC* stipulates that whoever, for the purpose of reaping profits, has committed one of the following acts of copyright infringement and gains a fairly large amount of illicit income, or when there are other serious circumstances, is to be sentenced to not more than three years of fixed-term imprisonment, criminal detention, and may in addition or exclusively be sentenced to a fine; when the amount of the illicit income is huge or when there are other particularly serious circumstances, he/she is to be sentenced to not less than three years and not more than seven years of fixed-term imprisonment and a fine: (1) copy and distribute written, musical, movie, televised, and video works; computer software; and other works without the permission of their copyright owners; ...".

In order to deal with the increasing online IPR infringement, *the Interpretation of the Supreme People's Court and the Supreme People's Procuratorate of the Issues concerning the Specific Application of Law in Handling Criminal Cases of Infringement on Intellectual Property Rights* was officially implemented on December 22 in 2004, which explicitly stipulates that the dissemination of others' literary works, music, movies, television shows, videos, computer software and other works through information network without the permission of the copyright owners shall be regarded as "duplication and distribution" in Article 217 of *the Criminal Law of the PRC*. As there have been quite a number of disputes over whether "duplication and distribution" should be regarded as "duplication plus distribution" or "distribution or distribution" in academic circle and judicial practice, Article 2 of the Interpretation II of the Supreme People's Court and the Supreme People's Procuratorate of the Issues concerning the Specific Application of Law in Handling Criminal Cases of Infringement on Intellectual Property Rights implemented in 2007 stipulates that the 'duplication and distribution' in the copyright infringement as per Article 217 of the Criminal Law of the PRC includes duplication, distribution or both duplication and distribution."

Some views hold that the right of duplication, distribution and information network dissemination stipulated in the *Copyright Law of the PRC* are all parallel and independent rights with different meanings. Hence as *the Criminal Law of the PRC* only stipulates that unauthorized "duplication and distribution" shall be prosecuted for criminal liability, the definition of information network dissemination as "duplication and distribution" by the judicial interpretation in 2004 actually exaggerates the meaning of *the Criminal Law of the PRC*, which is against the principle of "nullum crimen sine lege, nulla poena sine lege". In our opinion, in the "print copyright" era, in terms of the specific acts of "duplication and distribution", duplication refers to the act of producing one or more than one copy of works by printing, photocopying, fascimile, rubbing, recording, videotaping and other means. Distribution refers to the act of providing the public with a certain number of works to meet specific needs, whose substantive characteristics is the transfer of the carriers for the works' copies. However, in the present era of "digital copyright", a new form of duplication has emerged, which refers to downloading some specific digital files from a web server to the computer hard drive while many new ways of distribution have also emerged. In Internet environment, providing works through networks does not cause the transfer of possession of the duplicates. Instead the specific works are able to reflect in the computer hard drive through uploading and downloading. This means that duplication and distribution are often carried out simultaneously. Hence in terms of the act itself, information network dissemination actually includes both duplication and distribution. There is nothing inappropriate to deem the online dissemination of works as duplication and distribution by the judicial interpretation in 2004 and the criminal act of violating the right of information network dissemination shall be regulated by the *Criminal Law of the PRC.*

In this case, the Defendant Yan Peng duplicated a large number of novels from www. qidian. com, including *the Broken Sky* and *the Kitchen Magic Spell*, for the users of his website to read by using automatic download software without the permission of Xuanting Company, the exclusive owner of the information network dissemination right of these novels. Although the transfer of duplicates did not occur, the Defendant's acts of network dissemination included downloading novels (duplicating) and uploading them onto his own website for the users to read (distribution). The acts, which integrated duplication with distribution, violated the information network dissemination right of the owner and were in line with the circumstances of "duplication and distribution" stipulated in the aforementioned judicial interpretation in 2004.

II. Whether the Defendant's Acts Were "for Reaping Profit"

Article 217 of *the Criminal Law of the PRC* stipulates that the copyright infringement shall be for the profit reaping purpose. According to Article 11 of *the Interpretation of the Supreme People's Court and the Supreme People's Procuratorate Concerning Some Issues on the Specific Application of Law for Handling Criminal Cases of Infringement upon Intellectual Property Rights*, charging fees directly or indirectly for published advertisements shall be ascertained as acts "for reaping profit" stipulated in Article 217 of *the Criminal Law of the PRC.* In January 2011, Article 10 of the *Opinions on Several Issues concerning the Application of Law in Handling*

Intellectual Property Right Infringement Criminal Cases jointly issued by the Supreme People's Court, the Supreme People's Procuratorate, the Ministry of Public Security and the Ministry of Justice specifies the definition of "for reaping profit" and stipulates that acts, except selling, with any of the following circumstances shall be ascertained as "for reaping profit": directly or indirectly charging fees for publishing advertisements in others' works, bundling a third party's works, to name just a few; disseminating others' works through information networks or providing the service of publishing advertisements on websites or web pages by using infringing works uploaded by others to directly or indirectly charge fees; disseminating others' works through information networks by means of membership to charge membership registration fees or other fees; others circumstances of using others' works for reaping profit.

"For reaping profit" is fundamentally a subjective mental attitude of the perpetrator. The perpetrator's subjective mental attitude is embodied by a series of objective activities before and after the perpetrator commits the crime. Therefore, whether the perpetrator is "for reaping profit" should be ascertained on the basis of investigation of the perpetrator's objective external activities, whose specific factors include the background of infringement, such as the perpetrator's acts in commercial activities rather than the acts in daily life; the scale of infringement, for example, the perpetrator uploaded a large number of infringing duplicates; and actual profit reaped by the perpetrator. In Internet environment, as special means of duplication and distribution have emerged, the perpetrator's purpose for reaping profit also began to manifest itself in more special forms. Among them, it is comparatively simple to ascertain the perpetrator's purpose for reaping profit from direct profit-making form. For example, providing the paid downloads of copyrighted literary works on his/her own websites without the permission of the copyright owners. But in many cases, the perpetrator makes profits by providing free works such as movies and television works, literary works and games to attract users while publishing others' advertisements on the site. The perpetrator does not directly benefit from the works, but indirectly reaps illegal profits through copyright infringement.

In this case, the Defendant Yan Peng attracted users to browse his website and make profits by publishing advertisements on it through downloading a large number of novels and then uploading them to his website for users to read. In terms of the form, the involved site provided free services of literature reading without any fees charged from the users. However in fact, although the direct purpose of uploading others' works on his/her own website for free reading was to attract more users or increase the click rate, the acts in essence was a means of attracting advertisements in a hope to solicit advertising business to make profits by charging higher fees for advertisements. In conclusion, the Defendant's acts of indirect profit-making also fitted the elements of "for reaping profit".

(Written by: Ni Hongxia and Yuan Tian)

Ⅵ. Administrative Cases over Intellectual Property

Criteria for Judging Similar Commodities

—The Appeal of Zhejiang Metecno New Building Panels Co. Ltd. Against the Decision of the Administration of Industry and Commerce to Close the Case

【Summary】

The determination of the similar commodities should be based on the synthetical judgment of the relevant public's general awareness of the commodity or service. There are two criteria for judgment. The first is whether the involved commodities are identical in respect of functions, purposes of use, producers, marketing channels, target consumers and others. The second is whether the relevant general public would usually believe that there are certain connections between them so that confusion may result. The two criteria are parallel, meaning they are similar commodities as long as one of them meets one of the above criteria. The confusion therein includes the one which causes people to pass off the sham as the genuine and to misunderstand the commodities are made by the same producer as well as the misunderstanding of associations, i. e. such confusion makes people believe the source of the commodities has certain connections with the commodities which the right holder has a registered trademark.

【Facts】

Plaintiff (Appellant): Zhejiang Metecno New Building Panels Co. Ltd.

Defendant (Appelle): Fengxian Branch of Shanghai Administration for Industry and Commerce

Third Party: Shanghai FAST LINK Logistics Tech Co., Ltd.

Cause of Action: Appeal against the Decision of Fengxian Branch of Shanghai Administration for Industry and Commerce to Close the Case

Case No. at First Instance: (2011) Feng-Xing-Chu-Zi No. 24

Case No. at Second Instance: (2011) HU-Yi-Zhong-Xing- Zhong-Zi No. 274

The trademark BREMET is legally registered within the border of China by METECNO S. P. A. (hereinafter referred to as Metecno) and its scope of application covers Class 6, Class 17 and Class 19. In such scope, the trademark

BREMET numbered 4673164 under Class 6 in trademark application scope (the commodity types include building metal wall panels, building metal ceilings and building metal doors) obtained the trademark publication on March 14, 2008. The exclusive right to use such trademark is valid from 14 March 2008 to 13 March 2018, and the similar product group is "0603", namely, metal building materials and transportable building materials of metal (exclusive of building hardware), such as fences of metal, roller blind of steel and steps (ladders) of metal. After the trademark has been registered, Metecno granted permission to the Plaintiff for the exclusive use of the trademark within the border of China.

In the beginning of 2009, Zhejiang Metecno New Building Panels Co. Ltd (hereinafter referred to as Zhejiang Metecno) discovered that Shanghai FAST LINK Logistics Tech Co., Ltd. (hereinafter referred to as FAST LINK) fabricated a Letter of Authorization to Manufacturer with a forged seal of Zhejiang Metecno, then produced, assembled and sold a large quantity of automatic sliding doors with the fake trademark BREMET, resulting in significant loss of Zhejiang Metecno's. Therefore, Zhejiang Metecno charged FAST LINK to Fengxian Branch of Shanghai Public Security Bureau on April 15, 2009. After investigation, Fengxian Branch of Shanghai Public Security Bureau held that the acts of FAST LINK did not constitute criminal offense, but it was suspected of infringing the exclusive right to use the trademark BREMET. On November 6, 2009, Fengxian Branch of Shanghai Public Security Bureau transferred the case of FAST LINK's Alleged Infringement on the Trademark Right of BREMET to Fengxian Branch of Shanghai Administration for Industry and Commerce (hereinafter referred to as Fengxian AIC). The administration placed the case on file on November 27, 2009. In January of 2010, Zhejiang Metecno supplemented a signed complaint to the Fengxian AIC, requesting the investigation into FAST LINK's act of counterfeiting the registered trademark BREMET and punishment of FAST LINK and claiming that Metecno had granted Zhejiang Metecno the permission of exclusive use of the trademark BREMET in China. Fengxian AIC, after investigation, concluded that the automatic sliding doors manufactured and sold by FAST LINK were not similar commodities given that they were obviously different in respect of functions, purposes of use, producers, marketing channels, target consumers and others from those approved and used with No. 4673164 trademark, whose right was also claimed by the complainant Zhejiang Metecno. Hence on September 13, 2010, Fengxian AIC decided to close the case and sent a written reply to Zhejiang Metecno to its request, stating that "On November 6, 2009, we received the case of 'FAST LINK's Alleged Infringement on the Trademark Right of BREMET' transferred from the public security organ. In January 2010, your company filed a complaint to us against FAST LINK who allegedly infringed Zhejiang Metecno's right to exclusively use No. 4673164 -the trademark BREMET. On November 17, 2009, we placed the case on file and began the investigation. Now the investigation has been completed. In our opinion, the automatic sliding doors manufactured and sold by FAST LINK, one party in this case, were not similar commodities given that they were obviously different in respect of functions, purposes of use, producers, marketing channels, target consumers and others from those approved and used with No. 4673164 trademark, whose right was also claimed by the complainant Zhejiang Metecno. Since there was no sufficient evidence to prove that the aforementioned acts of FAST LINK had constituted the infringement, we made decision to close the case."

According to the Plaintiff Zhangjiang Metecno, the Defendant established that the service or commodities approved and used with the trademark No. 4673164 fell into the similar group 0603 and the commodities with code 060218 in such group was doors of metal. The industrial sliding doors produced and sold by FAST LINK were doors of metal, which was not in line with fact verified by the Defendant. Hence the Defendant's establishment that "these commodities do not constitute the similar ones" not only lacked support of evidence, but also was not in line with related regulations concerning the determination of similar commodities. Based on these grounds, the Plaintiff lodged the appeal to ask the court 1. to withdraw the Defendant's decision to close the case of "the Alleged Infringement on the Trademark Right of BREMET Committed by Shanghai FAST LINK Logistics Technology Co., Ltd."; 2. to rule that the Defendant shall re-affirm that Shanghai FAST LINK Logistics Technology Co., Ltd. is convicted of infringement and take specific administrative acts by law as punishment; and 3. the legal litigation costs be shared by the two Defendants.

The Defendant Fengxian AIC argued that 1. The doors of metal claimed by the Plaintiff fell into Class 6, metal building materials, in the *International Classification of Goods and Services for the Purposes of the Registration of Marks*. But the industrial sliding doors produced and sold by the Third Party fell into electrical equipment and control devices, which fell into Class 9 in the *International Classification of Goods and Services for the Purposes of the Registration of Marks*. The aforesaid two commodities were by no means similar ones as they were obviously different in functions, purposes of use, producers, marketing channels, target consumers and others. 2. The decision made by the Defendant to close the case was in line with the statutory procedures. After receiving the transferred materials from Fengxian Branch of Shanghai Public Security Bureau, the Defendant palced the case in file and started the investigation. During the investigation, the Defendant carried out the procedures of placing the case in file, investigation and evidence collection, completing the final report, making decision to close the case and others by sticking with the procedures stipulated in the *Law of the People's Republic of China on Administrative Punishments*, the *Provisions on the Procedures for Imposition of Administrative Punishments by the Administrative Authorities for Industry and Commerce* and other laws at all times. 3. The facts and reasons claimed by the Plaintiff were groundless. It was an unavailing argument claimed by the Plaintiff's that the industrial sliding doors produced by the Third Party fell into doors of metal. "Door of metal", as the name of a category, emphasized on the material that the door was made of. As for the industrial sliding doors, they were consisted of panels compounded by polyurethane materials and steel plates plus other motors, metal parts, control parts, etc. They had the automation features under electric control and thus should fall into electrical equipment. In summary, the Defendant asked the court to uphold the Defendant's specific administrative measures and dismiss the Plaintiff's claim.

The Third Party FAST LINK argued that 1. the Defendant took the specific administrative acts in accordance with legal procedures and conducted the correct fact finding. 2. the Plaintiff was not entitled to use the trademark in this case. What the Plaintiff charged was that it had the exclusive right to use the trademark, but the contract was different from the fact stated by the Plaintiff. According to the contract, the involved trademark has been sold by the company in Italy to others and the signature in the contract was not the employee of Zhejiang Metecno, which was furthermore different from previous one. Hence FAST LINK asked the court to investigate the authenticity of the signature in the contract and the identity of the signatory. 3. The commodities of the Third Party fell into Class 9 while the Plaintiff's trademark right belonged to Class 6, which were completely different classes. The Third Party applied for the trademark in Class 9 on August 31, 2009 and the application had been approved and published. On the last day of the publication, the Plaintiff filed an objection. 4. The trademark on the sliding doors did not only include BREMET, but also the name of the Third Party, FAST LINK, beside it, which would not cause misleading. 5. The lawsuit filed by the Plaintiff was malicious. The Plaintiff reported that the Third Party had falsified the official seals since 2009. After investigation, the public security organ transferred the case to the Defendant without taking any punitive measure, neither did the Defendant do so after investigation. The purpose of the Plaintiff was to unsettle the market of the Third Party. In conclusion, it was correct for the Defendant to decide the close of the case, and the Third Party asked the court to uphold such decision.

【Trial】

After trial, the People's Court of Shanghai Fengxian District held that Fengxian AIC had the administrative authority to investigate and punish the acts of trademark infringement. Fengxian AIC confirmed after investigation that the involved infringing products were no similar commodities as they were obviously different in respect of functions, purposes of use, producers, marketing channels, target consumers and others from the commodities approved and used with the trademark BREMET registered by Metecno and they were not similar commodities. Hence Fengxian AIC decided to close the case according to law, and the acts of Fengxian AIC were in line with the requirement on the time nodes concerning the procedures of administrative punishment. As the fact that Fengxian AIC adhered to when deciding to close the case was true, the law applied was correct and the procedures adopted were in line with the law, the court ruled to uphold the specific administrative acts taken by Fenxian AIC regarding the decision to close the case of "FAST LINK's Alleged Infringement on the Trademark Right of BREMET ".

After the first instance, Zhejiang Metecno refused to accept the judgment and filed an appeal to Shanghai No. 1 Intermediate People's Court.

The Appellant Zhejiang Metecno claimed that 1. According to the *Trademark Law of the PRC* and relevant judicial interpretations, the judgment on similar commodities shall include two aspects, namely, the commodities "identical in respect of functions, purposes of use, producers, marketing channels, target consumers and others" and the commodities that "the relevant general public usually believe that there are certain connections between them so that confusion may result". The Appellee had not investigated from the latter aspect. Based on the evidence collected during the Appellee's investigation, the confusion had occurred as the relevant public believed the involved products manufactured and sold by FAST LINK (the Third Party) had some specific connections with the Appellant's commodities approved and used with the registered trademark BREMET. In this way, the Appellee's decision to close the case for the reason that the acts Third Party did not constitute the trademark infringement lacked factual and legal basis. 2. The sliding doors produced and sold by the Third Party were consisted of door panels of metal, motors, tracks, hardware and others. The motors, tracks and hardware, as auxiliary to door panels, were attached to door panels. The door panels of metal and doors of metal were basically identical in respect of functions, purposes of use, producers, marketing channels, target consumers and others while the doors of metal and the Appellant's commodities approved and used with the registered trademark BREMET were similar commodities. Based on the aforesaid analysis, the sliding doors produced and sold by the Third Party and the Appellant's commodities approved and used with the registered trademark were similar commodities. The Third Party's use of the identical trademark on similar commodities constitutes trademark infringement and the Appellee's decision to close the case for the reason that there was not sufficient evidence to prove that the Third Party committed infringement lacked factual and legal basis. Hence the Appellant asked the court to withdraw the aforementioned decision to close the case made by Fenxian AIC and to rule Fengxian AIC to take specific administrative acts to re-affirm FAST LINK's infringement and punish FAST LINK in accordance with law.

The Appellee Fengxian AIC argued that 1. the administration had fulfilled its statutory duties. After receiving the transferred materials from Fengxian Branch of Shanghai Public Security Bureau on November 19, 2009, it placed the case in file and began the investigation on November 27 and sent a letter of complaint to the Appellant in January 2010. In the investigation, the Appellee always complied with the provisions in *the Law of People's Republic of China on Administrative Punishments*, the *Provisions on the Procedures for Imposition of Administrative Punishments by the Administrative Authorities for Industry and Commerce* and other laws, investigated the trademark registration, usage as well as the structure, performance, target customers and other aspects of the door panel products claimed by the Appellant, examined the structure, properties, target customers and other aspects of the Third Party's sliding doors, visited the Third Party's customers such as Shanghai Pudong Logistics Co., Ltd. and Shanghai JitLogistics Consulting Ltd and collected related records, product manuals, proof diplomas, photographs and other materials. On these basis, the Appellee made decision that the products claimed by the Appellant and the products produced by the Third Party did not constitute similar commodities. Then the administration informed the investigation results to the Appellant and Appellee according to law. It had fulfilled duties in line with laws and regulations under legal procedures. 2. The Appellant's reasons for claiming that the involved products manufactured and sold by the Third Party were doors of metal and thus were similar to its commodities with the registered trademark BREMET were unavailing. As the products made by the Third Party were industrial sliding doors and fell into automatic doors with electrical control, the Trademark Office classified the commodities with similar names like "automatic sliding door", "automatic rolling door", "electric industrial door" and "automatic industrial door" into Class 9. The door panels claimed by the Appellant were actually a kind of semi-finished building materials, which excluded any mechanical and electrical equipment and belonged to Class 6. Furthermore, the door panels and sliding doors were different in respect of functions, purposes of use, producers, marketing channels, target consumers and others. Based on above grounds, the industrial sliding doors of Class 9 produced by the Third Party and the doors of metal in Class 6 claimed by the Appellant were not similar. 3. Parties involved in the investigation repurchased the sliding doors for premium quality, there was no confusion and misunderstanding found during commodity selection thanks to premium quality of the door panels. To sum up, the decision made by Fengxian AIC to close the case was based on explicit facts and sufficient evidence under legal procedures. Hence it asked the court to dismiss the Appellant's appeal and uphold its decision to close the case.

The Third Party FAST LINK stated that the facts affirmed by the court of first instance was explicit and the law applied was correct, so it asked the court to uphold the judgment made in the first instance and dismiss the Appellant's appeal. The reasons were 1. The Appellant's goods approved and used with the trademark were building materials, falling into Class 6. The products produced by the Third Party were sliding doors, belonging to Class 9. The Third Party had applied to the Trademark Office for the registration of a trademark identical to the Appellant's BREMET based on Class 9 with sliding doors as the name of the commodities. The application had passed the first examination, proving that the sliding doors produced by the Third Party and the door panels of metal produced by the Appellant were not similar. 2. The door panels of metal produced by the Appellant were building materials while the sliding doors produced by the Third Party, with up to 36 accessories, were the products with mechanical and electrical devices instead of building products. In other words, the Appellant was a manufacturer of raw materials while the Third Party was a manufacturer of equipment. Their targeted relevant general public was even completely different and thus no confusion would result.

Shanghai No. 1 Intermediate People's Court found after trial that the facts investigated by the court of first instance were basically correct.

Shanghai No. 1 Intermediate People's Court held that according to Article 5 of the *Administrative Procedure Law of the People's Republic of China*, the people's court shall examine the legality of specific administrative acts in handling administrative cases. After hearing the views of all parties, the court found out that the key to the case was whether the goods approved and used with the trademark BREMET registered by Metecno and the automatic sliding doors produced and sold by the Third Party were similar commodities. According to the statement of the Appellee in court, *the Classification Table of Similar Goods and Services* (*Based on the Ninth Edition of Nice Classification*) (hereinafter referred to as the *Classification Table*) issued by the Trademark Office in July, 2007 and the *Interpretation of the Supreme People's Court Concerning the Application of Laws in the Trial of Cases of Civil Disputes Arising from Trademarks* (hereinafter referred to as the *Trademark Interpretation*) were their major legal basis when judging whether the commodities were similar. Both Zhejiang Metecno, the Appellant, and FAST LINK, the Third Party, had not raised any objection to the aforesaid point. According to the investigation, the Trademark Office pointed out in the notes of the *Classification Table* that "the similar commodities denote the commodities that share some common aspects such as functions, purposes of use, producers, marketing channels, target consumers and that are easy to cause the relevant general public to believe that there are certain connections between them or cause the consumers to mistaken these similar commodities are produced by the same enterprise if they use the identical or similar trademarks." The Trademark Office also noted that "'*the Classification Table*' does not include all types of commodities and services. To decide whether the commodities or services are similar should be based on the synthetical judgment of the relevant public's general awareness of such commodities or services. Article 11 of the *Trademark Interpretation* stipulates that "the 'similar commodities' as provided in Article 52, Item 1 of the Trademark Law refers to those commodities that are identical in respect of functions, purposes of use, producers, marketing channels, target consumers and others or that the relevant general public usually believe that there are certain connections between them so that confusion may result. On these grounds, the court of second instance held that the judgment on whether the involved commodities were similar shall be based on two criteria. The first is whether the involved commodities were identical in respect of functions, purpose of use, producers, marketing channels, target consumers, etc. The second is whether the relevant general public usually believe that there are certain connections between them so that confusion may result. If the two criteria were parallel, i. e., similar commodities would be affirmed as long as one of the criteria was met. In addition, according to the Trademark Office's explanations to the *Classification Table*, to determine whether the commodities are similar focuses on the synthetical judgment of the public's general awareness of the goods. In this case, according to the reply made by Fengxian AIC to the Appellant on September 13, 2010 and its arguments during the proceeding, Fengxian AIC came to the conclusion that the two types of commodities did not constitute the similar ones on the basis of the first criterion and the facts of the case without carrying out specific investigation on the basis of the second criterion. In this way, the decision made by Fengxian AIC to close the case did not apply the law in a correct manner. The administrative acts of Fengxian AIC to make decision to close the case were erroneous in the application of law and shall be cancelled. Therefore, the ruling of the court of first instance was not appropriate to uphold the Appellee's administrative acts of deciding to close the case, the court of second instance shall rectify. In addition, given that the Appellant asked the court to rule that Fengxian AIC should take specific administrative acts to reaffirm the infringement on FAST LINK has exceeded the investigation scope of administrative proceedings in the people's court, the court of second instance shall not uphold such request. On these grounds, the court of second instance ruled that the ruling made in first instance shall be repealed. The administrative acts of Fengxian AIC to decide the close of the case "FAST LINK's Alleged Infringement on the Trademark Right of BREMET" on September 13, 2010 shall be withdrawn while other claims made by Zhejiang Metecno shall be dismissed.

【Comments and analysis】

According to Article 53 of *the Trademark Law of the PRC*, the administrative divisions for industry and commerce have the authority to deal with trademark infringement disputes and investigate such acts of trademark infringement. Therefore, when Zhejiang Metecno lodged a complaint to Fengxian AIC against FAST LINK's alleged trademark infringement, Fenxian AIC should fulfill its statutory duties and deal with the trademark infringement dispute. According to Article 52, Item 1 of the Trademark Law of the PRC, using a trademark identical with or similar to a registered trademark on identical commodities or similar commodities without the permission of the trademark registrants shall be an infringement upon the right to exclusively use of a registered trademark. In this case, the trademark BREMET used by FAST LINK was identical with that of Metecno, but FAST LINK applied it on automatic sliding doors under Class 9. The commodities approved and used with the trademark enjoyed by Metecno fell into Class 6. It was evident that two commodities were not the same. Hence whether FAST LINK committed infringement depended on whether the two commodities were similar ones.

I. The Judgment Method of Similar Commodities

Although the *Trademark Law of PRC* has no provisions on what similar commodities are, Article 11 of the *Trademark Interpretation* stipulates that "the 'similar commodities' as provided in Article 52, Item 1 of *the Trademark Law* refers to those commodities that are identical in respect of functions, purposes of use, producers, marketing channels, target consumers and others or that the relevant general public usually believe that there are certain connections between them so that confusion may result. Article 12 also stipulates that "when determining whether a commodity or service is similar on the basis of the provisions of Article 52, Item 1 of *the Trademark Law*, the people's court shall take into comprehensive consideration of the general understanding of the relevant general public about the commodity or service. The *Classification Table of Commodities and Services for the International Registration of Trademarks* and the *Classification Table of Similar Commodities and Services* may be referred to in judging whether a commodity or service is similar. It can be found that the judgment of similar commodities is mainly based on the *Trademark Interpretation* with the *Classification Table of Commodities and Services for the International Registration of Trademarks* and the *Classification Table of Similar Commodities and Services* as references. The judgment method is the synthetical judgment of the relevant general public's awareness of the commodities or services, and there are two criteria: 1. whether the involved commodities are identical in respect of functions, purposes of use, producers, marketing channels, target consumers and others; 2. whether the relevant general public usually believe that there are certain connections between them so that confusion may result. Two criteria were parallel. If only one criterion is met, the commodities are similar.

In addition, it is also worth noting that the Trademark Interpretation does not define the confusion to the confusion of commodities that causes the people to pass off the sham as the genuine and to misunderstand the commodities are made by the same producer as well as misunderstanding of associations. There are two types of confusion here. The first is the "misunderstanding of the origins of the commodities", i. e. commodity A is easily mistaken for commodity B, or commodity A and commodity B are easily mistaken for they are from the same supplier. The second is the confusion of specific connections, i. e. the misunderstanding of associations is that "the source is believed to have certain connections with the commodities with the trademark registered by the Plaintiff."❶ The reason why commodities with associations are included in the scope of similar commodities is that they are of especially practical significance for the protection of the registered trademarks which enjoy a certain degree of fame but are not well-known. For example, the registration of the trademarks identical in or similar to others' already famous registered trademarks for associated commodities is normally for the purpose of profiting at others' expenses. Following the *Classification Table of Similar Commodities and Services* is not able to effectively prevent such acts. However, the registration of these trademarks can be curbed through construing associated commodities as similar commodities. In this ways such acts as malicious imitation and profiting at others' expenses can be under effective control. ❷Such view was expressed at the IPR Trial Work Forum of National Courts convened in Hangzhou on November 29, 2011. At the forum, the Supreme Court required that associated commodities should be introduced in the scope of similar commodities during judgment so as to curb malicious registration and unfair imitation.

In this case, Fengxian AIC verified that the automatic sliding doors produced

❶ Kong Xiangjun: *Trademark and the Unfair Competition: Principles and Cases*, 1st edition, Law Press China, July of 2009, p. 273.

❷ Kong Xiangjun: *Trademark and the Unfair Competition: Principles and Cases*, 1st edition, Law Press China, July of 2009, p. 231.

and sold by FAST LINK and commodities approved and used with the trademark BREMET were not similar according to the differences between them in respect of functions, purposes of use, producers, marketing channels, target consumers and others when referring to the provisions in the *Classification Table* that Class 6 (common metals and their alloys, metal building materials and transportable metal building materials, metal materials for railway tracks, etc.) and Class 9 (scientific, nautical, surveying, electricity-regulating or controlling apparatus and instruments, communication and magnetic data carriers, recording discs, etc.) were not similar commodity groups. It should also be noted that the above differences were obvious and Fengxian AIC's investigation was comprehensive and objective, which was consistent with the provision of "investigation conducted in a comprehensive, objective and fair manner and collect relevant evidence" as per Article 36 of the *Law of the People's Republic of China on Administrative Penalty*. However, Fengxian AIC had not conducted investigation from the aspect that "relevant general public usually believe that there are certain connections between them so that confusion may result". In fact, the automatic sliding doors produced and sold by FAST LINK and Menecno's commodities approved to use the trademark BREMET were respectively downstream products and upstream parts. The former was the finished door, while the latter was the main raw materials for the finished door. Consumers or operators of such commodities would naturally believe that there were some certain connections between the source of the automatic sliding doors and the commodities with the trademark registered by the owner, which would be enough to cause confusion over the source of the commodities among the relevant public. Therefore, the FAST LINK committed trademark infringement. [1]Based on these grounds, we believe that Fengxian AIC has not conducted the investigation on the possibility that the relevant public may have confusion over the source of the commodities, which did not meet the requirement for the legal judgment on similar commodities and should be erroneous in the application of laws.

II. Practical Application of Judicial Adjudication Methods

Judicial power and administrative power are two different state powers in nature

---

[1] Wang Qian: *A Course of the Intellectual Property Right Law*. 3rd Edition. China Renmin University Press Co., Ltd., August 2011, p. 432.

with different characteristics of functioning. Judicial power is more authoritative and decisive though compared with administrative power, it is essentially a afterwards remedy power and thus is passive. Generally speaking, judicial authorities can not step in the scope of administrative power and replace administrative authorities to make substantive rulings over disputes submitted by involved parties for the administrative authorities to settle, but can only conduct the post-investigation over the legitimacy of the administrative measures taken by the administrative authorities . In this case, Zhejiang Metecno's second claim is to ask the court to "order Fengxian AIC re-affirm FAST LINK's infringement and take specific administrative acts in accordance with law", which contains two meanings, namely, 1. requesting Fenxian AIC affirm the FAST LINK's infringement; 2. requesting Fengxian AIC re-take specific administrative acts. According to Article 54 of *the Administrative Procedure Law of the People's Republic of China*, in case of erroneous application of laws and regulations, a people's court may decide to annul or partially annul the specific administrative acts by judgment and rule that the defendant may undertake a specific administrative act anew. Therefore, the court of second instance may rule that Fengxian AIC undertake a specific administrative act anew. However, if the court of second instance directly ordered Fengxian AIC to ascertain FAST LINK's infringement, it would have replaced administrative authorities to make substantive ruling over the trademark dispute between Zhejiang Metecno and FAST LINK. In other words, it would be the judicial power to step in the scope of administrative power, and such acts would be against the principle of judicial self-restraint. [1]After court's explanation, Zhejiang Metecno, the Appellant, still insisted on its claim. Hence the court of second instance dismissed its second claim in accordance with law.

(Written by: Liu Junhua, Tang Zhen and Li Xin)

---

[1] Liu Dequan: *The Collection of the Supreme People's Court Judicial Rules*. 1st Edition. Court Press. Chinacourt. org, Nov 2010: P453.

The Judicial Review of the Customs' Administrative Measures of IPR Protection

—The Case of the Refusal of Shanghai B&B Import & Export Co., Ltd. to Accept the Customs' Decision to Temporarily Detain the Products

【Summary】

The customs' detention of suspected infringing goods, serving as an administrative compulsory measure and featuring prompt coercion, is to put the involved goods under temporary control rather than to make decisive ascertainment on infringement on the goods. It is legal for the customs, after discovering goods suspected of infringing recorded IPR and informing the IPR owner, to take specific administrative acts of detaining the suspected infringing goods in accordance with the request made by the IPR owner.

【Facts】

The Plaintiff: Shanghai B&B Import & Export Co., Ltd.

Defendant: Shanghai Customs of the People's Republic of China

Third Party: NSK Ltd.

Cause of Action: Refusal to Accept the Customs' Decision to Temporarily Detain the Products

Case No.: (2012) HU-Er-Zhong-Hang-Chu-Zi No. 49

On December 16, 2011, Shanghai B&B Import & Export Co., Ltd. (hereinafter referred to as B&B) declared a batch of adjustable bed frame parts (pulley assemblies) and other goods exported to Estonia to Shanghai Customs of the People's Republic of China (hereinafter referred to as Shanghai Customs). On December 17, the customs found out after inspection that the contact rollers of the B&B's export goods had installed the non-removable bearings with the trademark NSK, which was suspected of infringing the IPR recorded at the General Administration of Customs by NSK Ltd -the owner of the exclusive right to use the trademark. On December 20, NSK Ltd. confirmed that the export goods of B&B were infringing products and applied to Shanghai Customs for detention of such goods as a measure of IPR protection.

On January 13, 2012, Shanghai Customs sent the written decision of detention (sealing-up) filed as (2011) Hu-Guan-Zhi-Zi No. 235 to B&B, stating that "the pulley assemblies (rollers) exported by the concerned party have been detained by our customs for alleged infringement on NSK Ltd. 's exclusive right to use the trademark NSK. The detention voucher number is (2011) Hu-Guan-Zhi-Zi No. 235. The detention period would last for one year from the date of detention, exclusive of the period for reconsideration and litigation, testing, inspection, quarantine or technical appraisal. If the concerned party believes that the goods detained by the customs have not infringed NSK Ltd. 's exclusive right to the use trademark NSK, such party shall submit a written explanation to the customs with relevant evidence attached."

According to the Plaintiff B&B, it believed that the above decision of detention, inexplicit in facts and illegal in procedures, should be withdrawn. The Plaintiff hence asked the Court to rule that 1. withdraw Shanghai Customs' written decision of detention (sealing) filed as (2011) Hu-Guan-Zhi-Zi No. 235; 2. Shanghai Customs shall compensate B&B RMB 134,176 yuan (the "yuan" hereinafter shall refer to the currency symbol of RMB) for the economic losses (RMB 90,225 yuan for the worth of the contact rollers detained by the customs, RMB 10,771 yuan for air freight, RMB 20,575 yuan for container demurrage, RMB 7,820 yuan for storage, RMB 1,200 yuan for pick-up, RMB 400 yuan for operation, RMB 1,185 yuan for customs inspection, RMB 1,700 yuan for trailer and RMB 300 yuan for shut-out).

The Defendant Shanghai Customs argued that 1. the rollers declared by the Plaintiff B&B for export had marked the trademark NSK without permission of the trademark right holder and thus were suspected of infringement. 2. The Defendant Shanghai Customs, as a state authority of entry and exit supervision and administration, was legally entitled to protect the IPR related to import and export goods and protected by China's law and administrative regulations. The law-enforcement procedures of the Defendant Shanghai Customs were in line with relevant laws and regulations. 3. The Plaintiff's claim for compensation lacked legal and factual basis, so Shanghai Customs were not liable for such compensation. Given the above grounds, the Defendant asked the court to dismiss all claims made by the Plaintiff.

The Third Party NSK Ltd. stated that the involved export goods of the Plaintiff

B&B had infringed its exclusive right to use the trademark NSK. The alleged specific administrative acts were conducted by the Defendant on the basis of conclusive evidence and explicit facts with correct application of laws in legal procedures. Hence the Defendant shall not bear any liability for the compensation. The claims made by the Plaintiff B&B shall not be upheld.

【Trial】

After trial, Shanghai No. 2 Intermediate People's Court held that

1. Shanghai Customs had the legitimate authority to make the decision of detaining goods suspected of infringing trademark rights.

2. Issues of law-enforcement procedures of Shanghai Customs After investigating B&B's declaration of the export goods suspected of infringement, Shanghai Customs checked the quantity of the suspected infringing goods according to B&B's application for review of the package number and finally decided to detain 4500 pulley assemblies (rollers) suspected of infringement in this batch and release the rest. Based on these grounds, the court held that the law enforcement procedures of Shanghai Customs were in line with law and appropriate.

3. Issues on the facts-findings by Shanghai Customs. The court held that according to the relevant provisions in the *Regulation of the People's Republic of China on the Customs Protection of Intellectual Property Rights* and its measures for implementation, the customs' detention of suspected infringing goods should be based on the evidence which is sufficient to prove the obvious existence of the infringement facts. In this case, according to the evidence submitted by Shanghai Customs and the statement of B&B, it can prove that the rollers exported by the Plaintiff used the trademark NSK exclusively used by the Third Party and recorded at the Customs as No. 99790 trademark. Based on the aforementioned laws and regulations, the corresponding evidence was sufficient to prove obvious existence of the infringement facts. In this sense, there was nothing inappropriate for Shanghai Customs to find that the pulley assemblies (rollers) were suspected of infringing the Third Party's exclusive right to use the trademark NSK. As for the problem of similar commodities claimed by B&B, the customs' detention of suspected infringing goods, serving as an administrative compulsory measure and featuring prompt coercion, is to put the involved goods under temporary control rather than to make decisive ascertainment on infringement on the goods. In accordance with the *Regulation of the People's Republic of China on the Customs Protection of Intellectual Property Rights*, where,

after the customs has found that any imported or exported goods are suspected to have infringed upon an archived intellectual property, and has notified the intellectual property right holder, while the intellectual property right holder requests the customs to detain the suspected infringing goods, the customs shall investigate into and ascertain within thirty (30) working days as of the detainment whether the detained suspected infringing goods have infringed upon the intellectual property. Hence whether these goods constitute similar commodities that cause trademark infringement should be further investigated and ascertained in the procedure. In this sense, B&B's causes of action were unavailing.

4. Issues of Shanghai Customs' application of laws. The court held that in the present case, the Third Party had archived the trademark NSK, thus Article 13 of the *Regulation of the People's Republic of China on the Customs Protection of Intellectual Property Rights* shall be the legal basis for the alleged specific administrative acts. The court also observed that the written decision of detention made by Shanghai Customs had listed Article 16 of the *Regulation of the People's Republic of China on the Customs Protection of Intellectual Property Rights* as its basis without mentioning Article 13. But considering that Article 16 quoted Article 13 and the courts found Shanghai Customs had fulfilled the related procedural requirements in accordance with Article 13 after its investigation, the court decided that Shanghai Customs had applied Article 13 in its law-enforcement procedures as the legal basis for detaining the suspected infringing goods.

In summary, Shanghai Customs held that the pulley assemblies (rollers) exported by B&B had allegedly infringed upon NSK Ltd. 's exclusive right to use the trademark NSK and decided to detain these goods on the basis of explicit facts with corresponding laws correctly applied. The alleged specific administrative acts shall be upheld by law. B&B's claim for Shanghai Customs' compensation for economic losses resulted from the customs' illegal implementation of the specific administrative acts shall not be upheld for the reason that there was no factual basis to it. In accordance with Article 13 and Article 16 of the *Regulation of the People's Republic of China on the Customs Protection of Intellectual Property Rights* and Article 56. (4) of the *Supreme People Court's Interpretation on Several Issues concerning the Implementation of the Administrative Procedure Law of the People's Republic of China*, the court ruled that the claims made by the Plaintiff Shanghai B&B Import & Export Co., Ltd. shall be dismissed.

After the first instance, neither the Plaintiff nor the Defendant filed an appeal and the ruling thus took effect.

【Comments and analysis】

I. This is an Administrative Case of IPR Heard in the Mode of Unification of Jurisdiction over IPR-related Civil, Criminal and Administrative Cases

Traditionally the IPR-related administrative cases have been heard by specialized tribunals, i. e., the administrative tribunals in the people's court in the past. However in terms of the nature of the case, such cases have their own characteristics compared with normal administrative cases. The major difference lies in that such cases can be classified in the category of IPR cases, which are highly specialized. Especially the technical cases involving patents feature the combination of legal issues with technical issues to a high degree, which have demonstrated rather powerful dynamism and change with leapfrog development in the science and technology. Just thanks to such feature, even for the same fact, when various court proceedings are normally applied in different tribunals, the conflicts and contradictions over the fact-finding and disparity in the standards of ruling. Despite the internal communication among different tribunals through such ways as discussion and consultation with the relevant tribunals, the aforementioned conflicts or disparity cannot be effectively eradicated. Therefore, it is a necessity to try the establishment of a new mode combining the trial of administrative cases with the trial of civil cases based on the characteristics of such cases given the whole society's growing awareness of IPR and the IPR owners' attachment to the importance of the protection of IPR when such cases grow day by day. The mode of unification of jurisdiction over IPR-related civil, criminal and administrative cases is just a useful exploration that may satisfy the aforesaid judicial demand. In February 2009, with a view to implementing the *Outline of the National Intellectual Property Strategy* for further improvement of the trial system and mechanism, Shanghai High People's Court proposed that, on the basis of comprehensively implementing the mode of unification of jurisdiction over IPR-related civil, criminal and administrative cases in the courts of basic level with the establishment of IPR tribunals, IPR tribunals of the intermediate people's courts give a try to hear both IPR-related criminal and administrative cases as an active exploration of the mode of unification of jurisdiction over

IPR-related civil, criminal and administrative cases. For this purpose, Shanghai No. 2 Intermediate People's Court formulated the Opinions on the *Exploration of the Implementation of the Trial Mode of Unification of Jurisdiction over IPR-Related Civil, Criminal and Administrative Cases* (*Trial*), which provides that the trial of IPR-related administrative and criminal cases shall adopt the cross-tribunal mode which the judge of No. 5 Civil Tribunal (the IPR Tribunal) serves as presiding judge and undertaking judge to hear the cases together with judges from the administrative tribunal and criminal tribunal as members of the collegiate bench. During the trial of IPR-related administrative and criminal cases, the administrative tribunal and the criminal tribunal may send relevant personnel to attend the related conferences held in No. 5 Civil Tribunal to participate in the discussion of the cases to the request of No. 5 Civil Tribunal according to the needs of the trial. This brand new trial mechanism has effectively integrated criminal, civil and administrative trial resources under the current system, given play to the respective advantages of the aforementioned resources and is beneficial to the balance of the law application among the IPR-related criminal, civil and administrative cases as well as the determination of ruling results. In this case, judicial review of the customs' specific administrative acts was carried out under the trial mechanism of unification of jurisdiction over IPR-related civil, criminal and administrative cases for the first time, resulting in favorable legal and social effects.

II. New Characteristics of the Customs' Protection of Trademark

1. More subtle infringement

In recent years, Chinese customs have reinforced the protection of trademark right, which stood powerful deterrent to the infringers. In order to evade the customs' inspection more effectively and export the goods that have infringed the trademark right successfully, some infringing companies began to exploit the link of clearance. More and more infringing companies attempted to muddle through the clearance through concealing or falsifying the names of company or goods. Otherwise they might imitate others' legally registered trademarks on their product logos and packages to mislead the inspectors of the customs. For example, in the case of Chanel trademark infringement tracked by Wenzhou Customs in 2007, a company declared a batch of plastic buttons with the name of "PLASTICBUTTON". But after opening the cartons for inspection, officers of Wenzhou Customs found 2, 500 plastic trademarks highly similar with the Chanel logo other than plastic buttons. These plastic trademarks, varying in thickness, demonstrated the graphic trademark of Chanel after the "I" of the letter "D", loosely connected to other parts, was easily shed off with one light touch. The trademark right holder of Chanel identified that the seized trademarks were fake trademarks, and Wenzhou Customs detained the goods according to law. Furthermore, in order to pass the customs' trademark right inspection, some even committed the crime of forging or altering licensing and authorizing documents. It can be said that the increasingly cunning modus operandi of the criminals has significantly added pressure for the customs to protect trademark rights and difficulty in tracking down the trademark-infringing goods. In fact, the Plaintiff of this case also categorized the products, which otherwise should be accounted as bearings (hscode: 84828000), into the adjustable bed frame parts (pulley assemblies) (hscode: 94029000).

III. The Procedures of the Judicial Review of the Customs' Protection of Trademark Right

According to the *Regulation of the People's Republic of China on the Customs Protection of Intellectual Property Rights*, the *Administrative Procedure Law of the People's Republic of China* and its judicial interpretation, the judicial review of the customs' protection of trademark right shall be done in the following procedures:

1. Whether the customs have the authority to detain the suspected infringing goods

The administrative organs may take specific administrative acts on the premises that they have certain statutory authorities. According to Article 2 of the *Regulation of the People's Republic of China on the Customs Protection of Intellectual Property Rights*, such authority means the protection practiced by the customs of the rights to exclusive use of trademarks, copyrights and copyright-related rights, patent rights (hereinafter uniformly referred to as intellectual property rights), which are related to imported and exported goods and protected by the laws and administrative regulations of the People's Republic of China.

2. Whether the law-enforcement procedures of the customs are legitimate

The customs' law-enforcement should be strictly adhering to the legal procedures, especially the comprehensive inspection of suspected infringing goods to determine infringement and degree of infringement. In this case, after investigating B&B's declared export goods suspected of infringement, Shanghai Customs checked the quantity of the suspected infringing goods according to B&B's application for review of the package number and finally decided to detain the 4, 500 pulley assemblies (rollers) suspected of infringement in this batch and release the rest. In fact, Shanghai Customs recognized B&B's claims by checking. It complied with the relevant law-enforcement procedures of the customs.

3. Preliminary ascertainment of the infringement fact

According to the *Regulation of the People's Republic of China on the Customs Protection of Intellectual Property Rights*, the customs may detain alleged infringing products on the premise that the customs find the import and export goods are suspected of IPR infringement, which means that there are evidences to prove the obvious existence of infringement facts. In this case, the evidence submitted by Shanghai Customs and the statement of B&B can prove the existence of the following facts: 1. the detained rollers were one part of the pulley assemblies for adjustable bed frame. The rollers were made of bearings and additional PPU materials while the bearings were labeled the trademark NSK. 2. B&B was unaware of the IPR of the trademark NSK applied on the bearings when declaring the export goods. The bearings of the rollers were not manufactured by the right holder of the registered trademark NSK. 3. The registrant of the trademark NSK, the Third Party, confirmed to Shanghai Customs that the logo of NSK had been used without its authorization. These facts demonstrated that the rollers exported by the Plaintiff used the trademark logo of NSK exclusively owned by the Third Party and recorded at the customs as No. 99790. According to the aforementioned laws and regulations, the corresponding evidence was sufficient to prove the obvious existence of infringement facts. In this sense, there was nothing inappropriate for Shanghai Customs to find that the pulley assemblies (rollers) were suspected of infringing the Third Party's exclusive right to use the trademark NSK.

4. The implementation of temporary and compulsory measures

If the customs preliminarily ascertained the infringement facts, they could take temporary measures to detain the suspected infringing goods. It should be noted that the customs' detention of suspected infringing goods, serving as an administrative compulsory measure and featuring prompt coercion, is to put the involved goods under temporary control rather than to make decisive ascertainment on infringement on the goods. According to the *Regulation of the People's Republic of China on the Customs Protection of Intellectual Property Rights*, where, after the customs have found that any imported or exported goods are suspected to have infringed upon an archived intellectual property, and has notified the intellectual property right holder, while the intellectual property right holder requests the customs detain the suspected infringing goods, the customs shall investigate into and ascertain within thirty (30) working days as of the detainment whether the detained suspected infringing goods have infringed upon the intellectual property. Hence whether these goods constitute similar commodities that cause trademark infringement should be further investigated and ascertained in the procedure instead of ascertaining when temporary and compulsory measures are taken.

IV. Issues on Application of Law in the Customs' Law-enforcement

Article 16 of the *Regulation of the People's Republic of China on the Customs Protection of Intellectual Property Rights* stipulates that where the customs find that any imported or exported goods are suspected to have infringed upon an archived intellectual property, the customs shall immediately notify the intellectual property right holder in writing. If the intellectual property right holder files an application in accordance with Article 13 of the present Regulation and provides a guaranty in accordance with Article 14 of the present Regulation within three (3) working days as of service of the notice, the customs shall detain the suspected infringing goods, notify the intellectual property right holder in writing, and serve the customs detainment list to the consignee or consigner. If the intellectual property right holder fails to file the application or provide the guaranty within the time limit, the customs shall not detain the goods. Article 13 is quoted by the IPR holder in the application for detention procedure before the intellectual property is archived. In this case, the Third Party archived the trademark NSK. Therefore Article 13 should be the legal basis for the alleged specific administrative acts. In this case, Shanghai Customs stated Article 16 of the *Regulation of the People's Republic of China on the Customs Protection of Intellectual Property Rights* as the legal basis for its written decision of detention issued without mentioning Article 13 of the Regulation. Though it could be ascertained that Shanghai Customs had applied Article 13 as the legal basis to detain the suspected infringing goods in the law-enforcement procedure through quotation, it would be more straightforward and standardized for the customs to list Article 13 as the basis during law-enforcement.

(Written by: Li Guoquan and Jiang Guorui)

后　记

本书是上海市高级人民法院民事审判第三庭（知识产权审判庭）组织编写、全市三级法院从事知识产权审判的法官撰写的第十本知识产权案例选。上海市高级人民法院副院长吴偕林担任主编，知识产权审判庭庭长朱丹任副主编，钱光文、丁文联、张晓都、王静、马剑峰法官审阅了书稿。陈佳靓为本书承担了大量的事务工作。对以上同志的辛勤劳动表示衷心感谢。

书中如有差错和其他不当之处，恳请读者批评指正。

编　者

2014 年 1 月

Afterword

This book is the tenth book of selected judgments of intellectual property cases of Shanghai court organized by the Third Civil Tribunal (the Intellectual Property Tribunal) of Shanghai High People's Court and written by judges of level-3 people's courts of the city engaging in the judgments of intellectual property cases. Wu Xielin, Vice President of Shanghai High People' s Court, served as the chief editor and Zhu Dan, Presiding Judge of the Intellectual Property Tribunal, served as the deputy chief editor, and judges Qian Guangwen, Ding Wenlian, Zhang Xiaodu, Wang Jing and Ma Jianfeng proofread the draft of this book. Chen Jialiang has done a lot of work for this book. Heartily appreciation to the above colleagues for their work.

We would be grateful if you make comments on this book or point out errors and inappropriateness in this book.

The editor

January 2014